"十五"国家重点图书出版规划项目

社会工作经典译丛 Social Work Classic Series

主编 隋玉杰　副主编 范燕宁

宏观社会工作实务

第五版

Social Work
Macro Practice (Fifth Edition)

[美]
F.埃伦·内廷（F.Ellen Netting）
彼得·M.凯特纳（Peter M. Kettner）
史蒂文·L.麦克默特里（Steven L. McMurtry）　著
M.洛丽·托马斯（M.Lori Thomas）

隋玉杰 等 译

中国人民大学出版社
·北京·

主编简介

隋玉杰，中国人民大学社会工作系副教授，博士生导师。首届全国社会工作者职业水平评价专家委员会委员、中国社会工作教育协会副秘书长暨老年社会工作专业委员会主任委员、北京市社会工作者协会常务理事、国家开放大学特聘教授。担任全国多地十余家实务机构的顾问。作为专家组成员参与了民政部和前国家人口和计划生育委员会推动社会工作职业化、专业化的多项工作，包括民政部《老年社会工作服务指南》（MZ/T 064-2016）行业标准的制定工作。主要研究领域为老年人服务需求综合评估与社会支持、心理健康、临终关怀与丧亲服务、社会工作职业化与专业化。主持了多项国家社会科学基金项目、北京市社会科学基金项目，以及民政部、国务院发展研究中心、联合国教科文组织、亚洲开发银行等组织机构的十余项招标和委托课题。

副主编简介

范燕宁，北京大学哲学硕士（1988），香港理工大学社会工作专业硕士（MSW，2007），首都师范大学社会学与社会工作系主任、教授、博士生导师。中国社会工作联合会专家委员会委员、中国社会工作教育协会常务理事。北京市海淀睿搏社会工作事务所所长、2016年度中国十大社会工作人物之一。主要教学、研究、社会服务方向为：当代社会发展理论与社会问题、社区矫正、青少年社会问题等。代表性专著、译著有：《矫正社会工作研究》（范燕宁、席小华主编，中国人民公安大学出版社，2009）、《社会问题：事件与解决方案（第五版）》（扎斯特罗著，范燕宁等译，中国人民大学出版社，2010）、《社区矫正社会工作》（范燕宁、谢谦宇、罗玲等编著，中国人民公安大学出版社，2015）。

总 序

社会工作正面临着前所未有的发展契机。

所谓契机，一是大的社会背景为社会工作的发展提供了舞台。随着改革的深入，中国在取得举世瞩目的成就的同时，如一些社会学家所言，也出现了"发展困境"的苗头或"类发展困境"的现象。新千年，政府在工作报告和政策文件中明确提出要关心弱势群体、加强就业和社会保障工作。与社会工作传统的工作对象，如贫困者、残疾人、妇女、儿童、老年人相关的一系列政策法规纷纷出台。这些都为开展社会工作提供了良好的政策环境。

二是社会工作专业本身已经步入组织化、规范化的轨道。中国社会工作联合会、中国社会工作教育协会等组织开始发挥行业指导和自律的作用。此外，经过多年的酝酿，2004年劳动和社会保障部办公厅制定的《社会工作者国家职业标准》在上海出台，明确了社会工作者的专业人员地位，一改多年来社会工作人员师出无名的状况，同时也为社会工作者在专业上不断发展提供了方向和路径。社会工作职业化、专业化有了突破性进展，在政府认可上迈出了坚实的一步。

进入新千年后，许多迹象表明，社会工作正在朝着进入新的发展时期的方向迈进。

然而，社会的需要和认可也给社会工作带来了挑战。社会工作是否已经拥有了完备的知识储备，成了一个羽翼丰满的专业，能发挥社会所期待的作用呢？

在今天，对中国的许多社会工作者来说，社会工作发展伊始弗莱克希纳提出的问题"社会工作是一个专业吗？"仍是个具有挑战性的问题。弗莱克希纳之所以断言社会工作不具备一个专业的资格，是因为他认为社会工作不是建立在科学知识的基础上的。按照格林伍德提出的著名观点，成为一个专业应该具备五个特性：拥有自己的理论体系、具有权威性、得到社会的认可、有专门的伦理守则以及专业文化。其中排在第一位的就是专业知识的建构。

应当说，自1986年国家教育委员会同意北京大学、中国人民大学、吉林大学等高校设置社会工作与管理专业以来，中国社会工作理论与实务知识的建构已经有了可喜的收获。然而，在总体上，社会工作的专门知识仍然十分匮乏，对国外的社会工作仍缺乏系统的介绍，而本土的理论仍未形成。拿知识建构的领军团体社会工作教育界来说，情况也不容乐观。中国社会工作教育协会开展的中国社会工作教育发展状况调查的结果表明，以在学术期刊上公开发表论文的数量、出版专著数、编写教材数、承担课题数等数据来衡量，社会工作教育院校教师的科研情况总体上水平不高。在这一形势下，社会工作教育却在经过十几年的缓慢发展后，在世纪之交进入了高速扩张期。据中国社会工作教育协会统计的数据，截至2000年，协会的团体会员只有32个，到2003年12月已经达到148个。近80%的会员是在2000年之后的三年新加入的。于是有了这样的景象，一方面是知识提供和传输上的不足，另一方面是跨入社会工作之门的莘莘学子嗷嗷待哺。这便有了策划和出版社会工作经典译著的最初动因。我们希望通过这一系列书籍能够较为全面地介绍在西方已有上百年历史的社会工作专业的核心知识，为建立中国自己的社会工作知识体系做参考。

在整体结构上，"社会工作经典译丛"由三类书籍构成，即社会工作的基础理论、社会工作的基本方法和社会工作的价值观。这也是基于对社会工作知识体系构成的基本共识。具体来讲策划这套书主要有以下几点考量：

其一，完整性。整个译丛力图完整地呈现社会工作作为一个学科的全貌。译丛精选了社会工作理论、人类行为与社会环境、社会政策、个案工作、小组工作、社区工作、社会工作督导、社会工作研究和社会工作伦理等方面的书籍，全面涵盖了社会工作专业知识的三大组成部分，即基础理论、工作方法和价值观。考虑到价值观方面的教学一直是专业教育中非常重要的一部分，也是专业教育中的难点，所以本套丛书特别精选了再版7次的专门用来帮助学生认识伦理问题和困境，并适当加以处理的有关社会工作伦理的专著。其中涉及的保密原则和隐私权问题、当事人的知情权和自决权问题、临终关怀问题、艾滋病问题等在中国的社会工作实践中已经出现，由于处理不当而引发的争端和法律诉讼也曾见诸报端。这方面的论述相信不仅对于社会工作学生，对于社会工作从业人员也不无借鉴作用。

其二，经典性。所选书籍都是广受好评的教材或论著，对社会工作的知识有精到的描述和评说。作者都是各自领域的专家和知名学者，有着丰厚的积累，在书中详细展现了与所述主题相关的专业知识，特别是融合了许多最新研究成果和实务动态，对读者来说极具参考价值。这些书在许多国家都被社会工作教育者采用。几乎每本书都再版过多次。经过了使用者的检验和编写者的不断完善，这些书非常适合做社会工作专业教学的配套教材使用。

其三，适切性。为了能更好地配合教育部高等教育司组织制定的对社会工作专业主干课程教学的基本要求，译丛所选择的书籍基本都是社会工作专业主干课程的教材或论著。各书的框架也多与国内教学所要求的主体结构相契合，更能配合教学用途。

其四，实用性。一方面，所选书籍在内容的编排上注重方便读者使用。受以实证为本的工作方法的影响，大部分书籍穿插了与所涉及内容相关的研究结果和案例讲解，将理论与实践相结合。在语言上也大多深入浅出，贴近读者，减少了他们在消化吸收知识上的障碍。另一方面，书籍所涉及的内容也多是国内社会工作界涉足和关心的领域。如通才社会工作实务模式，操作层面的社会工作方法，社会政策的研究、分析与应用，身为社会工作教育和高层次管理人员开展督导的方法，等等。书中推荐的一些专业网站更可以帮助读者找寻更多的资源，丰富对书中相关内容的理解和把握。

其五，时代性。丛书中的每本书都是近两年来的最新版本，书中的内容涉及社会工作实务领域的一些最新发展，整套书如同一个多棱镜折射出社会工作学科的发展现状。大到社会福利体制管理上的变革，小至一些新的工作方法的使用，都有鲜明的时代特点。比如其中谈到的管理型卫生保健制度，个案管理，基因技术对社会工作的影响，网络技术对社会工作的影响，以实证为本的实践，私人执业，充实生活性质的社会工作，等等。一些实验性的工作方案在书中也有所介绍。这些无疑会拓展读者的视野。

2003年的一场"非典"像是对整个社会运行机制的一次检测，留下了许多宏观层面的问题，有待社会工作者去思考和解决。比如，社会危机处理机制、弱势群体保障机制、社会捐赠机制、基层社区的疾病预防和康复机制、志愿者的动员与使用机制等。而2004年的马加爵杀人案则给开展微观层面的社会工作提出了许多问题。比如，如何更有效地建立个人的社会支持系统、如何筛查处于危机边缘的人、如何提供更有效的危机防范与干预方法等。

德国著名哲学家恩斯特·卡西尔在《人论》中说："当领悟了一门外语的'神韵'时，我们总会有这样的感觉：似乎进入了一个新的世界，一个有着它自己的理智结构的世界。这就像在异国进行一次有重大发现的远航，其中最大的收获就是学会了以一种新的眼光来看待我们自己的母语。"歌德也说过："谁不懂得外国语，谁也就不了解本国语。"我们希望"社会工作经典译丛"的面世能起到这样的作用，让读者能有一次异国社会工作之旅，看到社会工作在专业发展比较成熟的国度里的情况。虽然译丛中谈到的都是国外社会工作的状况以及他们的问题与处理方法，但对我们反观自身、处理中国的问题应当说不无启示。

译丛的策划得到了中国人民大学出版社潘宇博士，首都师范大学教授、博士生导师范燕宁和中华女子学院教授刘梦的鼎力相助。在甄选书籍的过程中，笔者同她们进行了反复的讨论，最后确定的书目是笔者与她们共同斟酌的结果。丛书的译者队伍也都是各高校的教师，有较丰富的社会工作专业积累，为翻译质量提供了保证。在此对上述参与本丛书策划和翻译等工作的人员一并表示衷心感谢。

虽然参与本丛书的人都倾尽了心力，但仍难免挂一漏万，希望广大读者对不当之处能给予指正。

隋玉杰
2004年10月14日

2008年美国社会工作教育委员会教育政策与认证标准十大核心能力

专业认同

2.1.1 认同专业社会工作者身份并信守专业伦理

须具备的知识、价值观和技能

- 社会工作者充当本专业及其使命和核心价值观的代表。
- 社会工作者了解本专业的历史。
- 社会工作者致力于强化本专业和自身的操守与成长。

操作性的从业行为

- 社会工作者为服务对象获取社会工作服务做倡导。
- 社会工作者践行个人反思和自我修正,以确保持续的专业发展。
- 社会工作者注意专业角色与界限。
- 社会工作者在行为、外表和沟通方面表现出专业素养。
- 社会工作者投身终身学习。
- 社会工作者运用督导和咨询。

践行专业伦理

2.1.2 运用社会工作的伦理原则指导专业实践

须具备的知识、价值观和技能

- 社会工作者有义务在操守上合乎伦理,并做出符合伦理的决策。
- 社会工作者知晓本专业的价值观基础、伦理标准和相关法律。

操作性的从业行为

- 社会工作者认识和掌控个人的价值观,让专业价值观指导实践。
- 社会工作者运用全国社会工作者协会制定的伦理守则的标准和国际社会工作者联合会/国际社会工作院校联合会制定的社会工作伦理守则(如果适用的话)的标准及原则说明,做出涉及伦理的决定。
- 社会工作者容忍在解决伦理冲突方面存在模糊地带。
- 社会工作者运用伦理推理策略来做出符合伦理原则的决定。

批判性思维

2.1.3 运用批判性思维告知和沟通专业判断

须具备的知识、价值观和技能

- 社会工作者知晓逻辑、科学探究和推理思辨的原则。
- 社会工作者运用创造力和好奇心增强批判性思维。
- 社会工作者还要通过综合和沟通相关信息来践行批判性思维。

操作性的从业行为

- 社会工作者区分、评价和整合多个知识来源,包括研究知识和实践智慧。
- 社会工作者分析各种预估、预防、干预和评估模式。
- 社会工作者在与个人、家庭、团体、组织、社区和同事一道工作时能有效地进行口头和书面沟通。

践行多样性

2.1.4 将多样性和差异性融入工作实践

须具备的知识、价值观和技能

- 社会工作者了解多样性如何形成并塑造了人们的特色经历以及这些经历对于身份建构的关键作用。
- 社会工作者了解多样性的方方面面涉及多个因素的交叉,这些因素包括年龄、阶级、肤色、文化、残障、民族、社会性别、社会性别身份及表达、移民身份、政治意识形态、种族、宗教、生理性别和性取向等。
- 社会工作者认识到,由于差异,一个人的生活经历可能是受压迫、贫困、边缘化和异化的,也可能是拥有特权、权力和赞誉的。

操作性的从业行为

- 社会工作者认识到某种文化的结构和价值观可能会受压迫、被边缘化、被异化,抑或制造或增强特权和权力的程度。
- 社会工作者有充分的自我意识消除与不同群体一道工作时个人的偏见和价值观的影响。
- 社会工作者认识到并能与人沟通他们对差异在塑造人生经验中的重要性的理解。
- 社会工作者将自己视为学习者,并与他们的知情人建立关系。

人权与公正

2.1.5 促进人权和社会与经济公正

须具备的知识、价值观和技能

- 每个人无论在社会中处于何种地位,都享有基本人权,如自由、安全、隐私、适当的生活标准、医疗保健和教育。

- 社会工作者认识到压迫在全球范围内的联系，知晓有关公正的理论以及促进人权和公民权的策略。
- 社会工作将社会正义纳入组织、机构和社会的运行中，以确保这些基本人权能不带偏见地被公平享有。

操作性的从业行为
- 社会工作者了解压迫和歧视的形式与机制。
- 社会工作者倡导人权和社会与经济公正。
- 社会工作者投身促进社会与经济公正的实践。

基于研究的实践

2.1.6　投身知行合一与行知合一

须具备的知识、价值观和技能
- 社会工作者运用实践经验来指导研究，采用循证干预措施，评估自己的工作并利用研究结果来改进实践方法、政策和社会服务传输。
- 社会工作者懂得定量和定性研究方法，了解科学地、合乎伦理地建构知识的方法。

操作性的从业行为
- 社会工作者运用实践经验来指导科学研究。
- 社会工作者运用研究证据来支持实际工作。

人类行为

2.1.7　运用人类行为与社会环境的知识

须具备的知识、价值观和技能
- 社会工作者知晓生命历程中人的行为、人们生活的社会系统的范畴，以及社会系统促进或阻碍人们维持或获得健康幸福的方式。
- 社会工作者运用文科的理论和知识来理解人在生物、社会、文化、心理和精神方面的发展。

操作性的从业行为
- 社会工作者运用概念框架来指导预估、干预和评估过程。
- 社会工作者批判性地运用知识来理解人与环境。

政策实践

2.1.8　投身政策方面的工作，促进社会和经济方面的福祉并提供有效的社会工作服务

须具备的知识、价值观和技能

- 社会工作从业人员了解政策对服务提供的影响并积极参与政策工作。
- 社会工作者了解社会政策与服务的历史和当前结构、政策在服务提供中的作用，以及实践在政策制定中的作用。

操作性的从业行为

- 社会工作者为促进社会福祉而分析、制定政策并做出政策倡导。
- 社会工作者与同事和服务对象合作，采取有效的政策行动。

实务情境

2.1.9 回应实务工作的情境

须具备的知识、价值观和技能

- 社会工作者熟知所有实践层面上不断变化的组织、社区和社会的背景情况，有资源并能积极主动地回应。
- 社会工作者认识到实践环境是动态的，并运用知识和技能主动做出回应。

操作性的从业行为

- 社会工作者不断发现、评价和关注持续变化的地区、人口、科学技术发展和新涌现的社会趋势，以提供相关服务。
- 社会工作者在促进服务提供的可持续性改变和改善社会服务质量中发挥领导作用。

订立关系、预估、干预、评估

2.1.10 与个人、家庭、团体、组织和社区订立关系，做预估、干预和评估

须具备的知识、价值观和技能

- 专业实践涉及多个层面的订立关系、预估、干预和评估的动态和互动过程。
- 社会工作者具有开展个人、家庭、团体、组织和社区工作的知识和技能。
- 实务工作知识包括：

识别、分析和实施旨在实现以服务对象为目的的循证干预措施。

运用研究和技术进步成果。

评估方案的成果和工作的有效性。

发展、分析、倡导和提供政策和服务上的领导力。

促进社会与经济公正。

操作性的从业行为

（1）订立关系。

- 社会工作者富于实效地为个人、家庭、团体、组织和社区的行动做好准备。
- 社会工作者运用同理心和其他人际交往技巧。
- 社会工作者就工作重点和期望结果达成相互同意的意见。

（2）预估。
- 社会工作者收集、组织和解释服务对象的数据资料。
- 社会工作者预估服务对象的优势和不足。
- 社会工作者建立双方都同意的干预目的和目标。
- 社会工作者选择恰当的干预措施策略。

（3）干预。
- 社会工作者发起行动以实现组织的目标。
- 社会工作者实施预防性干预措施，增加服务对象的能力。
- 社会工作者帮助服务对象解决问题。
- 社会工作者为服务对象从事协商、调解和倡导工作。
- 社会工作者为转换和结束工作提供方便。

（4）评估。
- 社会工作者批判性地分析、监测和评估干预措施。

表 0-1 阐述了美国社会工作教育委员会教育政策与认证标准中的核心实践能力行为。

表 0-1 本书覆盖的美国社会工作教育委员会教育政策与认证标准中的核心实践能力行为

从业行为	章
专业认同（2.1.1）	
社会工作者为服务对象获取社会工作服务做倡导	二、三、八、十
社会工作者践行个人反思和自我修正，以确保持续的专业发展	一、二、三、八
社会工作者注意专业角色与界限	二、十
社会工作者在行为、外表和沟通方面表现出专业素养	三、十
社会工作者投身终身学习	一、三
社会工作者运用督导和咨询	
践行专业伦理（2.1.2）	
社会工作者认识和掌控个人的价值观，让专业价值观指导实践	一、八、十
社会工作者运用全国社会工作者协会制定的伦理守则的标准和国际社会工作者联合会/国际社会工作院校联合会制定的社会工作伦理守则（如果适用的话）的标准及原则说明，做出涉及伦理的决定	一
社会工作者容忍在解决伦理冲突方面存在模糊地带	一、六、十
社会工作者运用伦理推理策略来做出符合伦理原则的决定	六、八、十
批判性思维（2.1.3）	
社会工作者区分、评价和整合多个知识来源，包括研究知识和实践智慧	七、九、十一
社会工作者分析各种预估、预防、干预和评估模式	三、四、九、十一
社会工作者在与个人、家庭、团体、组织、社区和同事一道工作时能有效地进行口头和书面沟通	三、七、九、十一

续表

从业行为	章
践行多样性（2.1.4）	
社会工作者认识到某种文化的结构和价值观可能会受压迫、被边缘化、被异化，抑或制造或增强特权和权力的程度	四、五、七、九、十
社会工作者有充分的自我意识消除与不同群体一道工作时个人的偏见和价值观的影响	四、七、九、十
社会工作者认识到并能与人沟通他们对差异在塑造人生经验中的重要性的理解	五、七
社会工作者将自己视为学习者，并与他们的知情人建立关系	四、七、九
人权与公正（2.1.5）	
社会工作者了解压迫和歧视的形式与机制	一、二、四、五、八、十
社会工作者倡导人权和社会与经济公正	二、四、八
社会工作者投身促进社会与经济公正的实践	二、四、五
基于研究的实践（2.1.6）	
社会工作者运用实践经验来指导科学研究	七
社会工作者运用研究证据来支持实际工作	三、七、十一
人类行为（2.1.7）	
社会工作者运用概念框架来指导预估、干预和评估过程	五
社会工作者批判性地运用知识来理解人与环境	四、五、六、十一
政策实践（2.1.8）	
社会工作者为促进社会福祉而分析、制定政策并做出政策倡导	一、二、六、九
社会工作者与同事和服务对象合作，采取有效的政策行动	一、六、九
实务情境（2.1.9）	
社会工作者不断发现、评价和关注持续变化的地区、人口、科学技术发展和新涌现的社会趋势，以提供相关服务	四、五、六、七
社会工作者在促进服务提供的可持续性改变和改善社会服务质量中发挥领导作用	六、七、八、十一
订立关系、预估、干预、评估〔2.1.10（1）—（4）〕	
（1）订立关系	
社会工作者富于实效地为个人、家庭、团体、组织和社区的行动做好准备	二、三、九
社会工作者运用同理心和其他人际交往技巧	九
社会工作者就工作重点和期望结果达成相互同意的意见	十一
（2）预估	
社会工作者收集、组织和解释服务对象的数据资料	九
社会工作者预估服务对象的优势和不足	三、九、十一
社会工作者建立双方都同意的干预目的和目标	九
社会工作者选择恰当的干预措施策略	二、九

续表

从业行为	章
（3）干预	
社会工作者发起行动以实现组织的目标	二
社会工作者实施预防性干预措施，增加服务对象的能力	二
社会工作者帮助服务对象解决问题	
社会工作者为服务对象从事协商、调解和倡导工作	九
社会工作者为转换和结束工作提供方便	
（4）评估	
社会工作者批判性地分析、监测和评估干预措施	二、三、九、十一

表 0-2 汇总了各章涵盖的核心能力。

表 0-2　各章涵盖的核心能力汇总

章	专业认同	践行专业伦理	批判性思维	践行多样性	人权与公正	基于研究的实践	人类行为	政策实践	实务情境	订立关系、预估、干预、评估
一	√	√			√			√		
二	√				√			√		√
三	√		√			√				√
四			√	√	√		√		√	
五				√	√		√		√	
六		√					√	√		
七			√	√					√	
八	√	√			√					
九			√	√				√		√
十	√	√	√	√						
十一			√			√	√		√	√
总计章数	5	4	5	5	6	3	4	4	6	4

前　言

宏观实务对不同的人来说会意味迥异，因此我们觉得在开篇之初就分享我们的观点是很重要的。多年来，我们兴味盎然地了解到，我们以前的版本被用于研究生和本科阶段的人类行为和政策实务课程，以及社区实务和社会服务组织课程。很可能，各种各样的课程设计和划分课程内容的不同方式诠释了如何使用这本书的不同观点。虽然我们很高兴有这么多教师同行发现了这本书及其内容的各种用途，但我们也希望借此机会澄清我们对这本书的看法。

我们意识到，作为一个专业，社会工作历史的标志性特点，是在针对个人的干预和针对更大系统的干预（或在其中进行干预）之间转换，以及在两者间存在着紧张关系。早期对后者的看法主要集中在政策层面（尤其是立法过程）的参与上。由于人们认识到需要社会工作行政和管理以及社区方面的内容，并将其纳入许多学校的社会工作课程中，因此该主题也得到那些想以更大系统为工作对象或在其中工作的人的青睐，从而成为一个专业方向。为了不让学生所学课程超载，学校常常迫使他们在专业方向上必须选择或宏观或微观的领域，造成虚假的二分法，因为事实上所有行当的社会工作都要把两者结合运用。

因此，当我们教授有关社区和组织变革的必修基础课时，当我们与该领域的学生和专业人士一道工作时，我们开始意识到实践的动态变化和对从业人员的期望。学生和从业人员都在开展一些人群的工作，诸如无家可归者、青少年街头团伙成员、家庭暴力受害者、长期失业者、体弱的老人以及其他被剥夺了权利的群体。尽管社会工作者总是需要个案工作和临床技能，以一对一的方式帮助有需要的人，但是我们也越来越明显地看到，他们也被期望在社区层面进行干预。典型的活动包括推动建立更多的庇护所，为青少年街头团伙成员和受监禁的青少年发展邻里替代解决方案，解决长期失业问题，以及将错综复杂的长期照护服务作为社区问题加以处理。

这些活动并非新生事物，许多都与本专业早年的社区睦邻工作者的工作相仿。尽管如此，许多社会工作专业的学生仍按传统观点认为自己是在为个人或家庭层面的干预做严格的准备。当要求他们发起行动并设计干预措施（这些措施会影响大量的人，并在社区或组织层面上解决问题）时，他们会感到意外和不安。因此，这本书的一个主要目标是重拾对于社会工作实务的更为宽泛的定义,使工作者认识到如果要提供有效的服务,那么他们要能够在个人或家庭层面与社区或组织层面间搭建起桥梁。

当宏观系统的社会工作实务被视为仅仅是行政管理者、社区组织者、项目规划者和其他人的领域时,至关重要的与数百万每天跟环境限制做斗争的人的联系就被斩断了。我们相信,每天都能看到服务对象的社会工作者是最了解宏观层面变革需求的人。在这一情境下,宏观实务界定了社会工作实践的独特性。许多学科都声称在开展个人、群体和家庭工作方面拥有专长,但独有社会工作长期以来聚焦于服务对象在其中发挥作用的组织、社区和政策环境。"人在环境中"的概念不仅仅是一个让社会工作者意识到环境影响的口号。它意味着社会工作者认识到,有时是"环境",而不是"人"需要改变。

宏观层面的改变可能(但不一定总是)涉及美国联邦和州层面的大规模、代价高昂的改革,或者选举更同情贫困者、同情被忽视和得不到充分服务的社会成员的候选人。有时,有用的宏观层面的改变可能是组织起当地的街坊四邻来应对社区状况的恶化和衰败;有时可能意味着发起一个自助小组,然后退后,让成员扮演领导角色。这本书的重点是使社会工作从业人员能够用知情分析的方式采取所需的任何类型的宏观干预措施,并有信心能够胜任工作和取得积极成果。

链接核心能力系列丛书

新版教材现在是培生教育"链接核心能力系列丛书"的组成部分。该丛书由多本基础性教材组成,使之比以往任何时候都更容易确保学生成功学习到2008年美国社会工作教育委员会(Council on Social Work Education,CSWE)所陈述的十种核心能力。本教材包含:

核心能力标识。核心能力标识贯穿整个章节,直接将CSWE陈述的核心能力与文本内容串联在一起。**批判性思考问题**则进一步提高学生对CSWE标准的掌握。为了便于参考,前文按章用矩阵图的方式列出了每章所运用的能力。

章末实务测验。测验题为多项选择题,测试学生对本章内容所涉及知识的掌握情况。

能力评估。在每章的结尾处,可以评估学生对所学技能的掌握程度。

在章末的"我的社会工作实验室"里可以找到与视频和案例研究有关的更多问题。你可以鼓励学生访问网站并探索丰富的可用资料。如果本教材未附带访问MySocialWorkLab的密码,你可以在 www.mysocialworklab.com 上购买访问权限。

致谢

自本书1993年第一版面世至第五版完成以来,很多事都发生了变化。我们现在分散在四个不同的地方:弗吉尼亚州、亚利桑那州、威斯康星州和北卡罗来纳州。在本版中,我们很高兴合作团队添加了一位新同事洛丽·托马斯（Lori Thomas）。我们感谢我们工作过的四所大学的同事和学生，他们多年来为我们提供了建设性的、有助益的反馈。我们特别要感谢科琳·詹切夫斯基（Colleen Janczewski），他承担了将能力标识到每一章的内容中的细致工作。此外，我们还要感谢在其他大学使用我们的教材并提供反馈意见的同人。我们也感谢许多审稿人所做的工作，他们对早期的稿件进行了细致用心的评估。在第五版中，审稿人是指加利福尼亚州立大学的钟乔（Jong Choi）、休斯敦大学的加里·诺曼（Gary Norman）、匹兹堡大学的特蕾西·索斯卡（Tracy Soska）和印第安纳州立大学的罗伯特·弗农（Robert Vernon）。

我们向前编辑帕特丽夏·奎宁（Patricia Quinlin）表示衷心的感谢，感谢她在我们开始修订本书时的监察、耐心、兴趣和帮助。对于我们现在的编辑阿什利·道奇（Ashley Dodge），我们感谢她如此努力地为我们在撰写这个版本期间的许多转换提供便利，并回答我们在这一过程中的许多问题。对于我们的项目经理约瑟夫·斯科达托（Joseph Scordata），我们对他对细节的认真把控和在整个过程中表现出的持续热情鼓掌。

最重要的是，我们感谢那些学生和从业人员，他们经常面对似乎不可逾越的障碍，却继续按照应有的方式践行社会工作。这本书是献给他们的。什么层面有需要他们就进行什么层面的干预。他们死磕看似难以处理的问题，面向已丧失希望的服务对象开展工作，直到其能重新发现并追求希望。他们的精神和奉献不断激励我们努力为下一代社会工作者提供力所能及的指南。

目 录

第一章 **宏观社会工作实务导言** / 1
情境中的宏观实务 / 1
什么是宏观实务？ / 4
宏观实务的基石 / 8
三个案例 / 15
于困境中求生存 / 24
专业认同 / 26
小　结 / 27
我的社会工作实验室 / 29

第二章 **宏观实务的历史渊源** / 31
助力催生社会工作角色的趋势 / 31
社区组织与社会改革 / 40
社会工作的组织背景 / 43
当代趋势 / 45
变革的重要性 / 66
小　结 / 67
我的社会工作实验室 / 68

第三章 **理解社区和组织性问题** / 70
什么是社会工作实务？ / 70
制定变革的指导原则 / 74
解析问题与机会 / 77

小　结 / 95
附录　理解社区和组织性问题的框架 / 95
我的社会工作实验室 / 96

第四章　**理解人群** / 99
挑选和研究一个人群 / 99
理解问题和人群 / 115
小　结 / 119
附录　理解目标人群的框架 / 120
我的社会工作实验室 / 121

第五章　**理解社区** / 123
导　论 / 123
社区功能 / 127
区分社区理论与模式 / 130
系统理论 / 131
人类或人口生态学理论 / 135
人类行为理论 / 137
权力、政治与变革理论 / 141
当代理论视角 / 145
社区实践模式 / 151
小　结 / 154
我的社会工作实验室 / 155

第六章　**评估社区** / 157
导　言 / 157
两个社区的简介 / 158
社区评估框架 / 162
小　结 / 190
附录　社区评估的框架 / 191
我的社会工作实验室 / 193

第七章　**解读组织** / 196
导　言 / 196

科层制和组织结构 / 200
管理理论 / 204
组织目标和自然系统观 / 211
决策制定 / 214
作为开放系统的组织 / 215
当代观点 / 221
小　结 / 235
我的社会工作实验室 / 236

第八章　**评估社会服务组织** / 238
导　言 / 238
社会服务组织的两个案例 / 239
小　结 / 278
附录　社会服务组织评估框架 / 279
我的社会工作实验室 / 282

第九章　**支持变革提案的准备工作** / 284
策划干预 / 284
建立支持系统 / 289
挑选变革的途径 / 303
小　结 / 307
附录　形成干预框架 / 308
我的社会工作实验室 / 310

第十章　**挑选合适的策略和手法** / 312
评估政治经济方面的背景因素 / 312
挑选策略和工作手法 / 320
小　结 / 335
附录　挑选合适的工作手法的框架 / 336
我的社会工作实验室 / 338

第十一章　**计划、落实、监测和评估干预工作** / 340
计划干预的细节 / 340
计划干预 / 343

制定干预目标 / 344
落实和监测行动计划 / 352
小　结 / 360
附录一　计划、落实、监测和评估干预工作 / 361
附录二　案例：杰克逊县寄养照顾 / 363
我的社会工作实验室 / 369

参考文献 / 372
索　　引 / 386
译后记 / 411

第一章

宏观社会工作实务导言

情境中的宏观实务

本书面向所有社会工作者，无论他们在社会工作院校时选的方向是微观还是宏观领域。本书将宏观实务作为所有社会工作者都会涉足的一系列专业活动，以导论方式加以介绍。尽管有一些从业人员会把精力主要放在某个特定领域而不是其他领域，但是所有社会工作者都会遇到这样的情况，即宏观层面的干预是对某一需要或问题的恰当回应。因此，我们将宏观实务定义为专业引领下的干预，用于给组织、社区和/或政策领域带来变革。

本书的对象不是机构行政管理、项目规划、社区组织或政策分析职位的全职从业人员。全职的宏观实务社会工作者需要比它更高阶的知识。本书也不是关于如何专攻宏观实务方向的。相反，它旨在提供宏观实务方面的基本知识和技能，让社会工作从业人员在其职业生涯的某个阶段需要从事这方面的工作时可以胜任。[1]

之前的学生的经验

不管我们以前的学生对毕业后的工作角色有怎样的设想，他们都参与了宏观层面的活动。因此，在每次准备修订本书的时候，我们都会与现在从事社会工作的之前的学生交谈，其中一些人直接与服务对象打交道，而另一些人在美国和世界其他地方担任协调员、

---

[1] 此处所述情况是针对美国而言的。——编者注

制定方案者、经理、行政人员、组织者和政策分析师。我们还保存了来自之前的学生的电子邮件，这些学生让我们了解最新情况并向我们提出问题。然后，我们会有些点评，说明学生对社会工作实务的期望与他们在一线工作后的实际经验之间的差异。

例如，一位受雇于美国印第安人保留地的社区机构的社会工作者分享了这些想法："文化对于我们的工作特别重要。我必须经常向土生土长的本地人寻求意见建议，这样我就不会对一同工作的人有先入为主的想法。社区的概念，以及它对于这个部落意味着什么，甚至土地的价值作为其传统的一部分，都是至关重要的。这比我上学时想象的要复杂得多。"在她的位置上，这位社会工作者开始欣赏我们所教的对于微观社会工作和宏观社会工作的虚假二分法。尽管她直接开展部落成员的工作，但她要不断评估他们的环境，征求意见，并认识到她的所有行动都嵌入其中的文化背景。

另一位之前的学生进一步强调了社区的重要性："令我吃惊的是，我需要了解那么多的关于社区的信息——人们的价值观、资助来源以及如何评估社区的需求。即使我是从事直接服务的，我也经常被拉到必须处理更广泛社区问题的任务小组和委员会中。"这位实务工作者联系我们，分享在她的机构中地理信息系统（GIS）的使用如何变得至关重要。她学会了使用地理信息系统在社区内发现有服务需要的地方，并利用她的发现说服决策者将目标调整到最需要的人身上。

我们的一位之前的学生决定尝试到一个新地方工作。她从澳大利亚发来一封电子邮件，在那里她也认识到了文化的复杂性。她写道："我在这里的北部地区找到了一份家庭咨询员的工作，他们称之为在丛林边工作。如果你想知道它有多偏远，可以在网上查一下。我的主要工作职责是开展土著青年及其家庭的工作，尤其是那些受到政府过去同化政策影响的人。这些政策是：由政府官员将土著人（或部分土著人）从他们的家中带走，将他们安置在白人家庭或机构中。他们称这群人为'失窃的一代'。这是临床类的工作，但我是在一个新社区组织中，我们迫切需要关于资金申请写作和筹资方面的书籍和阅读材料。你能帮忙吗？"收到与此类似的电子邮件并不罕见，因为从业人员突然意识到在找到并获取资源以维持社会服务项目运行方面拥有技能的重要性。

这些社会工作者重点关注当地社区关心的方面，另一些人则发现自己身处政策制定场域。一位研究生发了以下电子邮件："你说得太对了！拥有优秀的写作技巧，知道如何说服各种各样的听众太重要了！我现在是州最高法院的一名法庭服务方案专员，我很惊讶地发现，我不得不设法持续地瞄准各种各样的群体，我想让其加入帮助残疾儿童的行动中来。有时我必须先面对面，通过人际交往令对方信服，但也有人在肯见面前要求我先准备一份立法方面的简报。我也在学习如何精通技术。你会对我如何能在线追踪立法进程，以及我如何通过电子宣传网络动员选民而感到吃惊。这些政策分析和技术方面的技能正在派上用场。"

一位在县社会服务部门谋得职位的毕业生说："我希望我最终能有足够的回旋余地，从儿童和成人保护服务过渡到工作福利领域，那是我的主要兴趣所在。我认为政治体系主要是卷入重大政策问题中，而非落实政策。他们通过了立法，然后期望州和地方的服务传输系统来执行政策决定。我认为在微观层面上,立法者关心的是向选民提供服务,特别是当他们接到电话时。在宏观层面上,我不确定是否有对消费者满意度的承诺。我认为更多的时候社会服务被视为社会控制方案。我这么说是不是愤世嫉俗?"这名从业人员认识到,政策意图往往是多么难以在机构和社区得到落实。

我们从一线工作人员那里不断听到,除非政策能够落实,否则政策意图没多大意义。一位之前的学生,现在是一名从事临终关怀的社会工作者,写道:"在所有关于结果导向的测量和循证实践的论调中,我很难把观点串联到一起。我所有的服务对象都死了,而如果他们不死,我们就必须把他们从我们的项目中除名,因为他们的寿命超过了分配给他们的六个月。很讽刺,不是吗?政策要求我们把他们排除在外,而如果没有我们提供的服务,你可以放心,他们的情况会恶化。我认为我们项目的一个'很好的恰当结果'是病人的状况逐步恶化,因为如果他们好转了,我们就不能再为他们服务了。更糟糕的是,当每个人最终都会死去时,很难测量我们工作的最终成果。我想'好死'是我们的成果,但是你怎么才能界定这个概念?你愿意帮我做方案评估吗?当我们在课堂上谈论这件事时,这似乎容易得多。"

我们以前的一个来自尼日利亚的学生,回到她的国家,建立了一个使命组织,旨在改善老年人的福利。她写道:"从我们在这里的初步研究来看,与贫困和健康相关的问题是老年人最普遍的两大类问题。然后,再加上丧偶,你会看到一个可怕的画面。有些疏于照顾老年人的案例主要是由家庭成员的经济状况造成的。情况是你得有能够分享的东西。如果你没东西可吃,你就不能给另一个人提供食物。这是我们在这里的项目要尝试解决的问题。"

与此相对照,美国一家医院的社会服务部门前主管告诉了我们她从事老年人照护的情况:"我在这里待的时间已经足够长,可以看到与诊断相关联的分类是如何产生的。这是老年医疗保险系统确保老年患者能有效出院的方法,如果他们没有出院,医院就必须承担费用。"她接着解释了从事健康照护的社会工作者是如何吃力地理解自身角色的,而这常常受到资金来源授权的可报销服务的限制。了解健康照护组织改变、多元化和面向社区的方式,对于跟与自己类似角色的其他专业人员打交道的社会工作者来说已变得至关重要。由于健康照护和其他组织中的社会工作部门被去中心化,归口到成本核算中心,社会工作者必须理解为什么会做出这样一些行政决定,并找到影响未来相关决策的方法。这些社会工作者中的许多人进入卫生保健系统的目的是提供咨询服务,但他们实际从事的工作却是做出倡导、寻求问题解决方案和危机干预、进行个案管理以及制订出院计划。他们在访问和使用大型信息系统方面也遭遇了技术方面的挑战。

另一个学生这样说道:"让我觉得从事这个职业是值得的是,这里有一个非常忠实的核心人群,他们真的是为了这个专业的理想而活。他们是很有天赋的人,可以在其他地方赚多得多的钱,但是他们为自己的信念做事。和他们一起工作总是很愉快的。我们最大的挫折是有这么多人(例如州立法委员)对这个职业拥有如此大的权力,却不了解社会问题和人的需要是什么。即使专业人士在职业生涯的大部分时间里试图了解如何帮助有需要的人，他们的观点和看问题的角度也往往得不到决策者的采纳或尊重。"

一家私营的营利性收养机构的临床主任补充了这一观点："与许多社会工作者不同，我在一家营利性机构工作。我们的决定总是要结合商业的角度来考虑。我们的业务量相当小，我认为机构主管对于我关切服务对象所得到的对待是有回应的，但我仍然必须适应盈利和为服务对象服务之间可能出现的张力。"

最后一点，一个毕业后从事直接服务的学生说："我所受的社会工作教育让我懂得自己所知甚少。我觉得自己好像只学到了皮毛。学习是一个长期持续的过程。我在一个头部受伤中心工作，我从接触宏观实务角色中学到的是，你必须了解你工作的组织，尤其是在那里所发生的事情背后的哲学。这远比我想象的更为重要。"

这些引述讲了多个故事。首先，社会工作者在日常工作中面临的问题不限于服务对象的问题。如果社会工作者要有效地为自己的服务对象提供服务，那么许多问题必须在机构、社区和政策层面得到认识和解决。其中一些问题需要变革服务、项目或政策的性质。大多数需要了解自 2008 年以来经济衰退所造成的资助问题和复杂情况。在社会服务项目中，至少到目前为止，社会工作者不能期待获得额外的资金或增加工作人员，而是需要找到方法，用相同或更少的资源提供甚至改善服务。其次，在课堂环境中学习的技能对于实际工作的成功至关重要，不管是写作、人际交往、预估、评估还是其他技能。最后，从业人员在进入各自的就业岗位后会继续学习，他们对政策意图、技术的使用以及如何提出正确问题的洞见常常让他们自己也感到吃惊。我们感谢以前的学生帮助我们说明跨情境、跨领域运用宏观实务技能，以及宏观实务对本专业的重要性。

什么是宏观实务？

如前所述，宏观实务是专业引领下的干预，旨在给组织、社区和政策场域带来变革。宏观实务就像所有社会工作实务一样，既从理论根基中汲取了养分，又对发展新的理论有所贡献。宏观实务以许多实务取向中的某个取向为基础，在专业价值观和伦理规范的框架内开展工作。在当今世界，宏观实务很少是某个专业的领地。相反，它涉及了许多学科和专业人员互动的技能。

宏观活动超出了个别干预，但往往基于与服务接受者进行一对一工作的过程中识别出的需求、问题、议题和关注点。宏观社会工作实务发生的场域可以用不同的方法来加以提炼。罗斯曼、埃里希和托普曼（Rothman, Erlich & Tropman, 2008）识别出了三个干预领域：社区、组织和小群体。我们选择社区和组织作为本教材的主要关注点，将小组工作打包放入社区和组织大多数干预措施的关键部分中。小群体被视为人们的集合体，成员协作完成任务，朝着达成共识的变革方向迈进。我们的观点是，小群体往往是社区和组织制定变革策略的核心,因此,将之归入变革策略或使其成为变革推动者的组成部分,而不是变革的焦点更符合逻辑。

有些作者(Gilbert & Terrell,2010;Jansson,2011;Karger & Stoesz,2009)关注发生宏观干预的政策背景。政策领域在其他社会工作教科书中有很好的阐述,补充了本书的内容。例如,康明斯、拜耳和佩德里克(Cummins, Byers & Pedrick, 2011)的著述。组织和社区场域深深植根于政治制度之中,这通常是制定社会政策的起点。虽然这些政策的制定和分析不是我们的主要关注点,但是对于宏观变革而言,理解本地、州和国家政治中的突出意识形态和价值观是最基本的要务。

社会工作实务涉及的干预落脚点

社会工作实务被界定得很宽泛,并容许包括微观(个人、家庭单位或群体)和宏观层面(组织、社区或政策)的干预。见专栏1-1。承担宏观干预的社会工作者常常会从事所谓的"政策实践"(Jansson,2011),因为政策变化与组织和社区的事情息息相关。鉴于这种分工,一些专业角色要求社会工作者全职参与宏观实务。这些专业角色常常被冠以诸如规划师、政策分析师、方案协调员、社区组织者、项目主管和行政主管等头衔。

专栏1-1　　　　　　　　　干预落脚点

落脚点	主要的干预焦点
微观	个人
	家庭单位
	小群体
宏观	组织
	社区
	政策

从事微观服务的工作者或临床社会工作者也有责任发起在组织和社区中的变革。扮演微观层面角色的员工往往第一个认识到需要变革的迹象。如果一两个人呈现了某个特定的问题,那么理所当然的反应就是把他们作为个案来处理。然而,随着越来越多的个人出现同样的情况,很明显,这些与服务对象打交道的特定系统可能出了问题。社会工作者必须继而负责识别需要变革的系统以及需要什么类型的变革。需要变革的系统的性质和所需变革的类型可能引起针对整个社区的干预或针对单个组织的干预。

举例来说,假设一个老年中心的工作人员发现,社区中的许多老年人由于缺乏自我照顾而陷入社会隔离并可能营养不良,那么个案工作者可以跟踪每个人,一次一个,尝试提供入户探访和所需的服务。但是这可能要花很长时间并产生有得有失的结果。另一种选择是从宏观角度处理这个问题，投入时间来组织机构和社区资源，去识别需要老年中心服务的老人，并确保通过工作人员和志愿者的共同努力提供服务。

对于某个进入社会工作领域，期望一次开展一个人的工作的人来说，这似乎是一项复杂的工作。尽管宏观层面的干预确实会很复杂，但我们力求提供某种系统化的方法，使这一工作更可控。也请记住，这些干预通常是在他人的帮助下完成的，而不是靠一己之力。

宏观社会工作实务的系统性方法

图1-1说明了社会工作者可以用来识别、研究和分析变革的需要，并开始形成解决方案的一种方法。最初有人意识到存在的问题可能以多种方式呈现。它可能会是从某个服务对象那开始引起社会工作者的注意的。一个社区内的一群居民可能会提出需要解决的问题和担忧。工作场所的问题，如服务对象的服务质量，可能显现出来，需要进行有组织的干预。社区的问题可能如此突出，以至要求变革的呼声可能来自四面八方。无论社会工作者如何识别变革契机，他们都在一个不容忽视的政治环境中发挥作用。

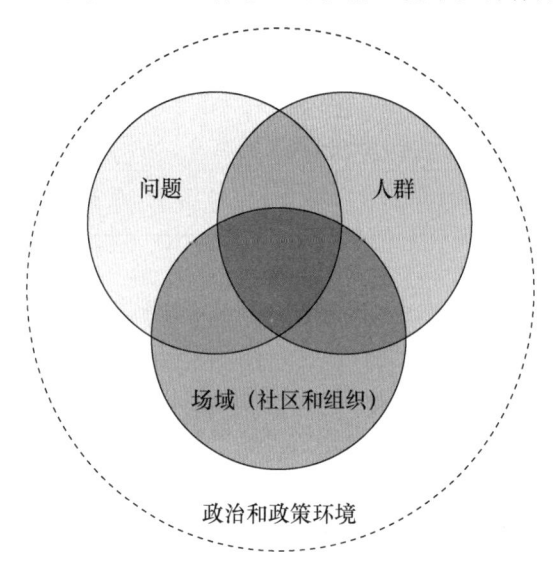

图1-1 宏观实务概念框架：理解问题、人群和场域

图1-1中的三个有重叠的圆圈说明了社会工作者在进行宏观层面的变革时努力的焦点。我们将这些焦点称为：(1) 问题；(2) 人群；(3) 场域。

良好的社会工作实务需要理解。例如，为了从宏观层面帮助酗酒的服务对象，社会工作者必须了解问题（酗酒）、成瘾者的背景情况、人群（如老年人、退休男性）以及问题发生的场域（社区或组织）。了解社区和组织增加了社会工作实践的复杂性，但这种了解是成功进行宏观层面干预的重要前提。

在理解问题、人群和场域的过程中，社会工作者不可避免地要关注图1-1中描绘的不同圆圈的重叠区域。让我们继续以老年退休男性酗酒为例，检索酗酒成瘾是如何形成的相关理论，阅读检验各种干预措施的研究报告和与目标人群有关的文献，这些都很重要。随着变革推动者建立起关于问题和人群的知识体系，关注这两个领域重叠的部分变得尤为重要：酗酒及其对老年退休男性的独特影响。

同样重要的是，了解酗酒现象如何影响当地社区（问题和场域的重叠），以及当地社区在多大程度上理解和解决老年退休男性的需求（人群和场域的重叠）。最后，在宏观实务的环节中，目标是努力理解所有三个圈重叠的区域（酗酒及其对特定社区或城镇中老年退休男性的影响）。

当社会工作者和其他变革推动者研究这一情形时，他们至少会对以下方面有一定的理解：（1）与酗酒有关的基本概念和问题，（2）老年退休男性，（3）当地社区和/或相关组织，（4）酗酒及其对老年退休男性的影响，（5）酗酒及当地社区的解决方法，（6）当地社区如何解决老年退休男性的需求，（7）可获取的干预措施及其对感兴趣的人群和社区的适用性，（8）当地社区酗酒的老年退休男性的问题和需求。

> **政策实践**
>
> 批判性思考问题：微观实务的哪些优势有助于处理宏观实务的复杂问题？

社会和社区的问题及需要也必须在对问题、人群和社区或组织有影响的更大的范围内加以解决。有效地处理社会和社区的问题及需要要求社会工作者意识到将在其中进行变革的政治环境。出于这些原因，我们把三个圈（问题、人群和场域）放在一个大的由点构成的外圈内，以描绘政治环境。理解宏观实务工作所处的政治和政策环境的重要性和必要性，怎么强调也不为过。

宏观社会工作实务中微观与宏观的关系

鉴于宏观干预的复杂性，从业人员开始可能会感到不知所措。做好直接服务或临床工作还不够吗？倾听服务对象并提供选择也不够吗？我们的回答是，只专注于个人心理问题的专业实践不符合对社会工作的界定。作为一名社会工作者，其需要将服务对象视为构成人的社会和物理环境的多个重叠系统的一部分。社会工作职业致力于同弱势和服务欠缺的人群一起寻求社会公正和经济公正，而在面对这些不平等时，社会工作者有必要掌握宏观实务技能。例如，想想这样一位女性，她被举报疏于照顾孩子，她住在一个摇摇欲坠的房子里，房东拒绝解决房子的结构问题。临床干预对增强她的情绪应对能力可能会有用，但仅进行这样的干预会忽略了她面临的深层问题。社会工作者若不愿意在有需要时从事一些宏观实务活动，那就不是在践行社会工作。

同样，承担宏观实务工作的社会工作者必须了解在个人、家庭或群体层面向服务对象提供直接服务时要做些什么。若不知晓这些，宏观实务工作可能就没有充分的基础去理解服务对象的问题和需要。举一个例子，一名社会工作者开展了一项社区预防犯罪运动，以打击社区内频现的小偷小摸行为，但他不知道大多数情况下做这些事的是极少数急需干预的吸毒居民。微观与宏观角色的相互联系是社会工作实践的核心。简单而言，对社会工作者来说，了解个人和群体干预的性质与了解组织、社区和政策变革的性质同等重要。

因为我们相信所有社会工作者都是专业的变革推动者，所以我们在本书中交替使用社会工作者、专业人士和变革推动者这些术语。社会工作者总是变革的推动者，因为他们不断地识别所需要的变革，使服务系统对目标人群更具响应性或敏锐性。事实上，变革是社会工作实务的一部分，我们无法将两者分离。其他专业人士也可能将自己视为变革推动者。当代宏观实务工作者与其他学科的人合作并结成伙伴十分重要，这样，不同领域的知识就可以用于规划有效的变革。专业意味着认同一套价值观，将服务对象的利益放在首位；专业人士依靠知识、判断和技能来践行这些价值观。在本章的后面，我们将讨论专业价值观的意义。这些价值观将扮演不同角色、在不同场域和专门领域中的社会工作者团结在一起。

> 微观与宏观角色的相互联系是社会工作实践的核心。

宏观实务的基石

了解整合了微观和宏观干预的社会工作的专业使命，尊重这样去身体力行的从业人员，对于认识宏观实务的重要性至为关键。从本质上讲，社会工作者有一个使命，即发挥"两手都要抓"的优势，先开展个人层面的服务接受者的干预，然后巧妙地进入一个更大的系统做干预，以给更多的个人的生活带来改变。

同样地，个人的即政治的，这一观点强调了一种信念，即不能脱离大的社会背景来看待个人。个人采取行动或不采取行动都会影响他们周围的人，并可能会对组织或社区内的其他人产生广泛的影响。因此，微观和宏观角色是相互联系在一起的。

对于那些致力于不仅为各个服务对象而且为整个街道、组织和社区带来积极变化的社会工作者来说，问题在于怎么能满足对于工作的所有期许，同时仍能参与更大范围内的问题的解决。

在本书第三章至第十一章中，我们会尝试呈现有计划的变革模式的组成要件，以使变革工作既具有可行性又可掌控。在我们聚焦到变革模式之前，有必要先为宏观实务奠定一个基础。这个基础为了解相关理论、模式和方法，价值观和伦理，专业人员的角色和期许，以及宏观实务的历史渊源。在本章的其余部分，我们将介绍理论和模式、价值观和伦理困境以及专业身份认同。第二章将回顾宏观社会工作实务的历史。

理论、模式和方法

　　理论是自成一体的相互关联的概念和建构，它们提供了一个框架来理解某些事怎么以及为什么会有效或无效。模式是基于理论开的处方，为从业人员提供指南和方向，而方法则较少有规定性。换句话说，理论为思考问题或需求提供了工具，而模式和方法则为行动和干预提供了指南。在这本书中，我们提出了一个有计划的变革的实践模式，它相当具有指导性，是从系统理论派生出来的。例如，在个人层面上，理论为各种类型的精神疾病的成因提供了解释，而从这些理论中产生的实践模式提出了帮助受疾病影响的人的方法。而在更大的范畴内，社会学理论可以描述社区、组织或社会是如何运作的。在社区和组织中发起变革的实践模式（如本书中提出的有计划的变革模式）说明了这些理论如何引发具体的行动。

　　系统理论似乎跟微观和宏观层面的干预都有相当大的相关性。系统理论认为，任何实体都有多个组成部分，不管它是一个群体、一个组织还是一个社区。实体可以被理解为由相互联结的组件构成的系统。某些共同原则有助于理解系统，无论是大到国际公司还是小到一个家庭。系统要运行需要一些资源，其形式可能是人员、设备、资金、知识、合法性或其他形式的供给。这些资源在系统内相互作用并产生成为系统的东西。

　　让我们来设想一个针对同性恋青年的社会服务机构。志愿者和工作人员、各种来源的资金方、本地学校的教师、关心这件事的家长以及青年人自身都可能聚集到这一社会服务场所。他们之间的关系和相互作用将决定该组织是作为一个系统来运行，还是各行其是的分散零部件的集合体。运行良好的系统各构成部分之间有将其团结在一起的有活力的互动。而使这一社会服务机构团结在一起的互动可能是教师、家长和青年人走到一起时产生的沟通交流，他们由一项重要事业而结成的纽带，他们对使命的共同承诺，以及为青年人创造一个更安全、更具支持性的环境的愿望。系统预计会发生冲突并有办法在发生冲突时加以应对。对于一个致力于服务同性恋青年的机构来说，会有强大的社区力量不赞成该机构所做的事情，这些社区力量想要提供不同的干预措施，甚至想要改变这些青年。取决于冲突的程度，系统可能会有相当严格的边界，以保护自身免受外力的影响。这一系统的产出将会是能够更好地在更大的环境中发挥作用并获得自我身份感的青年。

　　社区研究者罗兰·沃伦（Roland Warren, 1978）提供了一个很好的例子，说明如何将系统理论应用于理解社区。他的工作以界定社会系统特征而闻名的社会学家塔尔科特·帕森斯（Talcott Parsons）的工作为基础。他还结合了其他人的工作，这些人描述了社区系统与以前应用系统理论的群体和正式组织的区别。

　　沃伦认为社区不仅仅是一个系统，而且是一个系统体系，所有类型的正式和非正式群体及个人在其中相互作用。鉴于群体和亚群体中存在的多样性，社区的结构和功能具有广泛的可能性，不遵从一个中心化的目标。社区系统的美在于它是一个复杂的场域，在这个场域，具有不同价值观的多个群体和组织可以同时并存。

沃伦关于系统存续会经得起时间考验的论点，对于与那些致力于维护本社区、痛惜失去原来拥有的社区面貌的团体一道工作的社会工作从业人员而言，非常有意义。例如，物质家园和在这片土地上开展的交往，可能会使之成为土著美国人的圣地。同样地，一个在同一个街角住了60年的老寡妇，即使在不断增加的犯罪威胁到她的人身安全的时候，也可能会犹豫是否搬家。

在组织场域中，系统方法揭示了识别多重群体的复杂性。例如专业人员群体、文职人员、管理人员、行政人员、董事会成员、服务对象、资金来源方、街坊邻居和社区中的其他人，他们都与组织要做什么、为谁提供服务息息相关。这一理论观点提醒从业人员，组织是嵌入更大社区系统中的复杂系统，所有这些系统每天都在发生交互作用。

沃伦还识别出了内外部形态的结构，并将其命名为垂直的和水平的社区联结。垂直联结将社区单位（人、群体、组织）与社区之外的单位连接起来。例如，一个社会服务机构与其位于其他社区总部的成员通过 Skype 面对面地交流，地方分会与州和国家伞状组织通过共享信息系统实际上联结在一起，公共机构从设立在社区之外的中心办公室那里接受指示。这些都是例证。垂直社区的概念提请人们注意，许多重要的决定可能是由当地社区边界以外的上级组织做出的，这些决策可能符合也可能不符合社区的最佳利益。水平社区是按地理区域来划分的社区，它由位于该区域内、在大多数情况下服务于本社区的组织和邻里相互之间的联结和内部之间的联结构成。例如，当地的护理院可能会与附近的学校合作，为入住的老人和孩子制定一个代际交流方案。这个方案还可能包括一家能提供儿童书籍的当地书店、一名能提供交通服务的公共汽车司机和一名来自当地代际活动中心的工作人员。这些类型的合作越来越普遍，说明了水平社区这一概念的重要性。通过区分不同类型的关系，沃伦揭示了社区内和社区与更大社会之间可能存在的大量复杂的关系。

边界维护也是系统理论的组成部分。建立边界对系统的生存至关重要。如果边界变得模糊或不可区分，社区作为空间内的组合关系或组织作为一个独特的实体可能会变得不复存在。例如，当地教会的会众与政府机构签订合同，向有需要的人提供服务，由此导致服务机构与牧师之间的边界可能会变得模糊。此外，长期存在的、跟信仰有关联的非营利组织与同一信仰的会众之间的界限可能会以意想不到的方式叠加到一起。宏观从业人员在开展社区和组织工作时会见证为维护边界而出现的斗争。例如，住在刚刚改变了校区划分的居民区里的居民，其对于自己社区的看法可能会发生重大改变；将以前非隶属于本地行政管辖区的非法人区并入当地城市，可能会带来市政厅前的抗议者；规划和服务区域的重组会导致改变机构边界，这可能意味着以前被视为隶属于本社区的服务对象将不再有资格获得服务。

因此，系统理论认识到正式团体和组织的重要性。例如，在处理虐待儿童问题时，儿童保护服务工作人员、执法人员、医院急救人员、教师、检察官和其他人能将他们的努力在一个水平社区内结合到一起，以确保弱势儿童获得尽可能高的保护水平。然而，认识和认可"非正式的联结"同样重要。例如，老年父母的女性照顾人从其他照顾人那里得到的社会支持，可能没有被纳入正式服务或在社区中被知晓的程度不高。然而，这种联系对于照顾人是否能够继续扮演照顾角色至关重要。因此，系统理论思维是一种以价值为本的思维，选什么来考虑就意味着决定视什么是重要的。因为社区是复杂的，所以将其视为社会系统就涉及权衡动态交互作用的一些变量。

系统理论提供了一套指导本书中有计划的变革模式的假设。值得注意的是，系统有多种取向，有些取向比其他取向对于变革更为开放。我们假设社会工作者会遇到各种各样的系统。一些组织和社区将比其他组织和社区更易于变革，而另一些组织和社区则较为封闭，还有一些组织和社区会更开放地对待冲突。能够评估这些场域及其对变革的开放性是有计划的变革过程的核心。

有计划的变革过程的背后是认识到宏观实务中存在的价值观和伦理困境。现在我们来看看这些方面。

价值观与伦理困境

价值观是社会工作实践的基石，我们将其定义为许多或大多数社会系统成员认为重要的准则和原则。在某种程度上而言，价值观类似于理论，它们为理解和分析情况提供了框架。伦理与模式相近，它们为实践提供指南。人们会对某些东西怀有强烈的感情，但是根据这种感受行事就涉及伦理行为，这就是价值观的操作化。

因为伦理守则是专业实践的指南，所以学生必须了解书面的守则的内容及其局限性。例如，全国社会工作者协会（National Association of Social Workers，NASW）制定的伦理守则中的核心价值观包括服务、社会公正、人的尊严和价值、人际关系的重要性、诚信、胜任力。全国社会工作者协会的伦理守则旨在引入一种驱使从业人员去思考的视角，为甄选目标建立标准并影响对信息的诠释和理解。不管社会工作者扮演什么角色，项目协调员也好，社区组织者、政治说客或直接服务人员也好，这些专业行动都并非价值无涉。

社会工作实务往往会出现伦理困境，这种困境可以描述为需要在不能两全但同样重要的价值观之间做出选择的情况。例如，一个注重孩子享有安全和保障环境的权利的社会工作者也必须重视父母对孩子的未来拥有发言权；公共住房管理者要重视以最高音量播放喧闹音乐的居民的自由，同时也必须尊重楼里想要安静环境的居民的诉求。这两种情形都有内在的困境。在没有简单或明显的"正误"解决方案的情况下，从业人员可能必须要在同等重要的价值观之间做出抉择。

雷默（Reamer，1995）指出，尽管社会工作者的价值观和伦理观已经成熟，但在专业发展的早期，要预测当代社会所面临的困境类型还是有难度的。例如，从业人员的服务对象可能是儿童性骚扰者、虐待配偶的人、卖毒品给孩子的毒贩、仇恨罪罪犯和其他一些价值观与本专业相背离的人。所幸的是，20世纪70年代专业人员队伍和应用伦理学开始在社会工作领域涌现。如今，关于社会工作实务中出现的复杂价值观问题有活跃的对话，文献也日益增长（Reamer，1995，1998）。

全国社会工作者协会制定的伦理守则列出了社会工作的伦理原则所依据的六个核心价值观：服务、社会公正、人的尊严和价值、人际关系的重要性、诚信、胜任力。由于认识到许多价值观都与宏观实务有关，我们将重点放在这一守则的六个核心价值观上，以说明社会工作者所面临的伦理困境。

服务

社会工作者经常同时从事直接和间接的实践活动，采取行动去帮助有需要的人并解决他们面临的社会问题。与服务密切相关的是行善的概念，它基于为他人做好事而非造成伤害的愿望。进入社会工作领域的人往往会说他们想帮助别人。对于那些在健康和社会服务场所工作的专业人员来说，这种价值观往往是他们的主要动力，反映出他们希望找到方法为他人服务以使生命更有意义的愿望。

行善要求专业人士全面地看待服务对象。詹森（Jansson，2011）举了例子来加以说明。一个医生治疗某个患病的妇女，却没考虑到她无力负担健康饮食；一个有声望的律师协助办理离婚，却没有考虑到离婚的经济影响。行善要求医生认识到这个妇女有更多的需求，并将她推荐给一家食物银行或送餐项目；而那位律师则应该将委托人推荐给财务顾问。

因此，行善意味着所有专业人士都必须考虑服务对象的多种需要。对社会工作者来说这一点尤其重要，他们被期许从环境中的人的角度来看待与服务对象的所有服务互动。如果社会工作者没有意识到服务对象的更广泛的需要，他们就忽视了行善原则和对服务的要求。

社会公正

理想情况下，当社会的资源和利益得到公平分配，使每个人都得到应得的部分时，社会公正就会实现。社会工作是分配和再分配资源的工作，无论是有形的，如金钱和工作，还是无形的，如自我效能或自我价值感。社会资源分配的背后是影响法律制定、法规执行和政策决定框架的价值观考量。詹森（Jansson，2011）指出，社会公正的基础是平等。鉴于当地社区的许多既得利益，社会工作者很可能会把他们的努力集中在受压迫的目标人群上，并且总是在发现新的不平等。由于如此多的群体所面临的问题都与是否有足够的经济来源有关，社会工作者往往将这一原则扩展到包括经济公正在内的领域，并经常关注社会公正和经济公正问题。

> **人权与社会公正**
>
> 批判性思考问题：你能不从事宏观实务而解决社会公正和不平等方面的问题吗？为什么可以？为什么不可以？

当服务对象无法支付所需服务的费用时，他们对社会公正和经济公正的担忧便会加剧。只要服务对象有支付能力，专业上的决定就可能不会与大的社会发生冲突，因为资源不必重新分配。可想而知，只要服务对象能够支付专业服务的费用，专业就可以在市场经济中运作。私营机构和收费的服务机构遵从这一取向。优质照护常常以第三方付费的方式换取经济收益。这种方法的关键是服务对象的保险覆盖了该服务或者他能够获得足够的个人资助。

然而，当服务对象无法支付费用时，这种模式就失效了。许多社会工作服务对象的处境有问题，是因为他们的收入不足以满足自身的需要，其他资源也无法获得。艾滋病患者可能会发现，自己无力支付照护费用，但与此同时需求却有所增加，因为雇主在得知他们的患病消息后就把他们解雇了。一位老年妇女本可以通过雇用一位住家保姆来避免机构照顾，但是尽管她有相当可观的终生储蓄，但由于丈夫的末期疾病的医疗费支出，她没剩下多少钱来满足自己的需要。一个在贫困中长大的年轻人知道当这个模式崩溃时意味着什么。对于这个年轻人来说，崩溃的模式已经是一种生活，他没有可能去争取更好的生活。

卫生和社会服务系统受可获取的支付（或补贴）服务对象所需服务的资源驱动。如果没有可获取的资源，那位艾滋病患者和那位老年妇女可能会被迫用光自己所有的积蓄，最后住进公共设施，而那位年轻人可能会继续陷入教育、住房、医疗保健和就业机会不足的恶性循环中。在这个资源驱动的系统中，社会工作者可能难以维持充满关爱的社区的愿景。在这一愿景中，全部有需要的人都能得到相互支持。社会工作者会面临这些两难处境，因为这一专业深陷再分配的问题。

人的尊严和价值

重视每个人的尊严和价值常被称为自决或自主，意味着尊重和崇尚个人自己做出生活选择的权利。诸如赋权等概念是建立在尊严和价值的价值观之上的，意味着对个人的生活的掌控是抓住机会做自我决定。举个例子，在堕胎争议中拥护人工流产合法化的人主张妇女的自主选择权。这一立场与许多宗教信条相冲突。这些信条主张堕胎不道德，并指出必须同时考虑未出生孩子的权利。尽管自主被认为是个人主义的，因此与直接的实务工作更相关，但你只要参与到有关堕胎的激烈辩论中，就会认识到在不能同时尊重双方的自主权的情况下会有的伦理困境。

人际关系的重要性

虽然将服务对象纳入变革过程可能会花费更多的时间和精力，但全国社会工作者协会的伦理守则提醒人们，人的尊严和价值以及人际关系的重要性是社会工作的核心价值观。这意味着要不断寻找新的、有意义的方式来促进消费者和公民来参与组织和社区场域的活动。培养人际关系对于专业人士来说是一个持续性的、必要的挑战。

在宏观变革机遇中，挑战在于包括多个利益相关方，他们可能既是这一过程的消费者也是合作者。这一挑战的根源在于人际关系的重要性，即便是在人们持不同意见的时候。技术进步有助于促进沟通，特别是在动员服务对象和服务提供者朝着一个目标努力的时候。知晓如何让服务对象和其他人参与到自己的变革努力中，这一点至关重要。宏观从业人员被期许要借鉴循证干预文献（Itzhaky & Bustin, 2005），以便识别有用的策略，使多方成员都能参与到变革契机中。此外，社区信息系统（CINS）是越来越重要的工具，用于让其他人参与到组织间和社区场域的培训、评估和变革努力中（Hillier, Wernecke & Mckelvey, 2005）。随着新技术领域的涌现，从业人员必须与时俱进，以便这些工具可用于与不同方成员的交流并保持极为重要的与他们的强有力的关系。

诚信

诚信是建立在值得信任的基础上的。这一原则意味着一个人的伙伴（例如同事、服务对象和社区团体）应该能够期望他言行一致。诚信事关人的品格。专业诚信意味着那些自称为专业人士的人会记住，自己工作的中心始终是服务对象。社会工作只是众多助人专业之一。它的独特贡献在于不断提醒人们，人是多面的，而且必须从所处的环境来看待他们。

在专业实践中，诚信意味着一个人不只是做自己想做的事情，而且要基于透彻的分析为问题找到解决之道。界定要加以改变的问题要求将服务对象的意愿和学术研究的成果以及实践的真知整合起来。这一分析过程是动态的和交互式的，经常导致变革推动者重新建构原始的问题陈述。这个过程也是迭代的，意味着新的信息会要求不断地进行再思考。然而，一旦对于问题陈述达成一致，社会工作者就必须确定其对于手头问题的干预是有诚信的。干预往往需要超越传统方法的、寻求更根本性变革的创意。因此，希望社会工作者在有计划的变革过程中具有想象力、批判性思维和运用自己作为专业人士的最佳判断。

> 专业诚信意味着自称专业人士的人会牢记自己工作的中心永远都是服务对象。

胜任力

人们期望专业社会工作者是有知识储备来开展工作的。宏观实务从业人员在处理变革需要的时候对问题会有所了解，会在时间和资源允许的情况下基于一整套尽可能完整的数据信息来做决定。我们认识到，有多种看待系统的方式，重要的是，要仔细评估社会工作者计划实施变革的每个场域。胜任力意味着以系统性、学术性的方式，运用现有的最佳理论、学术研究成果和实践知识来践行知情决策。这种方法有时被称为循证实践（evidence-based practice，EBP），它"要求对于选择的服务对象群体和问题的干预的有效性要有足够的知识"（Jenson, 2005：132）。该方法适用于从业人员在任何层面的干预，无论是针对个人、群体、组织还是社区。

此外，为有计划的变革奠定基础的系统理论喻示，会有目标和结果，两者都是有计划的变革过程中的重要步骤。我们的有计划的变革模式假定会有宽泛的目标来指导从业人员的工作。目标通常是长期的，有时是理想化的。然而，目标提供了一个服务对象和同事共享的愿景，即一个可以成就什么的希望。它帮助从业人员保持专注。认定这些目标应基于现有的最佳知识。

从目标出发，基于从业人员有计划的干预，我们假定会有服务对象生活质量改变的结果。社会工作实践的大部分历史关注过程，即社会工作者做什么。未来的干预将由结果驱动，即这一变革工作的结果，预计会给目标人群带来什么变化。平衡对于过程的重视和通过对结果的测量来推动问责制是当代具有胜任力的实务工作的一部分。它也是有计划的变革干预的关键。总的来说，目标和结果都基于现有的最佳证据，以尽可能完整地理解即将发生变革的系统为指引。

在为从事专业社会工作实务做准备的社会化过程中，每个人都必须确定自己的个人价值观与所学专业价值观的关系。整合个人的和专业的价值观是专业认同的一部分，并形成苏利文（Sullivan，2005）和其他人所说的专业认同社区。同事们走到一起，为公民的福祉而工作。拥抱这一身份，诚信和有胜任力地开展工作，将有助于个人与他人一起追随专业的价值观。

平衡服务的价值、社会正义、个人的价值与尊严、人际关系的重要性、诚信和能力，要求用分析性的方法来做决策和干预。不可避免地，宏观实务从业人员会遇到不仅仅是由伦理守则的规限而带来的伦理困境。这就要求从业人员有强有力的专业身份认同。我们现在来看三个案例，它们说明了社会工作从业人员常常遇到的困境。

三个案例

宏观社会工作实务中需要学生和刚上岗的人理解的一些方面可以用案例加以说明。我们选择以下案例是因为它们包含相似的主题，但关注点是不同的目标人群：儿童、老人和残障人士以及无家可归者。随着这些案例和工作者的想法被呈现出来，我们鼓励读者先从研究问题、人群和可能发生变革的场域入手，思考如何着手进行宏观层面的变革。我们也希望这些例子能够说明宏观层面社会工作实务的系统性和社会工作者面临的价值困境的类型。

案例1　儿童保护服务

儿童保护服务（child protective services，CPS）工作人员有责任处理虐待和疏于照顾儿童的问题。当虐待或疏于照顾儿童的情况被举报到儿童保护服务部门时，儿童保护服务工作人员负责调查举报的情况，并就案件的处理做出决定。在社会工作领域，这是一个要求很高、透支情感的专门领域。几年前，一名儿童保护服务工作人员花时间记录了一个特别案例的细节，并与我们分享了他列出的多年来遇到的困境和矛盾，目的是帮助新工作人员在进入实操阶段时做好准备。

星期五上午10点40分 主管发短信给我，告诉我有一个关于疏于照顾儿童的案件的举报。她觉得今天应该查看一下，因为这事听起来太严重了，不能留到周末后再处理（因为机构规定允许对一些疏于照顾指控延后处理）。据邻居说，父母遗弃了三个未成年的孩子。

上午11点10分 我上车，朝着接案表上的地址开去。我对这一带很了解。它是城里最穷的地方，晚上也不安全。得到某种救助的家庭比例很高。房屋破败，街道乱七八糟，社区的自豪感早已荡然无存。

上午11点40分 在一个严重恶化的社区里，位于指定地址的房子是最破旧的。房子没有前门台阶，只有煤渣块放在门前。窗框由于缺少油漆而腐烂了。没有门铃。我敲了敲门。里面沙沙作响，但没有人回答。我等了等又敲。我绕着房子走，透过窗户望去，看见一个大约3岁的小孩蜷缩在椅子上。一个八九岁的大点的女孩从门口往外偷看。

我记得最大的孩子叫辛迪，所以我喊她。经过一番交谈，我说服她让我进去。我很快意识到这不是一个普通的情况。一股难闻的气味深深地刺激了我，使我的眼睛充满了眼泪。我用纸巾捂着鼻子过滤空气。最难闻的气味来自浴室和厨房。很明显，水被停了，厕所不能用，垃圾成堆。厨房里散落着被丢弃的快餐盒，很可能是从附近商店的垃圾桶里捡回来的。

有三个非常害怕的孩子：辛迪（9岁）、斯科特（6岁）和梅丽莎（3岁）。没有人开口说话。

中午12点35分 我安排把他们送到收容所，然后回到办公室去做文书工作。

下午2点15分 一份之前的疏于照顾报告显示：

父亲：斯坦，27岁，失业，因小偷小摸、在公众场合醉酒和其他几起轻微犯罪进出监狱，经常在公园或无家可归者收容所睡觉，很少再出现在家里。有几份他对妻子和孩子实施暴力行为的警方报告。他只承认与最大的孩子有亲子关系。母亲：莎拉，25岁，领取贫困家庭临时援助（Temporary Aid to Needy Families，TANF），高中辍学，从未就业。一次尝试就业培训的测试结果显示，她位于智障的边缘。她的儿童养育技能一直很有限，但没有遗弃过孩子。她现在在哪还不清楚。

下午3点35分 我将给机构和警方的恰当表格归档，将现场调查的笔记输入笔记本电脑以备案。孩子们被安置在维斯塔庇护所，直到可以安排一个更长期的地方。我将安置确认函电邮给主管，并抄送给收容所的工作人员。

年复一年，这位儿童保护服务工作人员处理类似的案件，他不断地列出他和同事经常面临的各种困境、挫折和矛盾。以下摘自他列出的内容：

（1）被虐待和被忽视的儿童是最可悲的受害者。尽管他们什么错都没有犯，但是成功的机会极其有限。成功在很大程度上与孩子能在学校就学有关。从收容所到寄养家庭，换不同的学校，辍学许多天，缺乏来自父母的持续性的支持和帮助，衣食不保，缺乏自尊以及其他障碍，都会阻碍孩子的表现。

我们可以预测失败，但我们似乎无法做什么来改变结果。是否可以发起一项宏观层面的预防工作，重点是促使这些儿童成功？

（2）社会经济地位较低的青少年有异常高的比例怀孕并在高中阶段辍学，其依靠社会福利生活，当不了好父母，将他们的许多问题都传给下一代人。我们怎样才能中断这种恶性循环？目前的项目似乎主要集中在生存方面的住房、食物、衣服和医疗保健等上，但并没有去改变行为模式。我们能开发一个项目来帮助年轻女性在生命中这个极为脆弱的时期做出明智的决定，并找到评估它是否有效的方法吗？

（3）这个富裕国家的许多人比这个国家的许多动物的境况还要糟糕。在衣、食、住房和医疗保健方面应该有最低标准，任何人的生活都不应低于该标准。各级政府都声称缺乏资源，立法者似乎倾向于责备受害者，但这显然是一个如何排列优先顺序的问题。我们是否可以通过组织专家小组为我们的社区建立这些类型的标准，并最大限度地让公众知晓？

（4）企业部门从我们的经济体制中获得了巨大的利益。国民生产总值持续增长，许多公司正从国内市场扩大到国际市场。作为一种对他们成功的"回报"或"酬谢"，企业界向慈善组织捐些小钱。他们很少直接参与到人的能力培养或康复中，即使他们控制着自给自足和成功的方法。

如果所有可就业的人都以某种方式获得带福利的工作，那么对收入援助和社会服务的需求将大大减少。也许一些有社区意识的企业主会愿意尝试"收养"家庭，给他们提供就业机会、培训和奖学金。

（5）科层制机构有将自身作为目的的倾向。对许多员工来说，科层制组织的手册成了照本宣科的工具。痛苦不堪的人们把他们的需要带到我们的机构，我们却翻阅手册查找答案并转述给他们。更糟糕的是，当他们甚至没电脑可用时，我们却给他们发送网址来提供信息。有时他们想要的就是找个人说话，但我们的机构却做不到这点。对一个大型的科层制机构，我们能改变它，使它对所服务的人有更好的回应吗？

案例2　老年人和残障人士的个案管理

个案管理员在各种公共和私人场所工作。他们负责筛查潜在的服务对象，评估服务对象的需求，制订照护计划，调动资源以满足识别出的需要，以及监察和评估提供的服务。本案例中的个案管理员为一家位于内城区的非营利机构工作，她的许多客户都在那里生活了一辈子。她被分配到以家庭和社区为本的长期照护部，并负责约60名老年人和残疾人服务对象。作为项目评估的一部分，她要做日志，记录下一天中发生的事情。以下节选自她的日志。

星期三早上7：30　提前到达办公室以便及时收发电子邮件并输入前一天的服务对象的数据。整理了8个个案的资料，包括2个新的照护方案和5个医学报告。

早上 8：00—8：10 79 岁的加西亚夫人打电话来。她对社会保障办公室的一封信感到心烦意乱，认为这意味着她的福利将被取消。我向她解释说，这是一封表格信，表明是一个例行的变动，不影响她的支票金额。我知道她经常忘事，听力也有问题，就记下明天要去家访，以确定她明白跟她做的解释。

上午 8：10—8：30 与来自家庭援助服务部门的吉姆会面。托马斯先生，93 岁，昨晚摔倒，现在墨西医院。家务助理今天早上 7 点到的时候发现了他的情况。预计他活不下来。家务助理非常沮丧。打电话给他的女儿，打算今天早上晚些时候在医院见她。

上午 8：30—9：30 员工会议，讨论 10 个从市医院出院却没有完善的出院计划的服务对象的问题。讨论了如何与医院制订出院计划的人一道更好地开展工作，因为这种情况会一直是个问题。当我离开会议时，另一位个案管理员告诉我，我的服务对象汉尼拔太太拒绝让家庭保健护士进她的公寓。

上午 9：30—9：45 打电话给汉尼拔太太，没有人接。打电话给生命线项目的人，约在她的公寓见我。

上午 9：45—10：00 开车到汉尼拔太太的公寓。敲门没人答应，找到公寓经理让我进去。汉尼拔太太一直在喝酒，有些妄想症状。她向我扔瓶子，尖叫着说："没人能把我从这里弄出去。我永远不会去老人院。我会先死。"和生命线项目的工作人员一起，让汉尼拔太太平静下来。她是一个 67 岁的寡妇，每两个月进出一次医院，有严重的酗酒问题。

上午 10：00—11：00 抵达墨西医院。见托马斯先生的女儿。她泪流满面，说这都是她的错，如果父亲和她住在一起，这件事就永远不会发生。和她谈了父亲想独处的愿望，说这是他的选择。联系医院的社会工作者做女儿的工作。

上午 11：15—中午 12：00 回到办公室。把探访汉尼拔太太和托马斯先生的笔记录入到电脑里。打电话给两个新转介过来的人，传真文件给医院并预约好明天做评估的时间。接到了 83 岁罗曼女士的电话。她很孤独，想知道我什么时候能去看她。她 40 年的伴侣上周去世了，她在哭泣。没有家人。我向她保证我星期五会来看她。

中午 12：00—12：30 与成人保护服务（adult protective services，APS）的工作人员共进午餐。讨论了谭先生和谭太太的虐待关系，这对 60 多岁的夫妇住在公共房屋里。同意就这一情况与成人保护服务密切合作。

下午 12：45—2：00 在新服务对象约翰逊女士的家里给她做评估。她昨天出院了，正在接受家庭送餐服务和居家护理。小房子里一团糟，到处都是蟑螂。需要家政服务，但现在排队等待的人很多。打电话请求老年中心的志愿者暂时给她提供帮助。约翰逊女士太虚弱，无法完成整个评估，明天会再来。

下午 2：30—3：30 参加制定地区老年机构工作规划前的公开听证会。提交了书面文件并做了口头报告，陈述了承担我这样的个案工作量的问题。讨论了为 60 岁以下的残疾人士提供服务时需要更大的弹性，举了所负责的三个 40 多岁的行动非常不便的服务对象的例子。

下午 3：45—4：15 路过阳光护理院下车看望马丁内斯太太。她成为我的服务对象有五年了，刚进这家护理院。她不认识我，好像很困惑。找护理院的社会工作者询问她都在服用什么药物，他们同意我打电话向医生询问，可能的药物相互作用。记下来要与当地长期照护监察员核实是否有对这家护理院的任何投诉。脑子里记下要去查看一下M太太的残疾女儿，她仍在家中生活，需要提供支持性服务，这些之前都是她母亲在做。

下午4：45—5：15 回到办公室，发现托马斯先生去世了。打电话给他的女儿。试图打电话向医生询问马丁内斯太太服用的药物，但由于隐私法，她的护士不会透露任何信息给我。我可以说她很生气，因为我并非学医出身，竟然说有药物相互作用。接到家庭保健助理的电话，转介服务对象给我们。不得不告诉她，服务对象没有资格接受我们的服务，把她推荐给镇上的一家营利机构。回了一个有关辅助技术的电话，该技术可能对几个残疾服务对象有帮助。

下午5：15—5：30 试着收拾桌子，收发几封邮件。决定在回家的路上顺便看望一下加西亚夫人。

正如那位儿童保护服务工作人员列出了多年来他所面临的各种困境一样，这位个案管理员也列出了她的困境。为了准备地区老年机构的公开听证会，她更新了自己列出的事宜，希望能采取一些措施来解决她目前持续不断的挫折感，特别是关于未满60岁的残疾人的问题。以下摘自她列出的事宜：

（1）我见到的许多老年人一生都有问题。你几乎可以通过他们一生中所发生的事情来判断他们老年时会怎样。毒品和酒精问题似乎只会变得更糟。如果有人在他们开始遇到这些问题时进行干预，改变就会容易得多，因为在我遇到他们的时候行为模式已经定型了。我知道人们在任何年龄都可以改变，但当一个人压力重重或处境艰难时，改变要更难一些。我们是否有办法组织一项预防工作，让中年人为晚年做好准备？

（2）虽然我们的一些资源可用于服务任何有需要的老年人，但是我们的大部分资助与收入审核挂钩。给不是赤贫的人服务的名额很快就会被用尽，而且有长长的排队等待名单。因此，收入不符合要求的服务对象会被转介给营利机构或其他分级收费的非营利组织。具有讽刺意味的是，那些有一点余钱的人常常就是被排除在外靠边站的人。这些"掉到夹缝里"的服务对象负担不起全部的服务费用，但又刚好高于我们划定的收入水平资格要求。似乎在我们的社会里，如果你不是真的特别穷或特别富，那么你最好寄希望于身体能撑得住，否则你哪也求助不了。难道我们不能组织这一群体互相帮助并为自己的需要去做倡导吗？

（3）我担心有残疾的年轻服务对象。有那么多声称从心里为这些服务对象的最佳利益着想的地方都不遵守《美国残疾人法案》（Americans with Disabilities Act）。饮水机用不了，电梯有故障，坡道夜间照明不良。我一直在提醒那些应该更清楚这些政策的重要性的人。不按法律办事所造成的问题使我们的服务对象意志非常消沉。

（4）给罗曼女士的服务提醒我，当伴侣去世时，人们是多么不敏感。我知道有关于同性照顾和给女同性恋、男同性恋、双性恋和变性人提供资源的新研究，但是我还没有时间充分探索这些领域。我只知道当罗曼女士在她的伴侣上周去世前去医院看望她时,她没有被当作家庭成员对待,她们的关系也没有得到应有的尊重。我需要知道怎样才能更加敏锐地察觉各种各样的照护情形,我如何才能更好地为在大的系统中受到歧视的服务对象发声。

(5) 我正在学一些对于个案管理有启示的东西。个案管理员试图协调真正的非系统性服务。如果我们有一个真正的系统性服务,那么就不需要花钱支付给像我这样的人,我们可以把这些资源用于对服务对象的服务。即使是我们的专业机构也已经接受了现实。全国社会工作者协会和全国老龄工作委员会制定了个案管理的指南和标准。甚至还有一个关于个案管理资质的认证运动。我们在将个案管理制度化方面投入了大量资金,而它常常只是掩盖了真正的问题,即我们没有现成的可及的服务递送系统。在我们能与社区的机构合作建立一个协调的、可及的服务系统之前,个案管理仍会被大量运用。我如何才能朝着一个更为整合的照护体系努力呢?

(6) 在成本主导一切的环境中,如何才能保有以服务对象为中心的主张?与健康照护组织的密切合作,让我看到了管理式照护的理想与现实。理想情况下,管理式照护应将服务对象视为一个全人,认识到必须满足他们的心理需要和医疗需要。现实是,许多人只是把管理式照护看作一种控制成本的机制。作为一个身处管理式照护环境中的个案管理员,我很难向上级解释个案管理可能会是高强度的、长期性的,需要平衡好为服务对象争取权益和扮演服务把关人的角色。我怎样才能向行政管理人员显示成本上的决定对于服务对象生活的影响?我能保存哪些文件,以便决策者可以从我对服务对象的了解中获益,以便我可以充分地为他们争取权益?

(7) 老年人不是同质性群体。在谈到"老年人"时,有一些脆弱的亚群体会被遗忘。在我管理的个案中,大多数服务对象是独居的女性,而且往往是受压迫群体的成员。因为许多人一生都受到压迫,现在她们实际上是"隐形的"。我们如何才能使政策制定者熟知这些服务对象的独特需求?我们如何说服他们至少在意这件事?

案例 3 长期无家可归

一位社会工作者受聘于当地一家非营利组织,负责协调社区主要利益相关方未来的工作,这些人在一起开会已经有一年多,讨论长期无家可归问题。利益相关方最初是由美国卫生和社会服务部资助的州政策学会的一部分,致力于解决无家可归的相关问题。几个州都设立了政策学会,并向利益相关方介绍无家可归问题的各个方面及其可能的解决方案。社会工作者所在州的这个小组参加了一个关于长期无家可归或残疾人长期无家可归的政策学会。在此过程中,该小组决定在该州的一个试点社区解决这个问题。大的利益相关方群体的成员已成为该试点项目的指导委员会成员。

这位社会工作者负责制定社区的住房优先试点项目。住房优先是无家可归者服务领域的一项创新,它不同于传统的治疗优先模式。住房优先模式假定无家可归者先需要有稳定的永久住房才能继而向其提供服务。治疗优先模式假设无家可归的人需要服务来为其拥有住房做好准备。政策学会的人士听到了令人信服的证据，表明住房优先是一种很有前途的做法，可以减少全国几个城市的长期无家可归问题及其相关成本。他们决定将试点工作的重点放在严重的、久治不愈的精神病人的长期无家可归问题上。在成立了指导委员会并确定了一个非营利组织来承接试点项目之后，指导委员会确定这位社会工作者是这项工作的协调员。以下节选自这位社会工作者的实地工作笔记：

周二上午7：30 抵达大都会支持性住房公司（MSHC）的月度董事会会议。该公司的执行董事曾经是国家政策学会的成员，现在是住房优先指导委员会的成员。他曾建议他的公司承接社区解决长期无家可归问题的试点项目。上个月，董事会投票决定管理试点项目。在这个月的会议上，我被介绍为这项工作的协调人。我也向董事会介绍了自我三个星期前开始该项工作以来项目的最新状况。我花了很多时间查看和研究政策学会成员收到的资讯，并与指导委员会成员会面，讨论他们的项目目标。前三周，我还花了很大一部分时间从专业知识库中收集关于长期无家可归问题及其可能的解决方案的信息。尽管董事会似乎很欣赏我的详尽调查研究精神，但我可以说，执行董事已准备采取行动了。

上午8：30—9：00 去办公室查看我的电子邮件并回复电话。约好在当地一家无家可归者诊所与个案管理员举行两次会议。我想看看服务提供者如何理解那些患有严重精神疾病的无家可归的成年人所面临的问题。我还想开始更好地识别这一人群的优势——我注意到，我们关于这些无家可归的成年人的很多谈话都是关于他们面临的挑战，而不是关于他们的抗逆力和优势。与各种服务提供者会面也将有助于我判断直接服务提供者为创建社区住房优先模式所能提供的支持。

上午9：00—9：30 准备今天安排的三次会议。复印了我昨天为与心理健康服务人员的午餐会准备的讲义。讲义详细介绍了在全国范围内为患有严重的、持续性精神病的无家可归者提供的各种支持性住房计划的服务模式。为今天晚些时候在商会基金会做的演讲做最后的润色。完成了即将召开的精神健康康复会议的注册工作。

上午10：00—11：30 面见了最初的政策学会的住房分委员会成员。分委员会成员包括一名商业房地产经纪人、一名建筑师、一名总承包商和大都会支持性住房公司的住房工作人员。该分委员会成员说，在一条主要公交路线上有两个老汽车旅馆，这两个旅馆有可能被改建为长期无家可归者的简易公寓。不幸的是，这两个物业的业主不愿意以任何接近我们预算要求的价格出售这些物业。住房分委员会目前已经研究了12家汽车旅馆，认为当下利用现有汽车旅馆进行试点项目是不可行的。该分委会成员还质疑在地方政府已经支持两个特殊需求住房项目（其中一个项目由大都会支持性住房公司建设）的情况下修建新设施的可行性。由于未来两年对这些项目的财政投入，新项目很难在短期内的任何时间获得支持。此外，这两个项目都还在努力争取得到邻里的支持。所有委员会成员都对试点项目能否像最初设想的那样推进表示了极大的怀疑。他们建议指导委员会考虑另外一个住房优先模式或者推迟试点项目，直到其他两个项目完成。

上午11:30—下午12:00 驱车前往我的下一个会议地点，思考住房分委员会建议的含义。如果最初的模式在这个社区经济上缺乏可行性，那么创建这个项目的政治意愿会终结吗？我担心如果我们推迟这个项目，就会失去再推进它的政治意愿。毕竟，这并不是一个特别受欢迎的服务群体，人们经常认定这些人之所以无家可归是因为做了坏的选择并拒绝解决他们的酒精和毒品成瘾问题。我记下来要重新看一下政策学会介绍的其他住房优先模式的信息，并查阅专业知识库寻找指导委员会提议的原有模式的替代方案。

下午12:00—1:30 抵达当地一家餐厅，与当地两位精神卫生服务行政管理人员共进午餐，其中一位是最初的政策学会的成员。他们对指导委员会选择的住房优先模式表示担忧。他们特别关注该项目的低门槛、少伤害的理念。如果不要求这些人参加服务，停止物质滥用并服用有助于他们康复的药物，我们如何来帮助他们？有那么多人有需要也愿意满足服务资格要求，我们如何才能证明为那些不愿意遵守规则的人服务是正当的？我听取了行政管理人员的忧虑，并向他们保证，我会为他们和指导委员会牵线搭桥。我还介绍了这些模式取得的成功，超越了传统的服务这一群体的方式。我离开会议时在想这个试验项目是否注定要失败。

下午2:00—3:30 返回办公室，查看其他住房优先模式的信息。学术和实践文献都表明分散式住宅优先模式的有效性，该模式在大城市已经成功应用了近10年。如果我们找不到一个单独的住房优先住宅点，那么使用现有公寓的分散式地点模式可能行得通。做了一个各种模式的表，包括模式的所在地、房屋要素的描述、服务要素的描述以及测量结果的方法或其他表明模式成功的证据。给一个特别成功的分散式地点模式的执行主任留了一封语音邮件，询问他是否能为政策学会成员举办一次教育活动和提供技术援助的费用。这个表和执行主任的信息将会是我在下周的会议上向指导委员会陈述的部分内容。

下午4:00—5:00 与大都会支持性住房公司的执行董事抵达商会基金会办公室。基金会主任听说了这个试点项目，希望从商业角度讨论长期街头流浪无家可归者的问题和用小额种子资金来支持试点的可能性。我提前准备了一个简短的演讲，谈论长期无家可归这个问题在本市影响的范围，以及提议的试点方案在其他城市获得的成功。基金会主任转述了商会成员的担忧，他们担心看得见的街道上的无家可归问题使潜在的客户受到惊吓。大都会支持性住房公司的执行主任指出，虽然这是一个常见的观点，但是无家可归的人更可能成为犯罪的受害者，而不是实施犯罪。在永久性的住房解决方案为无家可归的人提供一个替代露宿街头的选择之前，无家可归仍然是一个问题。基金会主任的肢体语言表明，他对陈述和看得见的街头无家可归问题的可能的解决方案感到满意。他感谢我们的到来，并鼓励我在他们的下一个资助周期提交意向书。

下午5:30 我开车回家，想着当天的活动。一方面，今天的消息令人抑郁。似乎实施指导委员会最初选择的模式存在太多障碍。另一方面，还有其他的选择和一些知名商业组织对项目的支持。明天，我将对分散的住房优先模式进行更多的研究，并重新制定预算，以引导我们下周的指导委员会会议的讨论。

这个社会工作者所经历的困境与前两个案例有些不同。这个专业人员受聘来协调一个最初由社区利益相关者联盟制定的项目。她的直接服务工作背景使她在理解心理健康和无家可归问题上有相当强的洞察力，尽管如此，她的这个社区项目协调员角色还是要求她做大量的思考。她勾勒出了一些问题和关切。

（1）该项目最初得到了相当广泛的关键利益相关方群体的支持，包括无家可归者服务部门、精神卫生服务部门、地方和州政府各办事处、地方医院系统和地方执法部门等各部门的初步支持。我如何让利益相关方持续参与并对这个试点项目感到兴奋，特别是在我们应对重大挑战时？我应该向指导委员会提供什么样的细节？给最早的国家政策学会成员提供什么细节呢？

（2）我注意到，虽然我们有来自政府和社区组织的代表，但我们没有经历过严重精神病的无家可归者的代表。给这一人群提供住房优先模式的几个核心目的是，有了支持，人们就能从精神疾病中康复。如果我们提出一个项目，假设恢复是可能的，那么我们就应该从那些正在恢复并且在某些方面经历了我们正在解决的问题的人那里寻找到有意义的代表。我们如何有意义地将代表纳入我们的决策和治理中？我该如何说服那些担心严重精神疾病患者是否有能力参与计划过程的人？

（3）在我为大都会支持性住房公司工作的三个星期里，我注意到对住房优先项目有很明显的暗流涌动的反对。对此，我认为反对意见围绕着两个哲学原则，即住房是一种权利的信念和注重自愿参与服务。一些参加了政策学会的利益相关者认为，住房作为一种"权利"是过于强势的政治宣言，这是一种公众不会支持的诉求。同样，一些利益相关方认为，不管该模式在其他城市成功与否，使用减少危害的方法可能是不负责任的。他们说："这种理念在这里没有人买账。""我们永远不会让资助者和公众支持一个没有建立更多责任感的模式。"对我来说这个模式成功的证据是毋庸置疑的，这个模式与我作为社会工作者的专业价值观是一致的。如何才能解决利益相关方的关切，同时又保留成功的住房优先模式的关键组成部分？如何建设性地处理好利益相关方之间的紧张关系？

（4）我是大都会支持性住房公司的员工，但我在落实的是住房优先指导委员会的目标，该委员会由一个更大型的州政策学会的成员组成。我并不总是确定是为哪个组织或主管工作。在这项社区工作中，我该怎样定义我的角色和其他人的角色？我如何确保大都会支持性住房公司不会包揽这项工作，并保持其合作性质？我如何让其他组织参与进来？

（5）住房优先项目在其他社区是一个备受关注的项目，并在当地报纸和脱口秀电台节目中有特别报道。媒体的报道有时是积极的，但也曝光了几个项目的失败情况：一个无家可归的人威胁邻居，或即使给其提供了一套公寓但仍被发现露宿街头。我们什么时候应该让当地媒体介入？我们应该在尝试筹集资金支持该项目的时候就寻求他们的帮助还是等到有一个成功的故事要报道时再找他们？我们要如何处理可能出现的负面报道？

（6）我的职责之一是筹集资金启动试点项目，但我还必须与大都会支持性住房公司的发展总监协调我的资金申请书撰写工作。我只能提供与大都会支持性住房公司正在进行的获取资助的工作没有冲突的资金来源。这实质上限制了我获得必要资金来启动这个试点项目的能力。一个地方基金会的项目官员表示,他对给住房优先项目提供三年的资助有兴趣。这要求大都会支持性住房公司五年之后(基金会要求在成功地获取资助后有两年的间隔期)才能再向基金会提交资助其他项目的申请。大都会支持性住房公司执行董事不愿放弃这个公司的资金来源。当申请资助存在实质性竞争时,甚至是在我自己的组织内存在竞争时,我该如何开发资金来源来支持这个项目?我该如何与我的执行董事和指导委员会成员讨论这个问题?

(7) 联盟成员之间有很多关于能力建设、协作、有效性和可持续性的讨论,但他们似乎更喜欢说流行的词而不是对大家都有意义的话。我知道这些词是什么意思,但是我会好好地探索专业知识库,找出对这些概念的现有理解。似乎我们正力求通过让关键利益相关方组织彼此协作来进行能力建设。这就提出了几个问题:这些组织是否像其在指导委员会的代表一样对参与合作感到兴奋?随着时间的推移,我们该如何维系这一合作?

于困境中求生存

我们已经介绍了这些相当冗长的场景和工作者相关的观察,试图描述出社会工作者几乎每天都面临的各种问题。资本主义制度的本质是一部分人在经济上成功,而另一部分人没有成功。在大多数情况下,社会工作者与那些至少不能满足部分自身需求的人打交道。到目前为止,应该清楚的是,单靠直接服务不能解决大规模的社区问题。社会工作者还必须掌握一些技能,去组织那些希望改变、有良好意愿但需要协调和指导的人。面对这些,从业者有许多选择,可以分为以下几类。

(1) 建立强有力的支持体系。在我们的例子中,从业人员所面临的各种困境不可能由一个人解决,不管这个人有多能干。为了自己好,社会工作者要主动与同事和朋友接触,与其他专业的人建立联系,创造机会利用正式和非正式的团队来解决棘手的人际关系问题。没有人必须单独

> **践行专业伦理**
>
> 批判性思考问题:对于你将来的专业角色,你预计会遇到哪些类型的困境?

工作。当然,一个人必须谨慎地分享自己所面临的机构或社区问题的机密信息,但将亲密的同事作为征询意见的对象(并基于同样的目的也把自己提供给其他人)对于在高度复杂的环境中生存是有必要的。

(2) 找到自我呵护的方法。有些从业人员可能会有职业倦怠,但仍留在工作岗位上。社会工作者可能会陷入自己在做不可能完成的工作的想法。他们留在体制内,感觉无力,承认自己也是他们无法控制的事物的受害者。他们可能会做一些必须给服务对象做的基本的事情而对更大的问题视而不见,这意味着他们接受组织的常态并放弃倡导角色。这是一

个很有诱惑的选择，因为承担解决更大的问题会给已经很忙的一周增加很多小时的工作，而且这通常看起来是一项不可能完成的任务。于是，这个专业就不再是一种使命召唤，而变成了"仅仅是一份工作"。对抗这种倾向的一个方法就是做自我呵护。这意味着要有意识地滋养自己。例如，为你想参加但似乎从来没时间去参加的运动课腾出时间；如果读书是你没有时间去享受的乐趣，那就找时间。找到休息的方法，离开一段时间，享受户外的乐趣或者做任何能让你在个人和专业上都焕然一新的事情。

（3）给工作排出优先顺序。即使是那些没有职业倦怠的社会工作者，也可能会变得过度投入和不堪重负，或者对他们应该考虑的问题出现过于狭隘的视角或盲点。这些从业者可能仍然投入地对待服务对象，但他们选择忽略冲突或只投身特定的问题，其方式是专注于狭隘的专业知识领域或者承担一些责任，为自己在组织内有独立权力奠定基础。这当然是一个可以使用的策略，但不利的方面是其所专注的领域或问题不一定意味着要被优先考虑。集中精力可能对完成事情很重要，但是也需要偶尔留出时间重新排列优先顺序，这样就不会因循守旧。

> （有些工作者）无视更宏大的问题……放弃倡导角色……于是，这个专业就不再是一种使命召唤，而变成了"仅仅是一份工作"。

（4）通过不同渠道释放能量。只要时间和精力允许，一些社会工作者就会成为积极分子，加入尽可能多的组织和工作。这些人拒绝那些被视为有缺陷的组织的规范，试图通过任何可能的方式实现系统性的变革。社会工作者采取与其所在组织不同的独立立场，很快就变成了一个标新立异的人或"家庭激进分子"。这些人往往被贴上不合作和不成熟的标签，在他们为变革而斗争的时候失去了可信性。然而，他们还是可以提醒人们，甚至是那些对他们的态度感到沮丧的同事去注意更宏大的问题。思考如何发挥你的能量，使真正重要的理由成为你努力的焦点。

（5）与其他人一起发起变革。在有一个强大的支持系统的基础上，社会工作者可以不单单解决人际关系问题，还可以与有相同关切的同事、服务对象和公民一起发起变革。从业人员可以将专业知识和技能应用于系统性的变革工作，以解决至少一部分问题，并希望朝着减少和最终消除问题的方向努力。这是一种对于服务对象、社区、职业生涯和专业有献身精神的社会工作者可以采取的方法。与同事一起，社会工作者组成委员会和工作队，以改变组织和社区问题。发起具有可行性的变革意味着社会工作者必须甄选，认识到并非每个问题都是可以解决的，必须做出选择解决哪些问题。致力于变革需要有良好的判断力和审慎的把握。

寻求变革的社会工作者所做的大部分工作，我们称之为宏观实务，它要运用广泛的各种技能。本书的目的是提供一个理论基础和实践模式，协助专业社会工作者进行组织和社区的变革。我们不仅鼓励读者成为自己工作的组织和社区中的变革推动者，而且相信社会工作的价值观基础要求这么做。我们也深信，在困境中求生存需要有一个强有力的专业身份。我们现在开始探索这意味着什么。

> 我们不仅鼓励读者成为……变革推动者，而且相信社会工作的价值观基础要求这么做。

专业认同

在这样一个技术更新如此迅速、人口流动如此频繁、高等教育的有效性受到如此多的质疑的时代,专业认同是极其重要的(Sullivan,2005)。专业认同是一个关系概念,它意味着认同由志同道合的同人组成的社区,共同投身"一种具有公共价值的生活方式"(Sullivan,2005:39)。古斯塔夫森(Gustafson,1982)认为,所有专业都有三个共同的主要特征:以人为本、广博的知识基础和控制机制。

第一,专业的"存在是为了(在更大的社区内)满足他人的需要"(Gustafson,1982)。这一特点致使许多作者将专业称为"召唤",因为从字面意思来说,专业是召唤成员为公共益处做出贡献。因此,专业是以服务对象为本的,并遵循一套价值观,这套价值观概述了所要服务的公共益处。仅为满足强势社区成员的政治或经济需要而设计的活动,即使是由技能娴熟的人承担的,也不属于专业活动。

第二,专业需要掌握大量的理论、研究性和技术性知识。拥有专业知识意味着掌握最新的理论和实践模式,并将最好的研究证据运用到实践中。因此,专业判断源于有能力以可行的方式熟练地运用和辨别最佳知识的质量。古斯塔夫森(Gustafson,1982)认为专业从业人员更喜欢指南而不是规定,因为指南提供方向而不是刚性的"配方"。指南允许专业人士行使自由裁量权并运用自己的判断。然而,专业人士也承担着巨大的责任,因为他们的决定和行动不仅会影响自己的服务对象,也会影响到之前讨论过的多重群体。每个决定都渗透着价值判断。

第三,根据古斯塔夫森的陈述,专业活动受到许多社会控制。在社会工作中,这些控制包括社会工作教育委员会为确保社会工作学位课程的质量和一致性而开展的认证活动、全国社会工作者协会的处罚、全国社会工作者协会的伦理守则提供的运用专业判断的基本价值准则,以及各州的证照要求。简言之,有许多以专业实践之名开展的各种活动的监察机制。

> **专业认同**
>
> 批判性思考问题:为什么会认为随着技能的增长,你的专业责任也相应地要有所增加?

当然,每个从业人员都会对社会工作专业有一个愿景。这一愿景可能像人人享有更高的生活质量和身处更美好的社会一样宽泛,也可能永远不会像人们希望的那样完全实现。苏利文(Sullivan,2005)认为,共同愿景的一大障碍是专业的细化。随着社会工作专业的发展(以及社会服务组织的规模越来越大和更加科层制化),出现了多个细分的专业领域。例如,社会工作者将自己称为精神病社会工作者、老年学专家、儿童福利工作者等,这并不罕见。这些细分的领域表明了这些从业人员开展工作的目标人群。像医务社会工作者和行为健康专家之类的常见称谓,表明了这些专业人员的就业场所。而诸如规划师、社区组织工作者、个案管理员和小组工作者等称谓则描述了社会工作者的实际职能。正如后面章节将要讨论的,一方面专门化提供了有吸引力的组织效率,它可以使社会工作者在特定的实践领域发展出更高的技能和专业知识;另一方面,它也可能导致视野狭窄,在这种情况下,从业人员只在有限的范围内工作,而不触及服务对象更广泛的需要。

科层制可能会成为专业视野的障碍。随着专业组织的发展壮大,社会工作者所在的组织机构的项目变得多目标和多样化,社区建立了许多机制,分门别类地管理这些社区的各个单位之间的互动,个人很容易丧失对专业的更广大的愿景的感觉。有时要在一个组织或社区中推动变革障碍重重,以至于变革推动者变得沮丧。

法布里坎特(Fabricant,1985)讨论了社会工作实务的"工业化",特别是在大型公共福利机构中。在他的讨论中,他认为社会工作正在失去"工匠"的一面。工匠意味着接手负责完成某个专业任务的这个人会一直跟到底。例如,如果某位服务对象的接案工作是这位社会工作者做的,那么同一个社会工作者会继续做预估工作,就照护方案与服务对象签订协议,并持续地开展服务对象的工作,直到实现该方案的目标。这种工作方式为社会工作者和服务对象提供了一种延续性,使其获得有始有终的感觉,并对结果会怎样有共同的理解。

随着国家的卫生和社会服务传输系统变得越来越复杂,新的行动者进入这一场域,专业人员的分领域被专门化,从业人员已难以从头到尾做一项干预。许多任务已经变得更加标准化和按部就班;因此,社会工作者可能会感到受到条条框框的约束,而不是由有弹性的、有助于运用专业裁量权和判断的指南来做指导。这些变化可能会危及维护超越单个组织和社区的专业愿景。

虽然实现意义深远的愿景存在障碍,但是我们相信,这一愿景是建立在投身服务广泛的人群上的,在其所处的社会中,人的基本需要并不总是得到满足,而且有时实际上否定为某些人提供支持。挑战在于努力在当地社区内发展全面的、绩效导向的卫生和社会服务系统。这通常要求从业人员理解处境,而不是接受"现状",在分析困境时充分认识到涉及伦理的回应是一种价值观的选择,设想对当前存在的问题有执行力和富有同情心的替代解决方案,并娴熟地运用宏观实务模式将"是什么"变为"可能是什么"。

从许多方面来说,正是这种投身对更大系统的理解和变革体现了社会工作的性质。苏利文(Sullivan,2005)认为,专业精神的本质意味着对更大的社会和公益的责任。

小　结

在这一章中,我们给学生提供了能够理解宏观社会工作实务的基础知识。我们将宏观实务界定为有专业引领的干预,旨在实现组织和社区的有计划的变革,并开始讨论导致需要有计划的变革的情况。我们还提供了一个概念框架。

我们用之前的学生，即现在正在从事宏观实务工作的社会工作者的点评来说明，对社会工作者而言，最重要或最麻烦的情形常常是不仅要满足服务对象的需要，而且要考虑诸如他们所在组织的管理或社区内的可用资源等问题。

系统理论指导下的有计划的变革模式将在后续章节中详细阐述。系统理论认为，任何实体都由多个部件组成，不管它是一个群体、一个组织还是一个社区。这些部件有联结，有些部件比其他部件对接得更紧密。系统要运行需要一些资源，这些资源的表现形式可能是人员、设备、资金、知识、合法性和其他一些要素。这些资源在系统内相互作用，产生系统的产品。我们运用沃伦的经典著作，将关注点放在社区既有水平关系又有垂直关系的系统上。

全国社会工作者协会的伦理守则对社会工作的价值观基础进行了简要的概括总结，它体现了本专业的实务工作取向。在任何层面上的干预都会给从业人员带来必须要面对的伦理困境。在许多情况下，破解选项没有正确或错误之分，适宜的行动也完全不清晰。在这种情况下，从业人员可以通过全国社会工作者协会伦理守则中的六个核心价值观对情境所做的分析，来帮助自己开展工作。服务（有时称为行善）指的是帮助他人的价值。社会公正是指确保他人平等地获得资源和得到公平待遇。人的尊严和价值（通常与自主有关）是指为个人赋予自决权的价值。人际关系的重要性认识到了与他人建立联结以提高生活质量和促进改变的价值。诚信和胜任力这两个价值观要求专业社会工作者对于他们所做的一切保持言行一致和精通。从事宏观实务工作的社会工作者可能会发现，他们做的就是一个平衡这些价值观的工作。例如，在微观实务中，工作者必须经常把控给予帮助的渴望（和个人对于如何最好地解决服务对象的问题的想法），认识到服务对象需要有个人自主权。从宏观实务的角度来看，出于对社会和经济公正的考虑，宏观实务可能要求工作者不仅关注个人帮助，而且要尝试变革未能以公平方式分配资源的宏观体系。这些观点通过三个案例研究得到了进一步的印证。这三个案例表明，政策、项目框架、资源不足和其他宏观方面的事宜如何与社会工作者能有效工作息息相关。

社会工作者有时对这些现实问题的回应方式是放弃与之斗争。然而，精通宏观实务的社会工作者有其他的选择。他们可以发展强有力的支持系统，找到自我呵护的方法，为工作排出优先顺序，让自己的能量通过其他途径释放出来，并利用他们对宏观系统的理解，与其他人一起为这些系统带来所需的变化。这些技能不应局限于从事传统宏观实务工作的人员，如行政或规划人员。相反，它们对所有的社会工作者都至关重要，包括那些主要从事微观实务的人。

消解这些困境，有助于建立微观与宏观实务相整合的专业认同。正如社会工作专业必须建立在社会工作者致力于改变各个服务对象的生活之上一样，这些社会工作者也必须致力于让服务对象生活的系统和他们所依赖的系统有所完善。在接下来的章节中，我们将提供一个宏观实务模式，指引社会工作者进行变革工作。但首先在第二章，我们会通过回顾宏观社会工作实务的历史背景，来完成对这一领域的介绍。

我的社会工作实验室

请登录 www.mysocialworklab.com 网站并回答以下问题（如果你没有在收到本教材的同时也收到 MySocialWorkLab 的访问密码，并希望在线购买访问权限，请访问 www.mysocialworklab.com）。

1. 阅读我的社会工作图书馆（MySocialWorkLibrary）上的案例研究："戈伦，阿尔巴尼亚"。解释垂直和水平联结如何受到本市社区组织工作的影响。

2. 阅读我的社会工作图书馆上的案例研究："寄养中的专业决定"。在最后一段中，作者警告说，优秀的社会工作者"寻求自我意识，这样他们就不会把自己的需要与服务对象的需要混淆起来"。关于服务对象的这一忠告如何才能运用到社区或人群工作上？

测验题

以下问题将测试你对本章内容的掌握情况。额外的评估，包括将本章的内容用于实践的证照考试类型的问题，请访问 MySocialWorkLab。

1. 人在环境中的理念是指：
   A. 必须意识到环境的限制。
   B. 有时环境需要变革。
   C. 关注环境意味着关注人。
   D. 你不能把环境和人剥离开。

2. 垂直联结是衔接社区单位与：
   A. 其他社区内的单位。
   B. 小型自治邻里组织。
   C. 组织机构的联系。
   D. 社区以外的单位。

3. 水平联结指的是：
   A. 地理位置在该区域内的单位的联结。
   B. 类似的社区的联结。
   C. 服务机构之间达成的协议。
   D. 一般由市长办公室负责的联结。

4. 以下哪个选项最好地描述了对专业活动的社会控制：
   A. 伦理守则制裁。
   B. 一种"召唤"感。
   C. 一套知识体系。
   D. 专业会议。

5. 有人问:"你是在做微观还是宏观的工作?"请根据本章开头的讨论,说明为什么这是个不容易回答的问题。

测评你的能力

请使用下面的量表,根据本章介绍的每个能力的概念或技能来评估你当前掌握的水平:

1. 我能准确地描述这一概念或技能。
2. 在观察和分析实务活动时,我总能识别这一概念或技能。
3. 我能在自己的工作中很好地践行这个概念或技能。

概念或技能	评分		
1. 能够清楚描述一对一开展服务对象的工作与解决社区、系统或社会的问题之间的联系。	1	2	3
2. 能够牢记社会工作者保护人权的责任,不管手头工作的具体重点是什么。	1	2	3
3. 能够预见伦理困境和要求并做出适当的回应。	1	2	3
4. 能够证明自己有意愿捕捉改善系统和社区的机会,即使这意味着增加责任。	1	2	3

第二章

宏观实务的历史渊源

助力催生社会工作角色的趋势

如第一章所述,社会工作者在一个复杂而迅速变迁的社会中开展工作。要了解他们面临的问题和机遇,熟悉塑造当今社会制度的历史趋势,认识未来影响这些制度演变的力量,就很重要。加文和考克斯(Garvin & Cox, 2001)提供了一个分析这些过去趋势和当前力量的框架,他们呼吁关注:(1)社会状况,(2)意识形态潮流,(3)受压迫者和弱势群体。我们将在本章中对其中每一点进行审视。

社会状况

人口增长与移民

1790年的第一次美国人口普查显示,全国人口不足400万。到1900年,这一数字已增长到近9 200万。2010年人口普查的最终人口数估计,美国人口略少于3.09亿(U. S. Bureau of the Census, 2010a)。增长最快的时期是在19世纪。在这一世纪上半叶,全国人口每十年增长三分之一以上。尽管有内战带来的死亡和破坏,但在该世纪下半叶,人口每十年仍以超过25%的速度增长。1900年后人口增长率有所放缓,自1960年以来,下降至平均每十年增长10%。尽管如此,粗略地计算,全国每十年仍增加近3 000万人口。

移民一直是美国人口增长的关键因素。19世纪40年代出现第一批移民浪潮。东海岸涌来了爱尔兰和德国移民,他们逃离饥荒和政治动荡;西海岸则涌来了中国工人,他们在加利福尼亚淘金热期间寻找工作。接下来的移民浪潮来自欧洲的南部和东部以及亚洲，在 1900 年至 1910 年达到顶峰，移民总数超过 600 万，占全国人口增长的近 40%。尽管 1920 年后移民人数有所下降，但移民所占人口增长率再次上升。例如，1970 年，总人口中有 960 万人在外国出生。到 2009 年，这个数字增长至 4 倍，达到 3 850 万。这意味着美国超过 11% 的人是出生在本国之外的（U. S. Bureau of the Census，2010b）。墨西哥是迄今为止最常见的美国之外的出生国，在那里出生的美国人几乎占国外出生的美国人口总数的三分之一，但接下来三个最常见的出生国都是亚洲国家，分别为菲律宾、印度和中国（Pew Hispanic Center，2007）。

工业化

伴随着美国人口的增长，国家经济迅速向工业化转变。阿克辛和斯特恩（Axinn & Stern，2008）利用南方棉花产量来说明这种转变的影响。1793 年，轧棉机发明前一年，棉花总产量仅为 6 000 包，之后到 1800 年，棉花产量增加到 7.3 万包，1860 年内战开始时，棉花产量增加到近 400 万包。在不到 70 年的时间里，机械化有助于实现近 700 倍的产量增长。这种戏剧性的变化改变了整个国家的工作生活。例如，1820 年，全国每 4 名工人中就有近 3 人受雇于农业，而在 2009 年，农业、渔业和林业合在一起，在其中工作的劳动力每 300 个人中不到 1 人。相反，最大的单一职业类别是"办公室和行政支持"，占 2 200 多万人，或者说在美国劳动力中，每 6 人中大约有 1 人（U. S. Bureau of Labor Statistics，2010b）从事行政类工作。

快速工业化所带来的经济机遇是国家人口快速增长的关键推动因素。工业经济的扩张所带来的财富意味着，与以前的农业经济相比，它能够养活更多的人。特拉特纳（Trattner，1999）引起人们对内战后国家财富的巨大增长的特别关注。例如，在 1860 年至 1900 年的 40 年间，美国所有制造业的产品的价值增长了 6 倍，工业总投资增长了 12 倍。

城市化

人口增长与工业化相结合使得城市化进程加快。直到 1910 年，超过一半的人口仍然生活在农村地区，而到 2000 年，超过 80% 的人口生活在城市地区，包括城市郊区（U. S. Bureau of the Census，2001a）。1790 年人口普查时，美国没有一个城市有 5 万人口，50 年后，美国仍然只有 40 个社区被人口普查局认为是城市社区。截至 1970 年，美国有 150 个城市至少有 10 万居民（U. S. Bureau of the Census，1970），从那时到 2009 年，这一数字几乎翻了一番，达到 276 个这样的城市（U. S. Bureau of the Census，2010c）。大多数人口增长最初发生在大型工业城市的核心区，而最近的增长发生在郊区和中等城市。然而，直到 19 世纪 80 年代，美国还没有人口达到 100 万的城市，而到 2008 年，54% 的美国居民生活在人口 100 万或超过 100 万的 50 个大都市区（U. S. Bureau of the Census，2010d）。

制度结构的变化

随着美国城市化和工业化程度的提高，其社会结构，特别是满足人们需求的组织体系也发生了变化。在19世纪早期，这些组织（如家庭、教堂和学校）的数量通常很少、非正式和范围较小。人们主要从事农业和在农村生活，被迫在很大程度上自给自足，依靠组织来满足的需要有限。然而，随着工业化的到来，新技术带来了组织方法的进步，新的模式出现了。特别重要的是，一个高度专业化的组织的复杂体系兴起了。从会计师事务所到计算机制造商再到收养机构，这些都反映和体现了现代社会的复杂性。这些组织的专门化使其能够高效、大量地完成某些任务，但是他们要依赖于其他组织获取诸如电力、原材料和训练有素的人员等资源，哪怕他们可能并不总是认识到这种依赖性。

当今社会的人们从这些组织的产出中受益匪浅，但像组织一样，人们自己的角色也更加专门化。现在，社会中的个人不再学习基本的自给自足所需的一系列任务，而是专注于学习特定的技能，这些技能使他们能够履行通常是在组织中产生或由组织提供的特定的职能，如社会工作。这让个人和组织都能更好、更高效地执行这些任务，这意味着整个社会的生产力更高。但是专业化的一个必然结果是个人和组织不再能够靠自己生产所需要的大部分物品，而且社会内部的相互依赖程度比以往任何时候都要高。此外，个人要通过能填充的角色来满足需要，这使其更依赖于社会机构的协助。这是社会工作专业发展起来的一个主要原因。

促进社会工作发展的大的社会状况的变化，包括人口增长、工业化、城市化以及导致专门化和相互依赖性增强的社会制度结构的变化。制度变迁与社会工作尤其相关，因为它们最直接地影响到为需要帮助的人提供服务的发展。专栏2-1概述了这些历史趋势。

专栏2-1　　　　　　　　历史趋势一瞥

- 人口增长和移民。美国人口从1790年的不到400万，到2010年的人口普查中达到近3.09亿。今天，在美国超过十分之一的居民出生在国土之外。
- 工业化和城市化。200年前，大多数美国人是生活在农村地区的农民。现在，在300个人中从事农业工作的只有不到1人，80%以上的人居住在城市，超过一半的人居住在人口最多的50个大都市区。
- 制度结构。虽然当美国处于农业社会的时候，大部分人是自给自足的，但是现在美国人生活在一个高度相互依存的经济和社会体系中。大多数的工作者非常专门化，社会工作等相对年轻的专业也发展起来，以回应社会复杂性的递增。

意识形态潮流

> 制度变迁与社会工作尤其相关，因为它们最直接地影响到为需要帮助的人提供服务的发展。

毫不奇怪，大的社会状况的变化与可观的意识形态上的变化同时发生。加文和考克斯（Garvin & Cox, 2001）识别了19世纪末针对这些社会状况而涌现的几个思潮，其中包括社会达尔文主义、天命论、劳工和社会公正运动（一度被称为"激进"意识形态）的发展以及今天所谓的进步主义。

19世纪末，英国作家赫伯特·斯宾塞（Herbert Spencer）将查尔斯·达尔文（Charles Darwin）的生物学理论与社会现象做了类比。运用适者生存的概念，他提出在社会上拥有财富和权力的人之所以能得到这些，是因为他们比没有这些资源的人更适应现有社会。他还认为，在生物世界中，随机出现的有利于生存的特征会逐渐取代不那么有利于生存的特征，但是在人类社会中，一些个体或群体仍然天生"低劣"。毫不奇怪，这一哲学受到许多富人的欢迎，他们主张不应该对穷人和无依无靠的人提供太多帮助，其理由是这种帮助只会使社会问题长期存在（Bender，2008）。

1845年，报纸编辑约翰·L. 奥苏利文（John L. O'Sullivan）首次提出了"天命论"的概念。该概念描述了一种信念，即上帝将北美大陆赋予盎格鲁-撒克逊种族，以建立一个乌托邦世界。这一世界将融合资本主义、新教和民主，盎格鲁-撒克逊人不会与其他种族的成员结婚，以避免削弱自己的优越性（Jansson，2009）。天命论在19世纪后期被用来推动西进，并为掠夺原来由美国印第安人族群占领的土地提供正当理由。

部分是对这些观点中固有的种族主义和阶级优越论的反击，同时也是对卡尔·马克思（Karl Marx）和其他社会主义作家日益增长的影响的回应，劳工和社会公正运动有了第一次绽放。劳工和社会公正运动的力量来自当时大多数产业工薪阶层所面临的令人震惊的工作条件。在这场运动中，许多作者和活动家的目标之一是将产业的控制权从资本家手中转移到工会（Garvin & Cox，2001）。与此同时，贫困的人越来越多，他们集中住在城市贫民窟，生活在绝望的状况下，这激起了劳工和社会公正运动的萌生与发展。它的目标是动员、组织那些无法平等获得国家经济资源的人并为之赋权。

进步主义是一种互补的意识形态，部分原因是犹太-基督教平等主义价值观和社会责任的世俗表达，被视为缓和资本主义过度行为的方法。在这一点上，人权取代了财产权，社会被赋予促进集体利益的责任。进步主义的早期表现之一是科学慈善，它试图利用人们认为的对穷人的"自然"同情，建立私人系统，提供一对一的帮助（Bender，2008）。这一观点有助于一些最早的社会服务机构如19世纪末的慈善组织协会（Charity Organization Society，COS）的兴起。

专栏2-2概述了本节讨论的早期趋势。

专栏 2-2	历史理念及其定义

- 社会达尔文主义。认为富人和穷人之间的收入自然有差异，因为富人更适应社会。由此得出不应向穷人提供服务的结论，因为这将使那些不太适应社会的人延续下来。
- 天命论。认为北美是神授予欧洲白人的，特别是盎格鲁-撒克逊人，让他们繁衍生息和掌控。

- 劳工和社会公正运动。一个涵盖面很广的术语，包括工会组织者、反资本主义者和社会改革者的哲学思想。他们反对过度的工业革命，为劳工、移民和贫困者争取权益。
- 进步主义。对社会达尔文主义的一种反驳（部分），认为随着社会变得更加复杂，个人不大能自给自足，政府必须采取行动解决那些不大能应对的人所面临的问题。

受压迫者和弱势群体

新的社会状况，如美国人口面貌的变化和意识形态潮流的转变，往往加剧对某些群体的偏见态度和歧视行为。通常情况下，这些带有偏见的信念和行为都是针对那些已经遭受了快速社会变革最严酷的不利影响之痛的群体。以下各部分重点关注影响一些人群的趋势。这些人群的成员后来成为专业社会工作者的重要构成。

土著美国人

在19世纪和20世纪初，压迫印第安人是政府的政策，通过战争、强制迁移、蓄意传播疾病、背弃协议和限制保留地来实施。1830年的《迁移法案》（Removal Act）赋予联邦政府重新安置生活在密西西比河以东的任何土著群体的权利。对许多部落来说，这意味着真正的种族灭绝。例如，1838年切罗基族（Cherokee）的迁移导致了由疾病和冻伤造成的巨大生命损失，被称为血泪之路。从19世纪90年代开始，当许多美国印第安家庭被强制进入保留地后，一代又一代的美国土著青年被迫进入非保留地寄宿学校，目的是使他们融入白人社会，使他们的原始文化身份无法识别。其后果往往是损害土著美国人的家庭生活，使美国印第安青年疏离他们的文化遗产（Coleman, 1999）。

拉丁裔人

1848年美墨战争后，美国西南部超过10万讲西班牙语的土著人成为美国人的一部分。这场战争最初是美国军事入侵墨西哥，结束这场战争的《瓜达卢佩-伊达尔戈条约》（Treaty of Guadalupe Hidalgo）写明对成为美国人一部分的前墨西哥公民的财产权和公民自由的具体保护。尽管如此，这些人中有许多人还是被迫离开了他们的土地（Griswold del Castillo, 2001）。语言也是压迫的一种常见工具。因为拉丁裔人不精通英语，所以他们被禁止参加投票和接受公立教育。1910年墨西哥革命之后，大批墨西哥移民开始面临类似的障碍。在20世纪30年代的大萧条时期，失业压力和种族主义导致了针对被认为是非法的居民的大规模驱逐，其中60%的人实际上是美国公民（Boisson, 2006）。

非裔美国人

内战为非裔美国人赢得了废除奴隶制的解放，但是平等待遇进程缓慢。1865年，为协助被解放的奴隶开始新生活，联邦政府成立了被解放黑奴事务管理局。这是一个罕见的联邦政府参与提供社会福利服务的例子。在其短暂的六年运行时间中，该管理局帮助许多前奴隶找到工作或获得教育和医疗保健。但更典型的重建时期也是在 1865 年，这一年"三 K 党"成立。它在南部的恐怖行径持续了近 100 年，"有效地"否定了非裔美国人本应获得的许多自由。在法院，美国最高法院于 1896 年对"普莱西诉弗格森案"的具有标志性意义的判决，支持"区隔但平等"的原则，实质上让歧视成为一项政府政策。特拉特纳（Trattner，1999）指出，尽管倡导更好的社会福利计划的人在 20 世纪的头几十年取得了重要的成就，但是这些计划常常更有助于解决白人贫困问题而非解决黑人的问题。

亚裔美国人

在西海岸，中国移民经常被当作廉价劳动力而受到剥削，但当经济状况改善时，他们又成为歧视和敌对的对象。一个例子是 1882 年的《排华法案》（Chinese Exclusion Act）。该法案在 60 多年中宣布所有到美国的中国移民都不合法（Orgad & Ruthizer，2010）。与此同时，1890 年至 1907 年，来自日本的移民人数增加，导致加利福尼亚州修改了法律，限制日本居民拥有甚至租赁房产的权利。最后，最令人震惊的一个种族歧视的例子，是政府在二战期间将数十万日裔美国人强行遣送到拘留营。

妇女

在 19 世纪，妇女的地位与古代相比几乎没有什么改善，许多妇女得到的对待也就比奴隶好一点。在美国和一些发展中国家，彻底的奴役已经被一种"女性"的刻板印象取代，即妇女是公共美德的宝库和化身。然后，这种模式被用作拒绝妇女接受教育、获得就业、拥有投票权和其他福利的理由，这样她们就不会偏离社会道德守护者的角色。一些女性战胜了这些，开始了所谓的女权主义"第一波"（Gray & Boddy，2010）。投票权是这场浪潮的主要目标，但它也试图突破那个时代大多数女性被迫进入的家庭哺育者模子。其他妇女借助这些刻板印象来帮助建立成为当代社会服务组织先驱的社团和协会（Carlton-Leney & Hodges，2004；McCarthy，2003）。尽管如此，倡导妇女平等权利往往被描绘成对妇女家庭角色的威胁，这种将妇女视为炉边和家中与世隔绝的养育人的一维观点延误了她们全面参与社会的进程（Dubois，1999）。

残疾人

敦促慈善和体贴地对待残疾人的法律始于《汉穆拉比法典》（Code of Hammurabi）和古犹太-基督教著作，但实际上，许多社会对待残疾人很冷酷。即使是在相对开明的古希腊和罗马文化中，它们也接受杀婴、奴役、纳妾和安乐死等做法（Trattner，1999）。更近的社会尽管宣布已经放弃了这些做法，但它们对残疾人的处置仍受到长久以来的倾向的影响，即认为残疾在某种程度上是残疾人自身的错，或是对不知晓的罪行的惩罚。诸如"拐子"或"一根筋"等术语，直到最近才从常见语中消失。这类术语具有教唆性，因为：（1）它们用贬义词来描述残障；（2）它们将残障定义为与人群中其他人相比有某种形式的缺陷，尽管研究表明残障人士并不认为自己存在缺陷（Wright，1988）。

在内战后的美国，战场上的伤员是少数几类受到公众关注的残疾人士之一。1866年，密西西比州将其预算的五分之一用于为受伤的退伍军人提供假肢（Wynne，2006），但该州还没有公共系统来满足智障人士的需要。即使对退伍军人，可用的援助通常也是有限的。这对促进他们独立生活或融入社会几乎没有什么作用。直到1918年出台《退伍军人康复法案》（Veterans Rehabilitation Act）和1920年出台《平民职业康复法案》（Civilian Vocational Rehabilitation Act），联邦项目才建立起来，这促进了更大的参与和自立。在此之后，1935年的《社会保障法案》（Social Security Act）（Percy，1989）制订了收入援助计划。

女同性恋、男同性恋、双性恋和变性人

由于受到长期和普遍的迫害，同性恋社区的成员以及其他性取向的人历来是被压迫群体中最隐蔽的。特别是，人们常常从宗教禁忌的角度来看待同性恋，一些宗教权威把它与蓄意谋杀放在同一个类别，作为"凡人"罪行的一个例子。历史上与许多其他欧洲国家的法律不同，英国法律将同性恋视为犯罪，直到1816年，英国水手还因"鸡奸"罪被处决（Marotta，1981）。在美国，关于同性恋的立法采用的是英国的法律法规，尽管并不总是强制执行，但经常被选择性地用作袭扰手段。最后，到了20世纪后半叶，部分借鉴了西格蒙德·弗洛伊德（Sigmund Freud）提出的理论，男同性恋、女同性恋、双性恋和变性人被认为是精神病，并可能被强制接受住院治疗或其他旨在治疗其"性变态"的措施（Crompton，2003）。兰迪·希尔茨（Randy Shilts，1987）记录了这些观点是如何导致艾滋病流行被视为一种"同性恋疾病"的，以及如果与同等比例的异性恋者感染会引起的反应相比，这些观点所引起的令人痛苦的反应是迟缓的。

社会工作的发展

少数族裔、妇女、残疾人和性少数人群受到压迫，是社会工作专业萌生前的状况。这一专业由此诞生于一个需要社会变革的环境中。歧视、意识形态转变以及经济技术变革的影响，使人们不能无限期地忽视社会压力。最初的有组织地应对这些压力的努力造就了社会工作的基础。这其中包括慈善组织协会和社区睦邻运动。

地方慈善组织协会的成员机构在19世纪70年代开始形成。协会通常是一个伞状组织，负责协调类型广泛的慈善活动。这些活动旨在解决外来移民和进城务工的农村人的问

题，这些人像潮水一样涌入美国工业化的北部城市寻找工作。具有讽刺意味的是，社会达尔文主义为这场运动提供了某种哲学基础，因为慈善组织协会所做的"科学慈善"工作往往具有道德意味，面向那些被认为能够成为工业劳动力的人（Axinn & Stern，2008）。慈善组织协会成员机构的工作人员通常是志愿者，特别是中上阶层的妇女，她们充当"友好访问员"，入户探访贫困对象和贫困家庭。她们倾向于分享理想化的目标，即为穷人提供成为"更好的自己"的机会。这意味着她们通常将贫穷视为个人失败的结果，并将她们的工作目标锁定在改变个人而非制度上（Chambers，1985）。虽然人们持有的"受问题折磨的人，如受压迫、健康状况不佳或患精神疾病的人，在某种程度上是自作自受的"这种态度在逐渐改变，但是慈善组织协会运动把关注点放到因地制宜地来为个人提供服务上，这奠定了社会个案工作的基础，也为现代社会中的一系列微观层面的干预奠定了基础。

大约在慈善组织协会发展的同时，社区睦邻运动采用了一种不同的方式来回应人们的需要。19世纪末，工业城市里拥挤的贫民窟和住宅区堪比美国历史上任何糟糕透顶的地方。由简·亚当斯（Jane Addams）和芝加哥赫尔馆（Hull House）的其他人领导的社区睦邻运动的目标，是系统地来解决这些问题。这意味着它注重社会的改革，也注重个人和群体的改变的方法。许多居民区也有宗教使命，这里的居民和慈善组织协会的成员一样，在此也有布道和说教。然而，他们也更愿意按自己的想法来跟大部分是移民的居民交流，并相信可以跨越阶级、宗教、国籍和文化的鸿沟。此外，他们的社会愿景往往是多元化的——慈善组织协会的工作人员害怕有组织的行动，如劳工运动，而社区睦邻运动的领导者往往支持这些努力。他们在成立美国有色人种协进会、妇女工会联盟和美国公民自由联盟等组织中也发挥了突出作用（Brieland，1987）。这些类型的工作代表了现在所说的宏观社会工作实践。

妇女在奠定慈善组织协会和社区睦邻运动中的社会工作基石中发挥了重要作用。19世纪初至中期，出现了三种妇女组织和项目的传统：行善、改革和权利。从18世纪末开始，妇女行善主要采取传教工作和建立孤儿院的形式，以满足人们紧迫的需要。改革传统兴起于19世纪30年代，这一时期创建的组织，提倡废除奴隶制、关闭妓院、提供性教育和终止不适当的性进步。从19世纪40年代到19世纪60年代，第三个女性主义传统的组织形式开始兴起，其核心是妇女的权利，诸如全国妇女投票权组织等团体开始诞生。三大传统中历史最为悠久的慈善协会和慈善组织是当今许多非营利卫生和社会服务机构的先驱。这一传统可以追溯到伊莎贝拉·格雷厄姆（Isabella Graham）和乔安娜·贝休恩（Joanna Bethune）这对母女于1797年在纽约成立的"有幼儿的贫穷丧偶妇女救济协会"（Becker，1987）。不幸的是，这些宏观实务的源头在历史中没有留下多少记载。参与慈善事业的女性常常被讽刺为无能的行善者，而事实上她们的努力为未来的服务体系创造了坚实的基础（McCarthy，1990）。

在那个时代，慈善工作被视为与妇女的养育责任相匹配，甚至社会变革工作也被视为家庭角色在公共场域的延伸（Chambers，1986）。此外，特拉特纳（Trattner，1999）指出，由于大多数妇女实际上不能通过选举办公室获得选举权，所以许多人选择了另外一种方式来寻求满足自己对社会和政治问题的兴趣，这就是参加社区睦邻运动和其他工作。

专栏2-3提供了微观和宏观实务的起源的简要概述。

专栏 2-3　　微观和宏观实务的起源

微观	宏观
● 先驱是慈善组织协会。	● 先驱是社区睦邻运动和州慈善委员会。
● 以"科学慈善"宗旨为指南，聚焦于改善个人的福祉。	● 聚焦于改善邻里或其他群体的状况。
● 演变为社会个案工作。	● 演进为社区发展和社区组织。
● 受诸如《社会诊断》（*Social Diagnosis*）等书籍的影响。	● 受《失业的个案研究》（*Case Studies of Unemployment*）之类的书籍的影响。
● 实际工作方法受临床取向，如弗洛伊德的心理分析等的影响。	● 实际工作方法受到进步主义者、工会主义者和民权倡导者的群众运动方法的影响。
● 受到诸如医学和心理学等学科的影响。	● 受诸如社会学、经济学和政治学等学科的影响。
● 动力来自渴望实现实务工作的专业化，包括科学的知识基础。	● 动力来自渴望获得社会变革。

早期社会工作教育

服务工作逐渐从由志愿者负责转变为由受薪员工承担。慈善组织协会所属机构的工作人员强调他们需要一种系统的工作方法，而社区睦邻运动的工作者则要求获得如何去影响社会变革的培训。这两种传统工作都强调致力于系统地收集有关社区问题的信息（Brieland，1990），由此产生的对熟练工作人员的需求孕育出了社会工作学校组织。纽约慈善学校始建于1898年，最初是纽约慈善组织协会的夏季培训项目；波士顿社会工作学院由西蒙斯学院和哈佛大学于1904年联合成立，也是因为受到当地慈善组织协会所属机构的推动（Trattner，1999）。不久之后，参与社区睦邻运动的人在1907年帮助建立了芝加哥公民和慈善学校（Jansson，2009）。

伴随着这些努力，关于这个羽翼未满的专业是否应该专注于宏观或微观社会工作模式的辩论接踵而至。宏观模式关注根本性的社会政策问题，要求大学的课程以社会理论为基础，教育方向是分析和改革。以简·亚当斯为代表的一个并行的运动强调培养政治上的行动主义，不仅要推动经济改革，而且还要促进和平议程（例如，提倡和平谈判而不是参与第一次世界大战）。相比之下，微观模式侧重于个案救助，并要求个案工作者学习如何进行实地调查。

这场辩论的一个重要转折点是 1915 年全国慈善与矫治会议。亚伯拉罕·弗莱克斯纳（Abraham Flexner）是医学教育领域的一位重要的国内知名人物，受邀谈谈社会工作是否真的是一个专业的问题。他认为社会工作仍然缺乏成为一个专业的关键特征，称之为半专业更为恰当。这种观点有时用于女性占主导地位的职业。弗莱克斯纳提出，一个真正的专业有六个特点：(1) 专业人员做智力性工作并负有很大的个人责任，(2) 他们从科学和学习中获得原始知识，(3) 这些知识被用于实践，(4) 存在可以教授的技术，(5) 倾向于自己组织或建立协会，(6) 专业在动机上变得越来越利他主义（Morris, 1983）。

社会工作领域的一些发展趋向于增强这些特点。例如，在 1917 年，玛丽·里士满（Mary Richmond）出版了《社会诊断》一书，它使一对一的个案工作实践脱颖而出，并将其坚实地嵌入传统的专业模子中。赖施和文科（Reisch & Wenocur, 1986）比较了个案预估和诊断工作，认为这本书打开了社会工作中有时被称为"医学模式"的大门。一方面，对诊断的重视因为弗洛伊德的精神分析疗法的影响而得到了进一步强化，在接下来的半个世纪里，它成为个案工作实践的主导理论基础。另一方面，莫里斯（Morris, 2008）认为情况并非一枝独秀，社会工作继续投身微观和宏观两个层面的工作。

社区组织与社会改革

虽然不引人注目，也没有专门地去主攻专业化，但宏观实务模式仍在继续发展。到 1921 年，爱德华·林德曼（Eduard Lindeman）的《社区》（*The Community*）一书出版了，在接下来的 10 年里，至少又有超过 5 本关于社区的书面世。组织理论家，如玛丽·福莱特（Mary Follett），社会工作教育工作者，如林德曼，都呼吁人们注意小的首属群体在加强大的社区内的局部地区的功能方面可能发挥的作用（Garvin & Cox, 2001）。然而，关于宏观干预的重点放在什么上面才恰当，已经开始出现不同意见。一方倡导通过基层工作来实现社区变革，另一方则主张更多地参与政策制定和通过机构来提供服务。

此外，社会正义议程在 20 世纪 20 年代中期涌现出来，该议程在新政时代达到高峰，并在 20 世纪 40 年代初被视为专业身份的一部分。20 世纪 20 年代末和 20 世纪 30 年代初的组织工会运动促使社会工作者，如伯莎·卡彭·雷诺兹（Bertha Capen Reynolds），与其他专业人员合作，以减少滥用管理和降低裁员及减薪的影响。社会工作者也与城市贫民窟的居民并排游行，要求改善住房条件。这些社会工作者大多是年轻人，担任低级职务

（如个案管理员和社区行动组织者），并没有强烈认同"专业"社会工作者身份（Wagner，1989）。

大萧条的影响

大萧条始于1929年的股市崩盘，成为宏观实务历史上的分水岭事件。在1929年至1933年的四年间，美国国民生产总值下降了近一半，失业率达到25%。大量人口的贫困导致人们对传统观念（即穷人应该为自己的困境负责，以及应该通过个人洗心革面来解决问题）产生怀疑。正如阿辛和斯特恩（Axinn & Stern，2005：174-175）所述：

"大萧条表明，一个人可能由于社会失灵而变得贫穷和失业。为应对大萧条的紧急状况而制订的临时救济计划承认了这种贫困和'新穷人'的存在。《社会保障法案》后来的永久性计划承认了存在固有的社会失灵的可能性。"

这是社区睦邻运动的领导者、社会改革者和社会正义倡导者长期力争的观点，它影响了之后富兰克林·罗斯福（Franklin Roosevelt）制订的新政计划。在罗斯福任纽约州州长期间，许多支持与新政类似的改革的社会工作者和机构管理者，后来在他担任总统期间身居要职。联邦紧急救济署（Federal Emergency Relief Administration，FERA）署长哈里·霍普金斯（Harry Hopkins）和劳工部长弗朗西斯·帕金斯（Frances Perkins）是其中最引人注目的人（Jansson，2009）。

社会工作与社会变革

20世纪30年代末，在一个大变革的氛围中，社会正义倡导者和主流社会工作领导者更加紧密地合作。《今日社会工作》（Social Work Today）杂志开始关注社会工作实务，打破了其传统的观点，即个案工作方法是人的需要的创可贴。社会正义元素仍然以社会工作左翼的面貌存在，但与激进又有专业取向的领导者区别不大。这些转变通过实现共同目标而得到了强化，诸如通过1935年的《社会保障法案》和《国家劳工关系法案》（National Labor Relations Act）等。后者确保了劳工有组织权、罢工权和集体谈判权，它标志着开启了劳工运动在组织国家大部分产业劳工方面取得巨大成功的一个时期。

20世纪30年代中期以后，大型政府机构开始主导提供社会服务，社会工作的角色之争也转移到了这一场域。赖斯和安德鲁斯（Reisch & Andrews，2002）注意到，个案工作模式的倡导者在这些组织中占据了很好的位置，并制定了在很大程度上排斥社区组织者的工作规范。然而，身为基层群众运动成员的有社会正义取向的社会工作者也进入到公共服务场域，他们注重大规模的社会改革（Wagner，1989）。

20世纪30年代和20世纪40年代的这些发展为后来的社会运动奠定了基础。尽管20

世纪50年代不是一个大动荡的时期，但这十年间发生的关键事件将为20世纪60年代的重大社会变革打开大门。一个具有里程碑意义的例子是1954年最高法院的布朗诉教育委员会案（Brown v. Board of Education），该案推翻了公共教育中"区隔但平等"的政策。随后的努力确保了判决在所有学校执行，推翻其他地方的隔离。这成为民权运动的基础。从1955年的亚拉巴马州蒙哥马利公共汽车罢坐行动开始，马丁·路德·金和南方基督教领袖协会通过静坐和示威活动开展了一场非暴力抵抗运动。其他团体，如种族平等大会（the Congress on Racial Equality，CORE）和学生非暴力协调委员会（Student Nonviolent Coordinating Committee），发起了"自由乘车之旅"，并培训从国内其他地方来的年轻的白人和黑人，协助做南方地区的组织工作。1964年的《投票权法案》（Voting Rights Act）和《民权法案》（Civil Rights Act）得以通过，在很大程度上都是这些努力的结果。

为了回应南方和其他地方黑人的斗争，旨在帮助其他传统受压迫群体成员的社会变革运动也开始出现。塞萨尔·查韦斯（Cesar Chavez）的农场工人联合会开始在西南部组织主要是墨西哥裔美国人的农场工人，拉拉扎运动（La Raza movement）通过动员参加选民登记和使用其他在南部运行效果好的方法为拉丁裔美国人争取政治权力。美国印第安人运动（American Indian Movement，AIM）呼吁关注政府的一些政策常常恶化而不是改善了土著美国人社区的问题。像贝蒂·弗里丹（Betty Friedan）的《女性的奥秘》（*The Feminine Mystique*，1963）这样的书成为妇女运动的一个催化剂，它试图将妇女通过投票权运动获得的在选举权上的平等扩展到社会和经济领域。纽约市市民和警察的"打击同性恋"事件在1969年引发了一场被称为石墙暴乱的骚乱。这成为同性恋解放运动的催化剂，是第一次大规模致力于战胜对同性恋者的偏见和歧视的运动。最后，反正统文化运动、学生骚乱（通过加入民主社会学生等团体）和反对越南战争的抗议活动，使20世纪60年代末成为20世纪大众社会运动最激荡的时期。对这些运动的参与为许多后来成为专业社会工作者的社区活动家提供了在职培训。

同样在20世纪60年代，政府社会项目的拓展，尽管有时构想不足，但为社区层面的干预提供了新的机会。带来这些变化的一个刺激因素是，人们重新认识到穷人的困境。这部分要归功于诸如迈克尔·哈林顿（Michael Harrington）的《另一个美国》（*The Other America*，1962）等书。1960年，约翰·肯尼迪（John Kennedy）借助一个社会活动家平台赢得竞选也起到了一定的作用，导致了诸如青年动员、内城区预防犯罪以及和平队（重心是国际援助）等项目的启动。这些努力有助于创建和完善社区发展的新模式（Trattner，1999）。

1964年，林登·约翰逊（Lyndon Johnson）总统呼吁开展一场消除贫困的战争，因为他那时在演讲中的一句话，美国通过了一系列被统称为"伟大的社会"的社会福利提案。这些项目留下了毁誉参半的后人评说，但却为检验宏观实务模式提供了机会。其中一个最重要的例子是社区行动方案（Community Action Program，CAP），它是1964年《经济机会法案》（Economic Opportunity Act）的一部分，是反贫困立法的基石。社区行动方案的目标是更好地协调社区工作提供者的服务，并通过"该地区居民和所服务群体的成员最大限度的参与"，促进公民参与决策（U. S. Congress，1964：9）。全国各地的邻里和社区都设立了社区行动方案机构，并招募居民担任理事会成员或受薪员工，同时聘用经过专业培训的员工。

彼得森和格林斯通（Peterson & Greenstone，1977）在评估社区行动方案时声称，这些方案的设计和实施在很大程度上破坏了改善服务协调的首要目标。然而，社区行动方案机构在促进公民参与的第二个目标方面取得了相当大的成功，特别是加强非裔美国人社区内的网络，帮助他们获得更多的政治权利。其他项目不大成功，在某些情况下，社会工作者及其努力还遭到严厉的批评。然而，在实际工作领域，诸如社区行动方案机构所取得的成功等有助于重新确立宏观实务角色的重要性。

作为这一趋势的反映，社会工作教育委员会在 1962 年承认建立社区组织是一种社会工作实践的方法，可与小组工作和个案工作相提并论。1963 年，美国卫生、教育和福利部少年犯罪与青年发展办公室资助社会工作教育委员会开发培训社区组织者的课程。在 1965 年至 1969 年，提供社区组织培训的社会工作院校增加了 37%，最终几乎全国所有的院校都提供社区组织培训（Garvin & Cox，2001）。社区组织由此成为社会工作实务的合法组成部分。

社会工作的组织背景

社区是所有社会工作者与之互动的宏观系统，实务模式也因其发生演进。然而，社区本身在很大程度上是由组织网络构成的，正是这些组织通常要肩负起履行社区基本功能的责任。因此，组织是社会工作者必须熟悉的第二种宏观体系。我们将在第七章和第八章中检视许多类型的组织，慈善组织协会机构、社区睦邻组织、社区行动方案机构以及其他此类关注社会中的贫困者的组织，被归入社会服务组织（human service organizations，HSOs）的组别。它们的历史有助于说明机构及其服务的重心在集权和分权之间的转换形态。

1601 年英国的《伊丽莎白济贫法案》（Elizabethan Poor Law）是第一部为穷人建立政府服务体系的成文法案，它采用了分权的方式来提供服务。根据这项法律，对穷人的援助是地方的一项职能（因为是通过税收来支付救助费用的），提供服务的责任放在"贫困监察员"的肩上。这种模式在美国殖民地时期几乎保持不变，一直到 19 世纪，对贫困者的救济工作主要是在地方层面展开，规模不大。

19 世纪初的改革家时代开始缓慢过渡到采用州政府运营收容所的方式来提供大规模

的服务的时期，收容对象为无依无靠的儿童、精神病患者和有智力障碍的儿童及成人。后来，随着人口、城市集中和服务需求的增加，公私项目的多样性也随之增加。最终，这些各色工作明显地需要某种协调机制。以 19 世纪 50 年代末的马萨诸塞州为例，特拉特纳 (Trattner, 1999) 将其描述为给孤儿或越轨青年、有身体或发育残障的人、有精神疾病的人和其他人提供服务的各种私人设施的大杂烩。每个机构往往是独立管理的，它们之间缺乏沟通意味着有关工作标准或治疗进展等事项的关键信息很少被共享。特拉特纳认为，这说明了州政府承担协调和监管责任的必要性和价值。

上述情况导致的结果是成立了后来被称为"州慈善理事会"的机构。马萨诸塞州于 1863 年率先成立该机构，然后是另外 15 个州在 19 世纪 90 年代中期成立这一机构。这些理事会代表州政府第一次真正参与到福利服务的集中协调中，并帮助建立了社会服务组织的管理标准。

在接下来的 65 年里，社会服务组织的大部分增长发生在私营部门。慈善组织协会机构和社区睦邻组织的形成从某种程度上认可了在强大的组织框架内建立标准服务的优势。20 世纪初的进步运动还带来了扩大公共机构对社会福利服务的参与方面的各种努力。其中一个例子是 1917 年在伊利诺伊州成立了第一个州公共福利部门。尽管如此，重点仍然集中在分散的私人机构服务上，公共部门的社会服务组织的增长却很少。

直到大萧条时期，美国才大规模建立了提供社会服务的公共组织。罗斯福的新政计划在联邦一级建立了一个基础架构，旨在提供一个政府的保障网，以保护最贫困和最脆弱的人，使其生活不致低于最低生活标准。这些计划的一个关键作用是向各州划拨救济款，这有助于促进国家级公共福利组织的创建。一些项目组织，如联邦紧急救助署和工程项目管理局（Work Projects Administration，WPA），旨在应对特定的大萧条时期的问题，因此存在的时间相对较短。其他一些组织，如社会保障局，成了正在进行的联邦计划的制度基础，并继续发挥着重要作用。随着 1956 年卫生、教育和福利部（现在的卫生和社会服务部）的成立，这些机构中的大多数被合并成一个单一的内阁级组织，这个组织管理联邦保险和援助计划。

从早期阶段开始，社会工作通常是在某类组织内开展。这些组织随着时间的推移而变化，在其中有效开展工作所需的技能也在改变。例如，在社会工作教育的早期，重点是为少量要在小型机构（通常是私营部门）担任管理者的宏观实务从业人员提供培训。所需的技能包括筹资、与志愿性质的理事会一道工作以及督导直接服务人员。

随着大型公共科层制机构和全国各地私营部门机构网络的增长，社会服务组织的规模和复杂程度发生了变化，置身其中的宏观实务从业人员的角色也发生了变化。社会服务组织的大型化、服务的复杂性和多样性的持续增加以及预算政策的变化等趋势迫使管理者要掌握新的技能。刘易斯（Lewis，1978）呼吁人们要特别关注财政问责问题的增加。这在 20 世纪 60 年代末首次成为一个主导问题。他认为，这些担忧迫使社会工作管理者从"问题解决者"转向"管理者"。这种转变隐含着行政取向的变革。从向外思量如何最好地解决特定的社会问题转为向内考虑预算合规性、运营效率以及最近的信息管理。人们担忧的是，如果社会工作管理者不具备这些技能，那么社会服务组织的领导权可能会转移到缺乏个人行为、社会体系以及人与环境互动相关训练的其他学科的人手中。

一些作者还担心，社会服务机构的行政决策可能会为关注财政或运营效率所主导，以至于会忽略服务对象的需要和服务的有效性。作为回应，拉普和珀尔特纳（Rapp & Poertner，1992）是呼吁服务对象驱动的管理模式的发声者。在这种模式中，实现服务对象期望的结果成为决策的主要标准。这种模式的目的是将社会工作中的行政工作视为管理技能与更广泛的社会问题知识以及解决这些问题的方法的独特融合。帕蒂（Patti，2000）认为，管理者在社会服务组织中的作用是完成所有管理者具有共性的工具性任务（如编制预算、获取资源、聘用和指导员工），与此同时致力于改善所服务的人的境况。

> **专业认同**
>
> *批判性思考问题*：社会工作行政人员怎样才能提升社会工作的价值，同时又能领导一个大型的科层制机构？

当代趋势

在本章的开头，我们讨论了影响社会工作专业发展的主要历史趋势。根据加文和考克斯（Garvin & Cox，2001）提出的模式，这些趋势是：（1）社会状况，（2）意识形态潮流，（3）受压迫者和弱势群体。在本节中，我们将查看这些领域对当今实务工作发展的影响。

社会状况

人口增长、工业化、城市化和制度结构变化的影响创造了一个与专业早期不同的今日社会。这些变化为卫生、收入和交通等领域带来了可观的改善，但并非所有方面的转型都是社会成员可以轻松调整适应的，在某些情况下，这带来新的社会问题。

贫困与福利改革

1995年，比尔·克林顿（Bill Clinton）总统进行了一系列对公共援助计划的全面改革，使之成为法律。这一变化很大程度上是由于保守派指责现有制度促进了福利依赖和膨胀的科层制服务体系。例如，美国众议院时任议长纽特·金里奇（Newt Gingrich，1995）认为，负责帮助低收入儿童项目的政府组织实际做的只是"利用"他们。

《个人责任和工作机会协调法案》（Personal Responsibility and Work Opportunity Reconciliation Act，PRWORA）实施的主要变化是要求大多数接受救助的人找工作，并对他们有资格获得援助的时间设定限制。2006 年，在该法案实施 10 年后，对于其优点有大量的讨论和辩论。那些将其视为成功的人常会指出以下其有效果的证据：

（1）福利个案数量大幅下降（1994 年至 2005 年期间约为 60%）。

（2）单亲妈妈和未婚妈妈的就业率增加了 30 个百分点。

（3）在一些分支群体中，单亲家庭就业收入所占比例增加了 100% 以上。

（4）贫困儿童人数减少了四分之一（从 20% 以上减少到 16% 左右）。

（5）1990 年至 1999 年，单亲母亲家庭的贫困率减少了约三分之一（Haskins，2006）。

批评人士指出，其他一些结果让人怀疑改革的成功。帕洛特（Parrott，2006）指出，家庭和儿童的贫困率下降主要发生在 2001 年之前，此后又开始上升。比率增长最快的发生在最贫困的家庭和儿童中，他们是收入不到贫困群体收入一半的家庭和儿童。其他研究更大的经济趋势的研究人员也提出了这样的担忧：20 世纪 90 年代蓬勃发展的经济，而不是福利改革，导致了就业的增加和贫困率的下降。他们也忧心地注意到自 2001 年以来这些收益发生的逆转（Murray & Primus，2005）。

研究还表明，许多家庭没有充分利用现有的福利，不是因为经济状况的改善，而是因为组织性障碍。帕洛特（Parrott，2006）发现，在 20 世纪 90 年代后期，超过一半的福利个案数量下降是因为家庭摆脱了贫困，而不是因为他们根本不申请帮助。吴和埃蒙（Wu & Eamon，2010）的一项研究阐明了这一现象的可能原因：资源贫乏、有可能从帮助中受益的家庭经常得不到充分信息、科层制机构设置的障碍和不合理的资格标准要求的阻碍。同样，布劳顿（Broughton，2010：155）的一项研究发现，大多数被称为福利改革成功证据的福利个案数量下降，实际上是由"科层制主义的折腾"、拒绝申请者（这些人有人帮助的话可能会具备资格）以及其他限制服务准入的手段造成的。这些问题似乎并不局限于大型政府机构。贝尼什（Benish，2010）研究了一个州将服务责任转给私营部门的努力，发现新的非政府机构的规章制度变得比旧的政府机构的规章制度更加僵化和缺乏弹性。

> **政策实践**
>
> 批判性思考问题：《个人责任和工作机会协调法案》的哪些方面可能与社会达尔文主义的价值观相投？它们的不同之处在哪？

从宏观实务的角度来看，这些发现有助于显示联邦政府从预防贫困到支持就业的实际作用的转变。霍尔特（Holt，2006）呼吁关注所得税抵免（Earned Income Tax Credit，EITC）的增长，该抵免向提交退税申报表的低收入者以退税的方式分配联邦资金（通常超过实际支付的金额）。所得税抵免在 1984 年不到 20 亿美元，而到 2009 年增长到约 570 亿美元（U. S. Internal Revenue Service，2010），并在继续增长。具有讽刺意味的是，管理所得税抵免的国税局可能因此成为满足穷人需要的一个关键机构，而许多观察家可能会质疑它是否适合扮演这个角色。

专栏 2-4 总结了福利改革的利弊。对于社会工作者来说，认识到联邦政策的转变对生活贫困的人的影响十分重要。

专栏 2-4　　　　　福利改革的利弊

好处	坏处
• 改革通过后的头五年，福利个案数量急剧下降。	• 大部分个案数量的下降可能要归因于贫困家庭认为他们没有资格享受福利，而不是因为他们变得不那么穷。
• 更多的母亲加入劳动大军。	• 许多进入劳动力市场的领取福利的人从事的工作报酬太低，无法真正自力更生。
• 改革后，工作收入占家庭收入的比例急剧上升，而福利收入则下降。	• 20世纪90年代末，贫困家庭经济收入的增长可能要归功于经济强劲而不是改革政策。经济衰退开始后，低收入家庭现在面临着巨大的艰辛。
• 改革实施后儿童特别是黑人儿童贫困率下降。其他一些儿童福祉指标也有所上升。	• 大约自2001年以来，儿童贫困率、劳动力中的母亲的百分比和低收入家庭从工作中获得的收入等指标都有所恶化。
• 儿童受益于父母就业的正面榜样并寻求自力更生。	• 穷人中最贫穷的人的境况不断恶化，赤贫儿童的数量也在不断增加。

收入不平等

在关于贫困政策的辩论中，许多作者开始关注美国最高收入家庭和最低收入家庭之间的收入差距日益扩大。在第二次世界大战期间和之后的40年中，美国经济规模迅速扩大，贫困家庭和中等收入家庭（约占所有家庭的90%）的收入增长率远高于收入前10%的家庭的收入增长率。自20世纪70年代末以来，收入最高的10%的家庭的收入大幅增加，而收入低的90%的家庭的收入几乎没有增加（Shaw & Stone，2010）。举例来说，1977年，美国收入最高的10%的家庭的收入约占全国总收入的三分之一，但到2007年，这个数字已经增长到总收入的一半。这是有记载以来底层的90%和最上层的10%的家庭之间最大的收入差距（Saez，2010）。

在二战后最初的35年里，这个国家的经济扩张让所有人都受益，但在过去的30年里，它只让最富裕的人受益。例如，在计入了税收和通货膨胀因素之后，1979年至1998年，只有前五分之一的家庭有了有意义的收入增长，而中间五分之三的家庭基本保持不变，后五分之一的家庭净收入下降了12.5%（Piketty & Saez，2003）。也许对于社会工作者来说，认识到这些趋势最重要的意义是，知晓贫困家庭数量众多，而且越来越穷。2007年，约有6100万人生活在收入垫底的后五分之一的1560万户家庭中。该群体的成员仅获得当年税后收入的4.9%，低于1979年的约7%（Sherman & Stone，2010）。

在查看收入最高的1%人群时，收入差距尤其明显。1976年，这一类别的有收入的人获得了大约9%的总收入,而到2007年,他们的收入占总收入的比例已经增长到21%(换句话说,每100个有收入的人中就有1人的收入是从每5美元收入中获得了超过1美元)。更引人注目的是,2002年至2007年经济扩张产生的新收入中,有三分之二进入了收入最高的1%的人的口袋(Shaw & Stone, 2010)。这主要是因为收入最高者的收入来源,包括高管股票期权和股票股利等(在2008年开始的经济衰退之前)增长迅速,而其他来源的收入增长很少。大多数美国人的收入来源是工资薪金,但在2007年初,从这一来源获得的所有收入的比例达到了自1929年有记录以来的最低水平(Aron-Dine & Shapiro, 2007)。

在资产净值(即所有资产的价值减去所有债务的金额)方面,贫富差距也很大。1983年,最富有的5%的家庭持所有净资产的55%,到2007年,这一比例增至62%。1983年,美国40%最不富裕的家庭仅持有净资产的0.9%,到2007年,这一比例降至0.2%。如果去掉房产价值,差距甚至更大。2007年,最富裕的5%的家庭持有72%的非房产财富(高于1983年的68%),而最不富裕的40%的家庭持有负1%(而1983年是负0.9%)。负值意味着这些家庭持有的平均债务超过了他们的非房屋财产(Wolff, 2010)。

这样的收入差距会造成各种各样的问题。研究表明,收入不平等的增加与婴儿健康状况较差(Olson, Diekema, Elliott & Renier, 2010)、成年人自评健康状况较差(Hildebrand & van Kerm, 2009)、杀人风险增加(Redelings, Lieb & Sorvillo, 2010)、自杀风险增加(Huisman & Oldehinkel, 2009)、低收入者脱离政治和社区(Bernstein, Mishell & Brocht, 2000)以及许多其他令人忧虑的问题(Wilkinson & Pickett, 2009)有关。戴维·希普勒(Shipler, 2005)等观察家认为,随着富人和其他人之间的差距扩大,更多的美国人会发现自己属于"贫困的劳动者"一族,他们总是徘徊在灾难的边缘。他举了一个例子,糟糕的住房加剧了孩子的健康问题,导致更高的医疗开支,接着是逾期支付费用,然后是被处罚用一辆已经不可靠的汽车来抵罚款或承受更高的逾期利率。这又威胁到保住一份工作的能力,增加了这个家庭不得不待在破败房屋里的可能性。即使是小灾难也会演变成一个更加难以逃脱的恶性循环。

这些情况影响到之前的许多福利接受者,他们用工作收入取代了接受公共援助。这表明福利依赖的减少并没有伴随着实际经济保障的增加。专栏2-5提供了收入不平等趋势的历史比较。

专栏 2-5　　20 世纪和 21 世纪的美国收入和财富分配

20 世纪中后期	21 世纪
● 20 世纪40年代至20 世纪70年代,贫穷和中等收入家庭的收入增长率远高于前10%的家庭的收入增长率。	● 20 世纪80年代至今,贫困和中等收入家庭几乎没有什么收益增长;而位居前10%的家庭的收入有大幅增长。

- 1977年，收入最高的10%的家庭的收入约占总收入的三分之一。
- 1979年至1998年，前五分之一的家庭的收入有相当大幅度的增长，中间五分之三的家庭的收入没多大变化，后五分之一的家庭的净收入减少了12.5%。
- 1976年，前1%的家庭的收入约占所有收入的9%。
- 1979年，后五分之一的家庭收入约占总税后收入的7%。
- 1985年，最富有的5%的家庭持有55%的全部净资产。
- 1983年，最不富有的40%的家庭持有0.9%的净资产。

- 2007年，收入最高的10%的家庭的收入在所有收入中占了大约一半。
- 2002年至2007年，收入最高的1%的家庭获得了经济扩张带来的新收入的三分之二。
- 2007年，收入最高的1%的家庭获得了所有收入的大约21%。
- 2007年，后五分之一的家庭获得了所有税后收入的大约5%。
- 2007年，最富有的5%的家庭拥有62%的所有净资产。
- 2007年，最不富有的家庭拥有0.2%的净资产。

附属和认同社区的模式

在社区文献中反复出现的话题是，关切社区是否可以满足其成员的需要，以及社区生活的传统好处是否岌岌可危。例如，1978年，罗兰·沃伦（Roland Warren）就呼吁人们关注他所描述的"社区问题"，这涉及美国人的一种感觉，即他们所居住的社区不如过去好，而且比以前更容易出现更频繁、更严重的功能失调。

福山（Fukuyama, 1999：56）描述了他谓之为发达国家"大瓦解"的情况，即始于20世纪60年代，一直延续到20世纪90年代的发达国家社会问题的出人意料的增加。在这些问题中，有家庭系统的混乱不断加剧（高离婚率和单身女性或少女的高生育率）、犯罪增加、内城区衰败、对传统机构和组织的信任被蚕食，以及普遍的"社会纽带和共同价值观的削弱"。

帕特南（Putnam, 2000）聚焦于人们相互交往方式的变化，呼吁要特别关注当地会员团体，如社区桥牌俱乐部、兄弟会和大学校友分会等各种团体参与度的下降。他援引的调查显示，这些团体的活动参与度大幅下降，并提出人们正取而代之选择加入"三级协会"，这种协会可能永远不会召开会议，其成员也可能永远不会见面。此类组织的例子包括支持某个政党或某个慈善事业的协会。帕特南认为，此类组织成员之间的关系更像是某个体育队与分布广泛的热情粉丝的关系，而不是当地俱乐部成员之间的那种关系。在这些情况下，将成员维系在一起的是事情而不是个人关系。

然而，与沃伦或福山的观点不同的是，帕特南认为这些变化不一定是不祥之兆。虽然人们以与以往不同的方式建立联结并不一定预示着社会凝聚力的崩塌，但是对于快速变迁，一些社会成员相较于其他人不可避免地会适应得不那么好。

上述变化的一些原因是那些我们已经讨论过的趋势，包括城市化和沃伦（Warren，

1978）所说的地理关联丧失。大型的、复杂的城市有许多好处，但它们也会滋生庞大而复杂的问题，城市的规模和复杂程度会影响到这些问题的解决。例如，对于公共利益持有共同的观点在小社区是可能的，因为人群相对而言有同质性，每个人都可能认识许多甚至所有其他居民。小社区也有一些共享的东西，如地形、生长条件和供水。相比之下，城市规模如此之大，以至于在经济基础、政治环境、生活方式，甚至气候和地形方面，一个区域的居民与另一个区域的居民几乎没有共同点。同样，在一个大城市里，人们不可能认识所有的居住在一起的居民。在那里，大多数人看到的往往是坐在车里的人或在繁忙的人行道上经过的模糊的面孔。

尽管如此，许多城市居民热爱城市生活，并不觉得它让人疏远。他们可能会用不同于农村地区的方式定义"社区"，将此术语用于公寓楼、民族聚居区、特定工厂、教堂或学校周围的街坊邻里，甚至是帮派地盘。正如我们将要讨论的，这意味着城市地区地方上的社会工作需要认识到社区嵌套社区的复杂情况。

技术的进步也使地缘关系被超越地理边界的关系取代，使物理距离变得毫无意义。手机和网络的迅速普及为从短信到博客、视频会议再到多人游戏的各种进步铺平了道路。社交网站也以惊人的速度增长。截至 2010 年底，仅脸书就有超过 5 亿的活跃用户，其他网站的用户很可能达到或超过这一总数（Facebook Pressroom Statistics，2011）。这些网络存在于虚拟空间而不是物理空间中，因此沃伦所说的社区外联结现在不仅涉及重新定义"地点"（例如，是网址而不是街道地址），而且还涉及重新定义"社区"。

社区外的联结不仅对个人很重要，对组织和机构也很重要。汽车装配厂可能是一个小社区的主要用人单位和经济引擎，尽管它在当地很突出，但它最重要的联结可能是某遥远城市的公司总部。关闭工厂的决定或工厂装配线上的关键部件的供应商遇到工人停工，可能发生在社区之外很远的地方，但当地居民会很快感受到其影响。因此，社区及其机构高度依赖外部联结，新通信技术的快速发展增强了这种依赖性，并增加了社区层面社会工作实务的复杂性。

组织和服务传输系统的变迁

除了社区的问题，当代组织结构的发展也很重要。社区和组织并行的一点是，两者都继续变得更大、更多元化。在组织中，这通常伴随着运作的科层制化。"科层制"一词有一些负面的意涵，正如我们将在第七章中讨论的那样，这些可能准确，也可能并不总是那么准确。我们称科层制化是组织规模和结构的复杂性增加，包括社会服务组织在内。这一点在公共机构中尤其明显。自新政以来，公共机构总体上一直在不断扩大。

科层制组织是组织成员之间构建任务和关系，以最大限度地提高运作效率的一种手段。任务分工专门化是科层制化的一个方面，正如我们前面所讨论的，这种变化有助于推动现代工业组织生产力的大幅增长。科层制的问题是，它有时会像其所使用的工具一样机械化，结果可能会给员工造成非人性化的环境，给那些需要帮助的人提供没有针对性或无效的服务。随着组织规模的增加,这一点往往变得更加明显,大型政府社会服务组织因其表现出的科层制结构的不利方面而名声在外(有时应该,有时不应该)。即使是在小型机构中,外部强加的规定(如某些操作性的实务或财务程序)也可能造成一种严格僵化的服务方法。伦斯(Lens,2008:217)证明,寻求公共援助的服务对象的工作要求,导致一线员工采取"严厉和惩罚性"的定位,带来拒绝给予福利援助或没有正当理由的处罚。正如我们将在第四部分中讨论的,了解组织结构和规则如何影响与服务对象的互动,对于有效的宏观实务至关重要。

除了结构问题外,还有一个悬而未决的争论话题,即哪些组织应负责提供服务,以及如何为这些服务提供资金。从新政开始到向贫困宣战,公共机构开始提供从精神健康照护到福利补贴再到儿童保护服务的各种社会服务。然而,从20世纪60年代开始,私有化的支持者变得越来越具有影响力。私有化要求公共机构减少或终止直接提供社会服务,并代之以签约购买服务(purchase of service,POS)。政府通过向(非营利的和营利的)私立机构支付费用来提供这些服务。这一趋势或许可以更准确地被称为"再私有化",因为它涉及将社会服务重新归到新政之前其主要依托的部门。

在希望政府缩减规模、鼓励竞争和控制成本的驱动下,流入购买服务的资金大幅增长。据凯特纳和马丁(Kettner & Martin,1987)估计,1973年有2.63亿美元用于支付与私立非营利机构签订的购买服务合同。到2007年,美国非营利组织花费了1.3万亿美元(Urban Institute,2010)。1997年,全国各地的社会和法律服务机构从政府合同中获得了超过一半(52%)预算的经费支持,如果这个比例保持不变,2007年向非营利组织提供的购买服务合同价值约为6 760亿美元(Wing,Pollak & Blackwood,2008)。

在购买服务模式中,决策和财政支持仍由公共机构负责,但实际提供服务转移到了私营部门。这对寻求服务的人来说是有吸引力的,因为人们可能认为去当地的非营利机构求助会比要求"政府救济"少一些污名。购买服务的拥护者还强调,让机构竞标可以获得各种自由市场的好处(例如,将成本降至最低、改善失察),这些是主管公共机构直接提供服务时所不会出现的情况。为了进一步推动改进服务的目标,招标机构现在越来越多地使用绩效合同。在这种合同中,接受服务合同的机构必须实现所要求的提供服务的数量或质量的具体目标(Martin,2005)。

私有化是否对社会服务的传输有积极影响仍然存在争议。批评人士抱怨,购买服务合同的狭隘的侧重点忽略了重要的服务对象的问题,并助长了解决事后问题的取向,而不是防患于未然。另一些人则认为,私立机构对政府合同的日益依赖威胁到这一部门机构的独立性,使它们比在预算更加多样化的时代更为脆弱,尤其是在政府削减开支的时候。例如,在20世纪80年代初,经济放缓导致公共资金减少,之后购买服务资金开始枯竭。许多非营利机构以前靠公共资金发展壮大,现在突然面临着对有限资源的激烈竞争。在健康照护领域,患者不足的医院开始将服务多元化,拓展到初级健康照护之外的服务领域,如药物滥用中心、家庭健康和其他地方。营利组织也开始提供社会服务,它们和私立医院都在尽力寻找可以自己付费或有保险可以支付服务费用的服务对象。与此同时，非营利机构传统上是为低收入的服务对象提供服务，它们通过从付费服务对象那获得的收入来抵销这一服务成本。但是，随着政府资金越来越稀缺，付费服务对象被加入竞争的医院和营利性服务提供者吸引走，造成的结果通常是服务的削减大量落在最需要服务的服务对象身上（McMurtry, Netting & Kettner, 1991）。尽管如此，非营利组织的数量仍以高于商业部门组织数量的增长速度在增长，截至2005年，非营利组织的收入占美国薪酬的8%和国内生产总值（GDP）的10%（Wing, et al., 2008）。

信息时代

任何使用电脑或智能手机购物、预订航班、寻找餐厅、发送信息、找到一位老朋友或交一个新朋友的人都知道，快速发展的信息技术将继续给我们的生活带来巨大的变化。未来学家阿尔文·托夫勒（Alvin Toffler, 1980）30多年前就预言了这一趋势，认为它代表了人类社会的一种主要的新形态，即"第三次浪潮"。在他的模式中，社会组织的第一次浪潮是农业的发展及其所支持的社区的形成。工业革命催生了第二次浪潮，其特征是生产力的巨大增长、人口增长和城市化。每一次浪潮都有标志性的特定商品。第一次是农产品，第二次是工业产品，第三次是信息。

信息作为一种商品有多种形式，其中一个例子就是知识，诸如专业人员获取和使用的知识。如果农民是第一次浪潮的标志性人物，工厂工人是第二次浪潮的标志性人物，那么专业人员就是第三次浪潮中的标志性人物。与农民或工厂工人不同，他们所提供的是服务，而不是实物。向服务业的转变越来越广泛深刻，在过去的50年中，经济领域服务行业的增长速度远远超过其他任何行业。这可以从随时间的变化，农业、工业和服务业三大主要行业占美国经济GDP的份额中看出。1947年，三者占GDP的比例分别为8%、33%和59%。相比之下，到2009年，这些百分比分别为1%、15%和84%（U. S. Department of Commerce, 2010）。2009年创造的每5美元财富中，就有4美元以上来自服务业。服务业也是过去几十年创造了绝大多数新就业机会的行业。

发达国家的经济增长很少是因为发现了新的资源，而是因为更好地利用了现有的人力或物力资源。当经济学家提到"生产力"时，他们通常指的是所生产的商品和服务的价值除以生产它们所需的资源（人力和物力）。在服务方面，会计师事务所可能通过强迫员工更快地工作来提高为客户完成的纳税申报的数量。然而，在没有人继续留在公司或加入公司时，这不会一直行之有效。但是，如果公司对客户数据进行计算机化处理，同时对其员工以前手工进行的大多数计算进行计算机化处理，则可以大大缩短完成每一次纳税申报所需的时间，并提高生产率。这正是近年来会计和许多其他领域发生的事情。例如，2002年，美国国会预算办公室（U. S. Congressional Budget Office, CBO）检验了计算机技术与全国生产力的提高有多大关系。结果是，"国会预算办公室将1996—2001年（净生产力）的**所有**加速增长归功于计算机硬件生产的技术进步"，以及由此带来的更容易运用的计算机技术（U. S. Congressional Budget Office，2002：ⅷ，emphasis added）。

信息技术的进步也在以其他方式改变工作场所。越来越多的员工在工作周的部分或全部时间待在家里，语音和数据线将他们连接到国家和国际网络上完成任务。这些变化有可能颠覆社区生活的性质。至少，它们可能会改变传统的通勤模式，允许更多的工作人员在家办公。最终，它们有可能逆转城市化趋势，促成更小和更分散的社区。

社会工作者可以预期，信息技术的持续变化会对他们自己的工作产生两种类型的影响。一种是他们遇到的社会问题的性质会改变，另一种是他们工作的方式会改变。关于社会问题的变化，我们已经注意到美国高收入者和低收入者之间的收入差距，以及隐约出现的能填补信息的相关产业和其他高科技工作岗位的熟练工作者的短缺，这类岗位可能会进一步扩大收入差距。卡内瓦莱、史密斯和施特罗（Carnevale，Smith & Strohl，2010）预测2018年将有近4 700万个新的和替换性的工作岗位被创造出来，其中近三分之二的岗位要求具有大学学位或接受过其他高等教育。然而，他们还预计，上大学并成功获得这些工作岗位所需技能的学生人数将比实际需要的人数少300多万。与此同时，为那些没有高等教育学位的人创造的就业机会要少得多。他们的结局很可能是非充分就业或失业，他们在找中产薪资待遇的工作时会特别困难。这将进一步使试图帮助社会最贫困成员的社会工作者的任务复杂化，因为这些人中很少有人具备获得更好报酬工作的必要技能。

社会工作者的工作方式也在改变。他们撰写报告、编写进度笔记、与组织内外的其他人交换消息、获取服务对象的记录、寻找可以转介的地方并完成详细规定专业人员岗位职责的各种其他任务。计算机、数据库和其他信息资源已成为完成这些任务的必备要件。智能手机和笔记本电脑或平板电脑可用于做个案笔记、填写表格或管理预估工具。在大多数情况下，这些设备还可以接入无线网络，让员工可以向督导发电子邮件请教问题、搜索可转介的机构或跟服务对象预约见面时间、登入机构档案库检索服务对象记录、上传表格和个案记录或输入用于监测和评估服务的信息。员工还可以通过在线阅读期刊和研究报告，向在同一专门领域工作的邮件组的成员发布问题，或访问能为他们不熟悉的问题提供信息的网站来跟上专业文献的步伐。对宏观从业人员来说，信息技术最大的潜在价值可能是让他们能够下载人口普查数据或访问地理信息系统，从而在目标区域的高分辨率地图上绘制收入、犯罪、年龄、健康状况和许多其他变量的分布。换句话说，与几乎所有其他领域一样，计算机和信息技术的快速变化将继续改变社会工作者的工作方式。专栏2-6概述了当代趋势。

专栏 2-6	当代趋势要点
趋势主题	要点
贫困与福利改革	1996年（当时主要的联邦改革已经通过）至2001年，接受福利的人数下降了一半以上，但随后个案数量开始稳定。现在，贫困率正在上升，特别是儿童贫困，与20世纪70年代或20世纪80年代相比，现在的儿童贫穷的可能性更大。

收入不平等	贫富之间的收入差距正在扩大，美国最富有的前五分之一的家庭在过去20年中赚钱强劲，而最贫困的20%的家庭收入偏低。2007年，前十分之一的家庭的收入超过所有收入的50%，而后五分之一的家庭的收入占所有收入的不到5%。
附属和认同社区的模式	与过去相比，社会成员对当地关系的依赖更少，与其社区的联结也不那么紧密。例如，他们不太会加入当地的会员团体，而更可能加入那些他们可能从未见过其他会员的全国性组织。现在他们使用社交网络和其他技术来维持远距离的关系。而且，他们的组织和社区比过去更受当地之外的决策的影响。
组织和服务传输系统的变迁	社会工作者比过去更有可能在组织中工作，而且这些组织更可能拥有正式的科层制结构。它们也更可能是私人机构而不是公共机构，并且依赖购买服务合同运作。
信息时代	社会许多方面的计算机化意味着最有价值的商品是信息。此外，大多数工作现在涉及产出服务，而不是食品或制造业产品。现在经济领域创造的价值中每100美元只有1美元来自农业，而每5美元中有4美元来自服务业。从计算机编程到健康照护再到各种社会工作功能，服务越来越被信息驱动和依赖计算机。

意识形态潮流

正如对广泛社会状况的讨论一样，沃伦（Warren, 1978）提出的"社区问题"意涵为探讨当代意识形态的趋势提供了一个起点。社区成员关切的一个问题是，越来越难以获得社区感——一种心理上的归属感。它对于个人和社区都至关重要。这种感觉应该来自个人意识到自己对社区的福祉能做出有用的贡献。在过去的历史时期，有用的贡献是很容易看到的，比如当一个人可能是社区中唯一的杂货商、教师、面包师、铁匠或助产士时。然而，在现代社会中，人们的活动可能非常专门化，以至于他们对社区利益的贡献对他们和其他社区成员而言都不是那么显而易见。

社区意识的丧失会产生疏离感，这种疏离感通常被描述为个体与其可能自然认同的社会群体的隔离感。经历过疏离的人会感到没有或失去与社会和文化的联结，他们往往生产力较低，也不大能应对日常生活的压力。有时会发生一个恶性循环，即社区生活的复杂性和缺乏人情味会滋生疏离感，深受其害的人继而更会觉得自己不大能应付这种复杂性。与人有距离感也是疏离感的一部分，对那些历史上处于不利地位的群体的成员来说尤其困难，他们的境况已经比社区中的其他群体更差，因此可能会感到这是一种耻辱（Ohmer, 2010）。疏离的另一个影响可能表现为自私自利和反社会行为，在这种行为中，对社区公益的关注（在缺乏对社区及自身在其中的角色的明确认识的情况下）服从于个人利益。这种现象被一些社会评论家和政治人物标榜为社会关系中"文明礼让"的崩溃。

社会工作者也必须在个人主义和集体主义之间出现紧张关系时与之角力。这种紧张往往是在个人利益还是群体利益应该作为行动指南时凸显。美国文化的特色是重视和保护个人的自主性，但在许多其他文化中，个人更可能视自己为某个群体的成员，并有动力推动这个群体的整体发展。这个主题的研究探讨了在适应美国规范时，来自其他文化的人们所面临的挣扎，包括对拉丁裔美国人（Parsai, Nieri & Villar, 2010）和亚裔美国人（Lau, Fung, Wang & Kang, 2009）的一些研究。然而，在其他一些情况下也会出现难题，追求个人利益与追求集体利益发生冲突的群体例子包括老年人的照顾者（Anngela-Cole & Hilton, 2009）和无家可归的青年（Thompson, Kim, McManus, Flynn & Kim, 2007）。这一问题的另一个方面涉及制订计划的决策权应该在谁的手中。如前所述，这在辩论谁（州和地方政府还是国家权威部门）应该控制公共项目时表现得淋漓尽致。一般来说，政治保守主义者主张，地方政府所处的位置最适合识别本地的需要并量身定制适当的对策。而改革派则主张制订宏大的计划，以减少社区间存在的不平等并建立总的服务或福利标准。

社会资本因其解释力而成为备受关注的一个概念。它指的是社会储备的社会成员坚守的信仰、价值观及其实践，它们对所有人的福祉都有助益。例如，在一个社会资本较高的社会，由于大多数人意识到不互相掠夺的好处，所以犯罪率有望很低。与经济资本（如可投资基金）或人力资本（如教育或专门知识）一样，社会资本是一种可测量的资源，可被视为社会财富的一部分。越来越多的研究表明，更多的社会资本与较低的贫困水平（Sun, Rehnberg & Meng, 2009）、较低的死亡率（Hutchinson, Putt, Dean, Long, Montagnet & Armstrong, 2009）、更高的自尊和应对能力（Wahl, Bergland & Lyland, 2010）、对暴力的更负面的态度（Kelly, Rasu, Lesser, Oscos-Sanchez, Mancha & Orriega, 2010）以及许多其他变量有关。社会工作者的作用可以被看作保护和促进社会资本，但是其对于社会资本是什么或如何增加它还缺乏共识。例如，个人主义和集体主义都可以被视为属于社会资本，但分歧在于如何适当平衡两者之间的关系。还存在争议的是，面对福山（Fukuyama, 1999）所描述的社会混乱或帕特南（Putnam, 2000）所指出的结社的衰退，国家拥有的社会资本是上升了还是下降了。

意识形态的最后一点不仅关系到人们的信念，还关系到人们如何表达这些信念，特别是在传递信息时的过激和片面性。学术界和公共领域的观察家，包括巴拉克·奥巴马（Barack Obama）总统，都提出了这样的担忧：人们所持的立场和用来表达这些立场的言辞通常非常极端，以至于分歧本身变成了问题所在（Allen, 2009）。其他观察家警告压制言论现象，尤其是在工作场所（Barry, 2007）。这一公共话语的削弱对社区和组织的可能影响是，之前讨论过的一些问题（例如，社区意识丧失、疏离）正在恶化，同时集体主义观念消失，社会资本也丧失。应该如何来界定这个问题？它是否是一个严重的威胁？宾夕法尼亚大学的一个委员会做了探寻。在介绍委员会研究发现的书时，罗丁和斯坦伯格（Rodin & Steinberg, 2003）的结论是，公共话语中的不文明现象有着悠久的历史，但是同过去的时代相比，现代传播方法能放大这些声音并以更为多样的方式传播。此外，一方面那些言辞最犀利、最负面的人会用这些方法使他们的话吸引眼球。另一方面，如果发送信息的人在使用这些新方法方面变得同样在行，则可以使用相同的创新性的沟通方法来传播深思熟虑和温和的信息。

专栏 2-7 概述了当代意识形态、观念及其定义。

专栏 2-7　　当代意识形态、观念及其定义

意识形态与观念	定义
社区感	社区成员对某个社区（本地或非本地）的认同度，并感觉自己是它的一部分。
疏离	感觉与自身社会的其他人疏远和缺乏归属感。缺乏社区感是常见的疏离的一个方面。
个人主义与集体主义	一个连续统一体，社会政策的制定因之而可能会有所不同。个人主义倾向的政策寻求对个人自由和个人意志施加最低限度的限制，而集体主义倾向的政策则假定某些个人选择必须加以限制，以更好地服务于所有人的利益。
社会资本	一种公共资源，反映个人以增强社会的凝聚力和成员的福祉的方式行事的意愿。当疏离程度较低而社区感较高时，社会资本往往更高。
公共话语的削弱	人们担心公开辩论会比过去更加对立，更加不文明，而且随着人们对自己的观点更加执着和不大愿意倾听他人的意见，整个社会的凝聚力可能会有风险。

受压迫者和弱势群体

在过去的 150 年里，在消除社会中的偏见和压迫方面，我们已经取得了很大的成就。这些成就常常是针对特定人群的由官方制定的政策。立法，再加上个人态度的逐渐改变，已经使公开的基于种族或族裔的歧视不仅违法，而且在大多数社会成员中，道德上也是不可接受的。近几十年来，妇女和残疾人在纠正许多把他们视为二等公民的做法方面也取得了长足的进步。同性恋、双性恋和变性人社区的人们则从推翻旨在将同性伴侣之间的亲密关系定为犯罪的州法律的法院判决中受益。

然而，歧视和弱势并未消失。尽管数十年来的研究得出相反的结论，但是，举例来说，同性恋、双性恋和变性的男女仍然被公然诋毁为行为"越轨"或"病态"，并且被剥夺了异性恋者认为理所当然的权利和机会。尽管在美国的大学和学院的本科生和研究生中女性的人数都超过了男性，但工作女性的平均收入仍然只有工作男性平均收入的四分之三左右（American Council on Education，2010；Institute for Women's Policy Research，2010）。尽管公开的种族歧视言论现在受到广泛的谴责，但是许多种族和族裔仍然受到过去的种族主义和歧视做法造成的摆脱不掉的弱势的损害。

表2-1显示了美国社会五个主要种族/民族的个人和家庭福祉指标，包括收入、教育和健康等。在本章后面讨论这些群体的现状时，我们会提请读者注意这些各类指标。应该强调的是，"弱势"并非"弱点"，表2-1的目的不是延续描绘某些群体的缺陷模式。相反，我们试图指出，能获取和控制资源让享有这种控制的群体具有了优势。这一点最好的明证是，摆脱不掉弱势影响的是那些缺乏此类途径和控制的人群。因为白人通常是行使控制的人群，所以在我们的讨论中，他们会经常被作为对照群体。

> 能获取和控制资源让享有这种控制的群体具有了优势。

表2-1 分种族/民族群体的部分福祉指标

指标	黑人，非西班牙裔 (12.1%)	亚裔美国人 (4.3%)	西班牙裔美国人 (15.1%)	土著美国人 (0.8%)	白人，非西班牙裔 (65.8%)
收入、就业和食物保障					
人均年收入（美元）[a]	17 711	29 447	15 063	17 292[b]	30 941
生活在贫困线以下的百分比[c]	34.6	16.6	30.3	30.2[b]	19.2
2010年底失业百分比[d]	15.8	7.2	13.0	15.2[e]	8.5
2009年家庭食物无保障的百分比[f]	24.9	*	26.9	*	11.0
家庭组成					
单亲家庭户百分比[g]	67	16	40	53	24
祖父母抚养儿童户百分比[h]	7.6	2.2	3.3	*	2.5
教育（年龄25岁及以上的成人）					
高中以下学历的百分比	15.9	11.8	38.1	*	12.9
仅为高中学历的百分比	35.4	19.4	29.3	*	31.2
大学或研究生学历百分比	19.3	52.3	13.2	*	29.9
住房与交通					
和12个月前住同一个房子的百分比[i]	78.1	80.0	78.2	80.6	85.9
住在需要中等程度维修或大修的房子里的百分比[j]	9.6	4.5	7.7	7.0	4.0
依赖公共交通工具百分比[h]	11.1	10.2	8.1	3.5	2.7
健康与行为健康					
每1 000个活产婴儿死亡数[j]	13.6	4.9	5.6	8.1	5.8
年龄18岁及以上健康状况为"差"或"一般"的人的百分比[k]	18.2	9.0	14.7	20.1	11.9
2006年每10万人年龄校正死亡人数[l]					
死于各种原因	982.0	428.6	564.0	642.1	777.0

续表

指标	人群（总人口的百分比）				
	黑人，非西班牙裔 (12.1%)	亚裔美国人 (4.3%)	西班牙裔美国人 (15.1%)	土著美国人 (0.8%)	白人，非西班牙裔 (65.8%)
死于心脏病或中风	480.9	222.6	284.7	266.2	378.2
死于癌症相关疾病	298.5	142.6	151.3	161.8	256.3
死于事故	62.3	25.8	51.8	93.8	67.9
死于谋杀	21.6	2.8	7.3	7.5	2.7
过去一年中喝了五杯或更多酒的天数，2010[l]	12.6	8.8	19.9	*	27.7
过去一个月非法药物使用的百分比[m]	9.6	3.7	7.9	18.3	8.8
16~64 岁没有常规医疗来源的人所占百分比[k]	16.4	18.1	28.3	23.0	13.5
任何时候都没有医疗保险的百分比[k]	21.0	17.2	32.4	*	12.0

注：除了有注释之处，其余数据来自 2009 年日历年（U. S. Bureau of the Census, 2010d）。
* 无数据。
a. 美国人口普查局（U. S. Bureau of the Census, 2011a）。
b. 根据 2005 年的数据估算。
c. 根据贫困水平的第四个定义。美国人口普查局（U. S. Bureau of the Census, 2011b）。
d. 美国劳工统计局（U. S. Bureau of Labor Statistics, 2011）。
e. 奥斯汀（Austin, 2011）。
f. 诺德、科尔曼-延森、安德鲁斯和卡尔森（Nord, Coleman-Jensen, Andrews & Carlson, 2010）。
g. 安妮·E. 凯西基金会（Annie E. Casey Foundation, 2010）。
h. 2005 年数据。
i. 2007 年数据。美国住房和城市发展部（U. S. Department of Housing and Urban Development, 2008）。
j. 2005 年数据。迈克多尔曼和马修斯（MacDorman & Mathews, 2008）。
k. 美国卫生和社会服务部（U. S Department of Health and Human Services, 2010a）。
l. 2010 年数据。疾病控制中心（Centers for Disease Control, 2010）。
m. 美国卫生和社会服务部（U. S Department of Health and Human Services, 2010b）。

术 语

在继续讨论之前，简要地说一下术语的重要性很有必要。社会工作者需要认识到，用于定义和区分特殊人群的术语可能会运用不当、强化刻板印象或孤立这些群体的成员。

阿布拉莫维茨（Abramovitz, 1991）提供了一个术语表，以提高人们对于日常用语中言外之意的认识。她举了一个例子，"贫困女性化"这个词呼吁人们关注妇女的经济问题，但也可能隐含着贫困是妇女面临的一个新问题的意思。她主张代之以"妇女的贫困化"这个词，这能更好地反映长期以来妇女在经济上的弱势。她还反对使用社会学术语"下层社会"，因为它具有污名化的含义，暗示换一种说法来指代问题多、处境不利或住在偏远地区的穷人。

> 日常用语传达了言外之意。

自 20 世纪 50 年代以来，人们越来越关注在提到特殊人群时使用更准确、更不带历史包袱的语言。例如，在种族和民族群体中，黑人在 20 世纪 60 年代和 20 世纪 70 年代将"黑人"一词作为首选的描述词，"黑人"取代了与种族隔离关联的"黑种人"和"有色人种"。自民权运动以来，"非裔美国人"这个词得到了广泛的使用，研究表明，在非裔美国人倾向的首选词方面,"黑人"和"非裔美国人"各占一半(Sigelman, Tuch & Martin, 2005)。在土著美国人中,"土著美国人"一词被提升为比"印第安人"更合适的词。然而,完整的短语"美洲印第安人"被认为是合适的,可以与"土著美国人"互换使用(Native American Journalists Association, 2006)。一些作者提出了"第一民族人民"这个词,但它似乎尚未被广泛采用。"拉丁裔"一词用作泛指有拉丁美洲祖先的人群,包括波多黎各人、古巴裔美国人、墨西哥裔美国人(也使用"奇卡诺人"一词)和其他人。提倡使用"拉丁裔"或"拉丁美洲裔"的人认为,"西班牙裔"(最初由美国人口普查局使用)只适用于与西班牙有联系的人(Gutiérrez & Lewis, 1999)。但《西班牙杂志》(*Hispanic Magazine*, 2006)的一项调查发现,在1 000多个登记选民中,约三分之二的人更喜欢用"西班牙裔"。样本中约有三分之一的人选择自称"拉丁裔"(Granado, 2006)。最后,尽管"白人"一词常被使用,但它的界定并不明确,尽管如此,它的使用仍然比"北美白人"或"白种人"更为广泛。一项研究结果显示,关于描述自身所属群体时偏爱用的词,在白人中,"白人"(62%)远多于"白种人"(17%)(U. S. Bureau of Labor Statistics, 1995)。

"残疾人"一词被认为是对身体或精神能力异于正常人的人的广义描述。人们提倡用"能力不同"这个词来避免根据能被感知到的局限性来对他们分门别类,但这个短语还没有被普遍采用。在性方面,至少在过去的30年里,"男同性恋"和"女同性恋"是首选的用语,而"双性恋"或"变性人"也更容易被认为是不同的群体。每个群体的成员以前都是按性偏好来区分并指代的,但现在认为"性取向"这个术语更合适,因为它反映了研究表明此类取向是先天性的而不是后天的选择。缩写LGBT(女同性恋、男同性恋、双性恋和变性人)已经变得司空见惯,现在经常扩展为LGBTQ。在一些用法中,附加字母"Q"代表"存疑",指的是性取向不确定的人。在另一些国家,它代表着"古怪的人",这曾经是一个贬义词,活动家们把它当作蔑视和歧视的标志。在性别问题上,一些女权主义者主张使用自造的"womyn"或"wimin"这两个词,因为它们不是"男人"(man)的派生词,但迄今为止,这些术语还没有得到广泛的使用。

我们认识到语言的重要性,并刻意在本书中通过我们使用的术语来反映这种重要性。基于前面的评述,我们将穿插使用"黑人"和"非裔美国人"、"土著美国人"和"美洲印第安人"、"西班牙裔"和"拉丁裔"等术语。我们的目标是对不同人群中尽可能多的人的取舍和意愿有敏感性,并反映这些群体成员所认为的标准用语。我们希望读者能将其视为现代语言动态演变的性质的证据。

与美国历史上较早的时期相比,近年来,少数族裔和种族群体、妇女、LGBTQ社区成员以及残疾人在争取社会平等地位的斗争中取得了显著的进展。然而,尽管有这些进展,这些方面的工作并没有完成。在减少社会接纳偏见态度和公开的歧视行为方面取得的成功,必须与这些态度和行为有时变得更隐蔽,因而更难去挑战的事实相抗衡。此外,来之不易的政治胜利并不总是带来相应的经济收益,而且对某些群体来说,情况实际上恶化了。

土著美国人

土著美国人从20世纪60年代的社会巨变中受益匪浅，美国印第安人运动（American Indian Movement，AIM）等组织让人们关注部落组织和联邦政府纠纷不断的关系。其结果是，部落组织能够减少印度事务局等机构的家长式影响，并在自己的行动中获得更大的自治权。例如，1978年的《印第安儿童福利法案》（Indian Child Welfare Act）将儿童福利案件的管辖权授予部落法院，而不是州法院，因此对非土著美国家庭收养土著美国儿童等行为实施了更严格的管控。其他有帮助的联邦立法的例子包括1978年的《宗教自由法案》（Religious Freedom Act），该法案承认土著美国人教会的合法性；1988年的《博彩监管法案》（Gaming Regulatory Act），该法案确认，如果该州允许任何其他形式的博彩，则部落可以在保留地上建立博彩机构；以及1990年的《土著美国人坟墓保护和遣返法案》（Native American Grave Protection and Repatriation Act），该法案要求归还从部落土地上移走的文物。

尽管如此，土著美国人的文化遗产比许多其他族裔的更为独特。尽力保护这一遗产的同时又要融入整个社会已经使其付出了代价。一些农村保留地的贫困问题和全国任何地方一样普遍和严重，要改善这些地区的经济状况还有很多工作要做。另一个问题是医疗保健。设立印第安人卫生服务部（Indian Health Service，IHS）是为了满足根据条约联邦要向土著美国人提供医疗保障的要求，该部的医疗服务记录不连贯，有时充斥着令人意想不到的低劣照护。近年来，它还面临着预算削减和有关向城市和保留地的人提供服务的责任范围的论争（Westmoreland & Watson，2006）。《印第安人卫生保健改善法案》（The Indian Health Care Improvement Act）是2010年通过的主要卫生保健改革立法的一部分，旨在帮助印第安人卫生服务部应对这些挑战。

许多部落利用赌场将赌博作为经济发展的途径，减少了对联邦政府的依赖。例如，根据印第安人全国博彩协会（National Indian Gaming Association，2010），保留地的博彩业创造了60多万个就业机会（包括直接或间接的相关行业的就业机会），2009年创造了近200亿美元的收入。然而，博彩收入并没有惠及所有的土著美国人，除了那些没有博彩业的保留地居民，住在城市和其他远离同族部落成员聚居地的土著美国人也受到贫困、失业和其他问题的影响。

表2-1中的数据说明了这些问题。2009年，土著美国人的人均年收入排在倒数第二位，贫困率也是次高，在所有种族/民族群体中失业率第二高。他们的健康问题也最突出，只有"一般"或"差"。他们的酒精和药物滥用率最高。沃乐、冈本、迈尔斯和赫尔德（Waller，Okamoto，Miles & Rible，2003：80-81）在对土著美国青年高危人群的研究中总结了以下情况：

"制度化压迫土著人不仅是一个历史产物，它还存在于当代生活中。例如，联邦运营的、欧洲中心的印第安人医疗保健、教育、社会服务和刑事司法系统，一直而且仍然会资金不足，管理不善，导致文化上的不当和不达标的服务。贫穷、地理上的隔离和缺乏获取所需资源的途径进一步限制了可得到机会的范围。"

拉丁裔人

拉丁裔人口目前的增长速度比国内任何其他种族或民族群体都要快，预计这种趋势将持续到21世纪。例如，到2050年，美国的拉丁裔人口预计将超过1.3亿。这将占总人口的30%，而1990年为9%（U. S. Bureau of the Census，2011c）。拉丁裔人往往比其他人年轻，而且大多是城市居民。截至2006年，约三分之二（64%）的人是墨西哥后裔，约13%来自中美洲和南美国家，约9%来自波多黎各，约3%来自古巴（U. S. Bureau of the Census，2011c）。来自墨西哥和中美洲的人集中在西部和西南部，波多黎各人集中在东北部，古巴裔美国人集中在东南部。部分受历史上的不平等，部分受许多新移民仍在努力争取平等的经济地位的影响，拉丁裔人的平均收入远远低于全国总人口的平均收入。如表2-1所示，2009年，拉丁裔人的人均年收入是所有主要种族/民族中最低的，同时食物无保障的发生率是最高的。许多拉丁裔儿童在上学时必须学习英语，他们的辍学率很高，而且没有高中学历的拉丁裔成年人的比例是其他任何群体的两倍以上。最后，缺乏医疗保险和无法定期获得医疗服务在拉丁裔美国人家庭中比例特别高。

迄今为止，涉及拉丁裔人的最突出和最有争议的问题是非法移民，大多数情况是墨西哥人和中美洲人越过美国和墨西哥的边境。许多争论集中在如何看待非法移民上。他们应被视为罪犯，因而无权获得服务，让执法机关大力追捕，并在被捕后被起诉或者迅速驱逐出境，还是应被视为劳动力的有用补充，从而获得基本的服务（如医疗保健、教育和社会服务），并被准许为成为公民而努力？那些"赞成"方的人认为，非法移民大多接受别人不干的工作，让商户兴旺，否则他们可能无法在竞争中生存，他们拿低工资工作让价格得到控制。他们是美国应该欢迎的那种居民，因为他们有决心又有良好的职业道德。那些"反对"方的人常常认为，非法移民抢走了本应属于公民的工作，不纳税却接受服务（诸如让已经拥挤不堪的学校教室更加紧张），将大部分收入汇回他们的国家而从经济中抽走资金。社会工作者由于投身人的福祉，所以往往站在确保非法移民及其家庭获得基本服务的一边，而其他人则担心他们在社会中的"不稳定"地位使他们特别容易受到剥削和虐待。与此同时，许多普通公民感到经济上受到非法移民的威胁，并强烈反对。或许唯一可以说的是，这个问题很可能在未来仍很难解决，而且分歧会依然存在。

非裔美国人

对于黑人来说，20世纪50年代和20世纪60年代的民权运动的胜利意味着摒弃自内战以来盛行的种族隔离主义做法。这些成果有助于推动黑人在地方和国家选举中获胜。自20世纪80年代中期以来，美国人口最多的六大城市中有五个——纽约、洛杉矶、芝加哥、休斯敦和费城，曾有非裔美国人担任市长，而2008年奥巴马当选美国总统则是一个有历史意义的事件。尽管如此，非裔美国人家庭与其他族裔家庭在经济福祉方面的巨大差距仍然令人非常担忧。2009年，超过三分之一的非裔美国人生活在贫困中，这一比例远远高于全国平均水平，几乎比白人高出五分之四（表2-1）。其中一个因素是失业。在2008年开始的经济衰退中，失业对非裔美国人的打击尤为严重。2010年，黑人失业率为15.8%，几乎是白人的两倍。非裔美国人的人均年收入为17 711美元，比白人的同类数字低40%以上（表2-1）。

非裔美国儿童的贫困更为普遍，每三个人中就有超过一人受影响（ChildStats.gov，2010）。此外，贫困和其他历史不利因素对黑人家庭的结构产生了负面影响，如表2-1所示，2005年黑人儿童比任何其他种族/民族的儿童更有可能生活在单亲家庭或祖父母家中。

交通是找到好工作和维持良好就业的关键因素，但是在2005年，更可能依赖公共交通的非裔美国人约为白人的四倍，这使他们比开车上下班更费时间，更不灵活。在住房方面，黑人住在条件差的房屋的可能性约为白人的两倍。他们也很容易受到居无定所的影响（以与12个月前相比居住在不同房子的人的百分比来衡量），这是失业和其他问题的预测因素（表2-1）。

也许，非裔美国人在过去的压迫及其后果中挣扎的最明显指标是在卫生领域。如表2-1所示，黑人的婴儿死亡率远高于其他任何种族/民族，而且他们的健康是"一般"或"差"的情况排在第二位。疾病控制中心关于各种原因导致的年死亡率的统计数据也令人震惊。2006年（可获得相关数据最近的一年），非裔美国人每年死于各种原因的比率是最健康的种族/民族（亚裔美国人）的两倍多。最严重的威胁是心脏病或中风以及癌症相关疾病。此外，低收入和缺乏流动性往往意味着生活在危险的社区，2006年非裔美国人的谋杀死亡率是白人的八倍（表2-1）。

必须指出的是，表2-1中的结果也显示了非裔美国人的优势，这些通常很少受到关注。例如，与其他历史上处于不利地位的群体相比，16岁至65岁缺少高中教育的非裔美国人所占比例较低（大约每五个人中有一个人）。也许更值得注意的是，与损害性的刻板印象相反，成年黑人的非法吸毒率与白人的非法吸毒率基本上没有什么差异，而且非裔美国人酗酒的可能性不到白人的一半（标准为每年喝五杯或更多杯酒的天数）。

在非裔美国人社区内，人们仍在继续努力直面问题，巩固成果。其中一个例子是持续强调加强教会、家庭和社区等基础机构。另一个例子是通过宽扎（Kwanzaa）节等节日庆典来突出非裔美国人独特的文化传统。人们特别注重力保强有力的选举代表。最新的人口普查数据显示，2002年全国黑人当选官员的人数为9 430人，比1970年增加了六倍多（U.S. Bureau of the Census，2011d）。

> 批判性思考问题：社会工作者可能基于这些误导的刻板印象做出假设的风险有哪些？

亚裔美国人

公众通常关注亚裔美国青少年的教育成就,例如,亚裔美国青少年在四年级和八年级全国考试中"熟练"的比例、12年级的SAT成绩和大学毕业率(National Center for Education Statistics,2007)等指标上领先所有其他民族。表2-1表明,作为一个群体,亚裔美国人在收入、就业、健康和低药物滥用率等方面也取得了其他的成就。

尽管如此,这些总体成功的证据有时掩盖了某些亚裔美国人群体所面临的问题,特别是柬埔寨、老挝和苗族移民群体。这些人往往属于新近到美国的人,而且他们的人数在过去的30年至40年中迅速增加。许多人是难民,他们抵达时身无分文,没有现成的移民社区来帮助他们度过适应美国社会的转换期。一旦到了这里,他们必须适应不同的文化和语言,而且大多数人必须努力克服贫穷、恶劣的住房和就业歧视等挥之不去的问题。勒(Le,2006)指出,亚裔美国人身上的"模范少数族裔"标签有时具有破坏性,因为它忽略了这样一个事实:亚裔是一个异质性人群,其中有些群体仍然面临许多社会挑战和经济挑战。

妇女

妇女领域的发展既有进步,也有令人失望之处。一个重要的收获是妇女团体的发展,例如在20世纪60年代中期成立的全国妇女组织(National Organization for Women,NOW)。该组织现在和其他组织构成了妇女运动的核心,在呼吁关注就业、政府政策和语言中存在的制度性性别歧视方面取得了相当大的成功。这些努力构成了所谓的第二波女权主义浪潮(Gray & Boddy,2010),并带来了许多实实在在的收益,例如男女收入差距缩小。举例来说,2009年,女性每周收入的中位数是男性每周收入中位数的80%。这一数字比1979年的62%有所上升,但略低于2005年和2006年的峰值81%(U. S. Bureau of Labor Statistics,2010a)。

柯林斯(Collins,2010)指出,妇女权利立法中最重要的一块是1964年的《民权法案》。该法案包括了一位支持种族隔离的国会议员开玩笑增加的对妇女的反歧视保护,但让他感到意外的是,增加的部分与法案的其余部分一起通过了。而令许多人失望的是,在美国宪法中加入《平等权利修正案》(Equal Rights Amendment)的尝试未获成功。该修正案旨在进一步防止基于性别的歧视。它引起了一些团体的强烈反对,这些团体认为这会破坏妇女的传统角色。1982年,由于未获得足够数量的州的批准,它夭折了。一项获得成功的提案是1994年的《反暴力侵害妇女法案》(Violence Against Women Act),该法案于2006年重新恢复。它制定了到位的防止家庭暴力方案,改进了执法人员对加害于妇女的暴力行为的回应,并协助起诉诸如约会暴力和跟踪等犯罪行为(National Task Force to End Sexual and Domestic Violence against Women,2006)。另一项进展是2009年的《莉莉·莱德贝特公平工资赔付法案》(Lilly Ledbetter Fair Pay Act),该法案允许个人针对让妇女常常受影响的工资歧视对雇主采取行动（National Women's Law Center，2009）。

与其他历史上处于不利地位的群体一样，妇女仍在努力克服性别刻板印象，这些刻板印象使她们扮演着养育者/照护者的角色，而不是完全参与社会生活的人。为了在经济和职业生涯机会上实现同等对待，她们还有相当多的工作要做。正如全国妇女组织主席金·甘迪（Gandy，2005）所指出的，女性在市长、大律师事务所合伙人和企业负责人等职位上仍然只占少数。她们在高声望、高权力的工作中人数偏少，而在那些薪水少的工作中人数偏多，这使她们的收入有非常大的可能性低于贫困线。

残疾人

1973年的《康复法案》（Rehabilitation Act）和随后的1974年的《康复法案修正案》（Rehabilitation Act Amendments）是为残疾人制定的，而《民权法案》适用的是其他群体。这些法案禁止歧视目前或过去曾有过"身体或精神障碍，严重限制了其一项或多项主要生活活动"（1973年的《康复法案》）的任何人。《康复法案》也是第一个要求公共设施无障碍以供残疾人使用的法案，它为通过1990年的《美国残疾人法案》，并将这些要求扩大到所有商业设施奠定了基础。相关立法的另一个例子是1975年的《残疾儿童教育法案》（Education for All Handicapped Children Act），该法案要求有发展性残疾的儿童有途径获得主流的公立教育，而不是进入传统的带有隔离性的"特殊教育"系统。1990年，《残疾儿童教育法案》更名为《残疾人教育法案》（Individuals with Disabilities Education Act，IDEA），并于1997年和2004年重新获得批准（O'Brien & Leneave，2008）。

《残疾人教育法案》的设立和其他举措都有一个总目标主流化。主流化被定义为提供协助，以尽量减少残疾人与社会中其他人分离或被区别对待的可能性。不幸的是，衡量成功与否的工作进展缓慢。残疾的性质差异很大，其成因也各不相同，因此受残疾影响的人不能被视为单一群体。这意味着，关于这一群体成员的幸福状况很难确定，也很难确定最大限度地参与社会的努力是否正结出果实。帮助残疾或有情感障碍的儿童和青年主流化的工作的评估结果喜忧参半。结果喻示，就预测成功而言，诸如做准备的力度、父母和家庭的参与以及学生的动机等因素比问题的严重性更重要（Pitt & Curtin，2004；Walter & Petr，2004）。

女同性恋、男同性恋、双性恋、变性人和性存疑者

正如前文指出的，要战胜对女同性恋、男同性恋和其他特别性取向人群的偏见，道路漫长而艰巨。在一个很久以前就不再容忍针对种族或民族群体的歧视行为的社会中，恐惧同性恋的观点表达或柯西尼（Corsini，2002）所说的异性恋主义的显露仍然令人吃惊地普遍存在。已经取得的进展主要来自政治激进主义。例如，女同性恋者是妇女运动不可分割的一部分，她们既为妇女运动取得的成就做出了贡献，也从中受益。威尔金森和基青格（Wilkinson & Kitzinger，2005）指出，许多男同性恋者受到了20世纪50年代和20世纪

60年代黑人民权运动领袖的工作的启发，这有助于促进诸如同性恋解放阵线（Gay Liberation Front）等组织的创建。然而，女同性恋、男同性恋、双性恋、变性人和性存疑者等群体的成员面临的一个独特困难是，为了投身倡导公平待遇，他们必须先经历承认自己的性取向或性别身份的过程，并克服这种承认经常带来的恐惧或不情愿。

法律维权方面迈出的重要一步，是2003年美国最高法院推翻了得克萨斯州的一项禁止成年人之间自愿同性恋行为的法律。实际上，这废除了全国范围内所有此类法律，它代表了争取平等权利斗争的重大胜利。另一个进展发生在2010年末，当时国会投票终止美国军方的"不许问，不许说"政策。这些政策要求，只要声称自己是女同性恋、男同性恋、双性恋、变性人或性存疑者，服役的男女军人就必须退役。

到目前为止，影响女同性恋、男同性恋、双性恋、变性人和性存疑者社区的最具争议性的问题，是努力争取法律承认同性恋夫妇。在写作本书时，同性婚姻在五个州（康涅狄格州、艾奥瓦州、马萨诸塞州、新罕布什尔州、佛蒙特州）和哥伦比亚特区是合法的。其他一些州有民事结合或家庭伴侣法，准予同性伴侣部分但并非全部婚姻权利。与此同时，30个州通过了明确禁止同性婚姻的法律。此外，1996年的《婚姻保护法案》（Defense of Marriage Act）禁止联邦政府承认同性婚姻，尽管2011年奥巴马政府停止实施其中许多措施。大多数观察人士预计，在可预见的未来，同性婚姻仍然是一个备受争议和角逐的问题。

遗留问题

在评估历史上的弱势群体如何受当下情况的影响时，人们会（也常常是）持有两种截然不同的观点。一种观点认为，人们在种族歧视方面取得了进步，而在较小程度上，性别歧视非正式地在社会成员中得到了认识和谴责，并正式地通过法律、操作性条例和为解决旧的不公正问题而制定的新方案得到了承认和谴责。相反的观点认为，收入、教育和健康方面的差距依然存在，继续影响种族群体和少数族裔，妇女受刻板印象和家长式态度的影响，残疾人受忽视和无知的影响，还存在要给女同性恋、男同性恋、双性恋、变性人和性存疑者贴上异常和不值得平等保护标签的反动法律提案。

对比这些观点，可以说明政治阵营意识形态上的不同似乎变得更加尖锐，结果是同情和关心弱势群体的理念有时似乎岌岌可危，要被淹没在言辞交锋的海洋中。社会工作者面临的任务大为复杂化，因为他们的努力往往被描绘成破坏个人责任，并在他们所服务的人中助长依赖性。

也许要记住的最重要的一点是，社会计划往往反映现状，因为它们解决的是压迫造成的状况，而不是其原因。专业人士经常假定他们知道压迫的原因以及由此而来的消费者的需要，而没有直接询问他们所服务的人。近几十年来，如上文所述的社会运动和公民参与活动等努力已采取措施，用更全面的、吸引消费者参加的方式满足特殊人群的需要。从业人员的任务仍然是：（1）找到能够恰当地回应这些人群需要的干预措施，（2）将真诚投身满足这些需要放在首位。

变革的重要性

宏观社会工作实务的发展与社会的快速变化比肩并行。事实上，变化是现代生活中为数不多的不变之事，其影响有时难以评估。当地会员团体的参与度下降是表明人们与社区的联系正在消失，还是我们只是在见证旧的联系模式和旧的"社区"定义被新的联系模式取代？移民逐渐融入更大的社会是意味着他们的文化身份的丧失，还是他们变成这个社会的一部分，在为这个社会添加新的风采，并保护它的多样性和活力？私有化是一种利用市场力量来降低成本和提高社会服务质量的方式，还是一种向着放弃政府对社会服务的责任迈出的中间一步？近距离观察，像这样的问题往往很难回答，有时只有经过多年的时间，才能开始形成共识。

同时，投身宏观实务的社会工作者必须意识到，变革是社会中的一股恒定力量，它所带来的某些结果是可以预见的。由于缺乏更好的术语，我们将其称为变化的公理。它们是：

（1）一些个人、组织和社区会比其他人更欢迎变革。

（2）个人、组织和社区在应对变化的能力方面也会有所不同。

（3）抵制变革可能表现为个人、组织和社区只是想抓着熟悉的事物不放，但抵制也可能是对有负面影响的变革的理性反应。

（4）变革的恒定性、人和人的集体在应对变革的能力上的不同，以及变革可能是没有预期结果的，都不断需要社会工作者在微观和宏观层面上提供帮助。

布拉杰和霍洛韦（Brager & Holloway, 1978）列出了三种影响健康和社会服务提供者的变化：以人为本的变革、技术性的变革和结构性的变革。

以人为本的变革核心是改变个人的价值观、知识和技能。因为涉及构成我们态度和观念的根基价值观，所以以人为本的变革往往是困难的。但是在解决诸如否定权利或忽视基本的需要等问题时，社会工作者通常面临着改变人们的价值观、知识和技能的需要。

技术性的变革是指服务传输过程的变革，即指导政策落实和项目实施的活动和程序的改变。自从慈善组织协会的成员和社区睦邻组织的工作人员要求获得更加系统地开展工作的方法以来，专业技术已经得到了发展。如前所述，诸如智能手机、平板电脑和前所未有的系列数据库及信息管理工具等先进技术能够协助社会工作者开展工作并改变他们的工作方式。无论是好是坏，这些都要求从业人员加强能力以使工作方法跟得上最新发展，适应新的服务方法，并以一种人性化的方式应用新技术，而不会在这一过程中使服务对象受到去个性化的对待。

结构性的变革解决系统中的单元如何相互联结的问题。服务私有化就是这种变革的例证，因为它有可能从根本上改变满足社会弱势群体需要的过程。然而，它的成功要求服务不能仅仅由消耗尽可能少的资源这一标准来驱动。相反，变革必须是以尽可能低的成本实现成效最大化。

变革的持续性以及变革是由三种变革形式中的一种或多种引发都会带来一些重要的问题。由于特定变革的影响在一段时间内可能并不明确，宏观实务工作者在决定如何应对时应该使用什么变革方法？如何预测以人为本的、技术性的或结构性的变革的影响？这一变化是否可能受到欢迎或反对？是否可以使用从业者可能不熟悉的新技术来帮助实施变革？我们相信，有计划的变革模式可以帮助社会工作者回答这些问题并解决宏观系统中的问题。第三章将通过讨论如何识别宏观层面的问题和目标人群来介绍这一模式的基本要素。

> **订立关系、预估、干预和评估**
>
> *批判性思考问题*：身为一名社会工作者，你感觉"有效的"结构性变革应该是什么样的？

小　结

社会工作者需要理解宏观系统并开展这方面的工作。宏观实务既建基于社会工作专业的历史，也建基于不断演进的社会。移民、工业化和人口快速增长等大的社会变迁导致人口集中在大城市地区，在这些地区，诸如高度专门化的组织等现代制度结构第一次开始出现。同样，现代城市的犯罪、失业、贫困和凋敝的邻里关系等问题也开始滋生。社会对这些问题的反应受到新意识形态的影响。社会达尔文主义为忽略其中许多问题或者提供家长式的、带有评判的援助提供了理论基础（其推论是需要帮助的人是软弱的，帮助他们会反过来削弱社会）。然而，以进步主义和社会正义的关注点为指导的服务带来了更积极主动的助人努力，如社区睦邻运动的兴起。

慈善组织协会的传统是强调个案层面的实践，而社区睦邻组织的传统是更注重社区取向的干预，这导致了一种二元论的专业模式，这一模式延续至今。在这种模式下，社会工作者必须不仅要能将服务对象视为有个人问题的个体，而且还要将其理解为更大的社区系统的成员，社会工作者必须准备好在社区层面进行干预。

此外，社会工作者通常是在正规组织内履行职责，这些组织的结构与工作的成效有很大关系。随着时间的推移，社会服务组织趋向于变得更加复杂和科层制化，这意味着它们可能是高效的，但也是僵化的，对服务对象的需要缺乏回应。其他的组织方面的趋势，如再私有化和计算机与信息技术的普及，也为社会工作者带来了风险和机遇。身处这样的环境，社会工作者能否获得能够带来有计划的变革的技

> *社会工作者必须不仅要能将服务对象视为有个人问题的个体，而且还要将其理解为更大的社区系统的成员。*

能，可能是其最终工作是否有成效的关键因素。

本章中一个反复出现的主题是，了解现代宏观体系的发展和社会工作专业，要求明白社会中受压迫者和弱势群体的历史。宏观层面的体系既可以克服也可以加剧制度化的压迫，这取决于如何构建其结构。例如，《解放黑奴宣言》（Emancipation Proclamation）本应保障非裔美国人受到保护，《瓜达卢佩-伊达尔戈条约》本应保障拉丁裔美国人受到保护，但是这些保护措施却遭到了其他致力于维持历史性压迫的经济和社会政策的破坏。复杂的城市工业社区在过去的一个世纪里创造了巨大的财富，但是住在贫民窟或保留地的受隔离（正式或非正式）的族裔不总是能共享这些财富。尽管极其科层制化的组织在用标准化的方式处理各个服务对象的问题方面变得高效，但是这些组织并没有持续提高满足个体需要的能力，也没有避免主动或被动地歧视特定群体的做法。

鉴于这些现实，传统上争论的社会工作者是应该从事个案工作、小组工作还是社区组织工作的问题，似乎不那么重要。宏观系统普遍存在于所有类型的社会工作实践中，不管自身的主要角色是什么，对所有社会工作者而言，具备认识和重新调整其影响的能力都至关重要。

我的社会工作实验室

请登录 www.mysocialworklab.com 网站并回答以下问题（如果你没有在收到本教材的同时也收到 MySocialWorkLab 的访问密码，并希望在线购买访问权限，请访问 www.mysocialworklab.com）。

1. 观看美国广播公司的视频："肤色歧视"。思考种族歧视的语言和遗毒如何持续影响非裔美国人社区。

2. 观看美国广播公司的视频："工作贫困"。描述视频中采用的宏观（社会政策）与微观社会工作方法相结合以支持这个工薪家庭的方法。

测验题

以下问题将测试你对本章内容的掌握情况。额外的评估，包括将本章的内容用于实践的证照考试类型的问题，请访问 MySocialWorkLab。

1. 有关美国的人口增长和城市化，以下哪一项说法是错误的？
   A. 超过一半的人口生活在 50 个大都市区。
   B. 每 10 年人口约增长 10%。
   C. 过去的人口增长速度要快得多。
   D. 郊区首先发展起来，然后是城市的中心地带。

2. 以下有关微观实务和宏观实务的说法哪个正确？
   A. 两者都是从政府层面开始的。

B. 社会工作者总是参与两种类型的实务工作。
C. 专于一种方法可以无须掌握另一种方法的技能。
D. 在《社会诊断》一书面世后，几乎所有的社会工作者都转向微观实务了。

3. 下述关于现代社区丧失地理联结的说法哪个是正确的？
A. 手机和电子邮件等工具让人们可以结成并维系非本地的关系。
B. 组织对当地其他人的依赖较少，更多地依赖于非本地组织。
C. 地方团体（如市民俱乐部）的消解并不意味着社会资本较低。
D. 所有上述各项。

4. 以下有关新政时代以来社会服务组织的描述哪个是错误的？
A. 同过去相比，它们依赖的不同资金来源更少。
B. 它们趋于更科层制化。
C. 许多是私立机构，做着以前是政府机构做的事情。
D. 专业人员更可能成为专家而不大可能成为通才。

5. 本章讨论的历史变化可以用本章结尾讨论的变化类别进行分类吗？举例说明你的观点，并指出这些分类是否有助于理解社会变迁。

测评你的能力

请使用下面的量表，根据本章介绍的每个能力的概念或技能来评估你当前掌握的水平：
1. 我能准确地描述这一概念或技能。
2. 在观察和分析实务活动时，我总能识别这一概念或技能。
3. 我能在自己的工作中很好地践行这个概念或技能。

概念或技能	评分		
1. 即使在大型科层制机构工作，也能够欣赏和运用专业社会工作的价值观。	1	2	3
2. 能够在当前的社会政策中确认历史形态，并从成效的角度批判性地分析法律和意识形态。	1	2	3
3. 能够创造性地思考为弱势和受压迫人群服务的优势和策略。	1	2	3
4. 能够预测社会变革的政治和系统性后果，特别是对弱势和未赋权的人口和社区的影响。	1	2	3

第三章

理解社区和组织性问题

什么是社会工作实务?

社会工作是一个以行动和改变为取向的专业。社会工作实务人员充当资源,致力于为有问题或有需要的人们提供服务。人们常常发现,即使自己可能完全拥有解决问题的优势和应对技巧,但是对于必须做出的改变依然掌控乏力或无法掌控。当这些有问题或有需要的人前来求助或愿意接受帮助的时候,社会工作干预便有了用武之地。

问题和需要呈现的方式多种多样。一些是个人或家庭性问题,可以一对一或在家庭中得以解决;另一些问题则需要在更大的系统(例如街道、组织或社区)中进行变革才能解决。

大多数社会工作者直接面对服务对象,推动改变,通常做一对一的个案工作,或家庭工作或小组工作。一些实务工作者关注社区范围的问题,另外的工作者在策划、管理和组织行政领域工作。无论专业社会工作者的实务取向如何,重要的是全体社会工作实务的工作者都支持这样一种看法:尽管某些问题可以在个人或家庭层面得以解决,但其他问题的解决将需要更广范围的干预,包括需要在组织和社区中推动变革。

关注更宏大的需要改变的领域是社会工作的一个特色。它使得社会工作与其他助人专业有所不同。如果改变仅仅局限于面向个人和家庭的个案工作,那么其中隐含着这样一种假设:引发问题或需要的因素源于微观系统(如求助的服务对象、夫妻或家庭)存在缺陷或者他们缺乏获取所需资源的能力。那么,问题分析从个人到组织和社区层面的扩大则意味着承认了这样一种可能性:在某些情况下,病因或起因可能源于宏观系统(如社区及其各种机构)的政策或实践。比如,组织可能无法提供相关的或所需的服务,或者提供的服务范围有限、存在歧视。再比如，一些社区成员可能发觉对影响自己的决策没有话语权。

组织或社区层面的干预被称为宏观层面的变革（macro-level change）。管理宏观层面的变革需要丰富的专业知识和技巧。一方面，在变革过程中，管理不善和决策失误可能导致严重的挫败，从而进一步恶化求助者的状况。另一方面，通过社会工作者和其他工作者精心规划、设计和实施变革过程，组织和社区中也会产生许多积极的改变。

直接开展实务工作的人通常遇到这样的情况：服务对象起初是因为个人或人际问题前来求助，但进一步的评估发现，他们问题的症结在于宏观层面。例如，有一户人家因为失去了主要经济来源而无力付房租并被赶出住处，此时，他们找不到廉租房，入住收容所还需要三个月的等待期，这就说明社区层面出了问题。显然，这户人家的住所问题需要立即解决，但同样明显的是，社区广泛存在的住房短缺以及应急替代方案的缺失问题也必须加以解决。

一位母亲可能会诉说她儿子迫于压力加入了不良团伙并卷入毒品交易，那么，为满足这个家庭当下最急迫的需要，可以为这个男孩构建支持系统，以便帮助他留在学校，留在兼职岗位，并参与有建设性的活动。然而，对于许多每天同样面临这种威胁的其他家庭来说，单靠这种个人层面或家庭层面的方法是不足以解决问题的。在这些情况下，微观层面的干预对于解决宏观层面的问题是无效率的（通常也是无效果的），就好比说，与其挨个为患流感的病人进行治疗，还不如提前为全体公民接种疫苗预防流感。

社会工作专业的学生之所以进入社会工作行业，通常是对面向个人和家庭（而不是社区和组织）的工作感兴趣。而这有时会使他们陷入道德困境，因为从长远来看，服务对象或家庭常常最需要的是宏观层面的变革。当然，这并不是说服务对象当下最迫切的需要不用去解决，也不是说让社会工作者独自达成社区和组织的变革。宏观实务是一项协同合作的工作，其改变也不是立竿见影的，但是，忽视变革的需求却是不可取的。

社会工作者在宏观实务中的角色

识别并处理组织性的和社区的环境、问题及需要向社会工作者提出了一系列复杂的挑战。多年来，变革推动者的形象已经围绕一些早期的社会变革先驱而发展起来。例如简·亚当斯，她是芝加哥著名的赫尔馆的创始人，同时也是第二个获得诺贝尔和平奖的女性；再如非裔美国记者兼报社编辑和老板的艾达·B. 威尔斯（Ida B. Wells），她热心于民权和妇女权利运动；又如护士多罗西亚·迪克斯（Dorothea Dix），她是 19 世纪监狱和精神健康机构的一名改良者；还有教师苏珊·B. 安东尼（Susan B. Anthony），她于 19 世纪末 20 世纪初拥护争取选举权，支持废除奴隶制并捍卫妇女的平等权利。其他的人视变革推动者为优秀的组织者。例如马丁·路德·金博士，他于 20 世纪 60 年代领导了民权斗争；又如西泽·查维斯（Cesar Chavez），他和德洛丽丝·惠尔塔（Delores Hurta）一起创立了农业工人联合会（United Farm Workers）以维护流动工人的权利。另外，许多年代离我们较近的组织者也被视为榜样，他们通过全国性组织和非凡的政治技巧成功推动了社会变革。例如于 1980 年成立反酒驾妈妈团（Mothers Against Drunk Drivers）的凯西·莱特纳（Cathy Lightner），以及在汽车安全、能源、环境、全球贸易、健康研究、国会监督和合法保护公民权利等方面成立公共利益集团的拉尔夫·纳德（Ralph Nader），还有首位非洲裔的美国总统巴拉克·奥巴马。

虽然大多数社会工作者没有这些领导者所拥有的资源、媒体曝光度、领导魅力、经验、追随者或权力，但是，尽管面临看似艰巨的挑战，社会工作者还是成功有效地在组织和社区中带来了积极的变革。

效果的产生不一定源于人格的力量或是动员大众的能力，而是来自一群致力于变革的人所进行的缜密的、深思熟虑的和富有创造性的计划，以及坚持完成计划的毅力。尽管对变革工作进行指导、引领或协调的可能是专业的社会工作者，但是那些参与其中的人却是广泛的利益相关方的代表。有计划的变革通常是渐进式的和累积性的。就问题所涉及的范围而言，虽然某个特定变革可能看似渺小和微不足道，但是应该意识到，还有其他致力于积极变革的人可能也在从不同的角度解决这一问题或需要。2001 年 9 月 11 日的恐怖袭击事件后的恢复工作就是个很好的例子。面对如此巨大的重建任务，任何单一群体的成员自然都会认为自己所做的贡献是微不足道的，然而当所有的力量汇聚在一起，清理现场的工作人员、为家庭提供住所并帮助他们重建生活的教会组织、数以千计的提供所需服务和支持的志愿者、提供咨询服务的社会工作者以及其他许多人所做的工作，都为社区和城市的恢复重建做出了贡献。如果没有这些人共同分担这些工作，各司其职，那么这种恢复重建是不可能完成的或者说会非常缓慢。同样地，这种责任共担形式在 2005 年墨西哥湾飓风以及 2010 年石油泄漏的灾后恢复重建中也发挥了关键作用，尤其是在各级政府反应迟缓、缺乏组织的情况下。尽管对受害家庭进行一对一的帮扶至关重要，但是宏观层面的规划和组织工作的作用也十分关键，它可以促成更大范围的从危机中复原，使人们重返正常生活。

> **专业认同**
> 批判性思考问题：哪些类型的技能让社会工作者在宏观层面的变革中具有独特的成效？

> *有计划的变革通常是渐进式的和累积性的。*

社会工作者进入宏观层面的变革

正如第一章所述，社会工作者发现自己通过许多不同的途径进入宏观层面的工作，这些途径包括：（1）问题/需求/机会，（2）人群，（3）场域。随着干预的概念和定义逐渐清晰，社会工作者还需考虑政治和政策环境。本书后面部分在描述宏观层面变革的分析和干预阶段时将会详细论述这些相互作用的因素。下面将会举例说明社会工作者进入变革场景的不同途径。

- 邻里服务中心的一位社会工作者可能会发现，在这个中心接受服务的许多家庭中，有五六位单亲父母最近已经从依赖福利救济走向工作岗位,但是他们无法找到可以担负得起的儿童照顾服务。解决这一群体的问题或需要(父母工作时孩子需要得到照顾)成为社会工作者介入其中并促成变革的契机。社会工作者和其他人为这些单亲父母的孩子制订了一个儿童照顾计划。

- 老年中心的一位社会工作者发现,这个社区为低收入老人提供的生活协助资源有限。在这种情况下,社会工作者的切入点可能是借助低收入老年人群体,帮助他们组织起来,并向市议会或州议会提出无法独自生活的低收入老人需要更多的服务。
- 社区中心的一位社会工作者了解到,这个社区附近很多公寓被用作非法移民的落脚点,他们会暂时住在这些公寓里,等着被送往全国各地不同的社区。公众因此对该区域的卫生、安全和剥削问题表示担忧。在这种情况下,社会工作者的切入点可能是这一社区或邻里,可以通过组织社区会议,讨论该现象所造成的影响,促使社区领导和相关管理部门的代表参与其中,并且共同制定出解决方案。这一事例说明的是从社区这一场域介入宏观层面的变革。

这里想要说明的是,在社会工作实务中,我们可以运用宏观实务技巧的途径和切入点有很多。本章着重解析问题/需求/机会这一切入点,这是社会工作者参与社区或组织变革的三大切入点之一。我们将详细论述在解析问题/需求/机会时的主要任务。

在本章和本书大部分内容中所呈现的这一模型通常被称为理性规划法(rational planning approach)。它基于对现状的研究和精心设计制订的指向预期结果的变革计划。理性规划法呈线性模式,从计划产生开始,一步一步进行,直到达到既定目标。这个过程被称为"倒序规划"(Brody,2000:77-78),即事先设定一个目标,再倒推为实现既定目标所需要实施的行动。然而,这并不是社会工作者实现社区和组织性变革的唯一可用的方法。与"倒序规划"相对的是"顺序规划",即首先确定开始的起点,而不是确定人们想要实现的最终目标(Brody,2000:77-78)。如果读者有兴趣探索其他的制订计划的方法,可以参考其他的相关教材,其他教材对制订计划的流程和新兴方法有更多阐释。理性规划法通常是资助者和监管机构的首选,因此,社会工作者需要对有专业人员协助的有计划的变革的行动步骤有尽可能确切的把握,这一点很重要,因为变革涉及许多不同利益群体。基于这个原因,我们建议社会工作者介入社区和组织性的变革时先从理性规划法入手,只有当社会工作者确信有必要时再选择其他的方法。

在第一章的图1-1中,我们将问题、人群和场域看作三个既相互独立又有部分重叠的圆圈,我们必须深入研究每一个圆圈。换言之,为了有效地实现宏观层面的变革,社会工作者及其合作者必须首先了解:(1)问题/需求/机会,(2)受影响的人群,(3)进行变革的地点或场域。

我们也可以把这三个领域看作三个相互影响的圆圈,其中最关键的知识和信息位于它们的重叠部分。图3-1则说明这三个领域既有各自独特的要素,又有相互重叠的部分。

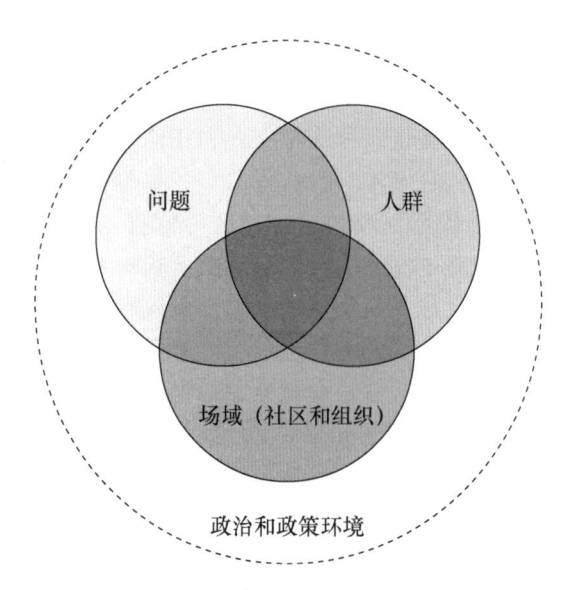

图 3-1　理解问题、人群和场域

本章将着重讨论上述三个圆圈中的一个，即理解问题/需求/机会。接下来的章节将探讨其余的两个圆圈，即理解宏观变革所涉及的人群（第四章）和社区（第五、六章）及组织（第七、八章）。本章和第四章将会指导实务工作者研究特定的社会的、社区的或者组织性的问题或需求，以及研究既定的人群。这几章将为宏观实务工作模式提供一个概念框架，并且具体阐述收集数据和信息所必需的一系列工作。实际收集到的数据和信息来自不同的渠道，包括对社区中或者组织中的人员进行的访谈、人口普查数据、期刊论文、教材、互联网、调查研究以及其他资源。

要解析组织和社区并准备干预计划，我们需要了解一些有助于解释组织和社区的结构和功能的理论和概念。第五章、第六章、第七章和第八章将着重探讨社区和组织，识别并描述一些关键因素。不管社区和组织的性质如何，必须理解和处理这些因素才能带来变革。

制定变革的指导原则

为了引发变革，必须有个人或小群体认识到改变的需要并准备为之采取行动。在该核心群体之中，人们对合作和责任分担有初步的决定。在一些领域，技能必不可少，如探索专业知识库，收集定量、定性数据，访谈受影响人群的代表，以及基于研究发现做出合理分析等。此外，我们要牢记：支持变革的提案最终将被呈交给决策机构或资助方，而那些决策者和拨款者有权要求前来申请的人专业知识丰富、对情况了如指掌,并且已经"做足功课"。

在此,所谓的"做足功课"意指运用训练有素的、科学的方法去解读与所提议的变革相关的问题、人群、场域和政治环境。图3-1是我们研究这些领域的指南,我们首先分别研究每一个圆圈。这就意味着,举例来说,社会工作者可能首先要看看问题/需求/机会,并且试图在有限的可用时间里尽其所能全面了解该问题/需求/机会。

探索专业知识库

过去要收集一个主题的相关信息,就意味着要去图书馆搜寻与该主题相关的期刊论文。如今互联网的发展已经完全改变了这一状况,我们不再用"文献综述"而更多使用"探索专业知识库"这一术语。目前,在网上的专业期刊和专门研究某问题或某人群的网站中都可以查找到最新的研究、论文、案例及其他资源。大多数的期刊会提供目录,还有一些期刊也会提供摘要。要获取所需的资源,我们可以通过在搜索引擎中输入关键词(例如,"儿童疏于照顾"、"青少年酗酒"或"认知症")来获取各种可用数据和信息的清单。此外,社会工作期刊中的文章也有助于为专家提供有用的资源(Roberts-DeGennaro, 2003)。

然而,对那些试图将问题或需求汇编成具有理论性的、以研究为依托的信息清单的解读者而言,核查信息的来源很重要。网站和其他网络资源发布的一些信息并没有考虑其真确性,可能只是个人观点或者是历史流传下来的传统智慧。引用网络资源的方式应该与引用论文、报纸、新闻杂志和其他印刷或电子资源的方式保持一致。社会科学数据资源网(the Social Science Data Resources website)指出,人们既可以通过网络搜索到可靠有用的数据,也会发现这个信息时代弥漫着错误的、被不当诠释的数据。为了认识信息上的差异,社会科学数据资源网建议用户访问一个叫作"关于统计"(About Stats)的网站,它是做统计分析评估服务(STATS)的一个产品,来自华盛顿特区的一个无党派的、非营利的研究机构。

锁定最有用的数据与信息

当一个项目团队在探索专业知识库时,其他人或其他团队可以通过访谈与变革相关的组织或社区中的人员来收集信息。此举是为了尽可能充分地理解现象本身——不仅从学术的视角探讨整个问题/需求/机会,同时也运用来自相关人群的信息来帮助确定或排除各种导致问题/需求/机会的因素和其他要考虑的因素。

在这一研究过程中我们经常会发现问题和人群两大领域部分有重叠的信息。例如,在试图了解青少年的过程中,我们会碰巧发现对青少年暴力行为的研究。在绝大多数(但并非全部）情况下，这些对有关问题和人群现有知识的研究或总结将比对单一的问题或人群的研究更有价值。每一个新发现都具有潜在的价值，能够为变革推动者更深入地解析问题添砖加瓦。按照这种方式，变革推动者和其他参与变革活动的人将渐渐理解他们所处社区中存在的问题和人群，并意识到自己当下了解到的事实总是有限的。

我们可以在图 3-1 中三个圆圈的交织部分发现那些对当地决策者最有价值的信息和知识。换言之，关于该问题如何在该人群中、在该场域下发生的知识，将有助于我们理解这三大领域之间如何相互作用从而形成当前的状况并解释对于当地社区而言其独特性。

总而言之，在宏观层面变革的研究阶段，社会工作者需要从事如下的活动。

问题

探索专业知识库以：

- 将问题或需求概念化并加以界定。
- 寻找与问题因果相关的理论方面的文献。
- 汇编相关的定量、定性数据和其他形式的信息。

访问那些受到问题或需求影响的人以：

- 理解这些问题或需求在本地的来龙去脉。
- 识别主要参与者和系统。

人群

探索专业知识库以：

- 尽可能了解受影响的人群。
- 了解所涉及的文化和族群。
- 了解社会性别议题。

访问那些受到问题或需求影响的人以：

- 识别个人观点。
- 了解与问题或需求有关的个人经历和为解决问题所做的尝试。
- 了解组织或社区中的不同群体是如何看待这些问题或需求的。

场域

探索专业知识库以：

- 汇编组织或社区的人口数据和其他数据。
- 绘制有用的社区地图。
- 汇编有关问题或需求的数据，以及组织或社区如何解决该问题或需求的数据。

访问那些受到问题或需求影响的人以：

- 识别组织或社区的过往经验。

订立关系、预估、干预和评估

批判性思考问题：为什么从众多的来源收集有关问题和人群的信息很重要？

- 为提议的变革设立边界。
- 识别关键的决策者和资金来源。
- 了解从不同角度对于问题或需求的因由解释。

对于所有这三方面（问题/需求/机会、人群、场域）的研究而言，核心的制订计划团队需要协调上述各项活动，这就包括识别各种角色和职责，根据个人能力安排任务，监察活动进程，以及处理人际关系、团队关系和政治因素。

我们在此并不是提议要进行一个长达数年的穷尽一切因素的解释性研究。鲜有足够的时间或资源来进行这种研究，而且及时回应通常是成功的关键。然而，在没有做足功课的情况下就贸然实施一项拟定的解决方案同样是有风险的。我们在本章和接下来的章节中，意图为图 3-1 中三个圆圈中的每一个圆圈（以及第九章、第十章中将会讨论的政治环境）的系统研究设计一种模式，在这种模式中，我们可以在合理的时间范围（从几个星期到几个月，这取决于所涉及的人员和技术）内完成研究。我们可以从一个由四五个致力于实现所需变革的人员组成的小型核心团队开始，然后逐步发展其他愿意执行特定任务的人员。

解析问题与机会

我们尝试将对所需改变的事物（在某种程度上这种改变是有可能的）的解析划分成以下三项任务：

任务 1：从社区或组织的关键知情人处收集资料。
任务 2：探索与状况、问题、需求或机会有关的专业知识库。
任务 3：选取有助于阐释问题成因的因素。

社区政治领袖和民间领袖、积极分子以及其他人通常非常急于推动变革，因此他们总是一开始就提出解决方案。酒后驾车的发生率不断攀升？那就增加警力并加重处罚！街头无家可归者越来越多？那就修建一个收容所。少女妈妈数量增长？那就开设相关课程讲述婚前禁欲的重要性。上述这些过分简单化的解决办法难免在任何一个变革场景中冒出来。对于有专业指导的变革工作而言，社会工作者有责任确认在提出解决方案前已经充分探索了不同的观点和可能的问题成因。

我们有理由对问题进行多角度的探索。首先，未经过充分研究而匆忙得出解决方法，这与专业工作的精神是相悖的。例如，在一对一的辅导中，社会工作者仅在服务对象简要地介绍了事实后就确切地告知服务对象如何解决他们的问题，这就违背了专业伦理和专业原则。其次，快捷简单的解决办法通常基于这样一种假设：所讨论的问题有一个主要的原因。事实上，正如我们在本章下文中要详细讨论的那样，几乎没有哪个社会问题的产生只有一个成因。某种社会状况的形成是许多不同的因素共同作用的结果，而要改变这一状况，往往需要从多方面入手。

例如，在过去的两年里，某社区中因为酒后驾车引发的交通事故死亡人数已经增加了18%。那么，在这个案例中，我们应该如何界定导致该问题的原因呢？一些人认为，原因在于没有严格执行现有的禁止服用药物后或者酒后驾车的法律，那么就应该增加警察局的预算以打击那些酒驾司机；另一些人认为，原因在于青少年容易买到酒水，那么就应该加强对那些卖酒给未成年人的商家的惩罚；还有人将酗酒视为压力加重或者家庭破裂的表现，那么这些人就会提倡开展一项运动来推广完善家庭关系。上述的这些原因反映的只是少数人的观点，这些观点可以用来解释服用药物后或酒后驾车的原因。

这种早期的分析工作是变革进程中非常重要的一部分。我们建议变革推动者完成一系列的任务，旨在收集尽可能多的与问题相关的有用且可用的信息。这些任务既包括直接接触那些问题亲历者或者有直接需求的人，也包括系统探索专业知识库、汇总数据以及导致现状的历史事件。这种方法是要在尽可能短的时间内，全面理解相关问题及人群，尽管对于收集资料的时间也是有限制的。一个仓促的、不完整的分析可能比不做分析更为糟糕。

这些任务可以而且应该同时进行。在这里，变革推动者的协调工作显得尤为重要。这些任务要分给最有资格进入社区或组织做访谈和收集数据的参与变革的人。那些善于搜索并将理论和研究资源融会贯通的人应该来完成这一任务。那些善于处理数据资料的人应该有计划地去编纂必要的图表。最后，这些分别完成的任务会促成对问题、需求或者机会的更清晰的理解，为精心设计的干预计划奠定基础，从而带来积极的改变。

> 一个仓促的、不完整的分析可能比不做分析更为糟糕。

任务1 从社区或组织的关键知情人处收集资料

理解宏观层面的问题或需求的复杂性，需要社会工作者能熟练地从不同问题亲历者那里捕捉信息。在这种类型的访谈中，知识和敏感性是访谈者的必备素质。在宏观社会工作实务中所从事的收集信息工作与报社记者为写文章而收集信息的工作并不一样。社会工作者必须与社区或组织中的成员建立信任关系，这样才能使他们支持所需的变革，并参与到为变革所做的努力之中。我们应该意识到宏观层面的干预不一定是研究性质的项目，但是社会工作者却能从民族志学者对社区研究的心得中获益匪浅。费特曼（Fetterman, 2009）指出，民族学允许人们用自己的语言来描述他们所处的环境。

一些作者强调在从事社区或组织研究时敏感性的重要性（Devore, 1998; Gutierrez & Lewis, 1999; Hyde, 2004; Lecca, Quervalu, Nunes & Gonzales, 1998）。这些作者的著述的要义都强烈主张当所处理的问题、人群或场域可能涉及种族、文化、性别、性别认同或其他群体认同等因素时，对于知识、价值观、领导力以及助人过程要特别小心。在此，我们对所需考虑的因素进行了汇总。

知识和价值观
知识
- 了解人类行为和社会环境，尤其是涵盖民族、文化、性别以及其他个人和集体身份认同等因素的当代理论。
- 了解种族歧视和贫穷所带来的影响，尤其是对少数族裔社区的影响。
- 了解本人所代表的机构或设施以及目标人群对它们的看法。
- 了解社区过去通过其机构（例如：法院、学校、执法机关）解决少数族裔群体和其他特殊人群所面临的问题和需求时所采取的措施。
- 了解在没有社区成员的投入或认可的情况下，先前一些有计划的活动是如何在社区中付诸实施的。
- 了解种族、性别及其他特殊人群的文化，同时还需了解现有的政策和标准如何对那些对这些人群而言十分重要的议题视而不见或是加以考虑的。

价值观
- 理解与人群、个人责任及社会公正议题相关的社会工作价值观。

领导力
群体或社区成员
- 从理想的角度来说，领导者应该成为被组织起来的群体或社区的成员。
- 组织者扮演协调者的角色，并确保运用了族群观和社会性别观。

族群自我意识或社会性别自我意识
- 当变革活动涉及族群或性别群体和社区时，这一变革活动的领导者及参与者需要明了自己对民族与性别的身份认同。

变革环节
目标、政策和实务
- 政策和实务应符合民族、文化以及（或者）性别方面的考量。
- 对于预期结果，不同民族、文化、性别或者其他团体的参与者应该达成共识。
- 应该评估人力、财力以及文化所拥有的优势。

上述各议题的要点都很重要。组织者或变革推动者不能轻率地进入社区或组织文化中而不做精心准备，不关注所代表的群体或无视干预所需的专业知识。

那些在被认为需要做出变革的地方居住或工作的人，其对现状的认识可能与变革推动者并不一致。他们可能拥有不为外人所知的重要社会支持体系或资源。我们应该尊重这些人在社区或组织中的地位以及他们的观点。我们可以从本地居民那里获得一些线索，以知晓在发起变革时恰当的角色及责任。

由于许多变革都会涉及文化和民族的因素，因此，在计划宏观层面变革的初期应该对此加以考虑。还有一点同样重要，那就是我们需要意识到文化有多种表现形式。例如，一家延伸照护机构有"关爱照顾"文化；又如，在某所高中，随着时间的推移，教师、员工、学生以及行政管理人员一般会形成一种组织文化。在这些情况和其他情况下，变革推动者被视为局外人，那么，上述的原则就可以帮助组织者或变革推动者建立信任基础，并避免犯错。

从关键知情人处收集资料涉及一系列活动，包括：（1）识别主要参与者，（2）识别社区或组织的状况，（3）准备一份导致当前状况的重要历史事件的编年表。接下来我们将详细讨论这些活动。

识别主要参与者

在这项活动中需要探讨的问题有：

- 谁最先发现的问题？是否依然能找到那些最初的参与者？他们仍然参与其中吗？
- 当地居民过去在为变革而做出的努力中发挥什么样的作用？
- 哪些个人、组织支持或反对变革？
- 哪些个人、组织有权力批准或否定变革？

在变革工作的后期，在完成社区或组织分析后，变革推动者与其他人将识别出涉及的各个系统，并邀请每个系统的代表参与选择变革策略，同时还要以效率最大化的方式将所有参与者组织起来。

然而，全面识别所有系统的这一环节（详见第九章）并不是早期挑选主要参与者的重点。确切地说，重点在于确定关键知情人，从而利用那些知识渊博、处于合适位置的人的经历来了解目前状况。信息收集者应该意识到，任何一种单一的视角都可能会有天然的自利倾向，并有可能导致对状况或问题的理解存在偏见、不完整。基于这一原因，我们倾向于多样的信息来源。2004年的一项研究提出了有益建议，描述了专家和社区居民共同合作以获取重要信息的方法（Ungar, Muanel, Mealey, Thomas & Campbell, 2004）。

那些首先认识到存在问题的人对变革工作至关重要。例如，一名社区积极分子过去可能做过带头人，致力于确保外来务工人员可享受医保。如果在变革工作的后期我们需要重新讨论这个议题，那么了解带头人的经历和观点则尤为重要。他（她）成功了吗？成功或失败的原因何在？他（她）是否与某些关键的决策者格格不入？他（她）是如何处理这一问题的？他（她）有何其他选择？他（她）对状况的理解是否抱有偏见？除此之外还有谁参与其中？他们对拟定的变革起什么作用，持什么观点？虽然变革推动者不一定要使用相同的方法，或者依托于早期变革工作，但是，他们至少要知道先前采用过什么方法以及效果如何。

> 那些首先认识到存在问题的人对变革工作至关重要。

无论以前是否处理过当下的情况或问题，重要的是，变革推动者应当了解哪些个体和群体支持或反对正在筹划的变革工作。例如，某组织内的一小群员工可能想要在招聘中推广积极的平权行动方案，从而更好地反映该社区的人口结构变化。设想所有员工、主管与行政管理人员都会支持这一变革行动是不对的。变革推动者不应该只与支持者讨论变革计划，而是要鼓励反对者表达他们的意见。虽然与反对者一起工作可能会有棘手的伦理问题，但是技巧娴熟的变革推动者会找到方法来识别支持、反对变革的关键的本地参与者，并力求整个变革过程对所有人开放透明。

要识别的第三类本地参与群体是那些对最终提出的变革方案有批准或否决权的人。在一个组织内，这些人最有可能是首席执行官或者董事会成员，但是组织中的其他人可能同样有重要发言权。在一个社区内，决策者的身份将取决于所确定的变革领域。如果变革焦点是学校或校区，那么决策者将包括校长、校董事会成员和该系统中的其他人。在一个地方社区内，关键人物包括市议会成员或市级工作人员。我们需要研究探讨以确定哪些人拥有这一权力。可能的话，复制市级工作人员、学校工作人员与其他可能的参与者的电话号码及电子邮件地址，这对我们的工作很有帮助。此外，获取一份由熟知相关组织或社区的人所做的完整的地方政要简报也是很有用的，这样的话，我们将不会遗漏关键知情人，同时我们也能了解其他视角和反对观点。关于这个话题，我们将在第九章详细探讨。

识别社区或组织的状况

这项任务需要探讨的问题有：
- 状况和问题之间的区别是什么？
- 这个社区或组织认为要优先处理的问题是什么？
- 在研究某个变革环节时，应该如何拟定状况陈述？

所谓的状况（condition）是指在社区或组织中可能对许多人造成困扰的一种现象，而这种现象尚未被正式认定、标记或公开承认为一个问题。重要的是，社会工作者应该清楚某种现象究竟是尚未被正式认识的一种状况，还是已经得到组织或社区承认的一个问题。这种状况将会影响社会工作者确定早期计划变革工作的重点。最终，如果要动用正式资源来缓解或消除问题，那么决策者就必须承认问题的存在（无论是情愿，还是不情愿）。一名观察家指出，当相当多的人或相当多的重要人士认识到某种状况时，这种状况就变成了问题。

每一个组织和社区都不缺少状况和问题。都市生活的社会后果，例如交通拥堵、空气污染、社区环境危险、住房难以负担及其他议题，在没有相应的解决措施的情况下都可以被认为是社会或社区状况。同样地，在农村社区，地域偏远、医疗资源缺乏、经济衰退，如果没有被任何正式的或非正式的解决力量认识到的话，它们都可被视为社会状况。

相同的概念也可以应用到组织中。组织中存在令人烦恼的现象，但它未必被正式认识到或被标记为一种问题。例如，一所老年人长期照护机构中的员工可能会关注他们自认为的一些居民的过度医疗现象。同样地，项目主管可能会意识到这样一种趋势，即向有支付能力的人扩展服务，而将无支付能力的人列入等候名单。

一种状况要被定义为问题（problem），它必须在某种程度上被正式承认，并被纳入一个群体、组织或社区的行动议程之中。例如，这可能意味着，一名当选官员提议研究老年人自杀问题；或者一群关注甲基苯丙胺滥用的父母呼吁出台城市条例，从而规范含有伪麻黄碱（一种用于制造冰毒的成分）的感冒药在城市范围内的销售；或者官方批准组织中的一个任务小组去研究药物治疗对长期照护机构中的居民的影响；又或者一个在所住街道上经历过因高速行驶而导致交通事故的邻里小组会采取措施，从而引起对所存在的状况及其问题本质的更为广泛的重视。无论选取哪种形式，正式的承认对于合法化都至关重要。

对于规划宏观层面干预的社会工作者来说，区分状况和问题十分重要。如果一种状况尚未在某种程度上被正式承认，那么社会工作者的首要任务是获取正式承认。例如，无家可归多年来一直被当作个人就业问题来处理，家庭暴力则被视为个人私事，艾滋病被视为个人健康问题。大多数社区只是将这些现象视为既有状况，而并未将其看作社会的或社区的问题。当这些状况开始影响更广的社会阶层，并到了不容忽视的地步时，国家、州和地方的社区领袖们才开始将这些状况视为问题，并投入资源来解决。一旦这些状况被正式识别出来并被承认为问题（通常是因为媒体长期关注），它们就会成为有组织的干预工作的目标。为全国各大城市的流浪者设立专项任务小组、制定虐待和忽视儿童的举报法以及联邦资助艾滋病研究与服务，都是相关状况被识别并被界定为问题的成果。

那么，问题识别的首要任务之一是形成一份状况陈述（condition statement）。一份状况陈述必须包括：（1）目标人群，（2）地域范围，（3）目标人群所面临的困难。状况陈述应该是描述性的，尽可能客观，并基于最新的研究发现。

状况陈述要视该状况是存在于社区中还是存在于组织中而定。例如，一份状况陈述可能这么写道："普雷斯顿县的家庭暴力不断增多。"一般而言，状况陈述越是精确，成功干预的可能性也就越大。一份状况陈述可以从极为笼统到非常具体，如图3-2所示。

笼统

家庭暴力正在增加。

希达维尔镇的家庭暴力正在增加。

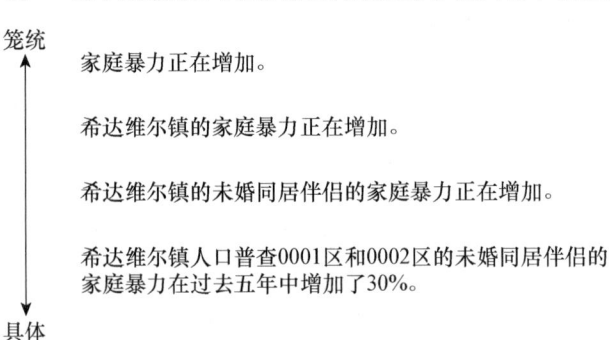

希达维尔镇的未婚同居伴侣的家庭暴力正在增加。

希达维尔镇人口普查0001区和0002区的未婚同居伴侣的家庭暴力在过去五年中增加了30%。

具体

图3-2 状况陈述示例

类似的流程在组织中会以笼统的陈述开始。例如，一种组织状况可能是，在家庭暴力庇护所中，资源没有得到有效的利用，而且许多居住在此的受害者正返回施暴者身边。那么，社会工作者需要汇编诸如社会人口特征、发生率、普遍性或趋势等定量数据并聚焦于诸如回施暴者身边的原因方面的定性资料，从而尽可能精确地描述该状况。

> **批判性思考**
> 批判性思考问题：如果计划变革时没有一份清楚的状况陈述，那么可能的后果会有哪些？

通过对问题性质、规模和范围的研究并形成文字材料，状况陈述可以做得更为精确。当社会工作者继续完成问题分析中的后续任务时，随着新事实、新发现的出现，需要多次修改状况陈述。该陈述可能逐渐成为识别出来的有共识的问题，或者所描述的状况被视为需求或不足。也可能变革工作是借助于某一机遇，并没有识别出问题或需要，但却能得到资金和资源。变革推动者需要认识到，不管变革工作因何而来，建立共识都十分重要。

识别相关的历史事件

在这项活动中需要探讨的问题有：

- 社区或组织成员是否已识别并承认问题的存在？
- 如果是，那么该状况、问题或机会是何时在社区或组织中被首次识别的？
- 从首次识别问题到现在，发生了哪些重要事件？
- 早期解决该问题的措施透露了什么信息？

下一项任务是编制一份重要事件或里程碑式事件的编年表，这将有助于我们理解社区或组织中的状况或问题的来龙去脉。这就将我们的焦点转移到了图3-1中问题和场域相重叠的部分。

任何社区或组织中的状况或问题都有其自身的历程。这一历程可能会影响人们当下对该状况或问题的理解。因此，了解过去社区或组织中的关键人物如何理解该状况或问题就极为重要。如果过去的关键人物将它视为问题，那么它是如何被解决的？解决措施的效果又如何？在以往的变革工作中谁是主要参与者？

> 任何社区或组织中的状况或问题都有其自身的历程。

社会工作者如果仅仅按照目前的界定来审视相关状况或问题，就会遗漏很多信息。反之，查明问题的来龙去脉至关重要，尤其是过去和现在对认识该问题起决定作用的关键事件。例如，一个专项任务小组可能会关注当地高中的高辍学率问题，那么以下的关键事件编年表可能有助于该小组更好地了解多年来该高中一些重要问题的产生和演变的影响因素。

- 2000年，河景高中的学生绝大多数来自中低阶层家庭，其毕业率是82%。
- 2002年，重新划定校区范围，学生主体也发生变化。对30%的学生而言，英语是第二语言。
- 2004年，入学率下降20%，毕业率降低到67%。

- 2005年，河景高中启动一项庞大的职业培训项目，旨在为学生高中毕业后的就业做准备。学校不再重视大学预科课程。
- 2007年，入学率提高，学生出勤率有改善。
- 2009年，本地雇主只雇用了32%的毕业生；一年后，河景高中毕业生的失业率高达37%。
- 2011年，入学率下降到2004年的水平，辍学率达到历年最高纪录23%。
- 2012年，当地报纸报道，就教学质量、学生在校率及高中毕业生就业情况而言，河景高中是本州最差的十所学校之一。已组建一支一流小组为提高该校的教学质量提供建议。

追溯这些历史事件，有助于我们洞察与河景高中相关的教师、员工、行政管理员、学生及其家庭亲历的往事。在这个案例中，专项任务小组应该料到会遭遇人们对任何类似"留在学校"活动的反对和讥讽。关键事件编年表显示，对毕业生而言，许多留在学校读书的理由并不成立。

当就业、职业发展和经济等方面的激励在这所高中缺失时，提高学生在校率的挑战难度大大增加。这就意味着，我们所采用的组织变革方法需要"量体裁衣"，这与那些有意成为主要受益者的参与人息息相关并有意义。这也就清楚地提示我们，举例来说，要将那些对毕业生就业环境有积极影响的人吸纳到变革工作中。

探索相关的历史事件也有助于提升变革推动者的可信度。如果人们认为组织变革的工作者没有花时间了解社区和组织的历史，将其视为局外人，那么许多人就不愿意接纳或支持社区和组织的变革。

上述关键事件，通常得自与老居民、积极分子、社区领袖、教师及社会服务机构雇员的访谈或讨论。在追溯某个变革环节的历史或先前状况时，变革推动者希望发现：(1) 先前的什么事情引起了大众对问题或需求的关注？(2) 社区（邻里、城市、县、州、私营部门）如何回应大众对该问题或需求的关注？(3) 该回应成功与否？为什么？

任务2　探索与状况、问题、需求或机会有关的专业知识库

除了通过访问当地居民来界定状况或问题之外，变革工作的参与者也应该潜心钻研相关的专业期刊与其他资源，包括与该问题有关的理论和研究以及数据、信息。我们需要探索的学术资源有两类：(1) 与所研究的问题相关的理论和研究文献以及期刊论文；(2) 可以证明存在问题或需求，并帮助理解诸如规模、范围、趋势及其他有用信息的定量、定性数据和信息。互联网可能已经成为获取这种类型信息的一种最有价值的工具。

探索相关理论和研究资源

在这项活动中需要探讨的问题有：
- 哪些知识体系对于理解状况、问题、需求或机会最为关键？

- 哪些分析框架有助于理解状况、问题、需求或机会？
- 我们从哪里、通过什么方式获得这项任务所需的知识与信息？

在这项活动中，变革推动者面临的挑战是在有限的时间内，尽可能成为状况、问题、需求或机会方面的专家。如果变革推动者要当众向决策者或资助者汇报，但自己的知识却比听众浅薄，这是令人极为难堪的事情。

循证实践。循证实践（evidence-based practice，EBP）与直接介入和宏观实务干预都有关联（Gambrill，2008：424）。循证实践可以被定义为研究与临床证据在实务决策中的应用。社会工作有悠久的预估历史，建基于与所考虑的个案相关的方方面面的事实，但是研究和临床发现的引入为我们带来了新的视角。尽管医学界最早使用这个概念，但是，包括精神健康、儿童福利和教育在内的许多领域都越来越多地将研究发现纳入临床和宏观决策参考。全国社会工作者协会表明，在运用循证实践的过程中，实务工作者可以在各个实务领域运用有实证基础的干预措施，包括综合对于文化的新知并将其融入服务的提供之中（NASW，2009）。

有多个社会科学领域的期刊报告以实证检验理论问题或实务问题的结果。这些期刊可以在网上获取。目前，一些期刊（例如《循证社会工作》《社会工作研究》《社会服务研究》《社会工作实务研究》）几乎专门致力于报告社会工作及其相关领域的研究。另一些期刊（例如《儿童福利》《老年社会工作》《儿童性虐待》《贫困》《艾滋病与社会工作简报》）则着重关注特殊人群和（或）社会问题。诸如"社会工作摘要""社会心理学信息系统""社会学摘要"这一类的电子期刊摘要搜索引擎，能够快速提供相关文章的清单。浏览这些文章的标题能引导变革推动者找到那些对理解特定状况、问题或机会最有用的文章。"全球联合目录"（WorldCat）则提供了书籍信息资源。

网络资源包括由关注特殊人群需求的倡导组织赞助的网站，这些组织包括：为老年人创办的美国退休人员协会（American Association of Retired Persons，AARP）、为儿童成立的美国儿童福利联盟（Child Welfare League of America，CWLA）、美国癌症协会（American Cancer Society，ACS），以及美国有色人种协进会（the National Association for the Advancement of Colored People，NAACP）等。面对这些网络资源，专业的变革推动者发挥着一项特殊作用，就是区分非专业网站上的个人观点、谣言和扎实可信的理论、研究知识。探索专业知识库应该从专业期刊开始，然后考虑书籍，最后是网络资源。

尽管现在的社会服务项目评估可以提供大量信息，但是它们往往缺乏经得起推敲的研究方法。尽管就数据收集、分析与结果报告而言，实际工作报告往往最不正规，但是，只要使用者在解读发现、得出结论、推广应用的环节秉持慎重的态度，实际工作报告就能够对其有所助益并提供丰富信息。

界定概念。在试图理解某一现象时，描述者对状况、问题或机会进行概念界定将会有所助益。在撰写一篇要发表的文章时，作者必须为阐明所研究的主题提供分析框架或模式。例如，在研究独居和被忽视的老人时，作者是依据老人的社会交往次数来进行分类，还是依据老人居住地与家人的距离来划分，抑或是依据老人是否加入群体来划分？哪些概念（以及哪些术语）可以帮助我们理解这一现象？对于在专业知识库中发现的信息，我们应该不断分析它与当前状况的相关性。最后，我们挑选出可能的影响因素，形成阐释所研究现象的框架。实现对所研究状况、问题或机会的这种初步理解，可以促使变革推动者为下一个任务——收集支持性数据——做好准备。

收集支持性数据

这项任务需要探讨的问题有：

- 哪些数据对于描述相关状况、问题或机会最有用？
- 哪里可以找到有用的定量和定性数据、历史记录、基于机构的研究以及其他类型的信息？

过去，社区常常因为发生了一些事才意识到有情况并认识到有问题。教堂开设孤儿院、县城建立贫民收容所并不是依据任何数据分析，只是个人了解到有些人需要这种帮助，并预计这一需求会越来越多。

然而，在当今复杂的社区中，由于许多社会与社区问题都在争夺有限的资源，我们必须收集数据，证明问题的规模与范围。

数据的类型。研究学者越来越重视引入定量和定性数据以帮助理解社会状况与问题。乔治姆（Trochim，2006）指出，运用多种类型的数据（包括数值和文字）可以提供丰富多元的视角。

塔沙科里与特德利（Tashakkori & Teddlie，2009）示范了使用混合方法的重要性。通过运用定量和定性研究进行探索，社会工作者能够拓展并加强对问题、人群和场域的理解。表3-1展示了混合方法的目的。

> **基于研究的实践**
> 批判性思考问题：你可以运用哪些策略来有效地综合从多个来源处获取的资讯？

为了简化讨论，我们假设定量研究聚焦于数值，而定性研究则聚焦于文字或非数值性的资料。人们很容易认识到在社区研究中将定量和定性两种方法结合在一起运用的重要性。在解决特定的问题时，定量研究会运用一系列问题寻求确定的、可量化的答案。例如，"对于引入一个提高高中毕业率的项目，你是支持还是反对？"定性研究则试图探索该问题背后隐含的全部感受。定性研究通常包括以下方法：深度访谈、直接观察或书面资料分析。

表3-1 研究者所常说的混合方法的目的

目的	描述
互补	混合方法用于获取对同一现象或关系互补的看法。混合研究两条线的研究问题针对的都是同一现象的相关方面
完整	混合方法的设计旨在确保完整呈现存在的现象。理解全貌要比理解单个部分更有意义

续表

目的	描述
发展	由前一种方法推断出后一种方法所提出的问题（前后接续的混合方法），或者是一种方法提出假设，另一种方法加以检验
拓展	混合方法用于拓展或解释前一种研究方法对现象的理解
验证/修正	混合方法用于评估其中一种方法所得出的推论和证据的可信度。它们通常是含有探索性和解释性（或检验性）的问题
弥补	混合方法用于帮助研究者用另一种方法来弥补先前方法的缺陷。例如，通过另一类数据来减少所调查数据中的误差
多元化	混合方法用于获取对同一现象的不同认识，并对这些不同的发现加以对比

注：若要获取更多资讯请参见塔沙科里和特德利（Tashakkori & Teddlie, 2009）的著述。

收集关于社区、社会状况或问题的数据是一项具有挑战性的工作。例如，理想的情况下，在推进流浪儿童教育的项目中，人们希望找到类似如下陈述的清楚说明：

- 目前在克里夫顿县有 3 279 名流浪儿童。
- 缺乏早期的学校教育经历，可能会导致其中 2 000 名孩子无法达到相应年级的阅读水平。
- 无法达到相应年级的阅读水平，可能会导致这个群体中的 1 500 名孩子在十年级时辍学。
- 在十年级辍学的 1 500 名孩子中，大约有 1 000 名最终会触犯法律并被监禁，或者被安置在州政府资助的儿童福利机构中。
- 由州政府负责支出，每人每年平均能获得 28 000 美元。其中，用于 1 000 名被监禁或入住福利机构的辍学儿童的开支是每年 2 800 万美元。
- 一项为 2 000 名流浪儿童提供的早期干预项目将花费 650 万美元。
- 其中，预计大约 1 800 名儿童会提高阅读能力，达到相应的年级水平，并进而提高他们的就业机会和自立能力。
- 如果这个项目成功的话，那么它会为州政府每年节省 2 150 万美元。
- 这些数据有社区关键知情人的陈述作支撑。知情人指出，社区居民已经意识到并担忧这一问题，急切地期望采取措施变革现状。

以上这些定量和定性数据清晰地说明，现在为预防问题花的钱，会比以后为照顾儿童、支付抚养费或矫治问题儿童花费的资金要少得多。然而，尽管我们希望得到并偏爱这一类的数据，但却很少有现成的已经整理好的数据可用。实际情况是，发起变革的人必须依靠能到手的资料，如人口普查数据，社区需求评估，机构公布的服务需求层次、服务率，医院、学校及警务部门的数据，以及其他一切可获取的可靠信息来源。

在需要定量与定性数据的情形中，有些技术很有帮助。一个数据来源是国家、地区及州所做的研究。这些研究已经有了状况或问题的百分比或发生率（每千人或每十万人）。例如，若有研究发现，48.5%的在某州登记结婚的夫妇最终会离婚，那么就可以用这个百分比去预估将来一段时间内该州的市镇的离婚数量。显然，预估出来的这个数字并不精确，但是它至少为预测提供了一个起点。当我们使用这一类数据时，需要运用一些陈述对其加以限定，如"若州的离婚率适用于史密斯维尔市，那么我们可以预计该市某社区中将有几乎一半的夫妇会离婚"，或者诸如此类的话。

做所有统计分析报告的基础是了解不同社会人口特征类别（例如性别、年龄、种族或民族）的人口的数量。这一类有价值的信息可以在美国人口普查局出版的《县、市数据手册》中找到。正如许多关于人口普查的刊物一样，这本书可以在美国人口普查局的官网上免费浏览。这类资料包括如下数据类型（包括县与市）：种族/民族分类、年龄、性别、高中以下学历的人口数以及贫困人口数。其他基于人口普查数据的统计资料包括：《美国各县》《美国统计摘要》《州、大都市数据手册》。所有这些资料都可以在网上找到。图3-3列出了查找以上这些资料和其他资料的网站。

《美国政府出版物目录月刊》
华盛顿：美国政府印务局。
在线名为《美国政府出版物目录》。

《美国统计索引》
华盛顿：议会信息服务处。

议会信息服务处（CIS）
华盛顿：议会信息服务处。

《美国统计摘要》
华盛顿：美国商业、经济和统计管理部门及人口普查局。
网址：www.census.gov/statab/www/。

《县、市数据手册》
华盛顿：美国商业、经济和统计管理部门及人口普查局。

《州、大都市数据手册》
华盛顿：美国商业、经济和统计管理部门及人口普查局。
网址：www.census.gov/statab/www/smadb.html。

《美国：健康》
美国马里兰州海厄茨维尔：美国卫生和社会服务部、公共卫生服务部门、疾病控制中心以及国家健康统计中心。
网址：www.cdc.gov/nchs/products/pubs/pubd/hus/hus.html。

《美国：心理健康》
美国马里兰州罗克维尔：美国卫生和社会服务部、药物滥用与精神健康署以及心理健康调查中心。
网址：www.samhsa.gov/news/newsreleases/011024nr.MH2000.html。

《刑事司法统计资料》
华盛顿：美国司法部、司法项目办公室、司法统计局。
网址：www.albany.edu/sourcebook/。

《教育统计摘要》
华盛顿：美国教育部、教育研究与改进办公室以及国家教育统计中心。
网址：www.ed.gov/pubs/stats.html。

图3-3 数据采集资源

州和县的社会服务部门、卫生部门、心理健康部门以及矫治部门经常收集数据。这些数据可以用于记录现有社会状况或问题。其他的数据来源包括当地社会服务机构、联合之路基金会、社区委员会、参与中央数据采集的资源中心、加入中央信息和转介系统的机构、执法机关、医院以及学区办公室。搜索信息的过程通常类似于寻物游戏，在这个过程中，一条线索可以指引我们找到下一条线索，直到我们收集到足够数量和质量较高的支持性数据，从而促使人们发起变革以解决他们的问题。

在收集支持性数据的过程中，变革推动者应从理解现存问题或状况的整个信息"圈"的角度来思考。这就意味着，数据采集并不局限于变革工作所关注的当地社区、邻里或组织。尽管从论证行动必要性这一方面来说，最小地方分析单位（例如邻里或人口普查区）的数据会起到有力的支撑作用，但是来自县、州或国家层面的有关同一状况或问题的数据也能为有效地判断地方数据提供对照基础。

分析并呈现数据的意义

在这项活动中需要探讨的问题有：

- 可以运用哪些方式来呈现数据？
- 如何呈现数据才能简明扼要地阐述变革的需要？

对比数据通常比单独的统计数值更有用。我们可以运用一些方法来收集和呈现对比数据。这些方法包括：横断面分析、时间序列分析以及与其他方采集的数据做比较。此外，标准对比与流行病学分析也很有用（Kettner, Moroney & Martin, 2008）。数据的呈现应经过有序的准备，并以有效地讲故事的方式展示出来。

可以采用的图表类型有很多，如曲线图、柱状图和饼图。对于要呈现的数据，我们应该考虑哪种图形最有冲击力。微软办公软件家庭版提供了呈现这一类数据所需的大部分图表。这个软件包包括：Word（文字处理软件）、Excel（电子表格）、PowerPoint（演示文稿）及 Access（关系数据库）。当岗位描述包含对计算机技能的需求时，大多数情况下该岗位期望应聘者具有使用以上这类软件的能力。

横断面分析。这种方法是指在一个特定的时间点上收集数据，并描述数据收集时间点的情况。这种方法通常关注某一人群或某一样本。例如，一项调查可能旨在了解某个特定目标人群的需求，并呈现在该需求领域有问题的人占多少比例，详见表3-2。

表3-2所展示的数据可以转化为图表的形式，呈现令人印象深刻的视觉效果。图3-4以柱状图的形式说明了年龄分布状况，从而描述了人口老龄化的情况。

图3-5运用饼图来说明种族的分布。使用十年一次的人口普查数据的并列饼图既可以进行横断面分析，也可以进行时间序列分析。

确认社区或组织的状况之后，我们通常可以通过年龄、性别及种族或民族等社会人口特征来研究亚群体。横断面分析最大的局限是无法反映出随时间推移而发生的变化。

表3-2 横断面分析示例：遭受不同问题困扰的各类人群比例

变量	人群（%）	住房（%）	就业（%）	营养（%）	交通（%）
年龄					
0～18	11	5	N/A	5	N/A
19～30	21	14	7	9	16
31～64	28	17	11	8	19
65+	40	19	33	15	33
性别					
女	52	5	7	6	18
男	48	16	24	11	17
种族					
白人	42	10	5	4	7
亚裔美国人	6	3	4	5	9
非裔美国人	34	17	11	12	15
西班牙裔美国人	14	7	10	9	11
土著美国人	4	11	23	8	14

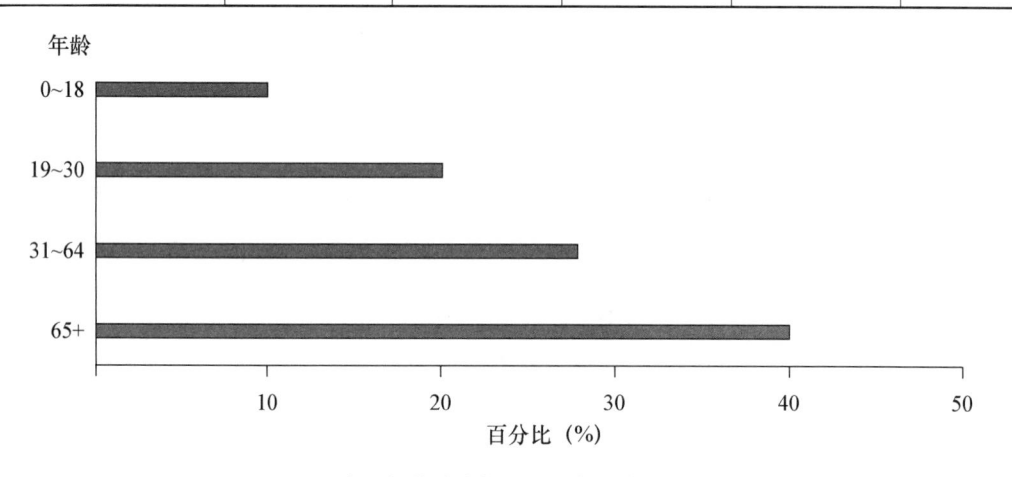

图3-4 人口年龄分布与老龄化状况的柱状图示例

时间序列分析。 如果能获取，应该首选经过长期反复观察而得到的数据，因为这类数据呈现了发展趋势。假定数据的采集是每年一次，那么，时间序列分析将会考察所关注变量的趋势。例如，在一个特定的城市中，申请在收容所过夜的人数可以用曲线图来表示，如图3-6所示。

基于由一系列观测而得到的时序变化的数据有助于预计将来的需求和花费。这些观察之间的比较可以为变革推动者提供宝贵信息。例如，我们可以运用这一比较来说明服务对象需求的增长，接下来几年需求的趋势，为什么需要更多的资源，以及预计需要多少资金来满足预期的需求。

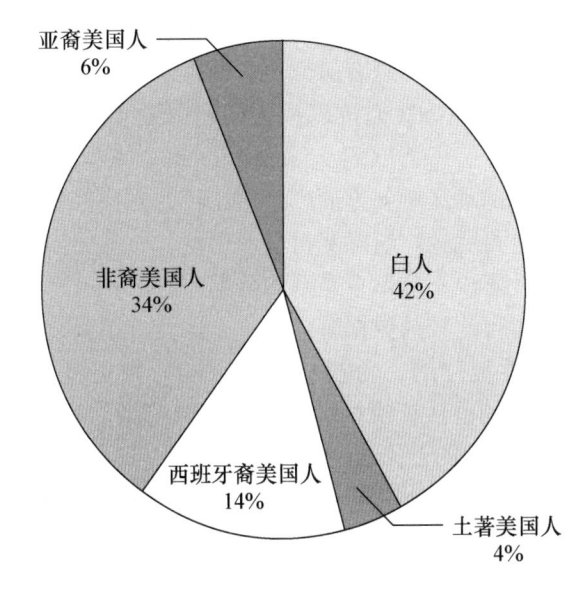

图 3-5　饼图示例：种族分布

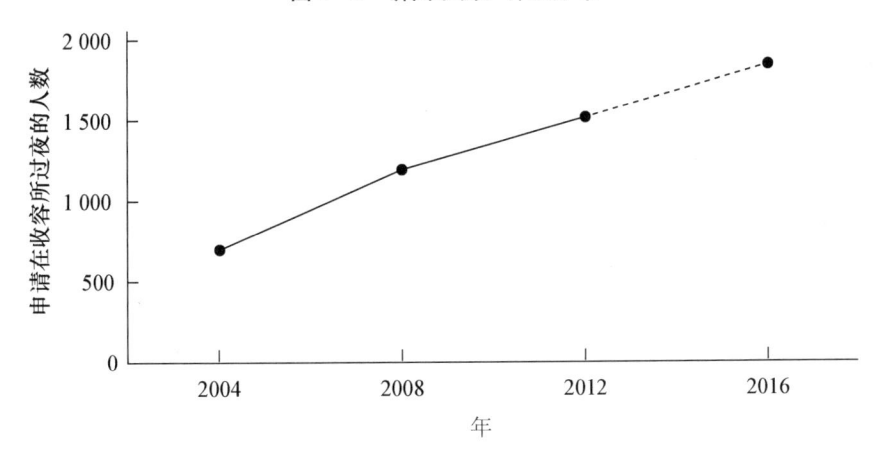

图 3-6　时间序列分析示例：申请在收容所过夜的流浪者数量的折线图

与其他方采集的数据做比较。尽管横断面分析可以呈现出一个特定时间点的概况，并且时间序列分析可以勾勒出随时间的推移状况/问题的演变趋势，但是，仍然会存在对于问题能否成立的质疑，尤其是在与其他社区或组织进行比较时。例如，如果变革推动者能够证明某社区当下的未成年少女怀孕率是 22%，并预计其在接下来的五年中将呈上升趋势，那么此处会有一个合理的疑问：这一百分比究竟是高还是低呢？此时，与其他方采集的数据做比较就能发挥作用。

大量定期采集的信息及专门收集的信息都可以作为支持性数据使用。在过去的几十年里，联邦、州和地方的许多机构为范围广泛的社会、经济与健康问题的发生率（以 1 000、10 000 或 100 000 为单位）的数据库做出了贡献。无论有问题的城市或邻里的规模有多大，这些数据都可以用来做比较。此外，现有研究也呈现了州和地方在各种社会、健康问题上的人均支出。基于这些研究发现，我们可以根据问题的发生率与普遍性或解决问题的力度，来对州和城市进行排序。

在实现资源向特别贫困的社区倾斜方面，采用比较的方法格外有效。通过在某县人口普查区域内对选定的变量进行比较，情况变得显而易见：该县的问题与需求并不是平均分布在各个社区或邻里，因此资源不应该总是平均分配。

标准对比。当无法获得可比较的数据时，这一方法大有用武之地。所谓的"标准"意指"得到普遍应用和持久性地位的、为权威所认可的一种规范"（Kettner, Moroney & Martin, 1999：126）。标准是由认证机构、政府部门或行业协会制定的。例如，美国儿童福利联盟颁布了一套综合性的涉及儿童虐待和忽视、儿童收养及其他儿童福利服务的社区与机构项目的标准。同样全国老龄工作委员会制定了个案管理标准。全国社会工作者协会制定了不同情境下的社会工作服务标准。专栏 3-1 列举了一个简要的例子。

一旦政府部门、认证机构或行业协会制定了标准，那么那些低于健康标准、教育标准、个人护理标准、住房标准及其他各类标准的状况就更易被认定为变革的目标。社区领袖不希望因社区内所提供的服务"不合格"而有负面报道。这一类的标准主要用于衡量所提供服务的质量。

类似的标准可能还会被用于界定问题或人群。例如，一些城市已经制定了统一的标准来界定无家可归人员或犯罪团伙成员。一旦这样的标准建立起来，就可以用于解读现有的记录及汇编新的定量数据或其他信息。

专栏 3-1　全国社会工作者协会制定的青少年社会工作实务的有关标准

标准一：社会工作者应具备青少年发展的知识并了解青少年的发展。

标准二：社会工作者应具备对青少年需求的理解和评估能力，应拥有为青少年及其家庭提供服务的社区内的社会机构、组织与资源的途径，应倡导发展所需资源。

标准三：社会工作者应表明对家庭动力的认识和理解。

注：此处只选取了十条标准中的三条作为例子。完整的标准列表可以在全国社会工作者协会的官网上查看。此外，每一条标准都有详细的阐释，以说明标准中所包含的术语是什么意思。

资料来源：选自全国社会工作者协会（NASW, 2005）的《全国社会工作者协会青少年社会工作实务标准》，网址：www.socialworkers.org/practice/standards/swadolescents.asp。

流行病学分析。这一方法源于公共卫生领域，在该领域中，即使不能证明存在因果关系，但是分析致病因素也有助于明晰因果关系。该方法不仅适用于研究疾病，也适用于研究社会问题。例如，皮文和克洛沃德（Piven & Cloward，1971）确立了贫困、教育不足、住房匮乏与福利依赖之间的关系。虽然不能证明其中任何一种状况会导致福利依赖，但是诸因素的综合作用导致福利依赖仍能够形成。

最近，萨博、库尔顿和波罗斯基（Sabol，Coulton & Polousky，2004）研究了影响儿童虐待的变量。该研究考察了年龄、种族、城郊区位，并发现这些因素可以用于预测儿童被举报10岁之前遭受虐待的可能性。在另一项研究中，迪亚拉、蒙特纳尔和沃尔拉斯（Diala，Muntaner & Walrath，2004）考察了农村与城市的位置和诸如年龄、性别与种族等人口学特征，以及教育、家庭收入与健康等社会阶层因素，并发现其中有些变量可以有效预测酒精与毒品滥用、酒精与毒品依赖的可能性。

流行病学思维有一个有益的特征，即在分析问题时它可以帮助避免过于简单化的因果思维。虽然单一的因素（如低教育程度、贫困或儿童虐待）可以解释一小部分人口当下所面临的问题，但是，相互联系的多元因素通常有助于解释更广大的人群所遇到的问题或现象。

定性数据的呈现。定性数据同样可以用图表的形式来呈现，从而用文字性质的数据来讲述该问题的主题故事。图3-7提供了一个对以信仰为基础的倡导组织所做的定性研究的例子。该研究考察了参与社会福利议题游说的倡导组织的活动。图3-7节选了对其中一个组织的研究，举例说明了一个倡导组织所关注的政策领域。

政策领域	描述	问题范例
《第一修正案》	● 保持宗教与国家之间的界限 ● 防止单一的宗教观念不当地影响公共政策	● 在政府资助的公共机构中祷告 ● 教育券制度 ● 在公立学校中设立宗教课程 ● 慈善选择
偏见与歧视	● 反对助长偏见和不容异己的立法 ● 支持鼓励多元化的努力	● 同性夫妻的平等公民权 ● 移民 ● 仇视性犯罪 ● 死刑
健康与社会正义	● 充当在犹太社区和更广泛社区中有需要的人的代表	● 扩大医疗补助保险 ● 最低工资 ● 生育选择 ● 干细胞研究

图3-7 定性数据呈现示例

任务 3 选取有助于阐释问题成因的因素

在这项活动中需要探讨的问题有：
- 访谈关键知情人，识别重要历史事件，检索专业知识库及汇编数据。通过这些活动，你发现有助于理解问题的主要因素有哪些？
- 到此为止，哪些期待是最为合理的？应该如何处理？

当参与变革工作的人已经对问题进行了界定，回顾了重要历史事件，完成了对相关期刊文章、教材与网络资源的检索，并汇编了支持性的证据时，他们至少应该对导致问题的原因有了初步的了解。为了推动所需的变革，下一步要确定必须处理哪些导致问题的因素。在阐释变革工作时，初步确定这些因素很重要。然而，在提炼所收集的数据和信息之前，了解是什么类型的原因或识别其他要考虑的因素十分重要。专栏3-2提供了一个例子说明社区中孩子无人照看的原因或重要影响因素。

专栏 3-2　社区中孩子无人照看的原因或重要影响因素

- 该社区中，在职单亲妈妈的比例非常高。
- 该社区没有课外活动项目。
- 该社区中，来自单亲家庭的孩子们几乎没有男性的良师益友或行为榜样。
- 该社区缺乏凝聚力，大部分社区居民不怎么认识自己的邻居。
- 目前还没有社区组织来解决这一问题。

当人们研究公共服务的状况或问题时，人们总是倾向于将问题的原因归于资源的匮乏。例如，在研究组织性问题时，人们通常认为导致问题的原因在于运转资金、人员、配套设备与服务以及其他资源的匮乏。又如，在界定社区问题时，人们常常将导致问题的原因归结于开展新项目或者拓展现有服务的资源不足，诸如缺乏儿童照顾岗位、未获得更多专业培训等等。在许多情况下，可能确实存在资源匮乏，但我们应小心避免那种把金钱当作解决每个问题的唯一途径的肤浅评估。我们之所以要使用更加全面深入的方法，是因为以下原因。

首先，资源是与干预或所谓的解决方案关联在一起的，只有在提出具体的方案后才应考虑所需资源。资源问题应该根据具体情况来讨论，而不是泛泛而论缺乏资源。其次，"资源匮乏"问题是普遍的，因此将其作为问题分析的一部分意义并不大。最后，"缺乏充足的资源"对解释问题背后的原因或影响因素并无帮助。这种论述简单地做出假定：无论是什么资源，只要够多就可以解决问题。在宏观层面的变革中，虽然额外的资源可能对成功很重要，但是这一问题应该在后期的变革工作中加以处理。

我们要注重的是那些能解释问题出现并长期存在的原因或影响因素。这些因素是阻碍问题解决进程的实质性因素。识别这些多元因素有助于澄清问题的复杂本质。随着我们更深入地理解问题、人群及场域，可以运用这些因素来形成因由推论或因果关系的假设，这一假设将用于指导干预工作。

确认潜在原因的目的是为探索变革需求的社会工作者提供帮助，让他们更加有重点地开展工作，从而增加成功的机会。在大多数情况下，社会工作者不可能将所有的影响因素都一一处理。选取有限的可能原因会帮助我们缩小切入范围，或者促进我们与他人合作，并达成这样的共识：每项变革工作聚焦于不同的影响因素。例如，面对社区中的孩子无人照看的问题，地方教会可能会同意负责建立单亲妈妈之间的相互支持体系并强化社区意识；而地方学校可能愿意为此提供建设性的课外辅导活动。然而，在这个阶段，这些决定还为时过早。识别影响因素的目的是对问题形成一个尽可能清晰的理解。

小　结

在本章中，我们介绍了一种有序、系统、专业的助力变革的方法。反对人士可能会指责这种方法耗时太长，错失时机。我们也承认，变革推动者的部分责任是判断如何以及何时采取行动。该研究过程既可以简化也可以扩展，这取决于问题的复杂性和持续时间。但是，轻易忽视对当下信息的需求而采取行动是不负责任的，而且对变革工作所服务的对象也是不利的。值得实施的变革工作有必要采用系统而全面的解析问题方法。在下一章中，我们将探讨目标人群需要了解些什么。

附录　理解社区和组织性问题的框架

任务1　从社区或组织的关键知情人处收集资料

识别主要参与者
- 谁最先发现的问题？是否依然能找到那些最初的参与者？他们仍然参与其中吗？
- 当地居民过去在为变革而做出的努力中发挥了什么样的作用？
- 哪些个人、组织支持或反对变革？
- 哪些个人、组织有权力批准或否定变革？

识别社区或组织的状况
- 状况和问题之间的区别是什么？
- 这个社区或组织认为要优先处理的问题是什么？

- 在研究某个变革环节时，应该如何拟定状况陈述？

识别相关的历史事件
- 社区或组织成员是否已识别并承认问题的存在？
- 如果是，那么该状况、问题或机会是何时在社区或组织中被首次识别的？
- 从首次识别问题到现在，发生了哪些重要事件？
- 早期解决该问题的措施透露了什么信息？

任务 2　探索与状况、问题、需求或机会有关的专业知识库

探索相关理论和研究资源
- 哪些知识体系对于理解状况、问题、需求或机会最为关键？
- 哪些分析框架有助于理解状况、问题、需求或机会？
- 我们从哪里、通过什么方式获得这项任务所需的知识与信息？

收集支持性数据
- 哪些数据对于描述相关状况、问题或机会最有用？
- 哪里可以找到有用的定量和定性数据、历史记录、基于机构的研究以及其他类型的信息？

分析并呈现数据的意义
- 可以运用哪些方式来呈现数据？
- 如何呈现数据才能简明扼要地阐述变革的需要？

任务 3　选取有助于阐释问题成因的因素

- 访谈关键知情人，识别重要历史事件，检索专业知识库及汇编数据。通过这些活动，你发现有助于理解问题的主要因素有哪些？
- 到此为止，哪些期待是最为合理的？应该如何处理？

我的社会工作实验室

请登录 www.mysocialworklab.com 网站并回答以下问题（如果你没有在收到本教材的同时也收到 MySocialWorkLab 的访问密码，并希望在线购买访问权限，请访问 www.mysocialworklab.com）。

1. 请阅读我的社会工作图书馆中的案例研究："成年子女与父母的关系及其对照顾角色的影响的质性研究"。设想你要为居家老人设计服务项目，请从阅读文献中找出 3～5 个可能会阻碍家庭成员提供足够的照护的主要因素。

2. 观看美国广播公司的视频："美国黑人的艾滋病"。设想政府再次考虑联邦针具交换项目的想法。请阐明该政策要处理的问题、人群和场域。

测验题

以下问题将测试你对本章内容的掌握情况。额外的评估，包括将本章的内容用于实践的证照考试类型的问题，请访问 MySocialWorkLab。

1. 以下哪个特点让社会工作在助人专业中具有独特性？
   A. 广博的变革聚焦领域。
   B. 出色的精神疾病评估。
   C. 注重家庭动力。
   D. 专攻儿童福利。

2. 一位社会工作者决定要与主要参与方的机构主任会面，这些人更可能是：
   A. 最早认识到问题的人。
   B. 过去尝试过变革的人的代表。
   C. 会支持有计划的社区变革的人。
   D. 有权力批准或否决变革的人。

3. 社会工作者分析了有关社区问题在一个时间点的调查数据，包括健康、儿童照护和就业。这些数据分析是：
   A. 横断面分析。
   B. 时间序列分析。
   C. 标准对比。
   D. 流行病学分析。

4. 在查看社会服务问题或状况时，最常会认定的一个原因是：
   A. 受害者的过错。
   B. 主要政策。
   C. 缺乏资源。
   D. 学校差。

5. 你在一个家庭暴力庇护所工作，服务对象是有孩子的妇女。庇护所教授独立生活技能、为人父母技能和工作准备技能。请起草一个清晰的、一句话的问题陈述，界定：(1) 问题，(2) 目标人群，(3) 地理区域。

测评你的能力

请使用下面的量表，根据本章介绍的每个能力的概念或技能来评估你当前掌握的水平：

1. 我能准确地描述这一概念或技能。
2. 在观察和分析实务活动时，我总能识别这一概念或技能。
3. 我能在自己的工作中很好地践行这个概念或技能。

概念或技能	评分		
1. 能运用实务上的专门知识去帮助理解复杂的社会问题。	1	2	3
2. 能识别多种信息来源，包括充分理解社区问题所需的各种视角。	1	2	3
3. 能够充分陈述问题、人群和场域，而不只是对问题进行笼统的说明。	1	2	3
4. 能够解释和综合多个来源的信息，为将微观和宏观实务与有意义的研究联结起来奠定基础。	1	2	3

第四章

理解人群

挑选和研究一个人群

人们受到问题的影响。要想解决方案有效地发挥作用,那就必须对其所影响的人群及其优势有所了解。专业的变革推动者若希望理解问题为何存在,希望能够针对问题设计出有效且有意义的解决方案,那么就必须对受到问题影响的人群有所了解。例如,面对绝望感,为何有的人付诸暴力行为,而有的人选择自杀?问题的答案很可能是复杂的,青少年、成年人、老年人的原因也会各有不同。人们如何应对压力?研究也许能够帮助解释为何应对方式不仅仅受到个人特质的影响,还受到社会、文化、经济因素的影响。

一个特定的目标人群可能会被明确为或暗指为问题的一部分。聚焦于青少年怀孕问题立刻将目标人群缩小为 11 岁到 19 岁的年轻女性。虐待老人问题则将目标人群缩小至通常为 65 岁以上,处于弱势、接受赡养的人群。在一些情况下,特定人群可以用共同的种族、族裔、文化来辨别与区分。例如,非裔美国女性的健康差异问题、苗族移民群体的移居障碍问题,这些反映了理解一个人群以及他们所面临的挑战的关键因素。变革推动者通过访谈主要知情者、回顾专业期刊和文章、利用可靠的网络资源,研究并理解人群。

在某些情况下,人群的界定可能并不那么清晰。比如说,变革可能以一片居民区为重点。在这种情况下,可能需要确定不止一个人群,如属于不同种族、族裔、文化群体的学龄前儿童、学龄儿童、青少年、年轻家庭、成年人,以及/或者老年人。从居民区层面进行干预时,分析可能更侧重于场域(arena)(在随后章节中我们将讨论这一概念),而较少强调对于某一特定人群的研究。

为了尽可能使用有效的方式对特定人群进行分析，我们建议变革推动者执行其他一系列任务，包括下述几项：

（1）培养文化谦卑。
（2）寻求多元视角。
（3）检索有关目标人群的专业知识库。
（4）甄选有助于理解目标人群的因素。

完成这些任务以后，结合上述四项所述来理解人群的框架或解释，回顾与问题有关的成因（见第三章）。随后便能推测出可能的因果关系。我们在第五项任务中展开推测：

（5）建立关于目标问题的病原学操作性假设。

首先，我们来研究一下任务 1 中多元化与差异的角色，以此为开端。

任务 1　培养文化谦卑

宏观层面变革的所有阶段几乎都会涉及与社会工作变革推动者在某种维度上不同的人群。因此，本章强调倾听目标人群的声音，并理解多种理论视角与实证证据，以发展出有效的、有计划的变革干预。但社会工作者在进行这些学习活动之前，必须留意自己对于多元化与差异的态度。

这项任务要探讨的问题包括：

- 该人群面临着哪些权力不平衡？
- 社会工作者在与该人群成员打交道方面有哪些经验？
- 社会工作者在该情境下带入了哪些自我身份认同和态度？

理想状态下，在每个宏观层面的变革行动中，都存在一个能够反映该种族、文化、民族、性别、年龄、生活经历的变革推动者。我们应该追求这种理想状态，但是有时它并不可能实现。社会工作者发现自己代表着不同视角所关注问题的焦点和渠道，背负着人们的期待，大家相信他们能够找到让每种视角见光、发声的渠道（Brooks，2001）。

假若一名和年长的非裔美国人或亚洲人一起工作的社会工作者是一位 23 岁的白人或拉丁裔女性，她必须认识到她的经历和其服务对象并不相同。实际上，这位白人或拉丁裔社会工作者不应该假设她的经历和来自相同族裔的服务对象相同。在这种情况下，有效的跨文化社会工作需要社会工作者能够倾听老年人的声音，并与他合作，相互指引，达到理解和变革的目的。

在这种跨文化的情境下，若想发挥社会工作的有效作用，我们就应该鼓励社会工作者培养文化能力（cultural competence）。文化能力涵盖了一个系统或一个组织中有助于有效进行跨文化工作的一系列相互联系的行动、思想，甚至政策（NASW，2000：61）。全国社会工作者协会（NASW，2001）认为文化能力既是过程也是结果，不仅包含微观、中观、宏观层面的有效实践，也囊括了自我意识以及对多元化的尊重。

克罗斯、巴兹隆、丹尼和伊萨克（Cross, Bazron, Dennis & Issacs, 1989）定义了文化能力连续统一体的六个要点。这几位作者提出，成长的过程包括社会工作者和机构的意识、知识和技巧。表 4-1 中记录了该连续统一体的六个要点。

文化能力的假设在跨学科学术研究中受到了质疑，尤其是文化能力永远不可能真正获得这一假设。在社会工作领域，学者们已经注意到文化能力中蕴含的冲突与矛盾。约翰逊和芒奇（Johnson & Munch, 2009）指出了目前对文化能力的理解中的四点矛盾。首先，尽管专业上强调向服务对象学习，然而文化能力模型则支持了解服务对象，并假设不同服务对象群体的相关专业知识是可以获得的。其次，虽然伦理标准强调个体的尊严和价值，但下定义的方式决定了对于差异的描述是模式化的，并且可能忽视了每一个个体的独特性。再次，对群体的关注可能损害了自决权的伦理价值观。最后，鉴于文化能力的定义尚不清晰，以及构成个体身份认同的元素有着多种多样的独特组合，两位作者对文化能力是否能实现提出了质疑。

表 4-1 文化能力连续统一体

能力连续统一体	描述
文化破坏 (cultural destructiveness)	对于文化具有破坏性的态度、政策、做法，对于文化中的个体同样具有破坏性
文化能力缺失 (cultural incapacity)	个人、机构或系统缺乏对某一文化或族裔群体提供帮助的能力 个人、机构或系统不尊重服务群体的信仰或传统
文化盲目 (cultural blindness)	认为文化并不重要，所有人都有相同的观念 认为助人方法是普适的
前置性文化能力 (cultural precompetence)	个人、机构或系统认识到其文化缺陷，并着手尝试通过主动求助或雇佣服务的方式解决
文化能力 (cultural competence)	接受并尊重差异 员工的自我评估和与文化有关的政策内容 扩展文化知识与资源
文化精通 (cultural proficiency)	文化得到极高尊重 文化实践通过研究得以加强 文化知识得到增加

注：基于克罗斯、巴兹隆、丹尼和伊萨克（Cross, Bazron, Dennis & Issacs, 1989）文化能力的六个要点。

社会工作者阎和王（Yan & Wong, 2005）对大多数文化能力定义中预设的从业者的自我意识进行了质疑。依照这一预设，社会工作者（以及其他医疗和公共服务专业人员）应该探索自己的文化身份认同，并且避免其对服务工作造成不当影响。他们质疑其中隐含的意味：社会工作

践行多样性

批判性思考问题：从服务对象那了解情况和了解服务对象有什么不同？为什么这很重要？

者能够控制其文化的影响,而服务对象是不能自我控制的"被动文化客体"(Yan & Wong, 2005: 185)。两位作者对这种隐含假设进行了质疑。他们援引康拉特(Konrat, 1999)的观点,倡导一种反思性的自我意识,认识到自我既影响着他人,也受到他人的影响,不再强调主体-客体的区别,而强调实践中的交互性。

与文化能力概念相对照的是,医学教育者特瓦隆、默里-加西亚(Tervalon & Murray-Garcia, 1998)将文化谦卑作为跨文化服务工作的目标。与能力不同,谦卑并不意味着一个人能够精通某个文化的方方面面,而是意味着不断投入到学习和反思之中的持续过程,这一过程要改变助人专业人员和服务消费者互动中权力的不平衡,发展与社区成员合作与平等的关系。特瓦隆、默里-加西亚以及其他对文化能力提出批评的学者承认知识积累与技能提升的重要性,但是也认识到倘若在这个过程中没有不断地进行自我评估和关系建设,这些行为可能有其局限性并有潜在的危险。

对于直接为个人和家庭服务的社会工作者而言,每次与服务对象的相遇都为其提供了践行文化谦卑的机会。对于从事组织和社区工作的社会工作者而言,这样的机会也是现成的。运用特瓦隆、默里-加西亚(Tervalon & Murray-Garcia, 1998)提出的文化谦卑要素,表4-2展示了在有培养和锻炼文化谦卑的机会时,所需考虑的关键问题。

表4-2　有关文化谦卑的关键问题

文化谦卑的要素	对于社会工作者而言至关重要的问题
致力于终身自我评估和自我批评	我的信仰和价值观如何影响着我怎样看待这个人、这个群体或这个社区? 我是否发现和反省了过去的经历可能会怎样影响我如何看待和对待这个人、这个群体或这个社区?
尝试改变社会工作者和服务对象关系与互动中的权力不平等	在这段关系中权力放在什么位置? 我是如何在这种情形下运用权力的? 我是否将权力"加"到这个人、这个群体或这个社区之上?还是和他们一起共用权力? 我怎样才能开启和维系承认权力差异并使之均衡的关系?
建立与社区互惠互利、非家长式的合作关系	社区的视角如何体现在合作关系之中? 是否在工作的初期就与社区代表建立了合作关系? 在采取解决措施前是否征求了社区的看法?

注:基于特瓦隆、默里-加西亚(Tervalon & Murray-Garacia, 1998)的文化谦卑要素。

尽管在本书中我们强调了文化谦卑的重要性,但是我们并不是要贬低前人发展出的文化能力概念及它的践行价值。寻求增进对于不同群体和不同文化的理解是一个值得追求的目标,也是许多专业团体要求完成的任务。对于专业人员而言,有关文化能力的概念建构与实践是宝贵资源。例如,奥根尼斯塔(Organista, 2009)综合了以往有关文化能力的实践模型和方法,提出了开展拉丁裔人群工作的实践模型。运用大量的理论与研究,奥根尼斯塔认为开展拉丁裔人群的服务应该注意四个方面以便卓有成效:(1)增加服务的供给,提高服务可获得性;(2)评估问题时考虑社会和文化情境;(3)选择社会与文化可接受的干预方法；(4) 增进服务的问责 (Organista, 2009: 300)。这些方面应该能协助社会工作者评价现有实践并发展新的面向拉丁裔人群的服务工作。这种整合模型的价值在于，在从业人员开展目前美国增长最快的这个少数族裔群体的工作时，它提供了一个现成的工具。

但是，我们强调获得知识只是开展符合伦理的、有效的跨文化服务工作的一个方面。借鉴特瓦隆、默里-加西亚 (Tervalon & Murray-Garcia, 1998) 的观点，服务工作还必须考虑到权力的不平衡、关系的交互性和批判性的自我意识。

> 获得知识只是开展符合伦理的、有效的跨文化服务工作的一个方面。

任务 2　寻求多元视角

要想获得对某一人群以及他们所面临的问题的全面理解，需要注意到范围广泛的不同视角。理解一个问题可以有多种不同途径，包括：(1) 直接经历该问题，(2) 与经历该问题的人们密切合作，(3) 探索有关该问题的专业知识库。在考虑这些不同途径时，很重要的一点是要区分基于个人经验获得的理解、洞察和通过其他方式获得的对这一群体的知识。因此，与直接了解该问题的人进行交流十分重要。

倾听问题亲历者的讲述

在这项活动中要探索的问题包括：

- 受到该问题或机会影响的不同群体的代表是如何看待该问题或机会的？
- 对问题的阐述和理解是否包括了不同的声音和视角？如果没有包括，为什么？

在第三章，即理解问题那一章中，任务 1 鼓励变革推动者探寻问题亲历者的不同观点。同样地，为了更好地理解一个特定人群，身为变革推动者的社会工作者必须探索该人群成员的不同视角。这项活动既是践行文化谦卑，也是一个审慎的措施，让计划的变革工作能获取有用的信息。

而且，如果某人认同这一群体但却未被吸纳到变革活动之中，那么向群体成员寻求信息和意见建议或许可以帮助他找到这一群体的代言人，参与变革的计划与实施。那些亲身经历过该问题或机会的人可能不会接受没有类似经历的人担任他们的代言人。曾经依靠社会救助生活的人可能不愿意接受社会工作者作为他们感受和需求的代表。类似地，居住在经济适用房的人可能更愿意让处于同样情况的居民担任代言人。参加越南战争、伊拉克战争、阿富汗战争的经历可能会导致创伤后应激障碍，如果要得到可靠的描述，最好是由亲历者讲述。某个特定族群的人可能能够为所属族群代言，但不能作为其他族群的代表。一个非变性者可能并不能作为变性者的可靠代表。因此，找到为同侪接纳和支持，并且能够帮助相关群体发声的代言人，这一点十分重要。

融入 (inclusion) 的重要性。 威尔、甘博和威廉姆斯 (Weil, Gamble & Williams, 1998) 在指出要为社区成员赋权，社区工作必须"与社区同行"而不是"强加给社区"

时，再次强调了纳入受影响群体视角的重要性。三位作者提出了同时进行知识建设、反思和变革推动的行动研究方法，以及四种受到女性主义影响的社区工作研究方法［参与式行动研究、需求/资产评估、赋权评估和去神秘化启蒙（demystification）］。这些研究方法在表4-3中有所讨论。如果要获得多元化视角，更好地理解一个人群及其面临的问题，这些研究方法也是可以考虑使用的工具。

框架的使用。 宏观社会工作从业者要和各种各样的人和社区打交道，他们在许多维度上有所差异，包括种族、族裔、性别、社会经济地位、宗教等。除了要和不同人群的成员交谈之外，目前已经有了一些概念和框架，可以帮助从业者更好地理解这些相互交织的维度的复杂性以及个人的身份与主流文化之间的关系。

表4-3 女性主义对研究的影响

受到女性主义影响的研究方法	描述
参与式行动研究	与社区成员共商研究选题、研究方法和如何做数据分析 将研究者和研究对象的区分最小化；两者之间的关系是互利互惠的，互教互学 行动源自研究过程中获得提升的批判性意识
需求/资产评估	提供经常被视为"隐性"问题的情况发生数据 提供社区在做倡导工作时要用到的数据
赋权评估	使用评估概念、技巧和评估中的发现培育进步和自决 评估不同行动方式在满足需求或解决问题方面的有效性 提高自我评估的能力
去神秘化启蒙	阐明"隐性问题" 使得所有声音能够被倾听到

诺顿（Norton, 1978）的"双重视角"（dual perspective）较早提出了一个框架，用于理解文化特点及其对个体身份认同和福祉的影响的复杂性。双重视角将个体视为中心，被两个系统环绕，诺顿称之为养育系统和维护系统。养育系统包含着父母和扩展家庭或替代家庭的价值观，通过伴随个体在抚养过程中的社区经历、信仰、习俗和传统发挥影响。围绕着养育系统的是维护系统，其代表是主流社会和文化。维护系统也反映着信仰、价值观、习俗和传统。

维护系统由有影响力和有权力的人组成，例如老师、雇主、执法人员、当选官员。维护系统的某部分可能有年龄歧视、种族歧视、性别歧视或其他包含偏见的态度观点，因此多个人群会感受到被排斥、不友好的环境。诺顿认为个人的养育系统和维护系统越是不契合，他所遭遇的困难就会越多。她敦促社会工作者采取行动，支持养育系统，并且在必要时教育和对抗维护系统。

若干年前，杜布瓦（Dubois, 1903）首创双重意识（double consciousness）或二重性（two-ness）一词，指代非裔美国人对于自身的身份认同意识和由白人主导的社会赋予他们的身份认同意识。杜布瓦和随后的学者认识到这种双重意识既是一个"特殊礼物",也是身份认同发展不良的强大来源。作为一个礼物或优势,双重意识认识到少数族裔群体成员的二元文化能力,必要时这种能力能让他们在自己的文化和主流文化中都游刃有余。主流文化的成员几乎不需要,也不会被强迫体验少数族裔文化或在其中生活。然而,这种优势也伴随着风险,主流文化传递着关于少数族裔群体的污名化、刻板化信息,少数族裔群体成员可能会将之内化。

近年来,交叉性(intersectionality)理论强调了个体具备的多重差异的复杂性,以及与之相关的歧视在理解身份认同发展方面的作用。交叉性理论发源于黑人女性主义学说(Collins,2000;Hooks,1981,1989),该理论认为,要理解有色人种女性的经历和身份认同,仅仅将性别作为分析类别是不充分的。实际上,单独采用任何一种类别都是不充分的。研究生活经历和身份认同的发展时,我们必须考虑到不同类别和歧视的相互作用。具体来说,我们每个人都有不同的种族、性别、阶层,这些类别相互交织构成了复杂的身份认同。身份认同又因年龄、族裔、身体能力、性别等差异而得到进一步的塑造。

双重视角、双重意识、交叉性在我们开展不同人群特别是边缘化群体的工作时提供了指导。这几个概念都提出,理解一个人群的起点便是从人群本身出发,特别是在变革推动者并非该群体成员的情况下。社会工作者在试图解决复杂恼人的社会问题时,应该假定被压迫或忽视的群体比变革推动者更了解他们的文化。与此相关,变革推动者应该认识到受压迫的群体更可能了解主流文化并在其中生活,相较而言,主流文化中的成员不大可能了解少数族裔文化并生活在其中。生活在主导社群中的人们每天通过个人交往和电视、报纸及其他媒体,观察着、体会着主导社群的价值观、信仰、传统和语言。来自主导社群的代表并不常观察和体验非主导群体的价值观、信仰和传统。社会工作者必须帮助主导社群的代表理解遇到社会问题的边缘群体的优势与需求。举个例子,一名接受特殊教育的年轻黑人学生最近在州立法委员会上证实自己曾受到霸凌。目前接受特殊教育的学生是受到霸凌的主要群体。社会工作者和老师找到这位年轻人,并安排他出庭做证,是为了让他的声音和故事被决策者听到。

> 来自主导社群的代表并不常观察和体验非主导群体的价值观、信仰和传统。

大部分的项目和服务及其背后的理由,是从主导社群的视角出发设计的。甚至解释问题所用的理论,以及社会工作者构建假设所基于的研究,都有可能反映了主流文化的偏见。而来自不同族裔和少数群体的成员可能对于问题及其解决方案持有不同观点。这些观点对于理解问题以及设计有效解决方案是至关重要的。

举个例子,思考一下这样一种情况,社区中的一些老年人的生活质量正在下降。一种文化可能看重扩大式家庭的价值,并且希望将年迈父母留在家中,但是家庭成员可能无法负担照顾他们的费用。另一种文化可能尊重年迈老人的独立性和隐私,但家庭成员不能承担退休社区的费用。所在社区中有权力和影响力的领导和决策者或许认为政府不应该插手,有关年迈老人的决定应该留给成年子女去做,因为这些观念都有可能和文化、性别等因素相关，与养育系统/维护系统的视角有关。

倾听人群的盟友和倡导者的声音

在本项活动中需要探索的问题包括：

- 谁是该群体的盟友和倡导者？
- 从这些盟友和倡导者那里我们可以学到哪些有关目标人群以及亟待解决的问题和机会的历史经验？

除了倾听目标群体成员的声音，使他们参与进来外，该人群的盟友和倡导者也可能会协助社会工作者理解目标人群。盟友即积极活动以消除污名以及污名带来的歧视的特权人士（Rosenblum & Travis, 2008: 473）。布罗伊多（Broido, 2000: 3）提出盟友应该致力于终结因主导社群拥有更多特权和更大权力而造成的压迫。盟友与那些因种族、民族、性别、性取向、残疾、年龄或其他方面的差异而被边缘化的人们并肩工作。倡导者是出于某种原因而代表他人进行倡导的人。许多盟友和倡导组织起源于反对压迫，以及通过倡导变革来支持受压迫群体。例如，PFLAG（Parents, Families and Friends of Lesbians and Gays）组织便是倡导平等公民权和性少数群体的健康与福祉，吸引和发展盟友的一个组织。拉拉扎全国委员会是为西班牙裔美国人争取更多机会的全国性的公民权倡导组织。地区性组织为目标群体的成员创造与其盟友合作的机会，可能成为有关该群体的额外信息来源。

如果社会工作者想要了解某一隐性人群，或是因为害怕会遭受身心伤害而没有进入公众视野的某个人群，那么盟友也许可以帮助安排接触这一人群并让他们参加变革工作。如果社会工作者想要了解一个未成年人群体或是有严重心理疾病正处于急性发病期的群体，那么倡导者能够代替当前暂时无法发表意见的人们发声（NASW, 2000, 2001）。尽管我们对于盟友所发挥的作用讨论的不多，但是盟友的角色源于文化谦卑的假设——尤其是权力共享和非家长式合作关系（Tervalon & Murray-Garcia, 1998）。

尼格林、昆和桑切斯（Nygreen, Kwon & Sanchez, 2006）探讨了成年人盟友在青年人主导的城市青年组织工作中的作用。这里需要指出的是，"城市青年"是一种对遭遇边缘化、贫困的少数群体青年人的委婉指称。成年人盟友支持青年人的工作，帮助他们吸引更多同龄人，改变他们的社区，并在这个过程中改变常见的刻板印象。凯西和史密斯（Casey & Smith, 2010）描述了为反对针对妇女的暴力而努力的男性盟友，以及他们如何参与到反对针对妇女的暴力的活动中。这些男性表示，作为盟友，他们参与到反对针对妇女的暴力的倡导活动经历了一个过程，他们投身其中的原因，或是与该问题有着情感上的共鸣，或是因为某个机会，或是受邀参与其中。

识别和访问盟友和倡导者，可以对从目标群体的成员那里获得的信息加以补充。这些关键的利益相关方应该能够有助于我们了解目标群体过去的情况以及亟待解决的问题和机会。如果有过去同该人群交往的经验，变革推动者就可以总结出一个关键因素列表以及目标人群与社区或组织代表的互动历史。这些笔记会对随后变革阶段的策略设计有所助益。

任何时候只要目标人群由多元群体组成,并且这些群体会从变革活动中受益,那么我们就必须寻求反映这些不同视角的、可靠的专门知识,并将其融入问题分析和干预设计之中。让目标群体成员参与是在践行专业伦理守则,并且目标人群更有可能对提议的变革产生一种主人翁意识(Armbruster, Gale, Brady & Thompson, 1999; Hardina, 2003)。

任务 3　检索有关目标人群的专业知识库

任务 3 涵盖从学术和专业资源之中寻找有关目标人群的更多信息。在检索关于某一人群的现有文献时,要探索的内容至少应该包括以下领域:有关该人群的成长与发展问题、多元化视角,以及影响该人群的外部因素。

在第三章所展示的问题分析模型中,我们提出应该对某一情况或问题进行文献回顾。在研究某一人群时,专业知识库同样也是一个重要的信息源。专业知识库包括了某一研究领域的主要成果,从社会工作及相关领域的同行评审的专业期刊,到关注该人群的书籍与专著,再到可靠的组织资源。在互联网上进行搜索,可以对专业期刊有一个大概的了解,例如搜索"社会工作摘要"、PsychINFO、PubMed 等数据库。"全球联合目录"是很好的相关书籍信息的资料来源。除了上述网站上所列出的同行评审的研究论文和书籍,代表不同人群的组织团体也能提供有用的数据与信息,例如美国退休人员协会、终结无家可归国家联盟(National Alliance to End Homelessness, NAEH)、儿童行动联盟(Children's Action Alliance, CAA)、美国癌症协会、心理疾病国家联盟(National Alliance on Mental Illness, NAMI)等。

在某一机构或某一社区进行的地方性研究也是富有价值的数据来源。虽然全国性研究能够提供更具普适性的研究发现,但是地方性研究有其优势,它针对该机构或社区,因此可能对于所研究的人群而言更加精确、更有针对性。机构雇员和服务提供者网络能够帮助我们寻找已有的本地研究项目。

文献回顾的一个重要组成部分应该是发现并运用相关理论视角。理论可以是描述性的,帮助我们更加了解该人群,也可以提供视角,帮助变革推动者决定如何干预(Mulroy, 2004; Savaya & Waysman, 2005)。与随意列出一些事实和观察不同,理论让我们对发现进行归纳分类,理解其内涵,并将表面上似乎无关的零散信息变为解释性命题,进而发展为合乎逻辑的、可以检验的假设。

不同的理论对于某一人群中存在的某个问题有多种不同的解释,并可能提出不同的干预方案。有时,这些不同假设和可能的干预方式可以兼容两种不同的理论,相得益彰,但是一些时候,一个理论可能和其他理论严重冲突。变革推动者应该做好准备,权衡不同观点,并根据不同因素进行选择,例如:

- 哪一个理论更契合当前背景和人群?

- 哪一个理论具有最强的解释力？
- 哪一个理论的预测能力在实证研究中获得了最多的支持？
- 哪一个理论提供了最丰富的可检验的假设（通常以可能的干预方式的形式出现）？

对于理论原则，我们应该批判性地评估其偏误并基于理论受检验的情况，特别是与所研究的问题和目标人群有关的检验情况来确定其可信度。一旦将某个理论确定为分析框架，就应该对理论假设做出陈述，并和变革相关的参与者沟通分享。这样做的目的是促进达成关于问题和所涉及人群的共识。

定义问题与理解人群是一项专业性工作，必须小心谨慎。如果没有仔细关注问题与人群的多重维度，那么相关的描述和解释有可能过于简单，导致"责备受害者"（Ryan, 1971）。在试图理解一个人群为什么遇到某种情况或问题时，这一风险始终存在。认识一些有助于对问题和人群做出强有力的解释的因素，从人类行为与发展到社会关系和结构，都可以在一定程度上应对这种风险。发现歧视、污名和刻板印象对于人们及其遭遇的问题的解释力，也能够应对该风险。

在研究人类行为是其产生因素的特定类型的问题时，至少部分焦点应该放到这一人群成长和发展的不同阶段的已有知识上。对于某一人群中出现的饮食障碍、物质滥用、人际暴力和自杀等问题，可以考虑从该人群所处的生命历程中的发展阶段的角度加以理解。

> 如果没有仔细关注问题与人群的多重维度，那么相关的描述和解释有可能过于简单。

在其他情况下，若要理解目标人群中个体的行为，那么评估环境（社区或组织）对其成员的影响更为重要。组织或社区可能为充分参与设置了障碍。诸如过度使用急诊服务做常规医疗护理，或因许多家庭同住在一个独户单元房而违反区位划分条例的问题。在这些情况下，关注点应该放到理解与目标人群相关的社区或组织如何运转上。无论目标问题或目标群体的关注点应该是人类行为还是社会结构，先前讨论的关于多元化和差异的知识库，将有助于我们更好地理解造成一个人群遭遇现有问题的各种因素。

理解与成长和发展有关的概念和问题

在这项活动中需要探索的问题包括：
- 针对这一人群，有哪些可以使用的专业知识库资源？
- 有哪些现有的理论框架有助于我们理解目标人群？
- 从知识库中收集的针对该人群的哪些因素或特征有助于我们理解目标人群？

关于人类成长与发展的教科书，是了解某一人群的好起点。通常这类教材会按照年龄段或者生命阶段进行划分。例如，阿什福德、莱科伊和洛蒂（Ashford, LeCroy & Lortie, 2009）的教材以评估社会功能的多元框架，组织有关社会环境中的人类行为谋篇布局，包括生物物理、心理和社会等维度。接下来他们探讨了成长与发展的不同阶段，从出生一直到老年时期。哈奇森（Hutchison, 2010a&b）贡献了两卷书，探讨变化发展的生命历程，以及人与环境。桑特洛克（Santrock，2010）使用了下述章节标题：出生、婴儿期、儿童早期、儿童中晚期、青春期、成年早期、中年、老年、濒死与死亡。这类框架可能对针对目标人群开展研究有所帮助。比如说，为了试图了解服用兴奋剂的青少年这一人群，研究可能关注青少年的成长与发展，可能使用一些挑选出的生物物理、心理、社会、文化和性别特征，这些特征可能共同导致了使用和滥用兴奋剂。

理论视角也许还能有助于理解一个人群所经历的问题。我们可以从许多传统和另外的理论中进行选择。例如，针对高中辍学的青少年群体，我们可以借鉴斯金纳（Skinner，1971）、埃里克森（Erickson，1968）和马斯洛（Maslow，1943）的经典理论，来理解目标群体的行为。

使用斯金纳最基本的一些行为概念，如强化、消退、脱敏，我们可以研究部分学生的高中经历。也许可以提出假设：成绩不佳和批评作为一种负强化导致一部分学生不愿上学、出勤率低。这些负面反馈可能使一些行为消失并限制了学生愿意为学业成就而付出的努力。在这种情况下，我们应该费功夫去挖掘这一学生群体的正强化，了解应该设计怎样的学习经历才能让他们能够取得成功。

埃里克森的身份认同概念可能让我们关注高中青少年对正面自我形象的需求。因此，我们可能要看看学生的高中就学经历，确定哪些因素在某种程度上支持正面自我认同，而哪些其他因素又在某种程度上破坏正面自我认同。我们会设计活动来建立自尊，其假设是，自尊的提升会成为学业成功的一个激励因素。

而按照马斯洛的理论，我们则要从高中就学经历和学生需求的契合性的角度来研究高中生辍学现象。相关的问题则是教育项目是否因材施教，是否满足了学生社会的、自尊的和自我实现的需求。每一个层次的需求一旦实现，将不再是一种激励因素，因此需要设计出新的挑战来满足自我实现的需求。

关于青少年随着成长与发展如何处理自我认同的问题，其他的传统理论家（Kohlberg，1984；Marcia，1993；Piaget，1972）提供了不同的视角。我们也可以借鉴关于不同人群的身份认同问题的理论，例如克罗斯（Cross，1971，1991）的黑人身份认同发展模式、卡斯（Cass，1979，1984）的同性恋身份认同形成模式。下面简要描述一下这两个模式。

克罗斯（Cross，1971，1991）提出了黑人种族身份认同发展的四阶段模式。第一阶段，前接触（pre-encounter），个体以白人为参照系看待自己。第二阶段，接触（encounter），个体的经历（即遭遇歧视行为）挑战了白人参照系。第三阶段，浸入-再现（immersion-emersion），个体采纳了黑人身份认同，并不再与其他文化交流，尤其是主流白人文化。第四阶段，内化（internalization），个体建立起对他或她种族身份认同的自信心和安全感，并接纳了多元主义。帕勒姆（Parham，1989）发展了克罗斯的模型，提出几个阶段之间转换的三种方式。第一，一个人可能在四个阶段中的任何一个阶段停滞不前。第二，一个人可能在四个阶段中分阶段线性发展。第三，一个人可能在不同阶段循环往复，经历种族身份认同的挣扎，并采取行动化解这种挣扎。

卡斯（Cass，1979，1984）以她在澳大利亚对男同性恋者和女同性恋者的研究为基础，发展出了同性恋者身份认同形成的模式。第一阶段，身份认同混乱，个体意识到自己与他人不同，意识到自己的行为可能会被认为是同性恋。第二阶段，身份认同比较，个人意识到自己可能是同性恋者，并因此与他人格格不入。第三阶段，身份认同包容，个体接受并包容自己是同性恋的可能性，并且开始找寻同性恋社区。第四阶段，身份认同接纳，个体接受了他或她的同性恋身份，并努力创造同性恋社区。第五阶段，身份认同骄傲，个人因他或她的身份而感到骄傲，并因异性恋主义和异性恋特权而感到愤怒。第六阶段，身份认同结合，个人能够与异性恋盟友达成认同，并整合他或她身份认同的不同方面。卡斯强调个人经历各阶段的速度可能不同，一些人可能在某一阶段停滞不前，卡斯称之为认同终止。

以上两个例子提出了看待一个人群所遭遇的问题的不同视角。如果高中辍学的青少年大部分是非裔美国人，可能是该群体的成员体验到基于主导文化的学校文化对他们的不友好。同样地，如果辍学的高中生是女同性恋、男同性恋、双性恋或变性青年，离开学校也许与不被接纳有关，与他或她逐渐意识到自己的身份而感受到的恐惧有关。许多其他身份认同与发展理论为帮助推动变革的社会工作者理解一个人群及其问题提供了框架。

理解社会关系和社会结构的影响

在这项活动中需要探索的问题包括：
- 哪些结构和环境的力量在影响着该人群？
- 有助于理解群体成员和更大的社会环境之间相互作用的理论框架有哪些？

理解成长与发展过程有助于推动变革的社会工作者理解一个人群，但是仅此一点不足以理解人群与其所经历的问题之间的关系。此外，仅仅使用这些理论框架可能导致关注点偏离，将责任归咎于正遭受问题影响的人们，而不是发现社会影响因素。除了这些焦点单一的解释视角之外，社会学和社会心理学理论也有助于我们洞悉社会关系和社会结构如何影响一个人群，以及该人群的成员如何行动和理解自身的处境。

关注无家可归的家庭的问题，我们或许可以用角色理论、组织/结构理论、冲突理论，来更好地理解遭遇住房危机的家庭。

角色理论强调与不同社会地位有关的典型态度与行为模式（Turner，1982，1990）。角色可能与性别或年龄（基本角色）有关，或者可能与一个人的职业或家庭地位（结构身份角色）有关。当一个人扮演特定的角色时，人们期望他或她遵从与该角色相关的行为模式。例如，人们对一位女性的期待是她按照作为女儿、母亲或妻子的角色而行动。

> **人类行为**
>
> 批判性思考问题：角色理论可能会怎样帮助你与被剥夺权利的人群一道工作？

当一个人的一个或多个角色与另一个角色发生了冲突，这个人就会经历角色冲突。一个人在努力满足某一特定角色的期待时，则会发生角色紧张。无家可归家庭中的单亲妈妈可能会经历角色冲突和角色紧张，因为她们既要努力扮演一个好家长又要扮演一个养家者。紧急收容的规定将超过一定年龄的男孩子排除在外，迫使无家可归家庭中的母亲承受着将家人维系在一起和为其他家人提供栖身之所的压力。

将个人行动决定论（个体采取行动和创造自己生活的能力）和结构决定论（个体无法摆脱对其有限制作用的社会结构而采取行动）这两个理论结合起来的社会学理论，对于理解人群也很有帮助。吉登斯（Giddens，1979）提出了结构理论，将行动和结构整合起来。他认为，人们所进行的社会行动是循环交互影响的，这就是说，随着社会行动不断重复进行，它们创造着社会结构，同时也受到结构的制约。布迪厄（Bourdieu，1977）普及了惯习（habitus）这一术语，用以指称在人们日常生活中发挥作用的循环交互影响的框架，通常人们不会意识到它的存在。冲突理论认识到社会固有的群体间的权力差异。在该视角下，社会问题被视为社会中不同群体间因争夺重要资源控制权而发生冲突的结果。问题不是归因于个人、家庭或者社会群体，而是归咎于统治群体疏离非统治群体而进行的剥削行为。

许多理论框架能够帮助你理解一个人群，这三种理论仅仅是几个例子。社会学理论和心理学理论，以及第五章和第七章分别提到的社区理论和组织理论，从群体成员和更大的社会环境互动的角度，对人群及其问题或机会做出了解释。

理解差异、歧视和压迫的影响

在本项活动中所要探索的问题包括：
- 该人群面临哪些对他们的刻板印象或模式化认知？
- 该人群经历过怎样的歧视或压迫？

被主导文化视为异类的人群常常会被刻板化。刻板印象（stereotypes）是对于一个群体的泛化理解，认为该群体的全部成员都是一样的，会表现出同样的行为（Rosenblum & Travis, 2008）。例如，对于女性的一种刻板印象便是她们不擅长数学。人们对亚裔学生常常形成沉默寡言、刻苦用功、聪明智慧的刻板印象。人们刻板地认为无家可归者和领取政府救助的人懒惰并且不愿劳动。对于群体的刻板印象会将该群体的成员污名化，认为其无价值或具有某种特质，如残疾或属于某一社会阶层（Rosenblum & Travis, 2008）。林克和费兰（Link & Phelan, 2001：367）认为具备以下五种因素时则会产生污名化：

- 人与人之间的差异被识别出来并被标签化。
- 文化差异和价值观将被贴上标签的人与负面刻板印象联系在一起。
- 发展出"我们"与"他们"的区别，将人们归为某个群体。
- 被贴上标签的群体中的个人失去地位且遭到歧视。
- 因为遭受污名化，这些被标签化的人群不能获取资源，权力被剥夺，遭受排斥。

造成刻板印象和污名化的这些差异可能导致歧视和压迫。歧视是指由于个体或群体差异而产生的有害行为或行动缺失。压迫包括从制度歧视到个人偏见的各种行为（Bell，2007）。

将他人模式化和污名化为歧视和压迫提供了口实。如果一种差异被视为是不正常的、错误的，那么被认为是正常的个人、项目或组织机构就有理由维护其观点。变革推动者必须探寻这些"不同的"群体的常规描述之外的东西，以理解一个人群及其面临的挑战。社会工作者必须认识到某种差异是如何被描绘的，对于该差异的主导解读怎样造成歧视和压迫。压迫有可能出现在任何维度的差异当中。表4-4对常见的几种"歧视"做出了界定，描述了压迫的具体形式，并在下面进行讨论。

性别歧视（sexism）是基于有关性别的态度和假设的歧视。尽管这些态度微妙且难以识别，但是它们常常会成为社区参与的阻碍。和其他压迫系统一样，它们存在于一个社会的价值观、规范、传统之中，转化为当地的社区活动。例如，伴随着儿童在其教育、宗教、家庭场所中被社会化，他们接受着关于对女性或男性而言什么言谈举止是合适妥当的信息。别克-詹金斯和霍伊曼（Bricker-Jenkins & Hooyman，1986）提出，社会工作者应该研究社区当中的父权制度。他们认为为下一代设定方向的历史记录和神话编纂是父权制度的一部分，在这之中，女性往往被贬低为其男性伙伴的附属品。

针对女性的压迫最严重的一种形式是暴力（Jansen，2006）。社会工作者可以从女性支持小组、妇女中心和受虐妇女收容所等类似组织中获取针对女性的暴力的数据和处理该问题的资源（Busch & Wolfer，2002）。在一些情况下，女性的就业选择和获取服务的机会受到限制。服务的缺乏，例如儿童看护和交通条件的缺失，可能限制了女性的就业机会。社区内交通系统不发达可能导致妇女需要接送孩子，从而限制了她们从事某些类型的工作的能力，以及追求其他或许感兴趣的活动的行为（Fellin，1995）。

种族歧视（racism）基于人们对种族群体生理特征的刻板化、模式化理解。族群有着共同的语言、习俗、历史、文化、种族、信仰、血统。种族中心主义（ethnocentrism）暗含着某一族群优于其他族群的意味（Barker，2003）。

现在有很多理论试图对族裔问题做出解释，不同理论研究族裔关系的不同方面。同化理论关注族群融入主导社会的过程与经历，但是不一定研究差异碰撞时的冲突。因此，种族多元论者反对同化这一概念以及"大熔炉"的假设，他们认为保留一个人的族裔性质是应对歧视的一种方式。关于种族和人类基因的生物学理论备受争议，常被认为是种族中心主义，甚至是种族歧视。生态学理论关注稀缺资源的竞争，将其视为族群关系和导致服从与统治的重要动力。分层理论研究权力的分配，而殖民主义理论强调剥削：社会中一部分成员压迫另一部分成员（Barrera, Munoz & Ornelas，1972）。阿奎尔和特纳（Aguirre & Turner，2001：41）尝试借用每种理论的主要原则，强调美国的种族歧视由相互联系的几大因素构成，包括识别某一族群、感觉这一族群对他人构成威胁、对这一族群形成刻板印象、确定这一族群的规模并决定其在社会分层系统中的位置。

表 4-4　压迫系统

压迫系统	定义
体能歧视	一种制度的、文化的和个体的系统，针对身体或心理上不能像其他人一样发挥功能的人的歧视，使之处于弱势地位
年龄歧视	一种制度的、文化的和个体的系统，针对老年人的歧视，使之处于弱势地位
阶层歧视	一种制度的、文化的和个体的系统，针对处于较低社会经济层次的人的歧视，使之处于弱势地位
异性恋主义	一种制度的、文化的和个体的系统，针对女同性恋者、男同性恋者、双性恋者、变性者（或者是被认为属于该群体的人）的歧视，使之处于弱势地位
种族歧视	一种制度的、文化的和个体的系统，基于种族对人的歧视，使之处于弱势地位
性别歧视	一种制度的、文化的和个体的系统，因性别而对女性的歧视，使之处于弱势地位

目标人群可能包含了一个或几个种族或族裔群体。有关这些子群体的就业率、教育成就、社会经济地位等因素的信息对于理解制度性种族歧视的影响至关重要。目标人群中的不同群体是否参与决策，是种族和文化问题敏感性的一项重要指标。另一项指标则是目标群体中来自不同族裔的人们能够获得的服务及其他资源是否与其在社区中的人口数量相称。

阶层歧视（classism）是一种基于一个人所属的社会经济阶层的压迫系统。与阶层歧视相关的文化态度常常将贫困归咎于穷人自身。这种判断基于一个假设，即穷人缺乏主动性，不愿为自己和家人获得更好的社会经济地位而努力工作。这种观点有时反映在描述较低社会经济阶层的人时所使用的带有偏见的言辞和流行文化的刻板印象中。拖车垃圾箱（trailer trash）、下等人（low class）、贫民窟（ghetto）、白人垃圾（white trash）、乡巴佬（redneck）等用语都表达了对来自较低社会经济阶层的人的人格特点的指责。在流行文化中，工薪阶层的人可能被认为是无知的，而上层中产阶级的生活方式被看作是正常的（Leondar-Wright & Yeskel，2007）。

异性恋主义（heterosexism）是一种赋予异性恋特权，并歧视女同性恋者、男同性恋者、双性恋者和变性者的压迫系统。同性恋者恐惧症（homophobia）一词描述的是人们对同性性取向者的不理智的恐惧。极端的"恐同"表现形式为"殴打同性恋"，即殴打同性恋者的身体。异性恋主义和"恐同"其他形式的表现则为就业歧视、嘲讽、排斥。如同所有的偏见（即"先入为主的观念"），"恐同"使人们忽视了女同性恋者和男同性恋者等的个体特征，仅仅从其性取向的角度去认识他们。和其他压迫系统一样，异性恋主义、异性恋中心主义、同性恋者恐惧症影响着他们生活的方方面面，包括工作环境、住房购置、医疗服务获取、宗教和社区生活（Appleby，2007）。

年龄歧视（ageism）是基于年龄而对人产生的刻板化、模式化理解，体能歧视（ableism）是对那些身体功能相较于其他人有差距的人的歧视。尽管人们对老年人的印象常常是其体力和精力有限，无法参与持续的社区活动，但是 65 岁及以上的人仅有 4％居住在养老院（McInnis-Dittrich, 2002：5）。绝大多数老年人能过上自给自足的生活，但由于对他们能力的看法，他们却可能被排斥在就业机会之外，也不能在社区中发挥重要作用。雇主可能担心承担更高的医疗费用，而不雇用老年人。（任何年龄的）身体有恙的人也可能遭遇同样的经历。然而，老年人的投票率高于任何其他年龄组，贡献了不计其数的志愿服务时间，在工作岗位上表现出高度可靠性，也为宏观社会工作者提供了潜在资源。

如果年龄或残疾与理解目标人群相关，那么我们应该对社区中该人群的数量以及年龄范围这些数据进行整理。体弱老年人（85 岁以上）的人数有多少？有多少残疾人士？记录在案的有哪些类型的残疾？残疾人士是否能获得充足的服务（例如，交通以及外展服务），从而让他们参与到社区活动中，发挥积极作用？有没有对该人群及其护理者提供的支持性服务（如营养项目、家务协助、喘息照护）？

上面讨论的这些"歧视"都不是孤立存在的，而是与其他压迫系统相互联系的，对个体和群体造成更深的影响。例如，许多歧视都与阶层歧视有关，使得受影响的群体成员进一步被边缘化。处于较低社会经济阶层的人，尤其是贫困者，更有可能是有色人种或者是女性。此外，贫困者相较于非贫困者更有可能是残疾人。正如本章先前讨论的，要理解一个人群，不仅理解目标人群的种族、阶层、性别很重要，而且理解压迫系统和这些人群特征有着怎样的联系，其他方面的差异又是如何影响他们的，使得问题恶化、机会减少的是什么，也很重要。

不同的理论视角对于歧视与压迫为何发生、如何发生给出的解释有可能大相径庭，所提出的可能的干预措施也不尽相同。有时，这些理论解释和潜在的干预措施可以并用，不同的理论可以相互结合、相得益彰，但有时一个理论可能和其他理论水火不容。变革推动者应该做好准备，对这些不同的视角加以权衡，并根据一些因素做出选择，例如：

- 哪种视角最契合当前背景和人群？
- 哪种视角具有最强的解释力？
- 哪种视角的预测能力在实证研究中获得了最多的支持？
- 哪种视角提供了最丰富的可检验的假设（通常以可能的干预方式的形式出现）？

对于理论原则，我们应该批判性地评估其偏误并基于理论受检验的情况，特别是与所研究的问题和目标人群有关的检验情况来确定其可信度。一旦将某个理论确定为分析框架，那么就应该对理论假设做出陈述，并和变革相关的参与者沟通分享。这样做的目的是促进达成关于问题和所涉及人群的共识。

人权与公正

批判性思考问题：一个理论观点可能会因哪些情况而带有偏颇？

任务 4　甄选有助于理解目标人群的因素

在该任务中要探索的问题包括：

● 回顾与目标人群有关的专业知识库，以及听取关键知情人的意见。有助于理解目标人群的主要因素有哪些？

● 在目前阶段，哪些问题或者需求是最为合理的，应该在该变革阶段加以解决？

完成知识库检索以及访谈任务以后，初期的描述性材料应该开始成形。该材料将辅助我们理解目标人群，理解他们对现有问题或需求的感知和回应。与该人群的需求或行为相关的因素必须加以检视以使变革的需要显而易见。

一项有关抚养年幼孩子的黑人单亲妈妈的研究，探索了母亲的低工资就业情况、自我效能感、抑郁症状以及特定教养行为与小学低年级儿童的认知和行为功能之间的关系（Jackson & Scheines, 2005）。就业与更高的自我效能感直接相关，而高自我效能感反过来与较少的抑郁症状相关。较少的抑郁症状和与父亲接触的频率相联系，而与父亲的频繁接触又关系到更为充分的母方养育行为和更好的儿童功能。这里出现的关系模式使得变革推动者能够开始关注具体细节，而非试图解决一系列宏大、复杂、泛化的问题。

另一项研究分析了受虐女性的档案和其求助行为（Macy, Nurius, Kernic & Holt, 2005）。研究者们发现寻求不同类型服务的受虐女性有着各自不同的需求和资源。这种类型的研究展示了对于一个人群、一个问题的探查。这种探查能勾勒出图景，帮助我们理解所研究的群体特定的需求或反应。

阿什福德、莱科伊和洛蒂（Ashford, LeCroy & Lortie, 2006: 412）识别出下述与青春期前的儿童的越轨风险有关的因素：（1）低教育期望；（2）较少参与学校活动；（3）低学业成就；（4）较差的语言能力；（5）旷课；（6）小偷小摸和开始说谎；（7）朋辈影响强；（8）不服从管教；（9）多动和攻击行为；（10）缺乏与父母的亲密关系；（11）经历过家庭暴力；（12）生活在高犯罪率、高流动性社区。如果所研究的人群包含该群体，那么其中一些因素也许可以用在编写该人群的描述材料中去预测某种结果。

这些与所研究的特定人群有关的因素中哪些可能有助于理解该人群，只能视具体的变革阶段而定。这取决于所认定的问题的性质以及干预的目的。确定了一系列相关因素之后，这时就可以开始病原学（因果关系）的分析了。

理解问题和人群

现在是时候把第三章和本章所学到的知识整合起来了。第三章的目的是引导社会工作者开展对问题的分析。在本章中，我们对最直接涉及的人群进行了详细研究。下一步应该是在全部学到的知识的基础上，建立起工作假设。

任务 5　建立关于目标问题的病原学操作性假设

问题分析和人群分析阶段结束后，我们应该已经汇集并整理好大量相关定量数据及其他类型的信息。任务 4 的最后一项内容是将该信息加以提炼，形成对于问题持续存在的原因的聚焦的、达成共识的理解。

病原学指的是一个问题潜在的原因。对一个问题的病原进行推测研究，便是尝试找出因果关系。当我们迈出这一步时，很重要的一点是要保持开放心态，并从知识库检索、定量数据、历史信息和目标人群代表的亲身经历之中形成对问题的理解。在社会、社区及组织问题的分析中，不大可能存在简单的、线性的因果关系。情况更有可能是，存在多种影响因素，对于该情境下什么重要、什么适用，人们有着不同的观点。

> 在社会、社区及组织问题的分析中，不大可能存在简单的、线性的因果关系。

回顾在问题分析和人群分析中所学的知识

在该活动中要探索的问题包括：
- 问题分析中认定的主要概念、主题和视角有哪些？
- 人群分析中认定的主要问题和视角有哪些？

对目标人群及其问题的历史、理论和研究的检视汇总到一起便形成了对因果关系的假定。变革推动者寻找似乎有联系的事件或因素的模式，从而可以得出成因或影响因素的操作性假设。在前一章对社区中孩子无人照看的问题的探究中，我们识别出了如下影响因素。

- 社区中有很高比例的在职单亲妈妈。
- 社区中目前没有课后托管儿童项目。
- 社区中来自单亲家庭的儿童缺少男性导师或榜样。
- 社区缺乏凝聚力，大多数人不怎么认识自己的邻居。
- 目前没有本地社区组织解决这一问题。

许多情况下，关于因果关系的其他解释也都是符合逻辑的，在某种意义上是"正确的"，但是有可能适用于特定人口中的不同群体。举个例子，对于为什么某些青少年从事犯罪行为，下列陈述可能都是合乎逻辑的解释：

- 某些青少年觉得父母忽视了自己。
- 某些青少年没能和父母建立亲密联结。
- 某些青少年不能在学校里取得成功。
- 某些青少年选择同鼓动越轨活动的朋辈交往。

- 某些青少年生活在高犯罪率、高流动性的社区中。

因此，接下来需要做出的决定不是选择出一个"正确"视角，而是选择所研究的子群体。对于大部分人群和问题而言，单一的病原学的理解和干预方式并不适用于所有情况。存在着多种合理解释，社会工作者最终必须挑选出一个或多个解释，作为理解目标问题和目标人群的框架。

病原学假设应该识别出变革过程的参与者认为什么是最重要、最相关的问题影响因素。它可能与从文献中识别出的影响因素有所不同，也有可能导致某些文献需要重新被检视。

> **实务情境**
>
> *批判性思考问题：你关于问题成因的假设为什么可能与文献中的说法看起来不同？*

甄选解释当前问题的重要因素

在这项活动中要探索的问题包括：
- 解释该问题成因的影响因素有哪些？
- 识别出的成因所造成的后果或影响是什么？

基于所了解到的情况，我们能够得出有关某些影响因素可能造成的后果的系列陈述。例如，在探索为何有的青少年表现出反社会行为〔包括身份罪错（即如果是成年人则不会被界定为不正当行为，如逃课或离家出走）〕这个问题时，可能会有一个病原学的假设。其他因素可能也会被考虑。举例来说，聚焦于青春期少女的某个子群体或者某个美国土著男童群体时，性别或文化因素可能就要被放到假设中。

另一个例子来自越来越多的人忧心单身成年人长期无家可归的现状。一项针对无家可归服务系统的研究可能带来下述发现：
- 对于终结身患严重精神疾病者的长期无家可归状况，永久的支持性住房十分有效。
- 服务系统的大部分项目集中在提供应急避难所上。
- 能够负担得起的住房数量有限。
- 没有几个项目提供永久性的支持性住房。
- 过渡性住房和永久的支持性住房项目的申请资格要求筛选掉了大部分长期无家可归者。
- 有能力保有住房与成功的服务和忠于项目目标有关。
- 精神健康和物质滥用治疗服务十分有限。
- 知晓创伤的服务提供得很少。
- 没有获得稳定住所的长期无家可归者常常因医疗或精神健康治疗而过度使用医院急诊室。

对于目标人群的调查揭示了长期无家可归者面临的问题和他们的需求：
- 有些人认为有关无家可归的项目没有给予他们尊重。
- 有些人正处于严重的精神障碍发病期。

- 有些人现在有急性或慢性的身体健康问题。
- 有些人很难保持个人卫生和清醒状态。
- 有些人受到服务提供者和社区成员的歧视和排斥。
- 有些人因为目前或过去的无家可归经历而有创伤。

利用这些问题分析和人群分析的发现，我们可以提出因果关系的假设。

从这些例子中应该可以清楚地看到，设计一个有着明确目标的宏观层面的干预措施的其中一部分任务便是甄选出影响因素，排除其他因素，至少暂时如此，除非拥有充足的资源可以在同一个项目中纳入每一个因素。如果在研究过程中出现了性别或文化问题，那么也有可能在这些例子中出现了完全不同的影响因素。每一个变革都必须因地制宜、因时制宜，在本地情境下找到自己的聚集点。

准备一个假设

在这项活动中要探索的问题包括：
- 基于之前对问题和人群的分析，哪些是理解因果关系的突出主题？
- 应该如何构建病原学假设？

病原学假设为变革工作提供了框架，使之有重点、易管理。专栏 4-1 中的例 1 得出了如下工作假设：

> 当有工作的单亲妈妈无法满足青春期孩子的家长指导需求时，或当青少年缺少正面的男性榜样时，或当缺少青少年可以参与的有组织的课外活动时，青少年很有可能感觉到被忽视，进而与有可能成为反面榜样的年龄较大的朋辈一起玩耍，并在无事可做的放学后时间参与越轨行动。

专栏 4-1　从对问题与人群的分析中选择影响因素：例 1

挑选出身份罪错的青少年初犯的影响因素：	这些因素带来了如下后果：
1. 一些职场单亲妈妈能力有限，无法满足青春期孩子在家长指导方面的需求。	1. 父母没有满足青少年在家长指导方面的需求，孩子可能觉得自己被忽视了。
2. 一些职场单亲妈妈的青春期孩子缺少男性榜样。	2. 对于一些青少年而言，缺少正面的男性榜样可能会导致他们与鼓动越轨行为的年龄较大的朋辈一起玩耍。
3. 社区里没有针对青少年的放学后服务项目。	3. 缺少有组织的针对青少年的放学后活动，致使他们每天有许多无所事事的空闲时间，可能导致参与越轨活动。

运用例 1 的假设，变革推动者会开始思考，将干预聚焦于找到曾经参与一次或多次越

轨行为的有工作的单亲妈妈的孩子，并做到：(1) 应对他们被忽视的感受；(2) 寻找正面的男性榜样作为他们的导师；(3) 为他们提供有组织的放学后活动项目。

专栏4-2例2的假设可以做出以下解读：

> 如果某个无家可归服务系统将其大部分活动和资源集中在无家可归者的紧急避难所上，如果现有的紧急性、过渡性和永久的支持性住房项目"过滤掉"身患精神疾病的长期无家可归者，如果长期无家可归者反复使用医院急诊室来获得身体或精神健康医疗服务，那么该无家可归服务系统很有可能无法发展永久的支持性住房项目，长期无家可归者无法参与现有的永久的支持性住房项目，并且会过度使用费用高昂的身体健康或精神健康医疗服务。

专栏4-2　从对问题与人群的分析中选择相关因素：例2

身患严重精神疾病的长期无家可归成年人的影响因素：	这些因素带来了如下后果：
1. 无家可归服务系统的资源主要集中在应急住房和服务上。	1. 对于永久的支持性住房缺乏关注和资源支持。
2. 现有的永久的支持性住房的申请标准过滤掉了大部分长期无家可归者。	2. 不符合永久的支持性住房项目要求的长期无家可归者住在街边或收容所。
3. 长期无家可归者常使用并重复使用医院急诊室来满足其身体或精神健康诊疗需求。	3. 长期无家可归者使用的健康服务和社会服务碎片化且费用昂贵。

对于例2，干预将着眼于：(1) 将现有资源进行调整，转移到永久的支持性住房上；(2) 针对满足目标人群需求的项目，将其申请标准放宽；(3) 整合身体健康和精神健康的紧急与常规医疗服务，更好地服务于长期无家可归者。

小　结

第三章和第四章是姊妹篇，指导变革推动者对有关目标问题和目标人群的现有的知识、研究、数据、信息和历史视角，以及其他类型的信息进行有条理的系统的梳理。汇编知识和信息的目的是让变革推动者可以对造成目前状况的各种因素形成清晰的认识。基于对这些因素的研究和分析，变革推动者可以将对这个问题的宽泛的、笼统的界定缩小至数量有限的、非常具体的因素，从而帮助我们进行干预、解决问题。

对于问题和人群的完整研究涉及方方面面。该研究包括对现有专业知识库的检视，对受到问题影响的当地居民的个人访谈，以及对定量、定性数据和信息的汇总，用以支持问题陈述。最后，所有相关的知识、数据、信息和其他研究发现将范围缩小至几个经过甄选的影响因素，它们成为病原学操作性假设的焦点。一旦参与者们对假设达成共识，将着手进行社区与组织分析。接下来的四章将涉及这些话题。

附录 理解目标人群的框架

任务 1 培养文化谦卑

- 该人群面临着哪些权力不平衡？
- 社会工作者在与该人群成员打交道方面有哪些经验？
- 社会工作者在该情境下带入了哪些自我身份认同和态度？

任务 2 寻求多元视角

倾听问题亲历者的讲述
- 受到该问题或机会影响的不同群体的代表是如何看待该问题或机会的？
- 对问题的阐述和理解是否包括了不同的声音和视角？如果没有包括，为什么？

倾听人群的盟友和倡导者的声音
- 谁是该群体的盟友和倡导者？
- 从这些盟友和倡导者那里我们可以学到哪些有关目标人群以及亟待解决的问题和机会的历史经验？

任务 3 检索有关目标人群的专业知识库

理解与成长和发展有关的概念和问题
- 针对这一人群，有哪些可以使用的专业知识库资源？
- 有哪些现有的理论框架有助于我们理解目标人群？
- 从知识库中收集的针对该人群的哪些因素或特征有助于我们理解目标人群？

理解社会关系和社会结构的影响
- 哪些结构和环境的力量在影响着该人群？
- 有助于理解群体成员和更大的社会环境之间相互作用的理论框架有哪些？

理解差异、歧视和压迫的影响
- 该人群面临哪些对他们的刻板印象或模式化认知？
- 该人群经历过怎样的歧视或压迫？

任务 4 甄选有助于理解目标人群的因素

- 回顾与目标人群有关的专业知识库，以及听取关键知情人的意见。有助于理解目标人群的主要因素有哪些？
- 在目前阶段，哪些问题或者需求是最为合理的，应该在该变革阶段加以解决？

任务5　建立关于目标问题的病原学操作性假设

回顾在问题分析和人群分析中所学的知识
- 问题分析中认定的主要概念、主题和视角有哪些？
- 人群分析中认定的主要问题和视角有哪些？

甄选解释当前问题的重要因素
- 解释该问题成因的影响因素有哪些？
- 识别出的成因所造成的后果或影响是什么？

准备一个假设
- 基于之前对问题和人群的分析，哪些是理解因果关系的突出主题？
- 应该如何构建病原学假设？

我的社会工作实验室

请登录 www.mysocialworklab.com 网站并回答以下问题（如果你没有在收到本教材的同时也收到 MySocialWorkLab 的访问密码，并希望在线购买访问权限，请访问 www.mysocialworklab.com）。

1. 请阅读我的社会工作图书馆中的案例研究："请不要期望我是一个模范少数族裔孩子"。设想一下，你的机构正想在韩国人占主导地位的一个社区开发一个青年服务项目。你从简和她的家人身上学到了什么可以帮助你制订计划？根据读到的本章内容，你会寻求什么类型的观点来让你的项目获得更充分的信息？

2. 请阅读我的社会工作图书馆中的案例研究："请不要让我们的妈妈死去——阿莎·帕特尔的案例"。请根据这一案例形成南亚老年移民抑郁的因果假设（当然，在实践中，在你提出假设前有众多来源的对于问题和人群的更为深入的理解）。

测验题

以下问题将测试你对本章内容的掌握情况。额外的评估，包括将本章的内容用于实践的证照考试类型的问题，请访问 MySocialWorkLab。

1. 在进行人群分析时，以下哪个任务最有可能排在最后？
A. 形成一个病原学的操作性假设。
B. 搜索专业知识库。
C. 寻求不同的观点和想法。
D. 挑选有助于理解问题的因素。

2. 某机构决定聘用四位新的双语外展工作者，这是以下哪个选项的例证：
A. 文化能力丧失。
B. 文化早熟。
C. 文化能力。
D. 文化娴熟。

3. 在分析社会、社区和/或组织的问题时，简单、直接、线性的因果关系是：
A. 不大可能的。
B. 可预测的。
C. 随机出现的。
D. 可能的。

4. 病原学的假设建立了框架，使变革工作：
A. 聚焦并可以管理。
B. 为科学家所接受。
C. 易于研究。
D. 可检验。

5. 设想一下，你的下一个实习地点是一个为无家可归的男性艾滋病病毒携带者服务的机构。反思一下你关于这一人群的自身经验，你的自我认同和对这一群体先入为主的态度。你可以从哪里寻找盟友和倡导者？

测评你的能力

请使用下面的量表，根据本章介绍的每个能力的概念或技能来评估你当前掌握的水平：
1. 我能准确地描述这一概念或技能。
2. 在观察和分析实务活动时，我总能识别这一概念或技能。
3. 我能在自己的工作中很好地践行这个概念或技能。

概念或技能	评分		
1. 能够在根据人群情况考虑问题时表现出文化谦卑。	1	2	3
2. 能够应用一系列既考虑人又考虑环境的理论。	1	2	3
3. 能够识别和驳斥可能带有文化偏见的病原学理论和假设。	1	2	3
4. 能够使用本章讨论的分析技术和多种信息来源独立地形成病原学假设。	1	2	3

第五章

理解社区

导 论

社区是宏观社会工作实务的舞台，但是社区的多元化使得没有任何一个单一的概念或者理论能够完全捕捉其全部精华。在当今社会，诸如"全球社区"和"世界社区"之类的术语被用来描述世界中的人们的复杂关系组合。然而，当大多数人想到对他们而言重要的社区时，其往往想到的是更小的层面——他们成长的社区，现在所生活的社区，或是非地理相近而是以附属或兴趣为基础结成的关系。这些人际关系纽带可能是由共享的历史、文化价值观、传统，对共同事务的关心，或者频繁沟通交流而建立起来的。很多人所认同的社区不止一个，因此用"这个社区"来指代便用词不当。对于很多人来说，与多个社区的联结是个人自我认同的固有的一部分。

基于自己的生活经历，社区工作者对于社区是什么有自己的看法，对于社区应该是怎样的也有自己的期待。这些看法和期待会对他们如何在新的社区开展工作产生影响，并且对于某个地理性社区，人们的体验和感受也是多种多样的，认识到这一点很重要。人们会带着怀旧的心态看待一些社区，将其视作理想之地，这些社区会激发他们内心温暖的回忆。对于其他一些社区，人们可能会认为它对于居民和外人而言是压迫性的、设限的，甚至是危险的。有时，人们对于同一个社区也会产生这些不同的看法，因为每个人的经历都是独一无二的。从少年帮派到花园俱乐部等社区群体，代表着在地缘社区之中创建专门化社区的尝试，有时故意通过与当地文化背道而驰的方式来运行。

有些观察者认为地理性"社区"随着 20 世纪 50 年代和 20 世纪 60 年代郊区的扩张而

开始消解（Gerloff，1992）。另一些人则看到，过度依赖社会福利机构的服务供给的内城社区蕴藏着无限的人类潜能（Kretzmann & McKnight，1993）。社会工作者该如何看待社区？是将其视为人们由相邻而居而相互联结的利益共同体，还是在这个手机、电子邮件、即时短信、推特、脸书、网络互动游戏等普及的远程通信时代，整个社区的概念需要进行根本性的重新定义？这是本章我们将面临的重大问题之一。并且，也许社区工作者在帮助社会最贫困成员时所面临的一个问题是，地理接近因素确实很重要，因为他们生活的环境很危险并且缺乏资源，如交通、工作、儿童保育。与此相反，地理接近因素对于更富裕的社会成员而言变得不那么重要，他们能够负担得起所需的超越地域限制的科技手段。在变革的某个阶段，对于社区的界定可能要多元化，以有助于人们清楚地投身其中并建立联结。例如，虽然变革的目标可能是某个特定社区（地理性社区），但是支持者可能来自这个社区的邻里社区，也可能来自全市，由关心这一问题和投身解决的人组成。

我们相信社会工作者有责任认识到，如果我们理解并唤醒了社区的潜力，社区则能够成为解放和赋权的有力媒介。我们也相信社会工作者已经认识到很多时候整体地分析问题与需要比逐个击破更为有效。本章主要聚焦从理论视角理解社区，迈出更掌握情况、更有技巧地进行社区层面干预的第一步。

界定社区

社区的定义有很多，在此我们仅举一个例子。早在 20 世纪 50 年代，一位学者总结出在社会科学文献中使用的社区的定义超过了 90 种（Hillery，1955）。不论是哪种定义，空间、人、互动、共享的身份认同之类的概念总会反复出现。

无论社区领域将要发生怎样的变化，社会工作者都会想要了解受其影响的人们如何界定和感知他们的社区。社会工作者必须换位思考，并理解视角的不同会如何影响变革的机会（Gamble & Weil，2010）。即使是在同一个社区，人们对社区的状况和社区需要做出怎样的变革仍会有不同的看法。认识到这一点也很重要。例如，在一个社区中，某个民族或文化群体认为学校很重要，市政服务是充足的，而另一个民族或文化群体则持有相反观点。

沃伦有一个经常被引用的社区的定义，他将社区看作社会活动组织，如学校、杂货店、医院、宗教场所，以及其他类似的社会单元或系统，这些社会活动组织为人们提供日常生活所需的资源。许多人习惯性地将社会单元视作从家庭单元开始，延伸至邻里或志愿组织，再到更广阔的人类互动层面。社区或有或无明确的界限，但它仍然是重要的，因为它为人类生存发挥着必不可少的重要功能。沃伦指出社区有五种功能，我们随后将详细讨论，请参见表 5-1。

> 即使是在同一个社区，人们对社区的状况和社区需要做出怎样的变革仍会有不同的看法。

社区可能是正式或非正式的，边界清晰度（boundary clarity）常常被用来界定社区的正式程度。城市与乡村社区有着明晰的边界，然而邻里社区的边界相对模糊，而基于成员共同兴趣的社区也许根本不存在地理边界。边界的划分可能超越了空间，基于共同兴趣、某个原因，甚至个人特质或专业特点而建立。不仅不同的社区的边界清晰度各不相同，而且，正如我们在随后章节要看到的那样，正式边界的存在往往是区分组织与社区的关键特征。

社区可能嵌套在别的社区之中，因而成员对于所在地的社区的感受可能会有所不同。生活在极其贫困的内城区的居民也许与那些居住在市中心附近豪华高层住房的人们共同属于一个更大的社区，但是他们有可能对于他们的"社区"有着截然不同的说法。在这种社区嵌套在社区中的情况下，成员之间的互动错综复杂。贫困社区中的职场母亲和住在顶层公寓的公司领导也许彼此几乎没有互动，也许他们在多数"社区"问题上的观点大相径庭，但是他们也许并肩坐在同一辆地铁上，都靠这个地铁出行，都对这个地铁按特定的时间表和线路运行感兴趣。他们还可能支持同一支运动队，或者投票支持同一个市长竞选人，这意味着可以用非常规的共同点和方式将他们归入同一"社区"。

随着社区范围的扩大，其异质性可能会增强。如前所述，相较于更大社区范围内搭乘同一辆地铁的人们，由顶层公寓的住户构成的小社区在许多方面会有多得多的共同点。这意味着小社区可能比大社区更有凝聚力，更容易组织起来进行宏观层面的变革。然而，即使是相对较小的社区内也有可能存在尖锐的分歧。如前所述，即便是来自看似不同的社区的人也能有共同点。

表 5-1 沃伦的社区定义

社区是社会单元与社会系统的集合，在地区层面发挥着满足人们需要的主要社会功能（Roland Warren，1978）。按照沃伦的定义，社区有如下功能：

功能	定义	例子
生产、分配、消费	满足人们对社区活动的需求	杂货店、加油站
社会化	学习主流的规范、传统与价值观	了解社区成员如何看待教育的价值
社会控制	确保社区成员遵守规范与价值观	建立严格的获得公共救助和社会服务的资格标准
社会参与	在社区、群体、协会、组织中与他人互动	本地教会
相互支持	家庭和社区成员在需要时提供的支持	在发生自然灾害时的邻里互助

社区的维度

费林（Fellin，2001）认为当人们因共同的地理区域、利益、文化和/或其他属性聚集在一起时，社区就出现了。依照这个定义，很重要的一点是，"聚集"可能是有意识的，或者甚至是因为变革推动者指出了人们的共同点，进而促成了社区的形成（Knickmeyer, Hopkins & Meyer, 2003）。费林将社区分为三个维度：（1）满足生存需要的地点或地理区域，（2）社会互动的模式，（3）给个人身份赋予意义的符号认同。让我们来简要地看看每一个维度。

地理性的、空间性的或区域性的社区在如何满足人们的需要、如何构建社会互动形态和对集体身份的认识方面各有不同。地理性社区通常被称为邻里、城市、镇、行政区、聚居区等。较小的地理空间社区栖息在其他社区中，如邻里社区在镇子里、公共房屋社区在城市中。

在早些时候，人们还不像今天这样流动性这么强，科技还未跨越空间，社区更多地与地域关联在一起。然而当今理解社区必须将地域因素和其他构建社区的因素一并考虑。虽然我们以地理管辖权为界来讨论社区，但是空间界限之外的影响力量几乎不可限量。

社会互动模式不仅在地理性社区中存在，在"非地域性"社区（有时被称为功能性社区、关系或社团性社区、归属性社区，或者甚至是心理社区）中也会存在。这些将人们聚集在一起的非地理性社区或功能性社区基于不同的属性与特征，包括宗教、种族或专业等（Fellin, 2001）。

功能性社区建立在认同和利益的基础上。人们团结起来共同解决社会问题便是这类社区的例子（Gamble & Weil, 2010）。对于社会工作者来说，认识并了解围绕共同关注的问题形成的社区很重要，如关注艾滋病、枪支控制、恐怖主义、灾难救援、支持的政党等。这些社区因深信不疑的信仰和价值观而形成，它们可能与其他社区的这些东西相冲突，认识到这点至关重要。例如，基于信仰的社区或许认为同性恋在道德上是错误的会众，或许会与同性恋社区有价值观上的冲突。类似地，相信社会正义和为贫困人口做倡导的专业人员社区，或许会与支持减少政府开支、终止对享受社会福利的人的公共援助（无论其自给自足能力如何）的政治性社区发生冲突。基于社会互动而形成的利益性社区在政治上正变得越来越活跃，许多人警告特殊利益政治导致的两极分化结果。

当许多不同的个体为某一目标共同努力或为某个事呼吁时，功能性社区便会诞生。但是这些个体可能没意识到已经有了为这个目标而奋斗的组织。在某些情况下，可能还没形成更正式的团体来以更有组织性的方式开展工作。因此，变革推动者的目标是让功能性社区的成员相互认识，并进一步推动功能性社区转变为正式组织。由此，功能性社区会变成更加分工明确、有正式陈述的目标与资源（如志愿者与员工）的组织，以完成各项事宜。举个例子，在不同社区和州，一些人对国内护理院的状况感到沮丧。公民团体、护理院居民的家人亲友和他们自己在不同地方都表达对这件事的担忧，但他们并没有组织起来以推动国家层面立法的变革。国家层面的护理院改革组织全国公民联盟（National Citizens Coalition）建立起来后，会充当媒介，提出护理院居民和照护人员关注的长期照护设施存在的问题和令人忧虑之处，并在美国国会发出自己的声音。

费林（Fellin, 2001）还识别出了一种给个人身份赋予意义的集体的、符号性的关系，它是地域或非地理性社区的一个维度。在一个复杂的社会中，人们建立关系群，为生活赋予意义。举几个例子，社会工作者会认同和自己从事同样职业或接受过同样专业训练的人（非地理性社区）、居住在同一片街区的人（地理性社区）、分布在世界各地的和自己有亲密关系的人（私人关系网络）。因为每个人都有自己独特的关系群，所以每个人对于社区的定义也有所不同。关系常被看作正式或非正式的资源网（或网络）。变革推动者认识、尊重与理解这些人际关系及其对个人"社区感"的意义。这十分重要。诸如关系网络分析、生态图、概念图等方法旨在揭示个人如何感知社区，以及借助这些认知来发展社区干预的方法。例如，里丁和其同事（Ridings, et al., 2008）运用概念图发展出一个芝加哥非裔美国年轻人面临的问题的概念框架，以推动变革。这样，社区可以被视为这些特定地域或非特定地域的人们共享的空间、互动与认同。表5-2总结了我们讨论过的三个维度及其概念与例子。后面章节讲到的有计划的变革模式对地理性和非地理性社区都适用。

表5-2 费林定义的社区维度

社区维度	定义	举例
地理性空间——生存需要得到满足的地方	满足基本需要的有着明确边界的社区	家庭发挥其基本功能并养育其孩子的邻里街区
社会互动模式	基于认同或利益的地理性或非地理性社区	与同族群体中的其他人的相互关系，无论来自哪个地区
给个人身份赋予意义的符号认同	赋予团体和组织重要性以帮助建立个人独特性的手段	对于某个宗教团体、专业或事业的认同

社区功能

社区搭建起来是为了对其成员发挥特定的功能。在表5-1中我们总结了沃伦（Warren, 1978）指出的地域社区担负的五种功能：(1) 生产、分配与消费，(2) 社会化，(3) 社会控制，(4) 社会参与，(5) 相互支持。

生产、分配与消费是满足人们物质需要（包括最基本的需要，如衣食与住所）的社区功能。在现代社区中，家庭很少生产他们消费的全部或大多数物品。人们依赖彼此以满足这样或那样的需要，包括医疗保健、卫生、就业、交通与娱乐。这些商品和服务公认的交换媒介为金钱，它是消费的重要限定因素并且几乎是所有的社区变革行动都要考虑的因素。

社区的第二个功能是对于现行规范、传统与社区成员价值观的社会化。社会化引导态度发展，而这些态度与认知影响人们如何看待自己、看待他人，以及看待人与人之间的权利与责任。不同的社区存在着不同的态度与价值观，大社区中的小社区之间亦有差异。因此，为了理解某一个体或人群，理解其所在社区的规范、传统与价值观的社会化至关重要。

　　社会控制是社区成员确认遵守规范与价值观的过程，通常通过建立法律、规则、条例及其实施系统来实现。社会控制常由不同的机构来行使，如政府、教育机构、宗教机构、社会服务机构。许多社会工作者在服务过程中必须不断在扮演帮助者与社会控制代理者的矛盾角色之间寻求平衡。这些情况涉及学校、矫治机构、缓刑和假释办公室、就业与培训项目。

　　社区也可能通过服务分配模式与申请标准，对部分弱势群体的资源获取进行调整，以一种微妙的形式发挥社会控制功能。例如，个案管理员常发现他们由于资源有限必须拒绝提供某些服务。对这些限制的关注可能会鞭策社会工作者向变革奋进，但社会工作者却发现关键政策制定者通过保持较低的福利水平而非为解决现存问题提供所需扶持来压制对救助的需求。社会控制以公开或隐秘的方式存在着，意识到这一点可能令人失望，但是意识到这一点对于理解社区价值观的影响与服务的提供过程而言是必要的。

> **人权与公正**
> 批判性思考问题：你认为在这些社区功能上社会工作的服务对象哪些最不活跃？原因是什么？

　　社会参与包括在社区群体、机构与组织之中与他人的互动。人们需要某种形式的社会交往，而社区为人们提供了表达该需求以及构建天然的帮助与支持网络的机会。一些人在当地宗教团体中实现了需求，另一些人在公民组织中获得了帮助，还有一些人在非正式的邻里团体中得到了救助。理解目标人群中的这些社会参与的机会与模式，有助于评估社区在多大程度上满足了其成员的需求。

　　家庭、朋友、伴侣、邻居、志愿者和专业人员照顾伤病者、失业者与陷入困境的人，他们便在社区中发挥着相互支持的功能。正如在第二章中提到的，诸如工业化、城市化、不断增强的流动性限制了传统社区单元（如家庭、宗教团体、市民组织）满足社区成员相互支持的需要的能力。这导致其他社区单位的成长，例如助人专业人员与政府赞助项目承担了之前由非正式与小规模单位承担的部分功能。

当社区功能无法正常发挥时

　　在沃伦（Warren，1978）的模式中，这五种功能定义了社区的目标。如果特定社区中所有功能满足了全部成员的需求（换句话说，如果消费、社会化、社会控制、社会参与和相互支持全部以一种健康、积极与建设性的方式实现），这个社区就可以被认为是实现了最佳结构。

　　然而，这种"理想的"社区或许并不存在。一些农村地区的宗教社区已经实现了其中许多功能，将干预与变革的需要最小化，但是这显然是特例。更常见的是社区并没有发挥这些功能，至少是没有满足部分社区成员的需求。这可能是由于用于分配与消费的资源数量不足，或者是由于分配不均。社会化可能依赖的是一部分社区成员强加给他人的价值观,而非共同享有的价值观。社会控制功能可能没有按照公平的方式运行,甚至是压迫性的。社会参与机会可能极为有限,或者仅对部分人开放而将其他人排除在外。相互支持功能可能被一种认为个人应该自生自灭的主导价值观系统破坏。简言之,基于其满足社区需求的能力,社区可能是健康或不健康的、功能正常或功能不正常的、合格或不合格的。这一点在边界内部受压迫的目标人群中尤为明显。需要立即说明的一点是,我们很少发现能够给社区轻易地贴上这个或那个标签的情况。大多数社区落在这些描述性词语之间的连续体中。

以沃伦的成果为基础,潘托加和佩里(Pantoja & Perry,1998)提供了社区发展与重建模式。他们将生产、分配与消费归于其他全部功能所依赖的经济领域,将其余社区功能定义为社会化、社会控制、社会设置(参与)、相互支持、防御与沟通。防御与沟通是在沃伦原先的列表的基础上新增加的内容。

防御是社区照顾与保护其成员的方式。此功能在不安全与危险的社区中变得很重要。有些社区必须在照顾其成员方面花费极大功夫,这样的社区被定义为防御性社区(defended community)。防御功能也可能出现在非地理性社区中。举一个例子,在男女同性恋群体中,防御通常很关键,因为更大范围的社会中存在有可能对他们造成伤害的群体。类似地,许多社区中的有色人种必须相互支持,以保护自己不受种族仇恨的影响。

沟通包括运用日常语言和符号表达思想。虽然沟通是沃伦定义的全部社区功能中的一部分,但在当代社区中将它作为单独的功能定义出来是重要的。举一个例子,是否应该对移民的英语水平进行强制要求?其强制程度应该如何?在美国,有关这一问题的辩论是范围更广的移民问题争论的一个焦点。类似地,通过电子邮件及其他网络方式进行便利的跨国沟通极大扩展了社区的定义,同时模糊了其边界。

功能定义背后的假设是社区通过很好地发挥这些功能以满足社区成员的需求。相反,当社区功能不正常(Pantoja & Perry,1998)或不合格(Fellin,1995)时,人们就会受苦,需要进行变革。根据潘托加和佩里的框架,若没有稳定的经济基础,其他的支持性的功能就会退化、遭到损害。因此,社会工作者要仔细评估社区功能是如何发挥的,人们的需求是否得到满足。这十分重要。表5-3提供了社区功能的概览。

表5-3 潘托加和佩里对于社区功能的界定

功能	定义	举例
生产、分配、消费	全部其他功能所依赖的领域	为社区提供工作与商品的小型企业
社会化	学习主流规范、传统与价值观	理解社区成员之于当地政府的角色
社会控制	确保对规范与价值观的遵循	如何执法
社会设置(参与)	参与对社区生活而言重要的活动	家长参与学校相关功能的程度
相互支持	相互支持的功能	社区照料流浪者的方式
防御	社区照顾与保护其成员的方式	邻里守望项目
沟通	运用共同语言来表达思想	社区对移民家庭英语水平的要求程度

社区的功能性定义和对于社区的理解对非特定地理性社区也有价值。例如，一些人可能通过与不同地域的社区的成员保持联系，以满足其沟通的需要。已经成年的孩子每天给住在千里之外的年迈父母打电话，了解他们的日常情况，这种现象并不罕见。在专业社区中，日常远程沟通是通过电话、传真、电子邮件、短信实现的。然而，这种形式的沟通的前提是能够接触这些科技。在许多社区中科技的获得是不均衡的，导致了所说的信息贫困（information poverty）。这些社区正在采取措施来变革，如实现全城无线网络覆盖（McNutt, Queiro-Tajalli, Boland & Campbell, 2001）。

功能主义者"将特定社会系统中的社会结构（与其他结构相联系的可识别的社会实体）和社会功能（社会实体的角色、目标与作用）的关系视为千丝万缕、相互缠绕"（Harrison, 1995：556）。这意味着结构（如学校、教堂、政治团体）与功能（如教学、提供领导力、促进变革）相互啮合。理解社区需要将结构和功能结合起来共同分析，而不是分开来分析。这个概念同样适用于社会系统理论。我们现在就来讨论一下如何将社区视为社会系统，以有效发挥其作用。

> 理解社区需要将结构和功能结合起来共同分析，而不是分开来分析。

区分社区理论与模式

滕尼斯（Tönnies，1987，1957）是为社区概念化做出努力的最早一批研究者之一。他讨论了 Gemeinschaft 与 Gesellschaft 的构建，Gemeinschaft 大致被翻译为"社区"，聚焦地区单位中将人们联系在一起的相互的、亲密的、共同的纽带。这些纽带以相互关心与珍视关系为基础。群体（例如家庭单位、邻里、朋友群体）得到重视，无论其成员是否在创造一个产品或是完成一个目标。Gemeinschaft 的焦点是亲密与关系。

相反，滕尼斯所说的 Gesellschaft 通常指社会或组织，例如城市或政府。Gesellschaft 是代表以任务为中心的正式化关系的理想类型。在 Gesellschaft 型关系中，人们以更加正式的方式组织起来以完成目标或任务。虽然他们可能会从建立的关系中受益，但这种类型的社会互动更局限于实现某个目标、生产某种产品或完成某项任务。

19 世纪晚期的社会学家认为 Gesellschaft 代表着迫使人们离开建立在家庭和宗教基础上的传统社区的消极力量。然而，滕尼斯的理想类型的贡献是引发我们对正式与非正式系统的区分和对两者之间丰富的互动关系的关注。认识到这一点是很重要的。从事宏观实践的社会工作者将在他们工作的社区中发现这两个概念的元素。滕尼斯的成果为 20 世纪 90 年代兴起的社区理论奠定了基础。

罗兰·沃伦（Warren，1978）关于社区的文章综合了 20 世纪 70 年代末之前的社区理论，并提供了截至那时所进行的研究的珍贵资源。沃伦将社区的特点总结为：（1）空间、

(2) 人，(3) 共享价值观与机构，(4) 互动，(5) 权力的分配，(6) 社会系统。这些主题在我们讨论社区理论时还会出现。社区概念的形成可能也来自这六个主题。

理论（theory）是一组相互联系的概念，解释某个事物有效或无效运作的状况及其原因，目的是增加我们的理解。社会学的社区理论通常描述社区如何发挥功能。这些描述性方法（descriptive approach）帮助我们分析社区中正在发生的事，但是并没有给社会工作者提供分析之后改变局面的方法。我们将讨论以下帮助我们理解社区如何发挥功能的社会学理论：系统理论，人类或人口生态学理论，人类行为理论以及权力、政治与变革理论。与之相对应，各种社区实践视角与模式（practice perspectives and model）的目的是为希望变革或干预社区的人提供方向与指导。我们将聚焦能力建设与优势绘图，以及优势、赋权与抗逆力视角，来指导我们的实践。

表5-4展示了区分描述性方法与指示性方法的理论的总的指引，按照其在地理性社区和非地理性社区中的用途将这些理论、视角进行了分类。有些方法在分析两种社区类型方面都有帮助，而有些更适用于地理性社区。在本章的其余内容中，我们先全面呈现不同的社区理论，以帮助社会工作者理解自己身处的环境，随后介绍从这些理论中发展出的实践视角和模式，它们为社会工作者提供了指示性方法（prescriptive approach）（行动指南）。

表5-4 按社区类型分类的理论与视角

理论/视角类型	基于空间的（地理性）社区	非基于空间的社区
描述性（理解社区）	系统理论 人类或人口生态学理论 人类行为理论 权力、政治与变革理论	系统理论 人类行为理论 权力、政治与变革理论
指示性（指导实践）	优势、赋权与抗逆力视角 能力建设与优势绘图	优势、赋权与抗逆力视角

系统理论

在第一章中，我们介绍了沃伦（Warren, 1978）的观点，他认为社会系统理论在理解社区方面有着美好的前景。我们也指出本书中有计划的变革模式主要以系统理论为基础。我们在第七章中关于组织的讨论也涵盖系统理论的内容。

以塔尔科特·帕森斯（Talcott Parsons, 1971）及其他学者的研究成果为基础，沃伦将社会系统理论运用于社区。他的描述展示了先前定义的功能是如何在当地社区中的群体与组织中运作的。工厂与商店实现生产与分配功能，学校与教堂发挥将社区成员社会化的功能，等等。这些内在的、横向的联系与社区地理范围之外的纵向联系互为补充。举个例子，工厂从其他地方获得原材料，学校从国家出版商那里购买书籍，许多教堂分属于更大的教会。

这种情况有许多衍生情境。第一，从系统的视角来看，社区是一个开放而非闭合的系统，并且它们依赖外部环境获取特定资源。第二，横向与纵向的联系与互动对于社区功能的发挥很关键，要想了解清楚社区的运转状况，我们需要对两者都进行了解。第三，正如特定群体或组织扮演特定角色以完成必要的社区任务一样，社区必须开拓出自己在更大的环境中的角色，来为其他社区提供需要的资源，以及获得自己所需的资源。用系统理论的语言来说，社区必须建立起边界，以明确社区本身及其在周围环境中的作用。

边界设定与维持对于任何系统的生存而言都是至关重要的。随着社区界限变得模糊、难以分辨，作为空间关系集的社区弱化，变得难以实现其核心功能。边界对于社区中的系统同样重要。宏观社会工作者常常能够在工作中看到努力维持社区边界的不同事例（Norlin & Chess, 1997）。青少年帮派展开小区草地争夺战，这是地域性的边界冲突的一个明显例子；但另一些事例，如男女同性恋者为确保他们的伴侣获得法律认可与权益而不断努力，这可能不常被注意到，但它确实是边界问题（Hash & Netting, 2007）。

因此，我们要认识到有多种多样的基于系统理论的分析宏观环境的方法，它们也能用于深入理解社区如何发挥功能，这一点很重要。这些方法包括：机械类比、有机类比、形态发生类比、派系类比和灾难类比（Burrell & Morgan, 1979; Martin & O'Connor, 1989）。

机械类比（mechanical analogy）将社会系统视为内部各部分密切协作、良好配合、顺利整合的机器。当系统中的一个部分发生变化，其他部分也应该适应变化以重新建立平衡。在这种类比中，秩序比变化、冲突更为重要。如果社会工作者运用该类比方法研究社区，其任务将主要是减少冲突与恢复秩序感、实现相互联系和共同目标。例如，在一个其成员适应自己的生活方式的社区中，来自其他文化的移民的涌入代表着差异，将打破原先的舒适。社区成员或许会严格设置边界，对外来者采取不欢迎的态度，并努力维持现状，而不会热情接纳移民。

有机类比（organismic analogy）源于将社会系统与生物有机体进行类比。社区更多被看作一个拥有不同器官的人体，每个器官发挥不同的功能。因为本章前面曾讨论过社区的功能，这可能听起来比较耳熟。假定社区中每个单位扮演各自的角色，有机类比预测社区成员将为共同目标努力。帕森斯的结构功能主义研究主要就是以有机类比为基础的。他认为结构的形成是为了发挥特定功能，在正常变化范围内，结构使得社区作为一个整体实现有效运转，使得社区成员在应该发生的事情方面达成共识。然而，在实践中，社会工作者常发现不同社区成员达成共识是难以实现的。例如，来到某社区的移民也许会发现他们被谨慎地接纳，但这种接纳只发生在当他们完全适应社区已建立的规范并保持稳定性的情况下。只要他们同意按照已建立的规范行动，冲突就会保持在最小状态（至少表面如此）。

这引出一个问题：如果出现了无法忽视的矛盾，如果各部分之间没有联结，那么当功能无法正常发挥时，或者无法恢复到和谐状态甚至这种状态从来不存在时，会发生什么？

在这种情况下，我们需要探索其他的类比方法。

形态发生类比（morphogenic analogy）适用于变迁正在进行、系统结构正在不断形成的状态。在这种情况下有可能出现根本性变化，因为可能无法回到原先的平衡状态。这种高度开放的系统思维方法意味着，变迁可能是有序的，也同样可能是难以预测的。正是因为这种难以预测性，社区工作者需要开放地接纳关于事物如何变化的线索，并以开放的心态面对新的可能性。例如，随着社区成员相互调整以适应彼此之间的差异，到达这个社区的移民能预见冲突的发生。他们会料到，社区会以某种方式变革，新成员融入的一种可接受的方式是通过开诚布公的对话，并且认识到社区将在这个过程中发生改变。

与形态发生类比相似的是派系类比（factional analogy），其在社区系统中的争议是公开和明显的。在一些社区中，系统间的冲突可能是根本性的，变迁可能一直是无序状态，非常不稳定。如果认定能够重建秩序而进入这样的社区系统，可能注定会失败。而对于能够直面眼前冲突的社会工作者而言，这种类型的社区可能就是一种有刺激的挑战。迁入派系型社区的移民会发现，当地群体在如何让他们融入社区上存在不同意见。冲突会是社区运转中的一个常态部分，并且各群体会尝试说服对方该采取哪种方法。没有人会试图否认变迁是种干扰，并且关于移民的利与弊的辩论将会一直存在，有时还会很激烈。

最后，灾难类比（catastrophic analogy）被定义为争议和冲突的极端状况。这种社区系统以存在严重的裂痕和不幸为特征。秩序和可预测性不复存在，存在的是一种混乱感，没有人能够决定未来的方向。沟通可能在过程中破裂，子系统间相互对立。这种类型社区的干预将与机械类比或有机类比社区的干预十分不同。在灾难型社区中，关于如何解决移民问题以及国家（和社区）该选择哪条路径解决围绕移民产生的问题，会有所争议。这种波动甚至可能会引发暴力行为。

我们这里想说的是，干预方法会有极大的不同，取决于对社区系统和冲突程度的评估。拿移民问题来说，差异程度很大，可能表现为从不愿让移民迁入本社区到在移民问题如何解决方面爆发全面的冲突。

此外，社区是大型的系统，不同的观点可能并存，认识到这一点很重要。例如，同一个社区中的群体、组织、协会可能适用于不同的类比方式。在"卡特里娜"飓风之后的新奥尔良，社区群体间在如何看待重建工作方面存在不同意见。对于社区系统的不同感识，以及信任和期待上的不同，都为救灾过程增添了挑战（Pyles & Cross, 2008）。

长处与不足

沃伦（Warren, 1978）综合了早期的社区研究成果，将系统理论视角引入美国的社区社会学中，并且为分析社区无法发挥一个或多个关键功能的情况提供了框架。系统理论为社区实践提供了宝贵经验。哈迪纳（Hardina, 2002：49-50）提请人们关注四个相关经验：

- 系统一方面的变化会造成社区的其他部分的变化。

- 社区子单位的行动不仅对社区单位内产生影响，也会影响到其所属的更大的系统。
- 能够识别一个社区功能发挥的状况，意味着能够将其有效性与其他社区进行比较。
- 在系统理论中，恢复到每个社区成员都能参与社区生活的稳定状态的推力，是社区工作的驱动力。

与其他理论一样，系统理论也不乏批评者，他们的批评意见常常集中在使用机械类比与有机类比上，这样的类比假设系统各部分为整体利益相互合作。他们认为，共同目标的假设忽略了无法解释的变迁、冲突，以及社区成员存在不同意见甚至严重分歧的情况。他们认为这些机械类比和有机类比关注维持现状和渐进式变迁，即便是在社区结构急需修正、对于社区的问题和需求无响应或带有压迫性的情况下。如此不恰当地应用这些类比是拒绝承认社区生活存在固有的为权力而发生的冲突与斗争（Martin & O'Connor, 1989）。然而，正如前面指出的那样，系统理论中也有一些其他类比确实认识到了冲突和变迁。

即使有把观点和利益上的分歧与冲突视为人类社区的组成部分的理论派别，但整体而言，系统理论并没有重点关注权力与政治。对于必须面对多元参与方不确定的动态往来的社区工作者而言，它所能提供的对社区系统的理解是有限的。它也没有解释如何团结社区成员，如何交流沟通，如何运用系统概念带来变革。因此，从该理论中发展出来的实践模式必须从其他人类行为理论和视角中汲取营养，在权力与政治、群体动力、人际交流方面为社会工作者提供指导。

斯坦菲尔德（Stanfield, 1993）认为应该对从结构功能主义和诸如社会化的过程的视角来看待社区的社会学概念进行修正，这至关重要。他认为这种导向鼓励一种单一文化系统视角（monocultural system perspective），该视角将冲突视为一种越轨行为。这将我们引向一种视角，即不遵循公认标准的人们所创建的社区、组织和结构，会被视为落后的、功能失调的和病态的，而不会被看作一种来自没有得到机构或成员的良好对待的社区部分成员所做出的新颖的、有创造性的、可以被理解的回应。专栏 5-1 总结了系统理论的优点和缺点。

专栏 5-1　　　　　　　　　　系统理论

优点	缺点
● 社区一方面的变迁引起其他方面的变迁。	● 共同目标的假设忽略了许多应考虑的因素，包括不同意见和严重分歧。
● 子单位的行动对更大的社区产生影响。	● 机械类比和有机类比常被看作对现状的维护。
● 将与其他社区的比较纳入到社区功能的评估中。	● 系统模式对权力和政治的理解有限。
● 恢复到稳定状态的推力成为一种驱动力（Hardina, 2002）。	● 结构功能主义和社会化提倡的是单一文化系统视角，将新产生的结构视为不正常的。

人类或人口生态学理论

和系统理论家紧密联系的是人类生态学（human ecology）理论家，他们也研究地理性社区中的结构形态和人际关系。在20世纪30年代中期，芝加哥大学的罗伯特·E.帕克（Robert E. Park）带领一群社会学家对当地社区的空间关系展开研究。人类生态学理论从该研究中发端，是以根源于达尔文的生物决定论的植物与动物生态学为基础的。这在霍利（Hawley，1950，1968）的著作中有详细的阐述。

早期的人类生态学家相信，如果他们对一个城市进行了足够详尽的研究，就可以把研究出的原则应用于大部分其他社区。这些原则中有三个空间性概念：城市带、中心城市、自然区域。城市带是围绕中心城市的大环形圈，而自然区域是社会关系发展的更小的区域，如邻里街区。城市带和自然区域都是变化的和动态的。然而，随后对其他大都市区域的研究揭示了用这一理论进行概括并不合适。其他城市并不总是表现出相同的结构模式。

今天，生态理论家们关注社区中不同特点（如不同年龄、性别、种族）的居民的交互作用、物理空间的使用（如住房、土地的使用），以及社区中的社会结构与科技。生态学方法将社区视为高度相互依赖的、遍布着不断变化着的人群与组织的关系。例如，社会工作者长期以来致力于研究各种社区中的无家可归问题和住房短缺问题，但是研究残疾人拥有住房所有权的可能性却很小。奎因（Quinn，2004）报道了为社区残疾居民提供可能拥有住房所有权的项目。从生态学的角度来看，残疾人常被限制在机构或集体生活的环境中，而非残疾人则拥有更多自由来选择他们的住房类型。然而，社会工作者可以在当地社区展开相关教育，告诉居民各种可能性。如自己的家联盟（Home of Your Own Coalitions）努力改变居民特点与物理空间使用之间的关系，探索让残疾人整合融入社会结构和社区之中的方式。

人类生态学家特别关注地理性社区处理竞争、中心化、集中化、整合与继承的过程。其中每一个过程都可以放到一个连续体中考察（Fellin，2001）。例如，当地社区的竞争涉及竞争群体之间关于土地、工作、选举以及其他资源的获得与占有，其程度由低到高，取决于权力关系。从中

> **践行多样性**
>
> 批判性思考问题：人类生态学家会怎样看待内城区过高比例的失业状况？

心化到分散化的连续体涉及组织与机构在社区中心聚集或分散在中心区之外的程度。与此紧密相关的是集中化，是指人们进入社区的过程，无论是通过迁入还是迁出，数量由大到小，取决于有多少人或组织居住在某一地区。人类群体从隔离到整合的连续体，随着多元化群体或者维持或者减少他们因诸如种族、宗教或年龄的特征的隔离程度而变化。社区的变迁程度可以置于交接连续体中考察。它由在特定地区内一个社会群体或一组社会机构彼

此替代的速度来决定。例如，社会工作者可能需要知道迁入一个城市的新移民的历史。最初，移民群体可能集中于一个特定地域，为特定类型的工作展开竞争，以建立经济基础。开始，他们可能需要在内部寻求相互支持，并由于语言障碍而被孤立。他们也有可能被高度隔离，不太可能利用现有的服务，即使通过外展服务也很难使他们融入社区。逐渐地，通常仅仅经过几代人，他们便与所在地的社区整合到一起，此时一个新的群体搬进来，便开始了一个新的循环。人类生态学理论的特点与问题的小结请参见表5-5。

表5-5　人类生态学理论的特点与问题

人类生态学	特点	问题
某个人群的各个单位处于竞争之中，但同时必须展开合作，以保证社区能够供养其居民（包括植物、动物、人的生存）	一个有组织的人群，扎根在所占有的土地上，并与其他居民相互依赖	● 竞争与合作 ● 中心化与去中心化 ● 集中化与分散化 ● 隔离与整合 ● 交接与维持现状

描述地理性社区中的这些过程的进展与组织中管理信息系统的发展是同步的。地理信息系统（geographic information systems，GIS）利用数据来发展地图和图像，是分析地理性社区的工具。和社会服务提供者、规划者和研究者尤其相关的是，他们能够利用它制作所在社区的主题地图，对地址进行地理编码，并开展空间查询与分析。社会工作者可以学习提取或绘制人口调查变量，如种族、贫困、语言、教育与健康，以及许多其他地理变量，从而确定社区中需求集中的地方（Coulton，2003；Hillier，2007）。例如，有学者开展了一项对南加利福尼亚州老年人特点与需求的研究，用以指导未来几年内资本发展的决策。研究利用地理信息系统，获得了有关老年居民的基本信息，确认了当地老年人可以获得的公共、非营利和私人资源，并揭示老年人的需求和社区资源之间存在的缺口。地理信息系统数据的使用者可以提出问题，如有多少老年人居住在低收入社区中。他们能够看到随着时间推移同一社区中的事物是如何变迁的。这种纵向研究社区数据的能力对于评估干预的有效性十分有帮助（Hirshorn & Stewart，2003）。研究者发现的这些未被满足的需求随后成为当地老龄相关服务规划的起点。认识到物理空间的使用能够如何为获得社区资源提供便利或带来障碍是非常重要的，特别是在具有多元化人群的社区中，如老年人社区（Hirshorn & Stewart，2003）或流浪人口的社区（Wong & Hillier，2001）。

> **人类行为**
>
> *批判性思考问题：从业人员可以运用哪些策略来避免无意间疏离某个社区的一些成员？*

长处与不足

人类或人口生态学家是系统理论家的表亲。他们有着相同的目标——寻找让系统变得更和谐、更好地协作的方法。但是，人类或人口生态学家与系统理论家的不同之处是，他们将竞争视作一个持续的过程，其中冲突是不可避免的因素。哈迪纳（Hardina，2002）指出生态学理论对于社区实践的三个意义：

- 认识到社区群体针对有限资源展开竞争，而只有掌权者才能生存下来。
- 意识到没有权力的群体必须适应环境。
- 承认社会结构受到物理环境的强烈影响，物理环境的变迁会对社会环境产生影响。

对关系及其机制的认知必须转化为实践的指导方针。虽然我们认识到了竞争，生态学理论家认识到了权力机制，但这些并不能指导我们如何让目前没有权力的群体获得权力。更重要的是，物理环境影响社会结构的假设在某种程度上是决定论的，这使得社会工作者产生疑问：在一个不利于产生我们所期望的变革的环境中，某一个体甚至是一个群体是否有可能做出变革？因此，就像一些系统学家一样，人类生态学家可能因为他们的理论假设——人类以及组织必须想办法适应抗拒变革的环境——而遭受批评。有些人认为他们本质上是保守的，在某种程度上是宿命论的。专栏 5-2 总结了人类或人口生态学理论的优点与缺点。

专栏 5-2　　人类或人口生态学理论

优点	缺点
• 认识到社区群体为有限的资源展开竞争。	• 没有提供指南，未说明没有权力的群体如何获得权力。
• 认识到没有权利的群体必须适应环境。	• 喻示物理环境在很大程度上决定社会结构，可变革的剩余空间不大。
• 认识到物理环境与社会结构是相互联系的（Hardina，2002）。	• 被有些人批评为保守、在本质上有点宿命论，因为其假设必须调整以适应现有环境。

人类行为理论

与聚焦系统之间空间、结构、功能与关系相对应的是人们如何在社区中行动的问题——他们如何理解与发现关系中的意义？是什么价值观指导着他们的行动？他们的需要是如何确定的？研究这些因素的方法有很多，我们仅陈述其中一些方法：互动与价值观、集体认同以及需要。

人类行为理论帮助社会工作者更好地理解为何人们如此行动，而这种理解对于娴熟的实践是很重要的。无论是地理性社区还是非地理性社区，它们都由对互动意义有着不同看法的人组成。当社区工作者和社区成员互动交流时，他们就直接参与到宏观层面的实践之中。知晓如何与社区中的个体或群体互动，需要拥有理解人们在情境中为何如此行动与反应的洞察力。如果没有这种洞察力，他们的行动可能会被误解。也许我们看不到行为背后的意义，社会工作者还可能会疏远那些正试图加入的社区成员。

互动与价值观

从农村社区开始，扩展至城市环境，早期的人类学家与社会学家探索人们如何与他人发生联系。林德夫妇1929年对于中镇的研究，以及1937年的后续研究，提供了观察美国一个小城市的文化人类学视角（Lynd & Lynd, 1929, 1937）。之后韦斯特（West, 1945）对于一座化名为伊利诺伊州普莱恩维尔市的研究，和林德夫妇的研究类似。这些研究基于这样一个假设：农村社区能够保持"传统的"社区价值观，而城市正在接近于大众社会取向，其竞争性的价值观使得生活更加复杂。虽然大部分美国人现在居住于城市或城市附近，但是类似的区分和关切仍然存在。林德夫妇与韦斯特青睐用人类学的方法研究社区，试图理解人们的日常生活、行为模式及信仰系统。从这些研究和其他个案研究发端，研究者们认识到社区生活内在的坚守的价值观。

科恩（Cohen, 1985）认为社区有着丰富的价值观、意识形态与符号，这些价值观、意识形态与符号为社区成员共享，并将他们与拥有不同信仰的人区别开来。例如，一个年轻人某种颜色的穿着也许代表着某种价值观，不属于特定文化的人很难识别出来。但是如果穿着这种颜色的衣服进入一个认为该色彩有着敌对含义的社区，则会挑起帮派的械斗。

这种社区的关系观表明边界不一定仅与空间相联系。边界可能是物质上的，也可能是种族的、民族的、语言的或宗教的。边界可能是知觉的，甚至属于同一关系社区中的人可能都有所不同，正如非社区成员与社区成员在边界上的理解存在差异一样。科恩（Cohen, 1985）做出解释，边界清晰度并不是最重要的（因为它们总在变化），而边界的象征含义才最为关键。例如，尽管人们会搬离一个社区，但他们与别人交流所使用的关键词汇会保留下来，作为他们亲密关系的象征。类似地，当一个残疾人搬入长期护理机构，其保留下来的与护理院外的人们的联系就成了"回家"的象征。

集体认同

克拉克（Clark, 1973）提出我们应该从研究社区的结构方法那里退一步，转而看看连接社区成员的心理纽带。他指出可以将社区看作基于与他人的心理认同的一种共享的团结感。超越社会互动，社区建立在一种集体感上，这种集体感可以是基于特定空间或是超越空间的。该方法通过测量社区成员对团结感的感知强度来评估一个社区。该方法可以应用于地理性社区，如一个街区、城镇、城市；也可以应用于关系性社区，如由政治原因形成的支持群体或网上聊天群成员。

麦克奈尔、福勒和哈里斯（MacNair, Fowler & Harris, 2000）指出在大型社会运动中存在的社区心理纽带特点。基于赫尔姆斯（Helms, 1984：73）的研究，他们发展出群体争取更广泛的社会平等的三个社会运动（非裔美国人运动、女性运动、男女同性恋与双性恋运动）所共有的多功能框架。这六个功能分别是：同化、规范性反歧视、激进的直接行动、分裂主义、内省自助、多元化整合。它们代表了有组织变革的方法，揭示了不同人如何因为不同原因对于非地理性社区产生认同。

同化发生于身份认同与主流文化相联系时，参加一项运动的目的是获得原先将自己排斥在外的文化的接纳。规范性反歧视是一种法律框架内的对抗的方法，目的是进入原先因受压迫而无法进入的社区机构。激进的直接行动是让人们猝不及防的激进主义的方式，也带有为参与行动的人们在社区内争得一席之地的目的。分裂主义是一种建立平行社区的方法，参与者逐渐认同该社区。因为与主流的互动是痛苦的，所以被压迫社区的成员中出现了新的规范，这种规范隐匿于主流规范之中。内省自助在这样的情况下被运用：分裂主义无法继续，因此社区成员把重点放在自我发展与自我管理之上。最后，多元化整合在社区中的群体拥有独立的文化认同并且不放弃自己的独特性的情况下出现。社区成员加入来自其他文化的成员中，而不失去自己的独特性。因此，集体认同能够以多种形式存在。

需要

这些社区的互动与价值观之间隐含着社区成员的需要。亚伯拉罕·马斯洛（Maslow, 1962）发展出理解人类需要和人类行为动机因素的分层框架。他的需要层次理论将最基本的生存与生理需要（如食物与水）置于金字塔图的底部，上面一层是安全的需要，接下来是社交与归属的需要、自尊或自我的需要，最后在顶层的是自我实现的需要。

在马斯洛的模型中，在个体达到更高层次的需要前，低层次的需要必须先被满足。任何时候如果低层次的需要没有被满足，人们就会沿金字塔层次后退，以满足没有实现的需要。较低层次的需要通常需要更迅速的回应，因此具有更高的迫切性。马斯洛也提醒我们已经得到满足的需要并非激励因素。

该框架在评估目标人群的需要时非常有用，并且它还可以确定已有的服务是否充分。该评估任务应该对目标人群在不同层次的需要上面临的问题做出更为明确的定义，并确定每个问题需要的满足程度。

在对于社区发展理论的讨论中，潘托加和佩里（Pantoja & Perry, 1998）提供了一个略为不同的看待人类需要及其维度的视角。他们以基本的生物需要为起点，接下来讨论了爱和归属的需要（他们将之看作生物需要的第二层次）。接着是群体与关系的需要（社交需要），特别是在紧急情况下，通过如艺术、语言等符号的自我表达的需要（文化需要），从过去中学习的需要（历史需要），权力运用的需要（政治需要），通过行动、语言、运动回顾过去、审视现在、展望未来的需要（创造/精神需要），通过调查与实验探寻世界解释的需要（知识需要）。他们的需要列表包括：

- 基本生物需要：拥有满足生存和保护的食物、住所、衣服。
- 次级生物需要：拥有爱、归属与作为人类的身份。
- 社交需要：发展人际关系，相互帮助与支持。
- 文化需要：运用语言、规范、价值观和习俗。
- 历史需要：记录过去，并以史为鉴探索未来。
- 政治需要：获得权力、秩序与控制。
- 创造/精神需要：运用文字、运动与艺术解释未知事物。
- 知识需要：探索环境的本质、做调查、做实验（Pantoja & Perry, 1998: 227）。

理论上，潘托加和佩里提出了一种揭示社会语境中人类需要复杂性的多学科分类法。他们最初的目的是提供一种对少数族裔社区进行深层次理解的社会学方法。但他们的终极目标是在理解的基础上，借助对这些需要的理解使其得到满足。因此，如我们所描述的，他们的理论方法是将个人感知的多样化需要纳入到一个工作模式中，使每个人的需要都借此得以评估。评估标准是社区服务组织与机构在满足这些需求方面的功能发挥情况。

> **实务情境**
>
> 批判性思考问题：哪些情境性因素可能会强有力地塑造一个社区中的个体的行动？

作为总结，表5-6展示了人类行为理论的概貌、关注点与研究发现。

表5-6 人类行为理论：关注点与研究发现

人类行为理论	关注点	研究发现
互动与价值观	人们的日常生活、行为模式与信仰系统	有些社区内部存在根深蒂固的价值观
	价值观将人们连接在一起，但同时将他们与拥有不同价值观的人们区别开来	边界清晰度并不重要，重要的是由共同价值观形成的边界的象征意义
集体认同	在社区内部连接人们的心理纽带	心理纽带存在时，人们感受到一种社区感（sense of community）和产生我群意识（we-ness）
需要	将需要放在金字塔层次中理解，从低层次到高层次	低层次需要得到满足后才能满足高层次需要

长处与不足

人类行为理论研究社区是如何由驱动人类行为的因素所建构与塑造的。这些因素包括：满足基本需要的驱动力、建立联结的驱动力、互动纷繁复杂时得到共享价值观引导的需要。若不能洞察人们所感所为背后的原因，社区工作者便可能仅仅看到宏观图景，而遗漏了影响信任与关系建立的重要线索。

人类行为理论着眼于个体或个体与他人的行为。然而，这些理论的批评者提出告诫，人类并非机器人，且行动是与环境相关的。将需要、价值观、互动和关系从情境理解中剥离会导致对特定行为的意义的错误理解。聚焦个体的理论必须注意到环境，进而注意到人在情境中是最重要的。与此相关的一个批评的观点则关注理论的分析单位。人类行为理论的立场是：如果想要理解社区的行为，必须理解个体行为的激励因素。如果能够准确地预见一个成员如何在特定情境下行动，就能遵循同样的规则预见行动者的集合可能的行动路径。批评者的观点是：整体大于部分的总和。因此将整体社区系统互相比较，并且考察哪些不同之处、预测哪些行动，这个方法比聚焦个体行为更好。专栏5-3总结了人类行为理论的优点与缺点。

专栏5-3　　人类行为理论

优点	缺点
● 研究社区是如何为驱动人类行为的因素所构建与塑造的。	● 没能提供必要的解释行为的情境理解。
● 有助于从其他理论的宏观导向移步，提取社区内部人们相互关系中的关键因素。	● 常常忽视人在环境中的重要视角。
	● 有时过度地从个体推论到集体。

权力、政治与变革理论

考虑到社区内部的多样性，许多文献把焦点放在了社区在人与人之间创造与建立联系的过程上。然而，社区中的政治动态和社会关系是一种强大的力量，它们既有可能是支持性的也有可能是压迫性的。认识到这一点很重要。

哈迪纳（Hardina，2002）在她的社区实践成果中回顾了权力获得的三个相关理论：权力依赖理论、冲突理论和资源动员理论。虽然权力依赖理论最初应用于组织领域，在那里，组织依赖于捐赠者（Blau，1964），但哈迪纳看到了其对于社区实践的重要含义：

- 外界提出的要求可能限制了当地社区发起变革的能力。
- 消费者可能害怕过河拆桥的行为。
- 变革囿于交换关系，人们觉得有义务支持资源捐赠者。

换句话说，当地社区以及当地社区中的单位对外部资源的来源"心存感激"。这些来源包括决定是否在社区中建设或继续开设工厂的公司。例如，在位于平原地区的州的一个小镇中，最大的雇主是一家肉类包装厂。这个包装厂主要依靠拉丁裔工人，他们常常因为语言问题以及无证状况而遭受剥削。由于担心公司做出转移工厂的决定，公民领袖极不愿意代表这些工人发起变革。这个小社区最大的经济力量来源之一就是这个来自外部的公司。

冲突理论的典型观点是将社区一分为二，视其为有产者和无产者，他们都为获得有限资源而相互竞争。新马克思主义关于冲突理论的一个观点是，社会服务发挥着社会控制的功能，提供刚好足够的资源以压制异议的声音并维持现状（Hasenfeld，1983）。这将社会工作者置于社会控制代理人的角色中。阿林斯基（Alinsky，1971，1974）的研究则提出了另一种观点，他将社会工作者置于组织者的角色中，这些组织者运用无产者拥有的意想不到的权力，扰乱位于决策层的决策者们。哈迪纳（Hardina，2002：55）指出冲突理论的基本假设为：（1）存在对于资源的竞争，（2）有产者统治无产者，（3）压迫大部分源于歧视（如种族歧视、阶层歧视），（4）政府及其他决策部门被有产者控制。冲突理论接纳这个观点：社区能从谁掌握权力以及权力如何运用的角度得到有效分析。但是该理论更进一步认为，有产者与无产者之间权力与资源获得的不同必然导致冲突，并且需要理解如何管理冲突以影响变革。

资源动员理论吸纳了冲突理论和权力依赖理论来说明社会运动以及它们发生的原因。为了动员，必须形成集体认同（先前的人类行为理论提到的）。恩科莫和泰勒（Nkomo & Taylor，1996：340）总结了描述集体认同的一些理论，如嵌入群体理论、社会认同理论、种族/性别研究、组织人口学、文化人类学。群体成员拥有同样的特点、共享的历史，并且甚至经历了同样的环境变迁。在社区与组织中，先有群体身份资格后有组织成员资格。恩科莫和泰勒认为身份认同必须被当作一个复杂的概念来理解，因为个体拥有多种身份认同，可能交织成一个身份认同的组合。因此，当个体被归入一个社区团体时，他们的身份认同（和他人一样）是被建构的，而非他们天生获得的。集体认同由此出现，并能够随环境变化而变化（Balser & Carmin，2009；Mulucci，1995）。

哈迪纳（Hardina，2002：57）指出与社区实践相关的资源动员的基本假设：

- 当群体在决策过程中缺少代表时，会发生社会运动。
- 当出现抗议时公众会知晓。
- 运动必须有适当的结构。
- 成功取决于建立集体认同。
- 组织传递的信息越好，成员增加得越多。
- 筹措资金是一个永恒的问题，因为群体成员的资源是有限的，而接受他人的资金可能导致放弃激进的行动。

表5-7展示了权力依赖理论、冲突理论和资源动员理论的简要概括。

表 5-7 权力、政治与变革理论的主题与启示

权力、政治与变革理论	主题	对于社区组织的启示
权力依赖理论	组织与社区依赖的资源通常是来自外界的资源	● 消费者可能因为担心得罪资源提供者而限制变革 ● 变革可能局限于已建立的关系边界中 ● 社区外部的资金来源与其他资源提供者可能限制变革
冲突理论	社区被分为有产者与无产者	● 存在对于资源的竞争 ● 有产者统治无产者 ● 人们通常因为偏见和歧视受到压迫 ● 决策者,包括政府,被有产者控制
资源动员理论	社区运动需要集体认同	● 在决策中没有代表的群体会发起社会运动 ● 公开抗议使公众知晓某个议题 ● 运动需要有结构 ● 成功取决于参与抗议的人的集体认同 ● 优势取决于传递信息的高质量 ● 获取资助但在群体的立场上不妥协常常是个难题

理解社区多元政治

在第四章中,我们讨论了双重视角的框架,它将个体置于位于更大支持系统中的养育系统的环境中考察。养育系统(nurturing system)由个人最熟悉的那些传统、非正式关系构成。支持系统(sustaining system)由主流社会的传统、信仰、价值观与实践构成。该框架对于理解社区如何容纳和控制固有的冲突来说很重要。体验到养育系统与支持系统之间差异的人们将注意到日常经验中的政治、权力与变革。甚至当养育系统与支持系统相一致时,可能会产生一种错误的认知,认为社区对于全部成员来说都是良性的、支持性的。因为公民社会是由统治群体评价的,它反映着掌权者的价值观与标准;同样的主流群体会抗拒致力于通过政治和经济赋权来改变现状的民权组织与其他组织的发展。

为了说明我们是如何想当然地接受着社区规范的,斯坦菲尔德(Stanfield,1993:137)指出非裔美国人传统中的公民责任与公民文化。历史上,这些传统得到诸如"公民协会、兄弟会、教堂,而非商业或金融机构"的支持。欧裔美国人社区一直对自己源于生产、分配和消费(社区的经济功能)的公民文化引以为荣,而非裔美国人社区很长时间以来被排斥在充分参与当地社区的主流机构之外。除此之外,斯坦菲尔德提出,这些社区不仅仅是因反对压迫而形成,同时还反映了独特的文化特质。

理解不同社区的政治对于社会工作者在与不同群体互动时很关键。例如,传统的美国社区中的志愿精神转化为规范化的过程,将志愿者组织起来并加以协调,但这是支持系统持有的主流政治观念。这种类型的志愿活动在 2009 年与 2010 年经济衰落时重现。许多州

和城市尝试寻求志愿者的帮助，请他们从事原先受薪职员所做的工作。许多州和当地社区正在通过号召志愿者来补充员工的工作，试图维持公园和图书馆的正常开放。

斯坦菲尔德（Stanfield, 1993）认为非裔美国人社区中存在着一种非正式的关怀照护的特质，志愿精神是其中的一部分，成了一种生活方式。但是，在志愿精神的后一种定义中，不存在实物捐赠的计算或者志愿服务时间的记录。志愿精神并没有出现在志愿记录本或日志中。简单来说，因为它不能在传统美国社区中被定义为"志愿精神"，因此就不存在。

另一个不符合主流标准的社区的例子是由卡亚勒（Kayal, 1991）在他对于纽约男同性恋的健康危机的研究中提出的。卡亚勒分析了男同性恋社区中的志愿精神如何在缺失政府支持的情况下发挥着必要作用。他解释了男同性恋社区的成员如何回应艾滋病问题，这代表着群体在危机出现时共同承担责任的方式。还有很多地域性形成的对问题做出反应的群体的例子，但是在社区的传统理解中，他们的成果常常并不被认可（如Finn, 2005；Holley, 2003；Rogge, David, Maddox & Jackson, 2005）。因为社会工作者为这些群体或者和他们一起进行倡导工作，所以在进行宏观层面的干预时，冲突不可避免。

理解社区不能忽视政治。女权主义者长久以来坚称个人的即政治的，表明每个人每次采取的行动或不行动都是一种政治声明（Bricker-Jenkins & Netting, 2008；Lazzari, Colarossi & Collins, 2009）。社区中存在相互影响的不同的利益群体，有些正规化有些没那么正规化，这样的例子很多。为了将他们的工作完全放在环境中进行理解，社会工作者要认识社区内部争夺资源的不同利益群体间的相互作用。

长处与不足

把权力与政治作为社区关系的一部分来理解，对于宏观干预而言是至关重要的。聚焦权力、政治与变革的理论家们尤其能够引起社会工作者的兴趣，因为他们认识到了压迫并注意到冲突不能被忽视。他们的用语与社会工作者的价值观与伦理原则相兼容，例如自主权与社会正义，并且和想要有所作为的社会工作者产生共鸣。

这些理论的局限之处在于，尽管它们能够引导我们更好地理解权力与政治，但是并没有为如何采取除激进措施以外的手段达到目标提供指导，也没有告诉我们如何判断何时行动、何时不行动，甚至没有告诉我们如何发展和运用专业判断以确保我们不会偏离变革目标，因为其假设异化将必然发生。哈迪纳（Hardina, 2003）指出尽管这些理论提供了如何处理权力与竞争的指南，但是并没有提供社区组织者可以运用的策略。专栏5-4总结了权力、政治与变革理论的优点与缺点。

专栏 5-4　　　　　权力、政治与变革理论

优点	缺点
● 将重要的人的因素引入社区及其动态的理解之中。 ● 帮助理解权力和政治作为变革的一部分的作用。 ● 认识到压迫，明确冲突不能被忽视。	● 缺少关于如何采用非激进手段达到目标的指导。 ● 忽视了支持强调推动变革的需要的细节。 ● 没有提供关于如何避免偏离变革目标的指导。 ● 没有呈现全部的策略选择。

当代理论视角

在20世纪五六十年代，社会学有关社区的兴趣与研究经历了一个衰落。人们认为大众社会的概念已经取代了社区的概念（Lyon, 1987）。这个观点与许多作者的担忧息息相关，即社区已经不复存在，必须寻求社区的重建、复兴和加强。许多政治候选人已经呼吁政府分权，将控制权还给地方社区，并重建家庭价值观。最终，"失落的社区"成为大众媒体关注的主题，人们使用诸如无能为力、权力剥夺这样的词语来形容他们体会到的社区生活。

然而，从整体来看，这些担忧从工业革命开始就时涨时落。亨特（Hunter, 1993）指出，社会分析家已经谈论了几十年地方社区的死亡，社会批评家早已开始担心城市社会的衰落。他接下来表示，许多研究者远在现代社区出现之前就早已提醒社会工作者关注维持人类关系的非正式关系与结构的弹性。亨特的提醒让我们看到了希望，他指出并证实了曾经被认为非理性的、短期的、不重要的与无形的因素。妇女与儿童在当地社区中构建的关系，近十年来涌现的自助小组，少数族裔群体的养育系统，人们聚集参与的志愿协会，天然帮助者做出的努力，超越时间与空间的人际纽带，这些都继续发挥着社区的角色与功能，甚至是在社区的正式结构遭遇信任危机、诚信问题或财政困境的情况下。本质上亨特认为这些被小心表述为"微观"与"宏观"的纽带相互交织，因此，如果要开展个人工作，当然必须要理解社区。

优势、赋权与抗逆力视角

从20世纪80年代中期到20世纪90年代，社区学者重拾我们认为是更平衡的一组视角，这说明大众社会与社区这两个概念仍然很重要。自世纪之交开始，对帕特南（Putnam, 2000）的畅销书《独自打保龄球》（*Bowling Alone*）的回应引起了对社区重要性的

新的关注。艾肯贝利（Eikenberry，2009）认为人们参与社区与公民活动的方式可能发生了变化。

我们在这里重点阐述相互联系的三种视角：优势、赋权与抗逆力。它们与理解社区的积极属性尤其相关。优势视角（the strengths perspective）关注于发现存在于个体和社区内部的可能性，识别资产而非着眼于缺陷。赋权的可能性建立在优势的基础上。赋权（empowerment）源于个体或整体社区，发现内在的优势以及运用优势可以产生渴望的改变。抗逆力（resiliency）长期保持赋权意识，不断为改善社区而努力，是存在冲突、抗争和阻碍时仍然不放弃的能力，也是一次又一次地恢复活力的能力。

优势视角最初由萨利比（Saleeby，1997）提出。尽管社区可能不能如人所愿地发挥功能，但社会工作者必须小心仔细，发现与评估他们所工作的社区内部的优势。在解决严重的社会问题如无家可归与暴力问题时，人们可能轻易就将整个社区判断为病态的、无可救药的。萨利比提醒我们关注诸如赋权、抗逆力与成员身份等能够提供激励和鼓舞的词语。赋权意味着通过发现他们所拥有的资源来帮助社区。抗逆力源于解决现有问题的能力和技巧的潜力。成员身份是一种提醒，作为社区成员，其拥有公民与道德的优势。

举一个例子。全国老龄工作委员会聘用了一位社会工作者，她的职责是调查全美国的养老院，以核实有多少家养老院有家属委员会。她发现大部分养老院没有正在运作的家属委员会，已有的家属委员会主要由员工和行政人员控制。她认为这是一个问题，因为大家都知道"有社区"意味着养老院居民能够获得员工的更多关注。若不存在这样的社区，老年居民则有可能越来越被孤立。虽然她不否认这是个问题，但是她并不关注建立有效家属委员会所固有的问题（而且其中的问题也不少），而是着手列出在养老院中建立一个家属委员会的好处：常常感到孤独的家庭成员能够和其他家庭成员建立联系；养老院员工与家庭成员之间的沟通会增加；不同家庭成员相互合作，可能会发现共同的挑战；家庭成员之间能够相互支持。从优势视角来看，组织家属委员会可以提高护理人的生活质量，甚至潜移默化地影响居民护理的质量。利用该优势视角，她能够说服全国养老机构的工作人员和家庭成员建立一个能够发挥作用的家属委员会。它所带来的增加沟通的好处对各方有益，并且将养老院整合到他们当地的社区中会更好。

哈迪纳（Hardina，2003）将赋权的视角追踪至公民参与的概念和"向贫困开战"（War on Poverty）。将公民纳入社区规划的工作被视为社会改革的媒介。所罗门（Solomon，1976）改善了赋权视角，她指出赋权产生于发现个体、群体、组织和社区获得控制权的优势和能力，能够改变影响他们生活的压迫性的社会结构。古铁雷斯和刘易斯（Gutierrez & Lewis，1999：11）认为"赋权实践必须聚焦于三个层面：个人层面、人际层面、政治层面"。换句话说，个体必须感到自己是被赋权的，才能和他人联合起来，参与到变革之中，他们的共同努力才能够产生影响。蒙德罗斯和威尔逊（Mondros & Wilson，1994）指出了专业知识库中有助于理解社区权力与赋权的四个来源：(1) 关于社会抗议与不满的理论辩论，它们何时与为何发生；(2) 越来越多尝试对社区组织进行分类的文献；

(3) 呈现社会抗议运动的描述性知识体系；(4) 关于社区组织技巧的大量文献。它们为组织提供实践指导。

哈迪纳（Hardina，2003：19）举例说明独立生活运动（Independent Living Movement，ILM）如何将赋权视角转化到赋权实践之中。独立生活运动发端于 20 世纪 40 年代，研究者发现残疾人面临的最大的困难"存在于对残疾的负面社会建构"。从那时开始，独立生活运动建立起遍布美国的中心，其实践的核心是消费者必须占到董事会、行政部门、服务员工的 51%。不仅残疾人社区认识到其成员存在的优势，而且其成员也被赋权在遍布全美的独立生活运动中心（Independent Living Centers，ILC）运用这些优势。社区和人一样，都有着极大的抗逆力（Lyon，1987），即，即使面临艰巨的挑战仍然能保持赋权状态的能力。布雷顿（Breton，2001：22）关注邻里街区中的抗逆力，指出富有抗逆力的街区有许多特点，如：(1) 彼此信任的邻里网络，(2) 通过志愿协会参与行动的居民，(3) 稳定的地方组织网络，(4) 能够提供所需服务的社会基础设施。特别要指出，即使是在巨大的变革时期，关于人的公共属性以及"平民百姓"的抗逆力的文献也在快速增加（Lohmann，1992）。从 20 世纪 90 年代开始，社会资本这一概念成为探索社区环境中的权力、特权与压迫的工具（Portes，2000），社会资本对于想要更好理解环境中的人类行为的社区工作者非常有用（Aguilar & Sen，2009）。

克雷茨曼和麦克奈特（Kretzmann & McKnight，1993）研究了许多富有抗逆力的社区。他们运用优势视角，发展出聚焦于社区优势而非限制性的实践模式。他们主张

> 优势方法和优势视角是一致的，将社区发展重构为一个赋权过程而非需要修补的问题。

促进当地社区网络的增权与赋权，并且提供了一个如何进行他们所说的优势绘图的详细指南。格林和海恩斯（Green & Haines，2002）指出当地社区中总是存在优势，但是我们却常常把重点放在了存在的问题上面。优势方法和优势视角是一致的，将社区发展重构为一个赋权过程而非需要修补的问题。表 5-8 提供了优势、赋权和抗逆力视角的主题概览。

表 5-8 当代理论视角

当代视角	主题	特点
优势	根据社区的优势而非缺陷对社区进行评估	● 社区干预可能围绕一个问题或者一种需要而产生 ● 通过评估确认社区的优势（优势绘图） ● 解决方法来源于社区而非来源于"服务"
赋权	社区能够获得对其产生影响的决策的控制	● 被排除在决策之外的人们能够发声 ● 资源转移到更有权力的人那里 ● 领导力出现，并促进对于社区如何控制决策的理解
抗逆力	社区有着恢复活力与解决问题的巨大潜力	● 邻里网络与信任是明显的 ● 活跃的志愿协会参与到社区生活之中 ● 稳定的组织网络得到维持 ● 提供充足的服务

能力建设与优势绘图

德尔加多、哈迪纳和霍利（Delgado，2000；Hardina，2003；Holley，2003）以及其他学者提醒社区工作者，民族社区中的非正式单位的力量对于能力建设工作是至关重要的。非正式单位（informal units）是指那些不是作为法人公开注册的提供公共医疗服务与社会服务的单位。通常，这些单位在服务提供系统中的重要性并未得到认可，然而它们实际上发挥多种相互支持的作用。非正式单位包括家庭户单位、天然支持系统与社会网络、自助小组，以及志愿协会或草根协会。我们现在简要研究一下每一种非正式单位。

家庭户单位

家庭户单位由共享住所的人们组成，无论他们是家人、重要他人、朋友、伴侣还是室友。过去，家庭和家庭户通常作为同一个概念，但是随着越来越多非亲缘关系的人居住在一起，家庭户单位成为一个更加有用的概念（Smith，1991）。该单位的服务提供通常表现为照料的形式，并且主要依靠女性。例如，非正式照料者为残疾人或慢性病人提供大部分护理（Guberman，2006）。照料者潜在的负担或压力表明，非正式系统提供的相互支持可能需要来自社区的他人的帮助。为了保持照料者的身心健康，他们通常需要暂托服务。

我们应该寻找目标人群成员私人住宅中发生的情况的指标，来评估特定社区中家庭户单位提供的服务范围。例如，社区中的照料者有没有压力过大？身体残疾人、发育性残疾人、老年人、幼儿的照料者是否需要暂托服务？留宿以及合住的申请有没有增加？

我们特别关注识别家庭户单位对于目标人群的重要性。例如，如果目标人群是独自居住的年老体弱的遗孀，并且家庭户单位并没有可以提供帮助的其他人，那么这些从前充满活力的老人不仅没有照料者，还可能突然发现在照料孩子和配偶许多年后自己孑然一身。另外，目标人群，如内城的儿童，通常住在隐私有限而压力巨大的拥挤住宅中，他们可能从兄弟、同侪与父母那里得到照料。单亲妈妈的暂托服务可能难以落实，贫困可能限制了她们的机会与生活选择。但是尽管家庭户单位可能比较脆弱，它们仍然可以成为这些孩子的支持来源。将家庭户单位看作社区力量的来源，并发展支持该单位的服务，能够产生双重效益，既强化家庭又减少对其他支持服务的需要。

天然支持系统与社会网络

通常，非组织化的、非正式的相互支持系统将随着天然支持系统或社会支持系统的发展而演变。大部分人是社会网络的一部分，但是这并不足以构成天然支持系统。根据麦金泰尔（McIntyre，1986）的观点，天然支持系统存在于实际发生资源交换的情况下。近期的研究以及对非正式支持的强调促进了更为集中的研究，特别是对于高贫困率社区的研究。

因为社会网络没有确定的边界，并且依赖于非正式个体与群体之间的互动，所以它们很可能扩展到当地社区以外。相互支持的任务可能由分散在各处或集中在某个地区的网络成员提供。分散的社会网络依赖于如交通系统、电话等联系方式，因此可能在危机时期非常脆弱。贝加帕尔（Balgopal，1988）解释了社会网络的重要性，其中亲戚、朋友与同事组成支持系统，并在危机出现时做出反应。社会网络提供了情感支持，并常常能够在儿童照护或邻里守望方面提供帮助。

当地社区内部存在非正式邻里群体和支持系统的范围的指标。邻里协会、儿童护理交换、邻里互动都是该单位内拥有的支持范围的指标。

自助小组

自助小组是社区支持中发展最快的元素之一。其成立的目的是解决许多个人与社会问题，包括药物滥用、丧亲之痛、抑郁、子女教养等问题。许多自助小组（其中匿名戒酒小组可能是最著名的）已经发展了全国、国际分会，成为得到认可的服务提供组织。

哈奇森和多明格斯（Hutcheson & Dominguez，1986）在他们对于拉丁裔案主的研究中，认识到少数族裔自助群体的重要性。汉（Han，2003）报告了关于加利福尼亚州韩国社区中的家庭暴力的个案研究，反映了将支持小组纳入预防项目的重要性。因为在这些群体及其他少数族裔群体中可能出现语言和文化障碍，自助小组能够帮助维持社区认同和社区参与。

自助小组通常也和女性主义视角相容。这类的自助小组面向遗孀、遭遇剥削和虐待的女性、照料者。自助小组提供的相互支持也许能够帮助保护照料者的身心健康。

取决于所确定的目标人群，自助小组的作用有可能至关重要也可能无关紧要。例如，那些已经能够获得服务和资源的人群可能觉得这种小组没么必要，而那些努力让自己的需要获得认可的人群会觉得自助小组极其有帮助。

志愿协会

史密斯（Smith，2000）定义了他所说的草根协会（grassroots association），它将非正式支持小组和更为结构化的服务组织联结起来。这些协会通常是地区性的、自治的，由志愿者组成。志愿协会是社会服务系统中非正式组织与正式组织之间的桥梁，并与其成员的价值观和关注的问题密切相关（Wollebaek，2009）。志愿协会（voluntary association）被定义为"一个有组织的群体，其成员为了推进某个感兴趣的事宜或达到某个社会目标而团结起来。对于'社会改良'，他们有着明确的目标"（Van Til，1988：8）。社区群体如邻里协会、地方教会都属于该类型。与自助小组相似，志愿协会的正式化程度有所不同。因为其属于会员团体，所以常存在会费制度。因此，其界限比非正式群体的界限更加清晰，因为有加入组织和提供财政支持的正式过程。

志愿协会有一些特点。其成员共享一种社区感，这种社区感提供了一种集体认同。社会地位可能通过成员身份得到加强，成员可能受到社会控制。该协会的一个功能就是以支持的方式增加其成员的福祉。如果协会很强有力，这可能在外人看来很引人注目，尽管其影响可能是积极的也可能是消极的（Williams & Williams, 1984）。例如，诸如白人至上主义者群体的协会可能很强有力，但是它们是特定社区中的消极力量。

对志愿协会的研究既关注其包容性，也关注其排他性。威廉姆斯和威廉姆斯（Williams & Williams, 1984: 21）讨论了黑人教会在互助社团的发展与成长中的重要性。从历史上来看，教会之外的许多主流活动将迁入城市中心的黑人排除在外，"黑人们在教会中组织志愿协会，采用的形式包括伤病与丧葬社团、经济自助小组、任务使团、各种秘密兄弟会等"。族裔群体、男女同性恋者，以及其他受到压迫的人们，与其他人群相比，更有可能使用非正式单位和中介单位。邻里小组、自助小组和志愿协会充当互相支持的手段，澄清不同视角的场所和行动的焦点。在一些情况下，这些活动引起了更为广泛的认同和支持，并且使得人们能够获得社区中更多的已有的正式单位提供的服务。2010年有一个有趣的事件，一个所谓茶党的组织发展起来。该组织是一个非正式公民群体，他们希望表达自己对联邦层面过度开支、过度负债的不满情绪。许多地方分会组织了集会，2010年初还召开了全国会议。在评估目标人群现有服务的情况时，识别志愿协会对于宏观社会工作者而言十分重要。教会、联盟以及专业团体都是目标人群的潜在支持来源。这些组织可能没有被列入公共服务名录，但是它们可能是人们在需要帮助时会首先求助的对象（Wineberg, 1992）。给予圈（giving circles）的发展趋势说明了社区成员如何建立协会组织，为某些重要目标筹集资金或其他资源。这种类型的筹款机构尤其是在有色人种社区和女性之中发展成长。

表5-9展示了非正式社区单位的概览。家庭户单位、天然支持系统与社会网络、自助小组和志愿协会都是以非正式方式，有时以较为正式的方式互动的社区单位。能力建设与优势绘图是认识这些单位的重要性的理论概念，帮助了解这些非正式单位如何构建，社区成员如何看待它们，它们又能为社区干预带来哪些优势（Chaskin, Brown, Venkatesh & Vidal, 2001; Hannah, 2006; Nye & Glickman, 2000）。有丰富的非正式单位的社区有着强大的能力，有时社区成员在之前并没有意识到他们有这样的能力。宏观社会工作者常常需要指出社区拥有的资产和优势，以便可以开展社区动员工作。

表5-9 非正式社区单位概览

非正式社区单位	构成	提供支持的例子
家庭户单位	居住在同一住所的人们	老年人与小孩的非正式照料者
天然支持系统与社会网络	社区内交换资源的人们	在危机时期为邻居提供帮助的人们（天然帮助者）
自助小组	聚集在一起的人们，相互帮助解决共同的问题或者需要	因司机酒驾而去世的孩子的父母们为彼此提供相互支持
志愿协会	为推进某个感兴趣的事宜而团结在一起的人们	邻里协会和居民委员会

社区实践模式

社区理论提供了理解社区之所以如此的视角,而社区行动与社区发展学者们尝试为如何在社区中推动变革开出处方。社会工作者过去与现在应用多种多样的社区实践模式来影响社区变革。这些模式在很大程度上以系统与生态理论的概念和话语为基础。表 5-10 总结了对许多社区实践模式有所影响的理论。

研究社区的方法有很多种,社区实践模式也有很多种。作为开始,蒙德罗斯和威尔逊(Mondros & Wilson, 1994: 240)指出实践模式中的典型要素:(1)变革目标,(2)员工、领导和成员的角色,(3)选择议题的程序,(4)变革的对象,(5)变革对象合作或是对抗程度的评估,(6)变革策略,(7)对产生变革所需资源的理解,(8)对变革过程中组织的角色的理解。在本书中,我们将展示涵盖全部八个要素的综合实践模式。这个有计划的变革模式将在第九章、第十章和第十一章中详细阐述。该模式有些独特,因为社区和组织都可以运用。社区实践模式中最著名的就是罗斯曼(Rothman, 2008)的模式。1968 年他发展出了三种干预方法,在此基础上他提出了多模式方法。这三种干预方法为:(1)规划与政策,(2)能力发展,(3)社会倡导。每种类型都有三种模式。规划与政策包括理性规划、参与式规划、政策倡导。能力发展的三种模式是以能力为中心的发展、有计划的能力发展、身份行动主义(identity activism)。社会倡导的三种模式是社会行动、社会改革和组织团结(Rothman, 2008: 14)。

> 社区理论提供了理解社区之所以如此的视角,而社区行动与社区发展学者们尝试为如何在社区中推动变革开出处方。

表 5-10 社区实践理论贡献的小结

理论	对社区实践的贡献
社会系统	● 揭示了一个社区单位中的变革将影响其他单位 ● 表明子单位中的变革也对更大的社区产生影响 ● 允许对不同社区功能进行比较 ● 指出恢复到稳定状态的推力取决于使用哪种类比方法
人类或人口生态学	● 对于理解地理性社区中各单元之间的关系尤其有帮助 ● 指出社区群体为有限的资源展开竞争,拥有权力者得以生存 ● 认识到没有权力的群体必须适应社区规范 ● 承认相互联结的影响和物理与社会结构的相互塑造
人类行为	● 聚焦社区情境中的个体,将其作为分析单位 ● 提供对于关系、互动、价值观与个体的需要的深入理解 ● 为社区工作者提供关于信任与关系在社区互动中的重要作用的关键线索

续表

理论	对社区实践的贡献
权力、政治与变革	● 揭示外部资源提供方对于当地社区的影响 ● 将社区分为有产者与无产者来研究 ● 十分关注歧视问题 ● 指出社会运动的动态性及其对社区变迁的影响。承认所有人际交往中权力的作用

规划与政策方法（planning and policy approach）是任务导向、数据驱动的方法，主要利用"事实"进行说服。它试图通过对问题的缜密研究和理性规划技术的应用来论述和解决社区实质性问题。该方法也寻求通过了解社区成员的需要将社区成员纳入到工作过程中，并将社会规划者的作用限于辅助变革，而非把独自决定的指令强加给社区成员。这个模式最极致的形式，是假定逻辑会胜过政治偏见。然而，规划者并不一定非要在政治上天真无知，在理性规划方法中，他们可以囊括政治上的考虑和倡导工作而对方案做修改。

能力发展（capacity development）的目标是发展社区的能力以使其通过自助变得更加整合和有凝聚力。其基本假设是社区方方面面的人都需要参与到问题解决之中。在这一模式中，社区居民通过协同努力和知情决策而获得赋权。其焦点是过程、关系建设以及问题解决，使得不同群体可以相互合作。能力发展和诸如优势绘图、能力建设、优势、抗逆力与赋权的方法能够很好地配合。其局限之处在于耗费时间，以及它假设变革能够通过共识而非对抗发生。因此，其理论根源符合社会系统理论的机械类比与有机类比。

社会倡导（social advocacy）既是过程导向也是任务导向，因为参与者力求改变权力和资源关系，以影响机构变革。在该方法中，压力会被借用，同时也预计会有冲突。这种干预方法的受益人常被看作压迫性权力结构的受害者。赋权的实现在于受益人感到自己能够掌控影响社区的决策。虽然社会工作者常常拥护社会行动的话语表述，但是，认识到该社区实践方法基于冲突、权力依赖和权力与政治的资源动员理论，这一点很重要。该模式所需的对抗是耗时耗力的，而且有时会因为过于关注任务而忽视了过程。因为结果通常是非赢即输的情况，如果不设立敌人，社会倡导就难以实现。我们建议在其他方式无效时再运用该方法。

罗斯曼很快指出了这三种干预方法存在相互联系与部分重叠的多种情况。其他作者拓展了罗斯曼的研究成果。例如，蒙德罗斯和威尔逊（Mondros & Wilson，1994）指出社会行动模式指标之下的三种实践方式：草根实践、游说实践、动员实践。海恩和米克尔森（Haynes & Mickelson，2006）补充了政治实践。

甘布尔和韦尔（Gamble & Weil，2010）提供了更大范围的社区实践模式（共八个），对方法和假设做出了更好的区分。这八种模式是：

● 组织邻里和社区。
● 组织能发挥功能的社区。

- 社会、经济和可持续发展。
- 发展包容性的项目。
- 社会规划。
- 联盟。
- 政治与社会行动。
- 渐进式变革运动。

甘布尔和韦尔（Gamble & Weil，2010：26-27）描述了每种模式，并根据如下特点的比较将它们置于一个矩阵中：期望的结果、要变革的目标系统、主要支持者、关注的问题的范围、社会工作/社区实践的角色。

这些模式反映了社会工作者参与社区工作的不同方式：从组织起本地草根社区与地方团体合作以推动变革，直到开展跨越地理界限的社会运动。社会运动，如残疾人运动（Disability Movement）（O'Brien & Leneave，2008）或男女同性恋运动（Gay and Lesbian Movement）（Adam，1995），通常基础广泛，包含大范围的人群和视角（Meyer，2010）。社会运动提醒社会工作者关注沃伦对于横向与纵向关系所做的区分，因为社会运动常常把不同社区的人们联结在一起（纵向），并发展当地社团（横向）。

我们主要想提醒读者，并没有任何一种"正确的"社区实践模式和策略的分类方法。有计划的社区变革是多种方法的结合，以对变革情境的仔细评估为基础。因为情境和问题是不断变化的，所以社会工作者必须具备灵活性，根据新出现的信息和新做的评估而改变工作方向。认识到这一点也很关键。表5-11提供了社区实践模式的概览（Gamble & Weil，2010；Kettner，Moroney & Martin，2009；Rothman，2008）。

记住，我们已经快速介绍了多个模式，它们都是专业知识库中发展成熟的模式，并且读者易于获取。第九章、第十章和第十一章将会再次回顾这里简要介绍的这些社区实践模式和概念，并会要求你聚焦于有计划的变革干预。

表 5-11 社区实践模式概览

模式	基本前提	参考文献
能力发展或组织邻里和社区	关注社区能力的发展和通过自助的整合；非常具有过程导向 运用资产图和能力建设	罗斯曼（2008）
组织能发挥功能的社区	将关注某一事务的人们聚集在一起，以改变人们的行为与态度；不一定是基于空间的；以促进赋权为中心	甘布尔和韦尔（2010）
社会、经济与可持续发展	帮助草根阶层的公民做好准备，关注长久的经济与社会发展；运用深入的资产图，特别是在经济领域，进行能力建设	甘布尔和韦尔（2010）
规划与政策	将参与者纳入解决实质性社会问题的互动中；运用专业规划者的技巧来指导过程	罗斯曼（2008）

续表

模式	基本前提	参考文献
项目发展	依靠组织来设计满足社区需求的项目；在项目设计和干预的过程中运用专业人员的技能	凯特纳、莫罗尼和马丁（2008）
政治与社会行动	尝试改变权力关系和资源以影响机构变革；这里以优势和赋权理论为主导	罗斯曼（2008）
联盟	联合不同社区单位（如组织、群体）构建能够发生变革的权力基础	甘布尔和韦尔（2010）
渐进式变革运动	在现有制度体系之外致力于社会正义目标，改变现存社会结构；方向是大规模的、结构性的（甚至是彻底的）变革	甘布尔和韦尔（2010）

小　结

本章概述了社区工作者运用的社区理论、视角与实践模式。社区的定义和类型是多种多样的。我们简要检视的三个维度分别是：(1) 地理的、空间的、地域的社区，(2) 基于身份认同与兴趣的社区，(3) 多元社区中存在的个人网络或个体身份。地理性社区显然是基于空间的，但基于认同的社区与人际网络既可能是基于空间的，也可能是非空间性的。后面章节提出的有计划的变革模式适用于地理性与非地理性社区。

许多社区理论的一个共同特征就是它们对于结构和功能的关注。沃伦（Warren, 1978）指出了五种社区功能：(1) 生产、分配与消费，(2) 社会化，(3) 社会控制，(4) 社会参与，(5) 相互支持。潘托加和佩里（Pantoja & Perry, 1998）补充了另外两个功能：(6) 防御，(7) 沟通。当这些功能没有充分发挥时，特别是当经济功能没有正常发挥时，社区被视为功能失调或能力缺失。采用系统理论的社区研究方法也根源于社区结构和功能的分析。

起源于罗伯特·E. 帕克的人类生态学理论将社区视为高度相互依赖和不断发生变化的组织。人、人们的价值观及互动是早期人类学家和社会学家所研究的社区生态的组成元素。他们的研究也表明，社区反映了包含着人们共有的符号、价值观和意识形态的集体认同。

聚焦于如权力、政治和变革等重要变量的社区理论对于社会工作实践而言非常重要。人在环境中的视角引导社会工作者将社区视为一个政治舞台，其中主导群体的权力需要做出改变，以使弱势群体的需求可以得到满足。理解不同社区的政治对于寻求帮助弱势群体的社会工作者而言至关重要。

最后,当代社区理论与实践揭示了重新思考社区的价值的新兴趣,是未来研究的新场域。伴随优势、赋权与抗逆力视角而来的,是能力建设与优势绘图的社区实践方法。我们对社区实践模式进行了概述,向读者介绍了培育社区变革所运用的多种策略,引发读者对于本书中接下来要讲的有计划的变革模式的思考。

我的社会工作实验室

请登录 www.mysocialworklab.com 网站并回答以下问题(如果你没有在收到本教材的同时也收到 MySocialWorkLab 的访问密码,并希望在线购买访问权限,请访问 www.mysocialworklab.com)。

1. 请阅读我的社会工作图书馆中的案例研究:"志愿者在邻里互助项目中获得的经验"。运用蒙德罗斯和威尔逊的实践模式,阐述该项目包含的八个实践模式要素。

2. 请阅读我的社会工作图书馆中的案例研究:"切尔西绿色空间和发电厂"。重点阅读标题为"反对建发电厂运动"的部分。你认为切尔西绿色空间采用了哪种社区实践模式(可能有不止一个模式)?

测验题

以下问题将测试你对本章内容的掌握情况。额外的评估,包括将本章的内容用于实践的证照考试类型的问题,请访问 MySocialWorkLab。

1. 一位成人保护服务工作者警告一家人,他们可能会因虐待老人而被起诉。这是:
   A. 社会化。
   B. 社会控制。
   C. 社会参与。
   D. 互助。

2. 社区一般会既有横向联系也有纵向联系。这意味着社区通常是_____系统:
   A. 开放。
   B. 封闭。
   C. 渗透。
   D. 差异化。

3. 一位社会工作者发现社区居民需要保护以免遭暴力侵害。这属于马斯洛的需要分类中的哪个?
   A. 自尊。
   B. 社会。
   C. 安全。

D. 生存。

4. 哪个实践模式更有可能连接社区的纵向和横向联系？
A. 社会规划。
B. 项目发展。
C. 草根行动。
D. 社会运动。

5. 罗兰·沃伦说到社区是"社会单元与社会系统的集合，（在地区层面）发挥着（满足人们需要的）主要社会功能"。这有助于从事宏观实践的社会工作者理解社区吗？它包括了所有类型的社区吗？为什么包括或者不包括？

测评你的能力

请使用下面的量表，根据本章介绍的每个能力的概念或技能来评估你当前掌握的水平：

1. 我能准确地描述这一概念或技能。
2. 在观察和分析实务活动时，我总能识别这一概念或技能。
3. 我能在自己的工作中很好地践行这个概念或技能。

概念或技能		评分	
1. 能够将社区理论和模式运用于理解生活在异质性社区的个人在经历多样性时遇到的问题。	1	2	3
2. 能够清楚地说明一个社区的不同社会功能可能是缺乏权力的社区居民的优势抑或是压迫源。	1	2	3
3. 能够理解个人和群体的行为方式，能够在不疏远或不冒犯个人的情况下与社区成员建立关系。	1	2	3
4. 能够预料可能影响社区成员行为的外部环境。	1	2	3

第六章

评估社区

导 言

　　了解社区是一项重要的任务。常听老住户这样讲："我在这儿都住了40年了,可还是不了解这个城市。"那么,作为一个学生或实务工作者,怎样才能了解如此复杂的社区,并想方设法去改变它呢?与街区、城镇或城市不同,如果一个人想要评估一个没有地理边界的社区,该如何做呢?

　　并不存在一种单一的、通用的方法,能够使人们去了解构筑社区的全部要素。相反,对于从事宏观实务的工作者来说,了解意味着在限定的时间内,从一个相对集中的兴趣点着手,尽可能多地收集各种资料和信息,并依照这些信息在尽可能知情的情况下做出决定。

　　为什么宏观实务工作者需要系统地界定、评估社区的优势和社会问题呢?原因有三个。第一,人与环境相融合的观点对专业社会工作者的实践而言具有极为重要的作用,此观点要求我们考虑个人是如何在更大的系统中发挥功能的。一个人居住的社区与他的价值观、信念,以及他所面临的问题和所能获得的资源,有很大关系。如果对社区的影响缺乏了解,我们就很难知道社会工作者的工作如何才是有效的。我们在本章所呈现的有关社区评估的指导大纲,就是为了帮助工作者进一步界定什么是社区环境。在这个环境里,那些服务对象不但怀着美好的希望,汲取生活的力量,而且也面临着来自社区的压力,领受社区带来的挫折。注意,这里所说的"帮助"措施,并不能被当作一种一成不变的模式来应用,它只是一个通用的工具,可以根据特定的情境适时调整。

　　第二,社区层面的宏观变革要求工作者了解社区的历史和社区发展过程中所发生的重大事件——这些事件影响着人们如何看待当前的议题。没有这些背景知识，社会工作者就不可能深入广泛地了解社区的价值观念、态度和传统，更不可能把握它们在维持社区现状、投身社区变革方面所发挥的作用。

第三，社区总是处于不断变化之中，不但社区中的个人和群体在社区权力和经济结构中更替变动，而且社区基金的来源、社区居民的角色和预期的转换也是如此。因此，社区评估的框架有助于我们认识和理解这些变化。

> 社区总是处于不断变化之中。

两个社区的简介

简介1 坎宁市

坎宁市坐落于美国西部，在1975年时有6万人口。最近的数据显示，坎宁市的居民已超过30万人，在许多老城市面临人口衰减的情况下，它的人口持续地快速增长。在这个城市里生活的人们很多都是为了追求工作机会而来到西部的"阳光地带"，因此大多数居民并不是本地人。统计数据显示，坎宁市20%的居民是拉丁裔，60%是非拉丁裔白人，10%是土著美国人，5%是非裔美国人，其余5%是亚裔美国人。

介入社区。最近，一位社会工作专业的毕业生到坎宁市的一个综合服务机构里任职。她的任务之一就是针对社区受虐待妇女的需要开发服务项目。来自警察局和其他渠道的数据显示，这个社区的家庭暴力发生率高于其他相似规模的社区。对于坎宁市来说，这位社会工作者是一位新来者，她人生中的大部分时间是在美国的其他地方度过的。她满怀期望，把家庭暴力问题看作评估和了解社区的机会。

她以找人谈话的方式开始了工作，谈话对象大多是警察、社会工作者以及对家庭暴力有专门见解的人。通过这些关系，她找到了几个愿意与她私下谈论自己境况的妇女。她发现，每个妇女对自身境况的看法略有差异。在大量谈话的基础上，她发现社区内总体上存在着一种隔离感。邻居互相并不认识，新来者感到难以与人建立友谊或融入社区。考虑到该社区瞬息万变的特性和迅速成长的状况，这种彼此隔绝的情况并不奇怪。在这个社会工作者看来，人们倾向于关注自己的问题，并只在家人和亲友的小范围内谈论这些问题。她随即努力探究社区的优势。

当她从针对个人的访谈转到考察机构时，她便发现坎宁市有许多优势。第一，社区成员似乎乐于承认问题，并且急切地想要解决它。她发现几乎所有人都认为应采取措施。第二，社区内部的多样化，有助于各种传统、习俗和价值观的交织与融合。第三，坎宁市有几个妇女团体，她们愿意为任何发展项目贡献力量。第四，当地的一个基金会愿意为设计良好的项目提供资金支持。

聚焦。在搜集信息和确定边界的过程中，社会工作者确定，家庭暴力问题只在社区中的某些部分得到处理，但其他部分仍存在该问题。这个城市虽有三个为受虐妇女提供的避难所，但它们仅服务于部分地区。该城市也为家庭暴力受害者提供辅导服务，但只面向那些能够负担得起服务费用的人。而且，那些既不能进入庇护所，又无法获得辅导服务的人，主要是西班牙裔妇女。于是她开始聚焦于这些妇女的需求。

社会工作者知道，自己必须仔细识别目标群体中多样化的文化传统和信仰。尽管社区中为白人中产阶级妇女提供服务的模式多种多样，像建立庇护所、安全之家以及提供其他各种服务，但却没有为有色人种提供的服务。社会工作者发现，社区中的西班牙裔妇女经常为其他妇女提供庇护所，却因此造成了这些妇女的经济负担过重。她开始与西班牙裔妇女谈论，商讨怎样设计一个项目，能够准确地回应她们的需要。

在这个过程中，她还发现社区的另外一些优点。许多西班牙裔妇女一生中的大部分时间生活在这里，因此有着很强的社区意识。社区中还有一些非正式的妇女团体，由于她们不像其他团体那样正规，因此在任何服务列表或服务项目中都没有被识别出来。这种非正式网络是社区中值得骄傲的资源，尽管这些关系在更广阔的社区中尚未被认识或了解。事实上，有两座西班牙裔的教堂已经把家庭暴力列为它们下一年度要着重解决的问题，而且愿意与这位社会工作者及她的机构一起合作。几年来，一个支持有色人种妇女的团体一直在其中一座教堂里聚会。

调动资源。几个星期后，这位社会工作者发现社区中的资源比她原先预期的要多。然而，她也发现社区内确实存在着权力的分布。在更大的社区中，人们看不见有色人种妇女领导者，在决策过程中也常常见不到她们的身影。在她自己所属的机构内部，她发现董事会成员并不确定他们打算关心有色人种妇女问题，因为董事会希望服务于社区内全体妇女的需要。那个基金会愿意为针对西班牙裔妇女需求的项目提供资助，但它的董事会成员希望确保基金用于有创新性的事情上，而不是去复制一个业已存在的模式。他们还要求资助的项目在三年内就能自负盈亏。早已开放的妇女庇护所对于支持新项目是很谨慎的，因为它害怕这可能会引起人们注意到它们以往为有色人种妇女服务失败的记录。在当地教堂中活动的妇女支持团体，则担心其会失去服务的重点，害怕成为更大项目中的一部分，而令服务对象失去原先的近距离感和亲密感。

不断地收集信息、评估项目的可行性，是社会工作者应做的工作。尽管很费时，她还是坚持倾听不同受虐妇女的意见，把她们也纳入社区发展项目之中。

简介 2　湖滨镇

湖滨镇（Lakeside）是 20 世纪 30 年代规划发展起来的一个社区，中心区建在一个垂柳环绕的小湖边，浸礼会、卫理公会和长老会的教堂依次傍湖而立，构成了著名的"教会圈"。每个新教教派都有一个儿童之家，其中建于 1902 年的卫理公会孤儿院是当地的标志性建筑。

20 世纪 30 年代，湖滨镇的人口大约为 2 万人。大多数就业者在一家主要生产办公用品的企业工作，从而使湖滨镇成为一个"单一企业型城镇"。城市中的其他企业从事造纸、建材工作及生产其他产品。

评估重大变化。到20世纪90年代，湖滨镇人口已增至7.5万，而且整个社区发生了巨大变化。许多居民迁出中心区，住到了郊外，而且还在附近更大的城市就业，这给湖滨镇的经济基础带来了问题。各个制造企业先后裁员，使社区居民对工作的稳定性和晋升的机会感到不确定。其中一间公司彻底倒闭了。随着制造业技术的变化，所需的技能也改变了。《湖畔公报》（*Lakeside Gazette*）的头版新闻聚焦于当地人如何被解雇，而当地的工厂正在招聘拥有不同技能的新受雇者。造纸厂和化工厂都被加拿大的公司并购了，并引入了它们自己的高管。就业竞争变得更激烈。

几个为老年人和残疾人修建的公共住宅已在中心区落成。两个辅助生活设施（assisted living facilities）已经完工，另有两个正在建设中。孤儿在这个时候几乎没有了，而老年人的数量却与日俱增。卫理公会教派的儿童之家在开展儿童服务的同时，也为老年人提供服务。

尽管湖滨镇曾经是基督教新教家庭的避风港，其他教派在此受到限制，但是其人口构成还是在不断地变化。1930年，除了新教教会外，只有一个天主教堂和一个犹太教堂建在湖边。到2005年，又建造了一个清真寺、两个非洲卫理主教犹太教堂，许多从传统教会中派生出来的宗教团体也开始进入"教会圈"。人口的种族和民族也更加多样化。1930年，非裔美国人只占中心区人口的20%，到1975年上升至60%。"教会圈"虽然保持了它在湖滨镇的中心位置，但是到这些教堂做礼拜的却是来自这座城市以外的人。

目睹变化带来的冲击。卫理公会总部的一位社会工作者被派去与湖滨镇的老年人和残疾人一起工作。她的任务是建设社区，并帮助服务对象建立起强有力的支持网络。她发现许多服务对象居住在湖滨镇的三个公共住宅区里，而其他一些服务对象则是辅助生活设施的服务使用者。老年人和残疾人这两个目标群体有很大的内部差异。例如，在年龄方面，老年居民的年龄跨度为60岁到105岁，失能者从25岁到95岁。公共住宅区中55%的人为非裔美国人，白人和西班牙裔美国人分别占43%和2%，而使用辅助生活设施的居民主要是非拉丁裔白人。

大多数居民一生住在湖滨镇，他们相互认识。然而，新雇员到来后，将他们的老年父母也安置在这个新社区，情况发生了改变。在已迁至新购物中心的老百货商场内，有一个大型的老年市民中心，该中心试图将服务对象扩展到新迁到湖滨镇的老人。

这位社会工作者尽管很高兴了解到湖滨镇具有以上优势，但她也发现了暴露出来的问题。这个城市存在着明显的种族紧张气氛，住在同一公寓楼里的高龄老人与残疾青年人之间的关系也趋于紧张。老年服务对象总是抱怨通宵吵闹的音乐声和宴会声，年轻人则因为"被迫"与老年人住在一起而心情沮丧。中心区的主要商店已经迁走，有代步工具的社区居民倾向于到购物中心去购物，但那些没有代步工具的人，则不得不步行到中心区保留下来的少数商店去购物，那里的商品价格高且不能砍价。如果你拿社会保障支票到中心区食品杂货店去支付,就意味着你要为兑换现金多支付5美元。

在这种紧张和忧虑中,对犯罪的惧怕也广泛蔓延。两位独居的老年妇女被抢了钱包,被谋杀,现在又发现了第三个受害者。在小社区里,这成为湖滨镇居民议论的话题,人们再也没有安全感。住在中心区的老年妇女总是被警告说,任何时候都要锁上自家房门,不让陌生人进入,遇到可疑情况就拨打911报警电话。为此,一个邻里犯罪监视团体也应运而生,夜间不得不单独外出的人可得到志愿者的护送。警务部门已同社会工作者联系,以便协同工作。老龄中心还举办了自卫课程。社会工作者听到老年居民一再抱怨,湖滨镇已经不是他们熟悉的那个社区了。

简介给我们的启示

社区发生了变迁,社区居民常常为那些曾经拥有但现已失去的一切而痛心。有些变化是有计划的、预期的,例如简介1中提到的那些针对西班牙裔受虐妇女的需求并经过审慎的调研与思考而开发的社区项目。也有一些变化是非预期的,像上述湖滨镇中心区在"被规划的"社区中发生的变化。坎宁市谈论的是一个实实在在的问题,即针对西班牙裔妇女遭受的家庭暴力;湖滨镇则面临如何满足不断增长的老人与残疾人的需要,以及如何保持该社区作为经济中心的活力的问题。

两个社区的简介,让我们看到了社会工作者在社区实践中的经历。在坎宁市,社会工作者遇到了正迅速成长、具有多样性的城市;而在湖滨镇,社会工作者却发现了一个以不同方式发生变迁的城市。尽管如此,两个社区的实务工作者都发现了优势和问题,两个城市都经受着各自的压力和挫折。她们都发现,纳入多重视角很重要,但同时也使分析变得更复杂。例如,在简介1中,社会工作者不得不处理一种权力动态关系,它发生于一个可能的基金来源、当地几个已建立的妇女庇护所,以及西班牙裔妇女的心声总是不能得到反映等问题之间;在简介2中,社会工作者在一个变迁的中心区的居民中,遇到了代际和种族之间的紧张关系。

在第五章中,我们识别了社区的三个维度:(1)地理的、空间的或领土的,(2)身份与兴趣,(3)赋予一个人身份认同的集体关系。虽然两个简介都是以地理为基础的,但它们包括所有三种社区类型的元素。它们也阐释了地方和非地方的社区如何重叠。坎宁市是一个"地方"或地理意义上的社区。然而,我们应特别考虑这个社区中种族群体的身份边界。拉丁裔的联结比地理意义上的联结更为紧密。创建一个特定庇护所的张力,大多与基于身份和兴趣的"非地方"的社区,以及那些赋予意义和身份认同的关系的集合有关。相似地,湖滨镇是一个地方或地理意义上的社区,但这个社区中的人们是从外部迁移进来的。为他们的生活赋予意义的那些集体关系散落在他们迁出地的其他地方。当新雇员及其老年父母迁入湖滨镇时,那些"非地方"的社区联结不会因地理上的分离而就此终止。而且,湖滨镇中存在对老年人和残疾人而言不同符号身份的社区,尽管这些有时会重合。这两个群体相互联系，但利益不同，时而还互相竞争，但他们的利益基础比整个湖滨镇更广泛。例如，残疾人成立了全国网络，以倡导消费者导向的照护服务，而老年人通过一个呼吁公民参与的全国性运动而联结在一起，这个运动是老龄化社会中"老龄浪潮"的一部分。

为了弄明白社会工作者如何介入其中，在每个简介中我们都涉及许多问题。本章提供了一个提问题的系统性取向，从这些问题着手，社会工作者能够开始从服务对象的视角来评估像坎宁市和湖滨镇这样的社区。要注意的是，这个指导大纲提出的某些问题，可能在一些社区中能派上用场，但在其他社区中可能没有用处。社会工作者不必非得按大纲中排列的任务顺序开展工作，关键是社会工作者能够找到一种方法，着手评估社区、提炼问题，为后续工作找到方向。

社区评估框架

在任何需要评估的情况下，无论是对个人、家庭还是整个社区，使用一个有助于指导这一过程的框架都是有帮助的。关于评估社区，罗兰·沃伦（Warren, 1978）的工作再次提供了一个有用的起点。他提出，如果对选定的社区变量进行分析，就可以更好地理解社区。特别令人感兴趣的是那些有代表性的、可用于区分一个社区和另一个社区的特征。例如，一些社区比大多数社区大，一些社区具有更大的多样性或不同种类的多样性或处于其中的种族/族裔混合，一些社区比其他社区富裕，一些社区比其他社区在技术上更先进。评估社区的第一步可以是创建或设计一个框架，对诸如此类的特征进行社区间的比较。

在沃伦的工作的基础上，我们确定了一个包括三项任务的十一步社区评估框架。在随后的章节中，我们将介绍基于此评估框架的有计划的变革的方法。框架如表 6-1 所示。

表 6-1 介入社区的指导大纲

任务	变量	活动
1. 锁定目标群体	某类人	1. 识别特定的群体或子群体
	特征	2. 了解目标群体成员的特征
	需要	3. 获取目标群体成员的有关数据资料和信息
2. 确定社区特征	空间	4. 根据改变现状所针对的目标群体确定社区的地理边界
	社会问题	5. 建立一个影响社区目标群体的问题剖面图
	价值观念	6. 观察和了解社区内影响目标群体的主流价值观
	压迫与歧视	7. 识别出有权势的人或机构对目标群体公开或隐蔽的限制

续表

任务	变量	活动
3. 识别社区结构	权力与资源的可获得性	8. 识别出利益相关者，以及在满足目标群体的需要时，权力（及其相伴随的资源）是如何分布的
	提供服务的单位	9. 识别向目标群体成员提供服务的非正式单位、中介单位和正式单位
	资源掌控模式和服务提供模式	10. 确定社区目标群体的资源提供者和控制者
	服务单位之间的联结	11. 识别服务单位之间的衔接状况或何处欠缺衔接，以满足目标群体的需要

任务 1 锁定目标群体

许多社区评估的取向指出，在制订介入社区的计划之前，要尽可能全面地了解社区。而我们的建议恰恰与此相反——通过先选择一个目标群体来缩小任务，然后从目标群体关心的事和需要来了解社区。被选中的目标群体可以是遇到某种问题或有某种需要的个人、家庭或群体，为了他们的利益，社会工作者必须考虑对社区进行某种变革。

选择一个特殊的目标群体事实上就是选择一种价值观。每个社区都有需要各异的群体，但在大多数的社区变革中，一个时间点只能有效满足一个群体的需要。而且，社会工作者必须认识到，聚焦于某一目标群体，就意味着他选择了从某一特定的视角来审视该社区（尽管从其他目标群体的视角来定期考察社区，有助于获得对社区更加充分的了解）。例如，现有的关于社区议题和人口的报告，可能预先确定实务工作者将为哪个目标群体服务，而工作者很少有机会去熟悉其他的社区需要以及需要关心的事。

> **政策实践**
>
> 批判性思考问题：为什么在确保完全了解社区之后才开始制订计划会有问题？
>
> 选择一个特殊的目标群体事实上就是选择一种价值观。

我们之所以建议从这种有限的视角去分析和了解社区，是因为：（1）参与社区变革的人通常都有全日制工作，宏观层面的干预工作常常是工作之外附带做的事；（2）在宏观层面的干预中，能够收集的信息和用于分析的信息是有限的。虽然我们也同意，在理想的情况下，应事先知晓和了解社区可能发生的每件事，但在时间和资源有限的条件下，我们常常是通过缩减分析社区的参数，开始负责社区变革的。

识别一个目标群体其实是一项困难的任务，因为人口多样化，且各群体间存在鲜明的界限。

基于地理位置，我们可以将自己界定为地理性或地方性社区（如我们居住的城镇）的一部分，但种族（如拉丁裔社区）、宗教（如犹太教社区）、坚持某一立场（如主张妇女在人工流产问题上有选择权的社区）、职业（如社会工作社区）、倡导（如环境运动社区），以及许多其他类型的社区可能是非地方性的。而且,正如这个清单显示的,每一个人在同一时间里都分属于许多不同的社区(不论是地方性的还是非地方性的)。

我们也要认识到,城市、郊区和农村社区之间存在着显著不同。由于农村社区的目标群体成员呈现出在地域上分散分布的特点,因此介入农村社区比介入其他社区更加困难。我们还要提醒读者,即使你锁定目标群体是为了推动社区变革,也不要假定可以将目标群体成员从更大的社区中剥离或孤立出去。目标群体成员也许已感到他们被孤立于更大的社区之外,因此社会工作者在加强联结和减少隔离的行动中,应避免强化这种孤立感。

以图示法来观察,社区看起来像一系列相互重叠的圆环,这些圆环各自代表社区内的一些要素或参照群体。社区中特定的某个人所处的位置,就是与其相关的诸要素独特的组合所形成的重叠区域,如图6-1所示。

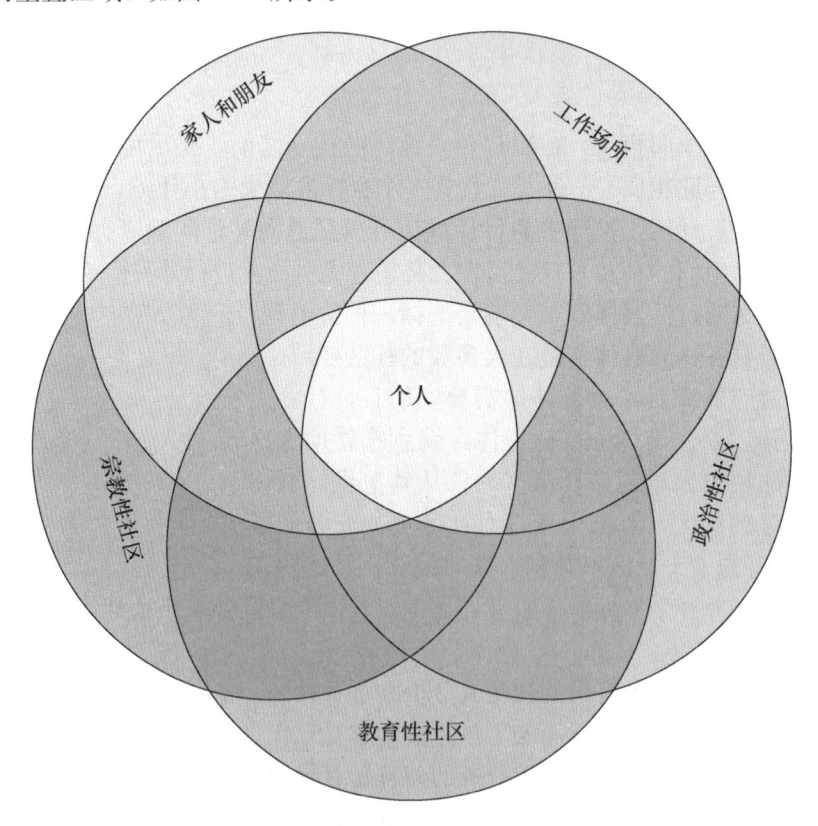

图6-1 社区中的个人

了解社区的第一步,是识别我们想要聚焦的社区成员,即目标群体。对目标群体的界定可狭窄也可宽泛,但是界定越准确,越能获得对目标群体的全面理解。目标群体常常是明显的,因为他们是社会工作者所在的机构想要更好地服务或想要首次接触的群体。在这种情况下,社会工作者有了所在机构的支持,甚至被要求评估这个群体的需要。例如,为分析一个特定的社区而锁定的目标群体,可以是"居住在坎宁市有家庭暴力问题的人们",也可以是"坎宁市过去两年内,遭受由配偶或其他重要他人实施的肢体虐待的拉丁裔女性"。前者更全面,后者更聚焦。在分析的初期,采用宽泛的界定法可能更明智些,因为随着对所需的变革了解得更加清晰,对目标群体的界定也将更精准。

一旦识别出目标群体,而且对其界定的范围也已适当缩小,我们的工作便是从目标群体的视角来探索和考察社区其他方面的情况。对于将要探索的每一个方面,我们将制定一个任务,以澄清如何收集数据和信息。接下来,我们将聚焦于针对特定群体所提出的问题。最后,我们将提出关于当前社区的一些问题,这些问题将有助于了解社区的各个方面,并与其他社区相比较。虽然这个指导大纲包含数项任务,但在分析社区的过程中,社会工作者仍要充分利用后来获得的最新信息,来完善先前所完成的任务,循环往复。相应地,我们极力主张社会工作者把指导大纲作为社区评估时互动性的指南,而非僵硬的教条。

识别目标群体

这项任务需要探索的问题包括:

- 哪些群体需要服务?如何准确地识别他们?
- 在这次评估中,我们将关注哪一类目标群体?
- 该目标群体是地理性社区的一部分,是互动性社区的一部分,还是符号性社区的一部分?抑或兼而有之?
- 为满足其需要,社区中的目标群体获得了哪些优先权?
- 在该目标群体中,由于种族、民族、性别、性取向、年龄、失能或其他因素而可能未获得服务的人们占多大比例?

所有社区都存在资源的不平等分配,包括收入、机会、政治代表性、个人安全或其他资源。这意味着可能有多种不同的群体没能获得服务,而且,我们无法通过一次行动解决所有群体的问题。当评估社区时,社会工作者会发现,社区各种各样的群体都需要其努力为之工作,但社会工作者面临的最初任务是确定所要选择的目标群体。

当遇到非地方性社区时,要注意一点:目标群体可能不会根据规划者制定的地理边界或制定的界限,来界定其所在的社区。例如,一个将自己界定为变性者的人,可能与那些散落在各种地理性社区的其他变性者保持紧密的象征关系。尽管如此,由变性者组成的社区,其联结的紧密度和集体性与地理性社区一样,或许甚至更强。因此,服务于变性者社区的实务工作者,将与较为垂直联结的一个群体一起工作,这不同于地理性社区中水平联结的其他群体。

罗西、利普西和弗里曼(Rossi, Lipsey & Freeman, 2004)区分了风险人群(population at risk)和有需要的人群(population in need)。这一区分方法有助于做社区评估。风险人群是有可能发展出某个特定问题的群体,有需要的人群是一个已经存在问题的群体。对风险人群而言,变革的努力旨在预防;对有需要的人群而言,变革可能更集中于介入或干预。例如，在一个受青年帮派滋扰的社区，社会工作者可能将那些处于加入青年帮派风险的年轻人识别为目标群体。在这种情况下，干预目标可能是防止发生此类事件。另外，已经加入帮派的年轻人也可以被识别为目标群体。在此情况下，社会工作者将着力让这些年轻人退出帮派、获取自由，或是阻止帮派从事犯罪活动。

在选取目标群体时，社会工作者面临的进一步任务是建立标准，以确定在目标群体中纳入哪些社区成员。在青年帮派的例子中，社会工作者可能决定聚焦于处于加入帮派风险的孩子们。在做了一些研究后，社会工作者可能提议，纳入目标群体的标准是：在为社区服务的七所小学中的任意一所上学，年龄在 10～14 岁，属于在社区中已建立帮派的某一特定民族群体。这些标准确立了罗西等人（Rossi, et al., 2004）所言的目标群体的"界限"。他们指出，在确定界限的过程中，可能会发生两种错误。

一方面，一种错误是过于宽泛（overinclusion），即在目标群体的界限内纳入了太多的人。倘若女性和男性都纳入目标群体，而事实上几乎没有女性加入帮派，这便犯了过于宽泛的错误。由于几乎所有帮派都是由少数族裔构成的，倘若没有分辨地纳入少数族裔，就可能犯了过于宽泛的错误。过于宽泛的结果之一，便是将稀缺资源花费在那些不需要它们的社区成员身上。另一方面，当需要服务的社区成员并未被纳入目标群体的界限内时，则犯了过于狭窄（underinclusion）的错误。比如，10 岁以下的儿童虽然年纪很小，但也可能被招募进帮派中。过于狭窄的结果之一，便是由于接触的社区成员太少而干预失败。

被识别为目标群体的人是服务的消费者。在理想的情况下，所提供的服务是为满足他们的需要而设计的。然而，人们的需要总是处于变化中，认识到这一点是很重要的。这就要求社会服务体系灵活回应这种变化着的需要。由于社区居民的特征各异，因此可能会存在需要给予特别关注的亚群体。例如，如果一个社区的退休人员比例很高，我们就会预测到，许多服务将满足老年人的需要。如果不能提供这样的服务，那么服务递送系统便不能充分地满足社区的需要。

> **践行专业伦理**
>
> *批判性思考问题*：你认为过于狭窄和过于宽泛哪个更不好？为什么？

为了便于讨论，请考虑下列七类目标群体。他们经常出现于项目的企划过程，而且各种资助项目也常常围绕这些目标群体来开展工作。他们是：

- 儿童。
- 青少年。
- 家庭。
- 年轻人和中年人。
- 老年人。
- 发育性残疾人。
- 身体功能缺损的人。

显然，这些群体的划分既没有穷尽所有可能的目标群体，群体之间也不是互相排斥的。而且，这种分类方法没有详尽地列出每一个类别内所包含的亚群体。例如，如果我们把儿童锁定为目标群体，那么，认识到这一点是很重要的，即这些儿童来自不同社会、经济地位的家庭，来自不同的种族和民族群体以及社区内的不同区域。换句话说，简单地将一个目标群体识别为"所有儿童"，可能导致与过于宽泛相关的许多问题。

尽管我们已经区分了七种类别的人群，他们也许具有一些共同的特征和需要，但每个社区对目标群体都会有自己的界定方式。社会工作者应当确定，出于社区规划的目的，社区如何对当事人群体进行分类。那么，为了制订计划，社区如何对当事人群体进行分类呢？地方和区域的规划机构、联合之路组织、社区议会和机构联合会等组织或机构，为了收集数据、规划目标常常形成一致的分类方案。社会工作者必须决定在建立目标群体边界时，是否沿用这些界定方式，或是采用新的界定方式。每种方法都有某些优缺点。

了解目标群体成员的特征

这项任务需要探索的问题包括：

- 关于社区中目标群体的历史，你了解些什么？
- 目标群体有多少人？与他们相关的特征是什么？
- 这个目标群体的成员包含了或分散在哪些地理区域？
- 目标群体的成员如何看待他们自己，以及他们这个群体的历史是什么？

人口特征能够提供有用的信息。但在目标群体内部和目标群体之间，更难识别的是态度差异、预设和价值观。目标群体成员的这些差异，正是宏观实务工作者必须努力了解的。这类研究工作通常从查阅现有的各种人口统计数据开始，包括社会经济状况、年龄、种族、性别等变量。这类信息通常能从美国人口普查局的网站上找到，根据叫作"道"（tract）的地理单位将城市内的信息分解。通过这种方法划分出来的区相对较小，通常包含3 000～8 000人，这就有可能将社区单位划分成单个邻里那样的小社区。运用这种划分类型，尤其重要的是，要识别贫困人口的区域分布和最紧迫的社区需求，并确认目标群体是高度聚居还是广泛分布在整个城市或县。

实务工作者可能会发现，目标群体中有少数成员集中在某一特定区域。不过，倘若他拓展接触范围，则会发现，在目标群体中有更多人分布在各种地理性社区中。当工作者制订一项干预计划时，了解目标群体在地理上位于哪些区域，或分散在哪些区域，是很重要的。例如，倘若工作者将范围界定得过窄，则很难说服项目资助者接下来的工作能够充分服务所需的人群。但是，倘若工作者加入其他社区的机构，而这些机构横跨其所在的城市、县或州，那么问题涉及的范围便显而易见。

除了收集统计数据以外，还有一项重要任务，就是同那些了解目标群体的历史的成员谈话。目标群体（以及其他与之接近的人）如何看待自己的忧虑、问题和/或需要？他们是否认为对这些烦恼、问题和需要，有必要进行赋权、摆脱压制获得自由、获取机会、排除障碍，或是需要资源或服务，抑或是需要得到保护？一般来说，这些问题关注的是目标群体成员在其社区情境中对于自身的观点。例如，坎宁市拉丁裔女性看待她们历史的观点，不同于那些正在接受家庭暴力庇护所服务的女性。直接听取她们的声音可能让社会工作者的干预措施更加注重文化差异的敏感性（例如，社会工作者与当地拉丁裔天主教会建立了信任关系，并通过它们展开工作）。相似地，在湖滨镇，一辈子都住在那儿的老人和为了与子女就近居住而新搬来的老人，他们过去的经历是不同的。敏感的实务工作者会花时间了解目标群体成员的不同特征及其生活经验将如何导致各种不同的态度和价值观。贝拉、马德森、苏利文、斯威德勒和蒂伯顿（Bellah, Madsen, Sullivan, Swidler & Tipton, 1985）解释了将社区视为一组人的集合的重要性——他们在社会交往中相互依赖，他们一起做出决定，他们共同参与某些实践活动。这样的社区不是一朝一夕就可以形成的，因为人们需要共同的历史，以及共同拥有的记忆。考察目标群体的特征、识别他们的分布状况，同时从目标群体成员的视角来收集信息，这样就完成了初次介入社区时所要做的第二项任务。

评估目标群体的需要

完成这一任务所要探索的问题包括：

● 应采用哪些可行的、恰当的方法，来收集评估社区需求所需的数据以及有关目标群体的其他信息？

● 目标群体成员识别出哪些未满足的需要？

● 目标群体成员为了向社区中的其他人表达自身的需要，曾经做过哪些努力？

● 目标群体成员怎样看待其所在的社区，以及社区对他们的需要所做出的反应？

● 目标群体以外的社区成员是否认为他们的需要不同于目标群体成员的需要？

● 目标群体中的部分成员是否有更多的需要尚未满足，而这些未满足的需要是他们的种族、民族、性别、性取向、年龄、失能或其他因素导致的吗？

文献中讨论了八种通用的评估需求的方法，包括：

● 通过社区论坛、公开的社区意见听证会、面对面的互动和焦点小组访谈，从一些重要的知情人那里收集人们的观点和判断。

● 收集服务统计数据，如服务使用情况、轮候名单和工作量情况。

● （针对问题起因）进行流行病学研究。

● 查找问题发生率和流行率方面的研究。

● 运用社会指标（如失业率、犯罪指数）。

● 对目标群体成员、服务提供者和其他有关人员进行调查。

● 对现有研究进行二次分析。

● 上述方法并用。（Meenaghan & Gibbons, 2000：8）

若想评估一个特殊群体的需要，较为可取的方法是利用现有数据。收集新数据不仅要花费大量的时间和金钱，而且常常超出宏观实务工作者的工作范围。除非特定的变革工作遍布整个社区，并且有雄厚的资金支持，否则不应轻易采用这种方法。表 6-2 概括了各种方法的优缺点。

表 6-2 各种评估需求方法的优点和缺点

方法	描述	优点	缺点
从重要知情人处收集居民的意见和评论	社区论坛 公开的社区意见听证会 面对面的互动 焦点小组访谈	有机会直接听取目标群体的心声	难以找出完全了解问题的人，且耗费时间
收集服务统计数据	使用情况和使用率 候名单 工作量数据	可以从为目标群体服务的人那里获得相关信息	受收集到的数据内容和数据处理优劣情况的限制
针对问题起因进行流行病学研究	分析现有数据	数据是现成的，而且一般可以得到	分析受到数据内容的限制
查找问题发生率和流行率方面的研究报告	报告现有的研究发现	研究已经完成，可直接获取研究结果	研究结果的推广性受限
运用社会指标	检阅收入、年龄和职业等数据	数据可以到手，并可获知社区广泛的概况	社会指标不能提供详尽的信息
实施调查	访问社区居民	提供广泛的居民需求概况	需要投入大量时间与金钱

在理想情况下，宏观实务工作者希望了解：(1) 当前面临每一个问题的目标群体成员的数量，(2) 现有资源所惠及的人员数量。用第一个人数减去第二个人数，就表示目标群体中尚未满足需要的人数。社区里未满足的需要，或者说没有充分满足的需求或未能恰当满足的需求，正是宏观层面的变革所关注的焦点。

对于需要多重服务的特殊群体，分类的方式通常是基于"照顾的连续谱"这一概念。照顾的连续谱是由一个内容丰富的服务菜单构成的，在这个菜单中，工作者可以选择服务项目来满足某些个人或群体的特定需要。在理想的情况下，每个服务菜单都会根据所服务目标群体的需要而做出调整。表 6-3 提供了对照顾服务的连续谱进行分类的方式。这些服务提供给那些需要长期照顾服务的人们，其中居家服务的照顾环境限制最少，机构服务的限制最多。

表 6-3 长期照顾服务类型的连续谱

居家服务	社区服务	机构服务
外展服务	个案管理	戒酒戒毒治疗

续表

居家服务	社区服务	机构服务
信息和转介	交通	康复
全面的老年病检查	老年中心	精神病患者照护
应急机制	老年人优惠项目	移动病床或降压装置
陪伴/友好访问	娱乐休闲活动	专业护理
电话问候	照顾者的支持团体	延伸照顾
照顾者的喘息服务	自助团体	
家政服务	辅导服务	
家常维修服务	寄养家庭	
个人照顾	成人照顾之家	
上门送餐服务	合住房屋	
家庭保健	集合住宅	
入户高科技治疗	健康促进诊所	
临终关怀	医生就诊服务	
	成人日间照顾	
	精神健康诊所	
	门诊病人医疗所	

需要（need）是一个难以表述的、错综复杂的概念，对它的理解必须采用多种视角。到目前为止，我们所讨论的都是许多人体会到的个体的需要。一个人感到饥饿，这是一个个人的问题。当数百人遭受饥饿而社区并未准备帮助他们时，这是一个社会问题。当需要超过资源，这便是社区范围内的问题，可能需要社会服务对此做出回应。也许需要设立更多的食物银行、更多无家可归者的临时收容所，以及提供更多的就业培训服务。然而，仅仅因为收集到的数据显示有特定的需求，并不一定意味着把它和其他资料汇总到一起就能转化为广泛的社区支持，注意到这一点是很重要的。还要认识到，仅仅因为正在处理一种需要，并不意味着提供的服务就是所需的服务。例如，西南地区一个大都市在整个七月经历持续的高温。无情的高温令弱势群体脱水至死亡临界点。进一步的分析发现，该城市已实施低收入家庭能源援助计划，但没有资源提供冷气设备。相较那些天气温暖的州，更多的资金被分配到天气寒冷的州，以用于冬季供暖。这在某种程度上忽略了天气炎热的州也有紧急能源需要的事实。

有些需要除了要求提供社会服务之外，甚至可能要求对一些结构和系统进行重新设计。正如我们在前一章中所述，结构和权力是了解社区的重要变量。当整个社区因住房紧缺、交通不便和学校质量低劣，或经济基础欠缺等问题而遭受困扰时，这些问题可能就不是规模很大的个人问题，而应当是集体需要问题。例如，2010年墨西哥湾漏油事件后，大量的集体要求在当地社区之外采取大规模行动。

多数社会科学家有这样一种假设：社区应力求确保服务系统充分发挥功能，并提供足够的支持，使社区居民达到生活质量的基本标准。这包括提供就业机会和居民收入等经济基础，如居民负担得起的住房、足够的交通设施、完善的公共卫生服务、疾病预防机制、可提供给孩子们的高品质教育、公共安全，以及让他们能无所畏惧地自由尽义务并追求兴趣所在。当缺乏这些条件时，服务系统的回应（更多的资金、更多的任何形式的资源）可能会暂时缓解问题，但不能解决根本的结构性问题。

长期的需要也许包括集体赋权、集体的尊严感、充分参与影响社区居民生活的决策、自我引导和自我控制。评估集体性的需要要求对社区的历史和发展有所了解，能够把本社区的经济和社会问题指标与周边社区比较，并且敏锐地觉察到社区居民的需要和渴望。集体性的需要也可能必须在另一个层面上来解决，比如通过州议会或美国国会。关注的焦点可以仍然放在本社区，并在本地采取行动，但干预却可能来自社区之外。类似地，在一个非地理性的社区，介入点可能是在州或国家层面（当地之外），这仅仅是因为该社区超越了地理的边界（Milofsky, 2008）。

当集体性的需要，如赋权、参与、控制及其他诸如此类的因素被识别或表达出来时，宏观实务工作者的角色与单纯提供社会服务是不同的。这些角色将在本书的第九章至第十一章讨论。

任务2 确定社区特征

社区特征可用多种方法来评估。在这个任务中，我们关注的是边界、优势、议题和问题，以及价值观。社区规模可以根据所覆盖的空间大小来计算，也可以通过居住在社区范围内的人的数量来计算，或两种方法兼用。为了实施宏观层面的干预，地理边界的范围可以从街坊邻里到整个县，甚至更大。非地方性社区的边界可能更难确定，因为社区成员可能散落在各个区域，但实务工作者仍要知道自己必须做些什么，以恰当实施干预。不论一个社区是地方性的还是非地方性的，考虑社区成员及其文化的优势都是很重要的。我们首先强调优势，这是因为简单概括社区的问题过于容易，不能以此来确定社区特征。对于那些存在严重和/或紧急问题的社区，应缩小干预的范围，以深入解决问题。考虑到优势，同时认识到议题与问题，将帮助实务工作者保持平衡感（Green & Haines, 2002）。社区优势是工作者可以利用的资产（Kretzmann & McKnight, 1993）。另外，了解主流价值观对于确定社区的期望以及不同群体之间的"契合度"是很重要的。价值观特质将为实

> 对于那些存在严重和/或紧急问题的社区，应缩小干预的范围，以深入解决问题。

务工作者提供线索，有助于他了解哪些方面对社区成员是重要的。显然，边界、优势、议题和问题，以及社区的价值观都将影响宏观层面分析的性质，最终会影响到干预工作的进行。

认定社区的边界

要想完成这一任务，需要探索下面这些问题：
- 为维护目标群体的利益，要开展的干预工作的区域范围有多大？
- 在这一区域内，目标群体的成员都分布在什么位置？是高度集中还是很分散？形成社区边界的因素是基于地理、利益还是身份认同？
- 向目标群体提供健康和社会服务项目的覆盖范围是否兼容？

在本章的前面部分，我们讨论了在目标群体中纳入个体的标准设定，这个过程有时涉及"设定边界"（boundary setting）。另一个更经常使用"边界"这个词的情况，指的是确定社区所占据的地理区域的界限。对一名参与宏观层面介入的社会工作者而言，要考虑的一个重要方面是，确定服务的区域范畴。如果可供利用的资源能够覆盖整个城市或整个县，那么在这种情况下，城市或县可能就是适宜的边界。但是，如果承担干预工作的是时间和资源都有限的某个小型志愿者委员会，那么或许应该决定，把工作主要集中于城市中介入需要表现得最强烈的某个局部地区或街区。在非地理性的社区中，划定边界大概是基于能够为之服务的目标群体成员的数量，而不是他们的地理位置。

因此，为了进行宏观层次的干预，我们要通过确定目标群体的特征（年龄、上学的年级、问题的表征）、居住的地理区域，或是目标群体共同的利益，来确定介入的范围。对大多数在地理性社区实施的干预而言，我们建议从清楚识别的单位开始，如城市或县。然后，若合适的话，再从这个层次向下延伸，聚焦于更窄的范围。这绝不表明在州、地区或国家层面上的干预是不恰当的，只不过对于大多数宏观层次的干预工作而言，选择县或更小的层面会更相关且实际些。针对非地方性的干预，可以始于根据现有资源确定的一群人，为他们试着提供服务。

图6-2表明了划定边界的过程。由于认识到工作者无法同时应对一个庞大区域内的目标群体的所有需要，因此会把焦点放到广大社区中所能锁定的特定目标群体身上。

一个目标群体或社区可以是城市中的一小部分，也可以是由分散的农场构成的广大农村地区。在大都市内，边界合理的西班牙裔群体的聚居区就可以被看作空间意义上的社区。当然，空间意义上的社区也同样适用于人口密度较低的地区，但确定这类社区的边界往往更困难些。那瓦霍族（Navajo）的一位社会工作者指出了这一点。她解释了要确定那瓦霍族保留地的空间界限有多么困难。那里没有街道系统、资产信息和显示县域边界的标志，也没有清楚划定的公共服务区域。这个工作者面临着地方性和非地方性社区的重合。鉴于保留地如此分散，工作者主要考虑的是部落成员的身份，而不是每个成员的具体居住地。

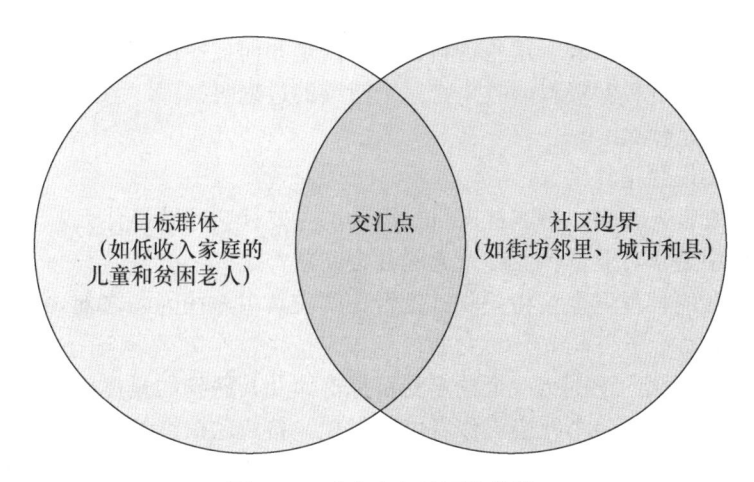

图 6-2　确定介入社区的参数

另外一个对于了解空间意义上的社区很重要的特征，是各类政府机构为规划和提供服务而设立的辖区单位（如学校辖区或精神健康服务区）。由于社会工作者常常把关注点锁定在一个指定的地理区域，标示出管辖范围相互重叠的区域就变得重要而有价值。例如，一个促使改变的工作者可能正在特定的县里为怀孕少女开展孕期保健活动，这时才发现他在同各级市政府和县政府的代表打交道。确认哪一地理区域由谁负责，在政治上可能是极为重要的。同样，受雇于精神健康诊所的社会工作者可能发现，诊所服务的地理范围与三所学校辖区的部分区域重叠在一起，那么，这个诊所开展服务就必须得到这三所学校的委员会签署的同意书。能够预期这些情况并做出相应调整，有助于制订和执行变革计划。在可能的情况下，划定与现有的管辖单位相一致的边界是有助益的，因为工作者在这个范围内可以组织收集资料和信息。而工作范围若是跨越既有的边界，则可能限制整合必要信息的能力。

在非地理性的社区中，划定边界将因非地理性社区组织方式的不同而有差异。例如，若工作者试图满足男女同性恋者、双性恋者和变性者的需要，他们中的许多人可能并不想让其他社区成员知道自己的身份，若没有保证保密性，定位目标群体就可能很困难。挑战在于，目标群体有可能并不遵循地理上的边界，并且根据哪些人不介意披露自己的性取向，社区的边界可能保持某种流动性。反过来，在一个利益共同体的社区，社区内的人们致力于传播关于某种破坏性的疾病（如阿尔茨海默病）的信息，从那些在家中接触过这种疾病的人当中，实务工作者或许可以找到一个现成的倡导者的骨干。他们可能愿意加入，共同促进变革，放心地对公众讲述自己的故事。这些界限可能也是流动的，随着更多的人从不同的地域加入到这个进程中，社区的边界扩展开来。在这两种情况下，社区都不遵循严格的地理边界，它们通过共同的身份认同联结在一起。

识别社区的优势、议题和问题

为完成这一任务，需要探讨的问题包括：

- 可以获得哪些资料来源？这些资料在社区内是如何被使用的？
- 谁在收集这些资料？资料的收集是一个持续的过程吗？
- 社区的优势是什么？
- 社区的主要议题是什么？
- 在社区的发言人看来，影响社区目标群体的主要社会问题是什么？
- 目标群体中是否有亚群体面临重大的社会问题？
- 这些问题在何种程度上互相关联？是否在解决其中一些问题之前，必须先解决其他问题？

宏观层面的干预倾向于围绕一个选定的目标群体及其遇到的具体问题进行构思，并有组织地开展工作。例如，一个社会工作者可能发现，希望返校继续学业的少年的父母无法照顾孩子；或者与社会隔离的老年人的营养不良问题日趋严重；抑或有这样一个社区，其中占人口大多数的非裔美国人和拉丁裔美国人认为市议会没有对他们的要求举行公正的听证会。

社区的优势（有时称为资本）是常常被忽略的。例如，社会工作者在发现儿童照护服务稀缺的同时，也可能发现紧密的亲属网络，如祖父母积极参与孙子或孙女的生活。日趋严重的营养不良问题，可能掩盖了许多地区教会乐意为老年人提供膳食的事实。非裔和拉丁裔美国人感到市议会愿意回应他们的议题，同时，他们可能有强烈的动机让别人听到自己的声音，有鲜明的社区身份认同感，并渴望动员社区。实务工作者应识别出社区的优势，这将有助于确定社区是否能够解决自己的议题和问题。格林和海恩（Green & Haine, 2002）建议将社区资本划分为五个方面：物理资本、人力资本、社会资本、经济资本和环境资本。实务工作者可能希望在特定情境中运用这些类型来评估社区的优势。

了解社区的优势、议题和问题，有两方面的益处：（1）它使宏观实务工作者了解目标群体的所有可能性，以及他们面临的困难；（2）有助于工作者制定更切合实际的解决方案。例如，有时，先要有资源解决交通的问题，然后才能解决服务获取这个更大的问题。

社区居民将社会问题贴上"状况"这个负面的标签。不同的社区和目标群体所识别的社会问题是不同的。有时，某些状况一直未被视为问题。这就要求社会工作者让当权者注意到这些状况，并促使他们把这些看作社会问题。这项工作并不总是很容易，因为社区居民可能会极力否认问题的存在。议题指的是存在分歧的点。社区成员可能对于某个事务是不是一个问题存在分歧，或对如何使用资源来解决这个问题意见不一，或是其他情况。了解分歧点在哪里，有助于开展工作。

勾勒优势、议题和问题的面貌是为了了解影响目标群体的那些情况。这既要求直接接触，也要求搜索专业知识库。实务工作者与那些能够告知目标群体问题和需要的人们接触，可掌握对社区议题的第一手资料。专业知识库可以让我们增加有关识别出的社会问题的理论知识，让我们了解针对有相同或类似问题的人的实务经验和研究发现。

在了解某个目标群体时，不能过分强调最初的和权威的资料的重要性。社会工作者必须了解群体的多样性。以家庭工作为例,在不同的文化背景下,家庭的意义,如夫妻关系、父母与子女的关系,以及上年纪的祖父母所扮演的角色,是不同的。同样,男同性恋社区和女同性恋社区对家庭的定义,也会与传统社区的价值观相去甚远。在位于边境的州,许多人对非法移民持强烈的看法。在边境生活的人们(市长、执法人员和市民)每天都面临该问题,并对如何解决移民问题有重要洞见,但他们的意见并未被聆听。倘若我们没有尊重并考虑这些可能大相径庭的观点,便无法充分了解目标群体。

一旦识别出社区成员界定的主要社会问题,你就可以开始去确定这些问题的发生率和流行率。"发生率是指在一定时期内某种现象实际出现的频率。"(Kettner, Daley & Nichols, 1985: 72)例如,在最近一学年中,当地高中可能已经有 15 名学生因吸毒而被捕。"流行率是指在任何时间点上社区中发生某种现象的案例数。"(Kettner, et al., 1985: 72)例如,当前的数据表明,十几岁少年中吸食毒品的人数高达 50%。

社会指标数据可以帮助人们从国家、地区、州和当地的层面,获知社会问题的整体概况。由此,可以比较性地评估社区的社会问题。而社区、县或州层面的专业人士,也可以提供有价值的信息。他们可能掌握与目标群体打交道的第一手资料,他们的组织可能对具体的社会问题进行过调查或收集过统计数据。从这些机构的网站上能获取有价值和有用的信息。

了解主导价值观

完成这项任务,需要探索以下问题:
- 对目标群体中的个人或整个群体来说,重要的文化观念、传统或信仰有哪些?
- 影响社区内目标群体的主流价值观是什么?
- 哪些群体和个人信奉这些价值观,哪些人反对它?目标群体是否存在价值观念上的冲突?
- 社区居民如何看待给予和获得帮助?
- 社区对于吸收目标群体参加对其有影响的决策,都有哪些主导性的共同看法?

在前一章中,我们讨论了价值观对于基本了解社区的重要性。价值观是坚定抱持的信念,社区的价值观就是那些构成社区的人们坚定抱持的信念。这些价值观常常通过社区居民隶属的社团和组织得到强化。

当今世界不断变化,这也要求共享的价值观随之变化。以前,在没有劳动分工的社区(如农耕社区)里,更可能存在共同的价值观体系。早期的社区价值观大多涉及这样的议题:自给自足、照顾自己的家庭需要,以及最低限度地依赖政府的服务。即使在今天,政治立场的差异也常常是由关于服务供给的一整套价值信念来决定的:有的人坚持认为应以最低标准照顾所有人;而有的人则认为,个人和家庭只应获取自己有支付能力的服务。

随着劳动分工的专门化,社区成员对本社区其他人的谋生手段知之不多。另外,社会从初级群体(面对面互动的群体,如家庭或邻里)转变到次级群体(较正式的群体和组织），产生了利益和社团组织的分化。地方社团变成了全国性社团组织的分支，由此，当地的社团成员与社区外的社团联结起来。而技术进步又使人们有可能与地域分布很广的其他人保持联系。

考虑到这些变化，你就不能假设当代社区或目标群体的成员只有一种单一的、共同的、共享的价值观体系。比如，倘若目标群体是由受虐者构成的，则群体成员可能来自不同的社会经济阶层，且具有很多其他差异。对于如何界定虐待、如何界定健康的关系，他们的观点或许完全不同。

根据所选目标群体的不同，实务工作者会发现许多不同的价值观。例如，如果目标群体是艾滋病患者，一些社区成员会强烈感到，这些人值得接受最好的照顾和安慰，而另一些成员却感到恐惧，他们不希望艾滋病人使用当地的急诊室和长期照顾设施。同样，如果目标群体是怀孕的少女，社区居民也可能存在价值观上的冲突。一部分人主张这些孩子应获得避孕知识，而另一些人则担心这样做只会鼓励婚前性行为。

詹森（Jansson，2009）认为，当探索社会福利如何回应各种目标群体的需要时，澄清价值观是很重要的。他认为需要回答以下问题：

- 目标群体是否应该享受服务？有哪些条件？
- 社区有责任解决哪些需要和问题？目标群体的哪些需要应被优先考虑？
- 针对特定目标群体的优势、议题和问题，应采用哪些策略？
- 社区应当给予目标群体优惠的援助和待遇吗？

这些澄清价值观的问题的答案，可能会依社区内目标群体的不同而各异。这一系列问题表明，一些群体可能比另一些群体更受重视，即一些人可能被看作"值得帮助的"，而另一些人则可能被看作"不值得帮助的"。虽然人们可能强烈要求治疗有毒瘾的婴儿，但其有毒瘾的母亲却被鄙弃；没有栖身之所的家庭可能会被看作"不走运"，但无家可归的酒鬼却可能被认为是"自作自受"。

在整个大的目标群体内部可能还会有各种子群体，人们看待这些子群体的方式各异，具体还取决于目标群体本身。认识到群体内的这种多样性有重要意义，它有助于宏观实务工作者仔细核查每一个受影响的民族或种族群体的价值观，目标群体中男女两性可能有的不同视角，以及受变革影响的男女同性恋者、双性恋者、变性者群体的代表性观点。花时间了解形形色色的价值观，并及早将之纳入考虑的范畴是明智的。这好过由于忽略不同的价值观而使得变革的工作不奏效，使得一切都无法挽回。变革推动者要深入到澄清价值观的工作中去，明白社区价值观或目标群体的价值观不会像已知的那样总是一成不变。同这种价值观念冲突奋争，能够让变革推动者多少了解一些社区对满足目标群体的需求愿意承担多少责任。这些努力常常生动地表明，当社区的一部分人将某件事视为问题时，其他人却将之视为一种境况或仅仅是生活中的一个事实。

当社会工作者开始了解主要的社区价值观时，必须注意辨认目标群体的看法与主流社区的看法是否一致。当做出对目标群体有影响的决定时，你是否考虑过他们的想法？认识到价值观的差异和权力的不对等是社区评估的重要组成部分。

不论已识别的目标群体如何，社区内这一群体和其他群体之间都会存在差异。目标群体的内部也会存在差异。可能的差异包括性别、社会阶层、精神和宗教、性取向、年龄、生理和精神能力。

"差异动力"（dynamics of difference）（Cross, Bazron, Dennis & Isaacs, 1989：20）可能包含了跨文化交流，即拥有不同历史背景和价值观的群体相互交往，当他们相互交往的时候，总难免有一些误解和曲解。"双方都会把自己文化中约定俗成的沟通模式、礼节礼仪和解决问题的方式带到交往中，对于服务他人和享受由'异类'提供的服务也可能会带有一些成见或潜在的感受。"（Cross, et al., 1989：20）例如，为老年人提供服务的专业人士会对自己不为拉丁裔美国人服务找出合理的理由。事实上，他们刻板地认为，拉丁裔美国人家庭的旧习俗是自己照顾自己，所以他们不太需要正式的服务。这种过于简单的看法忽略了这样的事实，即本地社区有四分之一的拉丁裔美国人家庭属于贫穷家庭，而照顾一个年老的家庭成员需要背负巨大的经济负担。他们还忽略了那些没有其他的家庭成员住在本社区的拉丁裔美国老年人的情况。

虽然差异可能是微妙的，或被认为是理所当然的，但是它可能会影响到目标群体成员之间及其与其他群体的沟通方式。全国社会工作者协会制定了社会工作文化能力的标准，这些标准对于识别社区差异特别有用。文化能力是一个过程，在此过程中，人类及其所在的系统对所有人的文化保持敏感、尊重并给予回应，通过重视他们的价值并维护他们的尊严，来肯定他们之间的差异（NASW, 2006：4）。女性主义学者（Netting, O'Connor & Fauri, 2009）鼓励人们认识到性别差异。坦恩（Tannen, 1990：18）的研究指出，男人和女人会使用"性别语言"讲话，这就形成了"跨文化的交流"。例如，一个男性社会工作者去评估社区对带小孩的单亲妈妈的反应。他参加了几次为这一目标群体开办的支持小组的活动，结果却感到很沮丧。因为小组成员所做的一切就是谈论问题，却未在向更大社区提什么要求方面达成共识。这位社会工作者认为，部分原因是目标群体中的一部分人不愿意正视自己的问题并努力找出解决问题的办法。但是支持小组的妇女却认为，参加小组是一个表达她们思想和感情的机会，她们并没有把这个小组当作立即解决问题的地方，她们只是想在这里建立联系并获得亲密关系。请留意支持小组在满足社区系统更广阔的需求方面是如何发挥培育功能的。而且，对性别保持文化敏感是很重要的，要认识到这个养育系统在支持女性方面的优势。

识别正式和隐蔽的压迫与歧视的手段

为完成这一任务，需要探讨以下问题：
- 在目标群体成员内部可以观察到哪些差异？
- 在社区内其他群体中可观察到哪些差异？
- 是否有障碍（如组织、规则、程序和政策）防止目标群体全面融入社区？

● 事关目标群体的决策在多大程度上征求了有色人种、女性、男女同性恋、变性者、老年人、失能者的意见？

当任何一个群体受到严重的限制（有时是有意识的，但常常是无意识的），因而制约了该群体的竞争力，令他们易受到剥削（Barker，1995：265）时，便发生了压迫（oppression）。压迫聚焦于差异。它假设，某一群体的地位比其他群体更低，或不像其他群体一样好，或比其他群体的价值低。压迫基于权力差异，以及设置条款和限制他人选择的权力（Appleby，2007）。压迫常常表现为，聘请那些与自己相似的人，或与属于"内部圈子"的人签合同，而不是把机会给新的承包商。

某些人对差异感到不安，因为他们认为不同方式有好坏之别，认为差异是一个必须解决的问题。另一种观点则认为，差异反映出的是多元的世界观、信仰和行为方式。社会工作者可以把差异看作目标群体的潜在优势加以运用，但是他们必须记住，差异也常常包含了对成功结果的不同看法。比如，就像上面谈到的妇女小组一样，那位男性社会工作者之所以会感到沮丧，是因为他认为那些妇女小组的成员没有去解决自己的问题，然而对于那些单亲妈妈来说，妇女小组本身在某种意义上就是一种解决问题的方式。它为单亲妈妈提供了一个论坛，在这里她们可以分享一些共同关心的话题，寻求理解和支持。接下来，这个论坛便可以成为解决更多问题的平台，但是以适合小组成员，而不是小组领导者的方式和地点进行。

性别、种族、民族、性取向、年龄和能力等方面常常会发生压迫现象。目标群体不同，他们所涉及的"主义"也会不同，或许是全部，或许是部分"主义"（如性别主义、种族主义等）。在许多情况下，目标群体可能是受到某种"主义"影响的人群（Appleby, Colon & Hamilton，2007），正如前面第四章所界定的那样。

最新的数据与基于专业知识的信息，为实务工作者提供了社区差异的现有信息。它也提供了背景信息，方便实务工作者将来收集资料来做需求评估，并为寻求社区变革提供坚实的基础。

要认识压迫和歧视问题，识别价值观上的冲突至关重要。价值观可能基于偏见，社区成员对于目标群体的臆断并非基于系统性的证据。对于系统性的证据，要小心和机敏地处理。许多人仍然相信，每个人实际上控制着自己的命运，辛勤的工作和坚持将克服任何障碍或限制。特别是当身体严重残疾的人完成了难以置信的体能上的伟绩，或是资源严重受剥夺的人创造了事业的成功时，这种信念就更加强烈。

这些成就成为当地、州、国家领导者的"证据"。他们认为，需要帮助的那些人只是不够努力而已。持这种观点的人只相信他们所认为的系统性证据，并否认自己的信念是偏见。然而，这里被忽略的是数以万计的差别待遇，它令有色人种、女性、生理和发展性失能者以及其他人难以平等地获取经济资源和实现自给自足。另一个观点是能力视角（Sen & Williams，1982）。该视角认为，并非所有人都有机会在同一起跑线上，必须考虑如何让其中一些人能够与他人竞

> 要认识压迫和歧视问题，识别价值观上的冲突至关重要。

争（Nussbaum，2006）。所以，比如，当无家可归者可以获得工作却拒绝时，有人将之视为他懒惰的证据，而有人则认为，这是对终生都没有希望、令人泄气、没有前途的工作的反应，因为这份工作不可能得到技能方面的提升。对某些人来说，露宿街头要遭的罪比在一个毫无希望的工作岗位上受煎熬好一些。在这种情况下，一个运用能力视角的实务工作者将从服务对象所处的境况开始，基于无家可归者所处的情境，设计出尊重本人的变革方案。

偏见（prejudice）与价值观密切联系，并可能影响个人的感受。歧视（discrimination）是偏见的外在行动表现。我们可以通过目标群体和其他社区成员之间生活质量的差异，来观察歧视性的行为。

例如，贫穷的少数族裔老年女性面临着三重危险——她们年老，是女性，且贫穷。她们的经历涉及世代机会的受阻、被歧视和忽略。当任何群体被作为一类人受到歧视时，当个人仅仅因为属于一个群体而受到歧视时，当个体差异被抛到一边时，便意味着国家的体制有严重的损毁，因而社区的机制也受到了损毁。对于那些受歧视的受害者来说，无论他们工作多么努力、多么诚实、多么奉公守法、多么遵守规则，都没有用；就因为他们终生都是某个群体的一员，所以永远也摆脱不了受歧视和受压迫的命运。因此，在社区评估过程中认识歧视性行为是很重要的。

任务3　识别社区结构

了解社区的第三个任务是识别社区的结构。根据所界定的问题以及目标群体的需要，区分社区的结构性区域十分重要。请回顾第五章的社区实践模式概览。在那一章中我们识别了各种模式，每个模式描绘了不同的组织结构。例如，如果问题是无家可归，整个城市可能都是工作者开展工作的焦点；而如果问题是辍学率居高不下，学校所在的街区则可能成为工作者开展工作的入手点。结构性区域或许是一个精神健康机构所覆盖的服务范围，也可能是一个地区老龄机构规划和服务的范围。我们的目标是让宏观实务工作者对锁定的社区范围内的影响目标群体的权力分布、资源供给与分配、服务配置形态等情况有所认识。

社会服务系统及其为有需求的人提供的社会服务项目，也是社区结构的一个组成部分。表6-4标示出评估社区服务供给情况时应该考虑的不同单位类型。这些单位相互依赖，它们汇集在一起，便构成了社区的健康与社会服务递送系统。根据可获得的资源情况，一个特定的社区在选择服务供给单位的类型上可能会有所侧重，一种用得多，而另一种用得少。例如，一个资源贫乏的社区，在获得由公共部门资助的正式服务之前，依靠非正式单位获得服务便是必要之举。尽管如此，在所有社区中都能找到非正式的、中介性的和正式的服务供给单位。聪明的社会工作者会仔细地评估所有可向目标群体提供服务的单位。

表 6-4 健康与社会服务递送系统内的单位

非正式单位	中介性单位	正式单位
家庭户单位	自助小组	非营利的志愿机构
邻里团体	草根协会 志愿协会	公共机构 营利机构

认识社区的权力分布状况和资源的可获得性

为完成这一任务，需要探索以下问题：

- 针对目标群体及其问题，会牵涉到的领域或辖区是哪儿？
- 谁控制着资金？
- 就识别出的问题所覆盖的范围而言，谁是主要的社区领导者？谁会对目标群体关心的事给予回应？谁会反对解决目标群体的问题？
- 目标群体在多大程度上能获取他们所需的服务？

最初，由家庭、朋友和邻里构成的初级群体担负着社区生活的一些必要功能。这就是第五章中涉及的"社区"概念。但慢慢地，这些功能有许多开始由商业性组织和政府承担起来，并出现了更正式的服务供给系统，这反映了"社会"的概念。最明显的变化发生在20世纪30年代中期的新政时代，当时社会经历了经济大萧条，政府不得不有所作为以满足人们对社会福利的需求。那时公共服务和私人服务在供给上的平衡点发生变化，公共资金在社会服务支出中所占的份额逐渐增多。

城市化和工业化给美国的社会、政治和经济结构带来了巨大的影响。正如沃伦（Warren, 1978）指出的，影响的一个主要方面是人们工作与生活的分离。由于这一变化，掌权的人也变了，谁掌权要看社区的类型。

随着人们在当地（横向）和社区之外（纵向）的纽带不断扩展，科层制组织及其相伴的非人性化的办事风格也日渐增多。伴随人口规模的扩大，政府、商业性组织和志愿者组织通常采用科层制的组织结构。社区服务的资金组合形态可能引致来自社区外的权力代言人。成为本地社区服务的主要基金来源，便意味着能够影响和指挥服务提供者为目标群体提供哪些服务。例如，某个由志愿者运作的社区服务专项工作机构，原本是为邻里提供服务的机构，但可能转变成提供多元服务的机构，并聘用多名受薪员工。这意味着在健康和社会服务系统中可能会有数位领导者，他们各自代表着不同的社会部门（如政府部门、非营利组织和营利组织）。此外，规模较大的综合性服务组织可能会有多个资金来源，包括联邦政府、州和地方政府的拨款，联合劝募组织的资助，私人捐助以及服务收费。因此每个基金来源的期望都必须予以满足。

从权力的角度考察社区，要求我们识别出社区内正式与非正式的领导者，还要考察他们在社区事务中的影响力。要判定政治气候，就要去阅读本地的报纸，与当地的社区领导者谈话，以确定应当最优先考虑解决哪些问题才能去争取拨款。如果需要改变立法，那么就有必要先识别出谁可能愿意充当解决目标群体问题的带头人。

社区权力可以从三种视角来考察：（1）精英主义结构，（2）多元主义结构，（3）无定形结构。精英主义结构，是指由少数人在各种社区部门掌握着大量的权力，且不论关于何种议题，这种权力持续存在；多元主义结构视角认为，随着社区的问题发生改变，会兴起各种利益群体和变动着的联盟，随着社区内部发展出越来越多的特殊利益群体，这种观点可能更加流行；无定形结构，是指社区内部没有持久不变的权力关系模式（Meenaghan, Gibbons & McNutt, 2005）。实务工作者通过了解社区的权力动态关系，可以更准确地评估社区。

与社区结构有关的还有可利用的资源问题。当社区着手满足目标群体的需求时，其可以分为两种类型："资源丰富型"和"资源贫乏型"。尽管关注与权力相关联的资源是很重要的，但收集资源方面的信息也同样重要，如此才能瞄准适合社区变革的资源。

开展社区工作要考虑许多种类型的资源。资源可能是有形的东西，诸如福利支票；也可能是无形的、象征性的东西，诸如关怀或社会支持。资源可以包括地位、信息、金钱、实物或服务。早期介入社区的工作人员，主要关注比较实在的、可交换的资源（如金钱、商品和服务），因为有形的资源更容易被明确界定，并且看得见、摸得着。然而，当专业人员开始比较积极地投身社区工作时，他们便有更多机会意识到，较为表意性的互通有无（如关爱、地位和信息）对于目标群体成员也同样重要。

资源可以从许多不同的领域获得。金和梅耶斯（King & Mayers, 1984）酝酿出了一个"社区评估指南"，用以分析社区的资源。他们建议，为了评估特定的目标群体可以得到的社区资源，工作者要探索数个领域。对于每一个领域，工作者都应该弄清楚相关政策、实施办法、资格要求、网点分布和参与情况，以确定目标群体在多大程度上能够获得这一资源。他们提出的具体领域如下：

- 健康。
- 福利。
- 教育。
- 住房。
- 娱乐。
- 就业。
- 商业。
- 宗教。

例如，如果目标群体是低收入家庭的儿童，那么需要探索的资源包括医疗补助制度（健康）、儿童福利服务（福利）、学校工作方案（教育）、公共住房、父母所在单位提供的儿童照护服务、企业的社区服务方案（商业）、宗教团体为本社区提供的服务（宗教）。工作者可能会问：这些系统在满足社区儿童的需求和实现社区的期望上，发挥了多大的作用？各领域的项目之间有怎样的联系？

服务的可及性（service accessibility）受到许多因素的影响，包括人口密度、服务需要的密度、区域内居民支付服务的能力、服务供给者之间的竞争，以及服务使用者的交通选择。人口密度很重要，因为服务点往往选址于有足够潜在服务使用者的地方，以保证稳定的服务需求。这就是为什么在农村地区和人烟稀少的郊区，服务的可及性常常比在城市更为有限。同样地，服务往往被吸引到有需要的区域。因此，在那些有孩子的家庭集中的区域，儿童照护中心更普遍；而老年人中心在老年人集中的地方更常见。倘若任何单一的群体都不占多数，或出现人口特征迅速变化，或是缺乏关于人口特征和需要的信息，便会出现服务的空隙。

服务点往往设在服务使用者能够支付得起的地方，即使服务是由非营利组织来提供也是如此。例如，近年来，许多城市低收入社区的医院有很多都倒闭了。高成本、当地居民缺乏医疗保险及其他资源、紧急照护的成本高但需求大，这些因素让医院在财务上不可能维持运营。非营利组织也必须和营利组织竞争，以吸引付费的客户，而这常常导致服务和服务点离那些最有需要的地方比较远。最后，倘若公共交通或其他交通资源到位的话，社区内需要特定服务的低收入居民仍可获得服务。然而，交通系统往往在社区中人口最密集的地方更加完善，而在郊区和新发展起来的区域则越来越稀少。社会工作者要注意这些动态关系，以及它们之间互动的方式，才能理解从社区中一个区域到另一个区域的服务可及性的变化。

察看了目标群体可获得的资源之后，进行社区评估的工作者应该再去察看一下社会服务递送系统的情况。

察看递送服务的单位

要完成这一任务，需要探索的问题有：

● 哪些非正式单位（如家庭户、天然支持系统与社会网络）在为社区内的目标群体提供服务方面发挥着积极的作用？

● 哪些中介单位（如自助小组、志愿协会或草根协会）在为社区内的目标群体提供服务方面发挥着积极的作用？

● 哪些正式的服务递送组织（如非营利机构、公共机构、营利机构）在为目标群体提供服务方面发挥着积极的作用？

● 在递送服务时，是否因目标群体的种族或民族、性别、性取向、失能、年龄或宗教的不同而存在区别对待的情况？

在第五章中，我们讨论了非正式单位和中介单位对于我们更好地了解社区的重要性。家庭户单位由在同一个寓所居住的人组成，不管这个寓所中的人将自己看作家人、重要他人、朋友、搭档，还是室友，他们都构成了一种家庭单位。天然的支持系统由互助演变而来，它包含了资源交换，从而超越了纯粹的社会网络。由于非正式单位和中介单位是"非正式的",因而不太容易接近,所以对这两类单位进行评估会有一定的难度。尽管如此,任何能够收集到的相关信息都会对工作者有所帮助,因为常常正是这些不易觉察的活动,对那些需要帮助者的生活质量起到了重要的作用。

正式的健康和社会服务递送组织会以各种方式相互联结。例如,某人可能成为信息和转介系统联盟(Alliance of Information and Referral Systems,AIRS)的成员,这是一个面向信息提供者和转介项目的伞形组织,致力于增强当地服务网络的能力(AIRS,2006)。该组织的项目可能让你联系其他社区,并了解它们如何给递送单位提供服务。我们将根据以下三种类型简要地考察服务递送单位的情况:非营利机构、公共(政府)机构和营利(商业的)机构。

非营利机构。随着志愿性团体日趋正规化,它们可能注册成为非营利机构,归入为政府特许的免税组织。非营利机构的类型很多,这里我们聚焦于非营利的社会服务机构。非营利机构是递送健康服务和社会服务的正式载体(Kramer,1981)。它们在当地社区被看作一种选择性机构,即自发为特定的服务对象提供服务的机构。这一传统观点基于美国早期的福利系统,当时各种宗教与世俗团体资助和筹建了大量的非营利机构。近年来,关于非营利机构的专业知识库快速扩展,很值得探索(Hasenfeld,2010;O'Connor & Netting,2009)。

非营利机构在当地社区提供了多种类型的服务。尽管所有使用政府资金提供服务的非营利机构不论种族或性别,都会对服务对象一视同仁,但越来越多的机构专门服务于特定的目标群体,以满足其需要,比如种族社区及其家庭的特别需要,遭受歧视、虐待的妇女以及从传统机构得不到充足服务的其他群体的需要。宏观实务工作者应当识别出以下内容:哪些非营利机构在为目标群体提供服务?他们有没有特别的服务重点?

公共机构。公共部门由联邦、州、地区、县和市政府等实体组成。由政府来发挥互助作用,意味着政府承担起了社会福利的责任。美国的社会福利系统被描述为项目和政策胡乱拼凑在一起的、散乱的混合体,它并非以系统性的方式运作,令人难以理解(Karger & Stoesz,1990:167)。

联邦政府的项目通常要经过多级政府机构才能下达到当地社区运作,其划拨的资金也要经过社区外的多级机构才能落实到社区。究竟要经过哪几个级别的机构取决于项目的类型。除了联邦政府之外,州和地方政府也有自己的一套制度,像授权权限、管辖权、法规和程序,这些都辖制着当地的服务提供者能做什么、不能做什么。当地决策权和自主权的多少取决于所推动的特定项目的相关政策。简言之,社区外的来源肯定会影响当地的公共服务递送情况。

在评估社区的社会服务体系时,了解影响目标群体的政策和项目是很重要的。例如,从事老年人工作,你就必须熟悉《美国老年人法案》(Older Americans Act)。通晓这个法案,你就会知道每个州都有一个指定的州立老龄工作部门和老龄工作地区机构(Area Agencies on Aging,AAA)的网络。每个州都必须有一个为期三至五年的老年人服务规划，每一级为老年人服务的地区机构都要有各自的辖区规划。这样，美国境内的每一个社区都会被纳入满足老年人需求的服务计划中。但是经验告诉我们，这并不意味着每个社区都满足了老年人的需要。因为资源是有限的，而且计划的实际执行涉及与其他公共和私人部门合作，一起使用《美国老年人法案》中的资金。除此之外，许多社区都有轮候服务的人，而且各州对联邦立法中订立的目标认同和投入的情况也不尽相同。

如果目标群体是正接受贫困家庭临时援助的单亲母亲，那么社会工作者必须知道各州对服务对象的收入与收益的计算有不同的规定。而且，各州还建立了本州的家庭需要标准。因此，尽管贫困家庭临时援助是联邦层面的大型公共救助项目，但是家庭能够得到何种救助还会受到州层面决策的影响。为了保证工作成效，社会工作者有必要了解联邦政府和州政府是如何相互影响的、社区对贫困家庭临时援助受助者的态度对服务对象有何影响，以及贫困家庭临时援助的评估结果如何。

在此重申，要评估整个社区的公共资源（包括社会服务项目的资金）的分配情况，站在特殊群体的立场上考察社区工作十分重要。志愿团体常常呼吁为其成员提供服务，并在不同程度上成功地影响了资源的分配状况。在很多社区，关于老年人的这方面的工作一直相当成功，但是对儿童需要的关注却时有时无。在过去的几十年中，少数族裔群体行使的政治权力不断增加，但是在许多社区仍可发现他们的利益和需求被置于次要位置。例如，一些社区敦促聘请双语的社会工作者，以满足多语种社区不断增长的需要，但许多机构的工作者只能以最基础的方式和使用非英语的服务对象交流（Engstrom，Piedra & Min，2009）。代表男女同性恋者、变性者的团体越来越多地发起行动，提请为艾滋病研究提供资助，并参与到政治领域的活动中以影响资源的分配，但是他们仍然要面对广泛的歧视。

了解社区内部的政治系统是一个挑战。在美国，州、市、县三级组织对健康和社会服务项目都有管辖权。社会工作者不仅要了解联邦政府的多个法规、法令、行政规则以及拨款方式，还要通晓州和当地的法律与筹资程序（Jansson，2011）。

专业同事会告诉你他们对各种类型的服务的看法，以及政府是否真的妥善处理了目标群体的需求。例如，对公共住宅开发部的宏观实务工作者来说，从事其他开发工作的社会工作者能帮助自己解读相关的法规、法令，其中哪些有助于开展工作，哪些会带来限制。因此，熟识在相似系统中工作的同事，对于建立专业支持系统以应对那些公共政策、程序和法规有重要的作用。

> **实务情境**
>
> *批判性思考问题*：你怎样在管辖区内开展工作，以解决远远超出辖区范围的问题？

营利机构。企业基金会在资助那些造福当地社区的工作项目上，发挥着重要作用。长期以来，许多企业为其雇员提供福利，满足了他们在健康、社会服务以及退休方面的需要。事实上，越来越多的社会工作者借助"员工援助计划"（employee assistance programs，EAPs）进入企业工作。企业之所以推出这些援助计划，是因为它们日益认识到，只有那些在生活各方面得到支持的员工才有生产力。身处老龄社会，一些大型企业已经为照顾年迈父母的员工建立起了老年照顾支持网络。

过去十年里，营利性组织承担的医疗保健服务和社会服务一直呈增长态势。例如，美国的大多数养老院现在都是营利组织。这种服务模式的转换最早出现在医疗照护领域，私营医院开始与传统的非营利医院展开竞争（Marmor, Schlesinger & Smithey, 1987）。用公共财政资助私营机构运作卫生保健服务只是转变的开始。随着营利企业日益参与公共服务的竞标，它们越来越多地与非营利组织竞争。20年前，我们在讨论医疗保健和社会服务系统时，还把目光几乎全部聚焦在政府和非营利机构及其合作关系上。但是今天，"混合经济"这个术语显然是对政府、非营利机构和营利企业所提供的服务的准确描述。

所有这些实体构成社区社会福利系统的结构，这或许令学生或新入行的实务工作者多少感到有些困惑。很多人都存在这种困惑，这可以理解。如果你将结构视为一个连续谱，其中的一端可能是公共教育系统，而另一端是企业或商业系统。教育通过各层次的课程高度组织化。从幼儿园到研究生教育，各个层次的课程愈发具有挑战性。在任何一个社区，父母都希望满足子女在教育方面的需要，常常能够相对快速地获取适切的教育服务。而商业部门由大小不一的组织构成，组织内的人发现某种需要，然后设计某些采购和递送系统。但人们不一定能在商业系统中找到想要的服务，而且找到一个特别的产品或服务以满足需要，可能是一个很长的过程。社会服务则在这个连续谱中间的某个位置。早期的社区包含政府要求提供的某些服务，但这不妨碍个人以志愿者、非营利组织或营利组织的形式，发现需求并提供服务。结果就是，为满足特定群体的需要，有了一个非常复杂的服务网络。而尝试探索机构的网站可能达到事半功倍的效果。

鉴于正式服务递送系统的复杂性，我们评估的目的，就是更好地了解哪些组织正在为社区内的目标群体提供服务。大致了解社区内有哪些非营利机构、公共机构和营利机构，有助于工作者察看它们如何并肩工作，以及它们与服务递送系统内的非正式单位有何联系。

识别影响、控制和服务递送的形态

为完成这一任务，需要探索的问题有：

- 哪些群体、社团和组织（包括社区内外）主张帮助目标群体，并为他们提供实际援助？
- 社区内部的互动关系（包括通过电子媒介的互动和面对面的互动）如何影响针对目标群体的资源分配？
- 给目标群体的服务受到了哪些限制？是谁造成这些限制的？
- 在掌控向目标群体提供的服务方面，社区居民和服务使用者各自扮演了什么角色？

在评估参与模式和参与水平时，宏观实务工作者要区分出市民参与和服务使用者或服务对象参与的不同，这一点很重要。很多市民出于利他主义动机，或基于某种信念，致力于为穷人和受压迫者争取权利。他们在参加讨论的时候会带入自己看问题的特定角度，推动社区的建设性改变。然而，不能因此将那些对问题感兴趣的市民倡导者的观点，等同于直接受问题困扰的市民的观点。只要有可能，就应当找出目标群体的代表，让其使用自己的语言表达心声，而不是让专业人员或其他关心这类问题的市民为其代言。

当我们谈到掌控目标群体可以获得的服务时，包括社区内外两方面对服务资源的掌控，即机构总部在社区内还是社区外。在实践中，内外结合的模式会发展成社区单位齐抓共管的局面。比如，州和联邦政府资助建立社区医疗诊所，就是社区外组织掌控资源的例子。资源分配上的典型做法是，运用合同说明规则和预期目标。因而，当地社区的各种社会服务机构就要与社区外的公共机构打交道。社区的内部关系影响着社区内各子系统的联结。利益趋同的组织为实现其共同利益，常常结成松散的联盟。比如，几个妇女团体为了建立受虐待妇女避难所，或为了成立政治行动委员会，而结成联盟。

社区内不仅存在那些将个人与非正式和正式的团体、组织联结在一起的横向联系，而且还有大量超越地理边界的纵向联系。随着社区外的力量对人们所思所行施加影响，当地社区的自主权可能会减少。工作者必须考虑社区之外的力量对于社区目标群体的重要影响，才能理解服务分配模式。另外，由于社区外的力量介入，社区有了更多的选择权和额外的资源，可能实际上增强了社区的力量。

掌控资源的实体在社区内有多大影响力，往往取决于市民参与的程度。在电子网络兴起之前，市民参与主要是通过面对面的形式，但现在，由于出现了多种形式的电子媒介，整个关系网可能是无形的。市民参与可以发挥多种作用，包括审阅和评议各种材料，比如报告和计划书。这个审阅过程可以通过电子媒介来进行，可以在委员会议上进行，可以选择性地邀请一些人提供反馈意见，或是举办公共听证会。建议和咨询是针对需要采取的措施提出意见，而顾问的角色常常包含一个更正式的、持续工作的机制，如联合劝募组织（United Way）的顾问委员会或计划委员会。虽然顾问委员会没有决策机构所拥有的权力，但由于它们有渠道接近决策者，它们的呼声能够引起高度重视。此外，顾问委员会的意见可能会对服务方案的拟定产生积极的影响，而不只是对别人定好的方案提意见。当市民和服务使用者对决策享有控制权（如影响政策声明或成为理事会成员）时，便出现了治理（governance）。这类角色使市民和服务使用者拥有最大限度的控制权。比如，一个在家庭服务机构理事会任职的服务使用者，或许可以说服其他理事会成员，将为单亲母亲提供良好的儿童日托服务定为机构的首选服务目标。

我们不能理所当然地认为，市民参与与实务工作者发起的社区变革会自动同步。民主的精粹是市民参与，但如此一来参与者中必然包括意见不一的各类群体。就像一些市民可能会提议在当地建立计划生育委员会，而另一些市民却认为这个机构提供的服务违背道德一样。无论何时，只要有感兴趣的市民和服务使用者参与社区事务，就应当预见会有此类观念上的冲突。

对于宏观实务工作者来说，仅仅了解社区内有哪些群体和服务机构还是不够的。重要的是，实务工作者要了解这些机构实际上是否协同工作，使目标群体不会陷于服务递送系统中的盲区。因此评估过程中的最后一项任务，是考察服务单位之间的衔接情况，并判断这些互有影响的单位是否真的构成了一个能回应各种需求的系统。

确定服务单位之间的联系

为完成这一任务，需要探索的问题包括：

- 一般来说，社区内部的各类服务单位是怎样衔接的？
- 本社区中为目标群体提供服务的各单位之间有什么服务衔接？
- 哪些地方明显需要服务单位之间建立衔接，但到现在这种衔接还没有建立起来？
- 通过服务单位间的衔接而建立起来的服务网络是否体现了有色人种、妇女、男女同性恋者、变性者及其他受压迫的群体的利益？

如果社区有多种服务机构，这些机构在服务上有重合之处，并有大量各类服务，那么能否把它们联结起来，使它们成为社区服务递送系统呢？当然各单位之间可能存在着竞争，但同时也存在着服务上的联结。这好比个人嵌于社会网络中，社区内的团体和组织的情况也是如此。这些单位间的关系模式可能随着时间的推移而发生变化。

许多学者对组织之间的关系创建了多种分类方法。托宾、艾乐和安德森-雷（Tobin, Ellor & Anderson-Ray, 1986）将社区内社会服务机构间的互动关系划分为五个层次，即沟通（communication）、协作（cooperation）、协调（coordination）、合作（collaboration）与合并（confederation）。贝利和科尼（Bailey & Koney, 2000）划分出四个层次的关系，分别是：附属（affiliation），联盟（federation）、协会（association）或同盟（coalition），联合会（consortium）、网络（network）或合伙（joint venture），合并（merger）、吞并（acquisition）或一体化（consolidation）。表6-5节选了这些不同的分类。下文将逐一讨论。

表6-5 服务单位之间五个层次的互动关系

互动层次	关系类型	特点	提供者的自主水平
沟通	友好的、真诚的	单位间共享信息或想法，包括提供咨询意见	高
协作	可能作为附属单位	一起工作，计划并落实独立的服务项目	高
协调	可能是一种联盟、协会或同盟类型的关系	避免服务重复，彼此协助，共享信息，互为宣传，转介服务对象	一般
合作	可能是一种联合会、网络组织或合伙人类型的关系	利用共享的资源结合在一起，提供一个单一项目或服务	一般
合并		合并成一个实体	交出自主权

资料来源：改编自托宾、艾乐和安德森-雷（Tobin, Ellor & Anderson-Ray, 1986）与贝利和科尼（Bailey & Koney, 2000）的著作。

沟通。沟通可以是正式的，也可以是非正式的。服务单位之间共享信息和转介服务对象，这是日常的正式沟通。沟通旨在增进机构之间的信息交流和相互了解，通过使用社交网站（如"脸书"）、宣传册、传单、媒体等方式，可增强沟通。各服务单位聚在一起讨论社区议题，员工们通

> **人类行为**
>
> 批判性思考问题：个人关系可能会在大型机构携手工作中发挥怎样的作用？

过邮件交流，或在会议上谈论各自的服务项目，这是服务单位之间的非正式沟通。尽管我们假定服务单位之间会有沟通，但常常出现服务递送系统"掉链子"的情况，这是因为各单位间的信息共享过程并未得到培育，而且沟通方式有很多，难以追踪这些复杂的关系。当组织内有人事变动和社区成立新团体时，通常服务单位会拟定书面协议，提醒人们保持持续沟通的重要性。

协作。当社区内的服务单位同意为一个相近的目标而一道工作时，便会有协作。本地一家私立儿童照顾中心可能会与一个公共社会服务机构密切合作。这两个服务单位为带小孩的单亲母亲提供的是不同的资源，但两者都想为这些单亲母亲提供帮助。儿童日托中心的社会工作者与社会服务机构的工作人员每月碰一次面，讨论他们共同关心的问题，并让服务对象感到两家机构所提供的服务有延续性。实务工作者要知悉这些业已建立的联结，而且要积极参与建立这种协作关系。

企业公益服务体现的是营利机构与非营利机构之间具有协作性质的联结。在这一方面，李维·斯特劳斯公司（The Levi Strauss Company）提供了一个很好的范例。在全美各地，只要社区中有李维·斯特劳斯工厂，就能找到他们参与社区服务的团队。在东南部的一个城市里，该公司鼓励雇员积极参与一个多县联合的非营利项目，为老年人和残疾人提供家庭援助服务。公司雇员贡献自己的时间，为那些行动不便的老人粉刷和修理房屋，同时友好地拜访这一非营利机构的服务对象。如果目标群体是丧偶的老年妇女，社会工作者就要知道，该企业乐意满足服务对象的需要。

企业的公益服务可以表现为多种方式（Brudney, 2005）。某个企业可能会给雇员贴补，让他们有时间从事社区服务工作。其他的公司可能会在某个时间段把雇员借给社会服务机构使用，这样机构就可节约成本，同时获得展开项目所需的专业知识和人才。雇员临近退休时，营利机构常常会为他们做退休前的培训，这样退休后的人员就可以充当志愿者的后备军。营利机构的这一做法实际上起到了为非营利机构的服务递送系统招募人员的作用。

营利机构与非营利机构之间的交换，还可以采用企业提供现金和实物捐助的方式。计算机生产厂商可以把计算机硬件捐献给当地的服务机构，以帮助它们实现信息系统的计算机化；餐馆可以把食品捐给露宿者的临时收容所；当大城市处于令人担心的犯罪高峰期时，当地营利性质的养老院可以向社区的独居老人开放。为满足社区中目标群体的需要，不同部门的服务单位之间究竟存在什么样的协作关系？在评估服务系统的互动关系时，是否需要考虑种族、民族、性别或性取向等因素？有些群体的利益是否应当被考虑却被遗

漏了？

协调。协调是指协同努力一道工作。那些互相独立的服务单位常常共同起草合作协议，规划协调工作的方式。它们可能会形成联盟，组成协会或同盟。

在一个致力于满足特殊群体（如老年人、残疾人或艾滋病患者）需求的照顾系统的连续谱中，有必要协调各组织之间的工作。当急诊病人离开医院时，办理出院的专业人士要给病人制定一个护理方案，这就要求对当地的服务提供者有所了解，并密切协调与之相关的服务。这个服务方案往往包括一整套项目以满足服务对象的需要，如流动送餐服务、上门护理和家务服务，还要根据失能的程度和恢复期的长短，制定出让病人回家疗养或在长期照顾机构中恢复的不同方案。这样就需要广泛的协调工作。

当消费者从多个单位获得服务时，需要进行单位之间的监管。当地社区个案管理的发展便反映了这一需要。个案管理项目致力于发挥协调作用，以便服务项目在正式和非正式单位之间实现通畅递送。凡是服务于目标群体的个案管理者，他们对服务单位间的关系会有自己的看法，也会发现服务单位间的衔接不当之处，因此了解他们的看法是非常有用的。

合作。合作意指合伙（a joint venture）。合伙是一种协议，即社区中两个或两个以上的服务单位承诺共同创建一个新的项目或服务。这种合作通常发生在社区中没有一个单位有能力或愿意单独承担新项目所带来的风险的时候。为实现合作，各单位会组建联营集团，并发展网络关系。

例如，当地的某个老年居民中心认识到，需要为它的许多服务对象提供家庭维修服务。由于老年人往往住在老房子里，因此房子经常需要修缮，可这个老年居民中心自己缺乏资源，不能独立实施此项目，于是通过与社区行动机构合作，共同创办了针对老年人的房屋修缮服务。最后，这个房屋修缮服务项目演变成一个独立的服务单位，成为一个新的非营利机构。

建立同盟（coalition）是另一种形式的合作。它是由一些最初具有独立身份的团体和组织组成的松散的联盟。例如，为防止儿童受虐，成立了州的同盟。社区组织、志愿协会、公共机构和感兴趣的个人，为了一个共同的目标——为这个国家的儿童创造安全的环境，而联合成一股力量。他们走到一起，组成了一个新的志愿协会。虽然这个同盟中不同的成员代表着社区中不同服务单位的利益，但他们在儿童福利方面的合作，却为改变现状提供了一个牢固而集中的网络。

在一些社区，服务于特殊群体的各个机构，通过合作来评估服务对象的需求，考察现有的服务与需要之间是否匹配，并为争取项目基金而建立联合阵线，为自己壮大声势。许多联邦和州的服务合约都要求建立积极的合作或伙伴关系，为了保证充分的参与，甚至鼓励共享员工、聘用协调员。典型的是私人基金会的计划书，这通常要求他们的资助对象非常明确如何与其他单位进行合作。

合并。当社区内一个或两个服务单位不能自主运行时，它们很可能会合并在一起。例如，两个精神健康中心合并为一个单一的组织，这被称为横向合并；一家医院兼并了一个家庭保健站，这被称为纵向合并；社区中的众多小单位在一个大机构的支持下结成同盟，这叫作聚集式合并。这些合并行为一般仅限于非政府机构。

机构间的互动不可避免地会产生竞争和冲突。变革推动者要学会有原则地应对竞争和冲突。这些互动的类型将在本书的第七章和第八章中讨论。

总的来说，上述任务可转化为一系列一般性的问题来处理，这些问题可以运用到评估社区服务的工作当中。察看了社区之后，请首先考虑以下问题：

- 总体而言，社区是否能敏锐察觉到目标群体的需要？
- 社区目标群体的需要是否得到了充分的评估？
- 有没有"一条龙照顾"（continuum of care）的概念或框架，用于指导制订服务计划和筹措资金，以满足目标群体的需要？
- 是否有充足的资金来满足社区目标群体的需要？
- 面向目标群体的服务是否分布在他们易于接近的位置？
- 在为目标群体提供服务时，存在着何种程度的协作、合作和竞争？
- 在实施评估的过程中，各项服务之间有哪些衔接不当之处？困扰目标群体的问题有哪些被疏漏了？
- 目标群体的种族、民族、性别、性取向，或该群体中的其他亚群体，是如何影响服务的需求和供给的？

小　结

本章开头，我们讨论了宏观实务工作者需要一个指导大纲来评估社区的三个原因。第一，总的来说，社会工作，尤其是宏观实务工作，要秉持"人在情境中"的导向。本章中，目标群体活动的社区构成了我们所说的情境。第二，社区变革推动者和专业人士为了解社区的改变，也需要一个指导大纲。我们还讨论了三项任务，通过它们，可以考察社区内部的目标群体获得服务的情况。第三，宏观层次的变革要求对社区的历史和发展过程有所了解，同时要求剖析它的现状。

社区评估提供了一个考察社区的方法，可用于分析在指定的区域内已经发生和正在发生的事情。娴熟的宏观实务工作要做到：（1）找到聚焦的问题并收集精确的数据，（2）分析历史发展趋势，（3）全面深入地了解反映社区居民人生体验、人际互动以及人际关系的质性因素。

评估过程从识别目标群体开始，然后探索相应的社会服务措施，并考虑集体性的需要。接下来是理顺援助的来源，包括非正式的来源（如家庭户和社会网络）和中介性来源

（如自助小组和志愿协会）。正式的服务来源，包括非营利机构、公共机构和营利机构，而这些机构无论在服务性质上还是服务取向上，可能都会在一些重要的方面有所不同。最后一步，是确认这些服务系统联合起来有效满足需要的能力。

在评估社区社会服务系统的过程中，宏观实务工作者积累了相关数据和信息。在此基础上，宏观实务工作者最终必须运用专业知识来评判服务于社区目标群体的资源是否充足。如果评估做得全面彻底且富有成效，那么社会工作者就会对社区的现状形成足够的了解，进而能识别和评估为改善目标群体的生活状况所需要进行的社区变革。

附录　社区评估的框架

任务1　锁定目标群体

识别目标群体

- 哪些群体需要服务？如何准确地识别他们？
- 在这次评估中，我们将关注哪一类目标群体？
- 该目标群体是地理性社区的一部分，是互动性社区的一部分，还是符号性社区的一部分？抑或兼而有之？
- 为满足其需要，社区中的目标群体获得了哪些优先权？
- 该目标群体中，由于种族、民族、性别、性取向、年龄、失能或其他因素而可能未获得服务的人们占多大比例？

了解目标群体成员的特征

- 关于社区中目标群体的历史，你了解些什么？
- 目标群体有多少人？与他们相关的特征是什么？
- 这个目标群体的成员包含了或分散在哪些地理区域？
- 目标群体的成员如何看待他们自己，以及他们这个群体的历史是什么？

评估目标群体的需要

- 应采用哪些可行的、恰当的方法，来收集评估社区需求所需的数据以及有关目标群体的其他信息？
- 目标群体成员识别出哪些未满足的需要？
- 目标群体成员为了向社区中的其他人表达自身的需要，曾经做过哪些努力？
- 目标群体中的成员怎样看待其所在的社区，以及社区对他们的需要所做出的反应？
- 目标群体以外的社区成员是否认为他们的需要不同于目标群体成员的需要？
- 目标群体中的部分成员是否有更多的需要尚未满足，而这些未满足的需要是他们的种族、民族、性别、性取向、年龄、失能或其他因素导致的吗？

任务 2 确定社区特征

认定社区的边界
- 为维护目标群体的利益，要开展的干预工作的区域范围有多大？
- 在这一区域内，目标群体的成员都分布在什么位置？是高度集中还是很分散？形成社区边界的因素是基于地理、利益还是身份认同？
- 向目标群体提供健康和社会服务项目的覆盖范围是否兼容？

识别社区的优势、议题和问题
- 可以获得哪些资料来源？这些资料在社区内是如何被使用的？
- 谁在收集这些资料？资料的收集是一个持续的过程吗？
- 社区的优势是什么？
- 社区的主要议题是什么？
- 在社区的发言人看来，影响社区目标群体的主要社会问题是什么？
- 目标群体中是否有亚群体面临重大的社会问题？
- 这些问题在何种程度上互相关联？是否在解决其中一些问题之前，必须先解决其他问题？

了解主导价值观
- 对目标群体中的个人或整个群体来说，重要的文化观念、传统或信仰有哪些？
- 影响社区内目标群体的主流价值观是什么？
- 哪些群体和个人信奉这些价值观，哪些人反对它？目标群体是否存在价值观念上的冲突？
- 社区居民如何看待给予和获得帮助？
- 社区对于吸收目标群体参加对其有影响的决策，都有哪些主导性的共同看法？

识别正式和隐蔽的压迫与歧视的手段
- 在目标群体成员内部可以观察到哪些差异？
- 在社区内其他群体中可观察到哪些差异？
- 是否有障碍（如组织、规则、程序和政策）防止目标群体全面融入社区？
- 事关目标群体的决策在多大程度上征求了有色人种、女性、男女同性恋、变性者、老年人、失能者的意见？

任务 3 识别社区结构

认识社区的权力分布状况和资源的可获得性
- 针对目标群体及其问题，会牵涉到的领域或辖区是哪儿？
- 谁控制着资金？
- 就识别出的问题所覆盖的范围而言，谁是主要的社区领导者？谁会对目标群体关心的事给予回应?谁会反对解决目标群体的问题?
- 目标群体多大程度上能获取他们所需的服务?

察看递送服务的单位
- 哪些非正式单位(如家庭户、天然支持系统与社会网络)在为社区内的目标群体提供服务方面发挥着积极的作用?
- 哪些中介单位(如自助小组、志愿协会或草根协会)在为社区内的目标群体提供服务方面发挥着积极的作用?
- 哪些正式的服务递送组织(如非营利机构、公共机构、营利机构)在为目标群体提供服务方面发挥着积极的作用?
- 在递送服务时,是否因目标群体的种族或民族、性别、性取向、失能、年龄或宗教不同,而存在区别对待的情况?

识别影响、控制和服务递送的形态
- 哪些群体、社团和组织(包括社区内外)主张帮助目标群体,并为他们提供实际援助?
- 社区内部的互动关系(包括通过电子媒介的互动和面对面的互动)如何影响针对目标群体的资源分配?
- 给目标群体的服务受到了哪些限制?是谁造成这些限制的?
- 在掌控向目标群体提供的服务方面,社区居民和服务使用者各自扮演了什么角色?

确定服务单位之间的联系
- 一般来说,社区内部的各类服务单位是怎样衔接的?
- 本社区中为目标群体提供服务的各单位之间有什么服务衔接?
- 哪些地方明显需要服务单位之间建立衔接,但到现在这种衔接还没有建立起来?
- 通过服务单位间的衔接而建立起来的服务网络是否体现了有色人种、妇女、男女同性恋者、变性者及其他受压迫的群体的利益?

我的社会工作实验室

请登录 www.mysocialworklab.com 网站并回答以下问题(如果你没有在收到本教材的同时也收到 MySocialWorkLab 的访问密码,并希望在线购买访问权限,请访问 www.mysocialworklab.com)。

1. 观看关于核心能力的视频:"为人权和社会经济的公正而倡导"。在系统性的层面,是否存在公开或隐蔽的压迫或歧视?哪种类型的政策变革或许有帮助?
2. 阅读我的社会工作图书馆中的案例研究:"一个阿尔茨海默病男性照顾者支持团体"。哪些其他的服务可能会对这些照顾者有帮助?识别出可能成为服务提供者的系统或社区支持(非正式或正式),识别出可能限制该群体获取服务的议题。

测验题

以下问题将测试你对本章内容的掌握情况。额外的评估，包括将本章的内容用于实践的证照考试类型的问题，请访问 MySocialWorkLab。

1. 当评估一个社区时，作者建议运用指导大纲必须：
   A. 将其作为一个综合性的指引。
   B. 将其作为一个僵化静态的公式。
   C. 使用多种指导大纲。
   D. 使用支持性的统计数据。
2. 当评估特定群体的需要时，作者建议了哪一种方法？
   A. 使用现有资料。
   B. 收集新的资料。
   C. 生成历史数据。
   D. 验证辅助数据。
3. 庇护所的工作者计算某一区域内下午3：00街头无家可归者的人数。这是在测量：
   A. 发生率。
   B. 流行率。
   C. 风险的严重性。
   D. 服务使用情况。
4. 几个来自不同机构的个案管理员每月定期见面，以避免重复服务。这是：
   A. 协作（cooperation）。
   B. 协调（coordination）。
   C. 合作（collaboration）。
   D. 合并（confederation）。
5. 识别社区中的正式机构比识别非正式支持的各种来源要容易得多。但是，两者都非常重要。你对社区中的非正式系统有何了解？非正式系统如何因人口群体的不同而变化？

测评你的能力

请使用下面的量表，根据本章介绍的每个能力的概念或技能来评估你当前掌握的水平：

1. 我能准确地描述这一概念或技能。
2. 在观察和分析实务活动时，我总能识别这一概念或技能。
3. 我能在自己的工作中很好地践行这个概念或技能。

概念或技能	评分		
1. 能够考虑到社区中各种不同的身份，识别优先考虑的群体、重要的声音，以及该群体中蕴含的优势。	1	2	3
2. 在制定服务方案时，能够有效地界定社区参数，将过于宽泛和过于狭窄的情况降至最低。	1	2	3
3. 当制定服务方案时，能够积极调动各种系统和群体。	1	2	3
4. 能够将有关人类行为的临床知识运用到机构间伙伴关系的人际互动中，以促进合作。	1	2	3

第七章

解读组织

导言

我们生活在由组织构成的社会中。无论规模大小，无论有没有正式结构，组织都在履行着社会的基本职能。正像我们在前面章节中提到的那样，工业革命以前，大多数人居住在农村，在农业生产的环境下，个人的基本需要是自给自足的。人们自建居住的房屋，打井取水，种粮吃饭，自己做衣服，照顾自己的生老病死，并尽其所能地满足自己的心理需要。然而，在现代社会中，绝大多数人住在城市或郊区的大而复杂的社区里，他们的基本需要是由一些特殊的组织来提供的，如超市、饭馆、百货商店、市政机关、建筑公司、学校、社会福利机构等。

组织还是构成更大的宏观系统的基础单位，个人正是通过这些组织来参与社会的。社区是最重要的社会单位，但是个人却不能直接与社区互动，只有通过组成社区的那些组织才能实现这种互动。事实上，社区不能仅仅被理解为许多个人的集合，而且应当被理解为一种组织网络。社区是其内部互动组织的上层组织，但正如我们在第五章中所述，社区的大多数基本功能正是通过这些组织实现的。正像社会学家塔尔科特·帕森斯（Parsons，1960）指出的那样："组织可以被视为一种社会意向，使一个群体能实现单个人不能达到的目标。"因此，与社区工作有关系的那些宏观实践活动，必然要求了解组织。

更重要的事实是，大多数社会工作者（社会整体的大多数成员也是一样）要完成所属组织交办的工作。在非工作场所的组织中，社会工作者和组织之间一般是一种消费与供给的关系，如果对这种关系感到不满意，那么他们可以自由地转投别家。然而工作场所却代表了一种不同的、不是那么容易终止的关系，对工资的需要可以迫使个人继续保持与组织间的不那么令人满意的关系。

社会组织也可能不能很好地发挥功能。随着时间的推移，组织可能会变得停滞不前，看不清自己的使命和目标，为服务对象提供的服务开始变得无益甚至有害。导致这种结果的原因，可能是不充足的资源、糟糕的领导、一塌糊涂的计划、不适当的程序或结构，或是这些因素的综合。

> 随着时间的推移，组织可能会变得停滞不前，看不清自己的使命和目标。
>
> 要想实现这种转变，就要从了解组织本身开始。

在这些机构中的社会工作者尽管可以选择离开，但是真要这样做时，就会感到进退两难。我们相信专业的社会工作者都有一种责任感，为了服务对象及其自身的利益试图去纠正组织中的问题。正像组织可能会失去自己的使命和方向一样，组织也同样可以找回自己的目标。要想实现这种转变，就要从了解组织本身开始——了解它的历史、它的基本理论原则和假设、引发它出现问题的原因。我们在这一章的主要关注点是从整体上了解组织。

界定组织

这里，我们把组织定义为：为了实现一个特定的目标，由个人聚集到一起而形成的集体。在这个定义中，关键词是"目标"。帕森斯（Parsons，1960）指出："界定组织特征以区别于其他类型的组织的首要因素，就是该组织为之奋斗的那个特定目标。"

如上所述，人们组织起来要达到的目的涉及了各个层次的人类需要，从获得食物、水、安全等基本生活资料一直到满足自我实现的需要。像营利企业，一般来说其目标就是生产和获利；而社会服务机构，其目的则是改善那些被排斥在组织之外的人们的生活质量（例如，帮助某人解决饮水问题或为老人提供居家服务，帮助他们独立生活）。在任何情况下，组织都以集体的面貌出现，使个人不能完成或不能很好完成的目标得以实现。

正如我们在第二章中讨论的那样，当今社会在很大程度上已经具有了"组织化"的结构。埃齐欧尼（Etzioni，1964）已经指出了这一点，他说人的一生，从出生（通常是在医院）到死亡（医院照料、临终关怀、殡葬服务）以及在此期间的任何时间（学校、教堂、雇主等）都要和组织打交道，并且依赖组织来生活。

同样，在社会服务业中组织也无处不在。社会工作者在组织中的角色、与组织的互动、尝试影响组织的努力，勾勒出了其大部分工作。

服务对象们寻求帮助，通常是因为无法在自己所在社区的组织中得到教育、就业、援助或其他资源。社会工作者提供的服务通常包括代表服务对象和这些组织沟通协调，或者是帮助服务对象提高与这些组织沟通的能力。这和我们在第六章中提到的个案管理这个社会工作的基本功能紧密相关。举例来说，我们可以考虑一下在第六章中提到的个案管理的基本社会工作功能。要把这些做好，要求社会工作者投入相当大的精力，去联系和考察一系列的机构和服务系统。如果社会工作者对组织怎样运作、怎样互动、怎样从内部和外部入手影响和改变组织知之甚少或一无所知，那么其工作成效可能会受到很大的限制。

使用理论

为了促进对组织的理解，我们尝试对众多关于组织的理论著述做一个回顾。组织理论力图解释组织是如何出现的、为什么组织采用特定的形式，以及组织是怎样运作的。像所有理论一样，组织理论本身也附有判定其价值的机制，即理论是否能准确描述和预测组织及其行为。最好的理论是那些对现象做了最简明的概括、涵盖了这一现象中最广泛的变动因素，并对现象做出了最准确的、可验证的预测的理论。理论一般会定义一些变量（这些变量标识了特定现象的特点，或是导致了特定现象的产生），并解释这些变量如何相互作用。

随着行文的展开，我们会发现，关于组织的理论解释非常多，不同的理论强调不同的变量（例如组织类型、管理风格）或解释性原则（例如视组织为一个开放系统，或是视组织为一个文化载体）。在理论回顾结束的时候，读者可能会因为有如此之多的不同理论而不知所措，不知道怎么运用这些理论，或者拿不准该选择哪种或哪些理论。然而，牢记一些基本问题，以提醒自己这些理论所要达到的目的，可能会对自己有所帮助。这些问题包括：

- 不同理论所关注的哪些变量对我的组织来说最为重要？
- 我的组织和这些理论中所讨论的案例有什么相同或不同之处？
- 我的组织是否有意识地采用了这些理论中提到的特定的组织设计要素或运作指南？
- 哪种理论与我的组织结构最贴合？哪种理论似乎能最好地预测我的组织的行动或决策？
- 哪些理论能使我更好地理解我的组织和其他组织的不同之处？

我们的理论回顾不可能是完整的，因为关于组织的理论和研究太多了，面面俱到超出了本书篇幅所能容纳的范围。因此我们只对关于组织的最重要的思想派别做一个概括性的回顾，这个回顾列出了每个派别的主要思想以及它们的长处和不足，大致按年代顺序排列。

理论框架和滤镜

鲍尔曼和迪尔（Bolman & Deal, 2008）提出在分析组织时利用"框架"的重要性。框架所展示的景象提供了一种对现实的认知，但没有一个框架能囊括所有。随着多重框架的搭起，我们对组织的理解也在不断提升。我们要回顾的每个理论都以特定的方式来界定组织，而这个框架本身则融入了更大的群体。鲍尔曼和迪尔用比喻的方式，将描述组织的理论分为四种。其中一些理论被称为工厂型，另一些则被称为家庭型、丛林型，还有一种是寺庙或嘉年华型。我们将对每种比喻进行描述，并在本章的不同位置提到它们，看一下这些理论在界定组织框架时有什么共同点。

我们所做的另外一个区分是，把各学派的思想分为描述性研究和规范性研究。描述性研究意在提供一种分析组织的手段，即关注组织特征和组织程序，以此入手分析组织。这常常反映的是社会学取向的组织研究，其目的是把组织作为一种社会现象来了解。相反，规范性研究的特点在于关注"怎样"指导组织，其目的是帮助建立更好的组织。所以毫不奇怪，因为管理者在怎样建立和运作一个组织中扮演着重要的角色，大多数规范性组织理论被纳入了管理学和领导学文献的范畴。

表7-1列出了各种思想派别在组织理论上的区别。左边一列是各派别的主要理论，第二列是这些理论在各自领域内第一次发表的时间。我们还列出了各派别的核心概念，以及各理论派别在把组织看作一个封闭系统还是一个开放系统上的差别。视组织为开放系统的观点，关注的是组织怎样受到与其环境的互动的影响；而视组织为封闭系统的观点则更关注组织的内部结构和过程。

表7-1 重要组织理论特征的维度比较

理论（理论家）	最早发表时间	比喻	方法	核心概念	对环境中组织的认识
科层制（Weber）	1894年（大致时间）	工厂型	描述性	结构 科层	封闭
科学主义和普遍主义的管理（Taylor；Favol）	1911年	工厂型	规范性	效率 测量	封闭
人际关系（Mayo）	1933年	家庭型	规范性	社会报答 非正式结构	封闭
Y理论（McGregor）	1960年	家庭型	规范性	更高层次的奖赏	封闭
目标管理（Drucker）	1954年	工厂型	规范性	设定目的和目标	封闭
组织目标（Michels；Selznick）	1915年		描述性	目标转移 自然系统	封闭
决策制定理论（Simon；March）	1957年	丛林型	描述性	有限的理性 满意	封闭
开放系统（Katz & Kahn）	1966年		描述性	系统理论 输入/输出	开放
权变理论（Burns & Stalker；Morse & Lorsch；Thompson）	1961年	工厂型	不确定	环境约束 工作环境	不确定
权力和政治（Pfeffer；Warmsley & Zald）	1981年	丛林型	不确定	政治经济学	开放
组织文化（Schein，Cross，Weick & Morgan）	1985年	寺庙或嘉年华型	规范性	价值，信仰，差异，意义建构，比喻	开放

续表

理论（理论家）	维度				
	最早发表时间	比喻	方法	核心概念	对环境中组织的认识
质量导向管理（Deming）	1951 年		规范性	顾客/过程质量关注	开放
循证管理（Rousseau; Pfeffer & Sutton）	2002 年	工厂型	规范性	数据收集，分析，反馈	开放
组织学习（Argyris & Schon; Senge）	1990 年	寺庙或嘉年华型	规范性	学习型组织，系统理解	开放

资料来源：鲍尔曼和迪尔（Bolman & Deal, 2008）。

这些理论从不同的视角描绘了组织，任何一个理论都强调了组织中的某个重点而淡化其他方面。宇航员知道，在太空中物体发出的光有不同的波长，他们用滤光器滤掉一些波段，这样就能看到之前看不到的物体。银河发出的可见光很微弱，但在红外线区，却显得异常壮丽。组织理论可以被看成是滤光器，阻挡了一些区域发出的光芒，使原本被遮盖的东西重新回到视野。我们建议读者时不时地返回到表 7-1 看一下，了解不同思想派别之间的差异，特别是各个理论所强调的关于组织的变量。

科层制和组织结构

组织结构是指组织中的个人怎样构成他们之间的关系。如前所述，组织的优点之一就是一起工作的个人比同样数量的单独工作的个人完成的任务要多得多。其原因是组织成员的协同工作，能达到相互支持、促进提高的效果，这种合作正是通过组织结构来实现的。

即使是在非正式的工作群体中，成员们也并不都做同样的工作，而是把任务分派到每个人身上。成员们有不同的技能和兴趣，因此分派任务总是要考虑到个人特点和工作任务的匹配。最后，为了保证每个人的行动既可以达到共同的目标，又能与其他成员的努力相配合，在组织中至少有一个人要扮演管理者的角色。这些方面的组织功能——包括分工的专业化、人和职位的匹配以及领导——是几乎所有的组织都具有的结构性特征，它为我们提供了一种分析和解读组织的途径。

> 一起工作的个人比同样数量的单独工作的个人完成的任务要多得多。

对组织结构做出最早和最重要理论贡献的是德国社会学家马克斯·韦伯（Max Weber）。韦伯创造性地提出了科层制的术语，并用它来描述特定的组织结构。科层制是一种理想型，意思是说这是一种纯粹的概念建构，任何组织都不可能完全符合它的所有特征。科层制是一种典型的描述性组织理论，它为组织间的比较提供了一种模式，人们可以就组织适合这种模式的程度进行描述。还有，因为韦伯所描述的很多组织都是工厂，他的理论符合工厂型的比喻。需要指出的是，韦伯并没有将科层制模式看作组织要努力去实现的目标。他设计这个模式只是为了让它充当一种理论工具，用来帮助人们解读组织结构，明白组织之间的不同。

下面是根据韦伯的思想［Weber, 1947（1924）］和后人对他研究的概括（Rogers, 1975）所列出的科层制的特征。这些特征包括：

（1）在组织中的位置清晰地呈等级式划分。
（2）职位候选人以他们的技术水平为基础进行挑选。
（3）每一个职位都设定一个能力界限。比如，在医院中只有内科医生有权开处方，而财务主管人员则决定卖主、购买量等。
（4）职位反映出基于专业训练的很高的专业化程度。
（5）职位要求就业者具有健全的工作能力（换句话说，就是能全职工作）。
（6）职位是职业导向的。有一个基于资历或绩效的晋升系统，晋升取决于上级评价。
（7）程序的规则可以概括为理性的合作行为。
（8）有一个中心档案系统总结组织行动。
（9）用非个人性的方式管理组织成员间的关系。
（10）区分私人生活和公共生活，以及成员在组织中的不同位置。

图7-1展示了一个遵循科层制规则建立的大型社会服务组织可能有的结构。根据不同的技术能力，组织被分成不同的部门来完成工作，如客户服务部门、预算会计部门、法律服务部门。然后根据不同的功能再进一步细分，使一线工作者都处在各自的工作单元之下，接受督导，并完成特定的工作任务。其他一线工作者也有自己的工作单元，完成不同的工作任务。这样的结构就像一个大而扁平的金字塔，很多人在一线工作，少量人从事管理工作。

韦伯对这种组织模式感兴趣，认为这种模式反映了社会作为一个整体的价值观的改变。他的研究开始于对社会关系中权力合法化方式的更普遍的关注——为什么人们愿意按别人的意愿行事呢？他用了权威这个术语来描述权力，解释被领导者的服从，并确定了权威的三种主要形式。

> **批判性思考**
>
> 批判性思考问题：一个组织能否推动科层制有利的方面，并尽可能减少不利的方面？如何来做？

（1）传统权威：国王、皇帝、教皇和其他世袭领导者所拥有的统治权力。这种形式的权威依靠的是统治者声称的那种历史的或祖先的控制权，与之相伴的是长久的系统，并可以由一代一代的统治者传承下去。

（2）魅力型权威：一个人通过自己非凡的英雄行为、虔诚行为、狂热、军事技术或其他特点而实现的统治。基于这种权威的系统不稳固，容易改变。

（3）理性权威/法律权威：权力分配基于实现工具性目标的能力。这种形式的权威来源于对理性规则和程序的合法性的承认，来源于专门知识和技术而不是世袭。

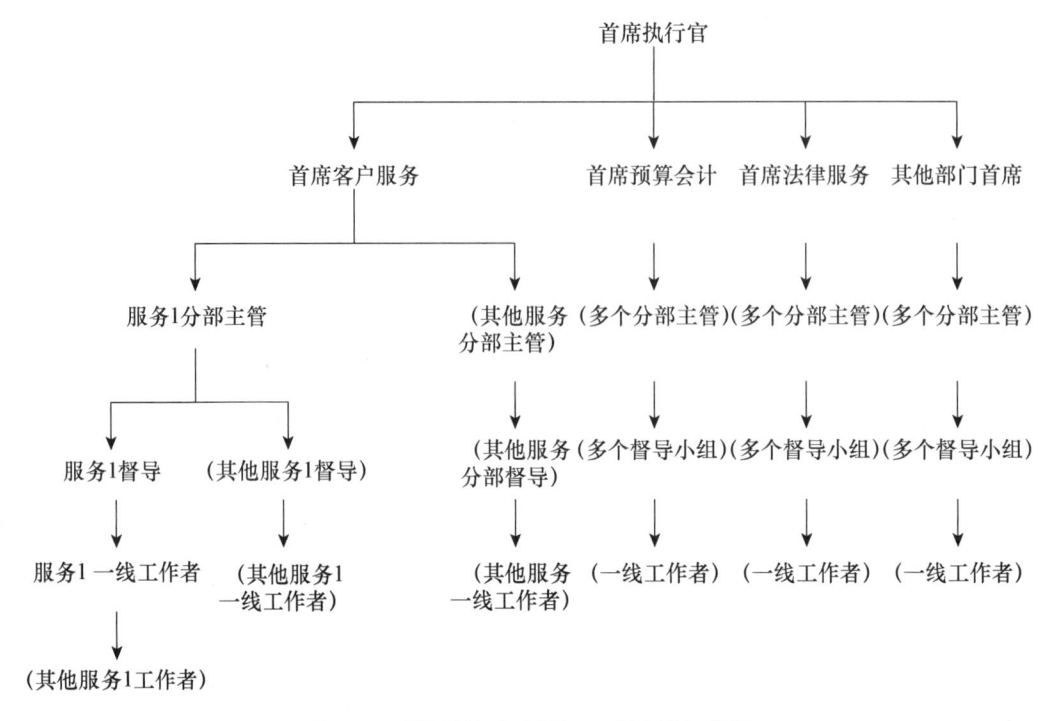

```
                          首席执行官
         ┌──────────────┬──────────┬──────────┬──────────┐
         ↓              ↓          ↓          ↓          
    首席客户服务      首席预算会计  首席法律服务  其他部门首席
   ┌─────┴─────┐       ↓          ↓          ↓
   ↓           ↓   (其他服务  (多个分部主管)(多个分部主管)(多个分部主管)
服务1分部主管         分部主管)
   ┌─────┴─────┐      ↓           ↓          ↓          ↓
   ↓           ↓   (其他服务  (多个督导小组)(多个督导小组)(多个督导小组)
服务1督导  (其他服务1督导)  分部督导
   ↓           ↓      ↓           ↓          ↓          ↓
服务1一线工作者 (其他服务1 (其他服务   (一线工作者) (一线工作者) (一线工作者)
   ↓         一线工作者) 一线工作者)
(其他服务1工作者)
```

图 7-1 科层制组织示例——社会服务组织

科层制是对理性权威和法律权威的具体化。科层制已经成为占统治地位的组织模式，这个事实折射出社会运动对基于传统的权威和魅力型权威的系统的偏离。

长处。科层制结构的设计是为了帮助组织实现工作效率的最大化。韦伯（Weber, 1947）指出，越来越多的组织使用科层制模式，是因为科层制能使组织更有效率。他相信，遵循科层制原则的组织相比其他组织所拥有的优势，就像机械生产相比手工生产所拥有的优势一样巨大。

随着科层制的发展，这种技术优势促进了工业革命的发生，并带来了制造业、销售业和其他商业企业在规模和复杂程度上的急剧增长。同时，也促进了庞大的政府机构的进一步扩大，范围从军事机构扩展到广泛的健康和社会服务机构。科层制使这些组织和以前相比，能为更多的民众提供服务。从数千万的领取社会保障金、获取医疗服务和其他社会福利的人口规模上，就可以看出这一点。

从某种角度上说，社会工作实践与科层制组织契合度良好。例如，社会工作职业鼓励基于专业知识的工作分工，并随着技能和资历的累积获得个人提升。社会工作职业还认为一个人的工作能力是最重要的，胜过其他的任何因素，包括你是什么人或者你有多受欢迎、你在组织之外的名气和财富等。换句话说，虽然我们并不常常用这类术语思考问题，但是，社会工作者及其工作的机构和科层制组织的许多基本原则都是相符的。

不足。尽管如此，当一个组织被描述成"科层制"时，总会让人联想到庞大的、不带个人色彩的、统一的整体，但是这个组织是缺乏效率的。组织经常会有意识地避免被描述为科层制，这个词在日常使用中几乎总是被用作贬义。为什么会这样呢？韦伯当然不认为科层制是一种糟糕的组织形式，而且，调查显示，科层制组织及结构确实能为更大规模的生产和更高的效率做出贡献。答案是，当科层制变得越来越普遍时，不仅是它的长处，它的不足也显示了出来。

韦伯注重的机器般的精确，也许能够很好地适应制造业工厂，但是对于目标是满足人类需要而不是原材料加工的组织来说，这却是一种灾难。例如，默顿（Merton, 1952）在对科层制组织中的雇员进行研究时，发现了科层制失灵的情况。他发现随着时间的推移，工人渐渐地更加关注满足程序和文书条文的要求，而不是把工作做好。默顿把这叫作"科层制人格"。他还创造了术语"训练有素的无能"，来描述科层制人格如何失去他们本应关注的客户需求。他认为，这个问题是结构严密的控制链和遵守规定的压力所带来的不可避免的后果，到最后，人们会发现，若要最好地满足自己的利益，不是把工作做得更好，而是要"照章办事"。

为了更深入地研究科层制在实现组织功能最大化方面存在的不足，研究者们开始在结构因素之外，关注诸如组织目标、决策过程、技术以及个人在组织中所扮演的角色等要素。他们的研究奠定了韦伯之后的许多思想流派的基础，我们将在这里一一回顾。还有一个问题被提出：少数族裔和妇女在科层制的组织中是否处于劣势地位？或者说，科层制模式是不是由男性主导的，有对男性的偏好？（Gorman & Kmec, 2009）雇员在从中低层向高层管理职位晋升的过程中，男性白人经常占据着最高层次的职务而不给其他人机会，这种现象被称为玻璃天花板效应。妇女和少数族裔可以到达一定的层级，看到最高职位就在眼前，却得不到它，因为挑选最高层职位人选的人通常偏好和自己相同的人，而害怕差异性。

专栏7-1总结了韦伯的科层制结构理论。

专栏7-1　　　　　　　　韦伯的科层制结构理论

- **目的**：描述性。
- **主要特点**：科层制强调运作效率。决策由高层做出，其决策的权威是基于专业能力而非世袭的权威。任务是具体化的，组织关系是非个人性的，"照章办事"的取向限制了个人自主决定的权利。
- **长处和不足**：具有科层制结构的组织在完成重复性工作上非常有效，例如物质产品的大量生产，但是这样的组织可能没有人性化的变通。同时，组织在变数多的任务上缺乏效率，这样的任务多出现在不可预测的环境中，要求员工在工作中必须行使自己的专业判断。

管理理论

科学主义和普遍主义的管理

关于工作场所中的任务和功能的管理，最早的研究来自美国的工业学家和教育家弗雷德里克·泰勒（Frederick Taylor）。他的著作出版于20世纪的前20年。泰勒做过工人，做过机械工程师，关注于找出能提高生产力的管理技术。他认为，许多组织问题和管理者与工人之间的误解有关。管理者认为工人是懒惰、缺乏积极性的，并错误地认为自己了解工人的工作；工人认为管理者关心的只是剥削工人，而不是劳动生产力。

为了解决这些问题，泰勒（Taylor，1911）发明了为后人所熟知的科学管理，这个名称来自他对管理者科学分析工作场所的强调。第一步是完成对工作本身的细致研究，通常是找出最好的工人，并仔细地观察他。目的是找出完成工作的最理想的方式——用泰勒的话说，是"一种最佳方式"——开发出最有利于完成工作的工具。这种工具要使工人的能力和兴趣适合特定的工作，并找到一般工人可以承受的产量水平。

接下来的一步是刺激工人提高生产力。在这方面，泰勒最喜爱的工具是计件工资制，即按工人完成的产品数量付酬。采用这种方法，生产的产品越多，单位成本就越低，组织的生产力和利润率越高，工人挣得的工资也越多。

首先，泰勒寻求建立一种工业工作场所，在其中，工业企业管理者和工人追求的是共同的目标，由此来克服他们之间由来已久的仇恨。乔治（George，1968：89）把他这方面的观点概括如下：

（1）良好管理的目标是高工资和低单位生产成本。

（2）为了实现这个目标，管理者必须运用科学的方法去调查和试验……以便制定出要遵守的原则和标准程序来控制生产运作。

（3）工人一定要被科学地安置在工作中，材料和工作条件都应当科学地进行选择，以保证能够达到标准。

（4）工人要受到科学严格的训练来提高技能，以保证产出的产品合乎标准。

（5）必须在管理者和工人之间培养亲密友好合作的气氛，以保证一种持续的心理环境，来为其他原则的运用创造条件。

从以上这些原则中可以看出，泰勒不仅关注传统的管理理论，而且也关注组织心理学的领域。在泰勒之后，其他的研究者更狭窄地专注于泰勒对于组织生产力最大化的研究，并开始探讨是否可以通过压缩理性管理的理念，确定出更宽泛的原则。结果是他们以普遍主义管理理论家而著称。这个学派最突出的代表是法国的工业学家亨利·法约尔（Henri

Fayol），他的著作主要详细阐述了管理者应该发展和确立的组织的结构特征。斯科特（Scott，1981）和其他研究者概括了法约尔的思想，认为运用管理原则的组织应有以下几个特征：

（1）金字塔结构：法约尔提倡的等级管理是要有一个类似图7-1的结构，顶层的决策制定者只有一个，往下的控制链逐渐变宽。

（2）单一指令：每个人应该只有一个直接上级。

（3）控制管理跨度：限制监督者下级的数量以保证管理的可行性，管理人数通常为6~8人。

（4）例外处理：下级人员负责标准规定之内、属于惯例的日常事务，而管理者则对规章制度没有涉及的、属于例外的事务负责。

（5）专业化分工：组织内部有劳动分工，把相似的职能（例如，在目标、工序、客户或地点上相似的工作）归置到一起。

（6）区分直线职能和参谋职能：直线职能是指对完成组织核心任务非常重要的职能，参谋职能主要是起支持和参谋作用。

虽然上述原则涉及的领域比泰勒的理论在某种程度上更广泛一些，但运用这些原则的成果与科学管理的目标还是一致的，它包括稳定性、可预见性（特别是涉及机器生产过程）和个人劳动生产力的最大化。另外，虽然这些研究者是规范性研究的管理理论家，而韦伯是一个描述性研究的社会学观察家，然而不难看出，一个遵守上述原则的管理者创立的组织，会具有很多科层制的特征。

长处。尽管社会工作不是一个制造业的工厂，但其在实践中也采用了一些科学主义的方法。例如，很多社会工作者有专业分工，他们会根据程序和规定来处理某些个案。另外，作为专业服务的一部分，社会工作者需要对服务对象进行调查研究，采用的通常是单一受试实验设计。同样地，成果评价对干预措施的制定和结果的衡量提出了更严格的要求。尽管社会工作的这些趋势没有接受泰勒思想中最机械的东西，但他们却赞成泰勒对组织运作的看法，即组织运作要以对工作本身进行最细致的分析为基础。

不足。泰勒和法约尔的工作，后来被批评为莫查里斯（Mouzelis，1967）所总结的"技术专家的偏见"，他们都倾向于仅仅把工人看作齿轮上的一个齿。所以后来鲍尔曼和迪尔（Bolman & Deal，2008）提出了工厂型组织的比喻。没有哪两个人是完全一样的，所以完成工作的"最佳方式"应该根据做的人不同而有所区别。事实上，迫使所有的工人采用相同的方法开展工作，可能会降低劳动生产力并招致工人的不满。另外，因为运用这些管理方法是为了提高工人的产量，所以这些方法招致了大量的批评（特别是为劳工运动著书立说的那些人），他们认为管理加剧了对工人的剥削。

由于泰勒和法约尔的兴趣主要在于工业组织，所以在社会工作开始运用管理理论的最

> **实务情境**
>
> 批判性思考问题：讨论一下，在社会服务组织的助人过程中运用科学主义管理所带来的益处和不足。

初几十年里，人们普遍认为他们的研究成果基本上不适用于社会服务组织。例如，在社会工作中，分配工作任务的主要方式是指派"个案"或服务对象（像内科医生接诊一样），社会工作者在非常松散的结构下运用他们的专业技能满足服务对象的需要。结果，作为科学和全面管理核心的精确性、可测量性、具体性的功能基本不能适应这样的工作设计。专栏 7-2 总结了科学主义和普遍主义的管理理论。

专栏 7-2　　科学主义和普遍主义的管理理论

- **目的**：规范性。
- **主要特点**：尽管没有受韦伯的影响，但这些理论实质上从管理的角度描述了怎样建立一个科层制组织。强调的是效率、自上而下的控制和具体化的工作，也强调管理者有责任研究工作本身并教会雇员做这种工作的"最佳方式"。
- **长处和不足**：用这些原则管理的组织可以达到既定的目标——稳定、具有可预见性、能卓有成效地生产。但是，科层制的使用也可能导致工作场所的压抑和单调。

人际关系

随着组织管理和分析的发展，泰勒、韦伯和其他研究者因为以理性、结构的方式来理解组织而受到批评。最早的批评，针对的是泰勒关于组织成员激励因素的假设。批评者特别对这样的假设产生怀疑：工人受组织工具性目标的驱使，最有效的激励是为组织目标而设计的物质报酬（例如，计件工资）。一群研究者试图去验证泰勒的激励原则，最后他们得出的结论是：组织必须被看作社会机构，诸如友谊、归属感和群体团结等社会因素对理解和影响组织行为来说是最重要的。

上述观点起源于 20 世纪 20 年代著名的霍桑（Hawthorne）实验，人们通常将之称为人际关系学派。实验者把一些工人置于一个特殊的房间，改变照明的强度以及其他环境因素，然后观察这些变化对工人生产力的影响。最初，研究者发现照明越强，生产效率越高。但是，当他们降低照明强度，并期望看到劳动生产力随之降低时，却发现，即使在非常昏暗的照明条件下，生产力也仍然继续上升。研究者的结论是，引起生产力提高的原因是社会因素。工人们没有对照明强度的改变做出反应，是基于这样一个事实：他们是一个团体里的成员，大家要尽全力为这个团体做贡献。正是这种社会责任感导致了生产力的不断提高。

后来关于组织中的社会因素效应的实验，包括很多来自工业心理学领域的研究，探讨了与群体行为有关的更广泛的问题。埃齐欧尼（Etzioni，1964）从这些发现中概括出了人际关系方法的基本原则：

（1）产量水平不是由工人的生理能力决定的，而是取决于工人自身的期望，即他们认为什么样的水平是合理的和可持续的。

（2）同事间的关系显著影响着工人的行为，比经济赏罚更有效力。同事间的关系还能影响经济奖励产生的激励效果。一些研究发现，有的工人有能力生产更多产品，却往往不这么做。其原因似乎是他们不想超出团体作为一个整体可以达到的生产水平，即使这意味着他们的收入会有所降低。

（3）工人作为一个群体的行为，往往比个体行为更加重要。管理者试图影响工人的行为。如果针对的是整个团体而不是个人，会更加成功。个体往往排斥改变，除非是随着群体成员一同改变。

（4）领导关系扮演的角色，在理解组织中的社会动力时是很重要的，这种领导关系可能是正式的，也可能是非正式的。例如，在一个工厂的某个楼层，有一个正式的工头（正式的领导），还有一个受人尊敬的、其他人都愿意听他号令的工人（非正式的领导）。非正式的领导能通过自己的影响，增强或削弱正式的领导关系。另外，如果一个组织的正式领导和非正式领导是同一个人，则能运作得更好。

从以上原则中可以得出一些重要的观点，包括：相比工具性活动，个体能从组织的社会关系中获得同样多的或是更多的满足感；同样重要的是，工人服从管理的意愿来自追随工作团体成员的愿望。所以，引发组织运作中有效的变化的关键，不是规章制度和正式结构，而是个人影响力和非正式结构的凝聚力。成功提高生产力的管理者更可能是那些会对工人的社会需要做出反应的人。

这个学派的另一位学者玛丽·帕克·福列特［Mary Parker Follett，2005（1926）：153］指出，社会关系也和管理者如何对待下属息息相关。"用什么样的态度下达指令很重要，有时候可能会带来很多麻烦"，她告诫管理者们，要认识到工人是人，而不是机器的一部分，保持基本的人际沟通将最终有利于生产力的提高。

长处。人际关系理论对组织思想有着重要的影响。在管理实践上，它的原则对其他管理理论拘泥于形式的、经常是僵化的管理方法起到了抗衡作用。它对描述性的方法也产生了影响，提醒管理者，满足员工个人的利益和需要会怎样对组织行为产生关键性的作用。之后的理论会围绕对员工的真正赋权发展，但当认识到快乐的组织并不一定是有效率的组织，而且其他变量也开始被引入平衡公式中时，人际关系管理作为一种运作组织的方法最终衰亡了。然而，人际关系学派引起了人们对一些因素的重视，比如在今天依然用到的团队工作、合作、领导方法、管理者的积极关注等。对人际关系相关因素的重视，使人际关系学派成为第一个被鲍尔曼和迪尔（Bolman & Deal，2008）冠以"家庭型"组织比喻的学派。

不足。对人际关系理论的批评主要分为两类。第一类，许多人质疑这种观点所基于的研究在研究方法上是否站得住脚。例如，最初的霍桑实验在研究方法论的历史上名声并不好。霍桑效应指的是这样一个事实：受试对象可能只是因为他们知道自己正在被研究，才会表现出特定的行为。在这个实验中，霍桑的工人提高了生产力，也许既不是因为照明强度的改变,也不是因为群体团结的意识,而是因为身处实验中的自我意识。其他的批评者指出,在这些研究的设计中,对经济刺激的预期仍然会对受试对象产生影响,这就进一步削弱了研究者假设的社会因素的作用(Sykes,1965)。

第二类批评指出,研究者有可能过分夸大了组织中社会因素的重要性。例如,各种研究已经表明,非正式结构可能不像人际关系学派所指出的那样普遍或强大,民主领导并不总是与更高的生产率和工人满意度联系在一起,经济利益对许多就业者来说是很重要的。此外,兰兹伯格(Landsberger,1958)指出,这个学派强调的工人宁愿以丧失经济报酬为代价来换取心满意足,可能会培养出一种甚至比科学管理更有操纵性的、更具家长作风的管理模式。这是因为和那时候的其他管理方法一样,人际关系理论把权力和决策集中在高层,而没有想过给雇员赋权,或帮助他们在组织运作过程中获得真正的参与。如果说在人际关系管理下,人们得到了更人性化的对待,那是因为倡导者们相信这样能促进更高的生产力,而不是因为期望营造更民主的工作场所。最后,对增强工作场所的人际关系和社会关系的强调,随着时间的推移,也会对一些雇员群体产生不利影响。组织中的社会关系在确认和保证人们的工作和晋升方面起到一定作用,但是妇女和少数族裔经常被排除在控制这些奖赏的人际关系网络之外。

X 理论和 Y 理论

后来的著书立说者借鉴了人际关系理论家的研究,并将其融入一个更具普遍性的人类行为动机的理论框架中。道格拉斯·麦格雷戈(Douglas McGregor,1960)的研究就是一个例子,他采用了亚伯拉罕·马斯洛的需要层次理论作为理解员工行为的基础。在麦格雷戈看来,组织中的行动者不仅仅是社会生物,而且是追求自我实现的生物,他们在组织中的最终目标是要满足更高层次的需求。为了说明这一点,他提出两种相反的管理方法,并冠之以"X 理论"和"Y 理论"。X 理论是对传统管理方法和组织结构的一种综合,如泰勒、韦伯和其他人的观点。麦格雷戈(McGregor,1960:34)认为他们的理论对于人类本性有以下假设:

(1) 一般来说,人类天生不喜欢工作,如果有可能会逃避工作。

(2) 由于人类不喜欢工作的本性,大多数人必须在强迫、控制、指挥或惩罚威胁之下才可能付出足够的努力,去实现组织的目标。

(3) 人类一般宁愿在指挥下做事,希望能逃避责任,没有雄心大志。对他们来说,首要的是获得安全感。

这些假设被麦格雷戈看作 X 理论的主导性因素。

与之相反,Y 理论假定管理的任务是认识员工更高层次的需要,组织设计要允许他们实现这些需要。它的假设是:

(1) 在工作中付出体力和脑力,如同游戏或休息一样自然。

（2）外来的控制和惩罚威胁，不是驱使他们努力实现组织目标的唯一手段。（人们）为实现自己承诺的目标，会运用自我引导和自我控制。

（3）对目标的承诺与所取得的成就联系在一起，能起到奖赏的作用。

（4）在一定条件下，人类不仅乐于承担责任，而且还去寻求责任。

（5）许多人具备运用相对较高程度的想象力、灵活性和创造性解决组织问题的能力，这些能力并非只有少数人才有。

（6）（在现代组织中）一般来说，人类的智力潜能仅仅利用了一部分。（McGregor, 1960: 47—48）

这种模式的关键特点在于它脱离了以前理论所主张的管理主导的方法，提倡把决策权下放给更低层次的行动者。这种松散结构的组织能使员工通过工作满足更高层次的需求，因此被视为是最有利于提高生产率的。

长处。麦格雷戈的分析得到弗雷德里克·赫茨伯格（Herzberg, 1966）的研究的支持。赫茨伯格研究了员工动机，并把动机分为两类：外在因素和内在因素。外在因素包括工资、劳动时间、工作条件和利益；内在因素和工作本身包含的激励因素有关，如成功完成工作的满足感。赫茨伯格发现，从长远来看，外在因素可以降低员工对工作的不满，但不能激发员工去更加努力地工作；只有内在因素，如可以发挥出个人的创造性和解决问题的能力，才能够激励员工创造更高的生产率。研究表明，恰当的工作设计不仅对工业环境的生产力有益处，也能提高服务业的工作效率（Hakanen, Schaufeli & Ahola, 2008; Leana, Appelbaum & Shevchuk, 2009）。另外，良好的工作设计还有助于降低缺勤率（Pfeffer, 2010），降低人员流动（Simons & Jankowski, 2008），增加工作满意度（Chang, Chiu & Chen, 2010）。

不足。其他研究结果表明，组织结构松散到什么程度仍能有效运作是有界限的。莫斯和罗斯奇（Morse & Lorsch, 1970）发现，那些任务制定得宽松且富于变化的组织，很适合运用Y管理模式；而那些任务可预见性和重复性都很强，且要求高精确度的组织，运用麦格雷戈所说的X理论的原则进行管理，组织的功能会发挥得更好。麦格雷戈的理论对社会工作的重要性在于，因为社会工作的任务常常具有很大的不确定性，因此其似乎更适合运用Y理论进行管理。然而，许多社会服务组织却仍然用X理论的思想进行运作。莫斯和罗斯奇在20世纪70年代的研究表明，没有一种单一的管理模式适用于所有类型的组织。他们奠定了权变理论的基础，本章后面会讨论到权变理论。专栏7-3对人际关系理论及Y理论进行了总结。

专栏7-3　　　　　　　人际关系和Y理论

- **目的**：描述性。
- **主要特点**：这些理论认为激励员工的是非工资因素。人际关系理论指出，员工之间的社会关系可以提高生产力,所以,他们主张通过提高群体凝聚力、对工作场所中人际关系的强化给予社会性的奖励来改善行为。有其他研究者把诸如自我实现的需求,也加入到激励因素中。

● **长处和不足**:管理者更有可能会意识到工人的更高层次的需求(超越其仅仅是拿工资的看法),并扩大对潜在激励因素的了解。有缺陷的早期研究高估了社会影响对生产力的作用,其模型继续把决策权和权威仅仅放在管理者的手中。之后,研究者们指出,更多的员工参与会提高生产力,并增强员工满足自身需求的能力。

目标管理

一个组织的理念和功能的根本点是其目标,这是得到普遍认同的组织存在的原因。在大多数情况下,目标与生产率和利润联系在一起。泰勒、韦伯和人际关系理论家们各自提出不同的达到目标的方法,但他们都对组织目标有明确的假设。

彼得·德鲁克(Drucker, 1954)提出,理论家们通常把目标设定得相当明确,而组织的实际情况可能并不这么明确,所以,管理的关键职能是要建立起组织要完成的目标。他认为,组织的目的和目标,应当成为组织生活围绕的中心。德鲁克提出应该从期望的结果开始,然后回过头来建构组织,去努力实现这个结果,而不是把焦点放到结构、精确性或效率上,然后期望生产率和利润的提高。他把其称作"目标管理"(management by objectives, MBO),这种方法包含了短期的和长期的规划,正是通过这个规划过程,实现目标所必需的组织结构和程序被建立起来。

德鲁克确定了目标管理战略规划过程的几个要素:预期是指期望得到的结果,比如预期可以是在一个机构中增加新的服务项目或新的服务对象,也可以是服务对象的数量或服务效果上的提高(如要使客户满意度比现在增加25%);目标是实现预期结果的手段,比如为增加或改善项目所要采取的步骤;假设是指对怎样完成目标以实现预期结果的推测(例如,运用更好的服务技术将会改善服务的效果)。

这个过程的其他要素包括对备选行动方案的考虑,比如不采取任何行动带来的成本和益处。此外,规划还必须考虑德鲁克称之为决策结构的因素,它表示对计划在多大程度上可以完成的限制因素,以及计划的影响范围(它指的是实施这个计划的代价,以及对其他设想或运作的限制)。最后,一旦实施了计划就会有结果。目标管理的结果,通过比较实际产出和最初预期的匹配程度来衡量。

长处。目标管理的一个主要长处在于它强调制定一个清楚的表述,使所有员工都可以了解对新一年的预期。它发展出了一些技巧,强调把目标分解为具体的工作任务,并在全年跟踪实施过程。遵循目标管理原则的组织趋向于改善合作与联合行动。

在许多现代管理方法中仍然包含了目标管理的很多理念。例如,许多组织要求制订年度计划，在计划中明确各项目规划的目标。同样重要的是，商业组织和社会服务组织均越来越多地关注产出。社会工作作为一个职业，很多年来，在实际方法的不断发展中，首先关注的一直是过程。目标管理，再加上问责行动，把项目产出作为衡量资金投入和项目可持续性的主要尺度。

不足。目标管理采用了一种很特别的管理方法，正如一些批评意见指出的，管理者常常会"只见树木不见森林"。换句话说，管理除了需要小规模的战术思想外，还需要大规模的战略思想，但目标管理却对前者给予了过多的关注。另一种批评意见认为，虽然关于组织的预期既清楚又直接这一点是值得赞赏的，但是围绕目标和任务建构组织生活的观念却存在着缺陷。目标管理很容易会对组织中的权力结构进行强化（Dirsmith, Heian & Covaleski, 1997）。还有，正如我们将在下一节中看到的那样，一个组织所确定的目标可能会由于对非确定性目标的追求而被搅乱。专栏7-4对目标管理进行了总结。

专栏7-4   目标管理

- **目的**：规范性。
- **主要特点**：目标管理指出，组织必须保证持续存在清楚的目标。一旦明确了组织目标，管理任务就变成了为怎样最好地达到目标做出决策。成功由目标得以实现的程度来衡量。
- **长处和不足**：目标管理注重结果，把管理调整为"怎样完成既定目标"这个问题。然而，在日常工作中，大部分的精力放在了达到阶段性目标所必需的小步骤上，这样有可能会导致对最终目标的忽视。

组织目标和自然系统观

德鲁克的目标管理模型提出了一个明确的主题，即组织应该受为实现特定目标而设计的理性行动的指导。这个思想受到一些研究者的质疑：理性的、目标导向的、有正式结构的组织，是否就是实现组织目标的最好方式？这些目标是否能为接下来的行动提供清楚的方向？事实上，组织的目标和成员会逐渐发生变化的思想已经在一些组织文献中提出很长的时间了。

在20世纪早期，罗伯特·米歇尔斯［Michels, 1949（1915）］把政党作为大规模现代组织的代表进行了考察。他注意到这些政党内部寡头政治的出现，或者是由主要决策者组成的小群体的出现，并指出这些政党和其他组织都有可以识别的生命周期，并按以下阶段推进：

(1) 组织形成正式结构。

(2) 最初的带头人进入高层职位。

(3) 这些人发现占据这样的职位的个人的优势。

(4) 他们开始在决策上比较保守，可能不会像以前那样有力地向最初的目标挺进，但也不会危及自己或组织的安全。

(5) 组织最初的目标被扔到了一旁，组织开始变成实现高层管理者个人目标的工具。

米歇尔斯把这称作"寡头政治铁律"（Iron Rule of Oligarchy），因为他认为，这是一个科层制结构的大型组织不可避免的命运。

菲力普·塞尔兹尼克（Selznick，1949）在他关于"田纳西河流域管理局"（Tennessee Valley Authority，TVA）的研究的最初几年中，找到了一种相关的机制。田纳西河流域管理局创立于新政时代，意在推动贫困的田纳西河流域的经济发展。它最显著的成就是推动诸如水坝和电气工程的大型公共项目，它还寻求用草根协会取代僵化的政治结构，以期达到目标。由于涉及的范围太广、目标太模糊，田纳西河流域管理局不得不向负责本地区特定项目的下属单位授权。这样一来，组织原本想要取代的地方单位又加入了进来，组织的目标变得愈加脆弱。它们的进入增强了组织的影响力，但是它们自己的目标也使组织的发展转向了计划外的方向。渐渐地，田纳西河流域管理局变成了为地方单位的利益服务的机构，而失去了最初的目标。

埃齐欧尼（Etzioni，1964）把这个过程称为"目标替代"。组织的正式目标，即声明的目标（stated goal），和决策者的目标，即真正的目标（real goal），可能有很大的不同。但是通过吸纳新成员的机制、寡头政治的发展、官僚主义人格的形成，声明的目标通常被代表着决策制定者利益的真正的目标替代。塞尔兹尼克（Selznick，1957）将这种过程称为组织的制度化过程。一个制度化的组织有其自身的生命周期，更多的是满足参与者的利益，而不是服务于其本应服务的组织的工具性目标。

还有一些观点需要在这里提一下。首先，韦伯将科层制模式视为理性行为的具体体现，但是他把理性视为如何最好地实现组织目标的决策过程。塞尔兹尼克等理论家指出，组织是由人来管理的，同样也是这些人决定了组织的目标。反过来，人是一种生物有机体，生物的首要目标是自我保护。那些管理组织的人同样首先要保护组织自身的存在。所以，组织就好比是一个自然系统——一个知道自己的利益所在，并努力进行自我保护的实体存在。

鲍尔曼和迪尔（Bolman & Deal，2008）将目标替代等过程比喻为"生物体般的组织"，除此之外，他们还提出了"丛林般的组织"的比喻。在丛林的不变的战场上，为了获得生存，如果不做捕食者，就要成为别人的猎物。从某种程度上说，组织也面临同样的情况。不难看出，保护自己继续前行比完成那些崇高而缥缈的组织目标更为重要。我们也能看到寡头们如何操控着组织去满足他们的利益，而不是去完成所声明的组织目标。

长处 对组织目标，特别是生存目标重要性的认识，被证实为组织的发展和管理理论做出了重要的贡献。这些观点对社会服务组织的研究［例如著名的"畸形儿基金会"（March of Dimes）研究（Sills，1957）］也产生了相当大的影响。畸形儿基金会最初的目标是把志愿者们的努力聚合起来，为小儿麻痹症研究筹资。畸形儿基金会成为全国范围内与小儿麻痹症做斗争的先锋组织之一。这些努力最终取得了成功，畸形儿基金会募捐来的资金帮助乔那斯·索尔克（Jonas Salk）研制出预防小儿麻痹症的首种疫苗。这种疫苗和之后又研制成功的其他疫苗很快且非常有效地使这种病不再成为一个问题，同时也意味着不再需要"畸形儿基金会"组织的行动了。这个组织在成功地实现了它的目标以后，完全可以简单地解散，但它没有这么做，而是选择用一个全新的目标——解决先天缺陷问题，来代替原有目标。它又开始为解决这个新问题而努力了。

西尔斯（Sills）指出，组织行为正是自然系统模式可以预测的行为。生存需要是最迫切的，即使有时候意味着系统为了生存必须改变它的原始动机。其结果不一定不好，比如在上述的这个案例中，一个应对公共卫生问题很有经验的组织，可以转换自身去迎接新的挑战。但是，正如我们将在下一章以更大篇幅介绍的那样，组织若是太注重生存问题，反而会影响提供服务的效率。

不足。物理学家们习惯于寻找解释物理现象的定律，但在社会领域，我们很少能从各变量的关系中找到能被证明的定律。有人对群体行为的研究提出了疑义：目标替代和寡头政治的生成真的是不可避免的吗？例如，有研究发现了相关案例，在科层制组织中没有发生寡头政治的现象（Katovich，Weiland & Couch，1981；Borkman，2006）。在这些案例中，一个重要的因素是信息流公开。还有，如果决策过程足够透明，也能有效阻止寡头精英的产生。另外，李奇（Leach，2005）提供了在非科层制组织中产生寡头政治的案例，有力地质疑了目标替代是典型的科层制组织现象的假设。专栏 7-5 概述了组织目标和目标替代的内容。

专栏 7-5　　　　组织目标和目标替代

- **目的**：描述性。

- **主要特点**：这个学派的研究指出，比起组织目标，组织行动者更易受个人目标的驱动。组织可能会改变方向，为管理者或其他人的利益服务。另外，由于组织是由许多个人组成的，其行动方式更像有机（自然）系统而不是理性系统，正如个体一样，组织寻求对自身的保护。

- **长处和不足**：组织作为有机系统的观点，把理论关注点从早期的内在因素，如结构或管理模式，转移到组织如何与环境相互作用上。这使组织行为成为一个新的关注点。但仍有研究指出，目标替代和自我服务式的管理在科层制组织中并不是必然发生的，有一些变量，如信息流，能对这样的情况是否发生产生影响。

决策制定

在自然系统视角取得突出地位的同时，其他学者继续通过探索决策制定的过程，把组织解释为一种理性系统。赫伯特·西蒙（Simon, 1957）便是其中之一，他从改变分析单位入手，即把组织作为一个整体来分析变为分析组织中的个人，聚焦于他们的决策制定行为。他受到心理学研究的强烈影响，认为在解释人类行为时应重视刺激与反应的联系。他认为可以将组织看作组织内部个体成员所做决定的集合体，组织的决策行为可以被看作应对某一刺激的反应。

马奇和西蒙（March & Simon, 1958）认为了解组织决策的关键，是要认识到决策制定会受到一些束缚的限制。他们把这种现象称为有限理性，并确定出三种主要的限制因素：

（1）不考虑一个具体决定面临的环境因素，个人会把习惯、能力以及其他一些特质带进决策过程，以一定的方式影响其行为。

（2）对某个群体（可以是组织内的群体，也可以是组织外的群体）忠诚，但这个群体的价值观与组织的价值观相背离。

（3）决策者不可能具有超凡的能力，知道所有影响决策的变量，或决策以后所有可能的结果。

由于所有的决策都带有一定的风险，因此组织的决策过程可以被看作一个风险管理过程。决策者没有必要追求完美的结果，因为这是永远不可能的。反之，决策者应设法尽量降低不确定性，使制定的决策能有合理的概率去获得可接受的结果。马奇和西蒙把这称作满足最低要求，认为了解如何在有限的理性结构中制定决策以达到满意的结果，是了解组织的关键。

随后的研究从几个方面扩展了这个思想。西亚特和马奇（Cyert & March, 1963）指出，总的来说，决策是有着不同观点和目标的个人与单位之间进行讨价还价的过程。组织最后的行动可以被理解为组织成员间持续协商的结果。马奇和奥尔森（March & Olsen, 1976）用"垃圾桶"一词来比喻这个相当混杂的决策过程。在这个过程中，决策从人、问题、思想和"选择的机会"等因素的混合体中产生，这些因素随着组织和情境的不同而不同。理性在这种情况下只发挥次要的作用，不同变量间的相互影响才是最后决策的主要的、决定性的因素。

> 决策者没有必要追求完美的结果，因为这是永远不可能的。

长处。泰勒等管理理论家认为，遵守一些基本的组织原则就能持续地获得最大的产出。西蒙等人则反对这种观点，认为：（1）管理者的角色不仅仅是分派工作任务，他们还要制定战略决策，制订长期计划；（2）这些决策的优劣和做决策所依据的信息质量息息相关。即使是具有最佳结构的组织，也会因为选择了错误的未来发展方向而功亏一篑。决策制定理论家们的著述，虽然从产生到现在已经50多年了，但仍然在各种文献中被大量引用，并且当前的研究结果也支持他们的观点，即信息量的不足限制着和影响着管理决策的制定（Bae，2008；Desai，2010）。

另外，决策制定理论对组织分析产生了巨大的影响，它关注信息的获取和信息的质量。这种关注大致与计算机同时出现，并使人们对组织中信息管理的兴趣迅速增强。基本的观点是，信息系统由于计算机独特的数据处理能力而得到增强，利用它，可以减少决策者必须面对的不确定性，增加有效决策的可能性。

不足。作为一种了解组织的手段，决策制定派也存在一些局限性。例如布劳和斯科特（Blau & Scott，1962）在评论马奇和西蒙的研究时指出，这个模式过于狭窄地只关注正式的决策制定过程，却忽略了组织中的人际关系以及非正式结构可能对决策产生的影响。钱普恩（Champion，1975）也指出，这种理论忽略了这样一种情形，即一个特殊的个体可能不追求整体的理性，而追求个人或本单位的利益。最重要的是，决策制定模式因为关注的焦点是引致特定决策的内在因素而受到批评。这种关注忽略了一个事实，即在引导和做出决策方面，通常组织外部的因素是最重要的。实际上，不断增长的对外部因素重要性的关注，为组织理论下一阶段的重要发展提供了原动力。专栏7-6对这一部分内容做出了总结。

专栏 7-6　　　　　　　　　决策制定

- **目的**：描述性。
- **主要特点**：组织是什么、做什么，在很大程度上是各层级的个体所做决策的结果，但主要取决于管理层的人。这些决策的好坏取决于所依据的信息，但是，能拥有做决策所需要的完全的信息，这种情况即使存在也是极少的。由于缺少信息，组织永远不会是完全理性的。决策制定者于是学着满足最低要求，意思是他们不希求最优的产出而只求可以接受的结果。
- **长处和不足**：这些学者们指出，如果制定的决策是糟糕的，那么其他方面的管理做得再好也无济于事。他们还准确地预见了计算机时代，这个时代见证了信息作为组织的一种有用物的重要性。可获得的信息质量（尽管不一定是数量）越好，决策的质量、最终的产出也会越好。这个方法的缺点在于它仍然集中关注内在因素，而没有对组织运作和制定决策所处的大环境给予足够的重视。

作为开放系统的组织

理解开放系统

在学习与单个的服务对象打交道时，大多数社会工作者会接触到系统理论。这种方法是以生物学家路德维希·冯·波塔兰菲（Bertalanffy，1950）的研究为基础的。他认为，一些领域内的知识，例如注重有机体和周围环境的互动的生态学领域的研究，为人们将其他现象概念化为参与环境互动的系统提供了一个途径。在这个模式中，单个的服务对象不是被看作受内在心理过程驱动的、孤立的实体，而是被看作社会人，他们的个性和行为，来自他们与周围世界的持续互动。作为开放的系统，服务对象从他们的外部环境中给予和获取。理解这种个人环境中关键要素（如文化、社区、家庭等）的持续的交换过程，是理解服务对象的关键。在第五章中，我们讨论了这种有机体类比是如何扩展到社区中的。从20世纪60年代开始，不同的研究者开始指出，也可以用类似的方式来理解组织。

一个著名的例子是卡奇和卡恩（Katz & Kahn，1966）的研究，他们指出，之前的理论家们把组织看成封闭的系统，这样就能简单地以内部结构和过程来研究组织。这种方法类似于我们在第五章中同样提到过的机械类比，卡奇和卡恩觉得这是很幼稚的。他们认为组织必须被理解为开放的系统，通过与周围环境中的其他组织或实体不断地进行资源交换来获得生存。系统的设计和功能由它与环境的作用与反作用的交换过程来决定。

如图7-2所示，系统由各个组成部分聚合而成（无论是细胞构成生物体，还是人们构成组织都是一样），它接收输入，通过某种叫作产品生产的过程对输入进行运作，然后产生输出。在社会服务机构中，输入包括所需要的资源，如资金、员工和设备。服务对象也是重要的输入，涉及他们遇到哪种问题、问题的严重程度如何。还有一些输入不那么明显，但同样至关重要，例如价值、期望、社区成员对服务机构的选择、基金会、管理实体以及环境中的其他相关部分。

产品生产包括机构提供的服务，通常是指技术，以及组织为了运用这些技术处理所接收到的输入而采用的结构方式。输出是指组织的产品。在工业企业里，它通常是某种物质产品；在社会工作机构里，它是指完成对服务对象的服务。正像我们将要讨论的那样，服务输出的重头戏常常用一种结果来衡量，即对服务对象生活质量变化的评估（有所改善、没有变化或恶化）。

许多开放系统模型的一个更进一步的要素是反馈机制，它是控制系统的一个决定性特征。控制系统可以自我校正，是指它能从周围环境中收集和解释信息，并相应地调整自己的功能。生物有机体就是控制系统的例子，它们可以适应不断变化的环境条件。组织也是控制系统，如果不从环境中收集信息，并采取行动去适应环境条件，很难想象哪一个组织可以生存。例如，制造商必须时刻应对不断变化的市场需求，其生存常常取决于这种快速调整的能力，产品若卖得快就增加生产，反之则减少生产或转产。同样地，社会服务机构必须提供人们需要的、适宜的服务，否则会被淘汰。这个从环境中收集反馈信息、为适应外部条件而做出调整的过程，是开放系统取向理论的核心。

长处。 从韦伯到西蒙，这些在卡奇和卡恩之前的理论家们，毫不怀疑地认为，理解组织的关键在于内部，这也是他们重点关注的对象。而开放系统的观点将大家的注意力引向了外部环境，并且指出组织必须被看作动态的实体，不断地与所处的环境发生交换。社会

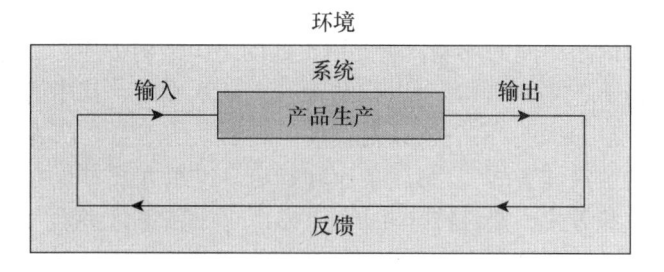

图 7-2　开放系统模型

工作者们常常被教授要从人在环境中的视角来理解服务对象,开放系统的观点正好与之契合。社会工作专业注重调查研究基础上的实践,以此保证服务的相关性,这也符合开放系统的观点。例如,为了处理一个社区问题,社会工作者可能要做需求评估,利用评估所获得的数据来设计一个处理问题的方案,执行这个方案,然后收集新的数据来修正方案。这和开放系统观点的输入—产品生产—输出模型相互映衬,匹配得非常好。

不足。开放系统视角的大部分观点和塞尔兹尼克之前提出的自然系统理论类似,只是在一定程度上把组织比作生物体的比喻夸大了些。尽管组织和生物体都生存在一个更大的环境中,并且都参与同环境的相互交换,但是,组织是由个体组成的,个体的目标可能与组织的目标有所不同。一个组织的产品生产过程不仅与环境发生着交换,还包括了很多组织成员之间的互动,这就给这个模型增加了新的复杂性。专栏 7-7 概述了作为开放系统的组织。

专栏 7-7　作为开放系统的组织

- **目的**:描述性。
- **主要特点**:这个理论扩展了自然系统观的视角,指出所有的组织就像所有有机体一样是开放的系统。开放的系统必须从所处的环境中获取资源(输入),例如资金、员工和服务对象,并把产品或服务返回到环境中(输出)。理解组织行为要求把组织看作更大的环境的组成部分,组织在这个环境中,和环境一起实现输入和输出的交换。
- **长处和不足**:组织行为可以被解释为,为了和环境发生有益的交换而做出的努力。组织还致力于减少不确定性,并尽量提高环境的可预测性,这也使得组织本身更加具有可预测性。但是,组织和有机体在多大的程度上能够相互比拟,仍然具有局限性。若要充分理解组织的行为,不仅要检查组织与环境的交换,还要了解组织成员之间的互动。

权变理论

一种新的理论在 20 世纪 60 年代开始成形,它部分是出于对开放系统思想这一新视角的回应，部分是出于对那种用单一模式去套用所有组织的管理理论的质疑。它的基本假设是，不同的组织面对的是不同的环境，需要用不同的组织结构去应对。这种方法通常被称为权变理论（contingency theory），可以归结为三个基本原则，其中两条是由加尔布雷斯（Galbraith，1973）提出来的。第一条原则直接反对泰勒的观点，认为存在着很多种组织方式，不存在单一的"最佳方式"。第二条原则指出，组织方式有优有劣，必须要努力找出至少是可接受的组织方式。斯科特（Scott，1981）在此基础上增加了第三条原则，开放系统原则，即组织所处的环境，决定了当前条件下的最佳组织方式。这三条原则的共同点是，组织的性质和管理体制随着该组织特有的许多要素而有所不同，所以，想要用管理汽车组装厂的方法去管理一个社会服务机构，是不可行的。

莫斯和罗斯奇（Morse & Lorsch，1970）对麦格雷戈等理论家的观点提出了异议。这些理论家认为分权化、人性化的管理模式应该是大部分组织的首选。而莫斯和罗斯奇的研究表明，在有着相对严格的规则和结构的组织中，可能存在高度的组织效率和强烈的个人能力意识。同样，一些结构松散、个人拥有更大自主权的组织，并不总是具有高效率，也不总是使员工满意。与结果相关的关键变量是组织任务的性质：工作任务具有很强可预见性的组织（如制造工厂），最适合采用严密控制的结构；而任务可预见性低一些的组织（如研究和发展性组织），则更适合松散的结构和管理方式。

伯恩斯和斯图尔克（Burns & Stalker，1961）对这些区别进行了归类，他们区分出两种管理形式，并称之为机械式管理和有机式管理。机械式管理系统地反映了韦伯描述的科层制特征和泰勒展示的管理技巧，一般存在于处在相对稳定环境中的组织。有机式管理则发生在不稳定的环境中，输入是不可预测的，组织的生存活力取决于它以不受正式规则和结构约束的方式应对问题的能力。表7-2对照比较了机械组织与有机组织的特征。

表7-2 机械组织与有机组织的特征

变量	机械组织	有机组织
工作的焦点	完成分解的任务	为整体结果努力
整合工作的责任	每一个层级的监督者	跨单位的，在层级内共同承担
解决问题的责任	限于每个岗位所对应的精确的工作职责	相关个人共同负责，不能以"不归我管"为由逃避责任
控制和权威结构	等级的	网络的
知识和信息的位置	集中在顶层	专业知识和对信息的需求存在于不同的层级
组织结构的特征	严格的；责任到人	不确定的；由团队共同承担
沟通的内容	指令、决定	信息、建议
沟通的方向	在监督者和下属之间	横向的、跨越等级的
所期望的忠诚	对监督者和单位	对技术和产出

资料来源：伯恩斯和斯图尔克（Burns & Stalker，1961）。

劳伦斯和罗斯奇（Lawrence & Lorsch，1967）指出环境稳定的重要性，认为这是分析组织结构和领导所基于的关键的权变因素。韦伯的科层制模式在解释稳定环境中的组织时，能更加适用，而人际关系模型则能更好地解释多变环境中的情况。他们吸纳了决策制定理论的一些观点，同样也重视在决定组织行为时的确定性与不确定性。稳定的环境允许结构运作有更大的确定性，因此，主要为有特定问题的服务对象服务的社会服务机构（如食品供应站），应该有规范的运作和正式的结构。相反，涉及更广泛的服务对象和不可预测问题的组织（如庇护组织），要使用松散的结构和更少地按条文规定去运作。

詹姆斯·汤普森（Thompson，1967）认为，组织与环境互动中的关键问题是环境中的不确定性程度。他指出，组织追求环境的可预测性，因为它保证了理性（按逻辑来计划的）结构的持续运作。然而，因为环境永远不可能完全可预测，所以，组织结构本身如果太过僵硬，就不能长久地生存下去。理解一个组织采取怎样的结构去应对环境的不确定性，是把它作为一个整体来理解的关键。

与劳伦斯和罗斯奇一样，汤普森重点关注组织技术。如图7-3所示，他描述了三个层次的组织功能：（1）技术核心，（2）管理系统，（3）机构系统。技术核心包括组织边界内的结构和过程，它使组织能够发挥出主要功能，而组织就是为了发挥这些功能而创立的（如生产一种产品或提供一项服务）。从理论上说，技术核心在环境输入永远不变时能发挥最好的功能，可以以相同的方式重复做相同的事情。然而，环境是不断变化的，理性的组织为了不对自己最致命的要素（技术核心）产生威胁，就必须去适应这样的变化。管理系统包括那些发挥技术核心作用的结构和过程。机构系统则负责处理组织和环境之间的互动关系。

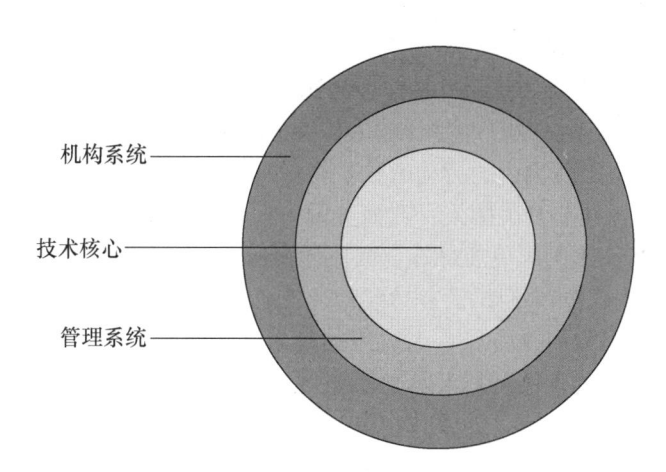

图7-3 汤普森的组织模型

汤普森分析模型的核心是组织怎样去适应环境的变化。他假设适应性反应可分为三步：（1）保护组织技术核心的行动；（2）获得工作环境中的权力的行动；（3）通过改变组织的涉猎领域，来吸收环境中的关键要素的行动。保护技术核心的行动，包括允许组织内部做必要调整，例如增加或减少输出、雇用或解雇员工、在不同的内部单位间调整资源。

工作环境是汤普森用来描述组织所依赖的外部组织的术语，它可以是必需的输入（资金、原料、客户）的提供者，也可以是组织输出的消费者。如果适应环境变化的内部调整不成功，组织就要尝试去改变与任务环境成员的关系，以获得对变化更多的控制权。例如，磋商长期资金协议或安排固定的服务对象转介（如一个居民治疗中心可以成为某特定学校地区唯一指定的医疗提供者）。

最后，如果这些方法都不能使组织适应环境，汤普森预言，组织将寻求把和变化有关的那部分环境融入自身。例如，一个专为滥用药物者提供服务的社会服务组织，由购买这一服务的公共机构付费，当政府资助的优先次序由治疗转向预防时，该组织发现自己处于困境之中。如果区域内一个小一些的机构也要申请这笔资金，这时那个更大、历史更悠久的机构可能就会力图与这个小机构合并，以保住自己的资金基础。但是，这样的行动至少部分地改变了机构原有的技术核心，所以这种应对方式只有在其他适应策略不管用的时候才会被使用。

长处。权变理论家接受了开放系统模型的假设前提，认为环境是认识组织行为的关键变量。他们还指出，管理原则的应用对组织结构的影响并不是很大，更重要的是为了应对不断变化的环境条件。这种观点对组织分析产生了很大的影响，更多的研究开始展示运用权变理论原则的结果。例如卡茨、巴特和基夫（Katz，Batt & Keefe，2003）展示了权变理论如何准确地预测了一个大型国家劳工协会的复兴，而这种类型的组织一般是不被用来研究理论原则的。同样，费尔南德斯和怀斯（Fernandez & Wise，2010）记录了一段为了应对环境变化而吸收新技术的过程，这和汤普森的预测完全吻合。

这里再举一个用环境权变理论解释组织行为的例子。越来越多的公司和机构开始关注美国劳动力市场上日益突出的劳动力多样性问题。正如之前提到的，雇员及他们掌握的知识技能，是组织从环境中获得的重要的输入。《美国劳工统计局报告（2009）》估计，从2008年到2018年，全国范围内的劳动力数量将增加8个百分点。然而白人非西班牙裔工人，预计只增加6%，而非裔美国人、亚裔美国人将分别增长14%和32%。西班牙裔和非西班牙裔美国人的增长比例则更加悬殊，西班牙裔的劳动力预计将增长33%，而非西班牙裔的劳动力只增长4%。如果组织没有持续地监测环境，并努力去适应这种变化，它就没有为应对这种趋势做出任何准备。令人欣慰的是，许多组织已经在调整它们的招聘策略、技术、办公地点、培训流程甚至是人际交往准则，以吸引、留住、提升这些日益多样化的员工。

不足。权变理论的观点还没有被普遍地接受，部分原因是，它对组织发展的关注点有很大的局限性，即只停留在管理者是否能理性地应对外部环境上。例如，米勒（Millar，1978）对伯恩斯和斯图尔克的观点提出反对，认为严格的组织结构适用于某些偶然情况，但是松散的组织结构更适合其他情况。他指出，机械的组织结构即使是在稳定的环境下，也不是适宜的，因为大部分的机械组织是非人性化的。他还质疑权变理论的组织总是理性的假设，他提出，没有任何基础能支持这个假设，组织中的个体不是总会将组织目标放在首位的。

另外，汤普森自己也提出了告诫：他所描述的过程仅在"理性规范"下适用。他的意思是，没有运用理性分析过程去适应环境变化的组织，其行为可能是不可预测的。问题在于，"理性"是一个难以捉摸的概念，特别是被运用于分析不同环境下的不同组织用不同的方式去应对环境变化的时候。例如，在商业公司中，通过使利润最大化来保护股东利益可能是"理性的"，但为了加强长期投资而保持适度的利润和股息，也同样是理性的；同样地，硬性指标对以赚钱为目的的营利性社会服务机构来说，可能是理性的，但是对想要保护其"为有需要的人服务，而不考虑收入"使命的非营利机构来说，则是非理性的。即使是相同的组织，在面对相同的环境时，也可能因为对环境状况的理解不同，而采取不同的行动。这意味着，组织行为的可预测性仍然是有限的。专栏7-8对权变理论进行了总结。

专栏7-8　　　　　权变理论

- **目的**：描述性。
- **主要特点**：因为组织具有不同的目标，生存在不同的环境之中，所以单一的适用于所有组织的分析和管理方法是行不通的。问题不是组织在多大的程度上符合某一特定的结构形式（例如，科层制模式），而是组织要怎样塑造自身结构去适应特定的环境。同时，权变理论提倡重视组织的技术，即组织完成任务的途径。可预测的环境输入和常规性的工作任务适合更传统的等级结构，而不可预测的环境和非常规的技术需要相对不太严格的组织结构。
- **长处和不足**：权变理论影响了后面的很多研究。人们普遍接受它的这个观点，即组织如何塑造自身结构去应对所处环境，是理解组织的重要途径。很多人关注这个理论中决策制定者的角色。支持者们指出他们对环境的应对是有计划的、可预测的，并且是基于对管理原则的理性运用的。反对者们则证明这是很少发生的，对环境变化的应对通常是非结构化的，是反应性的而不是按计划实行的。

当代观点

组织和管理理论的历史，从很多方面来说，是探寻组织和管理的最好方式的历史，即寻找能揭开生产效率奥秘的理论。正像我们在本章中试图说明的那样，每一种新理论的主题都是不同的。对韦伯来说是结构,对泰勒来说是精确性,对人际关系理论家来说是对社会因素的关注,对德鲁克来说是共同的方向意识,对西蒙来说是决策制定过程,对汤普森等人来说是应对环境的变化。用我们在本章前面提到的一个比喻,可以说,每一个理论家,实际上都是用装了不同滤光片的目镜在观察组织。

权变理论的主要贡献,是认为没有一个主题或一组变量适用于所有情况。对于权变理论家们来说,当被问及"什么是管理一个组织的最佳方式"这个问题时,正确的回答是"视情况而定"。每个组织都是一组变量以独特的方式组成的混合体。权变理论家认为,不存在一种最佳的组织和管理模式。组织的方向取决于其所处的环境,以及组织的核心结构和过程的性质。

无论权变理论的原则是否总是被接受,可以肯定地说,权变方法已经成为现代组织和管理理论思想的跳板。最近几十年出现了一些不同的视角,尽管没有哪一种视角在这个领域占主导地位,但是每一种观点都对分析组织、理解组织的结构和领导方面做出了贡献。在当代的管理著作中有一些术语很突出,包括权力、文化、视野、赋权、质量、价值、信息等。领导方式已经成为管理的代名词,尽管人们知道这两个词有各自的含义。下面简单介绍一下从 20 世纪 80 年代到现在为止组织管理著作中的几个主题。

权力和政治

贾弗里·普费弗(Pfeffer,1981)提出,对组织行为的理解最好要结合权力关系和政治力量。他把权力界定为影响人们行为的能力,把政治界定为运用这种影响力的过程。当被问到权力从哪里来时,普费弗会解释说,权力来自个体在组织中的职位,因为,权力和组织结构是非常紧密地联系在一起的。

为了说明权力和组织结构的联系,普费弗比较了三种组织分析的模式:(1)科层制模式,(2)理性选择模式,(3)政治模式。科层制模式是以韦伯的古典的理论为基础的,认为组织的结构和行为是为了使其自身效率达到最大化。普费弗对这种模式的批评与本章前面所阐述的内容在本质上是一样的。理性选择模式来源于西蒙等决策制定理论家的研究。普费弗赞同他们对理性决策的限制性因素的关注,但是他指出,这些模式仍然假定决策制定有清晰的组织目标为导向,然而在大部分组织中,可能同时存在着一系列的目标和动力。普费弗极力主张使用组织结构分析的政治模式,这种模式重视组织行动的方式,这些行动可能是工具性的(服务于整个组织设定的目标),或是狭隘化的(为某个个人或某个组织单位的利益服务)。目标可能会改变,如同决策制定者选择其行动的权力那样。因此,普费弗认为,理解组织行为,必须要从一起工作的个体之间复杂的相互作用入手,他们有时候向着共同的目标努力,而有时候则各为自己的目标而工作,这和政治场上发生的事如出一辙。

沃姆斯利和萨尔德(Wamsley & Zald,1976)深化了这一理论。他们指出,组织结构和过程最好被理解为组织内部与外部在政治和经济利益方面的相互影响。政治是指组织获得权力和合法性的过程。经济是指组织获取资源，如客户、员工、资金的过程。

这种政治经济学观点的目标是吸收以前各学派的诸多研究成果，以形成一个更有概括性的理论模式。这个模式中的要素，如个体的利益和目标、这些利益拥有者持有的权力、环境资源及其控制者的影响，不断地相互作用，从而塑造出组织的独有特征。这些特征不是静止的，而是随组织的政治经济条件的变化而变化的。

我们之前讨论过汤普森模型的不足，这也是一个例子，说明思想是如何建立在前人研究的基础上并不断拓展的。普费弗指出，汤普森的"理性规范"指导组织行为的假设，没有考虑到工具性和狭隘化所指证的那些事实，即有权力选择特定的组织行为的个人，他们的决定不仅考虑是否对组织最有利，还会考虑是否对他们自己最有利。想象一下，一个管理者需要在提出的两个新项目中选择一个。在汤普森模型中，最符合组织环境需求的那个项目会自动成为他的选择。普费弗指出，这个管理者也有可能会选择另外一个项目，尽管那个项目不如这一个更满足组织需求，但是管理者认为那个项目对他的职业生涯和他在组织中的地位更加有利。这种利益的相互作用，是普费弗、沃姆斯利和萨尔德所指的组织的政治环境。他们的观点是，组织行为可以理解为拥有决策制定权力的个体所做决定的结果，而他们所做的决定基于他们对自己和组织的政治利益与经济利益的评估。对应于鲍尔曼和迪尔（Bolman & Deal, 2008）提出的比喻，这个理论观点适合"丛林型"模式，即把组织行为看作一种利益竞争，那些拥有权力的人决定着放在首位的是谁的利益。

权力这个主题对组织中的少数族裔和女性的影响也被讨论过。例如，有证据显示，男性白人和其他群体间的收入差距，不单单是来自男性白人所占据的高收入职位，另外的原因是，男性白人拥有权力，这种权力使他们能够保护自己在收入方面的优势。卡斯提拉（Castilla, 2008）证实，基于工作表现而制定的薪酬体系，会被操纵调整为对掌握权力者有利。科恩（Cohen, 2007）发现，即使一个组织拥有更高比例的女性员工，也不能缩小男女收入差距。要缩小这个差距，必须至少要有一些女性占据高威望和高影响力的职位。这些发现支持普费弗的观点，即决定组织行为的，不是程序或数量，而是权力和影响。

组织文化

文化要素

组织文化的概念也影响着当代理论的发展。许多研究者用了一个熟悉的说法来界定组织文化，将其描述为"在这里做事的方式"，或是构成组织中智力行为的"不成文的规矩"，抑或是人们所持有的共同的价值观。

埃德加·施恩（Schein, 2010）在这个领域内成果突出，他指出组织文化是通过共同经历发展出来的。新成立的组织受领导者的影响很大，领导者把他们的观念带进组织，从而影响组织的假设和信念。必须要经过较长一段时间的共同经历，才能产生组织内成员普遍接受的观念，形成能称之为组织文化的实践。另外，领导力和文化是紧密相关的，了解领导者带到组织中来的设想，是分析如何发生变化的关键。

领导力与组织文化的联系得到了研究者们的众多关注。例如，女性主义研究者们分析了赋权的过程、组织内部的集体行动，以及这些过程对组织中不断变化的文化假设的影响。埃克伦德（Ecklund，2006）发现，在宗教组织中，其主导文化是决定女性有没有机会担任领导的首要因素。研究者们还探讨了在不同类型的组织（如工程公司、非政府服务组织、军队等）中，组织文化和领导力对性别平等的影响（Davis，2009；Bastalich，Franzway，Gill，Mill & Sharp，2007）。

组织文化对于理解任何组织都是重要的。施恩（Schein，2010）指出，这是一种能看到或是感觉到的东西。当进入一个组织时，你会很快发现系统中已形成的模式，即使它并没有被明晰地标示出来。到一个组织担任新职务的社会工作者必须知道，这些模式为那个组织的成员所坚持，是发挥组织功能的关键。当违反这些模式时，成员会有很情绪化的反应，因为他们"一直就是以这种方式做事的"。因此鲍尔曼和迪尔（Bolman & Deal，2008）把组织文化视角和他们的"寺庙型"比喻联系了起来。组织文化比氛围、意识形态或人生观要宽泛得多，它是渗透到决策制定和组织内部沟通中的一种群体身份意识。

研究者们从不同的方向扩展了组织文化模型。卡梅隆和奎因（Cameron & Quinn，2006）的"竞争性价值观模型"指出，在一个组织中可能存在着不止一种文化要素，冲突的来源可能带来动力和所需要的变化。奥康纳、奈汀和法维罗（O'Connor, Netting & Fabelo，2009）从社会服务机构中找到了证据。伯勒尔和摩根（Burrell & Morgan，1979）提出存在四个不同的取向或范式。有研究者就此经过调查，证实了在组织中通常同时存在着两种或两种以上的相互对立的文化要素。在公共机构中，文化模式更趋于同质化，在更年轻的组织中，异质性更强，但大部分的机构能够容纳看上去不可调和的范式要素。其他研究者们指出，研究表明，社会工作者能很好地容忍组织文化中存在的一定程度上的模棱两可，并且能从中看到益处。比如需要在反对改变文化的组织中推行变革时，这种容忍就能起到作用。

组织文化还和组织承诺紧密联系。如果一个组织的文化是坚强、善于理解、相互支持的，并且组织行为也支持这样的文化，那么组织承诺相对应地也会是高的（Mathew & Ogbanna，2009；Meyer & Parfyonova，2010）。反过来说，高度的组织承诺也意味着高度的工作满意度和员工留职率（O'Donnell & Kirkner，2009；Ohana & Meyer，2010）。这还意味着低程度的心理疲惫，而心理疲惫是导致倦怠的首要因素（Glisson, Dukes & Green，2006）。

多样性——文化的要素之一

在许多组织中，文化是由特定的性别群体（通常是男性）、特定的族裔群体（通常是白人）、特定的社会经济阶层（通常是富裕的精英）所主导的。对社会其余群体来说，组织远不是公平竞争的环境，权力人士比他们更有能力去制定规则、结构、运作方法，来维护他们自己的特权。正如布雷泽尔（Brazell，2003）所说的，只有当社会行动或大规模的社会运动开始让社会整体发生变化的时候，上述现象才会有所改变。民权运动、女权运动、残疾人权利运动正是这样的例子，它们唤起了对歧视的认知，并使歧视变得并不是那么不容挑战。这些运动还敦促产生了反歧视法律，使工作场所有了新的法律保护。除了这些力量，经济条件的改变、更好的教育，也使得女性以空前的规模进入职场。另外，人口组成上的变化，如拉丁裔人口的快速增长，使得工作人群更加多元化了。

小罗斯福·托马斯（Thomas，1991）对于组织多样性的早期研究提出了三种作用于美国组织的力量：

（1）到越来越充满竞争的全球市场上去经营的需要。
（2）美国劳动力构成越来越具有多样性的快速变化。
（3）"熔炉"概念的消逝。人们开始认识到多样性是一种优势，而不是不足。

托马斯认为，有效地管理多样性对提高生产力是很重要的。因为在全球化的经济环境中，拥有多样性的组织更能发展出创新的设想，并快速地应对环境变化。

克罗斯（Cross，2000）指出，用组织文化的方式去发展出利用和管理多样性的方法，是很有用的。组织文化包含了一个对"怎样做事"的共同的理解，这个理解必须要吸收多样性所需要的不同的参考系。克罗斯描述了一个商业企业的实践，了解了该企业文化中的观点、主张、动力、对员工的期待等。他要求员工们创建一个公司准则的详尽列表，然后将其压缩成简短的陈述，让员工们标出他们对这些陈述的赞同程度。克罗斯发现，在公司做得最好的那些方面的准则，获得了最多的赞同，并且几乎所有的参与者都给予了正面的评价。然而，尽管参与者们认同短期利润的重要性，但大部分人认为这是与生产力目标相悖的，因为占据上层职位的男性白人才是唯一的受益人。同样，所有人都坦言，组织中的一个普遍的准则是怀疑有色人种雇员的能力。尽管所有人都对此持否定态度，但他们仍然认为这是很难克服的。

卡尔-鲁芬诺（Carr-Ruffino，2002）总结了多样性管理的许多关键点，指出，在企业文化向包容多样性的方向转变的过程中，管理者必须做好表率。为了达到这样的目标，她提出了管理者必须履行的七个策略或者说是责任：

> **践行多样性**
>
> 批判性思考问题：多样性管理能如何帮助社会工作者去应对多样的服务对象群体？

（1）提高容忍度。
（2）做好尊重和欣赏他人的模范。
（3）发挥同理心（例如，通过训练，学会用他人的眼光去看待事物）。
（4）提倡信任和友好。
（5）鼓励合作（以破除派系之分，促进组织成员间的相互交流）。
（6）作为一个整体来工作（从看待问题的不同的新视角上获益）。
（7）创造协同效应（使用多样性来整合一个团队，使这团队的输出高于单个个人工作的总和)。

在第八章中,我们将给出一个分析框架,用于分析注重多样性的组织文化。这个框架涉及了卡尔-鲁芬诺所列出的许多要素,然后又添加了一些其他内容,包括强化文化的要素,例如对包容多样性的组织使命的声明、参与式的决策制定方法。

追求卓越

另一个与组织文化相关的重要的管理主题是"卓越",这是由托马斯·彼得斯和罗伯特·沃特曼(Peters & Waterman, 1982)率先提出的。他们都受雇于一个管理咨询公司,然后成为一个关于组织效率的项目的领导者。他们对"什么是卓越的企业"做出了界定,然后选择了62家企业进行研究。他们深入研究卓越企业的理念和实践,发现占主导地位的因素是组织文化,例如给雇员家的感觉、对小型化的偏好、对简单而不是复杂的偏好,以及对个人的关注。结果,他们发现,这些组织中的管理实践更集中于人的因素,就像人际关系理论家和麦格雷戈的Y理论所提出的那样。

彼得斯和沃特曼还总结出,虽然建立在对数据的收集和分析上的理性的组织基础必不可少,但是对数据的分析必须是灵活的,要有更广泛的考虑,包括个人因素。他们主张,理性的方法应该停止把人类行动者当成"必要的滋扰",而应当主张让员工参与组织,以加强组织的力量。

他们的发现被归纳为八条基本原则,成为"卓越方法"管理的核心:

(1) 行为偏好:无论做什么事情,首先要考虑优先做什么,而不是踢皮球似的对问题一遍遍地讨论、分析、做会议报告。

(2) 接近顾客:了解顾客的偏好并迎合他们。

(3) 自治和自负盈亏:把公司分成小的企业,并鼓励它们独立地、有竞争性地思考。

(4) 通过人员来提高生产力:让全体员工相信,他们的全力以赴对公司非常重要,他们会从公司的成功中分享好处。

(5) 亲身实践、价值驱动:坚持使执行者为公司的核心使命服务。

(6) 坚持紧密结合:坚持公司最擅长的领域。

(7) 简单的组织构成、倾斜的员工分布:少量的管理层级和少量的高层人员。

(8) 宽严并重的特性:培养一种为公司的核心价值观奉献的氛围,同时,对接受这些价值观的所有雇员有一定的容忍度。

彼得斯和沃特曼的研究集中关注创造一个有卓越取向的组织文化,这通常被视为更大的组织文化文献的组成部分。随着社会服务的提供越来越接近于供给者与消费者的关系,彼得斯和沃特曼的这些原则和发现也变得越来越重要。公共机构和私人机构,都认识到了工作环境的质量和组织产品质量之间的关系。另外,应对不确定的环境的策略已经和这样一种建议结合起来,即组织要建立起和其他组织的灵活的合作关系,以获得生存和成长。

但是,还需要指出的是,通过对管理实践进行微调,以实现卓越和服务效率的最大化，这样的组织目标可能是难以捉摸的。赫尔曼和伦兹（Herman & Renz，2004）提供了一个案例，他们对 55 个非营利机构进行了有关新的管理实践对服务质量的作用的研究。尽管参与者对效果的评判标准有所不同，但研究结果仍没有能够证实新技术的有效性。权变理论家们首先提出了警告，指出这些研究者们所提出的在某个组织中"正确的"管理方法，在另一个组织中有可能是错误的，只有使用与组织相匹配的管理方式才能对服务效果有正面影响，而不是盲目地照搬某个特定的管理教条。

意义建构

除了"卓越"主题，另一个和组织文化模式结合得很好的研究是"意义建构"的分析方法。这是由卡尔·韦克（Weick，1995）提出的，沟通理论构成了它的部分基础。沟通理论关注人们如何对所获得的信息进行加工，对他们的所见进行意义建构。意义建构与组织及组织文化的关系在于，它假设个体从外界环境获得信息，参与为弄清这些信息含义的内部对话，然后才对他们的所见所闻得出结论。

韦克、萨克利夫和奥波斯特菲尔德（Weick, Sutcliffe & Obstfeld，2005）描述了这个过程的一些特点。首先，意义建构是一个很自然的过程，个体身边发生的事一开始看上去可能是杂乱无序的，他们便试图去弄明白到底发生了什么。他们根据事件的不同，对它们进行分类，并打上标签，可能还用了只有自己才明白的速记方法。意义建构是可追溯的（意思是需要在事件发生后对它们进行解释），在行动之前有必要先进行意义建构，去评估行动可能带来的结果。

为了理解意义建构方法的价值，我们需要记住，组织是个体的集合，这些个体为了达到共同的目标，总是在进行意义建构。我们之前提到组织文化的定义是"在这里做事的方式"，而人们对怎样做事的理解来自他们在组织中的意义建构过程。韦克和他的同事们（Weick, et al.，2005）将意义建构描述为小规模的机制，但可能会引发大规模的变化。意思是，组成组织文化的共同观念和行为模式，来自每个个体的不间断的思考过程。在一个更大的层面上说，组织领导者们通过意义建构的过程，去评估组织整体在其所处环境中的位置。

加雷思·摩根（Morgan，1986）提出了一个与意义建构相关的主题，他强调在理解组织时比喻的价值。他指出，早期的组织理论家们经常使用比喻（有的是明确的，有的是隐晦的），他认为这是一个有效的启发式的工具（即，有助于理解某些事物的手段或方法）。摩根指出，韦伯把科层制组织和机器相比，同样也使用了这个比喻去反对科层制组织的机械化和非人性化的一面。开放系统理论家们则使用了"生物体般的组织"的比喻，并通过这个比喻去描述和研究组织的"生存本能"。

在这里，我们用"文化"的比喻去描述组织的运作，正好符合摩根的观点。人类学家们使用文化这个概念，根据信念、价值、历史的不同，去区分不同社会中的人类。摩根认为用这个方法去区分不同的组织，也是同样有效的。有研究结果证实了这个有效性。组织文化的比喻可以被管理者们用来加强组织成员们的共同理解（Gibson & Zellmer-Bruhn, 2011），并促进团队建设（Kang, Yang & Rowley, 2006）。

质量导向的管理

第二次世界大战后不久，美国大学教授 W. 埃德华兹·戴明（W. Edwards Deming）来到日本，去协助一个全国性的人口调查。他留下来帮助日本管理者们重建国家工业，同时也学到了通过控制制造过程来改善产品质量的新方法。他的研究有两个重要的成果。第一，在短短 30 年内，日本的管理技术获得了如此高效率的声誉，使得这些技术再次输入美国，成为改进美国管理的榜样。第二，戴明和其他研究者们认识到，用来改进制造业产品的管理原则，也适用于提供服务的组织。在这之后发生了一系列的相关运动，这些运动都聚焦于质量管理，并不断进行质量改进。与此相关的两个最具影响力的理论是 Z 理论和全面质量管理。

Z 理论

日本企业在 20 世纪 70 年代后期和 20 世纪 80 年代早期，开始占据长期被美国工业主导的市场，这部分归功于它们对质量控制程序的重视。这引起了研究者们的好奇，他们想知道，日本企业如何能够克服它们早期质量差的坏名声，并建立起世界范围的质量标准。

威廉·大内（William Ouchi）在他 1981 年的著作《Z 理论》（Theory Z）中尝试去把握日本模式的管理。这个书名的意思是，日本式管理所蕴含的哲学和理论原则超越了麦格雷戈 Y 理论的理念。大内认为，一个日本组织，不仅仅是一个结构化的或是目标导向的实体，还是一种生活方式。它提供了终生雇佣，融入了国家的社会、政治、经济体系中，其影响还渗透到其他组织中，如大学、公立学校甚至是幼儿园。

日本式管理的基本假设在于，员工是提高生产力的关键。这听起来和人际关系学派的观点相似，但其实不尽相同。日本人不是简单地要让员工感到他们的社会需要在工作场所得到了满足，他们想让员工成为组织运作过程中重要的一部分。他们定期征求员工关于如何改善组织的想法和建议，若是可行，便会被采纳。质量圈（quality circle）就是其中一个例子。它的做法是让员工留出一定的时间集思广益，探讨改进质量和提高生产率的方法。

与美国组织不同，那时的日本组织倾向于既没有组织图表也没有文字表述的组织目标。大多数工作由团队完成，即使没有一个指定的领导者也能达成一致意见。单位之间寻求合作而不是竞争。对组织的忠诚是极其重要的，而组织对雇员的情义就是对其忠诚的回报。

这些方法产生了相当大的影响，美国军方的一些研究和发展机构受其影响，最早开始采纳这些管理原则（Chenhall, 2003）。有趣的是，尽管大内和其他研究者们大力提倡日本式的质量导向管理，但在同时期的美国，却产生了另一种同样植根于戴明研究的管理运动，并开始获得关注。

全面质量管理

美国人阿曼德·费根鲍姆（Armand Feigenbaum）提出"全面质量"这一术语来描述这样的管理实践：所有的组织行为，都是为了达到和保持产品或服务的最优质量。费根鲍姆提出的关于这个方法的很多原则，都是独立于戴明的研究的，并最早发表于1951年的著作中。但是一直到20世纪80年代，他和其他研究者们的研究才获得了突出地位，并被统称为全面质量管理（total quality management，TQM）。

在TQM的定义中，美国质量学会强调，TQM的根本导向是要使顾客满意度最大化。这个定义很有用，表现在以下两个方面：第一，它强调了质量概念的宽泛的适用性，质量概念不仅能用于机器的生产，也能用于满足买家需求的服务；第二，它的有用性体现在对顾客满意度的关注上。把质量定义为满意度，使得组织必须要和其顾客保持沟通联系，用顾客反馈的信息来评估组织的表现，并基于此调整组织的行为。表7-3是马丁（Martin，1993）提出的一个列表，将美国传统管理原则和全面质量管理原则进行了比较。

表7-3　美国传统管理原则与全面质量管理原则的比较

美国传统管理原则	全面质量管理原则
组织有多重的相互竞争的目标	质量是组织的首要目标
财务考虑驱动组织	顾客满意度驱动组织
管理者和专业人员决定质量的标准	顾客决定质量标准
注意力集中于现状："如果没有断裂，就不用去修复它。"	注意力集中于不断改进："不受关注的系统会走下坡路。"
变化是突然的，由反官僚主义的斗士完成	变化是连续的，由团队合作完成
员工之间和部门之间相互竞争	员工之间和部门之间相互合作
决策以"自我感觉"为基础	决策以"信息分析"为基础
做点事比不做事好	不做事比做错事好
员工培训被认为是奢侈的，是一种浪费	员工培训被认为是必要的，是一种投资
组织内的交流主要是自上而下的	组织内的交流有自上而下、自下而上、横向等多种方式
鼓励客户通过价格相互竞争	与提供高质量的产品和服务的客户发展长期的合作关系

资料来源：马丁（Martin），《人类服务组织中的全面质量管理》（*Total Quality Management in Human Service Organizations*），Sage，1993。

表中所列的一部分原则是全面质量管理所独有的，另一部分原则反映了以前学派的思想。例如，全面质量管理吸收了麦格雷戈的观点，认为员工如果被允许选择和决定怎样完成工作，将会更具生产力。全面质量管理也很赞同利用大内提出的质量圈和其他团队建设的方法。但是在某些方面，全面质量管理却明确地反对以前的理论观点，科层制（规章制度导向）结构便是其中之一。全面质量管理认为科层制结构阻碍了组织的灵活性，而这个灵活性是组织在应对顾客输入和参与质量改进时所必需的。塞勒（Saylor，1996）也指出，全面质量管理和德鲁克的目标管理原则不相容，因为全面质量管理把顾客满意视为一个变动的目标，这需要一个连续的过程导向，去预测和适应新的顾客需求，而目标管理注重达到固定的输出，可能会忽视顾客的需求变化。

由于全面质量管理起源于商业制造企业，它对公共或私人部门的社会服务组织是否适用，可能是有争议的。然而，有一些研究把全面质量管理原则运用于社会服务机构，结果表明，这样的怀疑是没有依据的（Kelly & Lauderdale，2001；Williams，2004）。另外，摩尔和凯利（Moore & Kelly，1996）提出，全面质量管理原则如果略加调整，对满足组织的特定需求也可以很有用。他们认为，可以令社会服务机构受益的全面质量管理的要素有：（1）运用质量圈改进员工参与性，使服务更切合需求；（2）运用细致的评估来检测客户的需求是否得到满足；（3）雇用和培训员工，保证一线员工具有工作必需的技能和兴趣；（4）管理人员要能够明确质量导向，以引导组织向目标靠近。

循证管理

人们在做决策时，会以个人经历、总体印象、"本能"或"直觉"为基础。最近的管理思想开始关注这个倾向。管理者通常就是这样做决策的。市场对有经验的领导者的需求量很大，因为他们经过多年的职场训练，被认为拥有良好的"直觉"。循证管理（evidence-based management，EBM）的倡导者们不否认经验的价值，但他们对管理者仅靠"实践智慧"就能做出正确决策表示怀疑（Bolman & Deal，2008）。

卢梭（Rousseau，2006）在给循证管理下定义时，强调通过整合三个要素，来达到改善结果的目标。这三个要素是：经验主义研究的发现、管理人员的专业知识、与服务使用者偏好相关的信息。她指出，决策制定者一般会依靠自己的经验，而没有能系统地收集和利用其他两个来源的信息，这样常常会导致问题的产生。布里格斯和迈克比斯（Briggs & McBeath，2009）追溯了开展责任运动的方法的源头。它最早在卫生保健领域出现，然后蔓延到了其他部门。他们及其他循证管理的支持者们承认，在许多方面，这回到了100年前弗雷德里克·泰勒和科学管理学派所提出的观点。但是，普费弗和萨顿（Pfeffer & Sutton，2006）指出，泰勒所提倡的是管理者制定决策，然后加诸工人身上，而循证管理提倡整个组织及所有员工都参与进来，使决策制定能有更多的信息支撑。这个过程不仅是为自身获取信息，而且是要系统地收集信息，细致地评估信息，使用信息去选择进程或行动，结果一出便对决策进行再次检查。

为了描述这个新的模式，萨顿（Sutton，2006）使用了一系列的事例去强调管理者们通常所持的错误的假设，以及他们在制定决策时会犯的错误。以下概括了其中最常见的一些错误：

- 以为不经过仔细的调查就能获得正确的答案。
- 以为公布的调查发现对实践决策不适用。
- 以偏概全，将单独的问题视为组织整体的问题。
- 以偏概全，将一个解决方案运用于全部的行动，而没有检验在哪些条件下适用哪些方案。
- 没有对假设进行分析，以确保它符合事实证据。
- 没有对事实证据进行系统的无偏见的分析。
- 没有去搜寻坏消息，并把它们当成有用的信息。
- 没有用科学的方法去分析数据，没有将有用的信息从一堆数字中分离出来。
- 没有持续地检查再检查，以改进决策制定过程。
- 没有在出错时进行事后分析，并从中获取教训。

普费弗和萨顿（Pfeffer & Sutton，2006）以一个特定的管理决策作为案例——选择与其他组织进行兼并，来说明这些错误是如何发生的。兼并的发生有很多原因，如为了增加生产能力、获得新的容量、吸收潜在的竞争者、增加市场份额等。在非营利组织和营利组织中都会发生兼并。2005 年以来，美国所有兼并所涉及的价值，在世界范围内是平均每年 6 万亿美元，在美国本土是平均每年 2 万亿美元（Institute for Mergers and Acquisitions，2011）。普费弗和萨顿指出，尽管这些数字展示了很高的兼并热情，但有 70% 的兼并没有能够达到预期目标，很少有组织能够成功完成数目巨大的兼并内容。但仍有一些企业，如网络基础设施供应商思科系统公司，就成功地完成了兼并。普费弗和萨顿认为思科的成功归功于公司对循证管理的运用。其中包括认真学习关于兼并的研究文献，以使公司能就成功或失败建立相关原则；还包括一个本公司兼并的评估系统，以便于知晓为何这些比那些运作得更好。

制定管理决策的这些步骤看起来很明确，那为什么它没有被广泛地使用呢？研究证明有很多原因，其中有两个例子说明了糟糕的管理决策持续存在的原因。第一个是，决策一旦制定，就有其自身的惯性，很难去扭转，尤其是对决策制定者本身来说。这是因为他们不想由于对自己的

> **循证实践**
>
> 批判性思考问题：什么样的策略能让社会服务组织的管理者更好地运用循证管理？

工作进行事后批评而使看上去很愚蠢，即使他们的决策所带来的问题已经使他们显得更加愚蠢。事实上，管理者们通常更加坚持糟糕的决策，从而导致更多的问题。布罗克纳（Brockner，1992）在他的一篇经典文章中描述了这个现象：盲目而坚定地坚持根本不会有用的行动。政治学家们也已经指出了在政客中这种现象是多么普遍，他们就像联姻了一样去坚持有缺陷的国内政策或卷入国外的军事麻烦。

科夫纳和蓝道尔（Kovner & Rundall，2006）把临床诊断和管理决策的制定相比较，指出了第二个坚持错误决策的原因。在医疗领域，当一个严重的病情被误诊之后，糟糕的

临床诊断对患者健康产生的后果会快速和显著地体现出来。相比而言，管理决策的结果，不管是好的还是坏的，可能要经过数年才会知晓，而且也很难归因于某个特定的决策。所以，在临床实践中产生的谨慎、精确、反馈、重视调查等文化，在管理领域内就很难强大或普遍起来。

为了纠正这样的问题，科夫纳和蓝道尔为想要改进决策制定的管理者们提供了指导方向。首先要遵循所有调查研究的基本原则，包括识别需回答的问题、回顾理论性和经验性的文献资料、通过方法的有效性和研究设计的优势来评估研究的严谨性。研究结果必须要能有助于决策制定，然后最后一步，使信息能对决策本身产生影响。

在这些步骤之外，大部分的研究者还会再增加一个步骤，就是收集关于决策带来的结果的信息，然后循环使用这些信息，以确保评估持续进行，有必要的话，对决策的修正将变成决策制定过程的一个基础部分。这向我们展示了一个经常被提到的联系，即循证管理的成功运用与"学习型组织"（将在下一部分中讨论）的发展的联系。

循证管理原则的学习成果为这个方法提供了一些经验性的支持。柯林斯-卡马戈和罗伊斯（Collins-Camargo & Royse, 2010）发现，循证管理组织文化的存在，加上有效的监管，对员工的自我效能产生了积极的影响。在健康领域，弗里德曼、兰和亚历山大（Friedmann, Lan & Alexander, 2010）发现，管理者们对循证管理原则的遵守，能积极地影响他们采用新的药物滥用干预措施的意愿，这些措施的有效性曾在经验主义研究中得到有力的支持。诸如这些发现似乎能推动循证管理实践的不断传播，但是，究竟这个方法是一个持久的附加值，还是只是一个短期存在的对旧观点的重新包装，需要过些时日才能知晓。但值得指出的是，循证管理正在成为宏观层面社会工作的一个重要趋势，循证管理本身也寻求平行存在。经证实，两个方法能做到相互强化。

组织学习

在开放系统方法的研究中，我们指出组织是一个控制系统，意思是组织从环境中获取信息，并使用这些信息来决定自己的下一步行动。这种方式的输入是"单循环"的学习，而行动之后，再根据行动的效果调整之后的行动，则叫作"双循环"的学习。对生物体来说，行动/反馈/学习过程是迅速的，相对而言简单直接：一只小手伸向台面，碰到一块曲奇，是一次学习；一只小手伸向台面，碰到一个热的炉子，又是一次学习。阿吉里斯和史克恩（Argyris, 1978; Schon, 1996）在两本关于组织学习的著作中，提醒大家注意组织从环境中获取反馈，并尝试去正确地解读这个反馈的恒定的方式。他们还指出，这种反馈比起生物体，通常不是那么即时，并且更加模棱两可。正如圣吉（Senge, 1990）所述，生物体能直接获得反馈，而对组织来说，可能是一个部门开展行动（例如，采购部门决定购买更便宜的东西），而由另一个不同的部门获得反馈（如客户投诉或担保部门）。

除了决策和效果之间的水平（部门到部门）距离，还存在着垂直距离。我们大部分人处在要为更高层的人所做的决策承担后果的处境中，无奈却只能小声抱怨。这导致了两个严重的问题。第一，错误的决策导致士气的退化，于是依次出现"责备游戏"，组织中的每个人都认为是其他人应该为这糟糕的状况负责。第二，因为决策的效果——好的或坏的——常常在决策制定者的视线之外，所以，越来越多的决策是在缺乏效果信息的前提下做出的。鲍尔曼和迪尔（Bolman & Deal，2008）把这种现象称为"系统盲目"。其主要特点是滞后的反馈循环，即关于决策的信息传回到管理者那里的过程非常缓慢；短视的思维，即管理者们开始偏好于在当下看上去不错的决策，而不管长远来看的负面结果。

彼得·圣吉（Peter Senge）的观点是和"学习型组织"的概念联系最紧密的，因为他在1990年的著作中提出，要解决上述问题，方法是建立能像单个生物体那样去学习的组织。生物体拥有神经通道，能快速地把信息从身体的一部分传至另一部分，而身体系统则相互协作，例如能快速地缩回碰到热炉子的小手。圣吉的学习型组织也具有类似的能力。它致力于能同时在水平方向和垂直方向上收集、处理、共享信息。它还把建立学习型组织的责任归在了领导者身上。领导者们必须提供指导、激励，并以身作则地去为更快的行动和信息的获取开辟道路和程序。他们必须对组织完全熟悉，用"系统理解"去取代"系统盲目"。

"学习型组织"的概念似乎与社会服务组织中员工的观念很是契合，圣吉的研究也在这类文献中被频繁地引用。另外，研究发现也证实，圣吉的观点在具体实施中很容易被接受。莱汀、贝克、斯莱克、蒂特里克、琼斯、艾切卡雷和达·席尔瓦（Latting, Beck, Slack, Tetrick, Jones, Etchegaray & Silva, 2004）发现，只要管理者们开始在组织中去努力营造一个学习和创新的氛围，并且由监管者们对员工进行赋权，社会服务组织中垂直方向上的不信任问题就可以被克服。在他们的研究中，经过这些努力，员工部分的组织承诺得到了提升。这和贝多（Beddoe, 2009）的研究结果是一致的。贝多发现甚至是在环境高度动荡的时期，社会服务机构中的社会工作者们也乐意接受学习型组织的模式。但这种接受度也可能被削弱，取决于在多大程度上这种变化被视为自上而下的命令，而不是草根引导的创新。最后，博文、威尔、露丝和鲍乐斯（Bowen, Ware, Rose & Powers, 2007）研究了教育机构，并发展出了量度一个学校发挥学习型组织能力的方法。结果表明，可以用工具性的手段去从理论上预测组织的行为。这不仅为测量的有效性，而且为圣吉的概念化的学习型组织运作提供了经验主义的支撑。

专栏 7-9 对当代理论进行了梳理。

专栏 7-9　　　　　　　　　　　当代理论

- **目的：** 大部分方法是规范性的，注重为结构和管理提供具体的指南。
- **主要特点：** 这些理论通常是建立在被普遍接受的早期研究的基础上的。这些理论有共同的假设，例如，周围环境对理解组织行为是很重要的，没有一种结构适用于所有组织，组织中个体的个人利益对他们的行为产生显著的影响。当代理论在变量的选取上有所不同，而这些变量在之前的研究中要么被忽视，要么被低估了。举例来说，这些变量包括：权力以及通过组织内的政治关系行使权力（普费弗）、文化（施恩）、意义建构（韦克）、多样性及劳动力日益增加的异质性（克罗斯）、质量及客户满意导向的管理（戴明）、对信息进行科学分析以使决策更有依据（多位研究者），以及培养组织从环境中学习并对环境进行回应（圣吉）。

● 小结：组织理论在不断地发展，新的理论有的替代了原有的理论，有的是在原有理论的基础上向新的方向进行了拓展。和从前一样，很多当代理论最初是从研究商业企业发展而来的，其中部分理论能较好地适用于社会工作组织。还需要指出的是，其他多个领域的研究，如政治科学、生物学、工程学，也对当代组织理论产生影响。科学研究的本质越来越体现出跨学科的特点，所以这种趋势还将继续下去。

当代理论的概括分析

把上述观点放在一起讨论是很有意思的。显然，20世纪80年代出现的一种趋势是寻求对组织文化更好的、更完全的理解。这通常始于识别权力的位置和核心，以及理解不同的个体或群体在实际运用政治技巧和领导技巧中的作用。这些因素，与组织范围内的共同目标和行为方式一起，构成了我们所理解的组织文化。正如摩根（Morgan, 1986）所指出的，"文化"是一种强大的力量，可以用来理解组织中的人们是如何走到一起、确定并去追寻共同的目标的。

在组织文化的发展和进化中，有一个越来越重要的因素，就是劳动力的多样性。未来组织的多样性将更强。这意味着，组织要经常审视自己，组织文化是否能包容这样的多样性，并且使这种多样性既对组织有利又对个体成员有利。

质量这个概念，不仅是评估组织的标准，也是设计结构和程序的准则。但是，这是否能带来真正的变化在很大程度上取决于"质量"是如何界定的。塞尔兹尼克（Selznick, 1949）在论述组织的目标替代时指出，这个过程常始于"不具分析性的抽象概念"，它提出宏伟的但可能没有什么实践意义的管理目标（政治家会提到如"自由""爱国主义"等强有力却通常模糊不清的概念，这便是这种抽象概念的例子）。如果"质量"仅仅是组织的另一个不具分析性的抽象概念，那么它就可能不会对组织产生长远影响。

另外，质量导向管理的支持者们指出，这的确代表了一种新思想，因为他们强调的是过程，而不仅仅是结果。通过这种过程取向，组织的工作方式可以有根本的改变。这种变化可能使一线员工在设定工作程序和服务中有更多的参与，还可能发展出将多样化的劳动力有效地整合成一种组织资源去运作的质量规定。

循证管理原则展示了一个普遍的要求，保证"质量"不仅是一个抽象概念，而且是一个不断被检验的运作结果。另外，记录和维持它的效果必须放在优先地位。如果组织不能证明自己提供的是优质服务，那么它应当在精神方面提供证明，如员工是否感受到了管理赋权。创造"学习型组织"的目标与循证管理原则是相容的，体现在循证管理方法所需的信息流，只有在圣吉及其他人所描述的重视数据和沟通的学习型组织中才能实现。

最后，仍然有很多证据表明，并不存在一种适用于所有组织的方法。用伯恩斯和斯图尔克的话说，我们可能发现一些组织确实必须从机械机构转向更有机的方式。然而，其他组织可能会想要避开企业家的自由放任的管理方式，而偏好更有限制的甚至是机械的方法。正如权变理论家常说的那样："这要依情况而定。"对当今的社会服务机构最有用的组织管理理论和方法的确定，取决于以下因素：使命，目标，服务的目标群体，个人、家庭和社会问题，雇员类型，治疗或干预技巧的状况，对于预期结果的明晰程度，等。考虑到所有这些因素，我们不得不面临这样的挑战：要运用新知识、发现新方法去理解和管理组织，尤其是社会工作者为之服务的组织。

小　　结

本章的目的是介绍关于组织的理论，这些理论有助于社会工作者去理解他们在其中工作的组织和工作中会涉及的组织。这些理论可以部分地从它们的不同之处来理解（表7-1）。一些理论（如科学管理和人际关系理论）是规范性的模式，即它们提供的是关于如何开展组织工作的指导原则。其他理论（如科层制模式和决策制定模式）则提供了分析组织及其运作的理论框架。

这些理论还可以按照它们解释组织行为的取向来区分。一些理论采用的是理性的方法，将行为看作为了实现组织的工具性目标所做的逻辑性决策的结果。其他理论则运用自然系统的方法，把组织比作一个生物有机体，将组织行为看作对生存和自我保护这样的基本需求的反应。

组织理论还可以根据它们对组织环境的看法，区分为封闭系统视角和开放系统视角。封闭系统视角注重组织的内部结构和过程，而很少在意或完全忽视环境的作用。开放系统视角强调组织对环境的依赖，采用分析策略，把组织的内部结构和过程看作与环境互动的结果。

我们回顾的每一种理论，还可以以其关注的组织变量为着眼点去理解。这些变量包括结构（科层制）、生产力和管理扮演的角色（科学主义和普遍主义的管理）、社会互动和自我实现（人际关系和Y理论）、组织目标（制度学派和目标管理）、战略选择（决策制定模式）、环境互动（权变理论）、权力和政治影响的运用（政治经济学模式）、组织文化、质量（Z理论和全面质量管理）、运用调查研究原则为决策制定提供信息（循证管理）。就像理论建构常见的过程那样，许多理论模式是从对前人研究的批判中发展出来的，并且尝试去修正它们的不足。然而，即使是最早的理论，现在看起来也仍然具有一定的合理性。组织分析的关键任务是从这些模式中吸收最有价值的观点，并运用它们来完成组织任务。

在社会服务机构的组织分析方面已经产生了大量文献，它们对指导宏观实践非常有帮助。在第八章，我们将回顾这些文献，讨论如何运用它们来分析那些社会服务组织经常会遇到的特定问题。

我的社会工作实验室

请登录 www.mysocialworklab.com 网站并回答以下问题（如果你没有在收到本教材的同时也收到 MySocialWorkLab 的访问密码，并希望在线购买访问权限，请访问 www.mysocialworklab.com）。

1. 阅读我的社会工作图书馆中的案例研究："什么时候实习变了味道？"作者运用生态系统理论分析了格蕾丝缺乏资源和组织经验。在阅读了本书有关开放系统部分的内容后，对于作者的分析你可以添加些什么？

2. 阅读我的社会工作图书馆中的案例研究："有组织的创伤接触与告知创伤信息的组织文化"。列出几种不同于其他类型组织及其员工的社会服务组织及其社会工作者的工作方式。基于这个案例研究，哪些组织理论似乎更适合？哪些似乎不合适？

测验题

以下问题将测试你对本章内容的掌握情况。额外的评估，包括将本章的内容用于实践的证照考试类型的问题，请访问 MySocialWorkLab。

1. 以下表述哪一项不符合韦伯关于组织的科层制模式？
   A. 它体现了理性/法律权威的实行。
   B. 在有标准化输入的可预测的环境中，它能发挥最佳的功能。
   C. 它不适合所有类型的社会服务组织。
   D. 它是一种"理想型"，可能在现实世界中并不存在这样纯粹的形式。

2. 开放系统理论：
   A. 将组织比喻成生物有机体。
   B. 相信运营投资总是最重要的环境输入。
   C. 注重组织成员间的等级关系。
   D. 以上都是。

3. 以下哪一项不符合泰勒的管理原则？
   A. 被人际关系理论家们批评，他们说人并不是只被金钱激励的。

B. 被决策制定理论家们批评，他们说缺乏信息总是会限制效率。
C. 被权变理论家们批评，他们说基本不存在"最佳的方式"。
D. 被循证管理理论家们批评，他们说泰勒轻视调查研究。

4. 以下哪一项强调客户满意的价值？
A. 自然系统视角。
B. 全面质量管理。
C. X理论。
D. 目标管理。

5. 思考一个你所熟悉的组织。列出组织的一些规范（例如，"如何在这里做事"）。将这些规范分为组织中大部分人赞同的和没有得到赞同的两类。这些规范中有相互矛盾的，或对组织整体有害的吗？

测评你的能力

请使用下面的量表，根据本章介绍的每个能力的概念或技能来评估你当前掌握的水平：

1. 我能准确地描述这一概念或技能。
2. 在观察和分析实务活动时，我总能识别这一概念或技能。
3. 我能在自己的工作中很好地践行这个概念或技能。

概念或技能	评分		
1. 能够评估组织模式，能从正反两方面批判性地分析不同组织方法。	1	2	3
2. 能够解释社会服务组织的使命、员工、服务对象和其他类型组织的不同，以及组织结构和变化方面的这些不同所带来的影响。	1	2	3
3. 能够将多样性及其他社会工作的价值观整合进服务于案主的工作中，并融入组织的特有结构。	1	2	3
4. 能够发展出社会工作实际运用的政策和战略，并且在机构中推行学习和求知的文化。	1	2	3

第八章

评估社会服务组织

导 言

第七章大致回顾了理解组织的各种各样的理论流派。现在我们将着重审视一下社会服务组织这一大多数社会工作者施展身手的地方。社会服务组织有不同于其他类型的组织的特性，社会工作者要有效运用宏观工作技巧，就必须了解和掌握这些特性。但是，社会服务组织的这些特性并未使它与其他类型的组织之间总是泾渭分明，让人一目了然，所以我们有必要先澄清一下社会服务组织的含义。

哈森费尔德（Hasenfeld, 1983）提出，从某种意义上来说，社会服务组织是以人为服务对象的，尽管它们（如食物银行和住房合作社）也可能派发甚至生产产品，但它们的着眼点在于改善其成员、消费者或者服务对象的生活质量。当然，许多类型的组织都同人打交道，以人为服务对象，它们通过精心打理诸如服装店、理发店，甚至酒吧等来为人们提供服务，至少能令服务对象感觉自我的福祉有所增强。它们是社会服务组织吗？哈森费尔德（Hasenfeld, 1983）说不是。他认为社会服务组织的特征应该是致力于提升人们的福利。换言之，这些组织的所作所为要符合或隐或现的社会期望，即通过为部分人群提供服务来造福全体公众。倘若组织的活动未能以合法方式被纳入社会期望的范畴，那么，它就不能被看成社会服务组织。

根据这一定义，仍可能会有形形色色的组织被当成社会服务组织。因而，最重要的考量是看组织的公益性或组织属于哪个部门。正如我们在第六章里讨论过的，社会服务组织按其经济属性大致可以划分为三种类型，即公共机构、非营利机构和营利机构。组织的类型不同，其使命、服务取向和工作性质会有天壤之别。另外，在过去二三十年间，各个部门的组织之间的差别在减少，与此同时，不同部门的组织的跨界组合的需求有所增加（Darlington & Feeney, 2008; Gronbjerg, 2001; Poole, 2008）。在本章中，我们将把"部门"这一概念作为评估社会服务组织时值得考虑的一个变量，但是我们这样做时很谨慎，因为部门的分界正变得越来越模糊，许多社会服务组织可能并不只属于一个部门。

社会服务组织的两个案例

下面两个案例描绘了我们在第六章介绍过的在坎宁县儿童福利局和湖滨镇的公共机构、非营利机构中工作的社会工作者遇到的问题。第一个案例着重描绘了坎宁县一个大型公共儿童福利机构及其沿革。该组织遇到的问题有官僚主义的增长、等级制组织结构、当选官员的角色、笼罩在缓慢的变革过程当中的挫折感、创新的限制和服务障碍。

第二个案例展现了建于20世纪30年代的一个中等规模的、非营利性的、附属于教会的机构的状况。当时湖滨镇刚刚开始发展。随着时间的推移，这一机构因接受政府的拨款和服务合约而逐渐发展起来。谈及的问题包括机构与理事会和赞助单位相处的情况、机构在一个日益受制约的环境下为迎合方方面面的多种需求而做的尝试，以及机构对志愿者的使用。

我们希望这两个案例能向社会工作者展示如何着手分析自己工作的机构或者是自己与之打交道的机构的情况。紧跟着这两个案例，我们会讨论一下其中的一些问题，然后勾勒出分析社会服务组织的框架。

案例1 坎宁县儿童福利局

创建一个富有活力的组织。坎宁县位于坎宁。长久以来坎宁县儿童福利局都认为自己是一个独特的、富有革新精神的组织。这个福利局创建于20世纪60年代，其最初的发展恰逢举国上下都关注满足服务对象需求和解决社区问题的优质社会服务方案。儿童福利局的局长是从全国招聘的。她因成功开办服务项目而颇具声望，很受社区公众、手下员工和服务对象的喜爱。

她接受这份工作是因为它具有挑战性，要运用从联邦、州和县政府给予的不充裕的资源白手起家，这令她兴奋不已。她聘用像她本人一样能投身团队工作、乐于合作和解决问题的人。中层管理人员都是有多年的工作经验的专业人士。其中大部分人有社会工作硕士学位。一线工作者多为最近完成社会工作硕士课程的毕业生。局长在招聘面试时强调申请人要精力充沛、热情、具有合作精神、乐于与同事相互支持、有道德、有能力。

整个20世纪60年代至20世纪90年代,坎宁县儿童福利局因提供优质服务、处理个案成功率高和特别积极向上的任务环境而声名鹊起。在处理当时突出的问题(不仅是虐待和疏于照顾儿童问题,而且包括家庭暴力问题、吸毒问题、酗酒问题以及其他与家庭有关的问题)时,她是其他县众望所归的领头人。

活力组织的解体。 到了20世纪90年代末,有两件事改变了这个局的发展方向。一件事是坎宁县所在的州是国内人口增长最快的州。坎宁县的人口在1985年至2000年增加了一倍。保守主义在财政和政治上逐渐抬头,影响到县监察委员会的决策,大力削减预算内开支的焦点对准了给儿童福利局的预算拨款。另一件事是局长到了退休的年龄。

趁此机会,县监察委员会任命了一个在保险业工作多年的人接任局长职位。他们认为这是把"精明的商业运行机制"引入社会服务项目的良机。由于坎宁县儿童福利局在全国享有很高的声望,能在这个局任职会在个人履历上留下坚实的一笔,使个人在其他州和县身价倍增,因此局里许多原管理阶层的人都另谋高就,空缺被与理事会或局长有政治联系的人填满。局里20年来一直奉行的团队工作取向被比较僵化的等级制组织结构取代,同事间平等合作共事的方式被严格的照章办事取代。

到2007年,这个局与早年间享有崇高声望的那个局已相去甚远。最明显的变化是组织结构。各单位各司其职,并建立了逐级汇报制度。工作人员有指定的标准工作量,而这一工作量并不考虑个案的难度和复杂性。标准化的工作表现标准被用来评判工作成绩。特事特办被取消。同样地,以方便工作人员工作为取向的工作轮换制、分担工作制和弹性工作时间制等也被取消。

县理事会的介入。 县理事会的督导员开始收到堆积如山的对儿童福利局工作的投诉。人们举报虐待和疏于照顾儿童的个案得不到有效调查。尽管大多数虐待儿童个案得到了立案调查,但是许多最初认定无效的报告,后来又有人举报,因为受害人再次受到虐待或是没得到应有的照顾。此外,年度报告显示儿童福利局负责处理的家庭问题个案成功率呈缓慢的下降趋势。最终,县里请了一个顾问做组织分析,并向县理事会提出改进工作的建议。

这位顾问发现儿童福利局的工作人员对组织的目标投入很少。一线工作人员感到自己的意见无足轻重,所以他们或者闭口不谈自己的看法,或者只向同事发发牢骚。发现问题的时候,他们很少去做分析或是提出解决方案。大部分员工认为工作做得好就是能照章办事而不是有好的个案结果。有雄心壮志想要在局里成功发展的员工成了内部政策条文上的专家,而不是把精力放到解决家庭问题或提供服务上。

> **专业认同**
>
> *批判性思考问题:* 你认为僵化的科层制和有限的自主性对于有献身精神的社会工作者的专业认同会有哪些影响?

至于坐在管理阶层位置上的人,顾问发现他们大多关注的是控制。事实上,涉及每个个案的所有决定都要经过督导员和行政主管审批。管理人员感到手下的员工不重视他们为执行政策规定和工作程序所做的努力,特别困难的是让员工按时完成文案工作。遵守规定和按要求完成各种报告和报表成了评价员工工作表现的主要标准，机构很少会关注个案工作计划是否得到了落实，或者是否成功为服务对象带来了期待的结果。在确保获得积极评价上，"照本宣科"和"安分守己"的能力被看得比帮服务对象实现个案目标的技巧更为重要。

案例 2 湖滨镇家庭服务社

历史沿革。湖滨镇家庭服务社建于1935年，前身是基督教循道宗孤儿院。这所孤儿院最初由基督教循道宗教会创办，是失去亲人的儿童的家园。坐落在大都市郊区一大片捐献出的土地上，这所孤儿院成为许多教会多年来搞聚会和募捐活动的场所。来自教会和社区的志愿者几乎参与了孤儿院的每一项活动。

整个20世纪30年代和40年代，孤儿院都是依靠富裕教会和热心公益事业的人的捐款维持运转。到20世纪30年代，它成了一个"红羽毛"机构。"红羽毛"募捐运动是现今联合劝募组织的先驱。随着募集到的捐款日益增加，孤儿院的规模也逐渐扩大。到20世纪50年代中期，孤儿院增加了未婚母亲服务和家庭辅导服务，并聘用了几个受过专业训练的社会工作者。起初，15位志愿理事会成员由基督教循道宗教会的年度会议选举产生。内部章程规定至少75%的理事会成员必须是教会的信徒，总干事也必须是教会信徒。虽然没有硬性规定，但大多数职员是教会信徒。孤儿院还有一个上百人的十分活跃的附属志愿者组织。

重大变动。20世纪70年代，围绕孤儿院的前途问题，理事会开过几次激烈的辩论会。原因不仅是服务需求有了改变，还在于孤儿越来越少，安置工作大大缩减。联合劝募组织施加压力，要求孤儿院与城里其他两家家庭服务机构合并。尽管孤儿院从基督教循道宗教会获得的资金总额每年都有所增加，但这部分资金在预算中所占的比例越来越少。几位理事会成员鼓动孤儿院重新考虑自身的使命，积极向州和联邦政府寻求资助。到20世纪80年代，经过10年的争论，孤儿院更名为湖滨镇家庭服务社，脱离了基督教循道宗教会，成为接受政府服务合约并向儿童、家庭和老年人提供服务的非营利机构。机构迁了址，属于教会的土地归还了教会。湖滨镇家庭服务社仍然是联合劝募组织的成员，劝募组织分配下来的资金逐年增长。然而，到20世纪90年代中期，大部分的机构预算（70%）仍来自政府的服务合约和资助。

新的理事会中除了留下来支持机构改变使命、筹款方式和组织结构的成员之外，还加入了经过精心挑选的富于筹款和政治经验的人。他们选出了有社会工作硕士学位的总干事，并聘用了一个发展部主任，寻求新的资金来源。

机构的工作分成了三个服务方案：(1) 儿童服务，(2) 家庭服务，(3) 老年人服务。每个服务方案都单独接受政府的合约、联合劝募组织的基金和私人捐款。在各方案内部有更细致的服务划分，比如老年人服务还包括家务助理、家庭保健和日间照顾等。

渐渐地，各服务方案的负责人开始抱怨合约的钱根本不能支付全部的服务费用。州和联邦政府的管理条例束缚了他们的手脚，使他们不能尽其所能向值得尊敬的服务对象提供足够的照顾。总干事寻找处理这些抱怨的策略，把大量时间花到与其他非营利组织的负责人商谈出路上。

寻找出路。 伴随着21世纪初经济衰退的打击，湖滨镇家庭服务社经历了政府紧缩开支的时代。结果是湖滨镇家庭服务社有两个服务方案被大大削减了拨款。同其他服务机构的交流更使总干事有了前所未有的竞争感。当员工建议使用志愿者来继续现有的服务时，总干事才发现机构早年所拥有的那支充满活力的志愿者队伍因缺少扶植而未能保留下来。实际上，只有老年人服务项目在使用志愿者，他们探访身体虚弱的老人。即使是使用志愿者从事这类服务，也十分有限，因为州服务实施细则对志愿者可以从事的活动有严格的划分和限制。根据总干事的要求，理事会批准了一个收费服务方案。指示发展部主任制订了一个招徕收费服务对象的计划。员工对机构将工作重点放到收费服务对象身上的新举措感到气愤，他们担心这意味着最贫困的服务对象，也常常是最需要帮助的人，得不到应有的服务。到2011年，机构在财政上陷入困境。绝望中，总干事开始与基督教循道宗教会的负责人谈判，看他们是否有兴趣把这一机构再收归旗下。

像两个案例所展示的那样，组织机构随着时间的推移而出现不协调音或不能发挥应有作用的情况并不鲜见。出现问题以后，人们往往倾向于选择看似简单的方式解决问题。如像第一个案例中所做的换总干事，或像第二个案例中所做的吸引更有支付能力的服务对象。然而，组织内部的文化一般不是一朝一夕就能成功改变的。人们持有某种行为态度不会是个别现象，而是普遍存在于各职级的人中。所以采用突兀的、急剧的变革很少能成功，特别是在这些变革与机构自认的或现实的使命相冲突的时候。

两个案例的不同之处在于，一个是公立机构，政府的授权决定了它的生存状况，而另一个是从民间组织发展起来的，属于私立的、非营利的机构。但它们也有相似之处。两个组织都是在社会欣欣向荣的良好背景下发展起来的，只是在近年来才在财务上和政治上遇到了严峻的考验。坎宁县儿童福利局变得更为官僚化，而湖滨镇家庭服务社变得更为专业化。当坎宁县儿童福利局变得僵化的时候，湖滨镇家庭服务社也因越来越多地接受政府的资助而受到州和联邦政府管理条例的制约。两者都在寻求解决错综复杂的问题的答案。在这一章，我们提出了一个着手进行组织分析的方法，它能使实务工作者更透彻地了解在坎宁县儿童福利局和湖滨镇家庭服务社这样的组织中发生的一切。

组织评估框架

我们用于评估组织的框架，是由一系列需要完成的任务和与各项任务相关的问题构成的。当然没有哪个任务清单能够涵盖分析每种类型的组织的方法，但我们会力争包括主要的与分析社会服务组织有关的因素和需要考量的内容。哈森费尔德（Hasenfeld, 1995）识别出了评估这些类型的社会服务组织的框架，提出要查看：(1) 机构和组织间的关系，

(2) 组织自身的功能。我们在此推荐的组织分析的框架运用的也是类似的"路线图"。

我们的框架与第七章中讨论过的诸如权变理论模式等契合，强调通过关注影响组织功能的内外部力量，可以最好地理解组织。框架内要完成的任务反映的是这种内外部取向的结合，目的是更加完整和准确地理解整个组织。我们期待这会反过来促进变革工作。表8-1展示了整个评估组织的框架。

表8-1 评估组织的框架

任务	变量	活动
1. 评估组织的环境	现金和非现金收入；服务对象及其来源的特点；服务对象的资助；组织范围内环境的要求；竞争与合作 文化能力	1. 识别和评估组织与资金来源的关系 2. 识别和评估组织与服务对象群体和转介来源的关系 3. 识别和评估组织与任务环境中其他方的关系 4. 识别和评估在外部关系方面的文化能力
2. 评估组织的内部机制	组织权力结构 管理风格 问责制 员工关系 多元文化友好 预算管理；技术资源	5. 识别组织的权力和使命 6. 了解方案的结构和管理风格 7. 评估组织的方案和服务。评估在做决定的时候如何测量和使用服务的效率、效果和质量 8. 评估员工政策、程序和具体的实施情况 9. 评估组织的内部工作机制是否对多元文化友好 10. 评估技术资源和系统的充分性

任务1 评估组织的环境

表8-1的框架可被用来收集有关组织环境的信息，如组织在那些环境下如何作为、如何搭建其框架（见图8-1、图8-2）。这一框架强调：(1) 识别组织环境中的重要元素并评估组织和环境的关系，(2) 了解组织内部的运行状况。

为了理解组织外部要考虑的事宜，我们将使用任务环境这一概念。正如我们在第七章回顾詹姆斯·汤普森（Thompson, 1967）的著述时所指出的，组织外部的任务环境要素是其能够运作的前提条件，也是其运作的背景。正如迪尔（Dill, 1958）最早指出的那样，汤普森也认为，组织的任务环境包括四大要素，即消费者、供应商、竞争对手和监管者。

哈森费尔德（Hasenfeld, 1995）则提出了一个稍有不同的模式，认为组织的任务环境有三大要素：(1) 一般性的任务环境（对机构有重要意义的组织、实体和系统），(2) 组织与接受自己产品的实体和提供补充服务或竞争服务的实体的市场关系，(3) 监管组织。马丁（Martin, 1980）识别出许多对社会服务组织来说颇为重要的环境要素。在她的模式中，关键的要素是：(1) 资金来源，(2) 非现金收入来源，(3) 服务对象和服务对象来源，(4) 其他机制。

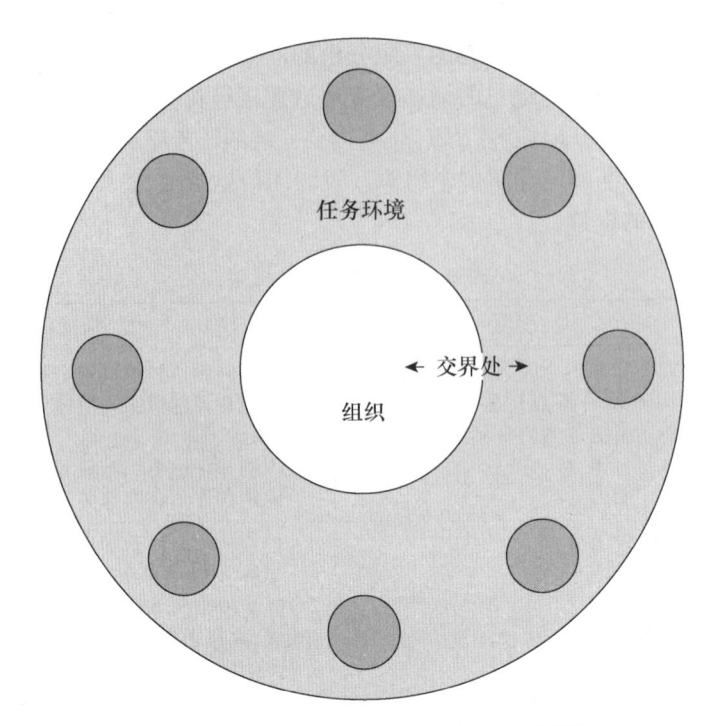

图 8-1　组织、任务环境及两者的交界地带

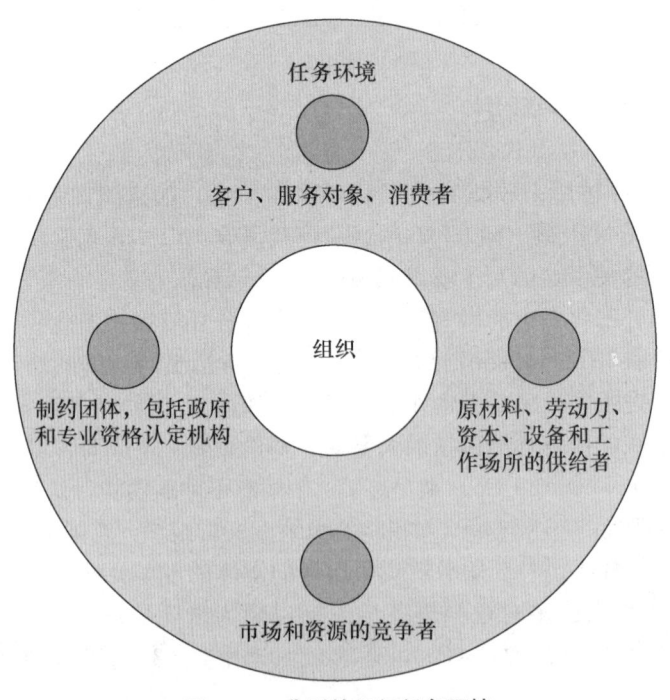

图 8-2　典型的组织任务环境

综合上述看法，我们将马丁的四要素浓缩为两个关键要素，用于分析组织的任务环境。这两个关键要素是：（1）现金和非现金收入；（2）服务对象和其他机制，包括监管组织。

识别和评估机构与资金来源的关系
现金收入
需要询问的与现金收入有关的问题是：
- 机构有哪些资金来源？
- 机构从各个资金来源分别接受多少资助？各项资助在机构的总资金中分别占多大的比例？

对"黄金法则"的具有讽刺意味的解释是"持黄金者定法则"。不幸的是，在许多场合这一释意都千真万确，大多数组织的运作也是如此。了解一个特定机构的财政来源常常是了解机构本身的钥匙。然而知易行难，要了解一个组织的资金来源并不是一件简单的事。因为现代社会服务组织一般都有众多的资金来源，而且，除了使用公共资金依法必须保留相关文件以向公众交代外，大多数组织不会有唾手可得的详尽说明其资金来源的资料。

> **伦理实践**
> 批判性思考问题：为什么社会工作者有伦理上的责任对机构的资金事宜积极关注？

评估机构注资状况的第一步是找出资金来源。下面列出了社会服务组织的主要收入来源。
（1）政府资助。
- 政府的直接拨款。
- 政府购买服务合约的资金。
- 政府津贴。
- 配比资金。
- 税收优惠。

（2）捐款资金。
- 直接的慈善捐款（个人、群体和社团，如宗教组织的捐款）。
- 间接捐款（如通过联合劝募组织获得的捐款）。
- 私人津贴（如基金会的钱）。
- 捐赠。

（3）服务收费。
- 服务对象的直接付费。
- 第三方（如私立或公立保险公司）的付费。

（4）其他机构收入。
- 投资（如利息、股息、特许权使用费等）。
- 营利性的附属机构。

- 筹款活动。

或许你已经想到，资金来源会极大地影响组织在回应变革提议时的灵活性。政府机构因为完全依赖直接拨款，所以它们的大部分活动会受到公共政策的制约，有严格的明文规定。非营利机构一般有十分广泛的资金来源，工作起来灵活性会大一些。但是，即使是捐助的资金通常也会有一些附加的条款，非营利机构也不可能"为所欲为"。依赖服务对象付费的营利机构，比公共机构有更大的灵活性，但是，这类机构在做决策时会把如何回报投资者放在首位。

直接拨款是联邦一级机构的唯一资金来源。它也是州、县和地方级机构的首要资金来源。但这些联邦以下的州、县机构还可以向上级机构申请其他拨款。总之，政府机构的级别越低，这一级机构所拥有的可以获取资金的来源就越多。直接拨款最重要的分配机制是分类财政补贴（一次性支付拨款，将特别拨款直接划给地方政府）、配比资金（举例来说，按州一级机构在某方面开支的数额配给联邦拨款）和方案津贴（用于指定工作方案的专款）。本章前面提到的坎宁县儿童福利局便只接受联邦政府的拨款，但拨款是组合型的，既有分类财政补贴，也有配比资金和方案津贴。

像案例2中的湖滨镇家庭服务社之类的非营利机构大多有较广泛的资金来源。尽管这些机构的主要资金来源应该是慈善捐款，但实际上，在大部分非营利机构的预算中，捐款所占的比例都不大。新近的数字显示，2007年非营利机构平均22%的资金来自慈善捐款（比1977年的26%有所下降），67%来自各种收费或者是政府购买服务合约（比1977年的65%有所上升），11%来自其他来源（Urban Institute-National Center for Charitable Statistics, 2010; Weitzman & Jalandoni, 2002）。

我们在一个以非营利机构为对象的调查研究中发现，这些机构的资金平均34%来自政府合约，33%来自慈善捐款，13%来自向服务对象的收费，10%来自公共津贴，5%来自私人津贴，剩下5%来自其他来源（McMurtry, Netting & Kettner, 1991）。新近的证据显示，来自捐赠者的资助有所缩减，来自向服务对象的收费有所增加。独立部门的一项综合研究（Independent Sector, 2005）结果显示，在非营利组织的收入中，31%来自政府合约和其他拨款，20%来自个人捐赠或基金会，11%来自投资利息等，38%来自向服务对象或个人会员收取的费用。从那时起，对捐赠的依赖很可能有进一步的下降，特别是在2008年开始的经济衰退之后。例如，2008年至2009年，给非营利卫生保健组织的捐赠仅在一年内就下降了11%（Association of Fundraising Professionals, 2010）。

从上述结果可以清楚地看出，政府合约和其他公共资金是志愿部门大多数组织的重要资金来源；在独立部门的研究中，与收费收入相结合，它们占组织预算的三分之二以上。这表明，"慈善组织"被视为准公共或准服务收费组织可能更准确，其任务环境中最核心的要素是与其签订合同的公共机构，以及付费服务对象或会员。

然而，这种模式不一定适用于所有类型的社会服务组织。在一项基于信仰的社会服务联盟的研究中，伊博、查菲茨和派普斯（Ebaugh, Chafetz & Pipes, 2005）发现，这些组织从政府来源获得的预算份额相对较小（16.5%），同时从与之相关的教会或教派中获得的份额最大（24.9%）。在一项有趣的追踪研究中，夏伊特（Scheitle, 2009）发现，接受政府资金的宗教性非营利组织在表达其宗教身份方面更为微妙，其语言也更具包容性，但这似乎不是接受这些资金的结果。在我们对社会服务组织的研究中，它们预算的另一个主要部分来自个人捐赠（18.7%），但有些主要依靠第三方（如保险公司）支付为服务对象提供服务（Egan & Kadushin, 2004）。这些研究者还指出，资金来源的差异可能与社会服务组织的结构和运营特征的差异有关。

营利机构是社会工作实务中日益增长的一个领域。在医院和护理院这类机构的服务中，营利机构是主力军。到2010年，有23个健康照护公司（不包括制药厂）在福布斯公布的美国最大的500家商业公司中榜上有名（CNN/Money, 2010）。这些公司在联合劝募组织2009年度全国募捐运动中获得的慈善捐款年收入超过了38.4亿美元（Chronicle of Philanthropy, 2010）。儿童照顾、居家护理和矫治工作等其他领域正成为大型社会服务法人团体的成长点。此外，私立的心理辅导公司，尽管传统上规模较小，但也属于营利机构。所有这些机构都主要依赖服务收费作为资金来源。

有时服务对象自己会向社会服务机构支付服务费，但由于许多人都没有能力付费，更常见的是他们的费用由其他组织支付。这意味着在私立机构的任务环境要素中，同保险公司和其他付费的第三方相比，消费者本身的分量就不那么重了。因为制定支付政策和报销比例的人主要是前者而不是后者。举例来说，一个营利性辅导机构的服务对象大多是附近一个工厂的职工。这个工厂有员工援助计划。这一计划会为员工支付服务费用。如此一来，同工厂的关系很可能就是这个机构首先要考虑的环境要素。

总之，了解资金来源最重要的目的是明白大部分资金是有附加条件的，使用资金的决定权更多的是掌握在持有资金的授予方，而不是获得资金的接受方。以政府机构为例，这意味着一个县级机构看似由地方决策，实则是由上级拨款机构决策，它实际上更接近于提供资金的州级机构在当地的派出机构。所以要成功变革机构对资金的使用方式，必须从改变资金来源的决策入手，而不是在机构内部做变动。

机构资金来源的数量也是要考虑的要点。与前面谈到的情况有些矛盾的是，资金来源广的机构常常比只有几个资金来源的机构更有自主权和灵活性，这是因为失去任何一个资金来源都不至于使机构完全陷入困境。但资金来源越多，机构的运作就变得越复杂。每笔新注入的资金都会带来新的监管要求，以及对工作内容的多样性和问责的要求。机构如果只有单一的资金来源，很可能会变得僵化和高度专门化，而如果有非常多的资金来源则有可能导致工作面太广，难以不偏离所订立的使命。

> 大部分资金是有附加条件的，使用资金的决定权更多的是掌握在持有资金的授予方，而不是获得资金的接受方。

非现金收入

需要探索的与非现金收入有关的问题是：

- 机构使用志愿者吗？如果有的话，有多少人？目的是什么？

- 机构是否有适当的安排使志愿者的技巧和能力与指派的工作相吻合？
- 机构接受了多少实物捐助（如食品、服装、物理器械等）？
- 机构享受什么税收优惠？

在考虑资源的时候必须谨记，钞票并不是社会服务机构得到的唯一资源。机构的运作还依赖许多其他资产。虽然它们不像现金收入那么"眼见为实"，但却可能同等重要。志愿者、实物捐助和税收优惠就是此类资产。

志愿者。传统上，志愿者是社会服务组织的中流砥柱。如第二章提到的，从志愿者个人自发的个别行动到众人自觉的共同行动，整个非营利社会服务组织就是从志愿者活动演变而来的。本章前面提到的湖滨镇家庭服务社的例子，就很好地说明了志愿者对于机构早期的发展立下的汗马功劳。今天，这些人对于社会服务组织的贡献仍然是巨大的。美国劳工统计局（Bureau of Labor Statistics, 2009）的报告称，美国在2008年9月至2009年9月期间，"约6 340万人，约占人口的26.8%，自愿通过或为一个组织至少提供一次服务"。这个数字包括大约四分之一的成年男性和三分之一的成年女性。在一年的时间里，志愿者在志愿者活动上平均花费了大约51个小时。乘以志愿者总数，这相当于32.3亿小时的志愿工作，2009年每个志愿服务小时的估值为20.85美元（Independent Sector, 2010），美国所有的志愿服务工作产生了674亿美元的总货币价值。根据劳工统计局的报告，宗教组织从志愿服务中受益的小时数最多（占所有小时数的34%），其次是教育或面向青年的服务（26.1%）和社会或社区服务（13.9%）。

报告还指出，志愿者几乎横跨了每个年龄段，做了大量的各类工作，从在老年中心帮忙提供饮食，到担任辅导机构理事会的成员和危机干预热线的职员不等。在劳工统计局（Bureau of Labor Statistics, 2009）的研究中，35～44岁年龄组的志愿者比例最高，但65岁及以上年龄组的志愿者贡献的平均小时数最多。一些机构（如医院）仰仗志愿者提供补充服务，以加强专业员工的工作。而另一些机构的大多数服务直接由志愿者自己提供，如大哥哥或大姐姐工作项目。志愿者也带来了广博的知识和技能，许多非常倚重志愿者的工作的机构专门聘用了兼职或全职的志愿者工作协调员。除了督导工作，这些协调员还负责为志愿者找到与其技能相契合的待完成的工作。他们工作的成败会对每个志愿者的服务效能、满足感和服务时间的长度有巨大的影响。

实物捐助。第二种类型的资源是实物捐助，如捐助食品、衣物、设施、不动产、交通工具、家居和办公用品等。这些东西有时是直接给机构用，有时是让机构出售变成现金，还有些时候只是让机构作为中介把东西派送给服务对象。在任何一种情况下，这些资源对于机构来说都有实实在在的价值。尽管实物捐助的确切数字很难获得，但根据因个人声称有非现金慈善捐助而减免的税收和所得税数字来看，这方面的收入是很庞大的。2007年，差不多有超过2 400万个记录在案的人声明有非现金慈善捐助，价值现金超过580亿美元（U. S. Internal Revenue Service, 2010）。

税收优惠。正如这些数字所表明的，税收优惠对私人非营利机构特别重要。实际上，根据联邦政府国家税务条例第 501（c）(3) 款的规定，官方是把非营利机构作为慈善组织来看待的。符合这一条款的要求，非营利机构可以不缴纳营利机构所必须缴纳的所得税。对一些服务领域（如健康照护领域）来说，这一优惠至关重要。非营利和营利医院常常会为争夺病人和医生而展开激烈的竞争。税收法的重要性还在于它对其他资金来源，特别是慈善捐款的影响。举例来说，经济分析表明，诸如 1986 年的《税收改革法案》（Tax Reform Act）的变动可能会减少给非营利机构的捐款，因为它限定只给在纳税申报表上详细开列减税条目的组织减税（Liu & Zhang, 2008；Uler, 2009）。尽管如此，2007 年因申报有现金捐款（除上文提到的非现金捐款外，包括上年结转的现金部分）而减免的税收总额仍超过了 1 440 亿美元（U. S. Internal Revenue Service, 2010）。如果税收法做出改动，不再因慈善捐款而减免税收，那么社会服务组织的这一资金来源有可能会迅速萎缩。

在做组织评估的时候，非现金收入是要考量的一个重头戏。因为组织的行为可能就是为了获得和保护这些资产。举例来说，一个十分倚重志愿者的机构可能会尽力保护这一资源，即使这样做会与专职工作人员的利益发生冲突。同样，随着越来越多的非营利机构进入接受实物捐助再通过旧货商店变现的行列，机构的结构也可能会为了更好地利用非现金收入资源而做出调整。此外，从发起机构变革的角度看，关注非现金收入资源也十分重要。比如，一些机构常常因筹措不到增加服务所需的资金而出现服务空白。但若改变思路，探索运用非现金收入资源的可能性，问题或许就会得到解决。表 8－2 列出的工具有助于评估一个组织的现金和非现金收入资源的状况。

表 8－2　评估现金收入和非现金收入资源的工具

现金收入来源	占总收入的百分比	使用资源的灵活性
与州社会服务处签订的合约	26	低
服务对象的付费	22	高
慈善捐款	14	高
政府津贴	8	低
其他	30	依不同情况而定
非现金收入来源	说明	
志愿者	9 个理事会成员	
	33 个为寄养父母提供喘息照护的志愿者	
	12 个交通服务提供者	
实物捐助	1 辆货车	
	1 个分支机构办公室	
税收优惠	因非营利机构的身份每年节省 12 万美元	

机构与资金来源的关系

为完成这项工作，要问的问题是：

- 机构与资金来源的关系是什么性质？质量如何？

所有机构都依靠环境中的一些要素来获得生存所必需的资源。用系统理论的术语来说，这称为资源依赖。由于这种依赖性，机构会：(1) 与环境中能提供所需资源的其他机构建立良好的关系，(2) 青睐与在资源获取上将不确定性降到最低限度的组织建立关系。在建立这些关系时，一个组织还必须考虑其对不同类型资源的需求。现金和非现金资助代表一种资源，但社会服务组织也在竞争其他类型的资源，如所需的服务（如会计或建筑维修）、有利的地理位置、员工和服务对象。

资源依赖性是权变理论的一个重要考虑因素，如汤普森（Thompson，1967）认为组织的内部结构和过程通常是外部关系施加力的产物。研究倾向于支持这一论点。例如，卢卡斯、阿维-伊扎克和罗宾逊（Lucas, Avi-Itzhak & Robinson，2005）发现，养老院外部资金的稳定性和可预测性是它们采用基于持续质量改进指南的管理体系的重要预测因素（如第七章中与全面质量管理运动相关的讨论）。莫斯利（Mosley，2010）的一项研究还发现，从资源依赖性可以预测社会服务组织参与政策倡导工作的情况，即由于资源依赖，社会服务组织意识到提高任务环境中的关键要素对其服务需求的认识十分重要。

资源依赖的核心通常是现金资助，组织往往用迎合这些资金来源的方式来塑造自己，特别是它们的可预测性。通布利（Twombly，2002）比较了2 000多个世俗和基于信仰的组织，发现后者的服务多样性较低，服务拓展速度较慢。这似乎是由于这些组织对私人捐款的依赖程度更高，而私人捐款提供的可预测资金比世俗组织典型的更加多样化的资金来源提供的资金要少。马诺·内格林（Negrin，2003）在对127家公共和独立社会服务组织的服务效率进行研究时发现，在公共机构中，服务对象权益倡导人和其他利益相关方的外部投入往往可以解释组织效率的变化。然而，在独立机构中，最重要的有效性决定因素是内部因素，如结构或管理。她将这些差异归因于这样一个事实，即公共机构对公共资金的依赖促使其更积极地投身社区事务。

达比尔科、科尼格和丹索（Dabelko, Koenig & Danso，2008）研究了资源依赖模式是否能够预测提供成人日间服务的社会服务组织和营利机构如何对待获取公共资金的规则。他们发现，这些组织都使用了我们在第七章中回顾的权变理论家所讨论的许多策略来调整自己。表8-3中描述的工具总结了这些要点和其他要点，有助于评估机构与资金来源的关系。

表8-3 评估机构与资金来源的关系

相关的资金来源	沟通的方式，关系的持续时间，资助的变化
与州社会服务处的合约	季度性定期拜访；签约12年；资助总是保持稳定或有所增长
服务对象的付费	多数服务对象一星期见一次；他们或者直接付费，或者通过保险公司付费；过去三年，服务对象的付费下降了2个百分点
慈善捐款	大笔的慈善捐款来自教会团体；机构工作人员每年拜访教会代表一次；去年捐款增加了3.5个百分点

识别和评估机构与服务对象群体和转介来源的关系

机构与服务对象群体的关系

这项工作要探求的问题是：

- 组织的领域是什么（例如，它用什么标准来确定向哪些服务对象提供服务）？
- 必须招募服务对象或告知服务对象有关组织的情况吗？他们会自己来求助，还是被要求接受服务？
- 组织如何处理寻求其服务但不符合其典型服务对象条件的人？
- 服务的成本如何抵消？组织如何处理那些无法支付费用的服务对象？
- 服务对象的主要转介来源有哪些？

任何一个社会服务组织都不能为其所在领域内可能需要服务的所有人提供服务，因此每个组织通常都会界定自己要服务的对象的类型。组织通常采用必须满足哪些资格标准的形式，以便服务对象被视为适合本组织及其服务。符合标准的服务对象被覆盖在组织的范畴之内，这可被视为组织划分合格和不合格对象的边界（Levine & White, 1961）。正如我们将在下文进一步讨论的那样，组织的领域可以界定它所做的事和它为谁服务，而领域通常是组织在其环境中建立角色或实现定位的手段。

确定特定对象是否属于组织服务的范畴通常基于多种因素。这些因素可能包括人口统计特征，如年龄、性别或种族/民族，如有的组织关注为儿童、妇女或特定移民群体提供服务。在其他一些情况下，确定服务资格标准的可能是人们受到影响的问题（如健康问题、药物滥用问题或家庭暴力问题）。面临贫困等复杂问题的人往往需要多种服务，如临时收入支持、食品援助、就业咨询和其他服务。一个组织很少提供所有这些服务。在这些情况下，组织订立的服务资格可能不仅涉及特定问题，而且还涉及与该问题有关的特定的服务需要。这或许与提供住房援助的机构的情况类似。

在评估资格标准时，重要的是确定某些服务对象群体是否因某些标准或其应用方式而处于不利地位。这可能以多种方式发生。服务对象可能会被告知他们有资格获得服务，但只能在某个特定地点获得服务，对于那些有交通问题的服务对象而言，这可能与被宣布为没有资格没什么两样。有幼儿的父母可以接受工作培训，但如果没有提供儿童照顾服务，他们可能就无法参加。莱克辛和格罗滕斯特（Lexchin & Grootendorst, 2004）描述了一种医疗服务方案，该方案强制实行处方共同付费，以增加服务对象获得其他药物的机会，但由于共同付费，服务对象使用必要处方药的机会减少了。另一项对要求服务对象在社区生活一段时间的资格标准的研究表明，由于居住要求，经常搬家的服务对象往往在最需要获得服务的时候被拒绝（Montoya, Bell, Richard, Goodpastor & Carlson, 1999）。一些组织及其服务在社区内众所周知，因此几乎不需要招募服务对象。其他组织可能是新的，或者可能已经开设了新的分支机构或启动了新的服务方案，这意味着它们必须采取措施来吸引潜在服务对象。在评估组织时，还应去评估是否有足够数量的服务对象申请服务，使机构的服务能力完全得以施展；是否有许多申请人被宣布不合格并被拒绝；是否即使开始提供服务，社区中未获得服务的人的数量仍然很多。

了解服务对象群体的另一个重要变量是服务对象和机构间的财务关系。在商业公司中，顾客通常直接支付他们所收到的商品或服务的费用，组织仔细设计它们的输出以满足这个群体的需要。然而，在社会服务组织中，支付服务费用的人可能与接受服务的人不同。这是一个重要的区别，为了达到目的，我们将把社会服务组织的服务对象定义为直接接受服务的人，而不一定是支付服务费用的人。无论是自己还是通过第三方报销来支付服务费用的人都会被称为全额支付服务对象。这些人是机构寻求吸引和最有可能提供服务的重要资源，因为他们提供的资金可以用来抵消为其他服务对象提供服务的成本。

> 某些服务对象群体因某些标准或其应用方式而处于不利地位。

支付低于服务成本或不支付任何费用的服务对象被称为非全额支付服务对象（Netting, McMurtry, Kettner & Jones-McClintic, 1990）。由于为这些人服务的资金必须来自其他来源（例如慈善捐款或从全额支付服务对象那里获得的利润），机构通常不采取任何措施来吸引这些人，甚至可能设立资格限制，以限制他们的数量。一个突出的例子

> **人权与正义**
> 批判性思考问题：在与私营机构签订购买服务合约时，哪些策略可能有助于确保弱势人群仍然会得到服务？

是，由于报销比例被视为不足以覆盖服务成本，健康照护服务提供者倾向于限制或拒绝向老年医疗保险或面向贫困者的医疗补助计划的受益人提供服务（Flint, 2006）。机构也可能会限制或拒绝寻求相对昂贵服务的人或其不提供的服务的人。完整的机构评估应包括确定组织是否做出适当的努力，将其拒绝的对象转给可能为其服务的组织。

尽管存在这些动态性，但社会服务组织必须拥有服务对象才能完成其任务和功能，因此服务对象转介来源是其任务环境中的重要元素。对机构而言，向其他机构正式或者非正式地转介服务对象，就像其与资金来源的关系一样，具有同等重要的意义。举例来说，青少年住宿治疗中心就依靠家庭辅导中心、少年法庭、学校街区和其他机构转介服务对象，因此它倾向于与这些机构保持密切的关系。表8-4描述了一种有助于确定服务对象群体和转介来源的工具。

机构与转介来源的关系

这项活动要探求的问题有：

- 机构声称的服务范围是否比实际的服务范围大？
- 机构的服务是供不应求还是过剩？
- 机构将哪类服务对象拒之门外？（比如说，是否存在穷人、老年人、有色人种、妇女、残疾人、同性恋者或其他群体的人比例过低且一般得不到服务的情况？）

正如我们前面所讨论的，组织的领域指的是组织做什么及其服务的对象是谁，它是组织在环境中建立角色或确定生态地位的手段。订立工作领域指的是组织在其任务环境中立足，并划出属于自己的"势力范围"，它是一个过程。其中一环是以立法的形式确立自己

的工作领域，在此工作领域内，它被认可有活动权和专业知识。立法并不总是呼之即来的，所以机构所讲的工作领域，即声称的工作领域与实际法定的工作领域之间一般都有偏差（Greenley & Kirk, 1973）。

表8-4　识别服务对象群体和转介来源

服务对象群体
1. 夫妇或个人遗弃的儿童
2. 愿意领养的夫妇
3. 申请做寄养父母的人
4. 寄养父母
5. 需接受辅导的个人
6. 需接受辅导的家庭
7. 吸毒者

服务对象群体的人口统计特征

年龄	百分比	种族	百分比	性别	百分比	付费	百分比
20岁以下	5	美洲印第安人	3	女	64	全部	26
20～29岁	15	非裔美国人	14	男	36	部分	38
30～39岁	22	亚裔美国人	4			无	15
40～49岁	29	西班牙裔美国人	19			合约	21
50～59岁	19	白人	60				
60～69岁	8	其他					
70岁及以上	2						

转介来源	百分比
学校辅导员和教师	31
神职人员	22
社会服务机构	19
医生和诊所	15
律师	13

机构声称的工作领域一般会随着环境条件的变化而变化。特别是为了便于获取资源，机构大多会不断调整自己的工作领域以适合当前形势的需要。机构一般会密切注意慈善资金和政府资源的走向，而且为了保证资源源源不断，甚至会去竞争自己没有专长和实际工作经验的项目资助。

如同前面提到过的，服务对象也是资源，尽管单个的服务对象既可被视为机构的财富，也可被视为负累。这取决于他们是否符合机构制定的服务对象标准，是否能够付费。基于这一情况，长久以来，我们对机构和服务对象的关系就存在一个忧虑，即某些服务对象，特别是最有需要的那些人，会因"不合格"而被机构拒之门外（Cloward & Epstein，1965）。过去20年的大量研究结果表明，这一忧虑不无道理。

柯克和格林利（Kirk & Greenley，1974）早年有一个关于服务对象寻求服务的研究。他们的研究结果显示，在每100个服务对象中，只有47个人在自己登门的头两家机构中得到了服务，其他人或是被拒之门外，或是被转介到别处。柯克和格林利（Kirk & Greenley，1973）在另一相同主题的研究中对这些结果做了分析，发现造成这一现象的动因与机构设定的工作领域有关。因为大部分机构宣称的服务范围大于其实际的服务范围，所以它们引来一些它们根本提供不了服务的人登门求助。尽管如此，许多机构仍然认为有必要这么做，因为它提供了"精选"付得起费用的最佳服务对象的机会。这一过程被称为"提炼奶油"。这些情况已经在无家可归的成年人和青年人服务研究中得到了证实（Hunter，Getty，Kemsley & Skelly，1991；Thompson，McManus，Lantry，Windsor & Flynn，2006）。

服务对象的选择也取决于一个机构与政府部门签订的合同所许可的服务对象类型。哈森费尔德和鲍威尔（Hasenfeld & Powell，2004）研究了一组非营利的社会服务组织，它们与一个公共的工作福利机构（welfare-to-work agency）签约，该机构向福利对象提供限时的福利，条件是服务对象尽快过渡到全职工作。研究结果表明，这些机构的一些环境要素，对其可以服务的对象、提供的服务和服务成果订立了详细的规制。这些规制常常与机构工作人员想要使用的服务模式相矛盾，并体现在由资金和监管来源建立的评估标准中。

这些动态性与边界控制问题有关。边界控制是指机构拒绝其不愿意服务的对象的能力。格林利和柯克（Greenley & Kirk，1973）发现，工作边界控制得很严的机构（一般是营利组织和有声望的组织）最有可能对服务对象挑挑拣拣。被拒绝的人则会向尺度宽泛一些的机构求助。这就导致困难最大、最没有能力付费的人被分流到早已人满为患、资源短缺的机构。"提炼奶油"的证据范围广泛，从帮助依赖医疗补助的对象入住护理院（Meyer，2001），到向失业者奖励培训券（Hipp & Warner，2008），再到允许贫困儿童进入特许学校（West，Ingram & Hind，2006）。

一般来说，以营利为首要目的的营利组织对工作领域的界定最为严格，政府组织对其工作领域的划定最为宽泛，因为它要向在其他地方得不到服务的人提供"安全网"。然而，自20世纪80年代初开始，政府的政策偏爱私营化，即把更多的服务转给私营机构。这样做的假设是，私营机构比大型的政府机构更有效率和效能。至于非营利机构可以继续行使其传统使命，救助穷人，以确保这部分人获取服务。

不幸的是，一些研究表明，这种做法常会导致服务的缩减或是受限制，非营利机构这一块的服务首当其冲。这其中既有政府政策变化方面的原因（Hasenfeld & Powell，2004），也有合约服务不能按时报销的因素（Kramer & Grossman，1987）。格朗伯杰（GrØnbjerg，1990）研究了政府改变政策对芝加哥地区非营利机构的影响。她发现服务常常会被缩减，因为这些政策高估了非营利机构向最贫困的弱势人群提供服务的能力。

社会服务机构要根据许多因素调整工作领域，错误理解这些因素会造成重大的服务空白。服务对象自身的状况是机构决定是否提供服务时首先要考虑的因素。服务对象贫困，有复杂的、长期未得到解决的问题等，既会增加提供服务的迫切性，但同时也会降低得到服务的可能性。表8-5提供了一个工具，可能会有助于评估机构与服务对象群体和转介来源的关系。

表8-5　评估机构与服务对象群体和转介来源的关系

服务对象群体	供求关系	未被服务的人/未得到足够服务的人
领养儿童的夫妇/可供领养的儿童	5对夫妇对一个儿童	有特殊需要的儿童
寄养家庭/需要寄养的儿童	每个家庭对1.5个儿童	有特殊需要的儿童
需接受辅导的家庭	等待2~3周	不讲英语的家庭
吸毒者	等待3个月	贫困、付不了费、付费少或没有保险的人

识别和评估机构与任务环境中其他重要组织的关系

机构与监管机构、专业组织和一般公众的关系

这一活动要探求的问题有：

- 监督机构服务方案的州和联邦政府管理部门有哪些？
- 机构与政府的哪些机构签订了服务合约？
- 哪些专业团体、证照委员会或者认证机构影响机构的运作？
- "一般公众"对机构的服务与自己的关系、服务的价值和质量有些什么看法？

在机构的任务环境中还有一些团体不提供资源但却为机构的运作订立规则。比如管理部门，它们为机构订立可接受的服务的标准。一些负责颁发执照的政府部门就属于这一类型，它们既负责审核并监察某些组织（如护理院、儿童照顾机构、入住性治疗机构等）的硬件设备，也负责审核并监察它们的服务水准。还有政府签约机构，它们常常要求拿到合约的服务机构严格照章办事，以便能报销服务开支。再有就是地方、州和联邦政府的税收部门，它们征收税款并监管财会手续。提供资金的非政府组织，如联合劝募组织，在审计和资金使用方面也会提出大量要求。

专业协会、工会和资格审核机构之类的组织也会限制机构实务工作的范围。但是，与上面刚刚提到的那些组织不同，它们可能是通过对加入本组织的会员施加影响，而不是通过对整个组织施加影响来起作用。例如，全国社会工作者协会制定的专业伦理守则，对于其会员和社会工作者证照委员会（Academy of Certified Social Workers，ACSW）的会员来说会起到约束专业活动的作用。州里掌管执照的机构对组织的工作同样也会起制约作用，符合要求的员工的比例越高的组织所获得的发挥作用的空间越大。审核机构，如卫生保健组织联合认证委员会（Joint Commission on Accreditation of Health Care Organizations，JCAHO) 对成员机构的运作方式有多方面的要求。如果违反这些要求，机构就会失去认证资格，进而影响组织所能得到的资助和转介来源，甚至导致生存危机。

"一般公众"是另一个制约因素。从本质上讲，社会服务组织的活动要依靠社会公众某种形式的认可。令人遗憾的是，民意并不总是一目了然的，而且往往观点各异。组织必须在众说纷纭中理出头绪，抓住最能代表绝大多数人看法的主导意见。最后一点，机构有时可能也要被迫站出来对抗公众的观点，像一些维权组织必须抗击人们对特定服务对象或服务对象群体的无知和歧视。

就机构的任务环境而言，民意常常是通过纷繁多样的渠道传递出来的。这些渠道包括选举出的代表、利益群体、公民组织等。此外，资金来源则是间接反映民意的重要的晴雨表。比如，慈善捐款的潮起潮落会显示出捐赠者认为重要的问题，私人基金会的优先权也有同样的意味。最后，大众传媒机构往往注重偏激的看法而不是最有代表性的观点，但在传递公众态度上，它们仍然占有举足轻重的地位。

儿童保护服务提供了一个机构、民意和大众传媒（民意的载体和形成者）之间关系的实例。儿童福利工作者在决定是否把有危险的孩子从家中带走时，会遇到两派观点：一派非常关心孩子的幸福，另一派非常关心父母的权利。他们要在两者之间找到微妙的平衡。民意和大众传媒有可能会左右机构的做法。举例来说，华盛顿州一个严重虐待儿童的个案被公之于众，并引起了公愤，因而该州修改了立法，责令从事儿童保护服务的工作者在做决定时优先考虑孩子的安全。然而，其他地方报道的个案却得出从事儿童保护服务的工作者从父母手中"抢夺孩子"的结论，这导致立法严格规定把孩子从家中带走的条件。

科德斯和赫尼格（Cordes & Henig，2001）呼吁人们关注民意的转换对资助的走向和分配办法的影响。他们特别提到了新的资助办法允许捐助人在选择想要支持的机构时更有主动权。这使资助方有了更大的自由度，但也会减弱代表并保护各成员团体的伞状组织（比如联合劝募组织）评估社区需求和基于这些评估分配资助的效能。

问题的关键在于民意是动态的，而不是静态的。同样的机构在不同的时间点有可能遇到截然不同的公众态度和期望。所以，伴随公众态度的改变和资助方法的演变，机构要不断了解自己的任务环境，以商对策。表8-6描绘的工具有助于识别机构任务环境中其他的重要组织。

> 民意是动态的，而不是静态的。同样的机构在不同的时间点有可能遇到截然不同的公众态度和期望。

表 8-6 识别管理部门、专业协会和媒体组织

组织的例子	受影响的工作
管理部门	
州儿童福利处	日间照护
县健康局	送餐服务项目

续表

组织的例子	受影响的工作
拨款和签约组织	
州示范项目拨款（www.grants.gov）	喘息照护
州发育性残障处	职业培训
专业协会	
全国社会工作者协会（www.nasw.org）	个人和小组辅导
美国婚姻和家庭治疗协会（www.aamft.org）	夫妇和家庭辅导
审核组织	
健康照护机构认证联席委员会	家庭照护
全国青少年教育协会	日间照护
证照委员会	
州社会工作者证照委员会	个人和小组辅导
公共媒介和倡导组织	
地方电视网络	儿童虐待调查
ARC（www.thear.org）	职业培训

机构与其他竞争者和合作者的关系

这项工作要探求的问题是：

- 有哪些其他机构与本机构服务对象相同，服务也相同？
- 机构与谁竞争？
- 机构与谁合作？机构是不是一个大型机构或机构联盟的一分子？
- 与同类机构和竞争者相比，管理机构、政府签约机构、专业性组织、审核认证机构和一般公众是怎么看待本机构的？

在机构的任务环境中发挥作用的另一个要素是其他服务提供者。互为对方任务环境中一分子的机构，彼此间的关系可能是竞争，也可能是合作，或者是两者兼而有之，这要视具体情况而定。

在第六章，表6-5叙述了组织和任务环境中的其他成员有五个层次的建立相互关系的方式，它们都可以使工作有所改进。这些方式是沟通、合作、协调、协作和合并。这五个层次的方式可以用来评估社会服务组织与其任务环境中的其他成员的关系。

竞争关系指的是两个或更多的机构从同一来源求取同样的资源（服务对象、资金、志愿者等）。非营利机构之间会为获得慈善捐款，以及政府和私人基金会的津贴而展开竞争。举例来说，麦克默特里及其同事（McMurtry, et al., 1991）发现，非营利机构遭逢的最大的竞争资金和服务对象的对手是其他非营利机构，而不是营利机构。然而非营利机构和营利机构在诸如工作转换期的福利等领域的竞争也有愈演愈烈的趋势（Frumkin & Andre-Clark, 2000）。吉贝尔曼（Gibelman, 2007）讨论了政府资金在输送给基于信仰的机构时如何对那些缺乏市场运作经验的机构构成了意想不到的威胁。在这些例子中，竞争主要是争夺符合政府合约条件的服务对象，而在其他场合的竞争，重点是争夺收费的服务对象。有些社区的社会服务机构不多，竞争的可能性有限。然而，范·斯莱克（Van Slyke, 2003）的一项研究表明，当公共机构在缺乏竞争性的服务环境中着力争夺社区的服务合同时，其成本和绩效都会降低。同样地，罗斯诺和拉科（Rosenau & Lako, 2008）发现，在荷兰，在从政府系统提供基本医疗保健服务转由非营利组织同台竞争政府资金来提供此类服务后，控制成本的预期效益并未出现。

直接竞争资金并非难以避免，彼此合作也是常有的事。比如机构间的转介活动。这一活动用来介绍不适合自己机构但适合对方机构的服务对象。机构也拓展大规模的联合行动，用来改善自己满足服务对象需求的能力（Eillert & Lafronza, 2005）。还有一些时候，机构制定出以社区的需要为取向的合作方案，以确保服务能更全面地覆盖特定的区域（Prince & Austin, 2001; Tomkins, Shank, Tromanhauser, Rupp & Mahoney, 2005）。能做到这一步，起作用的因素有社区的服务需求意识、资源短缺和当地政府出面协调合作事宜的能力。

有关机构与其他团体间的关系，最后要评估的一点，是他人如何看待机构与同类组织和竞争者的关系。管理机构、审核认证机构、政府签约机构、专业性组织、大众传媒和一般公众对机构有什么看法？是认为它是社区服务网络中宝贵的组成部分，还是自顾自的、对社区漠不关心？或者社区成员认为机构在回应正在出现的需要的时候，其所作所为太有争议，还是相反，太谨小慎微？去收集这方面的看法，是因为我们设想机构会在社区留下某种形式的"痕迹"，主要的知情人愿意告知机构在整个社区服务网络中的情况。表8-7描绘的工具有助于评估机构与其任务环境中的其他重要组织的关系。

表8-7 机构与其他服务提供者的关系

其他提供服务的机构	关系
州儿童福利处	协作
市家庭服务中心	竞争
辅导倡导者股份有限公司	竞争
新的基金会	协作
浸信会家庭服务社	协作
……	

识别和评估外部关系方面的文化能力
理解组织环境中的多样性
在这一活动中，要询问的问题有：
- 组织在熟悉其所处环境中的多样性方面做了哪些工作？
- 组织是否认识到并寻求克服获取服务的障碍？

- 组织是否采取行动确保员工的构成呼应了服务对象的多样性？
- 组织的服务与少数族裔和非少数族裔服务对象的需要是否契合？

在第二章中，我们提请读者注意少数族裔人口在健康、收入、教育和其他因素方面的一些差距。最基本的，作为具有文化能力的社会服务组织，要能意识到这些问题并致力于解决这些问题。文化能力强的社会服务组织还系统地收集信息，以确保它们了解环境中需求的多样性。这对潜在服务对象和其他群体，如捐助者、服务对象倡导者和公民组织都适用。收集这些信息通常是通过需求评估来完成的，评估的方式是通过诸如访谈、焦点小组、邮件、电话或互联网调查等征求个人和团体的意见，或者通过查阅诸如人口普查数据、学校或法院的档案记录来完成。在进行需求评估时，组织应认识到，多样性不仅来源于种族、民族、性别、性取向和年龄的差异，还来源于身体和认知能力、社会经济背景、受教育程度、对服务的接受程度和其他一些方面。最近的研究提供了一些例子，可以综合评估传统上难以接触到的群体的需求（Smith, McCaslin, Chang, Martinez & McGrew, 2010；Suarez-Balcazar, Balcazar & Taylor-Ritzler, 2009；Sussman, Skara & Pumpuang, 2008）。

一个有文化能力的组织必须面对的一个现实是，与历史上隔离学校和午餐柜台的例子相比，歧视行为采取了更微妙的形式。组织还必须认识到，与特定群体的成员进行互动的方式可能事实上就是种族主义（或性别歧视、年龄歧视等），但这是由无知或疏忽而不是恶意造成的。多维迪奥、佩内、阿尔布雷特、诺顿、格特纳和谢尔顿（Dovidio, Penner, Albrecht, Norton, Gaertner & Shelton, 2008：479）讨论了一种不那么直接的厌恶性种族歧视如何取代了直截了当的偏见。研究表明，那些不认为自己是种族主义者、反对种族歧视的人可能仍对种族群体持有负面的成见，并因此影响到他们的行为。这种情况也可能发生在组织层面，因为错误的假设而高估了种族群体的弱点，同时低估了他们的需求。在分析这些动态过程时，特别需要关注的是服务的可获取性、服务提供者的特点和服务的特点。

可获取性。正如我们前面讨论过的，组织可以建立资格标准，以确保所需资源持续稳定，但排除了一些最需要服务的对象，包括那些传统上服务不足的群体。莱希特尔（Leichter, 2004）以加利福尼亚州低收入拉丁裔人获取医疗保健服务为例，说明了这样的情况是如何发生的。另一项研究表明，来自某些群体的服务对象之所以不太可能使用服务，就是因为他们认为自己不合格。赫布斯特（Herbst, 2008）发现，低收入非裔美国人比其他人更有可能无法获取儿童照顾补贴，尽管他们符合领取的资格要求。这在一定程度上要归因于"提炼奶油"过程，在这一过程中，人们努力使更多报酬丰厚的服务对象意识到他们有获取服务的资格，而几乎没有采取行动来吸引报酬较少但并非不合格的服务对象。谢弗（Shaefer, 2010）发现，低收入和少数族裔工人获得失业救济金的机会比其他人少，因为过去被拒绝提供服务的经历使他们认为自己没有资格领取失业救济金。

可获取性问题也可能更具体。例如，尽管1990年的《美国残疾人法案》争取到了许多权益，但是身体残疾、发育残疾和有其他残疾的人仍然无法进入许多设施和获得服务（McColl, Jarzynowska & Shortt, 2010）。此外，有证据表明，距离和交通困难是最严重的获取服务的障碍之一。农村地区的服务对象仍然比城市地区的服务对象难以获得所需的服务（Fletcher, Garasky, Jensen & Nielsen, 2010），而即使在人口稠密地区，公交问题也会放大距离的影响。圣埃利亚、坦顿、亚当斯和默里（Shengelia, Tandon, Adams & Murray, 2005）总结出服务距离与使用服务的可能性之间呈反比平方关系。例如，如果服务对象 A 住的地方与机构办公室的距离是服务对象 B 的两倍，则服务对象 A 使用该办公室的服务的可能性是服务对象 B 的四倍。这可能会导致机构低估由于距离的小幅增加而导致的服务使用的可能性大幅下降。

这些问题尤其可能影响历史上受压迫或处于不利地位的人群。有文化能力的组织会采取措施避免这些问题。其中包括了解"提炼奶油"机制并寻求为最有需要的人提供服务的方法，而不仅仅是给最有支付能力的对象服务。它们还主动出击，确保其服务领域内有资格获得服务的对象知情。最后，它们寻求在方便服务对象而不是员工或管理人员的地点，建立邻里服务站点，并且积极尝试确保服务对象可以使用可获得的交通工具来寻求服务。

服务提供者的特点。衡量社会服务组织是否与其环境契合的一个指标是，其员工是否在年龄、种族、民族、性别和其他特征方面与他们所服务的对象匹配。社会工作者所受的训练让他们能跨越自己和服务对象之间的距离，机构工作人员能有效地发挥作用而不必在所有甚至大多数方面与服务对象完全相同。尽管如此，研究表明，工作者与服务对象间的差异往往是实实在在的，特别是在种族和民族方面。例如，在医疗保健领域，75%的非裔美国人看非裔美国医生，而对于白人患者，这一比例正好相反（Chen, Fryer, Phillips, Wilson & Pathman, 2005）。因此，也许并不奇怪，白人患者对白人医生的服务更满意。其他有关社会服务的研究也报告，接受相同种族的人提供的服务的对象对服务的满意度更高，效果也更好（Martin, Trask, Peterson, Martin, Baldwin & Knapp, 2010; Perry & Limp, 2004）。组织文化能力的另一个方面表现在是否采取适当的努力使其员工队伍的构成多样化。我们之前讨论过厌恶性种族主义，它的表现形式是刻板态度，可能导致无意但切实的歧视。这些态度会影响诸如员工聘用决定等行为，对群体特征的认知不当影响了对个人资格的认定（Blair, 2001）。除了种族和民族之外，研究表明，聘用偏见还可能基于年龄（Dennis & Thomas, 2007）、残疾（Shier, Graham & Jones, 2009）和血清抗体阳性（Rao, Angell, Lam & Corrigan, 2008）。

周和奥斯汀（Chow & Austin, 2008）提供了有关文化能力强的组织应如何工作的指导方针，以确保其特征与环境的多样性相适应。根据克罗斯和弗里森（Cross & Friesen, 2005）的资料，他们认为，在这方面表现最好的组织应具备如下条件：

- 明确所服务的人群并知晓其特点。
- 确保员工和理事会成员能代表所服务的社区。
- 配备反映社区特征的员工并建立员工支持（例如，入职指引、岗位描述、评估操作手册)。
- 使用文化能力工作指南。
- 投入资源,识别服务传输方面的多样性和差异。
- 提供督导,支持和培训员工,使其具备文化能力。
- 聘用了解服务接受者文化的顾问。

这一模式的一个宝贵之处在于,它呼吁关注服务提供者的特征,如理事会构成、岗位设计和员工发展,强调文化能力不仅仅是聘用多样化的员工。

服务的特点。社会服务组织通过发展具有文化敏感性的干预措施(culturally sensitive interventions,CSI)来回应传统上没有得到充分服务的群体的需要,为他们提供更好的服务。这样的干预蕴含了定义一种文化的重要元素,如价值观、惯习和行为准则,它反映在了实施干预的方式之中。具有文化敏感性的干预措施的例子在许多服务领域都有,包括辅导、药物滥用和儿童虐待等领域,文献表明它们是有效的(Hodge, Jackson & Vaughn, 2010; Jackson, 2009)。

具有文化能力的机构的一个特别重要的品质是能够识别和应对服务对象群体中数量较少的人中的高发问题。布巴尔(Bubar, 2010)指出,在任何种族/民族群体中,美国印第安妇女遭受性侵犯的风险最高,但即使在美国印第安妇女集中度较高的地区,也很少有机构聘用具有特殊技能的咨询师来处置这类人群的问题。这类现象延伸到了许多其他服务领域和人群中,从各类性别团体青年的咨询辅导,到给难民办的语言学习班和为其提供住房援助,再到帮助患有可治愈的罕见病但治疗费用昂贵的人缴纳保险费。

组织还必须认识到,服务对象可能属于少数群体,可能不太愿意利用现有服务。为此,组织可能需要做出特别的努力。马丁等人(Martin, et al., 2010)研究了非裔老年人使用医疗保健的情况,注意到存在一些潜在的此类障碍,包括对主流文化机构普遍不信任、倾向于使用家庭药物而不愿意使用处方药,以及担心费用。研究显示,能理解这些担忧的服务要比做不到这点的服务更有可能被使用并贯穿始终。周和奥斯汀(Chow & Austin, 2008)注意到,这一目标可以通过组织间的合作来实现,这种合作利用现有的社区机构作为主动去接触服务对象的起点。

任务 2 评估组织的内部机制

分析组织就像分析社区一样,要把一个大型的、复杂的实体拆解成多个单一元素。目的是识别机构的长处、弱点或问题的关键之处。这种分析要查看每个拆解后的元素与机构的问题的关系,并了解各元素间的相互作用是如何延续或用于克服机构的问题的。

为了说明分析组织的方法,让我们回头看一下在本章开头提到的坎宁县儿童福利局和湖滨镇家庭服务社的例子。当一个像坎宁县儿童福利局那样的机构遇到工作成效、服务质量、士气、员工与管理者的关系等诸多问题时,县监察委员会专门请管理顾问做组织分析的情况并非特例。类似地，像湖滨镇家庭服务社那样变得较专业化、依赖政府的资助、改变了使命、目前正经历削减资助的非营利组织，常常会请顾问做组织分析并提出在经济上自立的策略。

可能出现的场景是，受聘的顾问在访谈了员工代表、服务对象、理事会成员和其他人后，或许会形成上面提到的那些问题的调研资料，并形成问题成因的假设，推荐解决或补救的办法。这种方式常常导致管理顾问推荐暂时的解决方案，如员工发展和培训方案、员工激励方案、诸如社交聚会之类的建立士气的活动、重建员工与管理者关系的活动、尝试让首席执行官变得通情达理和其他诸如此类的活动。这类措施很少能解决根本性问题。

另一个评估组织的途径是对组织元素进行系统的检视。这些元素有：（1）组织的使命；（2）组织的结构，包括工作场所的位置、管理状况、方案和服务的人员配备以及工作量；（3）各项工作的目的和目标；（4）资金状况；（5）人事政策和执行情况；（6）管理风格；（7）问题的处理和沟通方式。另外还可以包括上面提到的元素之外的其他诸如此类的元素。每个元素都可以按当前的理论和研究成果找到理想模式或最佳功能。根据理想模式，再看现有的数据资料描述的实际状况，最后就能找到理想与现实之间的差距。分析的目的是尽可能准确地触及问题背后的原因，谋求长远解决之道，避免治标不治本。

在这部分，我们提出了一个评估组织的框架，指出了在做组织分析时要检视的组织内部的元素，要探求的相关的理论框架，要识别的有待解答的问题，并指出需收集或检视的数据资料。在回顾该框架时，读者可能会发现，考虑组织的元素如何在其作为实习生、员工甚至是服务接受者所熟悉的社会服务组织中发挥作用，是很有用的。我们要检视的组织内部元素有：

（1）法人权限和使命。
（2）组织和方案结构。
（3）行政管理和领导方式。
（4）各个方案和服务的计划、传输与评估。
（5）人事政策和实施情况。
（6）技术和资源是否充足。

识别机构的法人权限和使命

这一活动要探求的问题有：
- 机构的法人权限建立在什么基础之上？权限有多大？
- 机构的使命是什么？
- 机构的运作是否与其权限和使命一致？
- 机构的使命在多大程度上得到了不同岗位上的员工的支持？
- 机构的政策和执行办法是否与其权限和使命一致？

如本章前面提到过的，了解任何组织首先是要掌握其工作领域。机构的法人权限构成了组织运作的法定依据，也就构成了机构界定其工作领域的一个边界。如果是公共机构（政府机构），其法定依据是成文法令或行政命令。如果是私立机构，其法定依据是公司条例。在一些情况下，掌握第一手资料而不是接受他人的诠释十分重要。会有这样的情况，即组织是出于一个目的而组成社团（而且有可能从专门支持这一目的的信托基金机构那里获得了资助，如湖滨镇家庭服务社开办孤儿院的例子）。但随着时间的推移，机构的使命中增加了新的服务人群和服务，如为怀孕少女服务。尽管情有可原，用意良好，但是这种服务范围的扩展可能仍然超出了机构原来法定的职责范围。

机构的使命陈述表明了它所要解决的问题或满足的需要、要服务的人群，以及笼统来讲，机构预期的工作成果。使命陈述相对而言是固定不变的，它说出了组织存在的理由。除非组织立足的根基有所改变，否则一般情况下它不会改变。使命陈述得不清楚或者使命与机构的实际工作不符有可能是机构存在的问题。湖滨镇家庭服务社就是一个需重新审视其使命的很好的例子。如果查看其最初在20世纪30年代建立时的使命，我们会发现，当时的背景是孤儿院和照顾孤儿的需要很普遍。如果这个机构没有修改使命，那么其所说的机构存在的理由就不复存在，也不能准确反映组织的实际作为。如果有必要的话，重新建构机构的使命可以开启调整运作方向或是使服务更精准聚焦之旅。专栏8-1说明了湖滨镇家庭服务社可能的使命陈述用语。

专栏 8-1　　湖滨镇家庭服务社使命陈述示例

湖滨镇家庭服务社的使命是帮助我们的社区成员解决所遇到的问题。我们特别关注的是家庭、儿童和老人。我们的家庭服务的目的是增强关系并帮助每个家庭支持和关爱其成员。对儿童，我们致力于提升父母的能力、发展优质教育、促进安全和成长。对老人，我们寻求支持持续性的成长并确保基本的健康、健康照护、住房和收入。

一个良好的使命陈述的特点有，必须能成为组织和公众的参考，并且必须清晰易懂。布希和福拉伦（Busch & Folaron, 2005）研究了40个州的儿童福利机构的使命陈述，发现近四分之一的使命陈述需要12年级以上的阅读水平，因此这些使命陈述无法被很多人理解（湖滨镇家庭服务社的使命陈述需要具有10年级的阅读水平）。诸如此类的问题损害了共享愿景的原则，而这是组织成功的基石。如果对机构的使命和方向没有一些共识，则个人和团体会不可避免地陷入各行其是。有了共同的愿景，尽管在战略上可能仍然有分歧，但个人和团体会信守对同一终极目标或结果的承诺。此外，有证据表明，使命陈述不仅是象征性的，它还可以对员工产生有益的影响。克拉克（Clark, 2007）的一个研究结果表明，熟悉组织的使命陈述与工作满意度以及增强员工关系的行为呈正相关。

了解公司权限和使命的一些更重要的信息来源包括：
（1）公司章程、法规或行政命令。
（2）使命宣言。

(3) 组织章程。
(4) 某些理事会的会议纪要。
(5) 与挑选的行政人员、管理人员和员工面谈。

表8-8描述了一种用于评估机构的法人权限和使命的工具。

表8-8　评估机构的法人权限和使命

核查单	是	否
1. 社团章程有档案吗?	____	____
2. 有一套书面的内部章程吗?	____	____
3. 理事会成员和机构的主管熟悉内部章程吗?	____	____
4. 有使命陈述吗?	____	____
5. 陈述是一页纸还是更少?	____	____
6. 陈述中有预期工作成果吗?	____	____
7. 员工认识到机构的使命并遵照执行吗?	____	____

了解方案的结构和管理风格

组织和方案的结构

这一活动要探求的问题有:

- 机构组织图中主要的部门或工作分工单位有哪些?
- 现有的组织结构有令人信服的合理理由吗?
- 现有的结构与机构的使命一致吗? 会起支持作用吗?
- 督导工作是否合理并能发挥预期的作用? 员工能发挥预期的作用吗?
- 是否有与正式授权的领导相左的非正式权威(因受员工敬重而行使权力,从而产生影响力)?

一提到机构的组织结构,我们就很容易想到一张金字塔形状的组织图,这个图由方块和线条组成,标示出自上而下从最高一级行政领导直至许多一线员工所处的位置的科层制关系(参见图7-1)。它帮助我们看见组织结构,了解谁向谁汇报工作,谁负责组织的哪个部门,以及自上而下传达行政指令的渠道。这一系统的原型是我们在第七章回顾过的韦伯(Weber, 1946)的科层制模式。这一组织结构模式之所以被广泛运用,是因为它易于理解和使用,它保证人人都有一个主管,也是唯一的一个主管。它还描绘出了顺利运行一个组织所必备的许多要件,如沟通渠道、权力行使、工作表现评估和许多其他功能。

然而,正像第七章提到的那样,科层制理论招致了许多批评,批评者认为它不是社会服务机构的最佳组织结构。他们核心的论点是科层制结构在社会服务组织中不能有效地发挥作用,因为它原本是用于投入和运转都可以预测和可以重复的组织的,而社会服务组织所面对的服务对象及其问题都是独特的。比如说，用于企业管理生产过程的原则或许有助于保证产品质量始终如一，但在社会服务组织中，这些原则却可能只会束缚工作者的手脚，妨碍他们做出专业判断。

一些学者用术语对科层制带来的问题做了总结。默顿（Merton，1952）警告在科层制组织中员工会产生"习得无力"感，他们严重依赖政策条文做决策，以致离开条文之后对服务对象的问题便束手无策，不能做出逻辑判断或进行创造性思考。利普斯基（Lipsky，1984）用了"科层制名实不符"（Bureaucratic disentitlement）一词描述服务对象不能得到自己被赋予的、组织应提供的服务或权益的情况，因为科层制组织在做决策时依据的是僵化的、有时是不合理的内部条文而不是服务对象的需要。杰斯基特和德雷斯勒（Jaskyte & Dressler，2005）发现，非营利的社会服务组织的创新性与主要关注稳定的组织文化呈负相关，因为它是典型的官僚结构。

关于什么组织结构最佳这一问题，权变理论主张要看组织的生产特性。莫斯和罗斯奇（Morse & Lorsch，1970）证实，在一种类型的组织（容器生产厂）中，拥有传统的、有明确分工的、清楚的职责范围和上下级关系的组织结构，其生产力更高。而在另一种类型的组织（研究实验室）中，允许研究者不受条条框框的限制和督导的制约，在工作上有最大限度的灵活性和极为松散的组织结构，其生产力会更高。可选择的组织结构见图 8-3。

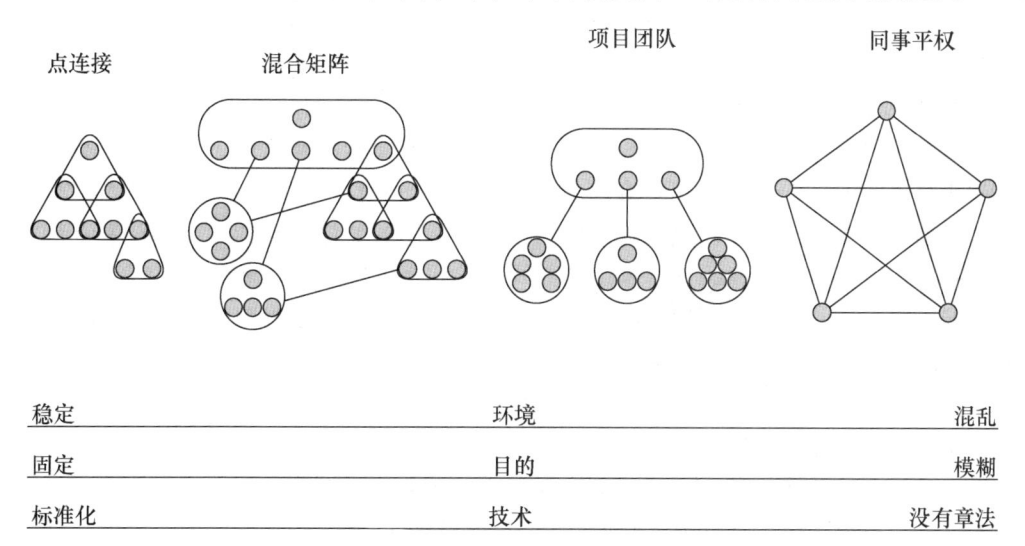

| 点连接 | 混合矩阵 | 项目团队 | 同事平权 |

稳定	环境	混乱
固定	目的	模糊
标准化	技术	没有章法

图 8-3 人力资源结构与环境状况

注：本图以罗伯特·比勒（Robert Biller）的组织结构图为原型。
资料来源：迈尔斯（Miles），《管理理论：对组织行为及其发展的意味》（*Theories of Management: Implications for Organizational Behavior and Development*）（New York：McGraw-Hill，1978：91），重印得到了麦格劳-希尔公司的许可。

迈尔斯（Miles，1975）提出了几个科层制结构之外的组织结构模式。其中第一个模式源自利克（Liker，1961）的著述，称为点连接结构。这一结构以工作部门为优先考虑的重点，因而取消了僵化的逐级上报和一对一的领导关系。一个工作部门会选出一个或几个人充当与其他工作部门的联络人，这一方式要求部门间大开方便之门，彼此通力合作。在两个部门都完全参与工作的联络人，能比在传统组织结构中发挥更好的沟通作用，增进工作关系。

第二个模式是矩阵结构。在这一结构中，督导工作不是指派给固定的个人而是按工作职能来指定。员工可能会有多位督导员，需要不断沟通。矩阵式管理结构可能会被用于精神病院。一个有社会工作硕士学位的社会工作者，在病房工作方面，可能要由注册护士来督导；而在专业性工作和工作表现方面，则由高一级的有社会工作硕士学位的社会工作者负责督导和评估。这种方法现在仍然适用。克劳斯和雷（Kraus & Ray，2010）提供了矩阵结构如何促进志愿者组织运作的事例。

第三个模式是项目团队结构。在这一模式中，团队共同致力于一个目标，分工负责，工作相对独立。例如，在发起一个社区工作项目的时候，可能由一个团队负责需求评估，另一个团队寻求资金，还有一个团队处理合作各方的事务，再有一个团队负责保证设施。各团队的领导组成一个领导委员会，协调整个工作，保证各团队朝着一个方向共同努力。

最后一个由迈尔斯提出的组织结构是同事平权结构。在这一组织结构中，各专业人员相对独立地开展工作，只有在工作发生重叠的时候才在一起协商解决。私人辅导所是一个不错的例子。五位心理咨询工作者和社会工作者可以合伙购买一栋楼和一些设备，并雇用接待员和其他辅助工作人员。各个合伙人有同等的权威性，每个人各赚各的钱。除非发生了组织作用交叉的情况，否则各负其责。

迈尔斯在"人性化管理"原则方面仍有持续的著述，这些著述可应用于各个组织或用作处理外部伙伴关系的指南。罗查和迈尔斯（Rocha & Miles，2009）对几个欧洲国家的公司组织间的合作做了研究，识别出了成功合作中常见的前提，包括互有期待和互利、认识到关系的价值和信息共享、长远承诺和共同追求回报、相互认可对方的贡献和有合作意愿。不难看出，这些原则也可用于前面描述过的模型中运用项目团队、联合领导或其他协作取向的内部结构的组织。

或许在社会服务领域没有哪个组织结构能称得上是最佳结构。在大型公共机构里，基于组织规模、工作可预期性和问责方面的考虑，某种形式的科层制结构可能还是有用的。但对于一个小型的社区机构而言，同事平权模式可能会使工作非常有效率。选择组织结构在很大程度上取决于组织在使命、目的、目标、所提供的服务及其问责上的考虑。

另一个相关的问题与员工的能力和其对自身角色和职责的个人储备有关。社会服务组织可能会聘用来自众多的专门工作领域的人。这些领域包括卫生、精神健康、违禁药品使用、发育性残疾、儿童福利、老人服务、面向不同类型人群的住宿治疗、成人和青少年矫治，以及许多其他的服务领域。这些人所受的学科训练可能非常广博，包括社会工作、辅导、心理学、儿童照顾、医学、护理、康复、教育和其他学科等。会计、管理、公共关系和筹款等领域的人员也可能会给组织提供支持性服务。要弥合这些差异，组织必须有清晰的用人规定，如聘用标准和岗位要求。举例来说，对每个职位的受教育背景有什么要求？组织坚持要有这些要求吗？要求有什么样的工作经验？需要什么执照或证书？

在有关工作表现的早期著述中，泰勒和韦伯（Taylor，1947；Weber，1946）均强调了明确岗位职责的重要性，强调了让工作者对履行工作职责、督导、工作表现评估和改进工作的反馈意见心中有数的重要性。对公共福利机构工作人员的研究发现支持这样一种观点，即工作设计的精确性和适当性与工作绩效呈正相关（即使是在专业工作人员中也是如此）（Hill，2006）。更概括地说，良好的工作设计有助于提高员工的角色清晰度。研究表明，角色清晰度、工作满意度的提高与员工流失率的降低有关（Kammeyer-Mueller & Wanberg，2003；Shim，2010）。

尽管如此，如果一份设计良好、职责明确的工作处在一个不适合组织的服务对象和服务的僵化的官僚体系中，那么它也会成为问题的根源。使用人际关系模式的组织也是如此。尽管这种方法可能看起来是以员工为取向的，但它对专业自由裁量权的束缚常常不亚于官僚模式的做法。唯一的区别在于，它表达了对员工作为人的需要的关心，如关心员工自尊的需要。团队工作可能会受重视以便让员工有归属感，但其根本假设是，管理人员能够预测员工的活动并使之成为例行事务，相对而言他们应该对决策有严格的控制。

根据麦格雷戈的管理模式，工作有可能带来内在的报偿，订立岗位职责更为复杂。在这种类型的组织中，员工会参与管理，既参与制定目标，也参与决策。工作原则是自我引导，自我把握。个人的工作表现和工作进展情况会向员工公开，以促进专业上的成长和发展。这种类型的岗位职责设计对受过专业教育的资深员工来说颇为理想，但可能不适合工作内容必须明确并接受督导的职位。

关于组织结构，可以查看的文献资料有：
（1）组织图。
（2）岗位职责描述。
（3）有关的政策和工作手册。
（4）约见挑选出的行政人员、管理人员、员工和每个学科的代表。
表8-9描述的工具有助于评估组织结构和工作分工是否合适。

表8-9　评估机构的组织结构和工作分工

	整个组织	A项工作	B项工作	C项工作
1. 你认为组织结构是僵化还是灵活？	_____	_____	_____	_____
2. 结构适合组织或服务方案的需要吗？	_____	_____	_____	_____
3. 沟通主要是自上而下，还是全方位的？	_____	_____	_____	_____
4. 员工有能力履行岗位职责吗？	_____	_____	_____	_____
5. 督导得力吗？	_____	_____	_____	_____

管理和领导风格

这项活动要探求的问题是:

- 工作场所和工作是如何安排和分配的?
- 权限的划分和信息的传递是否与所负的责任挂钩?
- 督导是否贴近被督导者?具体督导什么?是某些工作,是职能,还是受聘的员工?
- 决策是怎样做出的?会向受决策影响的那些人征求意见吗?
- 各级员工都感到自己有价值吗?他们认为自己对组织获得成功有贡献吗?
- 冲突是如何处理的?

目前有关行政管理和领导方式的文献非常丰富。迈尔斯(Miles, 1975)将管理理论或模式总结成三种类型:(1)传统模式,(2)人际关系模式,(3)人力资源模式。

传统模式的特点是对工作有严密的监督,强调上下级服从关系,将整个工作分解成易于理解和执行的简单任务,并建立详细的工作规章。与麦格雷戈的X理论类似,这一模式假定人生来就讨厌工作,缺乏内驱力或自我引导的能力,工作只是迫于金钱上的需要,不得已而为之。传统模式这一派的代表人物有韦伯、泰勒和其他一些认可科层制或科学管理理论的基本思想的理论家(第七章对此有所讨论)。

人际关系模式的特色是管理人员一方要尽力让每个员工感到自己受重用。管理者开放地接受反馈意见,允许下级对日常事务有一些自我主张。其假设是,人想要感到有用和受重视,需要归属感,这些比钱更能激励人努力工作。人际关系模式的代表性理论是梅奥的人际关系理论以及以梅奥的理论为基础发展出的一些理论,其着眼点是员工激励。

人力资源模式的特点是关注开发员工的潜能。管理人员要创造出一个人尽其力的环境。这一模式鼓励员工在所有事情上积极参与,支持和推崇自我引导和自我把握。这一模式的前提假设是,工作对人来说不仅仅是赚钱,还有许多其他意味。它是人生活的重要组成部分,人愿意为在工作上取得成就而尽一己之力。而且,人是有创造性的、有潜力的,一旦摆脱了传统模式或人际关系模式的束缚,能做出更大的贡献。支持人力资源模式的理论从权变理论中吸取了精华(Burns & Stalker, 1961),同时也得到了一些当代学者的理论的大力支持(Forcadell, 2005)。

了解管理哲学很重要,因为它会对组织工作的方方面面产生影响。举例来说,它会影响从事成人保护服务的工作人员是只被允许从被殴打的老人那里收集事实材料,然后交给主管去决定下一步行动,还是可以运用专业判断采取自认为适当的干预行动。近期的研究证实,这些原则在不同类型的社会服务机构中都是千真万确的。格雷厄姆和希尔(Graham & Shier, 2010)报告称,感知有较高职业自主性的社会工作者的主观幸福感会有所增加,而努森、笛沙尔姆和罗曼(Knudsen, Ducharme & Roman, 2006)的研究发现,在决策权集中的机构中,情感耗竭(职业倦怠的一部分)在咨询师中更普遍。

关于机构的行政管理和领导方式,可以从以下一些比较重要的途径来查看:

(1) 首席执行官和其他位置上的领导的职责描述。

（2）访谈理事会成员（如果是私立机构）或访谈首席执行官要向其负责的、决定首席执行官职责的人（如果是公共机构）。

（3）首席执行官和其他位置上的领导的工作表现标准。

（4）访谈首席执行官，了解对其他位置上的领导的要求。

（5）组织图。

（6）约见各类员工，了解他们对工作、工作场所、工作督导和行政管理的看法。

表 8-10 描述的工具有助于评估机构的领导和管理风格。

表 8-10 评估机构的领导和管理风格

	只限管理层	允许提意见但不重视	征求意见并采纳	群体共识，完全参与
1. 组织的目标是如何确定的？	___	___	___	___
2. 支持实现目标的氛围怎么样？	___	___	___	___
3. 各项工作的决策由谁做决定？	___	___	___	___
4. 信息是如何在组织内流动的？	___	___	___	___
5. 谁提供与工作表现有关的反馈意见？	___	___	___	___

评估组织的方案和服务

这项活动要探求的问题有：

- 机构有哪些方案和服务？
- 服务的目的和目标是基于实证研究成果或以往组织内部对服务的评估证据的吗？
- 服务与方案的目的和目标一致吗？
- 就提供的服务而言，员工配置合理吗？考虑到对每个个案成效的要求和对每项服务和方案所要取得的成果的要求，拟定的工作量合理吗？
- 对于每个方案要解决的问题、要服务的人群、要提供的服务和要取得的工作成效，管理人员和一线工作者有相同的理解吗？
- 有充分清晰认定的预期结果可以确定方案的成败吗？

社会服务组织通常必须报告效率、绩效和服务质量方面的数据，因为它们可以反映出组织是否以最低的成本提供最佳的服务。政府发包方不断增加对社会服务组织的要求，强调所有使用政府资金的机构都要订立服务标准，并实施工作监测，以此作为获得公共资金的条件（Abramovitz, 2005；Polivka-West & Okano, 2008）。

这些标准通常包括三种类型的问责。效率问责、质量问责和绩效问责（Martin & Kettner, 1996）。效率问责注重的是投入产出比，或更具体地说，是指提供的服务量与花费的资金之比。如果甲机构用 75 000 美元提供了 1 000 个小时的辅导服务，而乙机构却用 100 000 美元提供了同样小时的服务，则判定甲机构更有效率。效率更高会为机构带来明显的产出效益,会让机构在寻求资金来源方面更有竞争优势。但有点让人吃惊的是,研究结果并没有一致支持这一推论。弗鲁金和金(Frumkin & Kim, 2001)的研究显示,慈善资助并不一定更青睐效率更高的机构。尽管如此,大部分组织在争取捐助资金的时候试图向资金来源显示自己的效率,它们很注意这方面的措施,诸如行政开支在整个开支中的比例。

质量问责着重考核提供服务的质量,按是否达到质量标准来划分机构。举个例子,运用"时效性"作为控制质量的标准,组织要监督服务是否能按时到位(如在预约时间 10 分钟内开始提供服务)。

服务质量评估对于了解社会服务机构有重要帮助。大多数人在进入一个陌生机构时都有过心里不踏实的感觉和说不清道不明的直觉。比如,一个社会工作实习生在描述她第一次进某个护理院时说"感觉不好"。但当问及原因时,她又说不出来。

几个星期后,她找到了原因。护理院难闻的气味、员工与院内居民令人不安的打交道的方式、接待员对来访者爱搭不理的态度、接待厅里无助于交往的家具摆放方式、坐在轮椅上的居民在门厅里排起的长队、工作人员打击带私人物品来入住的人的举动,都令她觉得不对头。这些因素勾画出了一个不太重视其服务对象、员工和来访者的机构的图景。

在评估效率或生产力的时候,这类令人忧虑的问题不一定总能呈现出来,而且在研究服务结果时很难挑出这些问题。为了纠正这一点,组织应该确定质量指标,并将其作为评估服务质量的依据。最近的工作强调,一般而言质量指标必须针对特定的服务且具体。有越来越多的标准化质量评估工具可供使用。这方面的例子包括用于儿童保护服务的"有需要儿童及其家庭评估框架"(Framework for the Assessment of Children in Need and Their Families, FACNF)(Leveille & Chamberland, 2010)、用于护理院的"机构设施质量指标概况报告"(Castle & Ferguson, 2010)和用于人群健康的批量质量保证抽样法(Lot Quality Assurance Sampling, LQAS)系统(Robertson & Valadez, 2006)。

绩效问责注重的是社会服务方案的结果、效果和成就。新千年,社会服务机构面临的一些核心问题是:(1)服务对象来机构之后是否比来之前要好?(2)机构所做的工作和提供的服务是否解决了出资方想要解决的问题?

解决这些问题首先必须了解在各项工作计划、落实和评估的过程中有哪些背景因素起了作用。一项完整的工作方案应该包括问题分析、实证文献检索、目的和目标、方案和服务设计、资讯收集和管理-信息系统,以及评估方案(Kettner, Moroney & Martin, 2008)。书面计划为方案和服务提供了蓝图,并且一旦得到落实,它也是评估工作进展情况的标准。

在制定每项工作方案的时候,首先应该弄清楚所要解决的问题和服务的人群。随着时间的推移,一些长期性的原有的工作重点会有所偏移,这并不新鲜。比如,一项用来解决吸毒问题的工作起初重点可能是戒毒和长期性的深切治疗,后来转为运用美沙酮疗法,最后又转变为开展深入频繁

(方案)变革应该是有目的性的自觉行动,而不是随波逐流。

的自助团体活动。工作重点的每次转移都是源于对问题的成因有了不同的理解，从而对解决问题的途径有了新的设想。这些变化又可能会导致改变服务的人群、资源、员工配置和评估绩效的方法。变革应该是有目的性的自觉行动，而不是随波逐流。书面工作方案应该反映出变革的具体打算。

正如第七章讨论的循证实践模式所建议的那样，还应使用"起作用"的最佳可用信息来设计、监测和评估方案。这可能是组织内部事先对一个方案的有效性所做的评估，而如果服务效果是正向的，那么这些结果可作为继续开展该方案或拓展该方案的依据。另一个主要信息来源是发表在社会工作期刊和其他相关文献上的研究成果。在方案规划过程中，应使用论文摘要仔细检索这些文献（大多数大学图书馆提供在线摘要），如社会工作摘要、Medline、PsycINFO等。然而，无论是从先前的机构研究还是专业文献中得出依据，重点都应该放在尽可能遵循最严格的科学标准、有数据做支撑的研究结果上。

有关方案计划、落实和评估方面的资料可以从以下一些较为重要的来源寻找：
（1）方案计划书。
（2）组织图。
（3）员工花名册和岗位职责要求。
（4）各个方案和服务的年度报告。
（5）需求评估调查。
（6）工作评估的结果，包括服务对象满意度调查的结果。
（7）个案记录。

表8-11描述的工具可用于评估机构的各项工作和服务。

表8-11　评估机构的效率、质量和绩效

	A方案	B方案	C方案
1. 每个方案都具体说明了衡量和监测效率的测评方法吗？（如每个工作者的工作成效）	———	———	———
2. 每个方案都具体说明了衡量和监测质量的测评方法吗？（如服务的可靠性和一致性）	———	———	———
3. 每个方案都具体说明了衡量和监测工作成果的测评方法吗？（如问题处理前后的严重程度的标准化量表）	———	———	———

评估人事政策、实施办法和实施情况

这项活动要探求的问题有：
- 有书面的人力资源计划吗？
- 对每个职位有岗位职责分析吗？
- 有员工招聘和遴选计划吗？
- 有增强机构员工构成多样性的计划吗？

- 有员工发展和培训计划吗？
- 有妥当的工作表现评估机制吗？
- 有书面的终止聘用员工程序吗？

大多数组织会不遗余力地让设备保持良好的工作状态。它们为复印机、计算机、打印机、汽车和其他任何需要保持良好工作状态的物品购买维修合约。但具有讽刺意味的是，不是任何组织都对员工有同样的关切或是舍得在员工身上有同样的投入，即使员工也有一些东西需要满足，才能有最佳工作状态。或许有一个途径可以了解组织在处理人员需要问题上是否得力，那就是先了解"理想的"人事管理机制是如何运作的。

文献中推荐的一个确保人员需要及相关问题得到妥善解决的途径，是制订一个人力资源计划（Schmidt, Riggar, Crimando & Bordieri, 1992）。机构整体计划指的是"策略性计划"。它侧重的是订立决定机构未来走向的目标、步骤和行动。一旦决定了未来走向，人力资源计划就可以以此为依据预测组织完成使命所需的人员。人力资源计划的重要性在于，它可以有步骤地、系统地为组织融入新鲜血液，使这些新人最有可能在机构任职期间大有作为。

人力资源计划的基础是岗位职责分析。它识别出做某项工作所要完成的任务以及具体说明各种关系和角色。它也具体说明了入职资格（Schmidt, et al., 1992）。岗位职责分析是书写工作说明的基础，之后又会成为人力资源计划各要素的主题，贯穿于招聘、遴选、入职指导、督导、培训和发展、工作表现考核和解聘（如果有必要的话）等工作之中。

做岗位职责分析是从众多的来源收集、评估和记录与指定职位有关的准确、客观和完整的资料（Malinowski, 1981）。第一步是开列出做某一工作需要完成的各项任务。对每项任务或任务群，岗位职责分析还须指出完成任务的方法或技术、需要具备的知识和技能，以及要取得怎样的工作成果。岗位职责分析的结果会让人全面了解对某个特定职位的要求和工作期望。依据这些资料，最终可以形成一个比较简明扼要的、更精确的岗位职责描述。

一旦明确了入职资格和工作期望，下一步就是制订招聘和遴选计划。有效的招聘需要策略，如选择招聘地区（本地、本州还是全国）、考虑劳动力市场状况、决定招聘对象和招聘力度等。这些对成功获得所需的员工至关重要。因为员工只能从运用特定策略而获得的应聘者中遴选。招聘工作也需要机构对员工的构成进行评估，以保证员工有异质性和代表性，因为机构可以借此机会有针对性地招聘有不同种族背景的人以及妇女、男女同性恋者、年长的人和残疾人等。

遴选分三步进行。招聘一般都会引来工作申请，包括简历。所以第一步是要阅读简历和推荐信，剔除不合格的或不太符合机构需要的申请人。第二步是将最符合要求的人缩小范围，一般是缩小到三至五人。第三步是面试精选出的候选人，然后把工作给最佳人选。遴选标准和面试问题要提前拟定，以便招聘到的人符合岗位职责分析提出的任职资格和工作期望的要求。

受聘之后，人事部门要为新职员安排入职指导，全面介绍工作任务、工作场所和社区的情况。然后，再为其制订一个督导、培训和发展的计划。这样做的目的是让新职员能平稳地进入工作角色，得到在机构施展拳脚所需的信息、知识和资源。有趣的是，研究表明，在这个领域中没有适合特定类型工作的单一"人格"，许多不同背景和个性特征的求职者可能会很好地适应这项工作。留住高素质的员工似乎与组织通过督导员和同伴支持缓解工作压力的能力最为密切，也与通过参与决策和晋升机会建立对组织的承诺的能力联系非常密切（Glisson, Landsverk, Schoenwald, Kelleher, Hoagwood, Mayberg & Green, 2008; Hopkins, Cohen-Callow, Kim & Hwang, 2010）。

为了保证员工的工作能得到恰当的监察和评估，良好的人事或人力资源部门会有工作表现考核制度。这一制度建基于岗位职责分析。在岗位职责分析中认定的任务应该是制定工作表现考核办法的依据。这会保证在招聘、聘用、入职指导、培训和评估各环节上所讲的工作职责指的都是同一回事。考核工作表现的标准和程序一定要以书面的形式详细拟定好，在聘用时交给员工。工作表现考核制度设计得周密，员工就很少会对做书面评估感到意外。

解聘的政策和程序也应该订立清楚，形成书面文字，在聘用时交给员工。这些说明文件至少应该描述在什么情况下会解聘员工。解聘的原因可能是工作表现不尽如人意或者是有不能接受的行为，诸如性骚扰等。在任何情况下，判定工作表现不佳或是有不能接受的行为都应该有具体的客观标准来进行考量，并尽可能清楚、没有歧义。还应该详细说明在进入解聘阶段前，应按什么样的程序和时间安排来告知员工其表现欠佳。这一切是坚实可靠的人力资源管理的一部分，也是一件务实的事，按照这一指南，机构就更有可能避免引起怨恨和诉讼（Bach, 2009）。

在评估一个特定机构的人事政策和实施办法方面的绩效时，前面提到的这些要素都要加以考虑。有助于进行这方面评估的内容有：

（1）人事政策和实施办法手册。

（2）人力资源计划书复印件，包括鼓励雇用少数族裔成员及妇女等的积极措施/平等雇用机会计划。

（3）岗位职责分析和岗位职责描述。

（4）招聘和遴选办法。

（5）员工发展和培训计划。

（6）工作表现评估表。

（7）旷工、变动工作、请病假的统计数据。

（8）对人力资源部门的申诉、投诉材料。

（9）约见做不同工作的员工代表。

图8-4描述的工具可能有助于评估机构的人事或人力资源部门的工作质量。

A. 组织有下面提及的对机构内部每个职位的岗位职责分析吗？			
职责和任务	方法	知识和技巧	成果
辅导 1. 个人辅导 2. 家庭辅导 3. 带小组 4. 向自助团体提供咨询	一对一 家庭治疗 小组治疗 偶尔的团体聚会	人类行为；群体和家庭动力；了解专业角色	服务对象获得独立生活和社交方面的技巧
B. 岗位职责分析与下面提到的东西吻合吗？			
岗位职责描述 招聘和遴选计划（或手续） 聘请不同背景员工的计划或做法 员工发展与培训计划或活动 工作表现评估标准 强制解聘计划			

图 8-4　评估机构的人事或人力资源部门

评估组织内部的工作机制是否对多元文化友好

这一活动要探索的问题有：

- 组织的结构和运行是否有利于运用文化能力？
- 组织环境是否留住了有多元文化背景的员工？

正如我们在第七章讨论过的，高度官僚化的组织倾向于给员工较少的自主权或决策权，并且倾向于使任务尽可能地常规化和可预测。这并不是培养文化能力的好方法，因为文化能力的假定是，如果不适应不同服务群体的习俗和期望，服务会无效或得不到充分使用。拉金德兰和切姆托布（Rajendran & Chemtob, 2010）的实证研究证明了这一点。他们发现，在官僚结构的严重依赖条文的组织中，服务对象使用服务的可能性比不太官僚的组织中的服务对象使用服务的可能性小。

周和奥斯汀（Chow & Austin, 2008）为机构制定政策和程序提供了一个框架，以增强文化能力。其中一个要素是使命陈述应该清楚说明组织承诺回应多样性。另一个要素是确保该机构的信息系统收集足够多样和详细的数据，以便行政管理人员能够了解环境和组织内的多样性。这些数据应该能让行政管理人员答疑解惑，了解诸如哪些服务在哪些群体中需求量最大、哪些服务未得到充分使用。政策和程序还应勾勒出与文化相符的接案机制和服务标准。例如，测量服务对象的问题和进展的评估量表通常会因民族/种族、社会经济地位、英语熟练程度和其他方面的因素而有不同的表现。在实践中，这可能意味着用于表示一个群体成员中存在或不存在问题的切分点分数可能与另一个群体成员的不同。如果这些分数用于确定服务的传输或终止，则这一点尤为重要。

人事管理工作在创造组织内的高效环境方面也发挥着关键作用。阿奎维塔、皮特曼、吉本斯和卡斯特拉诺斯-布朗（Acquavita，Pittman，Gibbons & Castellanos-Brown，2009）对社会工作者进行的一项调查发现，身为少数族裔群体的一员并不能预测受访者对工作的满意度。相反，预测工作满意度的重要因素是受访者是否认为他们的组织具有多样性和包容性。马尔洛（Mallow，2010）也指出，让员工感到被吸纳进决策过程并拥有发言权是组织在整体上留住工作人员的关键预测因素，特别是留住那些来自传统弱势群体或代表不足群体的工作人员。

过往创造多样性和多样性友好型组织的历史常常充斥着表面文章。成功并不是简单地将"多样性"一词包括在组织的使命陈述中，吸引少数族裔求职者，或是将女同性恋者或残疾人提升到中级管理职位。只有通过查看各色的现代劳动力，并确保组织对其成员和服务对象有良好的了解，才能实现这一目标。它还意味着创造一种组织文化，将多样性视为一种资产，将员工视为决策的完全参与者。

评估技术资源和系统的效用

这一活动要探索的问题有：

- 负责落实各个服务方案的员工是否实质性地参与了预算编制工作？对于一年中的支出和单位成本，他们是否能得到有用的反馈？
- 负责落实各个服务方案的员工是否会以预算数据为尺度来改善工作的效率？
- 相对于要落实的各个服务方案的目的和目标而言，资源够用吗？

这方面的评估要了解的内容包括：（1）预算管理，（2）设施和设备，（3）信息技术和信息管理。从这三大分类中还衍生出另外一些问题。

预算管理

相关的问题有：

- 机构使用的是什么类型的预算编制系统？
- 单位成本是如何计算的？员工了解单位成本的含义吗？他们如何运用单位成本？

预算编制和预算管理工作常常是高层行政人员一手掌管的，而部门员工、一线督导和其他参与提供服务的人均被排除在外。但良好的财务管理恰恰需要各级员工的参与。资金是否雄厚、预算如何编制都会对各个服务方案和服务产生深远的影响。没有资金组织无法运行，但明智地使用资源会使有限的资金支持机构走得更远。机构良好的财务管理能让预算围着各个服务方案和服务转，而不是相反。

> **实务情境**
>
> *批判性思考问题：有关服务对象工作的哪类信息有助于一线工作者对讨论预算有所贡献？*

多年以来，社会服务领域都只使用非常简单的预算编制方法，称为"明细支出预算"。这种方法是先将开支分类，然后将各类别一年中所有开支所需的资金量相加，计算出总资金量。这些类别一般包括人工费和运行开支，如租金、设备、办公用品和交通等方面的开支项。

自 20 世纪 70 年代以来，可用于社会服务机构的更为成熟的预算编制技术被开发出来（Kettner, et al.，2008）。它们被称为功能预算编制法和项目预算编制法。这些预算编制技术的依据是方案计划与预算编制系统（program planning and budgeting systems，PPBS）（Lee & Johnson，1973）。两种方法在编制预算的时候都以工作方案计划的框架为本，收支数据是以工作方案为核算单位而不是以整个机构为核算单位。编制出的预算包括：整个工作方案的成本、单位服务成本、单位产出（方案或服务面向的服务对象）成本和单位成果成本（给服务对象的生活质量带来有据可查的变化的成本）。马丁（Martin，2000）把最后一种方法称为产出结果预算，并描绘了这种预算方法在州一级社会服务机构中的运用。它便于评估成本收益和成本效益，也有助于机构把着眼点一直放在工作成果的测量上。

由于机构生存的大背景是资源稀少并在缩减，各机构间的竞争十分激烈，所以预算数据变得越来越重要。就像个人在买东西时要把钱花在刀刃上一样，政府签约机构在竞争的环境中也想购买单位成本最低的服务。机构如果没有这种类型的预算系统或是编制的预算无法计算单位成本，那么就会在自 2008 年以来全球经济下滑、市场竞争可能依旧或更为激烈的情况下，渐渐处于下风。

要查看和了解机构财务管理和问责状况，较为重要的资料和数据来源有：

（1）年度报告。
（2）审计报告。
（3）成本分摊计划书。
（4）各个服务方案的目的和目标。
（5）社区范围内的单位成本比较研究。
（6）约见各级服务方案涉及的员工。

设施和设备

要探索的问题有：

● 物质任务环境是否有吸引力并有助于员工提高工作成效？员工感到自己的空间够用吗？地方合适吗？

● 现有的设施和设备的问题识别出来了吗？如果已识别的话，是否有应对问题和调用资金的解决方案？

● 有没有设施或设备影响工作成效或工作流程的情况？

● 服务对象方便使用这些设施和设备吗？

对设施的考虑包括空间数量、设施的物理条件和维护以及地理位置。在评估物理空间时，服务对象的需要应该是考虑的核心要素。"福利办公室"和其他社会服务组织的工作场所经常被描述为沉闷、像堡垒一样、非人性化的地方，但是这些夸张的描述是有真实成分的。大多数社会服务组织的办公室永远不会像公司的董事会会议室一样，但是一个组织的设施应该能看出花了心力，使它们尽可能令人愉快。组织所在地还应该方便服务对象前来求助，并不断采取措施确保有安全的环境。最后，它们应该有足够的私人空间或面谈室，以保护服务对象的隐私，如果服务对象在机构停留的时间较长，还应该有儿童照看区域。

在设备方面，家具应舒适、可以使用且维修良好。如果为服务对象提供交通服务，那么车辆的状况也应如此。专业人员还应得到开展服务对象的工作所需的用品。这可能包括多种设备，从音频和视频录制设备到游戏治疗材料，再到数量不多的专业书籍和期刊。预算编制中经常被忽略的另一个有用资源是标准化评估量表，有些必须从商业出版商那里购买。

信息技术和信息管理

要探索的问题有：

- 该机构是否有一个整合邮件、支付、个案追踪和管理的数据系统？
- 该机构是否有自己的网站、脸书页面、推特简讯或任何其他形式的社交网络媒介？
- 该机构是否利用外部信息资源系统进行募捐、申请资助、协调志愿者或其他活动？
- 所有一线员工是否都有台式电脑、笔记本电脑或平板电脑、个人数据助理（PDA）或智能手机？他们是否可以访问互联网、做文字处理、收发电子邮件和短信、得到数据安全保障、安装防火墙软件以及其他应用程序？这方面的技术能跟上最新发展吗？

近几十年计算机技术的进步使工作有可能结出大量成果，令商业性机构和社会服务机构乐在其中。在组织层面，即使是小型机构也需要软件和硬件（如网络服务器）来建立和维护一些系统，确保可以录入和检索服务对象、管理财务方面的数据、上网、收发电子邮件和短信。许多机构对于网站的要求不仅是提供信息，而且还可以在线填写表格，提供资源链接，使服务对象能够与员工沟通并有其他一些特色。其他一些机构可能还会添加脸书页面或其他社交网络。奥西尼（Orsini，2010）用一个事例说明了家庭医疗保健这一服务领域的机构如何成功地将社交网络用于吸引服务对象。

社会服务组织步商业性机构的后尘，聘用了专门的信息技术（IT）员工。他们的职责包括系统维护和安全保障、员工培训以及制订定期升级软件和硬件的计划。此外，信息技术专员越来越需要充当现代版的提供咨询参考的图书馆管理员，自己先熟知信息资源，然后告知工作人员不断流动的新的资源。范围可能包括制作专门的筹款软件、开发网站，以及利用一些互联网资源（诸如非营利机构名录服务、捐款人数据库、订购追踪筹资机会服务和协助准备申请资金等许多其他服务）写新闻稿件。表8-12显示了一些为社会服务组织提供这些和其他资源的信息的网站。

所有专业员工和社会服务组织中的大多数做支持性工作的员工都应该有个人的工作电脑。笔记本电脑或个人数据助理可能最适合要频繁访问服务对象或往返多个办公地点的人，这两个设备都可以远程连接到机构的数据库。此外，越来越多的专业员工可以在线获取更多的资源，包括访问本章前面提到的期刊文章摘要，以及访问期刊文章本身。订阅这些服务看起来似乎很昂贵，但往往比去图书馆借书复印费用要少，而且在强调循证实践的时代，这种做法越来越有充分的理由。表 8-13 描述的工具能用来评估技术资源和系统是否充分。

表 8-12　社会服务组织特选网络资源

网址	描述
www.compasspoint.org	指南针非营利服务——提供非营利服务的非营利咨询机构
www.guidestar.org	指南之星——基于网络的非营利信息交换所
www.handsnet.org	掌上之网——社会服务组织的新闻和信息网站
www.idealist.org	无边界行动——提供非营利组织信息资源和构建链接
www.independentsector.org	独立部门——非营利组织支持联盟
www.nationalhumanservices.org	全国社会服务组织——为社会服务专业人员提供支持
www.ncna.org	非营利协会全国委员会——非营利部门的会员组织
www.aphsa.org	美国公共社会服务协会——公共社会服务提供方组织
www.techsoup.org	科技浓汤——为非营利部门提供技术援助

表 8-13　评估机构的技术资源和系统的效用

	员工在设计上的参与与资源获取	技术上的更新换代
1. 预算编制过程	_____	_____
2. 办公室的位置和便捷性	_____	_____
3. 办公室空间的设计和装饰	_____	_____
4. 管理信息系统	_____	_____
5. 服务对象数据系统	_____	_____
6. 运用网络数据筹款、吸引捐赠人和撰写资金申请书	_____	_____
7. 给一线员工配备计算机硬件	_____	_____
8. 给一线员工配备计算机软件	_____	_____
9. 一线员工可以上网和使用电子邮箱	_____	_____

小　结

要真正了解一个组织所有的长处和不足，必须花许多年的时间去浏览资料、分析数据并与熟悉组织的人交谈。然而，全面检视我们挑选出的组织要素，了解组织与其环境的关系，可以为确定需要解决的问题、掌握问题的成因、明确解决问题可能要采取的措施提供足够充分的信息。

在本章中，我们提出了从两个方面了解组织的方法。它们是：（1）识别组织的环境，了解机构与任务环境中的要素的关系；（2）了解机构内部的运行情况。

任务环境中的要素有：现金收入和非现金收入来源、服务对象及其转介来源，以及其他所需的组织投入。还有的任务环境中的要素是为组织订立标准的管理和审核机构，为组织的员工队伍订立标准的专业协会或证照委员会。与这些要素保持强有力的、积极的关系，对于整个机构保持整体上的优势和稳定大有裨益。

评估机构内部功能的方法是了解一些机构构成元素的情况，诸如机构的法人权限和使命，管理和领导风格，机构的组织结构和工作分工，机构衡量工作效率、质量和绩效的方法，人事政策和实施方法，以及资源是否充裕。运用本章提供的工具应该能使学生或初入行的人更好地了解产生问题的组织背景，并提出变革方案。

附录 社会服务组织评估框架

任务 1 评估组织的环境

识别和评估机构与资金来源的关系

现金收入

- 机构有哪些资金来源？
- 机构从各个资金来源分别接受多少资助？各项资助在机构的总资金中分别占多大的比例？

非现金收入

- 机构使用志愿者吗？如果有的话，有多少人？目的是什么？
- 机构是否有适当的安排使志愿者的技巧和能力与指派的工作相吻合？
- 机构接受了多少实物捐助（如食品、服装、物理器械等）？
- 机构享受什么税收优惠？

机构与资金来源的关系

- 机构与资金来源的关系是什么性质？质量如何？

识别和评估机构与服务对象群体和转介来源的关系

机构与服务对象群体的关系

- 组织的领域是什么（例如，它用什么标准来确定向哪些服务对象提供服务）？
- 必须招募服务对象或告知服务对象有关组织的情况吗？他们会自己来求助，还是被要求接受服务？
- 组织如何处理寻求其服务但不符合其典型服务对象条件的人？
- 服务的成本如何抵消？组织如何处理那些无法支付费用的服务对象？
- 服务对象的主要转介来源有哪些？

机构与转介来源的关系
- 机构声称的服务范围是否比实际的服务范围大？
- 机构的服务是供不应求还是过剩？
- 机构将哪类服务对象拒之门外？（比如说，是否存在穷人、老年人、有色人种、妇女、残疾人、同性恋者或其他群体的人比例过低且一般得不到服务的情况?）

识别和评估机构与任务环境中其他重要组织的关系
机构与监管机构、专业组织和一般公众的关系
- 监督机构服务方案的州和联邦政府管理部门有哪些？
- 机构与政府的哪些机构签订了服务合约？
- 哪些专业团体、证照委员会或者认证机构影响机构的运作？
- "一般公众"对机构的服务与自己的关系、服务的价值和质量有些什么看法？

机构与其他竞争者和合作者的关系
- 有哪些其他机构与本机构服务对象相同，服务也相同？
- 机构与谁竞争？
- 机构与谁合作？机构是不是一个大型机构或机构联盟的一分子？
- 与同类机构和竞争者相比，管理机构、政府签约机构、专业性组织、审核认证机构和一般公众是怎么看待本机构的？

识别和评估外部关系方面的文化能力
理解组织环境中的多样性
- 组织在熟悉其所处环境中的多样性方面做了哪些工作？
- 组织是否认识到并寻求克服获取服务的障碍？
- 组织是否采取行动确保员工的构成呼应了服务对象的多样性？
- 组织的服务与少数族裔和非少数族裔服务对象的需要是否契合？

任务 2　评估组织的内部机制

识别机构的法人权限和使命
- 机构的法人权限建立在什么基础之上？权限有多大？
- 机构的使命是什么？
- 机构的运作是否与其权限和使命一致？
- 机构的使命在多大程度上得到了不同岗位上的员工的支持？
- 机构的政策和执行办法是否与其权限和使命一致？

了解方案的结构和管理风格
组织和方案的结构
- 机构组织图中主要的部门或工作分工单位有哪些？
- 现有的组织结构有令人信服的合理理由吗？

- 现有的结构与机构的使命一致吗？会起支持作用吗？
- 督导工作是否合理并能发挥预期的作用？员工能发挥预期的作用吗？
- 是否有与正式授权的领导相左的非正式权威（因受员工敬重而行使权力，从而产生影响力）？

管理和领导风格
- 工作场所和工作是如何安排和分配的？
- 权限的划分和信息的传递是否与所负的责任挂钩？
- 督导是否贴近被督导者？具体督导什么？是某些工作，是职能，还是受聘的员工？
- 决策是怎样做出的？会向受决策影响的那些人征求意见吗？
- 各级员工都感到自己有价值吗？他们认为自己对组织获得成功有贡献吗？
- 冲突是如何处理的？

评估组织的方案和服务
- 机构有哪些方案和服务？
- 服务的目的和目标是基于实证研究成果或以往组织内部对服务的评估证据的吗？
- 服务与方案的目的和目标一致吗？
- 就提供的服务而言，员工配置合理吗？考虑到对每个个案成效的要求和对每项服务和方案所要取得的成果的要求，拟定的工作量合理吗？
- 对于每个方案要解决的问题、要服务的人群、要提供的服务和要取得的工作成效，管理人员和一线工作者有相同的理解吗？
- 有充分清晰认定的预期结果可以确定方案的成败吗？

评估人事政策、实施办法和实施情况
- 有书面的人力资源计划吗？
- 对每个职位有岗位职责分析吗？
- 有员工招聘和遴选计划吗？
- 有增强机构员工构成多样性的计划吗？
- 有员工发展和培训计划吗？
- 有妥当的工作表现评估机制吗？
- 有书面的终止聘用员工程序吗？

评估组织内部的工作机制是否对多元文化友好
- 组织的结构和运行是否有利于运用文化能力？
- 组织环境是否留住了有多元文化背景的员工？

评估技术资源和系统的效用
- 负责落实各个服务方案的员工是否实质性地参与了预算编制工作？对于一年中的支出和单位成本，他们是否能得到有用的反馈？
- 负责落实各个服务方案的员工是否会以预算数据为尺度来改善工作的效率？

- 相对于要落实的各个服务方案的目的和目标而言，资源够用吗？

预算管理
- 机构使用的是什么类型的预算编制系统？
- 单位成本是如何计算的？员工了解单位成本的含义吗？他们如何运用单位成本？

设施和设备
- 物质任务环境是否有吸引力并有助于员工提高工作成效？员工感到自己的空间够用吗？地方合适吗？
- 现有的设施和设备的问题识别出来了吗？如果已识别的话，是否有应对问题和调用资金的解决方案？
- 有没有设施或设备影响工作成效或工作流程的情况？
- 服务对象方便使用这些设施和设备吗？

信息技术和信息管理
- 该机构是否有一个整合邮件、支付、个案追踪和管理的数据系统？
- 该机构是否有自己的网站、脸书页面、推特简讯或任何其他形式的社交网络媒介？
- 该机构是否利用外部信息资源系统进行募捐、申请资助、协调志愿者或其他活动？
- 所有一线员工是否都有台式电脑、笔记本电脑或平板电脑、个人数据助理（PDA）或智能手机？他们是否可以访问互联网、做文字处理、收发电子邮件和短信、得到数据安全保障、安装防火墙软件以及其他应用程序？这方面的技术能跟上最新发展吗？

我的社会工作实验室

请登录 www.mysocialworklab.com 网站并回答以下问题（如果你没有在收到本教材的同时也收到 MySocialWorkLab 的访问密码，并希望在线购买访问权限，请访问 www.mysocialworklab.com）。

1. 阅读我的社会工作图书馆中的案例研究："预算和财务冒险"。特别关注"州预算过程"部分。对于大部分立法者不太支持给社会服务组织提供资助，作者给出了哪些原因？

2. 阅读我的社会工作图书馆中的案例研究："这在医学上有什么错？"在萨拉工作的机构中，这个关于信息披露的明确政策可以如何避免这种困境？证照部门还能以什么样的方式影响机构的工作？

测验题

以下问题将测试你对本章内容的掌握情况。额外的评估，包括将本章的内容用于实践的证照考试类型的问题，请访问 MySocialWorkLab。

1. 当督导被视为一项职能而不是被指派给特定的人时，一线员工可能会有多个督导员，我们将这样的安排称为：

A. 点连接结构。
B. 矩阵结构。
C. 项目团队结构。
D. 同事平权结构。

2. 研究表明,当员工所在的组的自主性高、决策去中心化并吸纳员工参与时:
A. 少数族裔员工满意度较低。
B. 主观幸福感较低。
C. 情感耗竭程度较低。
D. 工资较低。

3. 识别工作任务、确定任职资格、查看职位之间的关系,这一过程是:
A. 监管普查。
B. 认证评估。
C. 初步的多样性审查。
D. 岗位职责分析。

4. 社会服务组织应该:
A. 无论多朴素都整洁、热情。
B. 设在繁忙的商业区。
C. 尽可能高档,以吸引付费客户。
D. 一点也不用担心外表。

5. 选择你所熟悉的机构,试着回答附录中任务 2 下面题为"了解方案的结构和管理风格"中的问题。对于无法回答的问题,你会如何收集这方面的信息?

测评你的能力

请使用下面的量表,根据本章介绍的每个能力的概念或技能来评估你当前掌握的水平:
1. 我能准确地描述这一概念或技能。
2. 在观察和分析实务活动时,我总能识别这一概念或技能。
3. 我能在自己的工作中很好地践行这个概念或技能。

概念或技能	评分		
1. 即使是在员工自主性有限的机构工作,也能够维护专业身份并信守专业伦理。	1	2	3
2. 能够倡导透明度和责任感,以确保负责任和合乎伦理地使用机构资金。	1	2	3
3. 不管机构或社区的政治环境如何,都能够为弱势群体做倡导,保护对他们来说至关重要的服务。	1	2	3
4. 无论你在机构中的工作岗位是什么,都能够寻找机会加入资金分配讨论。	1	2	3

第九章

支持变革提案的准备工作

宏观社会工作实务可以说由四部分组成，它们分别是：(1) 了解受变革工作影响的主要元素——问题、人群和场域，(2) 拟定一份使有关各方都接受变革的整体计划，(3) 准备一份详细的干预计划，(4) 落实干预并追踪评估其成效。第三章到第八章的重点是了解要素。第九章和第十章集中于提炼所获得的信息，把它融会贯通为一个清楚的、构思缜密的计划，让变革能被人接受，并决定策略和手法。第十一章要看一下如何制订和落实干预计划，并追踪计划，以保证其获得成功。

然而，在形成变革策略前，首先要清楚提出的干预的性质。如果没有对变革意味着什么有充分的了解，那么就不会形成成熟的干预策略和手法。形成操作性的干预假设能够帮助了解变革的意味。

因此，本章从进一步发展和完善干预假设开始，提出了四个系列任务。这四个任务为发展出变革的策略和手法奠定了基础。

策划干预

在形成适当的干预策略的过程中需要完成几项工作。第一，为了保证参与者在认定问题和提出假设时能围绕某些共同的主题，完善因果假设（在第四章有所陈述）十分重要，制定出干预工作假设也十分重要。在变革推动者和其他参与方能就这些假设达成一致意见时，接下来的第二项任务就是识别出一些对提议的变革获得成功至关重要的主要的参与方。识别出主要的参与方之后，第三项任务就是察看机构和社区对变革的准备情况。第四，当这些任务都完成以后，变革推动者和参与方就准备好要挑选一个变革的途径。表9-1总结了在对干预达成共识的过程中要完成的主要任务和活动。

任务 1　酝酿出干预假设

在识别问题的早期阶段，很多人都会为变革工作出谋划策。不管是专业人员还是志愿者都急于提出具体的干预方法。许多人都体会过服务方案设计本身有缺陷带来的工作挫折感，或者是社区或机构的政策令人受压制，或者是身为参与者或社区的一员，对有意义的变革工作无能为力。可以理解参与者急于变革，可能不情愿仔细思考各种可能性。如果领导者不坚持看看到此为止的调查结果并避免偏离这一轨道太远，那么这可能是一个巨大的诱惑和潜在的陷阱。

对于宏观层面的变化，知情情况下的、专业的干预方法要求首先完成前面第三章到第八章中跟问题识别与分析相关的任务。然而，变革推动者时时想着偏爱的干预方法，并随着分析的深入而不断调整完善它，这样的情况也时有发生。

最后，应该等到分析工作完成之后再决定干预的设计和细节。当对问题的性质及原因达成可接受的共识后，就可以提出干预假设。

表 9-1　制定干预策略的框架

任务	活动
1. 酝酿出干预假设	1. 完善有关问题成因的假设
	2. 形成干预工作假设
2. 界定参与者	3. 识别发起人系统
	4. 识别变革推动者系统
	5. 识别服务对象系统
	6. 识别支持系统
	7. 识别控制系统
	8. 识别主管和执行系统
	9. 识别改变对象系统
	10. 识别行动系统
3. 查看系统的变革能力	11. 评估系统总体上对变革的开放性和承诺
	12. 确定持续推进变革工作可以得到的资源
	13. 查看外界对变革的反对意见
4. 挑选变革的途径	14. 从政策、方案、项目、人员或实践手法中挑选出变革的途径

完善有关问题成因的假设

要探求的核心问题有：

- 从问题分析、人群分析和场域分析中得出的哪些因素有助于了解问题的因果关系？
- 哪些主题最适合当前的情况？
- 有关问题成因的假设应该怎样拟定？

对问题、人群和场域的研究分析必然会产生大量的定量和定性数据资料。为了避免被太多的信息淹没，变革推动者必须能够识别那些对于理解手头的情况至关重要的因素。通常不是所有的发现都与眼前的情况有关。必须对它们做进一步的整理工作，加以分门别类。只有对变革工作有用和与变革工作有关的东西才有保留价值。但是，在这一过程中，人们怎么才能知道要寻找什么、要保留什么以及要忽略什么呢？简要回顾一下第三章和第四章的内容，考虑与理解问题和人群有关的任务可能会有所帮助。考虑这些可能会帮助你完善自己的思考。一旦完成这个整理的过程，就可以构建工作假设了。

> **订立关系、预估、干预和评估**
>
> *批判性思考问题*：当分析一个问题时，什么临床技能可能会有助于你从社区或人群的代表那收集有意义的信息？

举例来说，一个社区的团伙暴力有所抬头，导致因枪击受伤而致残的青年男女人数急剧增长。对这一问题的研究可能会显示近五年枪击致残的发生情况、社区的人口构成状况、贫困率、高中辍学率、与类似社区的比较、团伙活动在这一社区的发展情况，以及不同研究者对暴力的性质和成因的看法（Bell, 2009; Bjerregaard, 2010; MacDonald, 2009; Maschi & Bradley, 2008）。

对人群的研究可能会透露，这一社区有暴力行为的青少年集中在社会经济地位低下的阶层，许多人来自无力满足基本需要的家庭，父母对孩子疏于照管司空见惯，这些青少年一般没体会过学校教育有什么好处，正处于需要确立自身身份的阶段，同伴关系对于他们的社会发展至关重要，几乎所有人都很少能找到符合社会期许的刺激。

与父母和社区领袖的访谈可能会透露，这一社区的成年人有生活毫无希望或无奈的感觉，许多人失业，技能水平低，不重视教育，家长很少支持教师的工作，各种青少年和成人的团体组织几乎无一例外地以种族为分界。参加课外活动的大多是白人学生，而拉丁裔和非裔学生觉得这些课外活动跟自己没啥关系，自己组织活动。当与社区的社会服务领导交谈时，我们可能会很明显地感觉到，服务提供者对该做什么的看法与社区居民的想法截然不同（Kissane & Gingerich, 2004）。

调研发现并非都有用。要想有用，必须从分析阶段产生的数据资料中提炼出有关问题成因的工作假设（因果关系）。简单地说，变革推动者必须要问：研究完了问题、人群、场域以及它们之间的重叠之处，现在我认为什么最显著的原因使变革成为当务之急？从问题、人群和场域分析中得出的问题成因的工作假设，可以以一个陈述或一系列陈述的方式呈现出来，下面是示范性的例子：

就问题成因拟定工作假设的例子

鉴于下列因素（从问题、人群和场域分析中得出）：

(1) 导致身体伤残的创伤。
(2) 有限的基础教育和市场竞争技巧。
(3) 有限的工作机会。
(4) 在青少年时期需要获得一个正面的、为社会所接纳的身份，但却未得到机会。
结果导致：
(1) 身体活动非常有限和健康状况下降。
(2) 很少能得到有前途的工作。
(3) 对经济上自立和心理上独立感到泄气、希望渺茫。
(4) 发展出负面的、反社会的身份和行为模式。

当然，为说明问题，这个例子是非常简化了的。完成上述任务，应该能产生一份工作陈述初稿，它至少在某种程度上表达出参与各方目前就问题的因果关系及需要做出的变革达成的共识。

形成干预工作假设

探究的主要问题有：

- 问题成因假设隐含了什么干预？
- 这些干预看起来是否最有可能减少或消除问题？
- 预期干预会有怎样的结果？

基于对问题分析阶段收集到的数据资料的提炼而产生的关于问题成因的工作假设，会推导出进行干预的工作假设。假设是对特定的干预和干预结果或结局之间的联系的一个陈述或一系列陈述。它应该用"如果 A，那么 B"的格式，表示如果进行了某些变革，那么某些结果可能会随之产生。在这个框架内，它应该指出：(1) 目标群体（或特定的次属群体）和问题，(2) 提议的变革或干预，(3) 预期干预的结果。这些元素合在一起便清楚地说明了对问题、干预和结果三者之间的关系的设想。有关身体伤残的青少年的康复工作的工作假设大致示例如下：

> **批判性思考**
>
> 批判性思考问题：随着你形成一个工作假设，你对于目标人群的界定方式的一个小的改变可能会怎样影响到提议的干预和期待的结果？

干预工作假设的例子

如果下面一些为身体伤残的青少年制定的干预措施能够落实：
(1) 增加身体活动和练习。
(2) 提供受教育的机会并拓展在就业市场找工作的技能。
(3) 与另一个克服了身体残疾影响的指导者结对。
(4) 做当地用人单位的工作，寻找工作职位。
则预期会取得下述结果：

（1）改善身体健康和自尊。
（2）增加获得高中毕业证书或同等教育的概率。
（3）形成积极的身份认同，以表达出人生目标和事业目标为证。
（4）成功就业的概率至少增加50%。

干预工作假设应该是可以验证的。这一模式的长处是鼓励变革推动者把精力集中在一套具体的归因上，并形成一套因果关系假设（Mullen，2006）。然后，基于这些了解发展出干预框架。如果能正确地遵循这一模式，假设内部和假设之间的契合应该很容易看出来。即，在问题成因的假设中，导致问题的原因和结果之间应该有清楚易懂的关系。干预工作假设中有关提议的干预与预期的结果之间的关系也应如此。而且，问题成因假设中的各个问题归因与提议的干预间的关系应该清清楚楚。问题成因假设中说明的结果与预期的结果间的关系也要清楚。这些关系显示在了图9-1中。

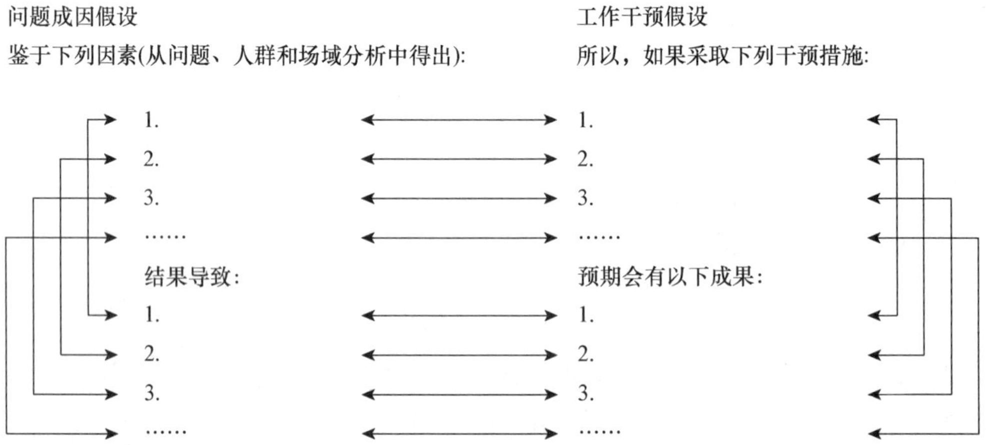

问题成因假设　　　　　　　　　　　　　工作干预假设
鉴于下列因素（从问题、人群和场域分析中得出）：　　所以，如果采取下列干预措施：

1.　　　　　　　　　　1.
2.　　　　　　　　　　2.
3.　　　　　　　　　　3.
……　　　　　　　　　……

结果导致：　　　　　　　　　　　　　　预期会有以下成果：

1.　　　　　　　　　　1.
2.　　　　　　　　　　2.
3.　　　　　　　　　　3.
……　　　　　　　　　……

图9-1　工作假设中问题成因与结果的关系

当然，并不一定每个因素都要像我们举例说明的那样完全吻合。形成上述假设的要点是用解决具体标明的问题或需要来设计干预，结果应该被明确界定，这样就能追踪。运用这样的方式，干预与结果间的关系就能建立起来。如果忽略或跳过这一步，就会冒整个项目无法评估或无法证明有效性的风险。

在就问题成因和干预工作拟定操作性假设的过程中，最关键的一点，是这些假设要以对问题、人群和场域的分析结果为基础。参与变革工作的人试图把自己的认识和计划掺杂到变革行动中，这并不罕见。举例来说，校长或校董事会的成员可能会根据在个别人身上实行严格的纪律约束而取得的成功经验，坚信这是解决所有青少年管束问题的处方，而不管研究发现究竟是什么。所以要尽力阻止将这种固定程式的解决问题的方法强加到工作假设中。解决问题的良方一定要出自精心的研究分析。

在目前阶段还不需要详细拟定出干预的内容，这会在第十一章谈到。然而，随着变革工作的深入，至少需要对干预的性质和形式有个初步的想法，以便能进一步拟定出让变革出台的策略。

形成干预假设步骤小结

由于所陈述的信息对读者来说可能是全新的，我们认识到，这些步骤起初似乎令人望而生畏，但通过练习，写干预假设的技能是可以培养出来的。以下是一个总结单，回顾了迄今为止关于制定干预假设的要点：

（1）代表小组应该重新查看一下一切与问题、人群和场域分析有关的研究发现。

（2）从相关的定量数据和其他类型的资料中提炼出一个清楚的、有关问题成因的工作假设，形成对因果关系的理解。

（3）基于有关问题成因的工作假设，提出与当前的理解和需要相关的进行干预的富有创意的想法。

（4）依据这些提议的干预想法，形成干预工作假设。这些假设应该用一系列陈述表达出来，清楚说明对干预性质和预期结果或成果的理解。

建立支持系统

广泛的支持对于变革获得成功常常至关重要。建立支持要有精心的计划和付出，入手点是了解主要的参与者或者是有决定权的举足轻重的人（Daughtery & Blome, 2009; Fisher, 2009）。系统地识别主要的参与者始于了解每个要考虑的系统，这些将在下面的部分讨论。

任务 2　界定参与者

到目前阶段，一般参与变革工作的都是少数核心成员，甚至可能只是密友或同事。他们对状况或问题有所认识，非常关心，想要采取行动。这一小部分人只要不过早地固守一个观点，就可以采取一些初步行动来识别问题并做出分析。

要想使宏观变革工作卓有成效，结成广泛的统一战线十分必要。大部分制定策略的工作与建立同盟有关。愿意投身变革工作的人很少会在没经过一些协商和调整的情况下毫无保留地接受他人对问题和解决办法的观点。即便发起的群体规模很小，充分参与也应该是刚一开始就设定的目标。事情常常是这样：在问题确认和分析阶段参与的程度越

> 要想使宏观变革工作卓有成效，结成广泛的统一战线十分必要。

高，对问题和提议的解决方案取得共识的可能性就越大（Campbell，2009；Majee & Hoyt，2009）。

系统地识别出对变革起举足轻重作用的参与者十分重要。有一个风险是，群体成员可能认为他们代表了所有的观点，因而未能识别出需要加入的每个人。如果要代表广泛的团体和利益，变革推动者需要了解所有涉及的系统，应该特别小心地确保整个工作过程都在吸纳广泛的观点。这包括所有相关的族裔群体、妇女和任何认为与变革工作相关的人群。一些诸如此类的系统在提议的变革的成败上发挥着决定性的作用。这些系统的代表应该精挑细选，被邀请参加策划变革或干预。

我们将用"系统"一词来描述这些至关重要的变革工作的参与者。这个词是系统理论的用语，喻示参与者不应该被简单地看成因有共同兴趣和特点而聚集到一起的个体。作为对变革起关键性作用的系统或子系统，他们具有类似系统属性的复杂的相互关系，对此，变革工作核心计划小组必须有所认识并给予关注。例如，系统的一个属性是熵，指的是它如果没有系统外的投入和更新就会自然而然地消亡。这个概念非常适用于那些参与变革工作的系统。

鉴于发生变革的社区和组织的场域的特点，强调参与者身份的多样性十分重要。例如，在一个社会服务机构中，工作人员没有技能，可能还缺乏敏感性，没有准备好有效地开展移民家庭的工作，因而有必要将了解移民问题和掌握技能的人员纳入到有计划的变革策划中。虽然这最初可能被视为一个机构内部问题，但工作人员会希望与机构之外的参与者，如移民和其他在这方面有专长的人一起工作。另一个例子是草根社区的变革工作。多个家庭暴力庇护所被认定为没有准备好处理女同性恋、男同性恋、双性恋和变性人服务对象的问题（Crisp，2006）。在这个社区，参与者将包括来自多个有庇护所项目的组织的代表，以及对解决这个问题感兴趣的多个选区的支持者。为这两个变革机会界定参与者需要捕捉到个人和群体，其中一些人很明显，而另一些人可能是新识别出来的，但有助于推动变革进程。

要考虑的系统有：(1) 发起人系统；(2) 变革推动者系统；(3) 服务对象系统；(4) 支持系统；(5) 控制系统；(6) 主管和执行系统；(7) 改变对象系统；(8) 行动系统。应当注意的是，这些名词在此只是作为术语帮助了解应该吸收什么样的人参与变革，以及这样做的原因。它们并不是现实当中参与变革工作的人常常使用的词。在实际工作中，诸如机构、公职官员、职位、委员会或工作队伍之类的词更有可能来指代个人和群体。但是负责协调变革工作的专业人员应该知道从理论上讲要有哪些系统的代表以及为什么要这样做。

识别发起人系统

这方面要探求的主要问题是：
- 谁先发现了问题并呼吁人们注意？

- 怎样让发起人参与变革工作？

发起人系统由首先发现问题并呼吁人们给予关注的人组成。请注意，系统内或系统外的许多人可能会看到需要解决的问题，但从未采取过任何行动。一个人或一个团体的成员在开始采取措施推动变革之前，不会成为发起人系统。例如，一群市民认识到他们的南佛罗里达社区的艾滋病病毒携带者/艾滋病患者比例和青少年怀孕率很高，并决定采取行动（Weiss, Dwonch-Schoen, Howard-Barr & Panella, 2010）。他们发起了一个参与式行动项目，该项目在成功实现目标方面有非常高的可能性。以该项目为例，此类社区行动项目可能的发起人名单或许包括专栏 9-1 中识别出的人。

专栏 9-1 社区促进安全性行为工作可能的发起人系统的成员

- 关心该问题并投身变革工作的市民
- 社区领袖
- 艾滋病病毒携带者和艾滋病患者
- 父母
- 高中辅导员
- 计划生育工作人员
- 县卫生工作人员
- 其他感兴趣和投身变革工作的社区代表，确保所有相关族裔和其他特殊人群都有代表

首先提出问题的人可能会也可能不会参加最初的变革筹划工作。如果有可能的话，变革工作中的关键性角色应该分派给发起人。他们原本就对这一问题感兴趣，可能因此能带来其他的支持者一道参与。如果发起人是本地社区土生土长的人，这一点就变得特别重要（Meyer & Hyde, 2004）。有问题的人或者是需要帮助的人尽管对问题可能有很多了解，但却可能认为自己对改变系统无能为力。此时赋权策略，如教导、培训、团体辅导、意识提升等，从长远来看会有丰厚的益处。它能培养出合适的发言人做变革工作的领袖（Everett, Homstead & Drisko, 2007）。在任何情况下，变革推动者意识到谁先提出了问题，并在将问题或需要诉诸公众时与之保持密切联系。这十分重要。

识别变革推动者系统

要探求的核心问题是：
- 谁在变革工作的初期阶段负责领导和协调工作？

专业人员协助的变革工作要获得成功，必须指定一个或多个人充当变革工作的协调员。我们称之为变革推动者。变革推动者将和初期的核心筹划委员会或工作队伍共同组成变革推动者系统。

如果变革行动需要获取某个组织的资源，那么这个组织首肯变革提议并成为变革推动者系统的一部分十分重要。这可能要得到行政长官或理事会的正式批准，组织还可能要求减免一些其他职责，以便能有时间用于变革工作，或者是在秘书工作方面得到支持，如使

用复印件、得到收发邮件方面的优待和其他资源。可能会需要书面的支持许可，这取决于变革的范围，以确保涵盖所有的变数，或只是主管和某些员工之间的约定，即这些员工会把部分时间投入到该项目中。

在社区变革工作中，准许方式可能不像在组织环境中那么正式。例如，草根一族发起的变革努力，参加的人可能是居民志愿者，但不隶属于正式的组织机构。草根组织可能结构松散，没有执行委员会，也可能没有多少资源。团体成员之间的宽泛约定可能是在这一场域能得到的全部认可（Rogge, Davis, Maddox & Jackson, 2005）。

变革推动者系统充当最初阶段的指导委员会，引导变革工作。变革推动者系统的人员构成对于变革工作来说至关重要，因为前面完成的大部分工作要依据这些人的看法来组织成形。理想的情况下，这一系统要有多方代表，包括发起人系统的代表——他们遇到了识别出的问题，是尝试解决问题的人的代表，也是对是否采纳变革提议具有影响力的人的代表。再强调一下，代表的精挑细选十分重要。

变革推动者系统充当最初阶段的协调和指导委员会，直到可以发动更大范围的人来参与变革工作。因为许多参与变革工作的人在同一时间会承担不同的活动，变革推动者系统的工作就是要保证变革工作组织得当，从最初形成概念到交给他人落实都能进展顺利。当主要的系统和观点都已经识别出来，行动系统（将在后面的部分讨论）也已经成形，变革推动者的协调工作就会转交到行动系统手中。

变革推动者系统的工作始于担负第三章至第八章所描述的协调和落实问题、人群和场域分析工作。这可能涉及建立项目团队、做调研、会见相关人、借助指导委员会协调所有的调研工作。接下来是致力于对总的策略达成共识。随着新参与者的加入，责任分工细化，职责被一一明确，直到能完成分析工作，并形成使变革能被接纳和执行的策略。有可能充当变革推动者系统的部分人选的示例见专栏9-2。

专栏9-2 社区促进安全性行为工作的变革推动者系统的可能人选

● 主席	一位有良好组织技巧的县工作人员
● 青少年（2人）	有丰富的艾滋病病毒和艾滋病知识又有时间投入本项目的人
● 关心此事的市民	在社区非常知名，能让其他人支持这一工作的人
● 县委员会成员	能排除阻挠，让县里支持本项工作的人
● 其他感兴趣和投身工作的社区代表	

识别服务对象系统

这一活动要探求的核心问题是：
- 变革的主要受益人是谁？

● 变革的次要受益人是谁？

服务对象系统由一旦实施变革便会直接或间接受益的人组成（Linhorst, Eckert & Hamilton, 2005）。在第三章，我们指出宏观变革工作的入手点是识别目标人群和问题。服务对象系统总是以某种方式与特定的变革工作针对的目标人群联系在一起。在一些情况下，目标人群和服务对象系统有可能是同一群人。举例来说，如果目标人群是利伯蒂镇所有无家可归的人，他们请求本地的住房服务组织帮助他们组织起来，要求为所有利伯蒂镇无家可归的人提供住所和服务，那么目标群体和服务对象系统在此就是一回事。然而，如果街区有一个场所贩卖毒品，居民要求帮忙组织起来，摆脱毒贩，那么，居民代表的就是服务对象系统，而毒贩者就成了目标人群系统。

为了在概念上有所区分，我们使用了不同的术语。目标人群系统将重点放在了人群分析上，通常指的是范围较广的形形色色的人。服务对象系统指的是会从变革工作中受益的人。两者有时相同，有时则不同。

在界定服务对象系统的时候，变革推动者应该切忌对谁是主要受益人轻易下结论，而是应该对此做耐心细致的分析。举例来说，如果识别出的问题是在一所小学内破坏公物的现象不断增长，那么服务对象系统有可能包括好几类从变革工作中受益的人。若开列出名单，消除破坏学校公物现象的部分受益人可以是学生、教师、行政人员、家长、地方警察、校园保安、邻居、校董事会和整个社区等。问题在于如何在受益人中确立优先顺序，确立主要受益人和次要受益人，这一决定会对变革工作有重要影响。如果"希望在一个没有破坏公物现象的环境中接受良好教育的学生"被定为主要受益人，那么，干预工作的方向就会是加强安保和从严治校。相反，如果主要受益人被界定为"有破坏公物行为的学生，他们因为有反社会的态度而不能最大限度地利用受教育的机会"，则干预的取向会是治疗。在这两种情况下，次要受益人都将是名单上的"其他人"（教师、家长、邻居等），他们不是干预的直接目标，但他们会从变革工作带来的破坏行为减少中受益。

宏观层面的变革倾向于将重点放到社区或组织的一个元素上，而整个社区（诸如从政治上厘定的镇、城、县）或整个组织（从小微社会服务机构到大型非营利机构）很少成为社会工作者领导的专业性变革工作的重点，但也不绝对排除它们成为工作重点的可能性。

不管怎么认定主要受益人，剩余的群体也应该识别出来，并列入次要受益人的名单。次要受益人也有其重要性，在需要公众对变革工作给予支持的时候可能要动员他们出面，以壮声威。我们把这群次要受益人称为支持系统。要记住系统间常常是有重合的，个人或群体有可能不只从属于一个系统。

专栏9-3列出了促进安全性行为和减少艾滋病病毒携带者与艾滋病发生率项目可能的主要受益人和次要受益人。

专栏 9-3　社区促进安全性行为工作可能的服务对象系统的构成

可能的主要受益人	可能的次要受益人
● 在认定的区域内对安全性行为不了解的所有青少年 ● 在认定的区域内筛查出的高风险青少年 ● 在认定的区域内所有性行为活跃但不了解安全性行为的成年人	● 所有了解并采取安全性行为的家庭 ● 高中教师、行政管理人员和健康服务提供者 ● 全县范围内的卫生传输系统 ● 关注艾滋病病毒/艾滋病的社区领袖

识别支持系统

这一活动要探求的核心问题是：

● 除了主要受益人和次要受益人，有哪些其他人和群体会支持变革工作？

● 是否有（地方、州或全国性的）协会、同盟、联盟或组织特别有兴趣解决与该人口群体相关的问题或认定的问题？如果需要的话，能唤起它们的帮助吗？

支持系统是一个包罗万象的系统，任何对变革获得成功有兴趣的社区或组织的成员都可以是其中一分子。一些人可能会从变革工作中附带受益。这一群体可能会对变革持积极的态度，如果需要的话，愿意投身支持和宣传变革工作。

支持系统在很大程度上取决于谁是目标人群或服务对象系统，以及问题的贴近性。人们对变革工作感兴趣可能是因为所爱的人受到这一问题的困扰、工作使他们得以接触这些人和问题、他们的教会或服务组织选这部分人作为救助的对象等。有时人们也会按关心的事和问题将这些有共同兴趣的人称为"精神健康社区"和"寄养照顾社区"。在逻辑上可能被视为支持系统组成部分的人，或许会也或许不会实际被指名并参与到活动中。有时，一位代表是其他人的主要联系人，可能稍后会召唤其他人给予支持。如果需要说服决策人，让他们认识到变革的必要性，那么这些人是变革推动者可以寄予希望的人。由于在其他地方可能已发现了类似的问题，因此可能已有州或国家的团体致力于解决这些问题。例如，如果有一个州或全国儿童权益倡导团体对儿童虐待和疏于照顾问题感兴趣，并且这也是你已经认定的一个问题领域，那么其成员可能是一个可以利用的扩展支持系统（Rycraft & Dettlaff, 2009）。专栏 9-4 显示了社区促进安全性行为工作可能的支持群体和个人。

专栏 9-4　社区促进安全性行为工作可能的支持群体和个人

● 关心此事的市民　　　　　　　　　　● 健康服务提供者
● 教师、辅导员和学校的行政管理人员　● 计划生育机构
　　　　　　　　　　　　　　　　　　● 高中学生

发起人系统、变革推动者系统和服务对象系统均可被视为支持系统的组成部分，因为他们都对解决有变革需要的问题感兴趣。他们可能会重合，也可能各自独立，代表不同的选区。图9-2呈现了发起人系统、支持系统、变革推动者系统和服务对象系统之间的关系。

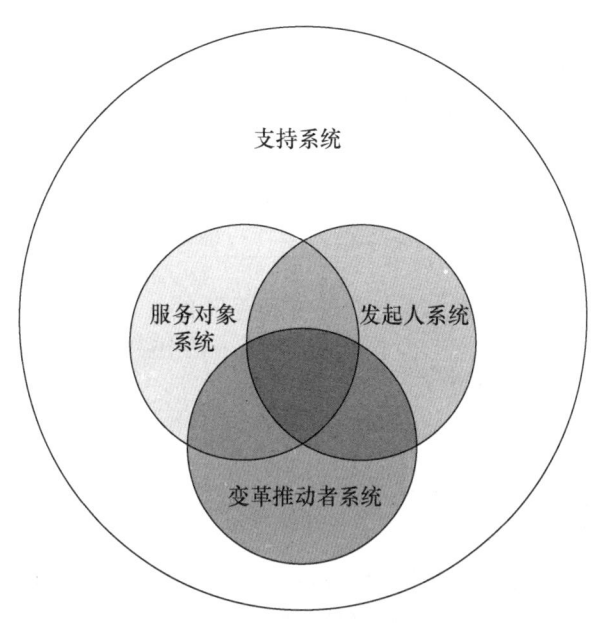

图9-2 系统之间的关系

识别控制系统

这一活动要探求的主要问题是：

- 谁有正式授权可以批准和下指令实施提出的变革方案？
- 谁有最终决定权对变革说"是"？

控制系统指的是一些个人或团体，他们有正式授权可以批准和下指令实施提出的变革方案。宏观层面的变革不可避免地会涉及让一些得到正式授权的人审批的问题。如果变革涉及公共机构，或者涉及得到公共资助或受公共机构管理的服务，那么控制系统可能是当选的官员。如果变革涉及私立机构，控制系统可能是董事会成员。在界定控制系统时有一个问题必须弄清楚，那就是最高要上达到哪一级才能使变革提议得到首肯和批准？还有，另一个重要问题是，因为这些人或团体对于准许并向前推进变革工作至关重要，他们在提议的变革中处于什么位置？

在特定的变革行动中，控制系统并不一定总是最高一级的领导者或群体，决定权在较低级别的人手中也是常有的事，这样每个变革提议就不必都上达到最高领导者。例如，如果家庭暴力庇护所的员工发现需要为庇护所的辅导服务增加法律咨询，那么控制系统有可能是组织的理事会，但也可能是庇护所的主任或辅导项目的主管。这在很大程度上取决于机构采纳的管理人员组成结构，以及在多大程度上需要额外的资源。如果接受长期照护的居民想要使提供的照顾有所改变，那么他们可能难以准确知晓谁属于控制系统（Kruzich，2005）。对此人们需要做一些探索工作以决定谁有权批准和下指令执行提议的变革，因为每种情形都很独特。

在某些情况下，提议的变革是多管齐下的，因此可能会有数个控制系统。在这种情况下，必须单独联系每个系统，以确定他们是否会给予认可并正式批准。专栏9-5列出了社区促进安全性行为工作可能的控制系统。

专栏9-5　社区促进安全性行为工作可能的控制系统

- 高中生教育　　　　　高中校长，可能还有校董事会
- 社区教育　　　　　　电视台和电台的负责人以及报纸编辑
- 派发文字资料　　　　县卫生局长

识别主管和执行系统

这一活动要探求的核心问题是：

- 变革工作的具体活动会由什么机构或机构的什么部门负责资助和落实？
- 什么人会参与落实变革工作，直接传递服务或开展其他活动？

主管系统是被正式指定的组织或部门，它们负责落实提议的变革工作所要处理的问题。组织图应该会为识别主管系统提供一些向导。一般主管系统在组织图中位于控制系统的下面。在主管系统内会有一位或多位员工或志愿者负责落实变革工作的日常事务。我们称这些员工或志愿者为执行系统。在大多数情况下，主管宏观层面变革工作的系统会是机构的一个下属部门，它负责在政策上做出改变，落实一个新的服务方案或项目。表9-2列出了识别出的控制系统、主管系统和执行系统。同样，就像控制系统一样，可能会有多个主管和执行系统，这取决于项目的复杂程度。

> 变革推动者应该谨慎，不能假定控制系统、主管系统和执行系统对变革提议的立场和看法是一致的。

表9-2　控制系统、主管系统和执行系统示例

	控制系统	主管系统	执行系统
学校系统	校董事会	特定学校及其校长	参加变革工作的学校老师
执法系统	市议会	警察局长及警察局	参加变革工作的警官

变革推动者应该谨慎，不能假定控制系统、主管系统和执行系统对变革提议的立场和看法是一致的。参与执行政策的人与制定政策的人有不同的看法，以及其他诸如此类的事，并不罕见。在有些情况下，变革可能被强加给不情愿的执行人。因此，变革推动者系

统要能敏锐察觉这些因素，谨慎、耐心地跟执行系统一起工作。图9-3描绘出了当工作框架初步形成以后控制系统、主管系统和执行系统之间的关系。

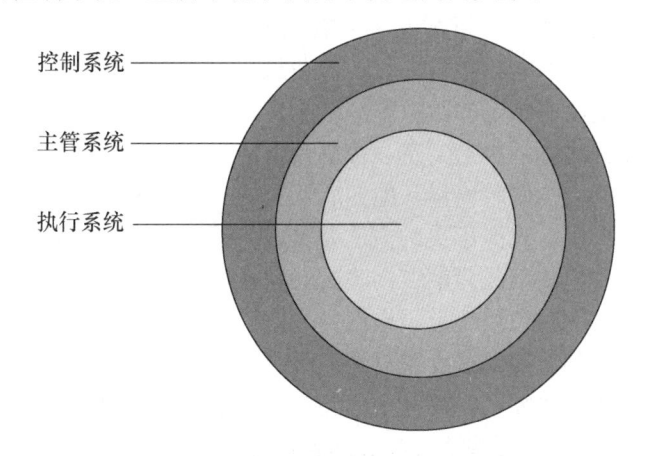

图9-3 控制系统、主管系统和执行系统之间的关系

草根社区的变革工作涉及志愿者的联盟、同盟或团体，主管系统可能是松散的，没有正式的组织结构。变革推动者可能必须帮助志愿者确定控制系统和执行系统的人选以及如何从"体系外"接触到这些系统。在这些情况下，主管系统可能会也可能不会完整地嵌套在图9-3所示的同心圆内。因此，每个系统都应该单独评估。在促进安全性行为的社区工作中，可能的主管系统和执行系统的代表如专栏9-6所示。

专栏9-6 社区促进安全性行为工作可能的主管系统和执行系统的代表

- 高中生教育　　　部门负责人和负责性教育课程的教师
- 社区教育　　　　公共服务公告发布人；愿意撰写与项目相关的文章的新闻记者和专栏作家
- 派发文字资料　　愿意去确定目标群体中的患者，并提供宣传册和其他书面资料的县卫生督导和一线人员

识别改变对象系统

这项活动要探求的核心问题有：
- 要使变革工作获得成功，需要改变什么（如个人、群体、结构、政策、实践方法等）？
- 改变对象系统（在组织或社区中）处于什么位置？
- 在有计划的变革的多个阶段中，是否需要追求多个目标？如果是，它们都是什么？

改变对象系统是为了使主要受益人获益而需改变的个人、群体、结构、政策或实践方法。改变对象系统（不要与前面提到的目标人群系统相混淆）是一个复杂的概念，有时用

三言两语说不清楚。需要改变的东西可能常常包括哲学理念、价值观、态度、实践方法、政策以及服务的传输。另一个复杂因素是，许多变革工作都有多重改变对象系统。举例来说，在处理"游手好闲的老爹"问题上，可能需要在让立法委员愿意支持提议的立法案前，先让他们认识到父亲逃避给孩子支付赡养费给州政府带来的代价。预期的受益人是单亲母亲，她们没有收到法庭指定的给孩子的赡养费。对此的补救措施是，通过立法允许执法人员跨州追寻不执行法庭判决的父亲，控制其财产直到付清应支付的赡养费。但有些犹豫不决的立法委员可能会抵制政府卷入他们所认为的私人事务中，需要说服他们立法提案是恰当的。在这一情形下，犹豫不决的立法委员成为首要的改变对象系统，如果对他们的工作开展得成功，通过立法则成为第二个改变对象系统。最后，当立法提案通过以后，工作就可以放到第三个改变对象系统上，也就是逃避给孩子支付赡养费的父亲，这样服务对象系统单亲母亲就能收到应得的子女赡养费。

在界定改变对象系统时需要回答三个问题：（1）为了使主要受益人获益，需要做出哪些改变（或系列改变）？（2）哪些个人或群体需要接受改变（或系列改变）？（3）基于干预假设，什么需要改变以使干预获得成功？我们将这些个人或群体界定为控制系统、主管系统和执行系统。改变对象系统可能包括在其中一个系统之中或所有系统之中，也可能完全独立于这些系统。拿学校的例子来说，改变对象系统可能包括校董事会的某些成员、校长和副校长，以及一群教师或是某些特定的学生。要依据变革提案和需要说服哪些人给予支持来设定改变对象系统。

例如，在促进安全性行为的社区努力中，服务对象系统或主要受益人通过多种方式被确认，包括：（1）在认定的区域内，所有不了解安全性行为的青少年；（2）在认定的区域内，筛选出的高风险青少年；（3）在认定的区域内，所有性行为活跃但不了解安全性行为的成年人。这是一个例子，说明服务对象系统和改变对象系统很可能是相同的。这项变革工作的目标是将对安全性行为不了解的这些人转变为对安全性行为有所了解并采取安全措施的人。

识别行动系统

这项活动要探求的关键性问题是：
- 谁作为代表担任"执行委员会"或决策团体的成员来贯穿始终地完成整个变革工作？

在变革工作的某个时间点，核心的策划和指导委员会将从变革推动者系统（让工作起步的小团体）转变为行动系统（走过执行、监测和评估的更大型的更包容的团体）。

因此，随着所有其他系统逐渐明确，参与者被挑选出来，行动系统也就渐渐成形。行动系统的人员由来自其他系统的、在策划和推动变革的实施过程中表现积极的人组成。行动系统与变革推动者系统（即之前定义的专业变革推动者、批准组织和有时所说的核心计划小

> **践行多样性**
>
> 批判性思考问题：理想的情况下，行动系统会包括领导者、员工、社区成员和家庭成员。你如何才能保证所有的声音都得到重视？

组）有不少的重合。尽管变革推动者系统常常会成为行动系统的核心，但是其他系统在为决策献计献策上也有重要的作用，应该被纳入之后的行动系统之中。如果关系不是很敌对的话，行动系统应该尽可能包括所有其他系统的代表，特别是那些需要改变的系统的代表。

举例来说，如果要考虑的社会问题是无家可归者的需要，那么最初提出问题的，可能是在每天坐车上下班的路上都能看到有几位老人睡在门道里的人（发起人系统）。她发现其他几个同事也关心这件事，就把问题提到了市议会（控制系统）。市议会又把它交给了市社会服务处（变革推动者系统和主管系统）。这个处的社会工作者组成了工作组，并吸引了向市议会反映问题的人参加。在研究和分析了问题的现状之后，更多的人加入到工作队伍中。被邀请参加的人包括从事无家可归者工作的专业人员（支持系统）、一些目前或以前无家可归的人（服务对象系统）、了解市政部门参与此类工作的潜力和局限的本市政治和行政组织的代表（控制系统）。当所有这些重要的参与者都聚齐之后，他们便会组成变革工作的决策核心，即所谓的行动系统。这些原则同样也适用于我们举的社区促进安全性行为的例子。随着关键人物在变革过程中涌现，许多人会被添加进来，形成行动系统。可能有必要在某个时间点对这一系统进行界定，以免人们在后期加入到变革工作中，尝试引入全新的想法。

系统的交互作用

在审视这些系统的交互作用时要牢记，我们对各个系统所做的区分只是理论意义上的区分。在现实工作中，所有系统都可能是在一个组织机构或社区中，而且许多系统有可能重合。

对变革努力的成功至关重要的个人和群体可以通过图表来描述，如图9-2中那些被识别出来的系统（那些被认定支持变革的人）和那些在图9-3中被识别出来的系统（那些被认定控制决策和落实变革所需的资源的人）。

改变对象系统可能是在任何一个系统之中，也可能在所有系统之外。行动系统可能与其中一个或所有的系统重叠。

所有系统都存在于同一组织内的情况，可以用组织提出变革动议时的情形来说明。比如，某个社会服务机构有一项救助"毒婴"（生来有毒瘾的婴儿）及其母亲（服务对象系统）的专门工作。方案包括戒毒、康复、辅导和父母之道培训。六个月后，一位社区儿童福利倡导人员（发起人系统）发现个案管理员（执行系统）对工作"挑肥拣瘦"：个案管理员向改变动机高的服务对象提供了大量服务，却忽视改变动机非常低的人的需要。在这个例子中，"挑肥拣瘦"的工作方式是要改变的目标（改变对象系统）。这位儿童福利倡导人员将问题反映给了主管（控制系统），主管又把问题提交给了工作项目的督导员（变革推动者系统），让他去组成一个小型的任务小组，研究这一问题，并提出几个解决方案。任务小组（行动系统）由督导员、一位个案管理员、一位理事会成员、一位行政领导、一位儿童福利倡导小组的成员和一位以前是服务对象现在是机构的志愿者的人组成，他们一起调查问题所在，查看向改变动机低的服务对象提供更多服务的可能性。

所有这一切都是在一个组织内进行的，同时也有一些组织外的资源的投入。由于系统的划分在本质上是可以转换的，最终的改变目标也有可能变成某些完全是机构外的体系（例如，聚焦于与警方合作，阻断流向该人群的毒品，或支持整个社区的毒品预防计划）。之所以强调在界定系统时概念上要清楚，是因为变革推动者能保证即使变革工作的重点随着时间的推移会有所转移，但每个重要观点都会有其代表。

即使从不使用控制、主管和执行这些名词，变革推动者也必须知道它们所代表的系统的工作范畴、权限和权力，了解每个系统的角色、责任和期望。表9-3所开列的明细单可能有助于让各系统及其代表各安其位。

表9-3 系统与系统代表明细单

系统	定义	系统代表
发起人	初次让人们注意到问题的人	两个从另一个国家来的女性移民苦苦挣扎，她们得不到任何帮助来适应本地社区
变革推动者	专业社会工作者、机构和其他协调变革工作的人或组织	本市聘用的社会工作者、发起人和几个社区成员
服务对象	主要受益人和次要受益人	移民家庭（包括成人和儿童）、本地学校、雇主、街区的居民
支持	其他有望支持变革工作的人	街区的教会、处理移民问题的社区组织、市政官员、甄选出的政治家、来自其他类似街区的人
控制	有权限和权力批准和下指令落实变革工作的人	市长、市政管理人员、市议会，他们被请拓展一些市政服务、提供双语员工和一些拨款
主管	对干预工作进行行政管理的机构或社区单位	市社会服务局、邻里服务部（Neighborhood Services Division, NSD）
执行	落实干预的员工或志愿者	一个邻里服务部的员工（一个社区组织者）和10个曾是新移民的志愿者
改变对象	干预要获得成功必须改变的对象	市议会的议员，他们中的大多数人反对这项新动议，因为他们认为这样一来会开一个先例，其他街区随后会要求为满足特殊的需要而追加拨款
行动	扩大了的计划和协调委员会，负责完成变革工作	协调委员会的组成人员有发起人系统的代表、变革推动者代表、两位服务对象代表、一位市议会的委员、一位教师、一位雇主、邻里服务部的社区组织者和两位志愿者

任务3 查看系统的变革能力

随着变革进程拉开帷幕，每个系统（之前界定的）参与者都应该再查看一下，看其是否准备好支持变革工作。评估对变革的准备情况需要考虑整体上系统对变革的态度有多开放、做出什么样的承诺、承担提议的变革的能力、落实变革工作可以得到的资源，以及外界对变革的抵制程度。这些考虑应该基于对每个系统的参与者的了解和他们之前的关系。

评估系统总体上对变革的开放性和承诺

有关这项工作要探求的核心问题是：

- 每个系统的参与者过去在组织变革或社区变革方面有什么经验？
- 各支持系统的参与者是否能够传达同一声音并成功地一道工作？
- 预计每个系统的参与者对提议的变革工作会做出什么样的承诺？有多大的能力贯彻始终？

评估机构对变革的开放态度，需要根据经验来对掌握决策权的人如何处理早前的提议做非正式的评估。即使是那些推动变革的系统，也有一些事宜需要考虑。例如，组成行动系统的一组人是否有完成工作的留痕记录？他们是否有团体认同感，因为以前成功完成了一些变革工作而已经凝聚在一起？如果团队以前没有一起工作过，或者彼此不太了解，那么社会工作者就需要聚焦于团队建设和团队发展。之前一起工作过的参加行动系统的人具有团队合作的经验，能够轻松地争论问题，因为他们已经建立了信任（Majee & Hoyt, 2009）。情况也可能是有些参与者在一起工作过，而其他人没有。帮助新的参与者融入到团队中可能很重要，这样团队才能发挥整体作用。尤其是新近组建的社区同盟，成员所在的组织有不同的文化，尚未建立起一个共同接受的联盟文化。

有许多文献都提到让组织（特别是科层制组织）做出变革并非易事（Campbell, 2009；Guo & Acar, 2005；Perrow, 1979）。回顾以往的经验，分析系统总体上对变革的开放态度，有助于找出最可能积极响应变革提议的人或子系统。评估机构对变革的开放态度并不是问问坐在决策位置上的人是否赞成变革那么简单。有必要了解一些背景信息，如研究处在决策位置上的人以往对变革提议的反应。其他相关的问题是：是否存在社区范围内的问题或提案与这些参与者有关（或者有可能有关）？主管机构参与解决了吗？它所处的位置是什么？作为变革一部分的领导者是愿意在公共问题上表明立场，还是更愿意保持沉默，一切照旧？回答这些问题有助于评估机构对变革的总体开放态度。

> 评估机构对变革的开放态度并不是问问坐在决策位置上的人是否赞成变革那么简单。

查看系统对变革提议的承诺情况，需要看一下每个系统对以指定的方式（在干预假设中确认的）投身变革工作有多大的热情。社区和组织变革工作有一个特色，就是对采取什么样的方式落实变革工作会有不同的看法。即使对变革提议举双手赞成，也还是难免会有这样的情况。对变革提议承诺少会对接受和最终落实变革工作有消极的影响。评估承诺应该检验系统对变革的态度有多积极，以及内部对设计出的变革方案的赞同程度。召集受变革影响的各方参加公开会议或者更富于技术性的诸如焦点小组之类的活动，对于获得支持和达成一定程度的共识会有帮助。理想的情况下，参加变革工作的人（行动系统）会同意在开会的时候发表不同意见，但在与公共媒体沟通的时候口径一致。

社会工作者必须知晓群体发展和群体动力，认识到谁是行动系统中的领导者，以及他们为变革工作带来了什么（Fisher，2009）。在组织场域，如果参与者互相了解，这种评估可能会简单一些。在社区场域，参与者可能更分散，组织结构更松散，所代表的选区只有不定期的合作。评估组成每个系统的小组完成后续工作的能力，可能会对提议的变革进程影响巨大。

> 社会工作者必须知晓群体发展和群体动力，认识到谁是行动系统中的领导者，以及他们为变革工作带来了什么。

确定持续推进变革工作可以得到的资源

该项活动要探求的核心问题是：

- 从哪里可以筹集到资源？
- 变革工作需要得到哪些资源？

对许多变革工作来说，获取资源是头等大事。尽管对变革持开放的态度和做出会对变革有帮助的承诺，但落实变革不可或缺的条件却是获取资源。系统做出变革所需的资源通常指的是预算资金，但也应该包括员工的时间、志愿服务时间、设施、设备、办公用品、场地和其他各种类型的资源。尽管系统推动变革所需的资源可能类似，但也涉及重要但却难以测量的投身资源，它包括诸如想要推动变革的人、他们渴望变革的程度，以及他们如果遇到阻力仍然坚持不懈的决心。

应编制一份可用于促进变革的资源清单，以及与之并行的实施变革所需的资源清单，并将其作为变革工作的指南。变革工作会需要不同的资源，这取决于变革的范围。一个本机构的变革可以获得大量的间接支持，从行动系统使用办公空间和计算机到允许员工把变革工作变成本职工作的一部分。然而，在变革政策时，当行动系统的成员有机会（常常是突然）被要求在立法听证会上做证时，可能需要额外的资源来执行本机构的日常工作和为那些员工提供后援。同样，在社区变革工作中，志愿服务时间需要计入成本，特别是如果变革提议涉及长期使用志愿者以及需要协调和监督其服务。如果该计划要求进行项目干预，则需要在策划过程中撰写一份正式的计划书，包括理由充分的预算，其中既有现金也有实物要求。

查看外界对变革的反对意见

这一活动要探求的主要问题是：

- 预期系统外反对变革工作的会是什么人或群体？
- 可能出现的场景是什么？行动系统要怎样处理这一冲突？

每个系统要检视的最后一个因素，是做出变革会使他们在多大程度上遇到外界的抵制或反对。可能会有这样的情况，控制系统（比如当选的地方官员）支持变革提议，但是他们所代表的选民（比如基层民众团体）却反对变革。几乎任何时候，只要变革提议涉及公共资金的再分配问题，就会招致其他竞争同一资源的群体的反对。如果要施加压力，变革推动者应该先确定变革工作所带来的压力是否能抵消抵制变革的人所造成的压力，看自己在施加压力的力量对比上是否有优势。有关这方面的详细手法会在第十章讲述。

对于推动变革的系统来说，识别出自己阵营内的薄弱环节十分重要。支持变革的数据或其他资料有不足之处、论点不合逻辑或者阵营里存在一有压力就打退堂鼓的人，可能会成为变革工作的累赘，推动变革的人应该意识到这些。表 9-4 总结说明了评估系统对变革的准备情况时要考虑的因素。

表 9-4 评估系统对变革的准备情况

	推动变革的系统	需要变革的系统
	发起人、服务对象、变革推动者、支持、行动	控制、主管、执行、改变对象
系统总体上对变革的开放态度	可能不成问题，因为这些团体推动变革	如果过去的经验表明这些系统有反对此类变革的倾向，那么便是一个预警信号
预计或实际对变革提议有什么反应	推动变革的那些系统有怎样的承诺？承诺是否有所不同？差异在哪？是否有些系统只同意某个非常具体的解决方案？	对于变革提议意见一致还是不一致？支持和反对的意愿有多强？
可以到手的资源	即便遭到抗拒，推动变革的系统也还是有技能、有人员完成变革工作吗？	要做出变革的系统在落实变革时有资金、人员、设施、设备或其他所需的资源吗？
对变革的反对意见	系统外有什么人反对变革？反对的呼声有多高？	外界反对的是哪些方面的人？反对变革的压力有多大？最承受不住压力的重要行动方是哪些人？

挑选变革的途径

任务 4 挑选变革的途径

随着变革推动者完成了所有识别和分析问题、人群和场域方面的工作（在第三章到第八章中有所描述），问题的性质和与此有关的重要信息已经摆在了桌面上。此时需要变革什么已经明了，接下来的工作重点是决定怎样进行变革。举例来说，某个机构可能会面临资助危机，因为它过去三年的戒毒治疗方案一直证明不了有成效。要改变提供这些服务的方式，需要在政策上有所变革（如进一步界定服务对象的资格要求）。同一情况也可能需要在方案的设计上做出变革（如变革所提供的治疗的类型），或者是在方案实施上做出变革（如在少数服务对象身上试验新的处置方案）。另外的选择是做人员变动和实践方法上的变革，但我们建议只有在变革政策、方案设计或方案实施三个方法行不通的时候，再采用这两种方法。下面讨论这五个变革途径。

从政策、方案、项目、人员和实践方法中挑选出变革的途径

这方面要探求的关键问题是：

- 通过哪个途径（或并用哪些途径）可以实现渴望的变革？

前面这些章讨论的专业性的变革工作可以粗略地分为两大类：第一类变革给服务对象或所服务的社区带来生活质量上的改变；第二类变革给员工带来工作质量上的改变，帮助他们尽可能向服务对象提供最佳的服务。针对这两大类改变，我们提出了五个变革途径。这些挑选出的途径决定了改变对象系统的聚焦点。

政策。政策是正式采纳的说明性文字，陈述要做什么以及怎样去做。换句话说，它说明了一系列的行动。政策关注要完成什么，它可能会包括宽泛的目的和具体的目标，但应该清楚地确立具体的工作方向。若政策关注如何应对将要发生的事情，它常常采用操作手册或一套实施指南的方式。举例来说，大多数组织会制定政策来管理会计、人员、采购和其他事宜。

政策可能是通过推选出的代表、理事会、行政人员等制定出来的，也可能是由受政策影响的人投票制定出来的。在一些情况下，要解决问题可能需要制定新的政策。举例来说，一项向员工说明投诉程序的新政策，可能会让不同意机构的做法又求告无门的人得到赋权。而在另外一些情况下，现有政策可能需要修改，以使工作更加有效。举例

> **政策实践**
>
> *批判性思考问题*：除了已经谈到的支付过程问题，还有哪些其他政策领域对于在机构中进行实际工作方法的改变构成障碍？

来说，家庭成员可能是老人或残疾人最佳的、最合适的照顾人，但是机构的政策却只允许付费给有专业证照的照顾人。

方案。方案是结构性的活动，用于达到和实现一系列特定的目的和目标。就宏观工作而言，方案一般意在向社区或服务对象群体提供直接服务。它们也包含支持性工作，诸如筹款、倡导或处理公共关系等。总之，方案多是长期持续性的，认定会不断实现其目标。

方案的变革有不同的形式。有些是要设立一个新的方案，向某个特定人群提供服务。例如，一个由儿童照顾工作人员组成的联盟认识到，自己所在的城市社区有日益增长的无家可归、离家出走的年轻人，而当前没有面向这一人群的服务。给无家可归的人服务的方案，针对的是一些有孩子和成年人的家庭，但这些成年人不懂如何照顾未成年人。警察可以以闲逛违反宵禁的罪名逮捕这些年轻人，但这不是解决办法。该联盟创建了一个新的方案，专门针对这一不断增长的群体。其他的变革努力可能集中在变革现有的方案上，使其对服务对象或社区的需求做出更积极的反应。假如现有的庇护所愿意接收未成年人或者这样做是可行的，那么变革的努力可能会集中在重新设计现有的方案上，使其更能敏锐察觉

未成年人面临的特殊的发展和法律问题。

项目。 项目很像方案，但在规模上可能会小一些，有限定的期限，更灵活一些，可以根据环境的改变而做出调整。项目如果被认定是成功的、有价值的，那么常常会变成永久性的方案。试点项目说的就是这种类型的初步工作或试验。

变革推动者经常会发现，提出一个短期的项目来示范一个新的或未经验证的干预，会比推出一个长远的方案更受决策者欢迎。所以，通常人们会先进行示范或试点项目，如果项目成功，再尝试更昂贵的变革方案。

许多全社区性的雄心勃勃的变革工作都运用项目制方法。因为变革工作可能要持续多年并分步骤进行，所以变革过程中的每一步都可能需要被看成是试点。例如，在一个州里组织起来的联盟施加了两年的强大压力后，州立法机关颁布了一项法令，要求所有执法人员记录任何因交通违规而被要求停车的人的种族。其目的是防止种族形象定性（指警察等因肤色或种族而不是证据怀疑人犯罪），但这项法令的执行却遇到了阻力。防止种族形象定性联盟将接下来的行动步骤构建为：第一，协助当地社区的警员建立追踪系统；第二，使用生成的数据在社区执法论坛讨论调查结果；第三，论坛讨论之后进行种族形象定性敏感培训。尽管联盟想用三个步骤来推动变革，但其把每一步都作为一个单独的项目来实施，这样整体计划就不会让社区望而却步，因为每个步骤在某种程度上都依赖于前一个步骤的成果。

人员。 社区和组织是由不断互动的人（员工）组成的。互动好的时候，组织或社区的作用或产出的品质就会得到增强。然而，当互动有问题的时候，上佳的政策、方案或项目可能就会被削弱。这意味着专业的变革推动者必须有所准备，进行人员上的变革。这是组织和社区中的人们汇聚的地方。

人员方面的问题可能会有多种形式。社区居民或组织的某个部门的成员可能会有看似难以弥合的分歧，并发生持续的冲突。某个部门的督导员或邻里组织人员可能缺乏知识或技能，难以组建一个有效的工作小组。独裁的管理者或不回应诉求的当选官员可能会引发一些试图罢免他们的活动。这些情况的共同点是，这些问题都要求专业变革推动者审慎对待。在处理时，应该问一些问题。首先，酝酿中的人员变动是基于前面提到过的原因，即目的是改善服务对象或社区的生活质量以及改善员工的工作，以便更好地给服务对象或社区提供服务吗？其次，人员变动是不是通过常规渠道提出来的？因为当要改变的对象只是某个人的时候，很容易成为"地下活动"。

布拉吉和霍洛韦（Brager & Holloway, 1978）建议，在特定的情况下，可以考虑使用隐蔽的策略。第一种情况，机构的领导只顾自身的利益而罔顾服务对象的需要。第二种情况，运用正式的、公开的渠道会让自己、服务对象或同事处境危险。第三种情况，公开方式失败了或者明显行不通。在任何一种情况下，专业变革推动者都应该认识到包括丢掉工作在内的潜在风险，要确信这样做值得，如果有必要的话，坦然接受后果。职业道德是社会工作的基石，在一些情况下，工作者常会遇到伦理上的两难处境。如雇主、同事、社区利益群体、服务对象权益的维护者和其他人可能对问题各执一词，工作者便会在谁对谁错的问题上左右为难。这一问题在第一章讨论过，我们还会在最后一章再看一下。

实践方法。 第五个变革途径的落脚点是实践方法。它主要适用于组织。它指的是组织或个人做事的基本方式。它不像书面的政策那么正规。举例来说，在无家可归者庇护所，常规的做法是让经验丰富的居民充当"大姐姐"，引导新入住的人了解庇护所的生活。这并非一项政策，只是他们选择的帮助新居民学习的方式。如果变革推动者发现一些比较愤世嫉俗的有经验的居民鼓励新入住的人对庇护所的工作人员和庇护方案持消极的态度，那么可能就需要进行有计划的变革。一项研究可能会揭示，或许有必要筛选"大姐姐"的人选，并且可能要为筛选制定标准。这一切仍停留在相对而言非正式的实践方法上，并没有涉及政策。直到确信这一做法是有效的，并需要以同样的方式在全机构推广实施，这种实践方法才会上升为政策。

表 9-5 是对这五个变革途径的界定的总结。

表 9-5 变革途径

途径	界定
政策	正式采纳的说明性文字，陈述确定的一系列行动的目的和策略或协议
方案	为实现一系列目标而预先安排的一系列活动
项目	很像方案，但有时限，而且更灵活，以便能够适应不断变化的环境的需要
人员	在变革场域互动的人
实践方法	组织或个人开展工作的方式。实践方法不像政策那么正式，可能就是用于某些人或群体

不同变革途径的互动

确定变革途径明显是与确定问题、改变对象系统和场域的性质密切联系在一起的。在确定变革途径时要关注的重要议题有：(1) 要解决问题或满足需要，什么人或者什么对象需要做出变革？(2) 解决问题或满足需要的合适的入手点在哪？(3) 什么途径最有可能产生理想的结果？(你可以参考第三章和第四章以及本章开头的内容，运用基础的专业知识建立最终会形成知情干预的假设)。伴随我们举例说明干预途径如何相互作用，你需要牢记：决定运用什么途径或哪些途径取决于你仔细了解到的有关问题、人群和场域的情况。

许多变革工作可以采取非常简单的、直截了当的方式。举例来说，接受就业培训的单亲母亲需要多一些日托名额，变革推动者向社会服务部门的有关行政人员和预算主管呼吁这件事，可能就能争取到一些资源并增加日托的名额；父母希望高中学校进行反毒品和反酗酒方面的教育，学校董事会同意提供有关教育。

也有一些变革可能需要多种途径才能获得成功。比如，一个贫困的拉丁裔社区的社区中心投身改善居民的生活质量。中心向社区居民提供了许多服务，包括一个健康诊所、返校就读的衣服、食品库、课外活动方案和其他社区服务。社会工作者和几个实习生完成了一个需求评估，确认社区居民认为哪些需要应当优先满足。社会工作者还完成了一个资源评估，确定社区成员中有才华、有兴趣的人能为强化社区做出什么贡献。在一次信息交流会上，中心的员工告知社区成员申请工作资助的事，以及同政府沟通把本街区定为提供特殊服务的街区的事。居民对此表示不满，因为他们并没有参与这些决定，并指责员工在决策上有精英主义的态度。社区领袖威胁说，如果中心不积极吸纳他们参与决策，他们就会向资助来源投诉。

解决这一问题可以有几种途径。政策途径会把重点放到制定一个相关政策上，由理事会成员通过，用来保证社区居民能参与制定方案和预算。如果得到监察和执行，政策会成为解决居民参与决策问题最强有力的保证。但是这样的解决方式会为执行带来不便，导致即使是中心内小小的决定也要通过宏观层面来掌控。

另一个选择是制定一个正式的志愿者方案。志愿者负责持续进行社区资源评估，积极追随社区成员，鼓励和方便他们参与制定中心的各种方案和决策。这一解决问题的途径可能会增加参与中心工作的居民数量，但却可能保证不了在决策时社区成员的声音真的被听到。有社区成员在场当然重要，但是关键在于他们能否得到赋权，是否有话语权，拿薪水的员工是否拿他们的建议当回事。

对这一问题也可以采用项目的方式解决。可以建立项目，定期调查参与者的情况，确认他们是否支持争取各种特殊补贴和资金拨款的工作。调查的结果可以编纂成文，通过社区通讯分发。这可能会让一些关心社区参与的人满意，但也可能会损失一些要求短期内给予反馈意见的项目。

还可以把重点放到人员上。可以把社会工作者和其他员工送出去接受培训，以保证他们知道怎样同社区成员一道工作，怎样让社区成员在关键时刻参与决策。吸纳社区成员参与可以放进岗位职责描述并纳入员工的年度工作绩效考核中。

最后，重点可以放到通过社区会议识别出的具体的实践方法上，诸如共同撰写申请资助报告和协商同市政府的合作等。可以找出一些社区的代表同机构员工一道持续工作，保证在每个有关新方案、新项目、政策变革、资助或组织的其他活动的决策中都有适当的社区成员参与。

富有创新精神的变革推动者可能会有更多的解决社区参与问题的途径，甚至能从每种途径中吸取一点东西来解决问题，前提是这样做能够让社区成员得到更多的赋权和参与。明确谁或什么需要变革、要吸纳哪些系统参与变革工作，是变革获得成功的重要因素。对这些问题有了共识，就可以进入下一步的工作，挑选工作手法。下一章将讨论这一问题。

小　结

正如我们在前面的章节讨论过的，有计划的变革要求在采取行动前做细致的研究和分析。在这一章，我们提出在研究和分析阶段编纂出的资料应该总结成一个有关问题成因的假设和干预工作假设。这一做法能保证干预是在了解了问题、需要、分歧或机会的所有成因之后，顺理成章的结果。

一旦在理论上对干预有了清楚的构想，就有必要启动一系列工作程序，明确支持变革的至关重要的参与者。我们运用了"系统"一词，并识别出了八个系统，其对干预获得成功各自发挥着不同的重要作用。变革推动者需要了解哪些人和群体组成了每一个系统，谁是这些群体的代言人，在提议的变革中他们占据什么位置。不了解这些东西，变革推动者就不容易让人接受变革。一系列的评估会有助于变革推动者了解每个系统在提议的变革中的位置。

最后，在进入下一章讨论挑选策略前，变革推动者要选择一个变革的途径。我们建议可以基于已知的怎样可以成功地开展人群的工作和解决问题，从政策、方案、项目、人员、实践方法这些途径入手，或者多种途径并用，来促成变革。当完成上述这些任务以后，变革工作就可以进入下一个阶段，挑选干预策略和手法。

附录　形成干预框架

任务1　酝酿出干预假设

完善有关问题成因的假设

- 从问题分析、人群分析和场域分析中得出的哪些因素有助于了解问题的因果关系？
- 哪些主题最适合当前的情况？
- 有关问题成因的假设应该怎样拟定？

形成干预工作假设

- 问题成因假设隐含了什么干预？
- 这些干预看起来是否最有可能减少或消除问题？
- 预期干预会有怎样的结果？

任务2　界定参与者

识别发起人系统

- 谁先发现了问题并呼吁人们注意？
- 怎样让发起人参与变革工作？

识别变革推动者系统

- 谁在变革工作的初期阶段负责领导和协调工作？

识别服务对象系统

- 变革的主要受益人是谁？

- 变革的次要受益人是谁？

识别支持系统

- 除了主要受益人和次要受益人，有哪些其他人和群体会支持变革工作？
- 是否有（地方、州或全国性的）协会、同盟、联盟或组织特别有兴趣解决与该人口群体相关的问题或认定的问题？如果需要的话，能唤起它们的帮助吗？

识别控制系统

- 谁有正式授权可以批准和下指令实施提出的变革方案？
- 谁有最终决定权对变革说"是"？

识别主管和执行系统

- 变革工作的具体活动会由什么机构或机构的什么部门负责资助和落实？
- 什么人会参与落实变革工作，直接传递服务或开展其他活动？

识别改变对象系统

- 要使变革工作获得成功，需要改变什么（如个人、群体、结构、政策、实践方法等）？
- 改变对象系统（在组织或社区中）处于什么位置？
- 在有计划的变革的多个阶段中，是否需要追求多个目标？如果是，它们都是什么？

识别行动系统

- 谁作为代表担任"执行委员会"或决策团体的成员来贯穿始终地完成整个变革工作？

任务 3　查看系统的变革能力

评估系统总体上对变革的开放性和承诺

- 每个系统的参与者过去在组织变革或社区变革方面有什么经验？
- 各支持系统的参与者是否能够传达同一声音并成功地一道工作？
- 预计每个系统的参与者对提议的变革工作会做出什么样的承诺？有多大的能力贯彻始终？

确定持续推进变革工作可以得到的资源

- 从哪里可以筹集到资源？
- 变革工作需要得到哪些资源？

查看外界对变革的反对意见

- 预期系统外反对变革工作的会是什么人或群体？
- 可能出现的场景是什么？行动系统要怎样处理这一冲突？

任务 4　挑选变革的途径

从政策、方案、项目、人员和实践方法中挑选出变革的途径

- 通过哪个途径（或并用哪些途径）可以实现渴望的变革？

我的社会工作实验室

请登录 www.mysocialworklab.com 网站并回答以下问题（如果你没有在收到本教材的同时也收到 MySocialWorkLab 的访问密码，并希望在线购买访问权限，请访问 www.mysocialworklab.com）。

1. 阅读我的社会工作图书馆中的案例研究："居民在辅助生活住宅中的'亲密权'"。想象一下你在米尔德里德和卡特的辅助生活住宅中工作，负责提出行政管理人员应如何处理居民之间的亲密关系的方案。请构建一个干预工作假设，包括你将要采取的行动和预期的结果。

2. 阅读我的社会工作图书馆中的案例研究："母亲诉教育理事会"。识别由这五位母亲组成的特别小组代表的是什么参与系统。

测验题

以下问题将测试你对本章内容的掌握情况。额外的评估，包括将本章的内容用于实践的证照考试类型的问题，请访问 MySocialWorkLab。

1. 以下哪项会形成干预工作假设？建立成人日托方案_____：
   A. 并获得社区支持。
   B. 并使其发挥各层次的功能。
   C. 并使其包括职业治疗。
   D. 并为家庭提供喘息服务。

2. 一个人或一个团体会成为发起人系统的一部分，当他们：
   A. 是受压迫群体的成员。
   B. 意识到问题。
   C. 开始采取措施进行变革。
   D. 识别出行动系统的需求。

3. 改变对象系统代表的是：
   A. 需要改变的东西。
   B. 所有主要受益人。
   C. 全部目标人群。
   D. 容易界定的改变目标。

4. 一个团体建议在限定的时间内开始一项新的接案程序实验，以评估该程序是否有价值。这是一个：
   A. 政策变革。
   B. 方案变革。

C. 项目变革。
D. 人员变革。

5. 想象一下，你在最初的指导委员会（变革推动者的组成部分）中工作，策划一个帮助无家可归青少年的干预措施。谁会成为参与这项工作的其他系统？哪些策略可能会帮助与其他系统建立关系？

测评你的能力

请使用下面的量表，根据本章介绍的每个能力的概念或技能来评估你当前掌握的水平：

1. 我能准确地描述这一概念或技能。
2. 在观察和分析实务活动时，我总能识别这一概念或技能。
3. 我能在自己的工作中很好地践行这个概念或技能。

概念或技能	评分		
1. 能够运用同理心和其他临床技能与个人和群体建立关系。	1	2	3
2. 能够论证识别出的问题与提议的干预之间的逻辑联系。	1	2	3
3. 能够主动接触各类不同群体，并找到方法创造空间，让所有利益相关方发出的声音都被听到和得到重视。	1	2	3
4. 能够制定有意义的、变革整个系统的政策干预措施。	1	2	3

第十章

挑选合适的策略和手法

在第九章,我们强调了决定策略有可能很耗费时间。尽管很多人可能都承认确实有问题,但是要在解决问题上取得一致意见却绝非易事。所以,社会工作者应该开放地面对各种可能性,了解自己投身工作的许多领域都有一些壁垒,抗拒变革是自然的反应。

在社区层面,做决策的组织团体,如市镇委员会、教育董事会、公园和娱乐理事会或者是社区发展理事会,可能会陷入固有的思路和计划中。早前做的决定可能被视为需要去捍卫的东西而不是可以敞开讨论的议题。在组织层面,政策及其实践变成了其文化的一部分,变革可能会被视为威胁。社会工作同事甚至也可能成为"照常营业"阵营中的一员。

挑选合适的手法要求变革推动者认识到社区和组织的领导者采取特定的立场的原因。同时,变革推动者也必须分析和思考如何让提议的变革被接受和执行。如果绝妙的点子最终的归宿只是留在记录本上,被束之高阁,在机构的某些档案中蒙尘,那么它们也就没有太大的意义了。有鉴于此,变革推动者要研究改变对象系统,确定怎样才能以最佳的方式接近这些个人和群体,以确保变革工作最终获得成功。

评估政治经济方面的背景因素

改变对象系统指的是为了主要受益人获得想要的益处需要去变革的个人、群体、结构、政策或实践方法。分析改变对象系统意味着评估涉及的系统。考虑到第九章讨论过的各个系统(发起人系统、变革推动者系统、服务对象系统、支持系统、控制系统、主管和执行系统、改变对象

> **践行多样性**
>
> 批判性思考问题:当试图变革时,组织或系统的多样性可能会怎样增加发生冲突的机会?多样性如何成为一个优势?

系统、行动系统）及其对于变革的准备情况，变革推动者应该不断增加对将要发生变革干预的组织或社区的政治的了解。有时变革推动者认为要做的变革不会引起太多争议或冲突，但其他人或许并不这样看。例如，一个学区可能会有太多不说英语的学生，社区对于移民问题可能会有意见分歧并形成不同的派系。在这种情况下，在着手进行任何有计划的变革前，有必要把工作的重点先放到让各个群体联结起来。但是，如果组织或社区体系相当封闭，有着长期的、地位牢固的领导，那么需要将注意力集中在变革组织或社区的某些政策或做法上。这会需要一种不同以往的变革途径，因为变革可能不受欢迎。一些团体、组织和社区会更易于变革，一些会比较封闭，还有一些会更容易发生冲突。评估场域及其对变革的开放性是推动有计划的变革的核心。

不管怎么界定问题、如何看待冲突，一定程度上的冲突总是在所难免的。任何时候只要是提出变革，无论它看起来可能多么简单，都会遇到抗拒。即使是改变对象系统愿意配合，在变革的细节或具体问题上也会有不同意见，甚至是争论。在任何变革工作中，不可能也不应该避免冲突。需要考虑的是在每种情形下遇到的冲突的程度或冲突的级别会有多大不同，克服分歧的可能性有多大。要准备好迎接抵制，同时还要准备好评估抵制会给提议的变革带来的后果。从另一个角度来看，组织或社区中的分歧也有可能成为支持变革的因素。参与者可能认识到分歧升级有可能危及组织或社区的正常运转，因而对变革现状有所准备。

任务 1　评估政治和人际关系方面的准备情况

早前我们讨论了政治对于变革工作的重要性。在这部分内容里，我们会更直接地讨论这方面的问题。政治在此是指个人在涉及是否支持变革的问题上会有不同的做法及其背后的原因或动机。受影响的人很可能会基于两个主要考量对变革设想做出回应，即感知到的自我收益和感知到的可能扮演的正式或非正式的角色所肩负的责任。有时，同一个人的个人立场和公共职位设定的立场可能会有所不同，甚至会发生冲突。例如，一个市议员可能有一个无家可归的亲戚，他知道这个城市需要更好的庇护所，但是却投票反对设立新庇护所，因为附近的商家出于利益上的考虑反对该提议。这类行动可能是出于党派原因，或作为决策者之间的一种交易方式。这包括考虑党派政治，但不限于该领域。例如，一位社区领袖作为个人可能支持变革，但在公开场合却表态阻止变革以取悦那些反对变革的人。

政治和人际关系方面的考虑增加了变革工作的复杂性。处理变革工作政治层面的问题常常变为就利益冲突进行商讨。汇聚支持变革的人的知识和信息有助于了解如何最好地接近对变革成功至关重要的每个决策者。例如，诸如"社区准备度评估"等工具已被用于确定社区成员对解决问题的必要性的感知。施罗德、桑切斯、李、马特罗布、华尔兹和卡瓦诺（Schroepfer, Sanchez, Lee, Matloub, Waltz & Kavanaugh, 2009）在五个关注癌症健康差别的社区中使用了这一评估工具。他们用"毫无意识"到"意识度高"来评估社区对解决这一问题的准备情况。这为可能采用什么途径达成共识提供了洞见。

评估持续时间、强度和频度

这一活动要探求的关键问题是：

- 问题存在多久了？
- 人们认为问题紧迫吗？
- 问题是偶尔发生还是重复出现？发生得有多频繁？

社区和组织的状况可以用问题持续的时间、强度和频度来说明。持续的时间指的是状况或问题存在了多长时间。强度指的是状况或问题对于个人、组织和社区的生存构成了多大的威胁。频度指的是在特定的时间段内状况出现的次数。

由来已久的问题是难以改变的。人们对此已经变得麻木，社区和组织的领导也不容易重视真的存在的需要关注的问题。举例来说，某个州的慢性精神病人只有在其代表提起了集体诉讼之后，州立法机关才满足了他们的需要。然而，恐怖主义、传染病和自然灾害等直接威胁到生存，会被认为是紧急情况，并得到优先关注。但是，即使是紧急情况也有可能变成长期状况。在这种情况下，需要有技能的倡导者将公众的注意力聚焦在长远的恢复、清理和康复工作上。

频度呈现了一个有趣的困境。以社区防灾工作为例，多年来，新奥尔良的许多专家对基础设施是否能够应对4级或5级飓风的影响表示担忧，但是这类飓风实属罕见，因此加强防护设施的工作被推迟，最终导致2005年的灾难。同样，专家们也一直意识到海上钻井存在很大的风险，必须制定应急方案，但是在墨西哥湾，钻探石油的推动力似乎比制定发生石油泄漏情况时现实的应对方案的推动力更为强大，因为发生此类事件的频度很低。相对于强度较高、频度较低的问题，强度相对较低但频度较高的问题通常会更受社区成员重视。

对于新出现或新界定的问题，变革推动者应该查看其持续时间、强度和频度。问题对生存需要，如吃饭、穿衣、居住、安全和医护照顾等的威胁越大，就越有可能得到有权决定是否做出变革的人的关注。有时，长期存在的问题也可以用新的方式提出来，就像过去几十年以反对酒驾运动应对酗酒问题一样。他们将酗酒问题变成了一个事关生死的问题，而不仅仅是一个小小的轻率行为。

在组织内，那些直接或间接影响预算，进而影响组织生存能力的问题，会比与预算无关的问题相对来说更容易得到优先关注。变革提议应该掂量问题持续的时间和紧迫性，并将它们恰如其分地用于挑选推动变革的策略。

处理公众形象与公共关系问题

这一活动要探求的主要问题有：

- 谁参与了推动变革的工作，决策者怎样看待这些人？

- 谁可以担当变革提议的有效发言人？
- 谁在变革提议呈现给决策人时要做低调处理？

准备一份每个系统的参与者的名单，评估每个参与者在政治和人际关系方面的长处和不足，有助于变革推动者和行动系统合理调配人手，使每个参与者人尽其才。一些业务专家从人际关系或政治的角度看可能是一些颇具争议的人物，这对我们的变革而言是个负担。但过去给决策人的不良印象只可以作为"黄牌"处理，不一定非要让他们从担任公众人物的工作中出局。不管指定谁担任公开发言人，都要认真考虑这个人的对象是谁，在对象眼中他的形象是正面的、负面的还是中性的。这一原则既适用于社区的变革工作，也适用于组织的变革工作，但可能在组织的变革工作中更为重要一些。因为相对于社区而言，组织中的工作关系密切，人们相互了解的可能性更大。

任务 2 评估资源方面的因素

在考虑变革提议时，决策者主要关心的问题常常是变革的成本。社会工作者可能不赞同这一价值取向，但是他们必须承认人们生活在一个以资金为导向的体系中，要做的决定常常事关如何分配稀缺的资源。决策者甚至常常会先考虑成本，再考虑变革的迫切性或必要性。这意味着变革推动者必须了解决定是怎样做出的，准备好在倡导变革的时候回应成本方面的问题。

核算变革的成本

这一活动要探求的核心问题有：

- 变革工作中的哪些费用可以预先计算并详细开列出来？哪些只可以估计？
- 要寻求哪些可以提供资金和实物捐助的组织或部门的支持？

鉴于已经说过的原因，变革推动者必须尝试对变革的费用做出一些估算。这可能并不容易办到。因为在许多情况下，在对是否能启动变革工作没有一定的把握时，详细的干预方案甚至还没有拟定出来，也就没法计算详细的开支。举例来说，社区中的家长要求校董事会多举办一些有组织、有指导的课外活动，一些家长可能希望提供美术和手工活动，另一些家长希望提供体育活动，还有一些家长希望提供戏剧和音乐活动。但在向校董事会提要求的时候，可能并没有涉及这些细节上的东西，无法算细账。变革推动者要有思想准备，接受"变革费用太高，没有资源"之类的答复。为了应对这一担忧，必须先初步估算一下费用，至少可以估计一下需要的工作人员的数量、大致要发多少工资、要有多少台电脑来完成这项工作、要提供多大的场地、场地的详细费用和其他一些粗略的费用。可能必须请教技术专家，才能使估算出的费用切合实际。尽管大部分决策者会想亲自计算费用，但提议变革工作的人做出的估算至少可以作为参考。

核算不进行变革的代价

这一活动要探求的主要问题是:

- 如果对问题置之不理,组织或社区会付出什么代价?
- 如何把这一代价有条不紊地表达出来,让决策者感到支持变革是一个很好的事?

如果可行的话,为了做比较,应该核算一下对问题置之不理会付出的代价。这是一个非常有价值的统计工作。这样的核算可以从一个简单的分项预算入手,显示实施该项目所需的开支。专栏10-1提供了一个例子,说明了一位社会工作者如何为一个内城社区急需的课后活动方案编制预算。

专栏 10-1　　课后活动方案分项预算简要示例

人员	每学期的支出（美元）
艺术和手工指导师①	1 800
音乐教师②	1 200
体育和游戏督导③	3 000
运行开支	
租金和设备	1 000
印刷和宣传	250
设备及耗材	500
保险	500
总计	8 250

注:①每周3天,每天3小时,总共20周。
　　②每周2天,每天3小时,总共20周。
　　③每周5天,每天3小时,总共20周。

有必要让决策者认识到不采取任何行动也会有长远代价。举例来说,住院治疗或机构服务每月的费用会高达5 000美元至6 000美元。一眼看去,一个对边缘青少年进行强化职业训练的工作项目要为这些青少年每人每年花费12 000美元,可能显得出奇地昂贵。但是,如果旁边放上数据,说明90%参加这一工作项目的青少年能够自立,不需要住在机构内接受治疗,决策者就能认识到长远来看这一工作项目真的节省了费用。此外,传统的"预防胜于补救"论也可能是一个有效的方式,以获得决策者对不太可能发生,但又有可能发生的灾难性事件的预防性改革方案的支持。如前所述,新奥尔良加固堤坝所需的费用是20亿美元到50亿美元,但这却可能节省500亿美元到1 000亿美元的清理费用。同样,如果在心理健康评估、隐私权、购买枪支背景调查和其他相关问题上采用不同的观点,给哥伦布高中(1999年4月)和弗吉尼亚理工大学(2007年4月)造成巨大生命损失的枪击案悲剧可能会有不同的结果(Bonnie, Reinhard, Hamilton & McGarvey, 2009)。难点在于,这些计算往往只在事后才让决策者(和纳税人)感到意义所在。

任务3 掂量成功的可能性

当主要的参与者、变革提案和政治经济方面的因素都已经明确，便到了估计支持和反对变革的双方力量对比的情况，并决定是否进行变革的时候。关于这一点，可以采用库尔特·卢因（Kurt Lewin）的力场分析技术，按部就班地进行。该技术最早用于理解组织中有计划的变革，然后被用于新涌现的组织发展领域（Medley & Akan, 2008）。在此要考虑的问题是，是否要另外投入时间、人力和物力推动变革工作。有经验的变革推动者知道，仅仅取得道义上的胜利意义不大。如果要采取变革行动，就一定要有一些胜算的把握。力场分析能让变革推动者对成功的可能性做到心中有数。卢因的力场分析模式识别出了三个步骤：破冰、推进/变革和再破冰。运用这一模式有助于确定特定情境"破冰"的潜力，并转换到推进和变革阶段（Lewin, 1974）。我们对卢因的框架做了修改，建议查看两方面的因素：(1) 个人、群体和组织所能给予的支持，(2) 事实和对事实的看法方面所能给予的支持。但是首先要想一下那些有助于变革工作获得成功的批评意见。

> **践行专业伦理**
>
> 批判性思考问题：追逐一个几乎没什么机会成功的变革可能会带来的负面结果是什么？

识别其他观点

这一活动要探求的核心问题是：

- 反对变革工作的人会有怎样的说法？
- 预计会有怎样的冲突或争论？

一个要考虑的重要因素是看问题的角度。它指的是个人或群体对于某个问题的倾向性或"解释"。在社会服务领域从事变革工作的人常常吃惊地发现，几乎没有一个提案不会遇到反对的观点。有人呼吁妇女对于怀孕方面的决定有咨询自己医生的权利，就有人宣传胎儿的生存权；有人关心虐待儿童问题，就同样有人忧虑儿童福利工作者滥用权威、侵犯父母的特权。借口不了解或未想到而把反对者的意见弃之不顾是有诱惑力的。但是，在从事宏观层面的变革工作时，采用这样的做法是不明智的。应该认真分析其他观点的利弊，以及其他观点的潜在的或现实的政治号召力。对行动系统的参与者来说，探索不同的观点，并对公众对每一观点的支持程度做出有根据的估计，是增加手头有用信息的好机会。

> 借口不了解或未想到而把反对者的意见弃之不顾是有诱惑力的。但是，在从事宏观层面的变革工作时，采用这样的做法是不明智的。

还应该掂量每一观点受支持的强度。一般情况下，观点越偏激，支持者越少，但是情感上更为强烈。图10-1列举了对于非法移民问题所持的不同观点（Cleaveland, 2010）。请注意，随着观点的延展，支持强度逐渐增加，冲突和争议也可能会随之增多。

| 非法移民想改善自己的经济状况，应该鼓励他们在美国工作 | 非法移民对经济来说不可或缺，应该给予其外来务工身份 | 非法移民对各州来说花费大。因为联邦法律规定向其提供服务，所以联邦资金应该承担开支 | 雇主如果雇用非法移民就应该被罚款并被吊销执照 | 所有非法移民都跨越边境触犯了联邦法律，应该尽快遣返 |

图 10-1 有关非法移民问题的一系列观点

评估个人、群体和组织对变革的态度

这一活动要探求的核心问题是：

- 有没有遗漏对变革工作获得成功至关重要的人物？
- 谁支持变革提议？
- 谁反对变革提议？
- 谁对变革提议持中立的态度？

第一个问题从政治的角度看尤为重要。没能吸收帮忙的人如同吸收了帮倒忙的人一样有害。从在组织或社区内收集数据资料的阶段开始，就应该设法获得有其支持才会成功的人的姓名。

一旦识别出了有兴趣投入变革的人，就可以运用力场分析模型（Medley & Akan, 2008）。个人、群体和组织按对变革的态度可以分为三类。第一类是推动或支持力量。第二类是中立力量。第三类是持保留态度或反对力量。如果对涉及的每个系统和系统中重要的人物或群体都做这样的分析，便可以描绘出支持和反对变革的双方的力量对比情况，并估计如果继续推进变革工作，成功的可能性有多大。图 10-2 举例说明了力场分析方法。

评估支持的程度

这一活动要探求的问题是：

- 根据对问题、人群和场域的分析，哪些事实和观点支持提议的变革？
- 哪些事实和观点反对提议的变革？

继识别出支持和反对变革的个人、群体和组织之后，还应该再用同样的方法识别与变革有关的各种事实和观点。此时不大可能需要做新的研究或分析，尽管有必要花些功夫在网上搜索有关提议的变革的最新论点以及其他组织或社区如何处理这一问题。

支持和反对变革的事实和观点可以从现有的一切可得到的资料中获取。资料来源包括统计数据、历史文献、理论、研究、因果论述、人际关系和政治因素以及资源方面的考虑等。然后可以用同一个力场模式查看一下这些信息能对变革产生的作用，即它们是推动还是阻碍了变革。图 10-3 举例说明了在变革问题上不同事实和观点的对峙情况。

系统	个人、群体和组织的支持态度		
	推动/支持力量→	中立	←阻止/反对力量
发起人系统	● 无家可归问题宣传人 T. 约翰逊 L. 斯特恩斯		
变革推动者系统	● 圣·凯瑟琳 教区的青年工作者 J. 福斯特		
服务对象系统	● 道格拉斯县无家可归的十几岁青少年		
支持系统	● 无家可归问题倡导者 ● 出走孩子的父母 ● 现有的无家可归者工作方案		
控制系统	● 支持变革的市议会成员	● 未表明立场的市议会成员	● 反对给十几岁青少年提供庇护所的市议会成员
主管系统		● 市社会服务局	
执行系统	● 有可能签约的机构		
改变对象系统		● 投票支持给十几岁青少年提供庇护所的市议会成员	
行动系统	● 倡导者（J. 福斯特和 L. 斯特恩斯）、青年工作者（J. 福斯特）、两个无家可归的十几岁青少年、来自现有庇护所的两名社会工作者		
其他		● 很大比例的普通公众	● 反对增加公共社会服务的纳税人（TAPS） ● 本市报纸 ● CMI 无家可归者工作队（竞争资助者）

图 10-2 支持和反对向无家可归的十几岁青少年提供服务提案的个人、群体和组织力场对比分析

推动/支持力量	阻止/反对力量
1. 十几岁的无家可归者年增长 20%。	1. 满足现有无家可归者需要的资源已经不够。
2. 无家可归的十几岁青少年被拉下水，从事贩毒、卖淫和许多侵犯他人财产的犯罪活动。	2. 得不到联邦和州政府的资助，无家可归被视为地方的问题。
3. 媒体增加了这方面的报道，公众越来越赞成采取一些行动……	3. 郊区城镇不愿提供所需的支持，大市区的议会认为这是个区域性问题……

图 10-3 支持和反对解决十几岁无家可归青少年问题的事实和观点

为了说明反对意见的多样性，施奈德和莱斯特（Schneider & Lester，2001：125）识别出可能会反对变革工作的人的类别。他们分别是：（1）需要对问题有更多了解的个人或群体，这些人如果对问题有足够的了解，甚至可能会支持变革工作；（2）对变革工作漠不关心或持中立立场的个人和群体，他们必须加以说服；（3）对自己的反对意见确信无疑的人，甚至可能对变革工作有敌意。这一分类强调了要认识到持反对意见的人的反对强度，而不是只认识到谁反对变革工作。

完成这一分析后，行动系统应该发起对话，决定是否把变革工作继续下去。当然，也可以选择再多收集一点事实资料，或者把问题拖一下，到更恰当的时机再做决定。我们建议，除非绝对必要，可以考虑再收集一些额外的资料，但重点必须非常明确，并费时不多。有时这类提议只是为了拖延时间，或只是要逃避难下决断的困境，那么就要搞清原因，不做无谓的事情。应该认识到现在可能正处于十字路口，有些人认为变革成功不了，想要打退堂鼓，而有些人却想一鼓作气继续下去。在此再次强调，专业的变革推动者应该以实现变革目标为重，尽可能把决策建立在坚实的基础上。如果做必要的变通会增加成功的可能性，就应该给予支持。现在有可能被推翻的变革理由应该先被搁置，直到无懈可击或时机更好时再提出来。

挑选策略和工作手法

在考虑了政治经济方面的因素之后，下决心进行变革工作，便可以采取一系列行动。我们会用策略和手法来描述这些行动。

从事宏观社会工作实务工作的人有时会以不同的方式使用策略和手法这两个术语。布拉格尔、施佩希特和托齐纳（Brager，Specht & Torczyner，1987）将策略与长期目标联系在一起，将手法与群体的短期和特定行为联系在一起。莫拉莱斯（Morales，1992）识别出了宏观实务中使用的几种类型的策略和手法，包括建立联盟、提高觉知、提升意识和教育服务对象知晓自身的失权。

在本书中，当我们使用"策略"术语时，它指的是为确保所提议的变革被接受所做的全部努力。手法一词是指所采用的与改变对象系统相关的特定技术和行为，目的是最大限度地提高策略成功的可能性和使提议的变革被采纳。

策略和手法的制定涉及一些重大决策，需要慎重考虑。所采用的方法可能对变革工作以及问题和改变对象系统产生深远的影响。正如将要看到的，选择策略及其伴随的手法是一个需要审慎的专业判断的过程。

任务 4　挑选策略和工作手法

在第九章，我们提供了指南，帮助读者在对识别出的机会或问题有所了解的基础上形成干预策略。这些策略涵盖了实现欲求目标的一系列长远行动。

策略上的考虑

这一活动要探求的核心问题是：

- 变革工作从采用什么策略开始？
- 如果一个策略没有生效，是否有必要考虑一系列策略？
- 如果有多个改变对象，针对每个改变对象会用哪些策略？

变革几乎无一例外地会影响到对紧缺资源的分配，如对权限、地位、权力、物资、服务或金钱等的分配。因此，必须考虑资源是会自愿划拨过来，还是要做一些说服工作才能划拨到位。如果行动系统和改变对象系统一致认为变革提议可以接受，并划拨资源，那么就可以采取合作的手法。如果他们接受变革提议，却不太情愿或拒绝划拨资源，或者根本就不同意变革，那么，要推进变革工作，就可能必须采取对抗性较强的手法。

例如，有一项变革工作是让残疾人能在市内各处活动，能去提供所需服务的机构。详细的研究表明残疾人存在出行不便的问题，建议提供电话叫车服务。市规划委员会和市议会友好地接受了提案报告，同意残疾人提出的服务需求确实应当被满足，并感谢残疾人交通服务工作队所做的工作。三个市议会议员同意给资助，三个反对，一个没有表态。如果没表态的议员可以被说服支持拨款，那么就可以采取合作的手法。然而，如果该议员决定反对拨款且这种反对态度会损害变革工作，那么就要采取迫使其给予支持的工作手法。采用合作手法的前提，必须是既同意变革提议，也同意划拨所需的资源。

策略的类型。在社会工作文献中，策略被分为三大类，即合作、开展运动和对抗（Brager, et al., 1987; Schneider & Lester, 2001）。在这一章，我们用这三个词来描述行动系统和改变对象系统之间的关系。合作意味着两个有工作关系的系统都同意必须做出变革。开展运动用于必须说服改变对象系统，让其认识到变革的重要性，但两个系统仍然有沟通的可能性。"运动"的有效性将决定接下来是合作还是对抗。对抗在合作和开展运动都不能奏效时使用。尽管我们将这些策略加以分门别类，但是它们也可以被视为一个连续体，彼此的界限可能有时是模糊的。变革工作可能先使用一个策略，然后又过渡到其他的策略，这取决于行动系统和改变对象系统关系的演变情况。这些策略的连续体如下所示：

合作 ⟷ 开展运动 ⟷ 对抗

不同策略的互动。在挑选最初的策略的时候，先尝试合作策略，如果不能奏效的话，然后再采用从左到右的策略，这几乎总是没错。合作的目的是获得双赢的解决方案。一旦采用了对抗策略，可能就难以或不可能再回到合作关系。

会有这样的情况：开始时两者是合作关系，但当变革过程中出现了新问题，两者就起了冲突。同样也会有关系起起落落的情况，这取决于提议的变革的性质、游说的力度、落实变革所需的资源和其他一些带有竞争意味的问题。

由于对于变革的支持会时好时坏，社会工作者对于行动系统与改变对象系统的关系不能想当然。在沟通前就假定改变对象系统的立场是不可改变的，是专业判断差的表现。认为改变对象系统一旦了解事实真相，就会举双手赞成对问题成因的分析，则是天真的表现。没跟改变对象系统有实际的沟通就假定他们会怎么想，这会导致误解，让变革工作一开始就面临失败的危险。

> 没跟改变对象系统有实际的沟通就假定他们会怎么想，这会导致误解，让变革工作一开始就面临失败的危险。

识别工作手法

这一活动要探求的核心问题是：

- 考虑到最容易获得成功的策略，首先要采取什么手法（或多种手法并用）？
- 随着变革工作的推进，策略的变化会导致采用不同的工作手法吗？

三类工作策略中各自还包含一些常用的手法。在有计划的变革工作中，选择手法是至关重要的决定。手法涉及每天采取的积极行动，是构成战略的基石，并将参与者推向变革工作的目标（Tropman，Erlich & Rothman，2001）。在变革推动者运用手法的时候，切记不要因所用的手法而失去干预的目的，也不要罔顾变革进程的首要策略（Rothman，Erlich & Tropman，2008）。

> **人权与公正**
>
> 批判性思考问题：服务对象系统（比如殴打他人的人）可能是"非自愿性的"。应该吸纳这些人参与决策采用的工作手法吗？为什么应该或不应该？

我们会以表10-1展示的框架为向导做进一步的讨论。讨论中涉及的一些概念是从前人的文献资料中提取出来的（Brager & Holloway，1978；Brager，et al.，1987；Schneider & Lester，2001）。有的地方我们会提出不同的观点，并加入新的手法。讨论自始至终都在努力搭建一个分析框架，以便指导行动系统选择和组合最佳的工作手法。

表 10 - 1　工作手法

行动系统和改变对象系统	手法
合作 改变对象系统与行动系统意见一致（或很容易被说服），认为需要变革，支持提供资源	1. 落实 2. 能力建设 　　a. 参与 　　b. 赋权

续表

行动系统和改变对象系统	手法

开展运动
改变对象系统愿意与行动系统沟通，但对是否需要变革没有多少共识；或者改变对象系统支持变革，但不给予资源
	3. 教育
	4. 说服
	   a. 吸纳成员
	   b. 游说
	5. 通过大众传媒呼吁

对抗
改变对象系统反对变革和不给予资源，也不愿意就反对意见做进一步的沟通
	6. 讨价还价和谈判
	7. 大规模集体行动或社区行动
	   a. 合法（如示威游行）
	   b. 非法（如公民集体反抗）
	8. 集体诉讼

从正反两方面考虑是否采用合作策略

这一活动要探求的关键问题是：

- 能确定很少或没有反对意见吗？
- 给参与和落实变革工作的人合适的角色，便能实现所需的变革吗？

合作策略适用于改变对象系统和行动系统都赞同需要变革的情况。运用合作策略意味着发展某种方式的伙伴关系，向着单枪匹马完成不了的变革目标迈进。其过程渗透了沟通、协作和协调，而且远不止这些。合作要求行动系统的成员承诺朝着一个方向共同努力，以带来社区或组织的变革。合作的途径可以是政策、方案、项目、人员或实践手法上的变革，但也要求所有行动系统的成员建立工作关系。

在专业文献中合作一词的定义各有不同，它会被用来指代沟通、协作或协调。然而，对于有计划的变革而言，合作并不只是松散的联系。这一有计划的变革策略要求行动系统成员中的合作伙伴自始至终投身到变革工作中，包括执行、监测进展和评估其成功性。

一些团体的正式合作导致了建立联盟。联盟是一个松散的、特设的团体会员协会，每个成员的主要身份都在联盟之外（Haynes & Mickelson, 2010）。联盟在应对灾害方面尤其有效。对龙卷风和洪水等自然灾害的应对失当往往说明了未能建立工作联盟的后果。即，地方、州和联邦当局没有建立责任范围和沟通渠道，最后却常常指责救援、搬迁和重建工作进展缓慢。

合作在强化服务传输、强化组织及社区内的能力建设上是有效的，大量的有关协作和合作关系的文献证明了这一点（Chen & Graddy, 2010）。一项研究调查了十个地理位置相近的邻里协会之间的合作。结果表明，所有十个协会都在努力解决相同的问题，但只有人数不多的积极参与者。尽管他们表达了对合作的承诺，但邻里协会未能将该承诺转化为实际的共同努力（Knickmeyer, Hopkins & Meyer, 2004）。第二项研究表明，如果有一个中立的外部机构愿意带头支持联盟伙伴之间的合作，那么联盟就有可能取得成功（Waysman & Savaya, 2004）。第三项研究描述了旨在帮助残疾人在社区生活的成功合作。在这项研究中，一个协调机构将购房者、金融机构、房地产经纪人和其他机构聚集在一起，成功地将残疾人转移到独立生活环境中（Quinn, 2004）。

研究还表明，使用合作策略存在一些固有的挑战，例如处理地盘问题、认识组织文化何时会发生碰撞、沟通不畅和管理逻辑混乱。这些挑战可能很耗时（Takahashi & Smutny, 2002: 166-167）。这意味着，行动系统和改变对象系统之间的沟通只是一个开始，在完成变革所需的时间内维持合作可能是采用合作策略的一个最大的挑战。尽管如此，在可能的情况下，合作策略仍是非常可取的，因为它让参与者把精力和资源集中在变革本身上，而不是放到对解决问题的不同看法上。

在合作策略下，我们又提出了两大工作手法：(1) 落实，(2) 能力建设。

落实。落实手法在行动系统和改变对象系统愿意一道携手工作时使用。当两个系统都赞成需要变革，关键的决策者也支持划拨资源时，变革工作就可以进入落实阶段了。落实的过程很可能还涉及一些问题，但是在这些类型的合作中，并不用太担心会出现非常敌对的关系。

施奈德和莱斯特（Schneider & Lester, 2001: 129）提出的手法包括：对问题进行调查研究、形成事实报告单和备选提案、建立任务小组或特别委员会、开办工作坊、定期与反对者沟通。这些类型的活动是执行过程中会用到的典型手法。落实手法还可能涉及为员工或志愿者提供岗位描述、确保培训和其他与工作相关的安排等，这些取决于变革工作进展的程度。

尽管落实工作可能会在系统中沿着沟通、协作和协调的道路发展，但必须认识到这并不一定会保证变革工作具有可持续性。在变革工作初战告捷之后，需要继之以持续不断的监测，把它视为整个变革过程的一部分。

能力建设。能力建设的手法有参与和赋权。参与指的是吸收服务对象系统的成员加入到变革工作的行列中。赋权指的是让改变对象系统从真实或感受到的参与障碍中解放出来。运用赋权视角是为了使人们认识到社区中权力上的差异，致力于让社区全体成员对变革持积极的态度（Gutiérrez & Lewis, 1999）。赋权既可以视为一个过程，也可以视为一种结果，通过它，人们会在心理上实实在在地认为变革是有可能发生的。

举例来说，现有的问题是受决策影响的社区居民不能参与决策（诸如重新划分街区、街道维修、安装照明设备或者是为街坊挑选市政赞助的娱乐方案等）。干预的焦点是让居民有更大的自决和自主能力。具体地说，是要教给居民如何能参与到社区的决策过程中，对影响自己生活的决策多一些自主权。当社区遇到诸如城市发展、建高速公路、扩建机场等侵占性事件，却被剥夺了发言权时，这种方法常常会适用；其他的情况，如当一个街区被漠不关心的市议会置于脑后，任其衰败时，也可以使用。另一个需要能力建设的例子来自桑德斯和桑德斯（Sanders & Saunders, 2009）对一个农村地区的成人日间服务所做的研究。他们发现要充分地为农村老人提供所需的一条龙服务，需要加强国家和地方两级的基础设施建设。

在这些例子中，专业人员协助的变革工作会把挑选出的系统汇聚到一起。在第一个例子里，某个邻里社会服务机构可能会充当变革推动者系统，社区居民可能是服务对象系统，市议会可能是控制系统（可能也是改变对象系统）。其目的是让所有相关方都同意受市政发展影响的居民对相关事宜应该有更多的发言权。然而，赋权手法的焦点不是改变对象系统（市议会/市规划委员会），而是居民。要教育、培养和武装一些社区居民，让他们能更全面地参与对自身社区有影响的决策。这一活动还包括识别和储备当地的领袖。在桑德斯和桑德斯（Sanders & Saunders，2009）提供的这个例子中，工作重点是双向的，因为州老龄服务部门和当地服务供应商都同时需要寻找方法，从老年人的需要出发进行能力建设。

赋权包括使人们意识到自身的权利，并教会他们怎样使用这些权利，以便更好地主宰自己的生活。动员在第五章提到的自助小组和志愿协会发挥作用，以及吸收服务对象系统的非正式支持网络参与工作，或许可以引导改变对象系统赞同变革工作。

从正反两方面考虑是否采用开展运动策略

这一活动要探求的核心问题是：
- 需要让谁认识到变革的必要性？
- 什么说服技巧最有可能生效？

开展运动策略用于改变对象系统并不一定同意需要变革，但是却愿意听取相关的观点的时候。它要求变革推动者系统和行动系统有丰富的技巧，这部分是因为需要先确定改变对象系统不赞成这一变革的原因。是因为他们缺乏变革的必要性和变革可能会带来的益处的信息吗？是因为他们温和地反对，迄今还没有不可动摇地反对？或者是因为他们更愿意先不表态，直到有更清楚的证据证明他们的社区或组织成员的意愿？

采用开展运动策略需要了解改变对象系统，并预测最有可能成功的手法。当选官员可能会有动力解决与选民相关的重要问题，机构执行官必须对主管理事会、消费者、员工和资助来源有所回应。了解改变对象系统发挥作用的情境有助于构建开展运动的策略。最常用于开展运动策略的特定手法可以应对这些不同的情况。它们包括教育、说服（吸纳成员、游说）和通过大众传媒呼吁，影响舆论。

教育。教育手法指行动系统借助各种形式与改变对象系统进行沟通。沟通可能采用见面会、正式做报告或者书面材料的形式。其目的是展示对提议的变革的认识、态度、观点、定量数据或其他信息，以便通过沟通信息让改变对象系统的成员改变考虑问题的角度，或者是在行动上有所改变。这常常会用到一些专门的技能，如汇编统计数据和制作幻灯片演示文稿。这样做的考虑是，更充分、更完好的资料能促使改变对象系统做出变革。

教育有可能是一个不易使用的手法，因为反对变革的一方也会向决策者通报不同的数据资料，而在处理复杂的社区和组织问题时又没有绝对的"真理"。在许多情况下，当教育不能取得预期效果或发挥预期作用时，变革推动者就会转而使用说服的手法。

说服。说服指的是让他人心服口服地接受和支持说服人在某一问题上的观点或看法，它是一种艺术性工作。除了合作手法，社会工作者还要频繁使用说服手法，因为他们认为值得做出努力的变革并不总是为决策者所接受。这意味着变革推动者必须了解改变对象系统的动机和思维逻辑，以便识别出哪些刺激措施或信息对改变对象系统的成员来说有说服力。

讲求技巧的沟通要求行动系统必须懂得如何挑选出善于说服他人的人做己方代表。改变对象系统认为没有威胁又能清楚说明变革理由的人是合适的人选。举例来说，控制系统的人可能会认为，一项变革工作的发言人不可理喻，是制造麻烦的人，或者是不停抱怨的人。尽管这可能是不实之词，但是选这些人做变革工作的发言人不是上策。可信度是在挑选发言人时的一个重要的考虑。服务对象自己有时也可以做强有力的发言人，向有关人士展示资讯和观点，让他们认识到变革的必要性。

> 服务对象自己有时也可以做强有力的发言人，向有关人士展示资讯和观点，让他们认识到变革的必要性。

把问题表述得更合改变对象系统成员的胃口，是一种有用的说服技巧。它要求具备站在改变对象系统的立场上思考问题的能力。例如，一位社会工作者受聘做长期护理工作的监察员，她与倡导护理院改革、终止长期照护服务中的虐待老人现象的联盟携手工作。护理院的行政人员对护理院改革联盟非常心烦，认为其不理解自己每天所要应付的难题。他们也真心希望提高护理质量，但却因不得不雇用没有受过适当的老年人工作训练的员工而灰心丧气。当把变革工作表述成培训问题，关键在于让员工具备更多的工作方面的知识，使员工对工作有所准备以减少人员更替时，监察员就容易说服行政人员与行动系统合作。监察员在见本地护理院改革联盟的人时表示，她感到行政人员有心要创建一流机构。她也注意到，近期的调研显示，员工更替率高常常造成对病人的照顾质量差，甚至有时导致虐待病人。她说她和她的同事愿意为护士助理做培训，因为她们与病人的交往最密切，也是员工更替率高的薄弱环节。这样做的结果是护理院的行政人员解决了虐待病人的一个主要问题，但使用的措辞却是解决行政管理上的棘手问题——高员工更替率。

吸纳成员。吸纳成员指的是把改变对象系统的成员吸收或包括到行动系统里，以便尽可能减少可以预料到的反对意见。改变对象系统的成员一旦成为变革工作的"自己人"，就可能会认为自己多少也是变革工作的主人。这可能有助于从改变对象系统招来更多的人进入行动系统。只要改变对象系统里存在权力、权威和影响力方面的层级，那么为有影响力的人物在变革工作中设立一席之地，吸纳成员工作就会很有效。比如，如果允许在公共场合打出他们的旗号或者给支持者提供一个与有价值的事业相联结的高光形象，那么就会带动一批尊重他们意见的人支持变革工作。当帮助反对者或中立方认识到提议的变革符合他们自身的利益，也能造福他人时，吸纳成员的手法最能奏效。

吸纳成员分非正式和正式两种方式。"非正式吸纳成员"指的是吸收个人支持变革工作，而"正式吸纳成员"指的是通过投票或某种其他方式，让一个团体支持某个议题。公开的支持声明有可能有助于变革工作的开展，但这取决于个人或团体的声望和知名度。

游说。游说是一种说服形式，其对象是改变对象系统中对提议的变革持中立或反对立场的做决定的人。全职游说人员是拿薪水来充当某个特定利益的代表的，一般他们的对象是当选的官员，目的是获取他们的支持和投票。非营利组织有时会动用资源聘用一位游说人员去支持或反对影响社会服务行业的立法。

民主中心（Democracy Center，2004）识别出了游说人员一般要与其打交道的五类决策者。捍卫者是为你的事业摇旗呐喊的忠实拥护者。盟友是站在你这边，但是不会充当倡导工作发言人的拥护者。骑墙派是不做什么表态的人，是游说的主要目标。平和的反对者明确投票反对你的事业，但在这个问题上不大活跃。铁杆核心反对者领导反对行动。

海恩斯和米克尔森（Haynes & Mickelson，2010）描绘了身为社会工作者或游说者需要考虑的三个要点。第一，必须时刻以事实为本，老老实实。做猜测或是夸大事实来支持自己的立场，不仅会毁掉个人的专业声誉，而且还会殃及变革工作的公信力。第二，任何陈述都应该直截了当，并以手头的数据资料为佐证。第三章讨论的问题识别和分析工作有助于变革推动者组织素材，陈述变革的合理性。第三，任何陈述都应该包括决策者关心的两个关键问题：变革的成本和社会影响。如果成本高，变革推动者可能仍然可以通过提供证据说明对问题置之不理的代价，以此来施加影响力。

> 做猜测或是夸大事实来支持自己的立场，不仅会毁掉个人的专业声誉，而且还会殃及变革工作的公信力。

通过大众传媒呼吁。通过大众传媒呼吁指的是给印刷和电子媒体提供一些有新闻价值的素材以便影响公众舆论。这一手法用于向决策者施加压力，迫使他们做出有利于解决识别出的问题的决定。这样做的考虑是，如果变革提议能够以正面形象出现在公众面前，拒绝支持的决策者就会被看成是绊脚石或者有不好的公众形象，他们会感到有压力，要变革立场。因为决策者像当选的代表一样，是引人瞩目的公众人物，全靠有一个正面的形象，所以通过大众传媒呼吁的手法会奏效。然而，也需要注意的是，有时当选的官员希望公众知道他们反对特定的行动，大众传媒的呼吁可能会使他们更加坚定地反对变革提议。能否通过印刷和电子媒体发起一场大众传媒宣传运动，取决于是否能说服记者或编辑，所提议的变革是一个有新闻价值的故事。

另外一个选择是运用互联网。在一项关于互联网营销和广告能力的研究中，总的看法是它是可取的营销工具，尤其是在以消费者为导向和消费者响应性方面有许多益处（Patwardhan & Patwardhan，2005）。电子方式的倡导正越来越多地被用于迅速传播到数量庞大的人群中。例如，梅农（Menon，2000）报告了一个在线讨论小组如何发展成一个权益倡导运动，让其他人懂得患有严重精神疾病的人所面临的问题。在从讨论小组转变为虚拟社区的过程中，参与者体会到了趁热打铁有多么重要。他们还认识到，在数不清的留言短时间内出现在留言簿上的时候，有一个开展运动的方案的重要性。

网站和博客等互联网论坛已成为日益重要的各种问题的交流工具，使行动系统成员不再像过去那样依赖传统的印刷或广播媒体。无论选择使用哪种大众媒体，专业伦理都要求变革推动者确保准确地呈现变革工作信息，并且使用任何媒体都要考虑服务对象的隐私权。

从正反两方面考虑是否采用对抗策略

这一活动要探求的关键问题是：
- 反对变革是否非常强烈，只有用强制手段才能成功地使改变对象系统违心接受？
- 如果是强制接受，变革还会奏效吗？
- 冲突的后果是什么？

对抗策略可以在三种情况下使用。它们分别是：（1）行动系统的说服工作在改变对象系统身上未能奏效，（2）改变对象系统拒绝与行动系统沟通，（3）改变对象系统对变革提议口惠而行不至。对抗策略意味着变革工作演变成了公开的冲突，它的目的是博取广泛的支持，给改变对象系统施加压力，甚至迫使它支持或至少接受变革。一旦开始对抗，行动系统必须有准备面对公开的质疑，并可能成为改变对象系统强烈抵制的对象。

在社会工作实践中，冲突是在所难免的。每个做宏观工作的人在为受压迫群体的需要奔走呐喊时，都会一再遇到令人生畏的阻力。社会工作职业的建立就是在回应基本的社会冲突，即个人主义与公共利益的持久对立。在某种程度上冲突是固有的。举例来说，贫困社区的学校可能会被认定是失败的，而富裕社区的学校则好过预期。从公共利益的角度看，所有的学龄儿童都需要为成功打下坚实的教育基础。从个人主义的角度来看，这一问题可能被界定为是为学校提供资金的财产税来源导致的：某些地区比其他地区有更多的学区税收入，因此社区学校的差距是对个人成就的回报。

冲突研究联盟区分了冲突和争议。争议被视为短期的分歧，而冲突则是长期性的。冲突通常表现在价值理念上有所不同，并在涉及财富分配、人的需要、身份威胁、恐惧和不信任等问题时出现。然而，认识到冲突也有其好处，这是很重要的。如果没有冲突，对许多个人和群体的压迫和不公可能仍会继续，社会上了解情况的人会更少，参与政治进程的人也会更少（Burgess & Spangler, 2003）。

有关个人权利和集体利益的冲突衍生出许多暴力对抗，追根溯源是人们在基本的价值观和信念上有分歧。我们认为，在一个文明社会里，任何专业性的变革工作都不能容忍暴力行为和恐怖主义。即便是非暴力性的对抗，如非暴力不合作行动，也只是在行动系统与改变对象系统的对话陷入僵局，其他可能的途径都已穷尽时的选择。

施奈德和莱斯特（Schneider & Lester, 2001）提供了一份与对抗策略一起使用的具体手法清单，其中包括：寻找谈判人或调解人，组织大型示威活动，协调联合抵制行动、围厂抗议、罢工和请愿，发起法律行动，组织公民不合作和消极抵抗活动以及安排媒体曝光。为了便于讨论，我们将对抗手法分为三大类：讨价还价和谈判、大规模集体行动或社区行动以及集体诉讼。第二种手法，即大规模集体行动或社区行动，可以进一步分为合法行动和非法行动。

在我们进一步讨论这些手法前，应该注意，采用他们要求支持系统的人普遍承诺支持并参与行动。为了说明这一点，鲁宾和鲁宾（Rubin & Rubin, 2001）把这些手法称为对峙途径。对峙意味着可能会有强烈的负面反应，这是使用其他策略不大可能会出现的。由于这些风险，若要成功使用对抗策略，至关重要的是支持系统及其子系统——发起人、服务对象和变革推动者——对于对峙不会感到不自在并意识到这样做的后果和可能的结果。很可能要付出更多的精力才能使变革工作获得成效，支持系统阵营中各方的关系也可能会因此破裂。

当使用合作和开展运动策略陷入了僵局或者失败，就可能要采用对抗策略。但是，一旦采用对抗策略，就不大可能再回头使用合作或开展运动策略。鉴于这些原因，对抗策略一般不应作为首选。

讨价还价和谈判。讨价还价和谈判是在行动系统和改变对象系统因各有各的理由支持或反对某个提案或问题而出现对峙局面时使用的。一般是认识到各方参与者在力量对比上有悬殊，需要做出妥协。这种手法比说服手法正规一些，有时还会有第三方做调解人。改变对象系统一般会同意谈判，前提是：（1）对行动系统的意图和想要的结果有些理解，（2）事情有些紧迫，（3）变革的相对重要性和范围已经知晓，（4）有方便行使权力的资源，（5）感到行动系统的做法有一定的合法性。要谈判，行动系统和改变对象系统双方必须认为自己有对方想要的东西，否则，没理由坐到一起。

施奈德和莱斯特（Schneider & Lester, 2001）建议，当行动系统和改变对象系统的关系有所疏远的时候，可以考虑运用第三方调解或谈判的方式。举例来说，某个家庭暴力庇护所收到了一笔捐款，支持在商业区和居民住宅区的过渡地带建造一座楼。居民和商户都愤怒地反对重新规划这个区域，因为他们害怕愤怒的配偶或伴侣可能会与他们产生暴力冲突。在这一情形下，调解人会尝试让所有方都阐述自己的关切，并找到一个保护彼此利益的中间立场。也许庇护所可以保证对不满的配偶或伴侣的担忧不会发生在街上，他们会在庇护所内设立"安全房间"加以掌控。如果这个解决方案不能被接受，那么商户可能会同意在另一个区域买一栋楼，置换在他们街区的这栋楼。

如果运用得好，讨价还价和谈判会带来双赢的局面，即改变对象系统和行动系统都对结果感到满意，并完全表示全力支持。然而，也可能会出现有输有赢的局面，即一方系统明显是赢家，另一方是输家。还可能会有两者皆输的局面，即两个系统都放弃了一些东西，都对结果感到失望，这可能比变革前更糟糕。

大规模集体行动或社区行动。大规模集体行动或社区行动指的是预备、培训和组织愿意组成压力团体的数量庞大的公众，通过各种形式的集体行动（如围厂抗议、干扰会议、静坐示威、联合抵制和其他诸如此类的对抗手法）来倡导变革。和平示威是正当活动，问题双方的群体常常都用它来表达自己的观点。反对堕胎和支持堕胎的运动是时常采用这一手法的群体的例子。

非暴力不合作行动是故意违法。比如，1955年亚拉巴马州蒙哥马利的黑人罗莎·帕克斯（Rosa Parks）拒绝坐在公共汽车后排座位上，就是在故意违抗当地的法令。环保人士在濒危物种或森林受到威胁时封锁通往建筑工地的道路，也是在故意违法。动物权利组织会往动物毛皮大衣上喷涂料，焚毁财产以示抗议。反对堕胎的激进分子会骚扰流产诊所的医生和病人。当行动系统的成员故意进行违法活动时，变革推动者就要对由此而产生的后果有所准备。变革推动者在决定采取行动前，有责任让准备参加行动的人意识到所冒的风险。20世纪上半叶，莫汉达斯·甘地（Mohandas Gandhi）在印度领导反抗英国统治的斗争时，首先阐明了一个至关重要的界线，它一般介于非法但非暴力的抗议和涉及对他人的暴力行动之间。社会工作原则严格禁止后者，但认可前者是在诸如弱势群体受压迫等情况下的正当手法。尽管如此，当行动系统的成员有意从事非法活动时，变革推动者必须做好接受其行为后果的准备。变革推动者有责任让可能的参与者在决定这样做前充分了解这些风险。

> **专业认同**
>
> 批判性思考问题：社会工作者直接卷入公民不合作行动的风险是什么？有哪些间接的方法可以支持这一策略？

集体诉讼。集体诉讼指的是一个实体起诉某个违法行为，并希望法庭审理的结果能适用于所有受害人。这种方法适合不大可能有能力或资源保护自身权益的弱势群体，如严重的精神病患者、无家可归者、儿童等。办理公共起诉案的律师组织可以成为行动系统的资源，协助制定集体诉讼的方法。

代表各种不同服务对象群体的各类团体都运用过集体诉讼。它是寻求确保达到特定服务标准的权益倡导和监察组织的一个特别常见的工具。在儿童福利领域，一个名为儿童权利有限公司的组织，在过去25年里对十几个州的儿童福利机构提起了集体诉讼，声称它们没有提供足够的服务。被告通常是市、县或州政府。这些诉讼获得成功后都迫使被告提升员工队伍并升级机构设施，改进或实施新方案，并投入其他类型的资源来弥补服务的不足。一项对新罕布什尔州一个小型社区的后续研究显示，通过参与和参加挑战教育资源分配不公的集体诉讼行动，社区有了获得赋权的感受。这表明该行动带来了附加收益（Banach, Hamilton & Perri, 2004）。

挑选工作手法要权衡的一些因素

这一活动要探求的关键问题是：

- 变革工作的目的是什么？它在变革进程中有没有改变？
- 怎么看待（从推动变革的人的角度）控制和主管系统？

- 怎么看待（从推动变革的人的角度）服务对象系统的角色？
- 每个工作手法需要什么资源，又能得到什么？
- 各种手法本身有什么内在的伦理上的难题？

挑选合适的策略和手法是一项重要又艰难的任务。在挑选最佳途径时需要权衡几个要素，接下来我们简要地谈一下每个要素。

目的。 目的常常会随着变革工作的进程发生变化，因而在挑选策略前重新检视一下目的是理所当然的。以家庭暴力问题为例，公众意识到这一问题可能是源于需要向被殴打的妇女提供额外的紧急庇护场所。然而，当对问题进行了分析并有了进一步的理解之后，目的可能变成提高社区中所有面临家庭暴力风险的妇女的防范意识。因此，策略和工作手法也会由倡导提供服务变为赋权教育。

因为工作手法会随着目的和目标的改变而变化，所以值得最后检视一下，确定所有相关系统的成员对于变革目的都清清楚楚并赞同。如果任何系统的成员，特别是行动系统的成员忧虑变革的目的或性质，那么在推进工作前应该有进一步的交流。特定类型的目的往往要通过特定类型的手法来实现。这有助于简化挑选的过程。各类目的和一般有可能与之相伴的手法列在了表10-2中。

表10-2 目的与工作手法的关系

当前目的	改变对象系统和行动系统的关系	可用的工作手法
1. 解决实际问题，提供所需的服务	合作	通过联合行动落实变革工作
2. 自我引导，自我控制	合作	通过参与和赋权进行能力建设
3. 影响决策者	有分歧但仍愿意对话	教育、说服、通过大众传媒呼吁、大规模集体行动或社区行动
4. 改变公众舆论	有分歧但仍愿意对话/敌对	教育、说服、通过大众传媒呼吁、大规模集体行动或社区行动
5. 转换权力	敌对	大规模集体行动或社区行动
6. 指令行动	敌对	集体诉讼

控制和主管系统。 对控制和主管系统的认识多种多样。如果他们是变革工作的积极支持者或赞助人，那么他们就可能会迅速采用落实手法（作为合作策略的一部分）去带来变革。如果这两个系统的成员是变革工作的支持者，而非参与者，那么他们可能会挑选能力建设（通过参与和赋权）作为工作手法。如果他们是中立者或对此漠不关心，那么他们采用开展运动中的某个或某些手法便理所当然。最后，如果这些系统的成员对他们的主要服务对象构成压迫或者是对服务对象的需要麻木不仁，那么就可能需要采取某种或某些对抗的手法。表10-3说明了对控制和主管系统可能扮演的角色的各种认识，以及按理应该采用的相应手法。

表 10-3　控制和主管系统的角色与工作手法的关系

对控制和主管系统角色的看法	控制和主管系统与行动系统的关系	可供选用的手法
1. 赞助人、支持者、共同参与者，同事	合作	通过联合行动落实变革工作
2. 中立或漠不关心者	合作	通过参与或赋权进行能力建设
3. 不了解情况的挡路人/对变革没把握	有分歧但仍愿意对话	教育和说服
4. 变革的绊脚石/反对者	敌对	讨价还价，大规模集体行动或社区行动
5. 压迫者	敌对	大规模集体行动或社区行动
6. 践踏他人权利的人	敌对	集体诉讼

主要服务对象。主要服务对象的角色不是一成不变的。对其角色的认识会影响挑选变革工作的策略。有时可能难以确定谁是真正的主要服务对象。比如说，在解决老年人的需要问题时，变革推动者可能发现，许多老年人的照顾人压力大，疲惫不堪，不能对负责照顾的老人提供合格的照顾。在这种情况下，就必须要弄清楚变革工作的主要受益人是老人还是他们的照顾人。

如果主要服务对象被看成是消费者或者服务接受者，那么一般落实（作为合作策略的一部分）是最适合的手法。如果主要服务对象是社区居民或者是有可能参与获得自我引导、自我控制能力行动的人，那么，能力建设手法（作为合作策略的一部分）可能更为适用。如果主要服务对象是一群需要得到某项服务的人，但这一需要却没被主管系统认可，那么就可能需要采取某种或某些对抗手法。

鉴于这些原因，知晓行动系统如何看待主要服务对象，服务对象系统如何看待自己的角色，他们的看法与行动系统的是否一致，十分紧要。行动系统中有服务对象（服务对象系统与行动系统重合）对在服务对象和变革推动者之间建立信息交流机制大有帮助。表 10-4 展示了服务对象的角色、相应的工作途径、策略和手法。

表 10-4　服务对象系统的角色与工作手法的关系

对服务对象系统角色的看法	服务对象系统与改变对象系统的关系	可供选用的手法
1. 消费者，服务接受者	合作	通过联合行动落实变革工作
2. 需要更多自我引导和自我控制的社区居民	合作	通过参与和赋权进行能力建设
3. 未被准许充分参与决策的公民/纳税人	有分歧但仍愿意对话	教育和说服
4. 受害人，有需要却没得到应有服务的人	敌对	通过大众传媒呼吁
5. 受害人，被剥夺权利的人	敌对	大规模集体行动或社区行动
6. 被否定公民权的人	敌对	集体诉讼

资源。由于工作手法不同，所需资源的数量和类型也会有所不同，所以在挑选策略时

要考虑的核心问题是行动系统可以得到怎样的资源。举例来说，如果选择合作策略，所需的资源是有关落实、监测和评估变革工作的专门知识，这些知识能让行动系统把握变革工作是否得到了恰当的落实。如果使用能力建设手法，行动系统必须有基层工作组织能力，并有一些教育和培训方面的专门知识。如果存在分歧，需要采用开展运动或对抗策略，那么或者需要技巧纯熟的"说客"、传媒方面的支持，众多愿为变革工作挺身而出、敢做敢当的人，或者需要法律方面的专门知识。事先考虑好运用手法所需的资源（如专门知识、培训、时间、资金和设备等）很重要。

在本章的前面，我们讨论了通过编制一个支出预算来确定变革成本的重要性，这是变革工作获得成功所必需的。类似的做法有助于确定变革成功的首选策略所需的资源。诸如专门知识、办公用品和设备、邮费、培训、会议室和其他需求等开支应在此时逐条列出，并根据预计支出进行核算。应运用志愿者和实物捐助来尽可能多地满足需要。表 10-5 说明了每种工作手法与行动系统所需的资源。

表 10-5 每种工作手法与行动系统所需的资源

工作手法	需要的资源
1. 合作-联合行动或解决问题	专门知识，监测和评估能力
2. 能力建设	基层工作的组织能力，教育和培训的专门知识，参与机会，一些土生土长的领导，自愿参与者
3. 说服	知情人，数据资料，技巧纯熟的说客或游说者
4. 通过大众传媒呼吁	数据资料，有新闻价值的问题或看法，能与新闻记者搭上关系，写新闻稿件的专门知识
5. 大规模集体行动或社区行动	众多投身参与行动的人（支持系统），培训和做组织工作方面的专门知识，熟悉情况的领导，讨价还价和谈判技巧
6. 集体诉讼	法律方面的专门知识，受害人愿意诉诸法律并提供资料，至少有钱支付诉讼费

专业伦理。在第一章，我们讨论了价值观在社会工作实践中的重要性。伦理是将价值观付诸行动的行为。伦理上的两难处境指的是在两个同等重要的价值观之间必须做出抉择的情况。挑选工作手法也可能常常会遇到实际的或感觉到的伦理困境，即采用什么样的手法常常涉及不同系统的成员价值观上的碰撞。这一点特别真切地体现在行动系统和改变对象系统在价值观上的碰撞，导致采用对抗手法的情况上。

在第一章，我们还着重指出了几个伦理原则：人的尊严和价值（自主）、服务（行善）和社会公正。这些原则对于宏观层面的变革工作意义重大。自主和行善可能会发生冲撞，比如，服务对象系统的成员不愿拿已有的不多的东西（自主）去冒险，而行动系统的成员却想代表服务对象推动改善生活质量（行善）。当两者发生冲突的时候，应该优先考虑服务对象的权利而不是行动系统成员的希冀。

一个社会工作实习生第一次的实习经历可以用来说明这种伦理原则上的碰撞。这个实习生在美国西南部的一个小型社区中心工作。她发现，许多拉丁裔的服务对象住在拥挤的

357　公寓里，各种供电线路杂乱无章，下水管道也不够用。得到机构的支持后，她着手与服务对象谈话，看他们是否愿意参加改善居住条件的行动。她对情形做了分析，结果发现任何变革工作都需要房屋和公共健康部门的人加入行动系统。她的服务对象求她不要让地方当局关注这件事，因为许多服务对象都是非法移民，他们害怕暴露身份后会被驱逐出境。服务对象宁愿接受糟糕的住房条件，也不愿冒险承担暴露身份的后果。在此，服务对象系统的自主与变革推动者系统的行善发生了冲突。

　　社会公正与自主间的冲突，可以用行动系统的成员要求重新分配资源，而改变对象系统的成员认为放弃了对宝贵资源的控制，自己就没有多少自由来说明。宏观上的变革常常诉诸社会公正原则，而这一般要通过重新分配一些宝贵资源（如权利、金钱、地位等）才能达到变革目的。因为社会公正是基本的伦理原则，在被践踏的时候会引起强烈的情绪反应，所以变革推动者在为服务对象争取权益的时候有可能变得一心要匡扶正义，为达到目的而不择手段。

　　我们的看法是，这一做法会在行业内造成无政府状态，工作手法会被当成武器用来惩罚改变对象系统，而不是让服务对象系统受益。在这些时候，变革工作太容易走到自行其是的路上，专业人员也太容易认为自己是在除恶扬善，忽视其他的行动者。正义感会取代审慎可靠的判断。上述观点并不是说如果服务对象惧怕变革，一些因素，诸如恶劣的居住条件或

358　基本的需要，就应该被视而不见。问题在于服务对象系统的权利。如果能说服服务对象改善生活条件，而且不会有风险，或者值得冒风险，那么变革工作就可以推进。如果说服不了他们，那么开展运动或对抗策略可能就需要终止，除非能找到一些手段保护服务对象。

　　运用隐蔽的手法。"透明度"的概念在政府和私人组织内部进行的业务往来中变得越来越重要。透明度指的是让行动和决策过程公开化，接受公众和媒体的审查。其目的是保护公众利益，防止谋取私利的行为或有悖于伦理道德的行为。休斯敦安然事件和美国联邦应急管理局（Federal Emergency Management Administration，FEMA）2005年对新奥尔良灾害的反应等丑闻，被认为部分是由于组织运作缺乏透明度或开放性，缺乏公众和媒体监督。

　　问题是透明度的概念是否也适用于试图在组织或社区中进行变革的个人或团体。当考虑的变革是要求掌握权力的人放弃某些权力，将这些权力让渡给没有什么权力的那些人时，可能存在一些风险，开放或透明会导致变革失败。在这些情况下，必须仔细权衡保密的必要性，避免失去信任和可能遭到违反伦理守则的指控的风险。若行动在开始时是保密状态，那么那些发起变革的人必须认识到，在某个时刻事情会被公之于众，所有的行动在公开时都应该经得起伦理方面的检验。

　　需要运用隐蔽手法的一个例子是，一名员工认识到组织内部有违背伦理或非法的活动，感到需要做一个"吹哨人"。又例如，如果一名儿童福利工作者认为，所有有关虐待和忽视儿童的投诉都没有按照制定的工作指南进行调查，那么他可能要先保留一份日志，记录下违规行为。在某个时间点，这位工作者会汇编掌握的数据，并可能会把它递交给儿童福利服务主任。这位工作者可能会同意纠正这些做法的某个计划和某个时间表，同时让

主任知道如果最后期限到了但没有做到，他会把数据移交给儿童权利有限公司，这个问题可能要在法庭上解决。

选择恰当的手法。在绝大多数情况下，选用什么工作手法都没有清楚的对错之分。伯林（Berlin，1990）指出，两极化思维会让人们变得不堪一击，对于极为复杂的问题寻求简明的答案。事实上，在许多灰色地带，简单的答案是不够的，必须尊重差异。专栏10-2提出了几个问题，指明在挑选合适的手法时要考虑专业伦理。

专栏10-2　　　　考虑专业伦理问题的指南

（1）改变对象系统和行动系统在价值观上的冲突表现在什么地方？
（2）看起来什么伦理原则在指导行动系统的行动？
（3）服务对象系统和行动系统的伦理原则有可能发生冲撞吗？
（4）如果考虑运用隐蔽手法做变革工作，前提条件是什么？
　　a. 改变对象系统的使命或社区的授权被忽视。
　　b. 改变对象系统的使命或社区的授权因个人利益上的得失而被弃之不顾。
　　c. 变革工作尝试了合法途径，但改变对象系统不予理会。
　　d. 服务对象系统完全意识到了卷入其中的危险，但愿意冒风险。
　　e. 其他。

两极化的思维方式十分常见（如输与赢、对与错、好与坏、共识与冲突）。在发生冲突的情况下，迫使对方对峙和公开对立的观点可能是有用的。然而，两极化的思维方式会强化激进的变革推动者认为改变对象系统代表的是"邪恶"一方，而行动系统代表的是"善良"一方。尽管这会为对峙添加能量，但可能会削弱任何可能的进展，使得找到共同点和接受现实的调停方案变得更加困难。因此，我们认为专业社会工作者有责任避免两极化思维，在推断需要动用对抗策略前，先仔细分析围绕变革工作发生的情况。这意味着大多数变革工作会采用合作和开展运动的策略，因为行动系统和改变对象系统会尽力尝试达成彼此都接受的解决方案。尽管合作和冲突是两个对立的手法，但是我们认为在大多数情况下仍会有程度上有差异的中间地带。当前面提到的所有工作都已经完成，应该拿出一份简明扼要的有关变革工作的书面报告。第十一章会讨论这一问题。

小　结

本章我们提出了一个系统化的途径，用来识别有可能使变革成功的策略以及与之相伴的工作手法。这一途径包括设计一系列的任务，促进最大限度的参与，涵盖所有可能的变革类型，挑选出最有可能实现想要的结果的方案。为变革工作谋划的人在评估提议的变革的长处和薄弱环节时要考虑政治、人际关系和经济方面的一些因素。列出支持和反对变革的人以及相关因素，会便于系统地评估成功的可能性。如果成功的可能性较高，变革工作就可以进入挑选合适的手法阶段。

如同所有的专业实践一样，工作途径可能需要具体执行的人根据情况做出调整。如果情况紧急，必须立即采取行动，那么一些程序就需要缩短或简化。但是如果时间允许，特别是如果提议的变革十分重大，则每项任务都要认真仔细地落到实处才能取得最佳结果。

社会服务领域总是需要一些变革，既有组织中的变革，也有社区中的变革。我们相信这些变革需要专业协助和咨询，要用到社会工作者有关宏观层面变革的知识。这些变革要求人们知情，有时要求学者的参与和指导，以保证所达成的目标满足了目标群体最迫切的需要。我们认为社会工作者所处的位置，可以很好地带领或协调这些变革工作在计划阶段所要完成的任务，并将它们引入行动和落实阶段。第十一章会谈论这个阶段的任务。

附录　挑选合适的工作手法的框架

任务 1　评估政治和人际关系方面的准备情况

评估持续时间、强度和频度
- 问题存在多久了？
- 人们认为问题紧迫吗？
- 问题是偶尔发生还是重复出现？发生得有多频繁？

处理公众形象与公共关系问题
- 谁参与了推动变革的工作，决策者怎样看待这些人？
- 谁可以担当变革提议的有效发言人？
- 谁在变革提议呈现给决策人时要做低调处理？

任务 2　评估资源方面的因素

核算变革的成本
- 变革工作中的哪些费用可以预先计算并详细开列出来？哪些只可以估计？
- 要寻求哪些可以提供资金和实物捐助的组织或部门的支持？

核算不进行变革的代价
- 如果对问题置之不理，组织或社区会付出什么代价？
- 如何把这一代价有条不紊地表达出来，让决策者感到支持变革是一个很好的事？

任务 3　掂量成功的可能性

识别其他观点
- 反对变革工作的人会有怎样的说法？
- 预计会有怎样的冲突或争论？

评估个人、群体和组织对变革的态度
- 有没有遗漏对变革工作获得成功至关重要的人物？
- 谁支持变革提议？
- 谁反对变革提议？
- 谁对变革提议持中立的态度？

评估支持的程度
- 根据对问题、人群和场域的分析，哪些事实和观点支持提议的变革？
- 哪些事实和观点反对提议的变革？

任务 4　挑选策略和工作手法

策略上的考虑
- 变革工作从采用什么策略开始？
- 如果一个策略没有生效，是否有必要考虑一系列策略？
- 如果有多个改变对象，针对每个改变对象会用哪些策略？

识别工作手法
- 考虑到最容易获得成功的策略，首先要采取什么手法（或多种手法并用）？
- 随着变革工作的推进，策略的变化会导致采用不同的工作手法吗？

从正反两方面考虑是否采用合作策略
- 能确定很少或没有反对意见吗？
- 给参与和落实变革工作的人合适的角色，便能实现所需的变革吗？

从正反两方面考虑是否采用开展运动策略
- 需要让谁认识到变革的必要性？
- 什么说服技巧最有可能生效？

从正反两方面考虑是否采用对抗策略
- 反对变革是否非常强烈，只有用强制手段才能成功地使改变对象系统违心接受？
- 如果是强制接受，变革还会奏效吗？
- 冲突的后果是什么？

挑选工作手法要权衡的一些因素
- 变革工作的目的是什么？它在变革进程中有没有改变？
- 怎么看待（从推动变革的人的角度）控制和主管系统？

- 怎么看待（从推动变革的人的角度）服务对象系统的角色？
- 每个工作手法需要什么资源，又能得到什么？
- 各种手法本身有什么内在的伦理上的难题？

我的社会工作实验室

请登录 www.mysocialworklab.com 网站并回答以下问题（如果你没有在收到本教材的同时也收到 MySocialWorkLab 的访问密码，并希望在线购买访问权限，请访问 www.mysocialworklab.com）。

1. 观看关于核心能力的视频："参与政策变革"。谁代表主管系统？谁代表行动系统？你会怎么描述它们的关系？你能找出这个视频里运用的手法吗？

2. 阅读我的社会工作图书馆中的案例研究："社区对社区"。反思凯瑟琳的工作如何从个人慈善行为演变为围绕社区建立的可持续、有组织的努力。她用了表10-5所列的哪个或哪些手法？

测验题

以下问题将测试你对本章内容的掌握情况。额外的评估，包括将本章的内容用于实践的证照考试类型的问题，请访问 MySocialWorkLab。

1. 卢因的"力场分析"方法比较的是：
   A. 干预支出和收益。
   B. 支持力量和反对力量。
   C. 行动策略和手法。
   D. 政治和经济因素。

2. 哪种手法包括了吸纳改变对象系统的人进入行动系统？
   A. 教育。
   B. 吸纳成员。
   C. 游说。
   D. 媒体呼吁。

3. 行动系统有位成员声称全力支持变革但私下却反对变革。这种情形需要用哪个手法？
   A. 对抗。
   B. 胁迫。
   C. 吸纳成员。
   D. 说服。

4. 有意违法（并坚称是不得已而为之）是_____的特点。

A. 政治示威。
B. 公民不合作行动。
C. 集体诉讼。
D. 有目标的游说。

5. 在讨论挑选一个特定的手法所涉及的伦理问题时，我们提到了避免"两极化思维"的重要性。这是什么意思？举一个例子，说明两极化思维可能导致选择某种策略，而对情况进行更开放、更多方面的审视可能会带来不同的选择。

测评你的能力

请使用下面的量表，根据本章介绍的每个能力的概念或技能来评估你当前掌握的水平：

1. 我能准确地描述这一概念或技能。
2. 在观察和分析实务活动时，我总能识别这一概念或技能。
3. 我能在自己的工作中很好地践行这个概念或技能。

概念或技能	评分		
1. 能够在影响变革的同时评估不同选区的需要和优势。	1	2	3
2. 能够评估复杂的背景因素，只会尝试用负责任的、符合伦理的方式影响有意义的变革。	1	2	3
3. 能够在追求变革的同时，考虑各个方面的人权和社会经济公正。	1	2	3
4. 能够在运用变革手法时按照专业社会工作标准行事。	1	2	3

第十一章

计划、落实、监测和评估干预工作

宏观实务工作的计划过程到了这一节点，应该清楚的是，选择干预措施并不是靠头脑风暴或选择最流行的建议就可以完成的事。宏观干预是一项精心研究和周密计划的工作。干预工作假设为确保所有参与者了解干预提案背后的逻辑创造了条件，也为围绕干预方案取得各方可接受的共识提供了机会。在这些活动之后，依据对提议的变革的接纳或抗拒程度，才可以挑选出合适的干预工作策略和工作手法。

此时，可以准备一份简短的书面文件，其中包括：（1）清楚解释问题或需要的陈述，（2）对提议的变革和预期成果的描述，（3）为使变革被接受而制定的策略和手法。该文件可在参与者中传阅，提供机会让大家审读和评论，人们通过这样的方式达成共识。然而，并不能由此假定参与这个过程意味着支持最后的工作设计方案。在制定干预细节之前，对分歧进行最后的核查很有必要。随着计划的完善，需要对拟采取的干预形式进行最后的商谈。这一过程包括：

任务 1：确定干预的目的。
任务 2：制定成果目标。
任务 3：制定过程目标。
任务 4：列出每个过程目标的活动。
任务 5：启动行动计划。
任务 6：监测干预。
任务 7：评估干预的有效性。

计划干预的细节

有了所有这些变革工作计划和共识，很容易让人以为不会再出什么差错。但是即使是认真仔细计划好的变革工作，由于在落实阶段没能注意好细节，也可能会招致失败。正如我们在第九章中讨论过的，宏观层面的变革可以落实在政策、方案、项目、人员或实践方法上。有时，变革可能需要在不止一个层面上计划干预措施。在以下的部分中，我们将尝试说明如何处理既需要政策做出变革又需要一些方案或项目做出变革的情况。请看一看下面这个案例。

案例：锡达镇的志愿者政策

锡达镇是中西部一个人口约3万人的小镇。直到最近，该镇一直以相当快的速度发展，人口从2000年到2008年增长了58%。当选官员包括一位镇长和几位镇议会议员。镇部门包括一位小镇经理、预算主管、镇检察官、供水和污水处理部门、警察和消防部门、公园和娱乐部门以及社区发展部门。锡达镇的学校系统有九所小学、三所初中和三所高中。在锡达镇人口不断增长的那些年中，镇和学区的员工数量不断增加，以跟上对镇和学区提出的要求。在经济很强劲的时候，从许多小企业、一些连锁店、餐馆和汽车旅馆那里征收的营业税、物业税和少量的销售税支持了该镇和学区的基础设施建设。

然而，当一场严重的经济衰退席卷了该镇、州和整个国家时，该镇开始注意到资源的减少。在第一年，镇议会冻结了所有的招聘，清理了所有的培训和差旅资金，并削减了给镇工作人员的一些福利。到了经济衰退的第二年，官员们意识到，所有比较容易的预算削减手段都已经用完了，必须减少工作人员。公园和图书馆的工作人员首先被削减，然后是供水和污水处理部门被削减10%的预算，这就需要裁员。最后，当其他所有预算支出都被尽可能地减少后，镇上决定削减警察和消防人员。

为了应对这场危机，小镇经理召集了自己部门的负责人开会，试图集思广益，讨论在维持可接受的服务水平的同时，镇上如何能够渡过这次经济衰退。在对该镇现有的人口普查数据、以往提供的服务、过去的预算和其他类似城镇提供的可比服务进行彻底检视后，各部门负责人决定，他们将集中精力尝试利用当地的志愿者和兼职工作人员替代全职员工履行某些职能。大家一致同意，这项努力是暂时的，当税收一旦又能支付聘用人员的费用时，在经济衰退期间被解雇的任何员工都有重新被聘用的权利。各部门负责人同意起草一份允许扩大使用志愿者的政策变革草案，并同意如果镇议会接受该政策变革，则各部门负责人将在其部门启动方案制定工作，为实施提供参考指标。

根据调研结果，小镇经理和指导委员会提出了以下干预工作假设。

如果镇议会接受包括以下组成部分的政策：

（1）检视当前的入门级岗位职责，以确定志愿者可以承担哪些任务。

（2）起草志愿者岗位职责说明，明确工作范围和连带责任。

（3）提出志愿者培训次数和认证的要求。

（4）任命一名志愿者做协调员。

然后可以预期得到以下结果：

（1）指定任务将由志愿者执行。

(2) 所有志愿者将接受培训和认证，志愿者将在岗位描述的范围内开展工作。

(3) 所有参加的志愿者将由协调员统筹安排。

(4) 继续向公众提供不少于之前水平90%的服务。

锡达镇议会由普选的六名成员和一位镇长组成。当社区志愿者方案第一次被提出时，三名理事会成员和镇长没有反对，但他们表示了一些担忧。第一，他们担心这样做会影响到未来配备全职人员。第二，他们对在这一过程中志愿者或公民受到伤害的连带责任表示担忧。第三，他们不确定志愿者在完成镇上资助的活动和服务方面的可靠性。指导委员会起草了专栏11-1中的政策说明，以抚平这些担忧。

专栏11-1　　一项提议使用志愿者的政策

（提议的政策第11-326）

本政策事关使用志愿者担负一些目前指派给锡达镇挑选出的全职员工的工作。本政策旨在分析工作描述；确定受训志愿者有能力承担的任务；制定岗位职责描述，说明志愿者和镇政府的责任边界与连带责任；培训和认证志愿者，使其履行特定职责；指派一名志愿者负责安排其他志愿者的工作，并确保在承诺的时间段都会有人在岗。除非镇议会选择提前终止该方案或将其延期，否则该方案将持续运行，直到镇财政收入恢复到可以再次雇用全职员工的水平。

除非情况另有要求，在本政策声明中：

(1) "志愿者"是指身为锡达镇居民的非受薪人员。

(2) "功能"是指选定员工当前工作描述中列出的条目。

(3) "选定的全职员工"是指目前因失去资金而被解聘的锡达镇雇员。

(4) "培训与认证"是指各部门要设计的使用志愿者的方案，并有部门负责人批准的培训内容和认证标准。

(5) "连带责任"是指镇保险公司以合理的价格承保的志愿者履行职责的人寿保险。

本政策一旦获得批准（如有必要，可进行修订），部门负责人将被指示：

A. 为本部门制定志愿者工作描述。

B. 制定志愿者培训和认证方案。

C. 指定一名志愿者做协调员。

D. 招募、培训和认证志愿者。

E. 编印志愿者排班表。

F. 收集监测和评估数据，向镇议会报告该方案的有效性。

落实的重要性

这里要学习的是，落实不是一件事，而是一个过程，需要仔细计划、监测和评估。在本章中，我们将讨论变革工作中计划、落实、监测和评估的细节内容。

> 落实不是一件事，而是一个过程，需要仔细计划、监测和评估。

计划干预

不管是从政策、方案、项目、人员，还是从实践手法上入手进行变革（第九章讨论过），都缺少不了有目的的计划过程。温巴赫（Weinbach，2010）提倡仔细制订计划，这样管理人员就不会让太多事靠运气。他指出，机构内的活动容易偏离轨道，除非把一些人放到特定的位置上，保证这些活动沿着既定的轨道前进。

类似地，哈迪纳（Hardina，2002：272）把关注点放到了社区领域。在这一领域，组织以及多个选区的团体都会制订工作计划。"制订计划的人需要有政治和行政方面的工作能力，以保证计划能实实在在地得到落实。他们必须运用问题解决模式的所有步骤来制订出合适的计划，即要走过识别问题、做评估、确定目标、落实和评估干预工作的各个阶段。"哈迪纳提醒我们政治能力要与行政能力相结合，以便让变革像计划的那样展开。

> **实务情境**
>
> 批判性思考问题：除了资源限制，还有哪些因素可能会影响改变工作的政治环境？

计划干预的细节包括确定目的、写出目标、列出所有需要落实的行动，以及制定时间表、截止日期和明确责任。这一计划绝对要形成书面文字，并让所有参加落实工作的人人手一份。它会用来引导和培训落实变革工作的人员，以后则会成为监测和评估干预工作有效性的依据。

任务 1　确定干预的目的

要探求的关键问题是：
- 如果干预获得成功，预计总的成果是什么？

目的是变革工作的灯塔或聚焦点，用来提示变革工作的真正用意。它也提供了一个工具，围绕着它，观点上千差万别的人能开始建立共识。目的用欲求结果来表达的，应该包括目标人群、范围、期待的结果或成果（Brody，2005；Montana & Charnov，2008）。达到目的所要经过的过程或使用的方法不应该被包括在目的陈述中。举例来说，锡达镇志愿者方案希望达到以下目的：
- 在锡达镇资源减少期间，维持选定部门的服务水平。

其他说明目的陈述的例子有：
- 本项目的目的是增加拉丁裔在校高中生的数量，并使其拿到杰克逊中学的毕业文凭。
- 本工作方案的目的是减少埃尔伍德镇社会隔离老人的数量。
- 本变革工作的目的是要通过和执行一项政策，让华盛顿县的初犯能建立积极的、对社会有所贡献的生活方式。

注意，上面陈述的这些目的并不能具体测量。有可测量标准的是干预工作的目标。

制定干预目标

目标是对目的的阐发。它们用可测量的语句呈现出有计划的干预的细节，包括预计的结果和实现的过程。活动是为了实现每个目标必须要落实和完成的任务项。

确定目的和目标要求把在分析阶段产生的概念和想法转换成具体的语句。目的是把可能极为庞大复杂的工作巧妙地分解成可以操作的小类别的工作。

这一工作的入手点是重新查看干预工作假设，并把提议的干预转换成目标。为了便于说明这一过程，我们继续使用锡达镇方案中的干预工作假设的例子。

如果包括下述要素的政策被镇议会采纳，那么：
（1）需要查看当前初级工作的描述以确定哪些工作可以让志愿者来处理。
（2）草拟出志愿者工作描述，说明限定的工作范围和连带责任。
（3）提出培训场次和认证方面的要求。
（4）指定一位志愿者做协调员。

预计会有下述结果：
（1）指派的任务将由志愿者负责完成。
（2）所有志愿者都会接受培训和认证，志愿者会遵照工作描述来开展工作。
（3）所有涉及的志愿者会由协调员来排班。
（4）继续提供不少于之前水平90％的公共服务。

目标可以围绕每个提议的干预主题制定出来。订立目标是为了呈现清楚的路径，让变革工作朝着达到目的的方向迸发。目标应当非常具体，并可以测量。它有两种类型：（1）成果目标，（2）过程目标。成果目标说明的是针对目标人群的干预所要取得的最后的具体成果或结果。每个成果目标都有一个或多个过程目标。过程目标说明的是实现成果目标要经过的过程。当成果目标和所有与之相关的过程目标都已经拟定出来并形成了文字，应当清楚表明：（1）完成了过程目标会实现成果目标，（2）完成了成果目标便会使变革工作达到目的。要想更完整地了解有关目的和目标的讨论，可以参见第六章凯特纳、莫罗尼和马丁（Kettner，Moroney & Martin，2008）的论述和第十一章哈迪纳（Hardina，2002）发表的文章。

任务 2 撰写成果目标

对于初试身手的人来说，撰写成果目标常常是棘手的、令人困惑的。从业人员在思路上会受到自己将要提供什么服务的制约，容易被引向用目标描述服务。撰写成果目标要求从业人员在思路上考虑的是干预工作之后，服务对象或者参加方案的人会受到怎样的影响。对成果目标的描述必须包含给服务对象或者是服务的消费者带来的生活质量上的改变。比如，服务对象接受辅导不是提供辅导服务工作方案的目标，而增强和改善了服务对象的人际关系或是避免了近在眼前的离婚才是辅导工作的目标。首先要明确预期的成果，然后才是如何实现这一成果。

不管是成果目标还是过程目标，一个完整的目标都由四部分构成：（1）时间期限，（2）对象，（3）成果，（4）测量或存档结果的标准（Kettner, et al., 2008）。下面会解释如何把这四个组成部分用于制定成果目标。

订立成果目标的时间期限

要探求的关键问题是：
- 有可能确定取得第一项成果的年、月、日吗？
- 在未来的哪个时间点有理由期待干预工作会取得可测量的成果？

理想的情况下，期限应该说明获得成果的年、月、日，因为这一信息会便于以后监测工作的进展情况。财政年度或日历年的年底常常被选为截止日期（如"到20××年6月30日"或者"到20××年12月31日"）。当还不清楚一个工作项目何时才能开始时，要详细说明从开始执行后的多长时间内会取得成果（比如，"在项目开始后的三个月内"或是"到第一年的年底"）。一旦知道了确切的开始时间，再填上实际开始的时间是明智之举，因为实现目标的时间常常也用作监测工作的标准。

过程目标的时间期限不应该超过一年。资助单位和赞助单位一般会期待至少有工作进展和成果方面的年度报告。在工作方案需要一年以上的时间才能取得成果的情况下，应当考虑确立什么样的年度指标表明工作是在沿着正确的轨道前进。对于一些有短期期限的重要的工作方案而言，报告里程碑性的成果的时间会设定为3个月、6个月、9个月和12个月。

锁定目标人群

这项活动要探求的主要问题是：
- 谁会是干预工作的主要受益人？

目标的第二个部分是对象，目标群体详细表明了目标直指的个人或焦点。成果目标的焦点是改善生活质量，并识别出变革工作是为了什么人。到了撰写目标的这个阶段，变革推动者应该对目标系统都由什么人构成已经没有疑问。即便如此，撰写这部分的目标也可能会有复杂问题。

对目标的陈述应该根据现有的知识尽可能做到精确。举例来说，一个门诊病人戒毒治疗方案可能要详细说明它的对象是"24 个可卡因吸毒者，年龄至少 18 岁，目前有工作"。在锡达镇的例子中，从政策说明中可以清楚地看到，最终想要的结果是，尽管经济衰退，但这个社区仍继续接受它已经习惯的服务水准。成功地与镇议会合作会产生一个能够实现这一目标的方案，尽管这一步骤只是实现最终目标的前奏。然而，为了说明政策目标，我们会聚焦在做镇议会的工作上。鉴于本书前面章节所述的原因，目标越精确，干预成功的可能性就越大。过程目标的例子可能是："确保所有六个议员和镇长都一致投票支持志愿者工作提案。"

详细列明预计成果

在这一活动中要探求的主要问题是：

- 通过这一干预，目标人群的生活质量有望得到怎样的改善？

目标的第三个组成部分是详细说明完成所有行动后，预计会取得的结果或成果。成果目标的落脚点是目标人群生活质量的改变，即有什么能使他们的生活变得更好或是更稳定。成果目标指的是知识和技巧上的进步、同配偶关系的改善、酗酒减少、对参与社区决策有更多的掌控和其他诸如此类的改变。在撰写成果目标时，获得成果的过程不是关注的焦点，不应包括在里面，而应当放在后面解决。就业方案的结果或成果可以这样来表述："改善计算机知识和技能，取得证书，工作和职业发展前景上一个台阶，使孩子稳定、健康发展，改善学生的在校表现和课外活动表现。"工作方案的成果的撰写方式在很大程度上取决于方案或项目的目的。锡达镇志愿者工作提案的结果或成果会是首先确保镇议会支持使用志愿者的过渡性成果。请注意，在涉及运用变革政策方法时，政策的批准或通过实际上是实现结果的中间步骤。例如，在这种情况下，方案会假定，尽管经济衰退，但政策的批准有助于继续提供高水平的优质服务。以下措辞或许可用于订立志愿者项目的预期成果：

> 成果目标的落脚点是目标人群生活质量的改变，即有什么能使他们的生活变得更好或是更稳定。

"截至 20××年 6 月 30 日，至少有三个部门会显示给锡达镇镇民的服务达到……水准。"

尽管这一陈述聚焦在了服务提供上，但是重要的是，这一变革工作的目的或最终成果是继续以与干预前本质上相同的水准提供服务。

订立衡量成功与否的标准

这一活动要探求的主要问题是：

- 如何测量目标中陈述的成果？
- 是否有现成的、可以观察的测量标准？需要自己拟定标准吗？

目标的最后一部分用来说明衡量是否实现目标的标准。目标必须精确，可以测量，然而有时要取得的成果似乎模糊不清，扑朔迷离。例如，有的工作方案的目标是提高自尊。但问题在于怎样才知道自尊提高了没有？很明显，仅仅有看法不够充分有效或不够可靠。

在目标中详细说明衡量的标准，会保证所有监测和评估方案的人所使用的标尺只有一个。如果提高自尊是要取得的成果，那么，必须采用专门测量自尊的标准化量表做标尺。陈述成果目标的衡量标准，一般开头都是"使用……来测量"。举例来说，增加自尊也许能用罗森博格自尊量表（Rosenberg Self-Esteem Scale，SES）（Rosenberg，1965）来测量。尽管这一量表已有45年的历史，但是它仍然被从业人员广泛使用，用来评估自尊，继续在青少年和成年人群中验证其有效性（Whiteside-Mansell & Corwyn，2003）。

在锡达镇的例子中，志愿者方案若要成功，需要政策上的改变，即获得镇议会的批准。政策的通过有助于方案或项目的落实。然而，认识到志愿者提供的实际服务量是最终的衡量成功与否的标准十分重要。其他可能采用的指标有志愿者市民、镇雇员和镇议会对方案的满意度。这个分两步走的过程在下面的目标例子中有所说明。

制定成果目标的例子

第一个例子的重点是确保镇议会批准。

时间期限：在一个月内提交介绍政策变革的提案。

对象：镇议会的七位成员。

成果：支持志愿者工作方案。

衡量标准：镇议会的投票结果。

尽管不需要七人全票通过，但是可能要订立这一希望的成果，因为这会关注到每个人而不会剔除任何人，也因为如果一致通过，就会为方案增加助力。建立一个雄心勃勃的目标是没有错的，如果最终只以四票通过，那么仍可视为成功。一旦获得批准，以下成果目标会使项目迈向其最终目的：

期限：到20××年6月30日。

对象：至少有三个部门。

成果：向锡达镇的镇民展示服务水准。

衡量标准：同实施方案前相比，所提供的服务不少于之前水平的90%。

这一目标更加明确地聚焦在整个志愿者工作的期望成果上。正如这里所提议的，这个项目从三个部门开始，然后随着时间的推移可能扩展到全部七个部门。

> **批判性思考**
>
> 批判性思考问题：你认为为什么在有过程目标测量方法前先有成果目标会对工作有帮助？

任务3 制定过程目标

每个成果目标都有一系列过程目标，用来说明要通过什么途径才能实现成果目标。过程目标应该识别出计划好的干预的主要组成部分，但不是具体的细节。布罗迪（Brody, 2005）指出，过程目标通常涉及人与组织的互动。过程目标背后的逻辑是，为了实现成果目标，所有需要变革或完成的事情都应该一一列出来。正如蒙大拿和查诺夫（Montana & Charnov, 2008）所述，组织者将目标加以分解，再将这些分解后的责任委派给不同的个人或单位。当所有这些任务都完成后，目标就应该成功实现。

干预的每个重大要素都要转换成一个过程目标。举例来说，如果具体的最终结果是"自力更生"，那么过程目标可能包括诸如此类的活动：（1）完成一般教育发展考试（GED），（2）接受技能培训课程，（3）接受工作辅导，（4）安排工作，（5）追踪。细节，如准备 GED 或是技能培训课程，成为干预活动的组成部分，将在下面的部分中讨论。一个完整的过程目标包括四个部分：时间期限、工作对象、成果和衡量标准。

订立过程目标的时间期限

要探求的主要问题是：

- 目标中说明的行动何时开始？何时结束？

成果目标和过程目标在时间期限表述上是一样的。理想的情况下，会用具体的日期，包括年、月、日，来说明截止日期或是标志性的里程碑。如果不清楚具体日期，也可以用从干预开始后几周、几个月或者几年来订立时间期限。过程目标的实际期限应该是预计过程完成的时间，如"到 20××年 3 月 31 日，所有七位部门负责人都会提交在本部门使用志愿者的计划书"。当然，过程目标的时间期限必须与成果目标的时间期限协调一致。

锁定工作对象

要探求的主要问题是：

- 在这一过程目标中，哪些个人、群体或产出会成为重点？

过程目标用来详细说明干预由哪些部分或阶段组成，重点是要完成哪些步骤才能实现成果目标。对一些过程目标而言，对象可能是某个人或某群人。而对另一些过程目标而言，对象可能不是人，而是一个事宜，诸如完成一个培训课程或是通过一项政策。举例来说，"将完成一个培训和证书课程"或者"将至少招募到 10 位志愿者"，前一个过程目标的对象是一个文本，后一个过程目标的对象是一群人。

详细列出过程目标的成果

这一活动要探求的主要问题是：

- 什么成果能证明目标已经实现？

过程目标的成果的着眼点是完成某项服务或某个干预过程。成果的陈述必须具体、可以观察。如果这个工作阶段涉及向他人提供的服务，那么成果可能是完成了一个课程，完成了至少六节辅导，或者是至少参加了六次有关参政议政程序的培训课程。如果工作阶段涉及变革机构或是社区的某些组成部分，那么成果则可能是完成了一份报告，制订了一个新的策略性计划，或者是设计了一个新的收集数据的表格。例子可能是"完成了一个培训计划"或者"至少有10位志愿者签署了协议文本"。

确定存档文件的撰写标准

这一活动要探求的主要问题是：

- 有什么可以观察或者是可以测量的因素可以用来确定过程目标已经实现？

过程目标一般是指完成一些事宜。它可能是参与者完成某个工作过程中的一部分（诸如培训或辅导环节），或者是产出了某个成品（诸如某个政策或培训手册）。可以用来测量过程目标的成果的标准很广，同时多种多样。撰写过程目标的重点是要留下能清楚表明得到了想要的成果的记录或是证明材料。在大多数情况下，过程目标使用的词句是"以……为证"或者"正如……所证明的"。举例来说，完成一门课程可以用得到结业证书来证明，也可以用参加课程的记录来证明，或者用正式的学生成绩报告单来证明。设计出一个新表格或者是撰写出一项新政策可以用把这些成形的书面文件在某个截止日期前递交给某个指定的人来证明。问题在于，应该有一些指标就何时实现过程目标达成完全一致的意见。过程目标的档案文件通常都非常直截了当。一旦明确了具体对象，监测完成的标准一般只是提交某种形式的证据，表明目标已经实现。例如，"佐证材料为课程大纲和所附的每堂课的培训材料"或"佐证材料为至少10名志愿者签署的协议副本"。

过程目标的例子

我们继续用锡达镇志愿者服务方案的例子。过程目标的例子可能如下：

时间期限：在一个月内准备使用志愿者的政策陈述。
对象：镇议会的所有七位成员。
成果：完成拜访和简要介绍提案。
衡量标准：由部门负责人提交给小镇经理的备忘录。

当时间期限、对象、成果和衡量标准所有四个部分都已形成文字后，目标部分就完成了。一般来说，一整套目的和目标会包括一个目的、几个成果目标和每个成果目标之下的数个过程目标。前面举过的方案和政策的例子重新列在了图11-1中，用来帮助强化理解目的与成果目标和过程目标的关系。

锡达镇志愿者服务方案

干预工作假设
如果镇议会接受包括以下组成部分的政策：
(1) 检视当前的入门级岗位职责，以确定志愿者可以承担哪些任务。
(2) 起草志愿者岗位职责说明，明确工作范围和连带责任。
(3) 提出志愿者培训次数和认证的要求。
(4) 任命一名志愿者做协调员。
可以预期得到以下成果：
(1) 指定任务将由志愿者执行。
(2) 所有志愿者将接受培训和认证，志愿者将在岗位描述的范围内开展工作。
(3) 所有参加的志愿者将由协调员统筹安排。
(4) 继续向公众提供不少于之前水平 90% 的服务。

目的
在锡达镇资源减少期间，维持选定部门的服务水平。

成果目标 1
时间期限：在一个月内提交介绍政策变革的提案。
对象：镇议会的七位成员。
成果：支持志愿者工作方案。
衡量标准：镇议会的投票结果。

过程目标 1-1
时间期限：在一个月内准备使用志愿者的政策陈述。
对象：镇议会的所有七位成员。
成果：完成拜访和简要介绍提案。
衡量标准：由部门负责人提交给小镇经理的备忘录。

成果目标 2（实现了第一个成果目标之后制定的）
时间期限：到 20××年 6 月 30 日。
对象：至少有三个部门。
成果：向锡达镇的镇民展示服务水准。
衡量标准：同实施方案前相比，所提供的服务不少于之前水平的 90%。

图 11-1　目的与成果目标和过程目标之间的关系

每个成果目标都要有一系列过程目标。重要的是将实施过程的每个阶段都形成书面文字，使其成为计划中清楚的、一目了然的组成部分。之所以要形成书面计划，是因为这样执行者就能准确地知道干预的意图是什么，并可能会按照计划好的方案来实施，而不会跳过一些重要环节。

任务 4　列出过程目标的活动

形成干预计划的最后一步是逐条列出要采取的每项活动。活动是计划中最为详细的部分。完成每个活动都意味着向实现过程目标迈进了一步。活动部分要详细列出要做的工作、负责人和时间期限。

形成易于监测的活动事项表

这项活动要探求的核心问题是：

- 要实现过程目标，需要成功完成的活动或者任务是什么？
- 每个活动的起止时间是什么？
- 谁来负责完成特定的活动？

活动应该组织得当，以便能有条不紊地、系统地加以落实。这可能包括按人组织、按任务类型组织或者是按任务的先后顺序组织。其中一个可以管理此类项目的方式是甘特图，它由管理先驱亨利·L.甘特（Gantt, 1919）提出。甘特图由栏和列组成。每列代表一个活动，栏说明的是活动的数量、负责人和起止日期。布罗迪（Brody, 2005）指出甘特图十分有价值，因为它提供了将任务归并为大的活动的分层结构。甘特图明确了每项任务的起止时间。项目主管能对特定时间段要做的事一目了然。图11-2举例说明了甘特图的用法。

在构建甘特图时，先按时间顺序列出各项活动，然后基于最后一项活动订立时间期限。最后一项活动的日期必须与过程目标中订立的日期一致，因此应首先确定最后一次活动的截止日期，然后为每个之前的活动设定时间期限。

在为宏观层面的变革准备一个整体行动方案的时候，干预工作各个小的组成部分也应该设计各自的成果目标、过程目标和各项活动。当这些东西都有了可以接受的精确性，清楚说明了由谁负责和起止时间，行动方案就完成了。宏观层面变革的最后几步工作，是落实和监测计划，并评估其有效性。

过程目标：在一个月内准备使用志愿者的政策陈述。完成对镇议会的所有七位成员的拜访和简要介绍提案。记录在部门负责人提交的接触表格里。			
活动编号	活动	负责人	周 1　2　3　4
1.	制定约见镇议员和镇长的时间表。	所有部门负责人 E. 约翰逊	■
2.	准备一个讨论和总结议案的议程。		■
3.	同议会成员和镇长见面。	所有部门负责人 D. 布朗	■■
4.	重新召开会议，对比笔记，计划后续工作。	所有部门负责人	■
5.	需要的话举办跟进会议。	所有部门负责人	■
6.	再向小镇经理报告镇议员和镇长对议案的支持和承诺情况。	所有部门负责人	■

图 11-2　甘特图用法示例

落实和监测行动计划

在策划组织和社区的变革中,一个常见的疏忽就是未让那些最终负责落实计划的人参与制订计划过程。福格尔和摩尔(Fogel & Moore, 2011)详细阐述了社区与机构之间合作的重要性。在任何变革工作中,人们通常都会觉得一直在使用的标准方法在完成工作方面没有效果,因此需要尝试一些新方法。与此同时,落实系统中至少有部分人

> **人类行为**
>
> 批判性思考问题:你会怎样增加对落实工作的参与(特别是在你知道有的人是"使用传统方法的人"且他们对变革不积极的时候)?

多年来一直使用标准化工作方法,这一情况并不少见。在这样的情形下始终有可能会发生冲突。"使用传统方法的人"可能会感到新方法对自己构成了威胁,或者是感到自己以前的工作受到中伤。"革新者"可能会对老员工持保留态度,不太相信他们采用新方法的能力。解决这些潜在问题的关键是让制订计划与执行计划的人重合。理想的情况下,执行计划的人应该被吸纳到制订计划的过程中,但是如果做不到这一点,也可以让制订计划的人同落实系统的人一道工作,确定变革工作的方方面面及其复杂性都得到了应有的理解和热情的支持。

政策执行一直是该领域一些专家的研究课题。研究发现的一个突出主题是,由计划阶段走到落实阶段可能会失败。一个研究项目追踪了当地社区用于教育儿童和支持家庭的支出,结果发现一些可用资源并没有用在计划的目标人群身上(McCroskey, Picus, Yoo, Marsenich & Robillard, 2004)。另一个项目探讨了精英对贫穷的认识如何经常影响政策、干扰问题的解决(Reis & Moore, 2005)。此外,另一个项目表明,由社会工作研究人员、从业者、倡导者和学生领导的合作政策倡导,成功地把一个问题列入州议程并助力其通过(Sherraden, Slosar & Sherraden, 2002)。这里要说的是,落实过程必须像变革工作早期阶段一样,仔细经营好每个细节。

任务5 发起行动计划

把方案投入实施一般都要先完成一些前期准备工作再吸引服务对象、消费者或者是参与者参加进来。类似本书所描述的那些变革工作要获得成功,非常重要的一点是在开始执行前要有很好的组织,并有明确的领导者或协调员。领导者或协调员的主要工作是让其他人完成任务,保持士气,并调动参与者的积极性(Dessler, 2011)。

到目前为止,变革工作主要阶段的任务(第三章到第八章的变革的调查研究;第九章的策划和制订变革计划并寻求支持;第十章的制定干预策略和工作手法,第十一章的制定

落实变革工作的细节)一直是由许多相互作用和互有重叠的个人及系统所构成的群体来完成的。在准备落实的时候,有必要让干预工作更正规化。按理该考虑到的一些问题,如设施和设备问题等,要加以解决。取决于具体的变革途径,某种类型的领导者或者是核心人物要指定好。一些早期的参与者现在可以组成政策制定委员会或者是咨询委员会,提供咨询和指导。在采用项目或方案等变革途径的情况下,针对人事问题,如雇用人员、入职指导、培训等,必须制订出计划。新老参与者之间的协调和沟通有助于成功落实变革工作。

解决工作衔接上的问题

这一活动要探求的主要问题是:

- 在实施前,什么设施、设备和其他资源要落实到位?
- 新员工,包括志愿者,要在哪工作?
- 工作步骤和阶段怎样被描绘成流程图?

有计划的变革会包括现有的员工和志愿者、新服务、新员工,或许还会有新的服务对象、消费者、参与者或者是多种组合。如果要用新员工,便要确定配备合适的办公设施。如果同时还要保留现有的员工和志愿者,就要决定新老工作方案如何分享空间和设备。可能需要画出草图,清楚标明所有员工的位置。要配备适当的资源,如果需要的话,配备计算机、复印设备、办公桌、电话和其他必需品。如果变革工作涉及给服务对象提供服务,那么准备一份工作流程图描绘出服务对象在机构内办事要经过的各个程序也会有所帮助。回到锡达镇的例子,让我们假设镇议会通过了志愿者工作方案,现在由小镇经理和部门负责人来计划落实。专栏11-2描述了问题场景。

专栏11-2　　　　社区发展部的街区美化项目

社区发展部主任已经有一个运行了好几年的非常成功的街区美化项目,但现在资助已经被终止。参与该项目的每一个街区都必须成立一个街区委员会,并决定从镇上获得哪些服务。百老汇街区是一个低收入的过渡性社区,包括了许多新移民、老年人和依靠社会保障生活的夫妇。许多人家都是扩大式家庭但住在一个单元里。大量的接受公共援助的人住在多户住宅里。百老汇街区一直被认为是社区发展部面临的一个最大挑战。街道经常到处是乱扔的垃圾,大件旧家具和非工作用具经常扔在外面,许多各种类型的车辆都堆放在街上,不少表面都覆盖上了涂鸦。社区发展部主任决定,他将在这个街区尝试使用志愿者。镇上会提供车辆和设备,志愿者会把弃置在街上的大件垃圾运走,用油漆覆盖涂鸦,捡拾零散的垃圾,并尝试向街区居民宣传旨在保持社区清洁的条例。街区委员会同意招募街区居民来帮忙清理,并尽力定期对邻里进行监督,劝说居民不要让街区变得看不下去。

从专栏 11-2 描述的场景，可以确定下述干预假设。

如果以下活动由社区居民和志愿者进行：

（1）街区委员会致力于教育和引导居民保持院子和周围地区尽可能干净，没有垃圾和废弃物。

（2）只要街区的物品上出现涂鸦，镇里就会派出一名受过喷漆技术培训的志愿者将涂鸦用油漆覆盖掉。

（3）镇里每两周会派出一辆载有两名志愿者的卡车，去收大件物品并把它们送到市垃圾场。

（4）镇和社区会设立每年两次的清洁日，工作人员由社区居民和志愿者组成。

则预期会有如下成果：

（1）街区会保持外观清洁。

（2）志愿者会在 24 小时内用油漆覆盖所有社区物品上的涂鸦。

（3）大件物品只会在收取日放在人行道边。

（4）社区居民会渐渐为自己的街区感到骄傲，并与镇上建立伙伴关系，从而让镇上和社区都可以更积极地使用资源。

上述方案的目的、成果目标和过程目标的示例如下：

目的： 保持百老汇街区整洁的外观，给社区居民注入自豪感。

成果目标 1： 到 20××年 9 月 30 日，百老汇街区的所有街道将没有弃置的家具和用品，以街区委员会的报告为证。

过程目标 1-1： 到 20××年 6 月 1 日，完成对四名志愿者进行回收废弃家具和用品的培训，以培训记录为证。

过程目标 1-2： 到 20××年 7 月 15 日，将公布每组有两个人的两个志愿者小组的时间表。每个志愿者小组每月一次驾车巡视社区，并回收丢弃的家具、用品和其他捐赠物品。

图 11-3 显示了一个简单的流程图，可以用来说明服务步骤。下述流程图描绘了百老汇街区项目的落实步骤。

挑选和培训参与者

这一活动要探求的主要问题是：

- 谁在整体上对干预工作负领导和管理责任？
- 干预工作会使用现有员工或者是新员工以及志愿者吗？
- 让新员工加入需要做什么准备？
- 需要有什么样的入职引导活动和培训？

开展干预工作的第一步是挑选一位全权负责方案的领导者，这位领导者带领变革工作的每个下属单位的人开展工作。这些人对于干预工作至关重要，所以要特别仔细地筛选。

选择最有意愿的领导者可能很有诱惑力，但从长远来看，如果能挑选出最有能力的领导者，变革才最有可能取得成功。我们必须积极地去招聘他们。

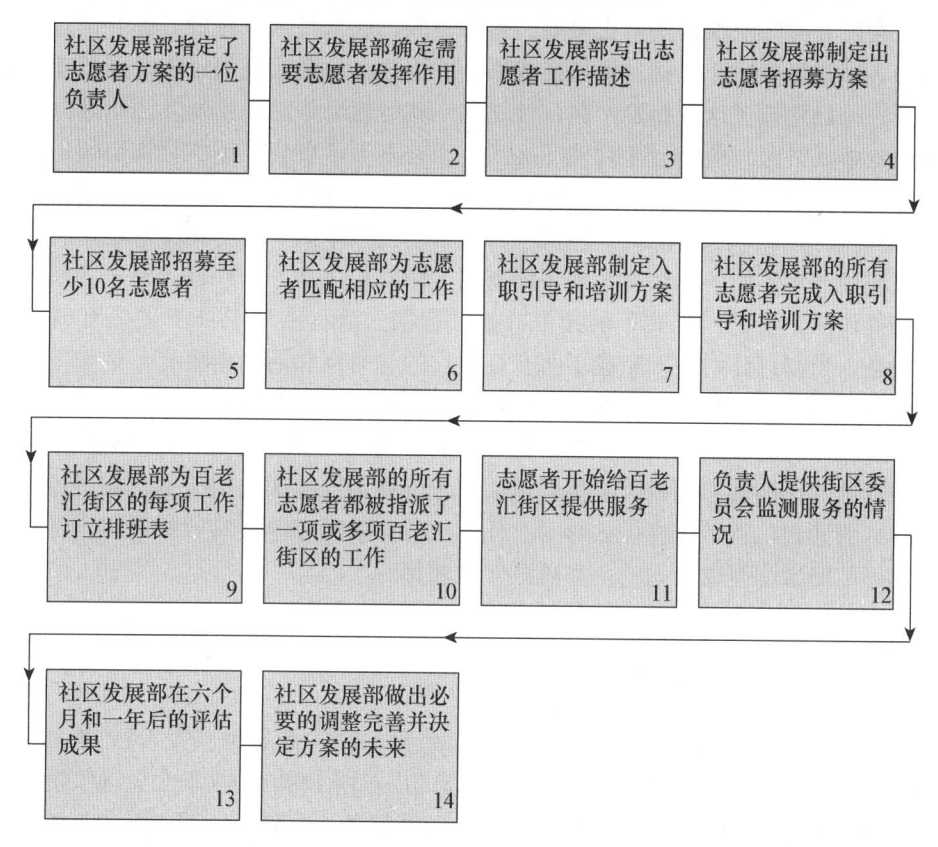

```
┌─────────────────┐  ┌─────────────────┐  ┌─────────────────┐  ┌─────────────────┐
│ 社区发展部指定了 │→ │ 社区发展部确定需 │→ │ 社区发展部写出志 │→ │ 社区发展部制定出 │
│ 志愿者方案的一位 │  │ 要志愿者发挥作用 │  │ 愿者工作描述     │  │ 志愿者招募方案   │
│ 负责人           │  │                  │  │                  │  │                  │
│               1  │  │               2  │  │               3  │  │               4  │
└─────────────────┘  └─────────────────┘  └─────────────────┘  └─────────────────┘
                                                                          ↓
┌─────────────────┐  ┌─────────────────┐  ┌─────────────────┐  ┌─────────────────┐
│ 社区发展部招募至 │← │ 社区发展部为志愿 │← │ 社区发展部制定入 │← │ 社区发展部的所有 │
│ 少10名志愿者     │  │ 者匹配相应的工作 │  │ 职引导和培训方案 │  │ 志愿者完成入职引 │
│                  │  │                  │  │                  │  │ 导和培训方案     │
│               5  │  │               6  │  │               7  │  │               8  │
└─────────────────┘  └─────────────────┘  └─────────────────┘  └─────────────────┘
         ↓
┌─────────────────┐  ┌─────────────────┐  ┌─────────────────┐  ┌─────────────────┐
│ 社区发展部为百老 │→ │ 社区发展部的所有 │→ │ 志愿者开始给百老 │→ │ 负责人提供街区委 │
│ 汇街区的每项工作 │  │ 志愿者都被指派了 │  │ 汇街区提供服务   │  │ 员会监测服务的情 │
│ 订立排班表       │  │ 一项或多项百老汇 │  │                  │  │ 况               │
│                  │  │ 街区的工作       │  │                  │  │                  │
│               9  │  │              10  │  │              11  │  │              12  │
└─────────────────┘  └─────────────────┘  └─────────────────┘  └─────────────────┘
                                                                          ↓
┌─────────────────┐  ┌─────────────────┐
│ 社区发展部在六个 │← │ 社区发展部做出必 │
│ 月和一年后的评估 │  │ 要的调整完善并决 │
│ 成果             │  │ 定方案的未来     │
│              13  │  │              14  │
└─────────────────┘  └─────────────────┘
```

图 11-3　落实锡达镇志愿者服务方案流程图

注：虽然可能是一名负责人负责整个项目，但应该理解的是，可能会有许多不同的工作人员要在不同的时间点来给项目帮忙。

　　如果干预工作是一个新提案，有自己的资金来源和其他资源，关键职位的人需要招聘，那么就需要有书面的正式岗位职责描述和工作发布通知。在大型变革中，如果时间允许，首先要招募、筛选和聘用负责全面工作的领导者，然后由领导者再负责挑选其他员工。不管员工和志愿者是新招聘的还是从现有的员工或社会团体中招聘的，我们都建议对每个职位有岗位职责描述，所有人都要经过筛选，包括面试，即使招聘的是不拿薪水的志愿者。（要想了解有关招聘、筛选和聘用问题的更完整的讨论，参见 Dessler，2011；Kettner，2002；Weinbach，2010。)

　　一旦人员筛选完毕，工作引导就应该就绪。建议尽量吸收变革工作早期的参与者加入这一工作，以保持工作的连续性。完成工作引导后，就要启动继续培训计划。这一培训计划要参照项目实施初期的经验和员工及志愿者提出的培训需要来进行。

到此为止，变革工作过程似乎非常烦琐，需要关注非常多的细节。这可能是一个相当准确的认识，因为细节很重要，并会随着时间的推移变得更重要。熟悉目的、成果目标、过程目标和活动，是让制订计划的人形成思路，并让项目聚焦在成果上的方法。了解成果和过程之间的差别是一项关键技能。一旦熟知了这些差别，制订计划的人就可能会惊讶地发现，当听到其他人提出新计划或变革议案时，他们会敏锐地捕捉到。当有人向董事会或镇议会提出他们计划"帮助无家可归者"或"为家庭暴力受害者提供更好的服务"时，制订计划的人马上会想："那么提案要取得的成果是什么？"他们会确信自己已经掌握了产出和成果之间的差别。

> 了解成果和过程之间的差别是一项关键技能。

可以使用许多不同的跟踪技术来帮助落实工作取得成功。一些较为复杂的技术是运用计算机来操作的，但是"老式"的技术，如甘特图、流程图和PERT图表有时也同样有效。底线是，当制订计划的人完成了所有订立目的、目标和活动的事宜，他们不能就此简单地假设每个参与的人都会响应该计划。如果没有人把志愿者的排班协调安排好，那么志愿者就不会在预计的时间到位。如果没有人对需要使用镇里的设备（如卡车和喷漆机）的志愿者进行培训，那么志愿者就会不知道如何正确使用这些必要的设备。如果没有人带头制订清洁日的计划，就不会有什么行动。任何对计划的跟踪落实有效的系统，都应该加以运用。良好的旧常识会在计划的落实阶段非常实用。

任务6 监测和评估干预

"monitor"（监测）这个词来自拉丁文"monitorius"，意思是"警告"。监测系统的建立是为了跟踪进度，并警示项目和方案的主管正在发生的事情。收集有关落实情况的数据和信息会使主管能够发现他们是否与计划同步。多年来，监测工作都要用大量的、令人生畏的文书工作来完成，如填写许多表格并复印许多份。现在则可以使用各种软件包的数据采集和聚类分析来进行监测。

无论数据和信息是通过人工填写表格还是通过电子方式收集，监测的基本方法都是追踪活动的执行情况，并对其在推动项目实现其目标方面的有效性做出判断。

评估不同于监测。评估是指通过仔细的评价和研究来确定事物的价值。当一个方案或项目的主管在监测落实情况时，他要去确定活动是否按计划进行。当他在做评估时，他要确定这个项目是否起作用，以及它是否尽其所能地富有成效和高效。

> **基于研究的实践**
>
> 批判性思考问题：如果方案成功与否主要是通过成果评估来衡量的，为什么我们还要投入额外的心力来做持续性的监测？

在制订锡达镇志愿者服务计划的第一阶段，监测会包括跟踪图11-2所示的甘特图中列出的活动。图中列出的每项活动的负责人应在表中规定的截止日期之前的某个时间点编制口头或书面的进度报告。

监测工作最有可能放在"同议会成员和镇长见面"上。评估工作将包括评估这些工作的成功程度。这些概念将在下面的章节中更详细地讨论。

监测技术性活动

这一活动要探求的主要问题是：

- 要实现过程目标，完成各项活动的恰当顺序是什么？
- 每个活动的负责人是谁？
- 要按时完成过程目标，每项活动必须在何时完成？

要实现一个过程目标，需要完成一些活动。如果活动已经仔细地逐项列出（用甘特图更好），监测技术性活动就非常简单。活动应该有序开展。在大多数情况下，一项活动是下一项活动和后续活动的先决条件。当每项活动都已经确定了起止日期和负责人时，监测活动就只是跟负责人确认活动按照指定的日期开始或者结束即可。这里会有一个早期预警系统，以防活动没有完成或者不能按时完成。

当这些活动不能如期完成，或者是出现问题时，主管就要投身解决问题和做决定。布罗迪（Brody, 2005）指出，解决问题涉及形成问题陈述和了解可能的解决途径，而做决定要求从各种解决途径中做出选择，并落实一个解决问题的途径。

管理变革工作的关键问题是让一切工作按部就班地推进。如果约时间见某人的截止日期被错过了，那么随后的一系列工作都将无法如期完成，会延误落实工作，并可能会导致无法按时完成项目。变革工作的负责人常常是唯一同时掌握所有活动的全面进展情况的人，所以他有责任整合变革各个部分的工作。

在监测技术性活动时，在活动表中增加几栏可能会有所帮助。比如活动是否完成？是否按时完成？完成的工作的质量如何？这一活动是否要有什么调整？后续的活动需要有哪些调整？在追踪每个要素的时候，负责人应该有前瞻性，能预见会出现的问题和需要，做出必要的调整。

监测人员方面的活动

这一活动要探求的主要问题有：

- 指定的落实人员对变革工作的热情有多高？支持程度如何？
- 是否有正式的或者是非正式的系统来评估落实者的工作表现？
- 是否有什么策略来应对落实人员工作表现差、态度冷漠或是拒不执行的情况？

当落实变革工作的人充满热情、勤奋工作、有能力、宽容、合作、对共同的前景有担当的时候，监测方案落实工作的人会感到非常有收获。不幸的是，并不总是能出现这样的景象。一些参加工作的人可能是在未征得同意的情况下被分配了任务。不同的个性和工作风格可能会出现冲撞。竞争也可能会出现。

人际关系方面的紧张常常源于角色和职责不明晰，或者是员工感觉被控制得过严。应该使用良好的管理手法，鼓励参加落实工作的人尽其所能发挥聪明才智和能力，同时指定的负责人要把工作重点放到排除执行活动中的障碍上。然而，即使负责人尽了最大的努力，竞争和冲突在某些时候还是在所难免。

处理工作表现方面的问题，包括人际关系方面的问题的策略应该明确制定出来，并让所有的参与者知晓。在组织中，工作表现应该定期评估并持续不断。大型的、较为永久性的工作方案，应该有正式的工作评价并放入员工档案。不太正式的变革工作（特别是社区变革工作），可以运用定期召开会议、安排员工见面会或者同伴评议会等消除疑虑，使问题不致影响员工士气和工作表现。回报和激励措施应该与工作表现挂钩。在筛选和聘用每个参与者的时候识别出所有这些工作动力方面的因素，会对预先防范出现人际关系方面的问题大有助益。

社区变革工作可能会涉及不为同一组织工作的组织或群体的联动。变革工作也有可能几乎完全依赖志愿者的投入。变革政策的工作可能会把不相干的群体拉到一起。他们关心同一问题，但是彼此间没有正式关系，一旦政策得到批准，他们就会解散。在某些情况下，负责落实变革的组织的员工不能参与变革过程，因为他们在组织中的职位不允许他们参与倡导工作，从而阻止了我们推荐的早期参与落实。当面对复杂而又分散的落实系统时，我们建议项目主管花大量时间当面或通过电话和电子邮件及正式的书面报告进行沟通，以便让项目正常运行。如果要全面完成变革工作，那么在落实阶段对参与者持续的、个别化的关心至关重要。

任务 7　评估干预工作的成效

要评估干预工作的成效，必须要提一下成果目标。回忆一下，计划包括一个目的，以及一个或多个成果目标，每个成果目标有一整套过程目标，每个过程目标又有一整套活动方案。如果所有事都按计划进行，那么就应该会有累积效应。当活动方案中列明的工作完成以后，过程目标就应该已经实现，当所有的过程目标都已实现，就应该已经达到成果目标。

一旦所有的活动和工作过程都已完毕，便到了察看成果目标，确定干预是否获得成功的时候。在计划变革的时候，干预的"底线"是，需要帮助的目标人群、组织或社区的生活质量或状况会得到改善。这是评估干预时的重点。

> 干预的"底线"是，需要帮助的目标人群、组织或社区的生活质量或状况会得到改善。

运用可获得的资源

评估有可能会是一项复杂的工作。有许多资源可以帮助变革推动者评估方案或项目的效率和效果。由美国住房和城市发展部（Department of Housing and Urban Development，HUD）赞助的社区外联合作伙伴中心（The Community Outreach Partnership Center，COPC）项目支持大学与其社区建立伙伴关系。杜和洛厄里（Doe & Lowery, 2004）描述了印第安纳州加里市的这种合作关系，在那里，逻辑模型和电话调查被用来评估教育、邻里振兴、社区组织和经济发展方案的有效性。罗格和罗查（Rogge & Rocha, 2004）描述了如何利用这些伙伴关系来支持低收入的市中心街区、社会工作学生和教师之间的合作。

循证实践的原则是，社会工作实践应将知识和技能与基于研究的证据以及服务对象的价值观和期望相结合（Roberts, Degennaro & Fogel, 2011）。甘布里尔（Gambrill, 2008）讨论了社会服务机构将这一理念融入自身文化的一些挑战。他们提倡机构与大学建立伙伴关系，通过培训支持循证实践并改进机构的文化。

克鲁格（Kluger, 2006）提供了方案评估网格，将其作为工具协助组织制订计划和形成系统评估方案。方案按照五个领域的 24 个独立因素给予评价。这五个领域是：策略、有效性/质量、财务、项目对关键利益相关方的重要性和宣传推广。所产生的等级排序提供了有用的评估信息，这些信息可用于预算和方案的决策。

另一个有价值的工具是逻辑模型，它是一个将逻辑整合到项目开发和评估中的工具。在前面的章节中，我们强调了建构理论框架和生成可检验的假设的重要性。萨瓦亚和维斯曼（Savaya & Waysman, 2005）提出使用逻辑模型来评估方案的准备情况、方案的发展、方案的监测和知识构建。卡里里奥、帕卡德和克拉普（Carrilio, Packard & Clapp, 2003）指出，通过现有的信息系统，人们已经可以获得许多关于社会服务方案绩效的宝贵信息。但是他们发现，即使资金来源有要求，可获取的信息也未得到充分利用。包括领导力、态度、问责预期和组织文化在内的许多因素影响了方案数据和信息的收集和利用。本部分讨论的任何工具都可以使与方案评估相关的任务更易于管理，应尽可能地使用这些工具。

编纂定期的评估报告

这一活动要探求的主要问题是：
- 在干预计划中列明的结果或成果是什么？
- 有什么定性和定量数据以及其他类型的信息可用于评估工作？
- 数据资料应该如何汇总并展示在评估报告中？

评估要求收集和编纂数据信息。每个服务对象或参与者的表现需要被追踪。这一追踪能在干预之初建立评估的基线，并定期测量进展情况。用文件证明工作表现和进展，需要有某些类型的数据收集工作。如果干预工作涉及形成一个大型工作方案，有许多服务对象或参与者，那么一定要设计表格，并把数据资料输入计算机系统。至于一个小项目，可以把记录手写到笔记本上保存下来。

回忆一下我们的政策变革方案的成果目标，方案所要带来的变革陈述如下：

政策变革：锡达镇使用志愿者工作

成果目标 1

时间期限：在一个月内提交介绍政策变革的提案。

对象：镇议会的七位成员。
成果：支持志愿者工作方案。
衡量标准：镇议会的投票结果。
方案变革：百老汇街区的改善
成果目标 1：
时间期限：到20××年9月30日。
对象：百老汇街区的所有街道。
成果：没有弃置的家具和用品。
衡量标准：以街区委员会的报告为证。

当所有成果目标的数据资料都已经收集、汇总和编纂完毕，应该给资金来源和其他握有决策权的人以及重要利益相关方准备一份简明的年终报告。报告包括类似下述方面的内容：

Ⅰ．概述（变革工作的理由）。
Ⅱ．描述（提供的干预）。
Ⅲ．目的和目标（简要陈述）。
Ⅳ．第一年的成果（图表和解说）。
Ⅴ．建议（第二年和接下来几年应该做什么变革）。

拉普和普尔特纳（Rapp & Poetner，1992）对撰写报告提出了一些有用的建议：
（1）**建立标准**。如果没有可比较的标准，数字就毫无意义。
（2）**避免信息太多**。把报告限于重大成果，以简洁明了的方式呈现出来。
（3）**注意美感**。尽量运用简洁、有吸引力的图表。
（4）**用简单的语言解说图表**。避免用晦涩难懂的行话。要注意服务对象是不知情的读者。
（5）**做出有意义的汇总分析**。让在组织或社区中层级不同的使用报告的人都能找到对他们而言有意义的数据资料。

运用坚实可靠的技术收集和汇总数据资料，清楚地展示结果，用对目标受众有用的方式汇报工作，这些有助于巩固和建立主要利益相关方对变革工作的支持。不断地反馈和评估，以及稳定地与所有参与者和支持者保持沟通，对于使变革工作稳定下来，在某种程度上使其成为组织或机构永久性的、完全整合的组成部分（如果有这样的意图的话）有很大的作用。说到底，这是变革推动者在提议变革的时候所希望的，也是干预取得成功的标志。

小　　结

我们撰写这本书的目的是帮助学生了解宏观社会工作实务的过程，并在运用这些原则时至少能获得一些入门技能。刚刚开始入行的从业人员可能会吃惊，这一过程有时似乎过于细致。有些人头脑中可能仍然保留着活动家的形象，大刀阔斧地直奔问题所在，开始组织抗议或其他行动。这不是变革推动者在组织或社区变革工作中从事专业性协助所要扮演的角色。

制订良好的计划能大大增加变革获得成功的可能性。如果能遵循在前十章描述的所有程序的话，变革推动者便有了形成最后的书面计划所需的一切材料，并能落实、监测和评估干预工作。干预工作假设为目的和目标提供了方向和参照指标。撰写目的和目标可以使整个变革工作建立在具有前瞻性的基础上，即行动系统希望促成计划好的事情，而不希望事随人愿。

目的陈述为有计划的变革工作提供了总的方向。陈述内容是预计目标人群会获得的成果。随着干预付诸实施，应该在总体上向着达到目的的方向迈进，但此时却不会涉及实际的测量。

成果目标将目的操作化，使其变成预计结果以后再陈述出来。它用可以测量、监测和评估的方式把成果变成书面文字。目标包括四个部分：时间期限、对象、成果和衡量标准。过程目标用来描述为了实现成果目标所要采取的主要干预行动。一旦明确了期待的成果，成功获得这些成果所需的步骤或是要素应该逐项列出，并为每个步骤或是每项活动列明完整的过程目标。在检查所有的过程目标的时候，制订计划的人应该确信，如果能全部按计划完成的话，最后应该能成功实现成果目标。

有了过程目标之后，接下来就是要为每个过程目标设计活动。活动或者任务应该按顺序设计好，以便在完成所有的活动后能实现过程目标。对于每项活动，方案都应当详细说明完成它的时限和负责人。因而，整个干预计划由错综复杂的目的、目标和活动构成，以便能合在一起发挥作用。如果能用这种方式设计干预计划，成功的机会就会大大增加。如果所有活动都能在计划好的时间内完成，那么就应该实现了过程目标。如果实现了所有过程目标，那么也就应该实现了成果目标。最后，如果实现了成果目标，那么变革工作就应该趋近了目的。

落实干预工作涉及管理好计划中的各个逻辑环节，要保证所有的技术性和人员方面的问题都得到了妥善处理。评估干预的有效性的重点是成果目标，这要求工作者做数据资料的收集和汇总工作，以便向资助方和其他赞助方以及重要的利益相关方汇报工作。一旦第一个完整的监测和评估周期完成之后（通常是在年底），就应当重点基于在评估中的发现，对方案做必要的调整，以便改进工作并寻找巩固该项目、确保它能得到持久支持的方法。

附录一　计划、落实、监测和评估干预工作

任务1　确定干预的目的

- 如果干预获得成功，预计总的成果是什么？

任务 2　撰写成果目标

订立成果目标的时间期限
- 有可能确定取得第一项成果的年、月、日吗?
- 在未来的哪个时间点有理由期待干预工作会取得可测量的成果?

锁定目标人群
- 谁会是干预工作的主要受益人?

详细列明预计成果
- 通过这一干预,目标人群的生活质量有望得到怎样的改善?

订立衡量成功与否的标准
- 如何测量目标中陈述的成果?
- 是否有现成的、可以观察的测量标准?需要自己拟定标准吗?

任务 3　制定过程目标

订立过程目标的时间期限
- 目标中说明的行动何时开始?何时结束?

锁定工作对象
- 在这一过程目标中,哪些个人、群体或产出会成为重点?

详细列出过程目标的成果
- 什么成果能证明目标已经实现?

确定存档文件的撰写标准
- 有什么可以观察或者是可以测量的因素可以用来确定过程目标已经实现?

任务 4　列出过程目标的活动

形成易于监测的活动事项表
- 要实现过程目标,需要成功完成的活动或者任务是什么?
- 每个活动的起止时间是什么?
- 谁来负责完成特定的活动?

任务 5　发起行动计划

解决工作衔接上的问题
- 在实施前,什么设施、设备和其他资源要落实到位?
- 新员工,包括志愿者,要在哪工作?
- 工作步骤和阶段怎样被描绘成流程图?

挑选和培训参与者
- 谁在整体上对干预工作负领导和管理责任？
- 干预工作会使用现有员工或者是新员工以及志愿者吗？
- 让新员工加入需要做什么准备？
- 需要有什么样的入职引导活动和培训？

任务 6　监测和评估干预

监测技术性活动
- 要实现过程目标，完成各项活动的恰当顺序是什么？
- 每个活动的负责人是谁？
- 要按时完成过程目标，每项活动必须在何时完成？

监测人员方面的活动
- 指定的落实人员对变革工作的热情有多高？支持程度如何？
- 是否有正式的或者是非正式的系统来评估落实者的工作表现？
- 是否有什么策略来应对落实人员工作表现差、态度冷漠或是拒不执行的情况？

任务 7　评估干预工作的成效

编纂定期的评估报告
- 在干预计划中列明的结果或成果是什么？
- 有什么定性和定量数据以及其他类型的信息可用于评估工作？
- 数据资料应该如何汇总并展示在评估报告中？

附录二　案例：杰克逊县寄养照顾

下面的案例说明了一份宏观层面的变革工作书面计划的构成要素。

背景

杰克逊县包括一个大城市、几个中等规模的郊区和少量的农村地区。县社会服务局儿童福利服务处最近对过去五年其负责的寄养儿童工作做了一个分析。结果发现寄养儿童在种族比例上严重失调：白人儿童的比例严重偏低，有色人种儿童的比例非常高。

看了报纸对这一结果的报道，30多位不同种族的代表参加了县监察委员会召开的公开听证会。他们严重关切现有发现。县儿童福利服务处的主任受命指派一个工作小组研究情况，提出建议。14人的工作小组由下述成员组成：

- 三位少数族裔寄养儿童的父母。
- 四位少数族裔团体的领袖。
- 两位寄养父母。

- 两位负责寄养工作的社会工作者。
- 一位寄养之家招募协调人。
- 一位本地大学的儿童福利研究者。
- 一位寄养服务方案的最高行政主管。

问题分析

工作小组把入手点放到对问题的初步陈述上,重点是按少数族裔儿童在县里所占的比例来推算,他们接受寄养照顾的比例偏高这一事实。接下来,他们开始浏览并熟悉与寄养照顾和寄养儿童回归亲生父母家庭有关的问题。通过文献回顾,他们发现了以下事实:

(1) 接受寄养照顾的有色人种儿童比例偏高的现象不仅在杰克逊县存在,在国内其他地方也是一样。

(2) 接受寄养照顾的有色人种儿童或其他少数族裔儿童比例偏高的现象表现在两个方面:第一,他们接受寄养照顾的比例要比白人儿童接受寄养照顾的比例高;第二,他们滞留在寄养照顾处所的时间比白人儿童长。因而,任一时间他们的数量都比白人儿童多。

(3) 研究报告喻示,少数族裔儿童一旦被安排接受寄养照顾,被领养或得到永久性安置的比例与非少数族裔儿童一样。然而,他们返回父母身边的时间却比非少数族裔儿童慢得多。

(4) 如果别无选择,为了儿童的安全,让他们接受寄养照顾是必要的,但在儿童还在家时,工作者要尽量帮助家庭解决问题,避免使用寄养照顾。

(5) 如果尽了力但仍然需要寄养照顾,那么这种照顾应该是暂时性的。工作者应该努力帮助家庭化解矛盾,以便孩子能尽快回家。如果做不到这一点,最好是为孩子找一个其他的永久性住所,如领养的家庭。

目标人群分析

工作小组随后把视线转向了更好地了解感兴趣的目标人群上,也就是了解接受寄养照顾的少数族裔儿童。为了达到这一目的,他们翻阅了社会服务局儿童福利服务处五年来的统计资料,详细研究了处里最近的报告内容,查看了其他有关少数族裔儿童和家庭的研究。他们最重要的发现是:

(1) 寄养照顾只是一个暂时性的过渡措施,无限期地延长对儿童是有害的。因为它会妨碍儿童在成长过程中与父母或永久性的养父母形成至关重要的依恋关系。

(2) 为了得到健康发展,儿童需要经过一系列的成长阶段,并成功完成各阶段的发展任务。这些有可能因为接受寄养照顾而中断。这会造成延迟儿童的成长。

(3) 将一个种族家庭的孩子安置到另外一个种族家庭接受寄养照顾,如果寄养家庭意识不到重要的文化因素,或是对此没有足够的察觉力的话,孩子可能会受到不利影响。

基于这些发现,工作小组重新给问题下了定义,聚焦在具体的忧虑上,即有色人种儿童轻易就被安排接受寄养照顾，却难以尽快与亲生父母家庭团聚。

问题症结分析

工作小组初步的研究成果也喻示，变革工作的要点不是整个社区，而是杰克逊县社会服务组织。根据这一推断，工作小组通过查阅社会服务局的内部记录，访谈现在和以前的服务对象以及社区内其他机构的专业人员，收集到了下述资料和看法：

（1）相对于县里接受寄养照顾的有色人种儿童的比例，杰克逊县寄养照顾服务科负责专业性工作的有色人种员工所占的比例低得多。

（2）得到寄养照顾服务科颁发的执照的寄养父母在种族和肤色上的多样性远不及县里寄养儿童在这方面的多样性。

（3）许多儿童福利工作者和寄养父母不太了解文化传统对于少数族裔家庭的意义。这意味着他们容易从白人的角度去解读儿童的行为，而这可能与少数族裔团体建立和理解的规范不一致。

（4）杰克逊县的儿童福利服务建立伊始，白人儿童就不大可能像其他有色人种儿童那样，被安排接受寄养照顾。

（5）儿童被带走后，所提供的帮助家庭解决问题的支持性服务没有充分考虑这些少数族裔家庭强化功能所需的文化敏感性。

就像第一章图1-1所示的宏观实务工作的概念框架一样，工作小组的成员开始筹划变革工作，并设想面对的情况是由三个元素交叉在一起形成的。这三个元素是问题（儿童轻易就被安排接受寄养照顾，并滞留得太久）、人群（有色人种儿童）和场域（杰克逊县社会服务组织、其员工、寄养父母和服务对象）。他们感到接受社会服务局寄养照顾服务科服务的寄养儿童的亲生父母家庭需要更多的资源和支持性服务。此外，科里的专业人员及其管辖的寄养家庭的父母，需要更好地了解家庭规范，以及对少数族裔儿童来说怎样才是健康的家庭环境。

问题成因假设

基于前面的发现，工作小组形成了以下问题成因假设。

由于下列因素：

（1）来自少数族裔人群的员工数量偏少。

（2）来自少数族裔人群的寄养父母数量偏少。

（3）员工和寄养父母在种族文化方面的知识十分有限。

（4）数量很大的少数族裔家庭的儿童被从家中带走。

结果导致：

（1）整个组织对寄养工作中文化的重要性缺乏感知力。

（2）寄养父母偏爱白人儿童。

（3）整个机构的文化能力偏低。

（4）寄养照顾中少数族裔儿童的比例偏高。

干预假设

根据上面的分析,工作小组的成员提出了下述干预假设。

如果我们能做以下一些事:

(1) 招聘更多的少数族裔儿童福利工作者。
(2) 招聘更多的少数族裔寄养父母。
(3) 培训员工和寄养父母。
(4) 给少数族裔家庭提供支持。

那么预计会有下列成果:

(1) 少数族裔家庭和员工间的沟通和了解会有所改善。
(2) 家庭能够更好地满足接受寄养的少数族裔儿童在文化和种族方面的需要。
(3) 提高白人员工和寄养父母的文化能力。
(4) 增加成功回归亲生父母家庭的少数族裔儿童的数量。

在完成了本书前面章节提出的每项工作之后,工作小组拿出了下面的书面报告。

第Ⅰ部分:问题和解决提案

杰克逊县儿童福利服务处近来发现,返回亲生父母身边的接受寄养照顾的少数族裔儿童的比例明显低于白人儿童。为此该处专门成立了一个工作小组进行研究。研究工作发现了一些造成这一问题的因素。

首先,一些证据表明,儿童接受寄养照顾的少数族裔家庭有比较严重的经济、社会和情绪问题,需要一个支持性服务网络来帮助他们增强家庭的功能,更好地养育孩子。总的来说,少数族裔家庭还得不到以他们这类家庭为重点提供的此类服务。

其次,有证据显示,儿童福利工作者和寄养父母对少数族裔的文化缺乏了解。而这对于决定少数族裔儿童需要什么、对儿童亲生父母在行为表现上有什么样的要求才现实、如何使儿童返回亲生父母身边十分重要。

工作小组提出了一系列干预方案,目的是增进儿童照顾工作者和寄养父母的种族文化敏感性,加强儿童接受寄养照顾的家庭的功能。

第一套干预方案针对的是儿童福利工作者和寄养父母。招募活动包括:

- 联系社会工作研究生院。
- 在市里有大量少数族裔儿童福利工作者的机构做宣传。

给儿童福利工作者和寄养父母提供文化敏感性培训,包括:

- 评估个人的价值观和看法,因为这些东西与做少数族裔儿童及其家庭的工作息息相关。
- 了解非裔家庭及其子女。
- 了解拉丁裔家庭及其子女。
- 了解印第安人家庭及其子女。
- 了解亚裔家庭及其子女。

完成文化敏感性培训课程的寄养父母会有以下收获：
- 得到更多的寄养费。
- 有资格接收少数族裔寄养儿童。

第二套干预方案是提供支持性服务，方法是与确实了解少数族裔文化并有这方面文化敏感性的机构签订服务合约。这些服务针对的是少数族裔家庭。内容是：
- 个人和家庭的评估与辅导。
- 个案管理。
- 经济激励。
- 父母技能培训。
- 自助小组。

第Ⅱ部分：主要行动者及其系统

表 11-1 提供了系统概览、其定义和每个系统的代表。注意，系统间刻意有重叠。

表 11-1　主要行动者及其系统

系统代表	界定	系统
发起人	首先让人们注意到问题的人	黑人家庭联合会，以及一个曾组织人们与县监察委员会会晤的社区组织
变革推动者	专业社会工作者、机构和其他协调变革工作的人	工作小组，包括一个有经验的儿童福利督导
服务对象	主要受益人和次要受益人	被安排接受寄养照顾的少数族裔儿童及其家庭
支持	其他有望支持变革工作的人。	至少有八个种族社团组织、两个倡导儿童福利的团体、数个少数族裔神职人员及其教区教徒、许多儿童福利专业人员和寄养父母协会
控制	有权批准变革工作并让它付诸实施的人	县监察委员会
主管	负责对干预进行行政管理的组织或社区的具体部门	杰克逊县儿童福利服务处
执行	将要落实干预的员工和志愿者	杰克逊县儿童福利服务处的三个下属部门：（1）寄养照顾服务科，（2）员工发展与培训科，（3）服务合约购买科
改变对象	必须有所变革，干预才能成功	因为变革工作要分阶段进行，所以要有阶段性的改变对象。首先要让拨款机构在提出的干预方案上签署意见，给予支持。这些机构包括县监察委员会和几个地方基金会。随后的改变对象是：（1）需要增加种族文化敏感性的儿童福利工作者和寄养父母，（2）孩子接受寄养照顾的少数族裔家庭
行动	扩大了的计划和协调委员会，负责监察完成整个变革工作	工作小组，以及儿童福利服务处和有可能提供服务的组织的重要代表

第Ⅲ部分：目的、目标和活动

变革工作是作为一个为期三年的实验项目提出的，在此期间儿童福利服务处会随时纠正实施原设计方案过程中发现的偏差。三年的实验期满之后，它将成为杰克逊县儿童福利服务处的永久性工作内容。

目的

解决杰克逊县儿童福利系统接受寄养照顾的少数族裔儿童比例失调的问题。

成果目标 1

到20××年12月31日，至少让50位接受培训的成员（包括儿童福利工作者和寄养父母）增加四个有关少数族裔文化方面的知识。测评工具是专为培训课程设计的测验。标准是成员在培训后的测验分数比培训前提高50%。

过程目标

1.1 到20××年7月31日，向县监察委员会提交一份提案，申请拨款支持为杰克逊县儿童福利工作者和寄养父母开发一个文化敏感性培训课程。

1.2 到20××年9月30日，为从事少数族裔儿童工作的儿童福利工作者和寄养父母开发四门培训课程，分别用于了解非裔美国人、拉丁裔美国人、印第安人和亚裔美国人家庭。

1.3 到20××年10月31日，准备好50份培训课程资料并送到员工发展与培训科。

1.4 到20××年11月30日，至少招收50位儿童福利工作者和寄养父母参加培训课程。

1.5 到20××年1月31日，对50名参加文化敏感性培训课程的儿童福利工作者和寄养父母做文化敏感性前测。

1.6 到20××年3月31日，对参加培训的人员进行后测，并分析前测和后测的结果。

成果目标 2

到20××年9月30日，儿童接受寄养照顾的至少100个少数族裔家庭在家庭能力和父母技巧方面会得到改善。测评工具是"多维父母技巧与家庭评估调查表"。标准是分数比工作实施前至少增加30%。

过程目标

2.1 到20××年11月30日，调查为杰克逊县非裔美国人、拉丁裔美国人、印第安人和亚裔美国人家庭提供服务所需的经济、社会、情绪和家庭援助方面的资源。

2.2 到20××年4月30日，对儿童接受寄养照顾的至少100个少数族裔家庭进行初步评估，掌握他们目前使用什么资源，还欠缺或得不到什么必需的资源。

2.3 到20××年6月30日，形成有关少数族裔家庭在资源方面的供需差距的文字材料。

2.4 到20××年9月30日，向杰克逊县监察委员会和至少两个地方基金会提交正式的项目计划书，要求资助专为少数族裔家庭设立的服务。

第Ⅳ部分：工作手法

预计本变革工作将分阶段进行。具体如下：

第1阶段

第1阶段的目标是敦请有可能向变革工作提供资助的机构和组织接受变革提议。这一阶段的重点是县监察委员会、几个对少数族裔事务感兴趣的私人基金会和能影响决策的人。这方面的工作将使用开展运动的手法，包括教育、说服和通过大众传媒呼吁。万一开展运动的手法不奏效，得不到支持变革的资金，就可能要用对抗的手法。这一手法的内容包括讨价还价和谈判、大规模集体行动或社区行动以及集体诉讼。

第2阶段

如果提议的变革方案得到了资助，那么第2阶段的目标就是增强文化意识、知识和能力。这一阶段的重点对象是为少数族裔儿童及其家庭服务的儿童福利工作者和寄养父母。工作手法是合作，包括落实和能力建设。

第3阶段

第3阶段的目标是保证向儿童接受寄养照顾的少数族裔家庭提供改进后的服务。服务要调整，以便适合每个少数族裔群体独特的需要、关心的事、兴趣和传统，并把在第2阶段学到的知识和技巧运用到服务工作中。工作重点是儿童福利工作者、寄养父母和签约的服务提供人。将采用合作手法，包括能力建设和落实。

监测和评估

工作小组的儿童福利督导将负责监测项目的执行情况并提交评估报告。他将以项目的目的、成果目标、过程目标和活动为依据来确保各项任务和活动能够按时保质保量完成。

评估报告的重点是成果目标的完成情况，内容包括：(1) 工作人员和寄养父母在文化意识、知识和能力上的提升情况，(2) 少数族裔家庭和儿童福利工作者相处和了解上的改善情况，(3) 参与项目的少数族裔家庭在家庭相处能力和为人父母的技巧上的强化情况，(4) 接受寄养照顾的少数族裔儿童成功返回亲生父母家庭的比例增长情况。

我的社会工作实验室

请登录www.mysocialworklab.com网站并回答以下问题（如果你没有在收到本教材的同时也收到MySocialWorkLab的访问密码，并希望在线购买访问权限，请访问www.mysocialworklab.com）。

1. 阅读我的社会工作图书馆中的案例研究："退伍军人司法外展工作和从事退伍军人

事务的社会工作者的角色（第一部分）"。想象你提出了一个方案，以加强警察和从事退伍军人司法外展工作的社会工作者之间的合作。请确定项目的目的和几个成果目标。你如何判断你的目标是否成功实现？

2. 阅读我的社会工作图书馆中的案例研究："一个社区联盟"。特别注意最后一节。小组的新目的在最后一节中有详细说明。请为这一目的制定一些成果目标。现在，选择其中一个成果目标，并制定一个或多个成功获得这一结果所需的过程目标。

测验题

以下问题将测试你对本章内容的掌握情况。额外的评估，包括将本章的内容用于实践的证照考试类型的问题，请访问 MySocialWorkLab。

1. 干预工作假设与成果目标之间的关系最好描述为：
   A. 假设为目标提供了一个问题成因的依据。
   B. 假设提供了分析，带出干预提案。
   C. 在成果目标中，提议的干预措施被转化为具体的计划。
   D. 成果目标有助于避免过早决定干预措施。
2. 用于确定目标是否实现的标准是：
   A. 减少成果的某些部分的模糊性和难以把控性。
   B. 将过程分解为可管理的各个部分。
   C. 有助于确定一个现实的时间要求。
   D. 有助于确定每个目标的负责人。
3. 过程目标用于制订计划阶段是为了：
   A. 说明执行任务的责任。
   B. 使主管和管理员能够跟踪里程碑式的成果。
   C. 确保每个人都使用相同的测量标准。
   D. 确定如何实现成果目标。
4. 循证实践的基本原则是所有社会工作实践都应：
   A. 收集数据和信息。
   B. 将知识和技能与基于研究的证据相结合。
   D. 包括汇总评估发现。
   D. 运用定量和定性研究成果。
5. 回想一下锡达镇的案例，第一个成果目标是让百老汇街区的所有街道都没有废弃的家具和物品。在最终的报告中，可以用哪些方法呈现数据资料，证明项目成功？

测评你的能力

请使用下面的量表，根据本章介绍的每个能力的概念或技能来评估你当前掌握的水平：
1. 我能准确地描述这一概念或技能。
2. 在观察和分析实务活动时，我总能识别这一概念或技能。
3. 我能在自己的工作中很好地践行这个概念或技能。

概念或技能	评分		
1. 能够回应可能影响变革的政治和其他背景因素。	1	2	3
2. 能够运用批判性思考来制定措施，跟踪活动和落实过程并显示变革工作最终获得成功的程度。	1	2	3
3. 能够将人类行为和社会环境的知识应用到动态的团体过程和合作中。	1	2	3
4. 能够运用从结果和监测数据中获得的信息来开展实务工作。	1	2	3

参考文献

Chapter 1

Cummins, L. K., Byers, K. V., & Pedrick, L. (2011). *Policy practice for social workers: New strategies for a new era*. Boston, MA: Allyn & Bacon.

Fabricant, M. (1985). The industrialization of social work practice. *Social Work, 30*(5), 389–395.

Gilbert, N., & Terrell, P. (2010). *Dimensions of social welfare policy* (6th ed.). Boston, MA: Allyn & Bacon.

Gustafson, J. M. (1982). Professions as "callings." *Social Service Review, 56*(4), 501–515.

Hillier, A., Wernecke, M. L., & McKelvey, H. (2005). Removing barriers to the use of community information systems. *Journal of Community Practice, 13*(1), 121–139.

Itzhaky, H., & Bustin, E. (2005). Promoting client participation by social workers: Contributing factors. *Journal of Community Practice, 13*(2), 77–92.

Jansson, B. S. (2011). *Becoming an effective policy advocate: From policy practice to social justice* (6th ed.). Belmont, CA: Thomson Brooks/Cole.

Jenson, J. M. (2005). Connecting science to intervention: Advances, challenges, and the promise of evidence-based practice. *Social Work Research, 29*(3), 131–135.

Karger, H. J., & Stoesz, D. (2009). *American social welfare policy: A pluralist approach* (6th ed.). Boston, MA: Allyn & Bacon.

Reamer, F. G. (1995). *Social work values and ethics*. New York: Columbia University Press.

Reamer, F. G. (1998). *Ethical standards in social work: A critical review of the NASW Code of ethics*. Washington, DC: NASW Press.

Rothman, J., Erlich, J. L., & Tropman, J. E. (2008). *Strategies of community intervention* (7th ed.). Peosta, IA: Eddie Bower.

Sullivan, W. M. (2005). *Work and integrity: The crisis and promise of professionalism in America*. San Francisco, CA: Jossey-Bass.

Warren, R. L. (1978). *The community in America* (3rd ed.). Chicago, IL: Rand McNally.

Chapter 2

Abramovitz, M. (1991). Putting an end to doublespeak about race, gender, and poverty: An annotated glossary for social workers. *Social Work, 36*(5), 380–384.

Allen, M. (2009, September 13). Obama sees "coarsening" of national debate. *Politico*. Retrieved January 2011, from http://www.politico.com/news/stories/0909/27082.html.

American Council on Education. (2010). *Gender equity in higher education: 2010*. Washington, DC: Author.

Anngela-Cole, L., & Hilton, J. M. (2009). The role of attitudes and culture in family caregiving for older adults. *Home Health Care Services Quarterly, 28*, 59–83.

Annie E. Casey Foundation. (2010). *Kids count data center—Children in single-parent families by race (Percent)—2009*. Retrieved January 2011, from http://datacenter.kidscount.org/data/acrossstates/Rankings.aspx?ind=107.

Aron-Dine, A., & Shapiro, I. (2007). *New data show income concentration jumped again in 2005: Income share of top 1% at highest level since 1929*. Center on Budget and Policy Priorities. Retrieved December 2010, from http://www.cbpp.org/cms/index.cfm?fa=archivePage&id=3-29-07inc.htm.

Austin, A. (2010). *Different race, different recession: American Indian unemployment in 2010*. Washington, DC.: Economic Policy Institute. Retrieved January 2011, from http://www.epi.org/publications/entry/ib289.

Axinn, J., & Stern, M. J. (2008). *Social welfare: A history of the American response to need* (7th ed.). Boston, MA: Pearson/Allyn & Bacon.

Barry, B. (2007). *Speechless: The erosion of free expression in the American workplace*. San Francisco, CA: Berrett-Koehler Publishers.

Becker, D. G. (1987). Isabella Graham and Joanna Bethune: Trailblazers of organized women's benevolence. *Social Service Review, 61*, 319–336.

Bender, D. E. (2008). Perils of degeneration: Reform, the savage immigrant, and the survival of the unfit. *Journal of Social History, 42*, 5–29.

Benish, A. (2010). Re-bureaucratizing welfare administration. *Social Service Review, 84*, 77–101.

Bernstein, J., Mishell, L., & Brocht, C. (2000). *Briefing paper: Any way you cut it—Income inequality on the rise regardless of how it's measured*. Washington, DC: Economic Policy Institute.

Boisson, S. (2006). When America sent her own packing. *American History, 41*, 20–27.

Brager, G., & Holloway, S. (1978). *Changing human service organizations: Politics and practice*. New York: Free Press.

Brieland, D. (1987). Social work practice: History and evolution. In Ann Minahan (Ed.), *Encyclopedia of social work* (19th ed., Vol. 3, pp. 2246–2258). Washington, DC: NASW Press.

Brieland, D. (1990). The Hull-House tradition and the contemporary social worker: Was Jane Addams really a social worker? *Social Work, 35*(2), 134–138.

Broughton, C. (2010). Bringing the organization back in: The role of bureaucratic churning in early TANF caseload declines in Illinois. *Journal of Sociology and Social Welfare, 37*, 155–182.

Brown v. Board of Education of Topeka, 347 U.S. 483 (1954).

Carlton-LeNey, I., & Hodges, V. (2004). African American reformers' mission: Caring for our girls and women. *Affilia, 19*, 257–272.

Carnevale, A. P., Smith, N., & Strohl, J. (2010). *Projections of jobs and education requirements through 2018*. Georgetown University: Center on Education and the Workforce. Retrieved January 2011, from http://www9.georgetown.edu/grad/gppi/hpi/cew/pdfs/FullReport.pdf.

Centers for Disease Control. (2010). Early release of selected estimates based on data from the January–June 2010 National Health Interview Survey, *Percentage of adults aged 18 years and over who had five or more drinks in 1 day at least once in the past year: United States, 1997–June 2010*. Retrieved January 2011, from http://www.cdc.gov/nchs/data/nhis/earlyrelease/201012_09.pdf.

Chambers, C. A. (1985). The historical role of the voluntary sector. In G. A. Tobin (Ed.), *Social planning and human service delivery in the voluntary sector* (pp. 3–28). Westport, CT: Greenwood Press.

Chambers, C. A. (1986). Women in the creation of the profession of social work. *Social Service Review, 60*(1), 3–33.

ChildStats.gov. (2010). *America's children in brief: Key national indicators of well-being, 2010.* Retrieved January 2011 from http://www.childstats.gov/americaschildren/tables.asp.

Coleman, M. C. (1999). The responses of American Indian children and Irish children to the school, 1850s–1920s. *American Indian Quarterly, 23,* 83–112.

Collins, G. (2010). *When everything changed: The amazing journey of American women from 1960 to the present.* Boston, MA: Back Bay.

Corsini, R. J. (2002). *The dictionary of psychology.* New York: Brunner/Mazel.

Crompton, L. (2003). *Homosexuality and civilization.* Cambridge, MA: Harvard University Press.

DuBois, E. C. (1999). *Feminism and suffrage: The emergence of an independent women's movement in America, 1848–1869.* Ithaca, NY: Cornell University Press.

Facebook Pressroom Statistics. (2011). Retrieved January 2011, from http://www.facebook.com/press/info.php?statistics.

Friedan, B. (1963). *The feminine mystique.* New York: Norton.

Fukuyama, F. (1999). *The great disruption.* New York: Free Press.

Gandy, K. (2005, September 22). Editorial/Opinion: The patriarchy isn't falling. *USA Today.* Retrieved September 2006, from www.usatoday.com/news/opinion/editorials/2005–09–22-oppose_x.htm.

Garvin, C. D., & Cox, F. M. (2001). A history of community organizing since the Civil War with special reference to oppressed communities. In J. Rothman, J. L. Erlich, & J. E. Tropman (Eds.), *Strategies of community intervention* (6th ed., pp. 65–100). Itasca, IL: F. E. Peacock.

Gingrich, N. (1995). *To renew America.* New York: HarperCollins.

Granado, C. (2006). "Hispanic" vs. "Latino:" A new poll finds that the term "Hispanic" is preferred. *Hispanic Magazine.* Retrieved September 2006, from www.hispaniconline.com/hh/hisp_vs_lat.html.

Gray, M., & Boddy, J. (2010). Making sense of the waves: Wipeout or still riding high? *Affilia, 25,* 368–389.

Griswold del Castillo, R. (2001). *The Treaty of Guadalupe Hidalgo: A legacy of conflict.* Norman: University of Oklahoma Press.

Gutiérrez, L. M., & Lewis, E. A. (1999). *Empowering women of color.* New York: Columbia University Press.

Harrington, M. (1962). *The other America: Poverty in the United States.* New York: Macmillan.

Haskins, R. (2006, July 19). *Testimony to Committee on Ways and Means, U.S. House of Representatives.* Retrieved August 2006, from www.brookings.edu/views/testimony/haskins/20060719.pdf.

Hildebrand, V., & Van Kerm, P. (2009). Income inequality and self-rated health status: Evidence from the European Community Household Panel. *Demography, 46,* 805–825.

Holt, S. (2006). *The Earned Income Tax Credit at age 30: What we know.* Washington, DC: Brookings Institution. Available at www.brookings.edu/metro/pubs/20060209_Holt.pdf.

Huisman, M., & Oldehinkel, A. J. (2009). Income inequality, social capital and self-inflicted injury and violence-related mortality. *Journal of Epidemiology and Community Health, 63,* 31–37.

Hutchinson, R. N., Putt, M. A., Dean, L. T., Long, J. A., Montagnet, C. A., & Armstrong, K. (2009). Neighborhood racial composition, social capital and black all-cause mortality in Philadelphia. *Social Science & Medicine, 68,* 1859–1865.

Institute for Women's Policy Research. (2010). *Fact Sheet: The Gender Wage Gap—2009.* Retrieved January 2011 from http://www.iwpr.org/pdf/C350.pdf.

Jansson, B. S. (2009). *The reluctant welfare state: American social welfare policies—Past, present, and future* (6th ed.). Belmont, CA: Brooks/Cole/Thomson Learning.

Kelly, P. J., Rasu, R., Lesser, J., Oscos-Sanchez, M., Mancha, J., & Orriega, A. (2010). Mexican-American neighborhood's social capital and attitudes about violence. *Issues in Mental Health Nursing, 31,* 15–20.

Kettner, P. M., & Martin, L. L. (1987). *Purchase of service contracting.* Newbury Park, CA: Sage.

Lau, A. S., Fung, J., Wang, S., & Kang, S. (2009). Explaining elevated social anxiety among Asian Americans: Emotional attunement and a cultural double bind. *Cultural Diversity & Ethnic Minority Psychology, 15,* 77–85.

Le, C. N. (2006). *Asian-Nation: The landscape of Asian America.* Retrieved September 2006, from www.asian-nation.org/demographics.shtml.

Lens, V. (2008). Welfare and work sanctions: Examining discretion on the front lines. *Social Service Review, 82,* 197–222.

Lewis, H. (1978). Management in the nonprofit social service organization. In S. Slavin (Ed.), *Social administration: The management of the social services.* New York: Council on Social Work Education.

Lindeman, E. (1921). *The community: An introduction to the study of community leadership and organization.* New York: Association Press.

MacDorman, M. F., & Mathews, T. J. (2008). *Recent trends in infant mortality in the United States.* Atlanta, GA: Centers for Disease Control. Retrieved January 2011, from http://www.cdc.gov/nchs/data/databriefs/db09.pdf.

Marotta, T. (1981). *The politics of homosexuality.* Boston, MA: Houghton Mifflin.

Martin, L. L. (2005). Performance-based contracting for human services: Does it work? *Administration in Social Work, 29,* 63–77.

McCarthy, K. D. (Ed.). (1990). *Lady bountiful revisited: Women, philanthropy, and power.* New Brunswick, NJ: Rutgers University Press.

McCarthy, K. D. (2003). *American creed: Philanthropy and the rise of civil society 1700–1865.* Chicago, IL: University of Chicago Press.

McMurtry, S. L., Netting, F. E., & Kettner, P. M. (1991). How nonprofits adapt to a stringent environment. *Nonprofit Management & Leadership, 1*(3), 235–252.

Morris, P. M. (2008). Reinterpreting Abraham Flexner's speech, "Is Social Work a Profession?": Its meaning and influence on the field's early professional development. *Social Service Review, 82,* 29–60.

Murray, K. O., & Primus, W. E. (2005). Recent data trends show welfare reform to be a mixed success: Significant policy changes should accompany reauthorization. *Review of Policy Research, 22,* 301–324.

National Center for Education Statistics. (2007). *Status and Trends in the Education of Racial and Ethnic Minorities.* Retrieved January 2011, from http://nces.ed.gov/pubs2007/2007039.pdf.

National Indian Gaming Association. (2010). *National Indian Gaming Association releases report on the economic impact of Indian gaming in 2009.* Retrieved January 2011, from http://www.indiangaming.org/info/NIGA_2009_Economic_Impact_Report.pdf.

National Women's Law Center. (2009). *The lilly ledbetter fair pay Act.* Retrieved from http://www.nwlc.org/resource/fair-pay-frequently-asked-questions.

Native American Journalists Association. (2006). *Reading Red Report 2002: A report and content analysis on coverage of Native Americans by the largest newspapers in the United States.* Retrieved September 2006, from www.naja.com/resources/publications/.

Nord, M., Coleman-Jensen, A., Andrews, M., & Carlson, S. (2010). *Household food security in the United States, 2009.* Washington, DC: U.S. Department of Agriculture. Retrieved January 2011, from http://www.ers.usda.gov/Publications/ERR108/ERR108.pdf.

O'Brien, G. V., & Leneave, J. (2008). The "Art" of social work and the ADA's essential functions provision: Challenges and recommendations. *Administration in Social Work, 32,* 87–99.

Ohmer, M. L. (2010). How theory and research inform citizen participation in poor communities: The ecological perspective and theories on self- and collective efficacy and sense of community. *Journal of Human Behavior in the Social Environment, 20,* 1–19.

Orgad, L., & Ruthizer, T. (2010). Race, religion and nationality in immigration selection: 120 years after the Chinese exclusion case. *Constitutional Commentary, 26,* 237–296.

Olson, M. E., Diekema, D., Elliott, B. A., & Renier, C. M. (2010). Impact of income and income inequality on infant health outcomes in the United States. *Pediatrics, 126,* 1165–1173.

Parrott, S. (2006). *Testimony before the committee on ways and means, United States House of Representatives, July 19, 2006.* Washington, DC: Center on Budget and Policy Priorities. Retrieved May 12, from www.cbpp.org/7–19–06tanf-testimony.pdf.

Parsai, M., Nieri, T., & Villar, P. (2010). Away from home: Paradoxes of parenting for Mexican immigrant adults. *Families in Society, 91,* 201–208.

Patti, R. J. (2000). The landscape of social welfare management. In R. J. Patti (Ed.), *The handbook of social welfare management* (pp. 3–25). Thousand Oaks, CA: Sage.

Percy, S. L. (1989). *Disability, civil rights, and public policy.* Tuscaloosa, AL: University of Alabama Press.

Peterson, P. E., & Greenstone, J. D. (1977). The mobilization of low-income communities through community action. In R. H. Haveman (Ed.), *A decade of federal antipoverty programs: Achievements, failures, and lessons.* New York: Academic Press.

Pew Hispanic Center. (2007). *Statistical portrait of the foreign-born population in the United States, 2007.* Retrieved December 2010 from http://pewhispanic.org/factsheets/factsheet.php?FactsheetID=45.

Piketty, T., & Saez, E. (2003). Income inequality in the United States: 1913–1998. *Quarterly Journal of Economics, 118,* 1–39.

Pitt, V., & Curtin, M. (2004). Integration versus segregation: The experiences of a group of disabled students moving from mainstream school into special needs further education. *Disability & Society, 19,* 387–401.

Putnam, R. D. (2000). *Bowling alone: The collapse and revival of American community.* New York: Simon & Schuster.

Rapp, C. A., & Poertner, J. (1992). *Social administration: A client-centered approach.* New York: Longman.

Redelings, M., Lieb, L., & Sorvillo, F. (2010). Years off your life? The effects of homicide on life expectancy by neighborhood and race/ethnicity in Los Angeles County. *Journal of Urban Health, 87,* 670–676.

Rehabilitation Act of 1973, Pub. L. No. 93-112, 87 Stat. 335 (1973).

Reisch, M., & Andrews, J. (2001). *The road not taken: A history of radical social work in the United States.* Philadelphia, PA: Brunner-Routledge.

Reisch, M., & Wenocur, S. (1986). The future of community organization in social work: Social activism and the politics of profession building. *Social Service Review, 60*(1), 70–93.

Richmond, M. (1917). *Social diagnosis.* New York: Russell Sage Foundation.

Rodin, J., & Steinberg, S. P. (Eds.). (2003). *Public discourse in America: Conversation and community in the twenty-first century.* Philadelphia, PA: University of Pennsylvania Press.

Shaw, H., & Stone, C. (2010). *Tax data show richest 1 percent took a hit in 2008, but income remained highly concentrated at the top.* Retrieved December 2010, from http://www.cbpp.org/cms/index.cfm?fa=view&id=3309#_ftnref1.

Sherman, A., & Stone, C. (2010). *Income gaps between very rich and everyone else more than tripled in last three decades, new data show.* Retrieved December 2010 from http://www.cbpp.org/files/6-25-10inc.pdf.

Shilts, R. (1987). *And the band played on: Politics, people, and the AIDS epidemic.* New York: St. Martin's Press.

Shipler, D. K. (2005). *The working poor: Invisible in America.* New York: Vintage Books.

Sigelman, L., Tuch, S. A., & Martin, J. K. (2005). What's in a name? Preference for "Black" versus "African-American" among Americans of African descent. *Public Opinion Quarterly, 69*(3), 429–438.

Sun, X., Rehnberg, C., & Meng, Q. (2009). How are individual-level social capital and poverty associated with health equity? A study from two Chinese cities. *International Journal for Equity in Health, 8,* 1–13.

Thompson, S. J., Kim, J., McManus, H., Flynn, P., & Kim, H. (2007). Peer relationships. *International Social Work, 50,* 783–795.

Toffler, A. (1980). *The third wave.* New York: Morrow.

Trattner, W. I. (1999). *From poor law to welfare state: A history of social welfare in America* (6th ed.). New York: Free Press.

U.S. Bureau of the Census. (1970). *Population of congressional districts.* Retrieved December 2010, from http://www2.census.gov/prod2/decennial/documents/42078080.pdf.

U.S. Bureau of the Census. (2006d). *Health insurance coverage: 2005.* Retrieved September 2006, from www.census.gov/hhes/www/hlthins/hlthin05.html.

U.S. Bureau of the Census. (2010a). *Annual estimates of the resident population for incorporated places over 100,000.* Retrieved December 2010, from http://www.census.gov/popest/cities/tables/SUB-EST2009-01.xls.

U.S. Bureau of the Census. (2010b). *Current Population Survey (CPS): Annual Social and Economic (ASEC) Supplement.* Retrieved January 2011, from http://www.census.gov/hhes/www/cpstables/032010/health/h01_004.htm.

U.S. Bureau of the Census. (2010c). *Large metropolitan statistical areas population: 1990 to 2008.* Retrieved December 2010, from http://www.census.gov/compendia/statab/2010/tables/10s0020.pdf.

U.S. Bureau of the Census. (2010d). *Nativity Status and Citizenship in the United States: 2009.* Retrieved December 2010, from http://www.census.gov/prod/2010pubs/acsbr09-16.pdf.

U.S. Bureau of the Census. (2010e). *U.S. Census Bureau announces 2010 census population counts — Apportionment counts delivered to President.* Retrieved December 2010, from http://2010.census.gov/news/releases/operations/cb10-cn93.html.

U.S. Bureau of the Census. (2011a). *Historical income tables—people.* Retrieved January 2011, from www.census.gov/hhes/www/income/data/historical/people/index.html.

U.S. Bureau of the Census. (2011b). *Current population survey; Table 2. Percent of Persons in Poverty, by Definition of Income and Selected Characteristics: 2009.* Retrieved January 2011, from www.census.gov/hhes/www/cpstables/032010/rdcall/2_000.htm.

U.S. Bureau of the Census. (2011c). *Hispanics in the United States.* Retrieved January 2011, from www.census.gov/population/www/socdemo/hispanic/files/Internet_Hispanic_in_US_2006.pdf.

U.S. Bureau of the Census. (2011d). *2011 Statistical Abstract: Black elected officials by office and state.* Retrieved January 2011, from http://www.census.gov/compendia/statab/cats/elections/elected_public_officials—characteristics.html.

U.S. Bureau of Labor Statistics. (1995). *A Current Population Survey supplement for testing methods of collecting racial and ethnic information: May 1995.* Washington, DC: U.S. Department of Labor.

U.S. Bureau of Labor Statistics. (2010a). *Highlights of women's earnings in 2009.* Retrieved January 2011, from http://www.bls.gov/cps/cpswom2009.pdf.

U.S. Bureau of Labor Statistics. (2010b). *Occupational employment and wages, May 2009.* Retrieved December 2010, from www.bls.gov/news.release/ocwage.t01.htm.

U.S. Bureau of Labor Statistics. (2011). *Employment situation summary*. Retrieved January 2011, from http://www.bls.gov/news.release/empsit.nr0.htm.

U.S. Congress. (1964). *Act to Mobilize the Human and Financial Resources of the Nation to Combat Poverty in the United States*, Pub. L. No. 88-452, 88th Cong., § 2, 78 Stat. 508 (1964).

U.S. Congressional Budget Office. (2002). *The role of computer technology in the growth of productivity*. Washington, DC: Congress of the United States, Congressional Budget Office. Available at www.cbo.gov/ftpdocs/34xx/doc3448/Computer.pdf.

U.S. Department of Commerce, Bureau of Economic Analysis. (2010). *Gross domestic product by industry accounts*. Retrieved December 2010, from http://www.bea.gov/industry/gpotables/gpo_action.cfm.

U.S. Department of Health and Human Services. (2010a). *Summary Health Statistics for the U.S. Population: National Health Interview Survey, 2009*. Hyattsville, MD: U.S. Department of Health and Human Services, Centers for Disease Control and Prevention, National Center for Health Statistics. Retrieved January 2011, from http://www.cdc.gov/nchs/data/series/sr_10/sr10_248.pdf.

U.S. Department of Health and Human Services. (2010b). *Results from the 2009 National Survey on Drug Use and Health: Detailed tables*. Retrieved January 2011, from http://www.oas.samhsa.gov/NSDUH/2k9NSDUH/tabs/Sect1peTabs19to23.pdf.

U.S. Department of Housing and Urban Development. (2008). *American housing survey for the United States: 2007*. Washington, DC: Author. Retrieved January 2011, from http://www.census.gov/prod/2008pubs/h150-07.pdf.

U.S. Internal Revenue Service. (2010). *Earned income tax credit statistics*. Retrieved December 2010, from http://www.irs.gov/individuals/article/0,,id=177571,00.html.

Wagner, D. (1989). Radical movements in the social services: A theoretical framework. *Social Service Review, 63*(2), 264–284.

Wahl, A., Bergland, A., & Løyland, B. (2010). Is social capital associated with coping, self-esteem, and health and quality of life in long-term social assistance recipients? *Scandinavian Journal of Caring Sciences, 24*, 808–816.

Waller, M. A., Okamoto, S. K., Miles, B. W., & Hurdle, D. E. (2003). Resiliency factors related to substance use/resistance: Perceptions of Native adolescents of the Southwest. *Journal of Sociology & Social Welfare, 30*, 79–94.

Walter, U. M., & Petr, C. G. (2004). Promoting successful transitions from day school to regular school environments for youths with serious emotional disorders. *Children & Schools, 26*, 175–180.

Warren, R. L. (1978). *The community in America* (3rd ed.). Chicago, IL: Rand McNally.

Westmoreland, T. M., & Watson, K. R. (2006). Redeeming hollow promises: The case for mandatory spending on health care for American Indians and Alaska Natives. *American Journal of Public Health, 96*, 600–605.

Wilkinson, R. G., & Pickett, K. E. (2009). *The spirit level: Why more equal societies almost always do better*. London: Penguin.

Wilkinson, S., & Kitzinger, C. (2005). Same-sex marriage and equality. *Psychologist, 18*, 290–293.

Wing, K. T., Pollak, T. H., & Blackwood, A. (2008). *The nonprofit almanac 2008*. Washington, DC: Urban Institute Press.

Wolff, E. N. (2010). *Recent trends in household wealth in the United States: Rising debt and the middle-class squeeze—an update to 2007*. Annandale-on-Hudson, NY: Levy Economics Institute of Bard College.

Wright, B. A. (1988). Attitudes and the fundamental negative bias: Conditions and corrections. In H. E. Yuker (Ed.), *Attitudes toward persons with disabilities*. New York: Springer.

Wu, C.-F., & Eamon, M. K. (2010). Need for and barriers to accessing public benefits among low-income families with children. *Children and Youth Services Review, 32*, 58–66.

Wynne, B. (2006). *Mississippi's Civil War: A narrative history*. Macon, GA: Mercer University Press.

Chapter 3

Brody, R. (2000). *Effectively managing human service organizations* (2nd ed.). Thousand Oaks, CA: Sage.

Devore, W. (1998). The house on midland: From inside out. In F. Rivera & J. Erlich (Eds.), *Community organizing in a diverse society* (pp. 62–74). Boston, MA: Allyn & Bacon.

Diala, C. C., Muntaner, C., & Walrath, C. (2004). Gender, occupational, and socioeconomic correlates of alcohol and drug abuse among U.S. rural, metropolitan, and urban residents. *American Journal of Drug & Alcohol Abuse, 30*, 409–428.

Fetterman, D. (2009). Ethnograhy. In L. Bickman & D. Rog (Eds.), *Applied social research methods*. Thousand Oaks, CA: Sage.

Gambrill, E. (2008). Evidence-based (informed) macro practice: Process and philosophy. *Journal of Evidence-Based Social Work, 5*(3–4), 423–452.

Gutierrez, L., & Lewis, E. (1999). *Empowering women of color*. New York: Columbia University Press.

Hyde, C. (2004). Multicultural development in human service agencies: Challenges and solutions. *Social Work, 49*(1), 17–26.

Kettner, P. M., Moroney, R. M., & Martin, L. L. (1999). *Designing and managing programs: An effectiveness-based approach*. Newbury Park, CA: Sage.

Kettner, P. M., Moroney, R. M., & Martin, L. L. (2008). *Designing and managing programs: An effectiveness-based approach* (3rd ed.). Thousand Oaks, CA: Sage.

Lecca, P., Quervalu, I., Nunes, J., & Gonzales, H. (1998). *Cultural competency in health, social, and human services*. New York: Garland.

National Association of Social Workers (NASW). (n.d.). *Evidence-based practice*. Retrieved April 9, 2011, from http://www.socialworkers.org/research/naswResearch/0108EvidenceBased/default.asp.

Netting, F. E., O'Connor, M. K., & Fauri, D. P. (2008). *Comparative approaches to program planning*. Hoboken, NJ: Wiley.

Piven, F., & Cloward, R. (1971). *Regulating the poor: The functions of public welfare*. New York: Pantheon.

Roberts-DeGennaro, M. (2003). Internet resources for community practitioners. *Journal of Community Practice, 11*(4), 133–137.

Sabol, W., Coulton, C., & Polousky, E. (2004). Measuring child maltreatment risk in communities: A life table approach. *Child Abuse & Neglect, 28*, 967–983.

Tashakkori, A., & Teddlie, C. (2009). Integrating qualitative and quantitative approaches to research. In L. Bickman & D. Rog (Eds.), *Applied social research methods*. Thousand Oaks, CA: Sage.

Trochim, W. (2006). Qualitative Data. Retrieved April 9, from http://www.socialresearchmethods.net/kb/qualdata.php.

Ungar, M., Manuel, S., Mealey, S., Thomas, G., & Campbell, C. (2004). A study of community guides: Lessons for professionals practicing with and in communities. *Social Work, 49*(4), 550–561.

Chapter 4

Aguirre, A., Jr., & Turner, J. H. (2001). *American ethnicity: The dynamics and consequences of discrimination* (3rd ed.). Boston, MA: McGraw Hill.

Appleby, G. A. (2007). Dynamics of oppression and discrimination. In G. A. Appleby, E. Colon, & J. Hamilton (Eds.), *Diversity, oppression, and social functioning* (pp. 51–67). Boston, MA: Allyn & Bacon.

Armbruster, C., Gale, B., Brady, J., & Thompson, N. (1999). Perceived ownership in a community coalition. *Public Health Nursing, 16*(1), 17–22.

Ashford, J., LeCroy, C., & Lortie, K. (2006). *Human behavior in the social environment: A multidimensional perspective* (3rd ed.). Pacific Grove, CA: Brooks/Cole.

Ashford, J., LeCroy, C., & Lortie, K. (2009). *Human behavior in the social environment: A multidimensional perspective* (4th ed.). Pacific Grove, CA: Brooks/Cole.

Barker, R. (2003). *The social work dictionary* (5th ed.). Washington, DC: NASW Press.

Barrera, M., Munoz, C., & Ornelas, C. (1972). The barrio as an internal colony. *Urban Affairs Annual Review, 6*, 480–498.

Bell, L. A. (2007). Overview: Twenty-first century racism. In M. Adams, L. A. Bell, & P. Griffin (Eds.), *Teaching for diversity and social justice* (2nd ed., pp. 117–122). New York, NY: Routledge.

Bourdieu, P. (1977). *Outline of a theory of practice*. Cambridge, MA: Cambridge University Press.

Bricker-Jenkins, M., & Hooyman, N. R. (Eds.). (1986). *Not for women only*. Silver Spring, MD: NASW Press.

Brooks, F. (2001). Innovative organizing practices: ACORN's campaign in Los Angeles organizing workfare workers. *Journal of Community Practice, 9*, 65–85.

Broido, E. M. (2000). The development of social justice allies during college: A phenomenological investigation. *Journal of College Student Development, 41*, 3–18.

Busch, N. B., & Wolfer, T. A. (2002). Battered women speak out: Welfare reform and their decisions to disclose. *Violence Against Women, 8*(5), 566–584.

Casey, E., & Smith, T. (2010). "How can I not?": Men's pathways to involvement in anti-violence against women work. *Violence Against Women, 16*(8), 953–973.

Cass, V. C. (1979). Homosexual identity formation: A theoretical model. *Journal of Homosexuality, 4*(3), 219–235.

Cass, V. C. (1984). Homosexual identity formation: Testing a theoretical model. *The Journal of Sex Research, 20*(2), 143–167.

Cross, T. L., Bazron, B. J., Dennis, K. W., & Isaacs, M. R. (1989). *Towards a culturally competent system of care*. Washington, DC: Georgetown University Child Development Center, Technical Assistance Center.

Cross, W. E., Jr. (1971). The Negro-to-Black conversion experience. *Black World, 20*(9), 13–27.

Cross, W. E. (1991). *Shades of black: Diversity in African-American identity*. Philadelphia, PA: Temple University Press.

DuBois, W. E. B. (1982). *The souls of black folk*. New York, NY: New American Library.

Erickson, E. (1968). *Identity, youth and crisis*. New York: Norton.

Fellin, P. (1995). *The community and the social worker*. Itasca, IL: F. E. Peacock.

Giddens, A. (1979). *Central problems in social theory: Action, structure and contradiction in social analysis*. London: MacMillan.

Hardina, D. (2003). Linking citizen participation to empowerment practice: A historical overview. *Journal of Community Practice, 11*(4), 11–38.

Hill Collins, P. (2000). *Black feminist thought: Knowledge, consciousness, and the politics of empowerment*. New York, NY: Routledge.

Hooks, b. (1981). *Ain't I a woman? Black women and feminism*. Boston, MA: South End Press.

Hooks, b. (1989). *Talking back: Thinking feminist, thinking black*. Toronto: Between the Lines.

Hutchison, E. D. (2010a). *Dimensions of human behavior: Person and environment* (4th ed.). Thousand Oaks, CA: Pine Forge Press.

Hutchison, E. D. (2010b). *Dimensions of human behavior: The changing life course* (4th ed.). Thousand Oaks, CA: Pine Forge Press.

Jackson, A., & Scheines, R. (2005). Single mothers' self-efficacy, parenting in the home environment, and children's development in a two-wave study. *Social Work Research, 29*(1), 7–20.

Jansen, G. G. (2006). Gender and war: The effects of armed conflict on women's health and mental health. *Affilia, 21*(2), 134–145.

Johnson, Y. M., & Munch, S. (2009). Fundamental contradictions in cultural competence. *Social Work, 54*(3), 220–231.

Kohlberg, L. (1984). *Essays on moral development: Vol. 2: The psychology of moral development*. San Francisco, CA: Harper & Row.

Kondrat, M. E. (1999). Who is the "self" in self-aware: Professional self-awareness from a critical theory perspective. *Social Service Review, 73*(4), 451–477.

Leondar-Wright, B., & Yeskel, F. (2007). Classism curriculum design. In M. Adams, L. A. Bell, & P. Griffin (Eds.), *Teaching for diversity and social justice* (2nd ed., pp. 309–333). New York: Routledge, Taylor and Francis Group.

Link, B. J., & Phelan, J. (2001). Conceptualizing stigma. *Annual Review of Sociology, 27*, 363–435.

Macy, R., Nurius, P., Kernic, M., & Holt, V. (2005). Battered women's profiles associated with service help-seeking efforts: Illuminating opportunities for intervention. *Social Work Research, 29*(3), 137–150.

Marcia, J. E. (1993). The ego identity status approach to ego identity. In J. E. Marcia, A. S. Waterman, D. R. Matteson, S. L. Arcjer, & J. L. Orlofsky (Eds.), *Ego identify: A handbook for psychosocial research*. New York: Springer-Verlag.

Maslow, A. (1943). A theory of motivation. *Psychological Review, 50*, 370–396.

McInnis-Dittrich, K. (2002). *Social work with elders*. Boston, MA: Allyn & Bacon.

Mulroy, E. (2004). Theoretical perspectives on the social environment to guide management and community practice: An organization-in-environment approach. *Administration in Social Work, 28*(1), 77–96.

National Association of Social Workers. (2000). Cultural competence in the social work profession. In *Social work speaks: National Association of Social Workers policy statements* (5th ed., pp. 59–62). Washington, DC: NASW Press.

National Association of Social Workers. (2001). *NASW standards for cultural competence in social work practice*. Washington, DC: Author.

Norton, D. G. (1978). *The dual perspective: Inclusion of ethnic minority content in the social work curriculum*. New York: CSWE Press.

Nygreen, K., Kwon, S. A., & Sanchez, P. (2006). Urban youth building community. *Journal of Community Practice, 14*(1), 107–123.

Organista, K. C. (2009). New practice model for Latinos in need of social work services. *Social Work, 54*(4), 297–305.

Parham T. A. (1989). Cycles of psychological Nigrescence. *The Counseling Psychologist, 17*, 187–226.

Piaget, J. (1972). Intellectual evolution from adolescence to adulthood. *Human Development, 15*, 1–12.

Rosenblum, K. E., & Travis, T. C. (2008). *The meaning of difference: American constructions of race, sex and gender, social class, sexual orientation, and disability* (5th ed.). Boston, MA: McGraw Hill.

Ryan, W. (1971). *Blaming the victim*. New York: Pantheon.

Santrock, J. (2010). *Life-span development* (10th ed.). Boston, MA: McGraw-Hill Higher Education.

Savaya, R., & Waysman, M. (2005). The logic model: A tool for incorporating theory in development and evaluation of programs. *Administration in Social Work, 29*(2), 85–103.

Skinner, B. F. (1971). *Beyond freedom and dignity*. New York: Knopf.

Tervalon, M., & Murray-Garcia, J. (1998). Cultural humility versus cultural competence: A critical distinction in defining physician training outcomes in multicultural education. *Journal for the Poor and Underserved, 9*(2), 117–125.

Turner, R. H. (1990). Role change. *Annual Review of Sociology, 16*, 87–110.

Turner, J. C. (1982). Toward a cognitive redefinition of the social group. In H. Tajfel (Ed.), *Social identity and intergroup behavior* (pp. 15–40). Cambridge, England: Cambridge University Press.

Weil, M., Gamble, D. N., & Williams, E. S. (1998). Women, communities, and development. In J. Figueira-McDonough, F. E. Netting, & A. Nichols-Casebolt (Eds.), *The role of gender in practice knowledge* (pp. 241–286). New York: Garland.

Yan, M. C., & Wong, Y. R. (2005). Rethinking self-awareness in cultural competence: Toward a dialogic self in cross-cultural social work. *Families in Society: The Journal of Contemporary Social Services, 86*(2), 181–188.

Chapter 5

Adam, B. D. (1995). *The rise of a gay and lesbian movement.* New York: Twayne Publishers.

Aguilar, J. P., & Sen, S. (2009). Comparing conceptualizations of social capital. *Journal of Community Practice, 17,* 424–443.

Alinsky, A. (1971). *Rules for radicals.* New York: Vintage.

Alinsky, A. (1974). *Reveille for radicals.* New York: Vintage.

Balgopal, P. R. (1988). Social networks and Asian Indian families. In C. Jacobs & D. D. Bowles (Eds.), *Ethnicity and race: Critical concepts in social work* (pp. 18–33). Silver Spring, MD: NASW Press.

Balser, D. B., & Carmin, J. (2009). Leadership succession and the emergence of an organizational identity threat. *Nonprofit Management & Leadership, 20*(2), 185–201.

Blau, P. (1964). *Exchange and power in social life.* New York: Wiley.

Breton, M. (2001). Neighborhood resiliency. *Journal of Community Practice, 9*(1), 21–36.

Bricker-Jenkins, M., & Netting, F. E. (2008). Feminist issues and practices in social work. In A. R. Roberts (eds.). *The social worker's desk reference* (2nd ed., pp. 277–283). New York: Oxford University Press.

Burrell, G., & Morgan, G. (1979). *Sociological paradigms and organisational analysis.* London: Heineman.

Chaskin, R., Brown, P., Venkatesh, S., & Vidal, A. (2001). *Building community capacity.* New York: Aldine De Gruyter.

Clark, D. C. (1973). The concept of community: A reexamination. *Sociological Review, 21,* 397–416.

Cohen, A. P. (1985). *The symbolic construction of community.* London: Routledge & Kegan Paul.

Coulton, C. J. (2003). Metropolitan inequalities and the ecology of work: Implications for welfare reform. *Social Service Review, 77,* 159–190.

Delgado, M. (2000). *Community social work practice in an urban context.* New York: Oxford University Press.

Eikenberry, A. M. (2009). *Giving circles: Philanthropy, voluntary association, and democracy.* Bloomington, ID: Indiana University Press.

Fellin, P. (1995). *The community and the social worker* (2nd ed.). Itasca, IL: F. E. Peacock.

Fellin, P. (2001). Understanding American communities. In J. Rothman, J. L. Erlich, & J. E. Tropman (Eds.), *Strategies of community intervention* (6th ed., pp. 118–132). Itasca, IL: F. E. Peacock.

Finn, J. L. (2005). La Victoria: Claiming memory, history, and justice in a Santiago Problacion. *Journal of Community Practice, 13*(3), 9–31.

Gamble, D. N., & Weil, M. (2010). *Community practice skills: Local to global perspectives.* New York: Columbia University Press.

Gerloff, R. (1992). Rediscovering the village. *Utne Reader,* 93–100.

Green, P., & Haines, A. (2002). *Asset building and community development.* Thousand Oaks, CA: Sage.

Guberman, N. (2006, April). Assessment of family caregivers: A practice perspective. In *Report from a National Consensus Development Conference. Caregiver assessment: Voices and views from the field* (Vol. 2, pp. 38–57). San Francisco, CA: Family Caregiver Alliance National Center on Caregiving.

Gutierrez, L. M., & Lewis, E.A. (1999). *Empowering women of color.* New York: Columbia University Press.

Han, M. (2003). Community readiness: A promising tool for domestic violence prevention programs in the Korean community. *Journal of Community Practice, 11*(3), 55–69.

Hannah, G. (2006). Maintaining product-process balance in community antipoverty initiatives. *Social Work, 51*(1), 9–17.

Hardina, D. (2002). *Analytical skills for community organization practice.* New York: Columbia University Press.

Hardina, D. (2003). Linking citizen participation to empowerment practice: A historical overview. *Journal of Community Practice, 11*(4), 11–38.

Harrison, W. D. (1995). Community development. In Richard L. Edwards (Ed.), *The encyclopedia of social work* (19th ed., pp. 555–562). Washington, DC: NASW Press.

Hasenfeld, Y. (1983). *Human service organizations.* Englewood Cliffs, NJ: Prentice-Hall.

Hash, K. M., & Netting, F. E. (2007). Long-term planning and decision-making among mid-life and older gay men and lesbians. *Journal of Social Work in End-of-Life & Palliative Care, 3*(2), 59–77.

Hawley, A. (1950). *A human ecology: A theory of community structure.* New York: Roland Press.

Hawley, A. (1968). *Urban ecology.* Chicago, IL: University of Chicago Press.

Haynes, K. S., & Mickelson, J. S. (2006). *Affecting change: Social workers in the political arena* (6th ed.). Boston, MA: Allyn and Bacon.

Helms, J. (1984). Toward a theoretical explanation of the effects of race on counseling: A black and white model. *Counseling Psychologist, 12*(3–4), 153–165.

Hillery, G. (1955). Definitions of community: Areas of agreement. *Rural Sociology, 20,* 779–791.

Hillier, A. (2007). Why social work needs mapping. *Journal of Social Work Education, 43*(2), 205–221.

Hirshorn, B. A., & Stewart, J. E. (2003). Geographic information systems in community-based gerontological research and practice. *Journal of Applied Gerontology, 22*(2), 134–151.

Hoefer, R., Hoefer, R. M., & Tobias, R. A. (1994). Geographic information systems and human services. *Journal of Community Practice, 1*(3), 113–127.

Holley, L. C. (2003). Emerging ethnic agencies: Building capacity to build community. *Journal of Community Practice, 11*(4), 39–57.

Hunter, A. (1993). National federations: The role of voluntary organizations in linking macro and micro orders in civil society. *Nonprofit & Voluntary Sector Quarterly, 22*(2), 121–136.

Hutcheson, J. D., & Dominguez, L. H. (1986). Ethnic self-help organizations in non-barrio settings: Community identity and voluntary action. *Journal of Voluntary Action Research, 15*(4), 13–22.

Kayal, P. M. (1991). Gay AIDS voluntarism as political activity. *Nonprofit & Voluntary Sector Quarterly, 20*(3), 289–312.

Kettner, P. M., Moroney, R. M., & Martin, L. L. (2008). *Designing and managing programs: An effectiveness-based approach* (3rd ed.). Thousand Oaks, CA: Sage.

Knickmeyer, L., Hopkins, K., & Meyer, M. (2003). Exploring collaboration among urban neighborhood associations. *Journal of Community Practice, 11*(2), 13–25.

Kretzmann, J. P., & McKnight, J. L. (1993). *Building communities from the inside out.* Evanston, IL: Northwestern University, Center for Urban Affairs and Policy Research.

Lazzari, M. M., Colarossi, L., & Collins, K. S. (2008). Feminists in social work: Where have all the leaders gone? *Affilia, 24*(4), 348–359.

Lohmann, R. A. (1992). *The commons.* San Francisco, CA: Jossey-Bass.

Lynd, R. S., & Lynd, H. M. (1929). *Middletown: A study in contemporary American culture.* New York: Harcourt & Brace.

Lynd, R. S., & Lynd, H. M. (1937). *Middletown in transition: A study in cultural conflicts.* New York: Harcourt & Brace.

Lyon, L. (1987). *The community in urban society*. Philadelphia, PA: Temple University Press.

MacNair, R. H., Fowler, L., & Harris, J. (2000). The diversity functions of organizations that confront oppression: The evolution of three social movements. *Journal of Community Practice, 7*(2), 71–88.

Martin, P. Y., & O'Connor, G. G. (1989). *The social environment: Open systems applications*. New York: Longman.

Maslow, A. (1962). *Toward a psychology of being*. New York: Van Nostrand.

McIntyre, E. L. G. (1986). Social networks: Potential for practice. *Social Work, 31*(6), 137–142.

McNutt, J. G., Queiro-Tajalli, I., Boland, K. M., & Campbell, C. (2001). Information poverty and the Latino community: Implications for social work practice and social work education. *Journal of Ethnic & Cultural Diversity in Social Work, 10*, 1–20.

Meyer, M. (2010). Social movement service organizations: The challenges and consequences of combining service provision and political advocacy. In Yeheskel Hasenfeld (Ed.), *Human services as complex organizations* (pp. 533–550). Thousand Oaks, CA: Sage.

Mondros, J. B., & Wilson, S. M. (1994). *Organizing for power and empowerment*. New York: Columbia University Press.

Mulucci, A. (1995). The process of collective identity. In H. Johnson & B. Klandermans (Eds.), *Social movements and culture* (pp. 41–63). Minneapolis: University of Minnesota Press.

Nye, N., & Glickman, N. J. (2000). Working together: Building capacity for community development. *Housing Policy Debate, 11*, 163–198.

Nkomo, S. M., & Cox, T., Jr. (1996). Diverse identities in organizations. In S. R. Clegg, C. Hardy, & W. R. Nord. *Handbook of organization studies* (pp. 338–356). London: Sage.

Norlin, J., & Chess, W. (1997). *Human behavior and the social environment: Social systems theory*. Boston, MA: Allyn and Bacon.

O'Brien, G. V., & Leneave, J. (2008). The "art" of social work and the ADA's essential functions provision: Challenges and recommendations. *Administration in Social Work, 32*(4), 87–99.

Pantoja, A., & Perry, W. (1998). Community development and restoration: A perspective and case study. In F. G. Rivera & J. L. Erlich (Eds.), *Community organizing in a diverse society* (pp. 220–242). Boston, MA: Allyn and Bacon.

Park, R. E. (1983). Human ecology. In R. L. Warren & L. Lyon (Eds.), *New perspectives on the American community* (pp. 27–36). Homewood, IL: Dorsey Press.

Parsons, T. (1971). *The system of modern societies*. Englewood Cliffs, NJ: Prentice-Hall.

Portes, A. (2000). The two meanings of social capital. *Sociological Forum, 15*(1), 1–12.

Putnam, R. D. (2000). *Bowling alone: The collapse and revival of American community*. New York: Simon & Schuster.

Pyles, L., & Cross, T. (2008). Community revitalization in post-Katrina New Orleans: A critical analysis of social capital in an African American neighborhood. *Journal of Community Practice, 16*(4), 383–401.

Quinn, P. (2004). Home of your own programs: Models of community collaboration. *Journal of Community Practice, 12*(1/2), 37–50.

Rogge, M. E., David, K., Maddox, D., & Jackson, M. (2005). Leveraging environmental, social and economic justice at Chattanooga Creek: A case study. *Journal of Community Practice, 13*(3), 33–53.

Rothman, J. (2008). Multi modes of community intervention. In J. Rothman, J. L. Erlich, & J. E. Tropman, & Cox, F. (Eds.), *Strategies for community intervention* (7th ed., pp. 141–170). Peosta, IA: Eddie Bower.

Saegert, J., Thompson, P., & Warren, M. R. (Eds.). (2001). *Social capital and poor communities*. New York: Russell Sage Foundation Press.

Saleeby, D. (1997). *The strengths perspective in social work practice* (2nd ed.). New York: Longman.

Smith, D. H. (1991). Four sectors or five? Retaining the member-benefit sector. *Nonprofit and Voluntary Sector Quarterly, 20*(2), 137–150.

Smith, D. H. (2000). *Grassroots associations*. Thousand Oaks, CA: Sage.

Solomon, B. (1976). *Black empowerment*. New York: Columbia University Press.

Stanfield, J. H. (1993). African American traditions of civic responsibility. *Nonprofit and Voluntary Sector Quarterly, 22*(2), 137–153.

Tönnies, F. (1987/1957). *Community and society* [Gemeinschaft und Gesellschaft] (C. P. Loomis, Trans., Ed.). East Lansing: Michigan State University Press. (Original work published 1887)

Van Til, J. (1988). *Mapping the third sector: Voluntarism in a changing social economy*. New York: Foundation Center.

Warren, R. L. (1978). *The community in America* (3rd ed.). Chicago, IL: Rand McNally.

West, J. (1945). *Plainville, U.S.A.* New York: Columbia University Press.

Williams, C., & Williams, H. B. (1984). Contemporary voluntary associations in the urban black church: The development and growth of mutual aid societies. *Journal of Voluntary Action Research, 13*(4), 19–30.

Wineberg, R. J. (1992). Local human services provision by religious congregations. *Nonprofit and Voluntary Sector Quarterly, 21*(2), 107–118.

Wollebaek, D. (2009). Survival in voluntary associations. *Nonprofit Management & Leadership 19*(3), 267–284.

Wong, Y. I., & Hillier, A. E. (2001). Evaluating a community-based homelessness prevention program: A geographic information system approach. *Administration in Social Work, 25*(4), 21–45.

Chapter 6

Alliance of Information and Referral Systems (AIRS). (2006). Retrieved June 26, 2006, from www.airs.org/aboutairs//about/aboutairs.asp

Appleby, G. A. (2007). Dynamics of oppression and discrimination. In G. A. Appleby, E. Colon, & J. Hamilton (Eds.), *Diversity, oppression, and social functioning* (pp. 51–67). Boston, MA: Allyn & Bacon.

Appleby, G. A., Colon, E., & Hamilton, J. (2007). *Diversity, oppression, and social functioning*. Boston, MA: Allyn & Bacon.

Bailey, D., & Koney, K. M. (2000). *Creating and maintaining strategic alliances: From affiliations to consolidations*. Thousand Oaks, CA: Sage.

Barker, R. L. (1995). *The social work dictionary*. Washington, DC: NASW Press.

Bellah, R. N., Madsen, R., Sullivan, W. M., Swidler, A., & Tipton, S. M. (1985). *Habits of the heart: Individualism and commitment in American life*. New York: Harper & Row.

Brudney, J. L. (2005). Emerging areas of volunteering. *ARNOVA Occasional Paper Series, 1*(2).

Cross, T. L., Bazron, B. J., Dennis, K. W., & Isaacs, M. R. (1989). *Towards a culturally competent system of care*. Washington, DC: Georgetown University Child Development Center.

Engstrom, D. W., Piedra, L. M., & Min, J. W. (2009). Bilingual social workers: Language and service complexities. *Administration in Social Work, 33*(2), 167–185.

Green, G. P., & Haines, A. (2002). *Asset building and community development*. Thousand Oaks, CA: Sage.

Hasenfeld, Y. (2010). *Human services as complex organizations*. Thousand Oaks, CA: Sage.

Jansson, B. S. (2009). *The reluctant welfare state: A history of American social welfare policies*. Belmont, CA: Brooks/Cole Cengage Learning.

Jansson, B. S. (2011). *Becoming an effective policy advocate: From policy practice to social justice* (6th ed.). Belmont, CA: Thomson Brooks/Cole.

Karger, H. J., & Stoesz, D. (1990). *American social welfare policy.* New York: Longman.

Kettner, P. M., Daley, J. M., & Nichols, A. W. (1985). *Initiating change in organizations and communities.* Monterey, CA: Brooks/Cole.

King, S. W., & Mayers, R. S. (1984). A course syllabus on developing self-help groups among minority elderly. In J. S. McNeil & S. W. King (Eds.), *Guidelines for developing mental health and minority aging curriculum with a focus on self-help groups* (pp. 1–12). Publication Supported by National Institute of Mental Health Grant #MH 15944–04.

Kramer, R. M. (1981). *Voluntary agencies in the welfare state.* Berkeley: University of California Press.

Kretzmann, J., & McKnight, J. (1993). *Building communities from the inside out: A path toward finding and mobilizing community assets.* Chicago, IL: ACTA.

Marmor, T. R., Schlesinger, M., & Smithey, R. W. (1987). Nonprofit organizations and health care. In W. W. Powell (Ed.), *The nonprofit sector* (pp. 221–239). New Haven, CT: Yale University Press.

Marwell, N. P., & McInerney, P. B. (2005). The nonprofit/for-profit continuum: Theorizing the dynamics of mixed-form markets. *Nonprofit and Voluntary Sector Quarterly, 34*(1), 7–28.

Meenaghan, T. M., Gibbons, W. E., & McNutt, J. G. (2005). *Generalist practice in larger settings: Knowledge and skills concepts* (2nd ed.). Chicago, IL: Lyceum.

Milofsky, C. (2008). *Smallville: Institutionalizing community in twenty-first-century America.* Medford, MA: Tufts University Press.

Nartz, M., & Schoech, D. (2000). Use of the Internet for community practice: A delphi study. *Journal of Community Practice, 8*(1), 37–59.

National Association of Social Workers (NASW). (2006). *NASW standards of cultural competence in social work practice.* Washington, DC: Author. Retrieved June 26, 2006, from www.naswdc.org/sections/credientals/cultural_comp.asp

Nussbaum, M. C. (2006). *Frontiers of Justice: Disability, Nationality, and Species Membership.* Cambridge, MA: The Belknap Press of Harvard University Press.

O'Connor, M. K., & Netting, F. E. (2009). *Organization practice.* Hoboken, NJ: Wiley.

Rossi, P. H., Lipsey, M. W., & Freeman, H. E. (2004). *Evaluation: A systematic approach* (7th ed.). Thousand Oaks, CA: Sage.

Sen, A., & Williams, B. (1982). *Utilitarianism and beyond.* Cambridge, MA: Cambridge University Press.

Tannen, D. (1990). *You just don't understand.* New York: Williams Morrow.

Tilbury, C. (2007). Shaping child welfare policy via performance measurement. *Child Welfare, 86*(6), 115–135.

Tobin, S. S., Ellor, J. W., & Anderson-Ray, S. (1986). *Enabling the elderly: Religious institutions within the community service system.* New York: State University of New York Press.

Warren, R. L. (1978). *The community in America* (3rd ed.). Chicago, IL: Rand McNally.

Chapter 7

American Society for Quality. (2006). *Total quality management.* Retrieved October 2006, from www.asq.org/learn-about-quality/total-quality-management/overview/overview.html.

Argyris, C., & Schön. D. A. (1978). *Organizational learning.* reading, MA: Addison-Wesley.

Argyris, C., & Schön. D. A. (1996). *Organizational learning II.* reading, MA: Addison-Wesley.

Bae, J., & Koo, J. (2008). Information loss, knowledge transfer cost and the value of social relations. *Strategic Organization, 6,* 227–258.

Bastalich, W., Franzway, S., Gill, J., Mills, J., & Sharp, R. (2007). Disrupting masculinities: Women engineers and engineering workplace culture. *Australian Feminist Studies, 22,* 385–400.

Beddoe, L. (2009). Creating continuous conversation: Social workers and learning organizations. *Social Work Education, 28,* 722–736.

Bertalanffy, L. von. (1950). An outline of general system theory. *British Journal for the Philosophy of Science, 1*(2), 493–512.

Blau, P. M., & Scott, W. R. (1962). *Formal organizations.* San Francisco, CA: Chandler.

Bolman, T. E., & Deal, T. E. (2008). *Reframing organizations* (4th ed.). San Francisco, CA: Jossey-Bass.

Borkman, T. (2006). Sharing experience, conveying hope: Egalitarian relations as the essential method of Alcoholics Anonymous. *Nonprofit Management & Leadership, 17,* 145–161.

Bowen, G. L., Ware, W. B., Rose, R. A., & Powers, J. D. (2007). Assessing the functioning of schools as learning organizations. *Social Work in Education, 29,* 199–208.

Brazzell, M. (2003). Historical and theoretical roots of diversity management. In D. L. Plummer (Ed.), *Handbook of diversity management: Beyond awareness to competency based learning.* Lanham, MD: University Press of America.

Brockner, J. (1992). The escalation of commitment to a failing course of action: Toward theoretical progress. *Academy of Management Review, 17,* 39–61.

Briggs, H. E., & McBeath, B. (2009). Evidence-based management: Origins, challenges, and implications for social service administration. *Administration in Social Work, 33,* 242–261.

Burns, T., & Stalker, G. M. (1961). *The management of innovation.* London: Tavistock.

Burrell, G., & Morgan, G. (1979). *Sociological paradigms and organizational analysis: Elements of the sociology of corporate life.* London: Heinemann.

Cameron, K.S., & Quinn, R. E. (2006). *Diagnosing and changing organizational culture: Based on the competing values framework (Rev. ed.).* San Francisco, CA: Jossey-Bass.

Carr-Ruffino, N. (2002). *Managing diversity: People skills for a multicultural workplace* (5th ed.). Boston, MA: Pearson.

Castilla, E. J. (2008). Gender, race, and meritocracy in organizational careers. *American Journal of Sociology, 113,* 1479–1526.

Champion, D. J. (1975). *The sociology of organizations.* New York: McGraw-Hill.

Chang, C. C., Chiu, C. M., & Chen, C. A. (2010). The effect of TQM practices on employee satisfaction and loyalty in government. *Total Quality Management & Business Excellence, 21,* 1299–1314.

Chenhall, R. H. (2003). Management control systems design within its organizational context: Findings from contingency-based research and directions for the future. *Accounting, Organizations and Society, 28,* 127–168.

Cohen, P. N. (2007). Working for the woman? Female managers and the gender wage gap. *American Sociological Review, 72,* 681–704.

Collins-Camargo, C., & Royse, D. (2010). A study of the relationships among effective supervision, organizational culture promoting evidence-based practice, and worker self-efficacy in public child welfare. *Journal of Public Child Welfare, 4,* 1–24.

Cross, E. Y. (2000). *Managing diversity: The courage to lead.* Westport, CT: Quorum Books.

Cyert, R. M., & March, J. G. (1963). *A behavioral theory of the firm.* Englewood Cliffs, NJ: Prentice-Hall.

Davis, K.D. (2009). Sex, gender and cultural intelligence in the Canadian forces. *Commonwealth and Comparative Politics, 47,* 430–455.

Deming, W. E. (1982). *Out of the crisis.* Cambridge, MA: Massachusetts Institute of Technology, Center for Advanced Engineering Study.

Desai, V. M. (2010). Ignorance isn't bliss: Complaint experience and organizational learning in the California nursing home industry, 1997–2004. *British Journal of Management, 21*, 829–842.

Dirsmith, M. W., Heian, J. B., & Covaleski, M. A. (1997). Structure and agency in an institutionalized setting: The application and social transformation of control in the big six. *Accounting, Organizations & Society, 22*, 1–27.

Drucker, P. F. (1954). *The practice of management.* New York: Harper.

Ecklund, E. H. (2006). Organizational culture and women's leadership: A study of six Catholic parishes. *Sociology of Religion, 67*, 81–98.

Etzioni, A. (1964). *Modern organizations.* Englewood Cliffs, NJ: Prentice-Hall.

Feigenbaum, A. V. (1951). *Quality control: Principles, practice, and administration.* New York: McGraw-Hill.

Fernandez, S., & Wise, L. R. (2010). An exploration of why public organizations 'ingest' innovations. *Public Administration, 88*, 979–998.

Follett, M. P. (2005 [1926]). The giving of orders. Reprinted in J. M. Shafritz & J. S. Ott (Eds.), *Classics of organizational theory* (6th ed.). Belmont, CA: Thomson Wadsworth.

Friedmann, P. D., Lan, J., & Alexander, J. A. (2010). Top manager effects on buprenorphine adoption in outpatient substance abuse treatment programs. *Journal of Behavioral Health Services & Research, 37*, 322–337.

Galbraith, J. R. (1973). *Designing complex organizations.* Reading, MA: Addison-Wesley.

George, C. S., Jr. (1968). *The history of management thought.* Englewood Cliffs, NJ: Prentice-Hall.

Gibson, C. B., & Zellmer-Bruhn, M. E. (2001). Metaphors and meaning: An intercultural analysis of the concept of teamwork. *Administrative Science Quarterly, 46*, 274–303.

Glisson, C., Dukes, D., & Green, P. (2006). The effects of the ARC organizational intervention on caseworker turnover, climate, and culture in children's service systems. *Child Abuse & Neglect, 30*, 855–880.

Gorman, E. H., & Kmec, J. A. (2009). Hierarchical rank and women's organizational mobility: Glass ceilings in corporate law firms. *American Journal of Sociology, 114*, 1428–1474.

Hakanen, J. J., Schaufeli, W. B., & Ahola, K. (2008). The Job Demands-Resources model: A three-year cross-lagged study of burnout, depression, commitment, and work engagement. *Work & Stress, 22*, 224–241.

Herman, R. D., & Renz, D. (2004). Doing things right: Effectiveness in local nonprofit organizations, a panel study, *Public Administration Review, 64*, 694–704.

Herzberg, F. (1966). *Work and the nature of man.* Cleveland, OH: World.

Institute for Mergers and Acquisitions. (2011). *Statistics.* Retrieved January 2011, from www.imaa-institute.org/statistics-mergers-acquisitions.html.

Kang, H. R., Yang, H. D., & Rowley C. (2006). Factors in team effectiveness: Cognitive and demographic similarities of software development team members. *Human Relations, 59*, 1681–1710.

Katovich, M., Weiland, M. W., & Couch, C. J. (1981). Access to information and internal structures of partisan groups: Some notes on the iron law of oligarchy. *Sociological Quarterly, 22*, 431–445.

Katz, D., & Kahn, R. L. (1966). *The social psychology of organizations.* New York: Wiley.

Katz, H. C., Batt, R., & Keefe, J. H. (2003). The revitalization of the CWA: Integrating collective bargaining, political action, and organizing. *Industrial and Labor Relations Review, 56*, 573–589.

Kelly, M. J., & Lauderdale, M. L. (2001). Public-private mentoring for leadership and service quality. *Professional Development: The International Journal of Continuing Social Work Education, 4*, 32–41.

Kovner, A. R., & Rundall, T. G. (2006). Evidence-based management reconsidered. *Frontiers of Health Services Management, 22*, 3–22.

Landsberger, H. A. (1958). *Hawthorne revisited.* Ithaca, NY: Cornell University Press.

Latting, J. K., Beck, M. H., Slack, K. J. Tetrick, L. E., Jones, A. P., Etchegaray, J. M., & da Silva, N. (2004). Promoting service quality and client adherence to the service plan. *Administration in Social Work, 28*, 29–48.

Lawrence, P. R., & Lorsch, J. W. (1967). *Organization and environment: Managing differentiation and integration.* Boston, MA: Graduate School of Business Administration, Harvard University.

Leach, D. (2005). The iron law of what again? Conceptualizing oligarchy across organizational forms. *Sociological Theory, 23*, 312–337.

Leana, C., Appelbaum, E., & Shevchuk, I. (2009). Work process and quality of care in early childhood education: The role of job crafting. *Academy of Management Journal, 52*, 1169–1192.

March, J. G., & Olsen, J. P. (1976). *Ambiguity and choice in organizations.* Bergen, Norway: Universitetsforlaget.

March, J. G., & Simon, H. A. (1958). *Organizations.* New York: Wiley.

Martin, L. L. (1993). *Total quality management in human service organizations.* Thousand Oaks, CA: Sage.

Mathew, J., & Ogbonna, E. (2009). Organisational culture and commitment: a study of an Indian software organisation. *International Journal of Human Resource Management, 20*, 654–675.

McGregor, D. (1960). *The human side of enterprise.* New York: McGraw-Hill.

Merton, R. K. (1952). Bureaucratic structure and personality. In R. K. Merton, A. P. Gray, B. Hockey, & H. C. Selvin (Eds.), *Reader in bureaucracy* (pp. 261–372). Glencoe, IL: Free Press.

Meyer, J., & Parfyonova, N. M. (2010). Normative commitment in the workplace: A theoretical analysis and re-conceptualization. *Human Resource Management Review, 20*, 283–294.

Michels, R. (1949 [1915]). *Political parties* (E. Paul & C. Paul, Trans.). Glencoe, IL: Free Press.

Millar, J. A. (1978). Contingency theory, values, and change. *Human Relations, 31*, 885–904.

Moore, S. T., & Kelly, M. J. (1996). Quality now: Moving human services organizations toward a consumer orientation to service quality. *Social Work, 41*(1), 33–40.

Morgan, G. (1986). *Image of organizations.* London: Sage.

Morse, J. J., & Lorsch, J. W. (1970). Beyond Theory Y. *Harvard Business Review, 45*, 61–68.

Mouzelis, N. P. (1967). *Organization and bureaucracy.* London: Routledge & Kegan Paul.

O'Connor, M. K., Netting, F. E., & Fabelo, H. (2009). A multidimensional agency survey. *Administration in Social Work, 33*, 81–104.

O'Donnell, J., & Kirkner, S. L. (2009). A longitudinal study of factors influencing the retention of Title IV-E Master's of Social Work graduates in public child welfare. *Journal of Public Child Welfare, 3*, 64–86.

Ohana, M., & Meyer, M. (2010). Should I stay or should I go now? Investigating the intention to quit of the permanent staff in social enterprises. *European Management Journal, 28*, 441–454.

Ouchi, W. (1981). *Theory Z: How American business can meet the Japanese challenge.* Reading, MA: Addison-Wesley.

Parsons, T. (1960). *Structure and process in modern societies.* Glencoe, IL: Free Press.

Peters, T. J., & Waterman, R. H. (1982). *In search of excellence: Lessons from America's best-run companies.* New York: Harper & Row.

Pfeffer, J. (1981). *Power in organizations.* Marshfield, MA: Pitman.
Pfeffer, J., & Sutton, R. I. (2006). *Hard facts, dangerous half-truths, and total nonsense.* Boston, MA: Harvard Business School Press.
Pfeifer, C. (2010). Impact of wages and job levels on worker absenteeism. *International Journal of Manpower, 31,* 59–72.
Rogers, R. E. (1975). *Organizational theory.* Boston, MA: Allyn & Bacon.
Rousseau, D. M. (2006). Is there such a thing as "evidence-based management"? *Academy of Management Review, 31,* 256–269.
Saylor, J. H. (1996). *TQM simplified: A practical guide* (2nd ed.). New York: McGraw-Hill.
Schein, E. H. (2010). *Organizational culture and leadership* (4th ed.). San Francisco, CA: Jossey-Bass.
Scott, W. R. (1981). *Organizations: Rational, natural, and open systems.* Englewood Cliffs, NJ: Prentice-Hall.
Selznick, P. (1949). *TVA and the grass roots.* Berkeley: University of California Press.
Selznick, P. (1957). *Leadership in administration.* New York: Harper & Row.
Senge, P. M. (1990). *The fifth discipline: The art and practice of the learning organization.* New York: Doubleday.
Sills, D. L. (1957). *The volunteers.* New York: Free Press.
Simon, H. A. (1957). *Administrative behavior* (2nd ed.). New York: Macmillan.
Simons, K. V., & Jankowski, T. B. (2008). Factors influencing nursing home social workers' intentions to quit employment. *Administration in Social Work, 32,* 5–21.
Sutton, R. I. (2006). *Management advice: Which 90 percent is crap?* Retrieved October 2006, from www.changethis.com/23.90PercentCrap.
Sykes, A. J. M. (1965). Economic interests and the Hawthorne researchers: A comment. *Human Relations, 18,* 253–263.
Taylor, F. W. (1911). *The principles of scientific management.* New York: Harper Bros.
Thomas, R. R., Jr. (1991). *Beyond race and gender: Unleashing the power of your total work force by managing diversity.* New York: AMACOM.
Thompson, J. D. (1967). *Organizations in action.* New York: McGraw-Hill.
U.S. Bureau of Labor Statistics. (2009). Labor force. *Occupational Outlook Quarterly Online, 53*(4). Retrieved January 2011, from www.bls.gov/opub/ooq/2009/winter/art3fullp1.htm.
Wamsley, G. L., & Zald, M. N. (1976). *The political economy of public organizations.* Bloomington: Indiana University Press.
Weber, M. (1946). *From Max Weber: Essays in sociology* (H. H. Gerth & C. W. Mills, Trans.). New York: Oxford University Press.
Weber, M. (1947 [1924]). *The theory of social and economic organization* (A. M. Henderson & T. Parsons, Trans.). New York: Macmillan.
Weick, K. E. (1995). *Sensemaking in organizations.* Thousand Oaks, CA: Sage.
Weick, K. E., Sutcliffe, K. M., & Obstfeld, D. (2005). Organizing and the process of sensemaking. *Organization Science, 16,* 409–421.
Williams, M. S. (2004). Policy component analysis: A method for identifying problems in policy implementation. *Journal of Social Service Research, 30,* 1–18.

Chapter 8

Abramovitz, M. (2005). The largely untold story of welfare reform and the human services. *Social Work, 50,* 175–186.
Acquavita, S. P., Pittman, J., Gibbons, M., & Castellanos-Brown, K. (2009). Personal and organizational diversity factors' impact on social workers' job satisfaction: Results from a national internet-based survey. *Administration in Social Work, 33,* 151–166.
Association of Fundraising Professionals. (2010). *Trends: In 2010, expect charitable donors to keep giving through long-term pledges.* Retrieved November 2010, from http://www.afpnet.org/Audiences/ReportsResearchDetail.cfm?itemnumber=4289.
Bach, S. (2009). Human resource management in the public sector. In A. Wilkinson, N. A. Bacon, T. Redmon, & S. Snell (Eds.) *The SAGE handbook of human resource management* (pp. 561–567). Los Angeles: Sage.
Blair, I. V. (2001). Implicit stereotypes and prejudice. In G. B. Moskowitz (Ed.), *Cognitive social psychology: The Princeton symposium on the legacy and future of social cognition* (pp. 359–374). Mahwah, NJ: Erlbaum.
Bubar, R. (2010). Cultural competence, justice, and supervision: Sexual assault against Native women. *Women & Therapy, 33,* 55–72.
Burns, T., & Stalker, G. M. (1961). *The management of innovation.* London: Tavistock.
Busch, M., & Folaron, G. (2005). Accessibility and clarity of state child welfare agency mission statements. *Child Welfare, 84,* 415–430.
Castle, N. G., & Ferguson, J. C. (2010). What is nursing home quality and how is it measured? *Gerontologist, 50,* 426–442.
Chen, F. M., Fryer, G. E., Jr., Phillips, R. L., Jr., Wilson, E., & Pathman, D. E. (2005). Patients' beliefs about racism, preferences for physician race, and satisfaction with care. *Annals of Family Medicine, 3,* 138–143.
Chow, J. C., & Austin, M. J. (2008). The culturally responsive social service agency: An application of an evolving definition to a case study. *Administration in Social Work, 32,* 39–64.
Chronicle of Philanthropy. (2010). *Philanthropy 400 Data.* Retrieved November 2010, from http://philanthropy.com/premium/stats/philanthropy400/index.php.
Clark, R. H. (2007). A study of the relationship between job satisfaction, goal internalization, organization citizenship behavior, and mission statement familiarity. *Dissertation Abstracts International, A: The Humanities and Social Sciences, 67*(7), 2745.
Cloward, R. A., & Epstein, I. (1965). Private social welfare's disengagement from the poor. In M. N. Zald (Ed.), *Social welfare institutions* (pp. 623–644). New York: Wiley.
CNNMoney.com. (2010). *The Fortune 500—2010.* Retrieved October 2010, from http://money.cnn.com/magazines/fortune/fortune500/2010/industries/.
Cordes, J., & Henig, J. R. (2001). Nonprofit human service providers in an era of privatization: Toward a theory of economic and political response. *Policy Studies Review, 18,* 91–110.
Cross, T. L., & Friesen, B. J. (2005). Community practice in children's mental health: Developing cultural competence and family-centered services in systems of care models. In M. Weil (Ed.), *The handbook of community practice* (pp. 442–459). Thousand Oaks, CA: Sage Publications.
Dabelko, H. I., Koenig, T. L., & Danso, K. (2008). An examination of the adult day services industry using the resource dependence model within a values context. *Journal of Aging & Social Policy, 20,* 201–217.
Darlington, Y., & Feeney, J. A. (2008). Collaboration between mental health and child protection services: Professionals' perceptions of best practice. *Children and Youth Services Review, 30,* 187–198.
Dennis, H., & Thomas, K. (2007). Ageism in the workplace. *Generations, 31,* 84–89.
Dill, W. R. (1958). Environment as an influence on managerial autonomy. *Administrative Science Quarterly, 2*(1), 409–443.
Dovidio, J. F., Penner, L. A., Albrecht, T. L., Norton, W. E., Gaertner, S. L., & Shelton, J. N. (2008). Disparities and distrust: The implications of psychological processes for understanding racial disparities in health and health care. *Social Science & Medicine, 67,* 478–486.

Ebaugh, H. R., Chafetz, J. S., & Pipes, P. (2005). America's nonprofit sector: Funding good works: Funding sources of faith-based social service coalitions. *Nonprofit and Voluntary Sector Quarterly, 34*, 448–472.

Egan, M., & Kadushin, G. (2004). Job satisfaction of home health social workers in the environment of cost containment. *Health & Social Work, 29*, 287–296.

Eilbert, K. W., & Lafronza, V. (2005). Working together for community health: A model and case studies. *Evaluation and Program Planning, 28*, 185–199.

Fletcher, C. N., Garasky, S. B., Jensen, H. H., & Nielsen, R. B. (2010). Transportation access: A key employment barrier for rural low-income families. *Journal of Poverty, 14*, 123–144.

Flint, S. S. (2006). Ensuring equal access for Medicaid children. *Health & Social Work, 31*, 65–71.

Forcadell, F. J. (2005). Democracy, cooperation and business success: The case of Mondragon Corporacion Cooperativa. *Journal of Business Ethics, 56*, 255–274.

Frumkin, P., & Andre-Clark, A. (2000). When missions, markets, and politics collide: Values and strategy in the nonprofit human services. *Nonprofit and Voluntary Sector Quarterly, 29*, 141–163.

Frumkin, P., & Kim, M. T. (2001). Strategic positioning and the financing of nonprofit organizations: Is efficiency rewarded in the contributions marketplace? *Public Administration Review, 61*, 266–275.

Gibelman, M. (2007). Purchasing faith-based social services: Constitutional, philosophical, and practical challenges. *Public Administration Quarterly, 31*, 218–248.

Glisson, C., Landsverk, J., Schoenwald, S., Kelleher, K., Eaton Hoagwood, K., Mayberg, S., & Green, P. (2008). Assessing the organizational social context (OSC) of mental health services: Implications for research and practice. *Administration and Policy in Mental Health Services Research, 35*, 98–113.

Graham, J. R., & Shier, M. L. (2010). The social work profession and subjective well-being: The impact of a profession on overall subjective well-being. *British Journal of Social Work, 40*, 1553–1572.

Greenley, J. R., & Kirk, S. A. (1973). Organizational characteristics of agencies and the distribution of services to applicants. *Journal of Health and Social Behavior, 14*, 70–79.

Gronbjerg, K. A. (1990). Poverty and nonprofit organizations. *Social Services Review, 64*(2), 208–243.

Gronbjerg, K. A. (2001). The U.S. nonprofit human service sector: A creeping revolution. *Nonprofit and Voluntary Sector Quarterly, 30*, 276–297.

Hasenfeld, Y. (1995). Analyzing the human service agency. In J. Tropman, J. L. Erlich, & J. Rothman (Eds.), *Tactics and techniques of community intervention* (pp. 90–98). Itasca, IL: F. E. Peacock.

Hasenfeld, Y., & Powell, L. E. (2004). The role of non-profit agencies in the provision of welfare-to-work services. *Administration in Social Work, 28*, 91–110.

Herbst, C. M. (2008). Who are the eligible non-recipients of child care subsidies? *Children and Youth Services Review, 30*, 1037–1054.

Hill, C. J. (2006). Casework job design and client outcomes in welfare-to-work offices. *Journal of Public Administration Research and Theory, 16*, 263–288.

Hipp, L., & Warner, M. E. (2008). Market forces for the unemployed? Training vouchers in Germany and the USA. *Social Policy and Administration, 42*, 77–101.

Hodge, D. R., Jackson, K. F., & Vaughn, M. G. (2010). Culturally sensitive interventions and health and behavioral health youth outcomes: A meta-analytic review. *Social Work in Health Care, 49*, 401–423.

Hopkins, K. M., Cohen-Callow, A., Kim, H. J., & Hwang, J. (2010). Beyond intent to leave: Using multiple outcome measures for assessing turnover in child welfare. *Children and Youth Services Review, 32*, 1380–1387.

Hunter, J. K., Getty, C., Kemsley, M., & Skelly, A. H. (1991). Barriers to providing health care to homeless persons: A survey of providers' perceptions. *Health Values, 15*, 3–11.

Independent Sector. (2005). *Panel on the Independent Sector: Strengthening transparency, governance, accountability of charitable organizations*. Washington, DC: Author.

Independent Sector. (2010). *The value of volunteer time*. Retrieved October 2010, from http://www.independentsector.org/volunteer_time.

Jackson, K. F. (2009). Building cultural competence: A systematic evaluation of the effectiveness of culturally sensitive interventions with ethnic minority youth. *Children and Youth Services Review, 31*(11), 1192–1198.

Jaskyte, K., & Dressler, W. W. (2005). Organizational culture and innovation in nonprofit human service organizations. *Administration in Social Work, 29*, 23–41.

Kammeyer-Mueller, J. D., & Wanberg, C. R. (2003). Unwrapping the organizational entry process: Disentangling multiple antecedents and their pathways to adjustment. *Journal of Applied Psychology, 88*, 779–794.

Kettner, P. M., Moroney, R. M., & Martin, L. L. (2008). *Designing and managing programs: An effectiveness-based approach* (3rd ed.). Los Angeles, CA: Sage.

Kirk, S. A., & Greenley, J. R. (1974). Denying or delivering services? *Social Work, 19*(4), 439–447.

Knudsen, H. K., Ducharme, L. J., & Roman, P. M. (2006). Counselor emotional exhaustion and turnover intention in therapeutic communities. *Journal of Substance Abuse Treatment, 31*, 173–180.

Kramer, R., & Grossman, B. (1987). Contracting for social services. *Social Service Review, 61*(1), 32–55.

Kraus, W. E., & Ray, P. S. (2010). Increasing productivity in a volunteer organization. *AACE International Transactions*, pDEV.03.1–DEV.03.15.

Lee, R. D., & Johnson, R. W. (1973). *Public budgeting systems*. Baltimore: University Park Press.

Leichter, H. (2004). Ethnic politics, policy fragmentation, and dependent health care access in California. *Journal of Health Politics, Policy and Law, 29*, 177–202.

Leveille, S., & Chamberland, C. (2010). Toward a general model for child welfare and protection services: A meta-evaluation of international experiences regarding the adoption of the Framework for the Assessment of Children in Need and Their Families (FACNF). *Children and Youth Services Review, 32*, 929–944.

Levine, S., & White, P. E. (1961). Exchange as a conceptual framework for the study of interorganizational relationships. *Administrative Science Quarterly, 5*, 583–601.

Lexchin, J., & Grootendorst, P. (2004). Effects of prescription drug user fees on drug and health services use and on health status in vulnerable populations: A systematic review of the evidence. *International Journal of Health Services, 34*, 101–122.

Likert, R. (1961). *New patterns of management*. New York: McGraw-Hill.

Lipsky, M. (1984). Bureaucratic disentitlement in social welfare programs. *Social Service Review, 58*(1), 3–27.

Liu H. M., & Zhang, J. (2008). Donations in a recursive dynamic model. *Canadian Journal of Economics, 41*, 564–582.

Lucas, J. A., Avi-Itzhak, T., & Robinson, J. P. (2005). Continuous quality improvement as an innovation: Which nursing facilities adopt it? *The Gerontologist, 45*, 68–77.

Malinowski, F. A. (1981). Job selection using task analysis. *Personnel Journal, 60*(4), 288–291.

Mallow, A. (2010). Diversity management in substance abuse organizations: Improving the relationship between the organization and its workforce. *Administration in Social Work, 34*, 275–285.

Mano-Negrin, R. (2003). Spanning the boundaries: A stakeholder approach to effectiveness gaps and empowerment in public and independent human service organizations. *Administration in Social Work, 27*, 25–45.

Martin, L. L. (2000). Budgeting for outcomes in state human agencies. *Administration in Social Work, 24*, 71–88.

Martin, L. L., & Kettner, P. M. (1996). *Measuring the performance of human service programs.* Newbury Park, CA: Sage.

Martin, P. Y. (1980). Multiple constituencies, dominant societal values, and the human service administrator. *Administration in Social Work, 4*(2), 15–27.

Martin, S. S., Trask, J., Peterson, T., Martin, B. C., Baldwin, J., & Knapp, M. (2010). Influence of culture and discrimination on care-seeking behavior of elderly African Americans: A qualitative study. *Social Work in Public Health, 25*, 311–326.

McColl, M. A., Jarzynowska, A., & Shortt, S. E. D. (2010). Unmet health care needs of people with disabilities: Population level evidence. *Disability & Society, 25*, 205–218.

McMurtry, S. L., Netting, F. E., & Kettner, P. M. (1991). How nonprofits adapt to a stringent environment. *Nonprofit Management and Leadership, 1*(3), 235–252.

Merton, R. K. (1952). Bureaucratic structure and personality. In R. K. Merton, A. P. Gray, B. Hockey, & H. C. Selvin (Eds.), *Reader in bureaucracy* (pp. 261–372). Glencoe, IL: Free Press.

Meyer, M. H. (2001). Medicaid reimbursement rates and access to nursing homes: Implications for gender, race, and marital status. *Research on Aging, 23*, 532–551.

Miles, R. E. (1975). *Theories of management: Implications for organizational behavior and development.* New York: McGraw-Hill.

Montoya, I. D., Bell, D. C., Richard, A. J., Goodpastor, W., & Carlson, J. (1999). Barriers to social services for HIV-infected urban migrants. *AIDS Education and Prevention, 10*, 366–379.

Morse, J. J., & Lorsch, J. W. (1970). Beyond theory Y. *Harvard Business Review, 48*, 61–68.

Mosley, J. E. (2010). Organizational resources and environmental incentives: understanding the policy advocacy involvement of human service nonprofits. *Social Service Review, 84*, 57–76.

Netting, F. E., McMurtry, S. L., Kettner, P. M., & Jones-McClintic, S. (1990). Privatization and its impact on nonprofit service providers. *Nonprofit and Voluntary Sector Quarterly, 19*, 33–46.

Orsini, M. (2010). Social media: How home health care agencies can join the chorus of empowered voices. *Home Health Care Management & Practice, 22*, 213–217.

Perry, R., & Limb, G. E. (2004). Ethnic/racial matching of clients and social workers in public child welfare. *Children and Youth Services Review, 26*, 965–979.

Polivka-West, L., & Okano, K. (2008). Nursing home regulation and quality assurance in the states: seeking greater effectiveness for better care. *Generations, 32*, 62–66.

Poole, D. L. (2008). Organizational networks of collaboration for community-based living. *Nonprofit Management & Leadership, 18*, 275–293.

Prince, J., & Austin, M. J. (2001). Innovative programs and practices emerging from the implementation of welfare reform: A cross-case analysis. *Journal of Community Practice, 9*, 1–14.

Rajendran, K., & Chemtob, C. M. (2010). Factors associated with service use among immigrants in the child welfare system. *Evaluation and Program Planning, 33*, 317–323.

Rao, D., Angell, B., Lam, C., & Corrigan, P. (2008). Stigma in the workplace: Employer attitudes about people with HIV in Beijing, Hong Kong, and Chicago. *Social Science & Medicine, 67*, 1541–1549.

Robertson, S. E., & Valadez, J. J. (2006). Global review of health care surveys using lot quality assurance sampling (LQAS), 1984–2004. *Social Science & Medicine, 63*, 1648–1660.

Rocha, H., & Miles, R. (2009). A model of collaborative entrepreneurship for a more humanistic management. *Journal of Business Ethics, 88*, 445–462.

Rosenau, P. V., & Lako, C. J. (2008). An experiment with regulated competition and individual mandates for universal health care: The new Dutch health insurance system. *Journal of Health Politics Policy and Law, 33*, 1031–1055.

Scheitle, C. P. (2009). Identity and government funding in Christian nonprofits. *Social Science Quarterly, 90*, 816–833.

Schmidt, M. J., Riggar, T. F., Crimando, W., & Bordieri, J. E. (1992). *Staffing for success.* Newbury Park, CA: Sage.

Shengelia, B., Tandon, A., Adams, O. B., & Murray, C. J. L. (2005). Access, utilization, quality, and effective coverage: An integrated conceptual framework and measurement strategy. *Social Science & Medicine, 61*, 97–109.

Shier, M., Graham, J. R., & Jones, M. E. (2009). Barriers to employment as experienced by disabled people: A qualitative analysis in Calgary and Regina, Canada. *Disability & Society, 24*, 63–75.

Shaefer, H. L. (2010). Identifying key barriers to unemployment insurance for disadvantaged workers in the United States. *Journal of Social Policy, 39*, 439–460.

Shim, M. (2010). Factors influencing child welfare employee's turnover: Focusing on organizational culture and climate. *Children and Youth Services Review, 32*, 847–856.

Smith, L. A., McCaslin, R., Chang, J., Martinez, P., & McGrew, P. (2010). Assessing the needs of older gay, lesbian, bisexual, and transgender people: A service-learning and agency partnership approach. *Journal of Gerontological Social Work, 53*, 387–401.

Suarez-Balcazar, Y., Balcazar, F. E., & Taylor-Ritzler, T. (2009). Using the internet to conduct research with culturally diverse populations: Challenges and opportunities. *Cultural Diversity & Ethnic Minority Psychology, 15*, 96–104.

Sussman, S., Skara, S., & Pumpuang, P. (2008). Project Towards No Drug Abuse (TND): Needs assessment of a social service referral telephone program for high risk youth. *Substance Use & Misuse, 43*, 2066–2073.

Taylor, F. W. (1947). *Scientific management.* New York: Harper & Row.

Thompson, J. D. (1967). *Organizations in action.* New York: McGraw-Hill.

Thompson, S. J., McManus, H., Lantry, J., Windsor, L., & Flynn, P. (2006). Insights from the street: Perceptions of services and providers by homeless young adults. *Evaluation and Program Planning, 29*, 34–43.

Tomkins, A., Shank, N., Tromanhauser, D., Rupp, S., & Mahoney, R. (2005). United Way and university partnerships in community-wide human services planning and plan implementation: The case of Lincoln/Lancaster County, Nebraska. *Journal of Community Practice, 13*, 55–72.

Twombly, E. C. (2002). Religious versus secular human service organizations: Implications for public policy. *Social Science Quarterly, 83*, 947–961.

Uler, N. (2009). Public goods provision and redistributive taxation. *Journal of Public Economics, 93*, 440–453.

Urban Institute—National Center for Charitable Statistics. (2010). *Quick Facts about Nonprofits.* Retrieved October 2010, from http://nccs.urban.org/statistics/quickfacts.cfm.

U.S. Bureau of Labor Statistics. (2009). *Volunteering in the United States, 2005.* Retrieved October 2006, from www.bls.gov/news.release/volun.nr0.htm.

Van Slyke, D. M. (2003). The mythology of privatization in contracting for social services. *Public Administration Review, 63*, 296–315.

Weber, M. (1946). *From Max Weber: Essays in sociology* (H. H. Gerth & C. W. Mills, Trans.). Oxford, England: Oxford University Press.

Weitzman, M. S., & Jalandoni, N. T. (2002). *The new nonprofit almanac and desk reference: The essential facts and figures for managers, researchers, and volunteers.* San Francisco, CA: Jossey-Bass.

West, A., Ingram, D., & Hind, A. (2006). "Skimming the cream?": Admissions to charter schools in the United States and to autonomous schools in England. *Educational Policy, 20*, 615–639.

Chapter 9

Bell, K. E. (2009). Gender and gangs. *Crime & Delinquency, 55*(3), 363–387.

Bjerregaard, B. (2010). Gang membership and drug involvement. *Crime & Delinquency, 56*(1), 3–34.

Brager, G., & Holloway, S. (1978). *Changing human service organizations: Politics and practice.* New York: Free Press.

Campbell, D. A. (2009). Giving up the single life: Leadership motivations for interorganizational restructuring in nonprofit organizations. *Administration in Social Work, 33,* 368–386.

Crisp, C. (2006). The gay affirmative practice scale (GAP): A new measure for assessing cultural competence with gay and lesbian clients. *Social Work, 51*(2), 115–126.

Daughtery, L. G., & Blome, W. W. (2009). Planning to plan: A process to involve child welfare agencies in disaster preparedness planning. *Journal of Community Practice, 17*(4), 483–501.

Everett, J. E., Homstead, K., & Drisko, J. (2007). Frontline worker perceptions of the empowerment process in community-based agencies. *Social Work, 52*(2), 161–170.

Fisher, E. A. (2009). Motivation and leadership in social work management: A review of theories and related studies. *Administration in Social Work, 33,* 347–367.

Guo, C., & Acar, M. (2005). Understanding collaboration among nonprofit organizations: Combining resource dependency, institutional, and network perspectives. *Nonprofit and Voluntary Sector Quarterly, 34*(3), 340–361.

Kissane, R. J., & Gingerich, J. (2004). Do you see what I see? Nonprofit and resident perceptions of urban neighborhood problems. *Nonprofit Voluntary Sector Quarterly, 33*(2), 311–333.

Kruzich, J. M. (2005). Ownership, chain affiliation, and administrator decision-making autonomy in long-term care facilities. *Administration in Social Work, 29*(1), 5–24.

Linhorst, D. M., Eckert, A., & Hamilton, G. (2005). Promoting participation in organizational decision making by clients with severe mental illness. *Social Work, 50*(1), 21–30.

MacDonald, J. M. (2009). Assessing the relationship between activity among serious adolescent offenders. *Journal of Research in Crime and Delinquency, 46*(4), 553–580.

Majee, W., & Hoyt, A. (2009). Building community trust through cooperatives: A case study of a worker-owned homecare cooperative. *Journal of Community Practice, 17*(4), 444–463.

Maschi, T., & Bradley, C. (2008). Exploring the moderating influence of delinquent peers on the link between trauma, anger, and violence among male youth: Implications for social work practice. *Child and Adolescent Social Work Journal, 25*(2), 125–138.

Meyer, M., & Hyde, C. (2004). Too much of a "good" thing? Insular neighborhood associations, nonreciprocal civility, and the promotion of civic health. *Nonprofit and Voluntary Sector Quarterly, 33*(3), 77S–96S.

Mullen, E. J. (2006). Choosing outcome measures in systematic reviews: Critical challenges. *Research on Social Work Practice, 16*(1), 84–90.

Perrow, C. (1979). *Complex organizations. A critical essay* (2nd ed.). Glenview, IL: Scott, Foresman.

Rogge, M. E., Davis, K., Maddox, D., & Jackson, M. (2005). Leveraging environmental, social, and economic justice at Chattanooga Creek: A case study. *Journal of Community Practice, 13*(3), 33–53.

Rycraft, J. R., & Dettlaff, A. J. (2009). Hurdling the artificial fence between child welfare and the community: Engaging community partners to address disproportionality. *Journal of Community Practice, 17,* 464–482.

Weiss, J. A., Dwonch-Schoen, K., Howard-Barr, E. M., & Panella, M. P. (2010). Learning from a community action plan to promote safe sexual practices. *Social Work, 55*(1), 19–26.

Chapter 10

Banach, M., Hamilton, D., & Perri, P. M. (2004). Class action lawsuits and community empowerment. *Journal of Community Practice, 11*(4), 81–99.

Berlin, S. B. (1990). Dichotomous and complex thinking. *Social Service Review, 64*(1), 46–59.

Bonnie, R. J., Reinhard, J. S., Hamilton, P., & McGarvey, E. (2009). Mental health system transformation after the Virginia Tech tragedy. *Health Affairs, 28*(1), 793–804.

Brager, G., & Holloway, S. (1978). *Changing human service organizations: Politics and practice.* New York: Free Press.

Brager, G., Specht, H., & Torczyner, J. L. (1987). *Community organizing.* New York: Columbia University Press.

Burgess, H., & Burgess, G. M. (2003, November). What are intractable conflicts? In G. Burgess & H. Burgess (Eds.), *Beyond Intractability.* Boulder: Conflict Research Consortium, University of Colorado. Retrieved April 9, 2011, from http://www.beyondintractability.org/essay/meaning_intractability/.

Chen, B., & Graddy, E. A. (2010). The effectiveness of nonprofit lead-organization networks for social service delivery. *Nonprofit Management & Leadership, 20*(4), 405–422.

Cleaveland, C. (2010). 'We are not criminals': Social work advocacy and unauthorized migrants. *Social Work, 55*(1), 74–81.

Democracy Center. (2004). *Lobbying—The basics.* San Francisco, CA: Author.

Gutiérrez, L. M., & Lewis, E. A. (1999). *Empowering women of color.* New York: Columbia University Press.

Haynes, K. S., & Mickelson, J. S. (2010). *Effecting change: Social workers in the political arena* (7th ed.). Boston, MA: Allyn & Bacon.

Knickmeyer, L., Hopkins, K., & Meyer, M. (2004). Exploring collaboration among urban neighborhood associations. *Journal of Community Practice, 11*(2), 13–25.

Lewin, K. (1947). Frontiers in group dynamics. *Human Relations, 1,* 5–41.

Medley, B. C., & Akan, O. H. (2008). Creating positive change in community organizations: A case for rediscovering Lewin. *Nonprofit Management & Leadership, 18*(4), 485–496.

Menon, G. M. (2000). The 79-cent campaign: The use of on-line mailing lists for electronic advocacy. *Journal of Community Practice, 8*(3), 73–81.

Morales, J. (1992). Cultural and political realities for community social work practice with Puerto Ricans in the United States. In F. Rivera & J. Erlich (Eds.), *Community organizing in a diverse society* (pp. 75–96). Boston, MA: Allyn & Bacon.

Patwardhan, P., & Patwardhan, H. (2005). An analysis of senior U.S. advertising executives' perceptions of internet communication benefits. *Journal of Website Promotion, 1*(3), 21–39.

Quinn, P. (2004). Home of your own programs: Models of creative collaboration. *Journal of Community Practice, 12*(1/2), 37–50.

Rothman, J., Erlich, J. L., & Tropman, J. E. (Eds.) (2008). *Strategies for community intervention* (6th ed.). Itasca, IL: F. E. Peacock.

Rubin, H. J., & Rubin, I. S. (2008). *Community organizing and development* (4th ed.). Boston, MA: Allyn & Bacon.

Sanders, S., & Saunders, J. A. (2009). Capacity building for gerontological services: An evaluation of adult day services in a rural state. *Journal of Community Practice, 17,* 291–308.

Schneider, R. L., & Lester, L. (2001). *Social work advocacy.* Belmont, CA: Brooks/Cole.

Schroepfer, T. A., Sanchez, G. V., Lee, K. J., Matloub, J. Waltz, A., & Kavanaugh, M. (2009). Community readiness assessment: The scoring process revisited. *Journal of Community Practice, 17,* 269–290.

Takahashi, L. M., & Smutny, G. (2002). Collaborative windows and organizational governance: Exploring the formation and demise of social service partnerships. *Nonprofit and Voluntary Sector Quarterly, 31*(2), 165–185.

Tropman, J. E., Erlich, J. L., & Rothman, J. (2001). *Tactics and techniques of community intervention* (4th ed.). Itasca, IL: F. E. Peacock.

Waysman, M., & Savaya, R. (2004). Coalition-based social change initiatives: Conceptualization of a model and assessment of its generalizability. *Journal of Community Practice, 12*(1/2), 123–143.

Chapter 11

Brody, R. (2005). *Effectively managing human service organizations* (3rd ed.). Newbury Park, CA: Sage.

Carrilio, T. E., Packard, T., & Clapp, J. D. (2003). Nothing in–nothing out: Barriers to the use of performance data in social service programs. *Administration in Social Work, 27*(4), 61–75.

Dessler, G. (2011). *Human resource management* (12th ed.). Upper Saddle River, NJ: Prentice-Hall.

Doe, S. S., & Lowery, D. (2004). The role of evaluation in developing community-based interventions: A COPC project. *Journal of Community Practice, 12*(3/4), 71–88.

Fogel, S. J., & Moore, K. A. (2011). Collaborations among diverse organizations: Building evidence to support community partnerships. In M. Roberts-Gegennaro & S. J. Fogel (Eds.), *Using evidence to inform practice for community and organizational change* (pp. 99–109). Chicago, IL: Lyceum.

Gambrill, E. (2008). Evidence-based (informed) macro practice: process and philosophy. *Journal of Evidence-based social work, 5*(3–4), 423–452.

Gantt, H. (1919). *Organizing for work*. New York: Harcourt, Brace & Howe.

Hardina, D. (2002). *Analytical skills for community organization practice*. New York: Columbia University Press.

Kettner, P. M. (2002). *Achieving excellence in the management of human service organizations*. Boston, MA: Allyn & Bacon.

Kettner, P. M., Moroney, R. M., & Martin, L. L. (2008). *Designing and managing programs: An effectiveness-based approach* (3rd ed.). Thousand Oaks, CA: Sage.

Kluger, M. P. (2006). The program evaluation grid: A planning and assessment tool for nonprofit organizations. *Administration in Social Work, 30*(1), 33–44.

McCroskey, J., Picus, L. O., Yoo, J., Marsenich, L., & Robillard, E. (2004). Show me the money: Estimating public expenditures to improve outcomes for children, families, and communities. *Children and Schools, 26*(3), 165–173.

Montana, P. J., & Charnov, B. H. (2008). *Management* (4th ed.). Hauppauge, NY: Barron's Educational Series.

Rapp, C. A., & Poertner, J. (2007). *Textbook of social administration: A consumert-centered approach*. New York: Haworth.

Reis, E. P., & Moore, M. (2005). Elite perceptions of poverty and inequality. *Community Development Journal, 41*(2), 260–262.

Roberts-DeGennaro, M., & Fogel, S. J. (2011). *Using evidence to inform practice for community and organizational change*. Chicago, IL: Lyceum.

Rogge, M. E., & Rocha, C. (2004). University-community partnership centers: An important link for social work education. *Journal of Community Practice, 12*(3/4), 103–121.

Rosenberg, M. (1965). *Society and the adolescent self-image*. Princeton, NJ: Princeton University Press.

Savaya, R., & Waysman, M. (2005). The logic model: A tool for incorporating theory in development and evaluation of programs. *Administration in Social Work, 29*(2), 85–103.

Sherraden, M. S., Slosar, B., & Sherraden, M. (2002). Innovation in social policy: Collaborative policy advocacy. *Social Work, 47*(3), 209–221.

Weinbach, R. W. (2010). *The social worker as manager: A practical guide to success* (5th ed.). Boston, MA: Pearson /Allyn & Bacon.

Whiteside-Mansell, L., & Corwyn, R. F. (2003). Mean and covariance structures analyses: An examination of the Rosenberg Self-Esteem Scale among adolescents and adults. *Educational & Psychological Measurement, 63*, 163–173.

索 引

（所注页码为原书页码，即本书边码）

A

AAA(see Area agencies on aging, AAA)　老龄工作地区机构
AARP（see American Association of Retired Persons, AARP）　美国退休人员协会
"About Stats,"　统计分析评估服务产品网站名称　78
Accreditation activities　认证活动　28-29
Academy of Certified Social Workers（ACSW）　社会工作者证照委员会　272
Action system　行动系统　321-322, 323
Addams, Jane　简·亚当斯　40
Advocates, for population　为人群做倡导　111-112
Affiliation, patterns of　附属，模式　50
African Americans, oppression of　非裔美国人，压迫　37, 64-65
Ageism　年龄歧视　120
AIM（see American Indian Movement）　美国印第安人运动
AIRS(see Alliance of Information and Referral Systems)　信息和转介系统联盟
Alliance of Information and Referral Systems（AIRS）　信息和转介系统联盟　194
Allies and advocates, for population　为人群而建立的联盟和倡导者　111-112
American Association of Retired Persons（AARP）　美国退休人员协会　89
American Indian Movement（AIM）　美国印第安人运动　44, 62
American Society for Quality　美国质量学会　244
Americans with Disabilities Act　《美国残疾人法案》　21
Amorphous structure, of community power　社区权力无定形结构　192
Anthony, Susan B.　苏珊·B. 安东尼　74
Area agencies on aging（AAA）　老龄工作地区机构　195

Asian Americans, oppression of　亚裔美国人，压迫　38，65
Asset mapping　优势绘图　158
Assimilation　同化　148
Authority　权威
　　charismatic　魅力 215
　　mission of organizations　组织的使命　280
　　rational/legal　合理性/合法性　215
　　traditional　传统的　215
Autonomy as ethical principle　自主伦理原则　14

B

Bargaining and negotiation　讨价还价和谈判　352
Bar graph　柱状图　93，94
Bethune, Joanna　乔安娜·贝休恩　40
Biological theories about ethnicity and genetics　有关民族和基因的生物学理论　119
Black racial identity development, four-stage model of　黑人种族身份的形成，四阶段模式　115
"Blame game" cycle　"责备游戏"循环　248
Boston School of Social Work　波士顿社会工作学院　41
Boundaries　边界
　　of communities　社区的　132，183-185
　　controlling　控制　271
　　of jurisdictional units　司法管辖单位　184
　　for macro-level changes　宏观层面变革的　313
　　in nonplace communities　非地域性社区　182，183，184
　　of target population　目标人群的　177
Bounded rationality in decision making　决策中的有限理性　227-228
Brown v. Board of Education　布朗诉教育委员会案　43
Budget management　预算管理　294
Building support (see Support for proposed change)　建立支持（参见支持提议的变革）
Bureaucracy　科层制　52
　　characteristics　特点　213-214
　　concept　概念　213
　　strengths　长处　215-216
　　weaknesses　不足　216

Bureaucratic disentitlement 科层制名实不符 282
Bureaucratic model, of organizational analysis 科层制模式，组织分析 236
Bureaucratization and professionalism 科层制化与专业化 28—29
Bureaucratization of organizations 组织的科层制化 52
Bureau of the Census 人口普查局 91
Beneficence as ethical principle 行善伦理原则 13

C

Campaign strategies 运动策略 347—350
CAP（see Community Action Program，CAP） 社区行动方案
Capacity building 能力建设
 and asset mapping 与优势绘图 158—161
 collaborative strategies 合作策略 346—347
Capacity for change 变革能力 320—324
Caregivers in household units 家庭单位里的照顾人 158
Case management programs 个案管理方案 201
Cash revenues for human service organizations 社会服务组织的现金收入 261—263
Catastrophic analogy, of social system 灾难比喻，社会系统 142
Cause-and-effect relationship 因果关系 97，99，122，306
Centralization 中心化 144
Change 变革
 axioms of 公理 68—69
 commitment to 投身 320，321—322
 events leading to 引发事件 86—87
 importance of 重要性 68—69
 likelihood of success 成功的可能性 338—342
 in organizations and delivery systems 组织和传输系统 52—54
 planning for 计划 77—80
 selecting the approach for 选择途径 324—329
 support for（see Support for proposed change） 支持（参见对提议变革的支持）
Change agent system 变革推动者 311—312
Charismatic authority 魅力型权威 215
Charity Organization Societies（COS） 慈善组织协会 40—41
Chavez, Cesar 西泽·查维斯 74
Chicago School of Civics and Philanthropy 芝加哥公民和慈善学校 41

Child protective services　儿童保护服务　273
Child Welfare League of America（CWLA）　美国儿童福利联盟　89，96
Chinese Exclusion Act　《排华法案》　38
CINS（see Community information systems，CINS）　社区信息系统
Civil Rights Act　《民权法案》　44
Civil Rights Movement　公民权运动　43，61，64
Class action lawsuits　集体诉讼　353
Classism　阶层歧视　119-120
Clients and referral sources，relationship　服务对象和转介来源，关系　267-271
Client system　服务对象系统　312-313
Clinton，Bill　比尔·克林顿　47
Coalition，among service providers，(see also Collaboration，among service providers)　联盟，服务提供者（参见合作，服务提供者）　201
Collaboration，among service providers　合作，服务提供者　201-202
Collaborative strategies　合作策略　344，345-347
Collective identity，in communities　集体身份，社区中　147-148
Collegial structure　大学结构　283
Communication　沟通
　　among service providers　服务提供者　199
　　as community functions　作为社区的功能　137，138
　　educational tactics　教育手法　348
　　persuasion　说服　348-349
Communities　社区
　　clarity of boundaries and　边界的清晰性　132
　　common interest and　共同兴趣　132
　　defined　界定　132-133
　　dimensions　维度　133-135
　　empowerment perspective　赋权视角　155，156-157
　　overview　概览　131-132
　　resiliency perspective　抗逆力视角　155，156，157
　　strengths perspective　优势视角　155，156
　　symbolic relationship that gives meaning to one's identity　为个人身份赋予意义的符号关系　135
Communities，assessment of characteristics　社区，特点评估　182-191
　　structure　结构　191-202

target populations　目标人群　173-182
　　　vignettes　案例　168-173
The Community　《社区》　42
Community Action Program（CAP）　社区行动方案　44-45
Community and organizational problems　社区与组织性问题
　　　data collection　收集数据　81-87
　　　factors explaining underlying causes of　解释背后原因的因素　98-99
　　　guidelines for change　变革指南　77-80
　　　review of literature on problems　对于问题的文献回顾　88-98
Community characteristics　社区的特点　182-191
　　　boundaries　边界　183-185
　　　oppression and discrimination　压迫和歧视　189-191
　　　strengths, issues, and problems　优势、议题和问题　185-186
　　　values　价值观　186-189
Community functions　社区的功能　135-138
　　　communication　沟通　137, 138
　　　defense　防卫　137
　　　failure or limitations　失败或限制　137
　　　identification　认同　138
　　　mutual support　互相支持　136
　　　production, distribution, and consumption　生产、分配和消费　135-136
　　　social control　社会控制　136
　　　socialization　社会化　136
　　　social participation　社会参与　136
Community information systems（CINS）　社区信息系统　15
Community Outreach Partnership Center（COPC）　社区外联合作伙伴中心　382
Community practice models　社区实践模式　161-164
　　　capacity development　能力发展　162-163
　　　planning and policy　计划和政策　162
　　　social advocacy　社会倡导　163
Community structure　社区结构　191-202
　　　linkages between units　单位间的联结　199-202
　　　power　权力　192
　　　resources　资源　193-194
　　　service-delivery units　服务递送单位　194-197

索　引

Competence　能力　15-16
Competition　竞争　144
Concentration　集中　144
Condition　状况
　　defined　界定　84
　　identifying community or organizational　认同社区或组织　84-86
　　vs. problem　问题　85
Condition statements　状况陈述　85-86
Confederation　联合会　202
Conflict　冲突　351
Conflict Research Consortium　冲突研究联盟　351
Conflict theory　冲突理论　151
Conglomerate merger　混合兼并　202
Congress on Racial Equality (CORE)　种族平等大会　43
Contemporary trends in social work practice　社会工作实务的当代趋势　47-68
　　ideological currents　意识形态潮流　56，57-58
　　oppressed and disadvantaged populations　受压迫者和弱势群体　59-68
　　social conditions　社会状况　47-56
Contemporary perspectives of organizational and management theory　组织和管理理论的当代观点　235-250
　　analysis of　分析　249-250
　　evidence-based management　循证管理　245-247
　　organizational culture　组织文化　238-242
　　organizational learning　组织学习　247-249
　　power and politics　权力和政治　236-237
　　quality-oriented management　质量导向的管理　242-245
　　TQM　全面质量管理　243-245
Contest strategies　对抗策略　350-353
Contingency theory　权变理论　231-236
　　strengths　长处　234
　　weaknesses　不足　234-235
Controlling and host systems　控制和主管系统　354
Controlling system　控制系统　315-316
Cooperation, among service providers　合作，服务提供者　199-201
Cooptation　吸纳成员　349

Coordination, among service providers 协调，服务提供者 201
COPC（see Community Outreach Partnership Center，COPC） 社区外联合作伙伴中心
CORE(see Congress on Racial Equality，CORE) 种族平等大会
Corporate authority and mission of organization 法人权限和使命 280
COS（see Charity Organization Societies，COS） 慈善组织协会
Council on Social Work Education(CSWE) 社会工作教育委员会 28，45
County and City Data Book 《县、市数据手册》 91
Creaming 提炼奶油 270
Cross-sectional analysis, of data 横断面分析，数据 93-94
CSI（see Culturally sensitive interventions，CSI） 具有文化敏感性的干预措施
CSWE(see Council on Social Work Education，CSWE) 社会工作教育委员会
Cultural competence 文化能力
 in external relationships 外部关系 275-278
 of target population 目标人群 104-105
Cultural humility, of population 文化谦卑，人口 104-105
Culturally sensitive interventions（CSI） 具有文化敏感性的干预措施 278
CWLA（see Child Welfare League of America，CWLA） 美国儿童福利联盟

D

Darwin, Charles 查尔斯·达尔文 35
Data 数据
 comparison with other units of 与其他单位的比较 95-96
 cross-sectional analysis 横断面分析 93-94
 epidemiological analysis 流行病学分析 96-97
 for interpretation 诠释 93-98
 qualitative data displays 定性数据的呈现 97-98
 standards comparisons 标准对比 96
 time-series comparisons 时间序列分析 94，95
 types of 类型 90-93
Data collection 收集数据
 for change 变革 81-87
 resources for 资源 92
Decision making 决策 227-229
 strengths 长处 228
 weaknesses 不足 229

索 引

Decision making　决策　381
Defended communities（see also Community functions）　防卫型社区（参见社区的功能）　137
Deming，W. Edwards　W. 埃德华兹·戴明　242
Dignity and worth，of a person　尊严与价值，个人　14
Direct appropriations　直接拨款　261
Dix，Dorothea　多罗西亚·迪克斯　74
Domain setting　设定范畴　270
Double consciousness　双重意识　110
Double loop learning　双循环学习　247
Drucker，Peter　彼得·德鲁克　223-224
Dubois，W. E. B.　W. E. B. 杜布瓦　110
Duration　期限　335,336

E

EAP（see Employee assistance programs，EAPs）　员工援助计划
Earned Income Tax Credit（EITC）　所得税抵免　48
EBM（see Evidence-based management，EBM）　循证管理
EBP（see Evidence-based practice，EBP）循证实践
Educational tactics and communication　教育手法与沟通　348
Effectiveness accountability　绩效问责　288
Efficiency accountability　效率问责　288
EITC（see Earned Income Tax Credit，EITC）　所得税抵免
Elitist approach，to community power　精英取向，社区权力　192
Employee assistance programs（EAP）　员工援助计划　196
Empowerment，defined　赋权，界定　346
Epidemiological analysis　流行病学分析　96,97
Ethical dilemmas　伦理困境　12-16
　　competence　胜任力　15-16
　　dignity and worth of a person　人的尊严和价值　14
　　human relationships　人际关系　14-15
　　integrity　诚信　15
　　service　服务　13
　　social justice　社会公正　13-14
　　surviving　生存　26-27

Ethnocentrism 种族中心主义 119
Etiology 病原学
  defined 界定 122
  working hypothesis of 工作假设 305-307
Evaluating effectiveness of intervention 评估干预的效果 382-384
Evidence-based management（EBM） 循证管理 245-247
Evidence-based practice（EBP） 循证实践 15-16，88-89，382-383
Extracommunity affiliations 社区外的联结 52

F

FACNF（see Framework for the Assessment of Children in Need and Their Families，FACNF） 有需要儿童及其家庭评估框架
Factional analogy, of social system 派系类比，社会系统 142
Faith-based advocacy organizations（FBAO） 以信仰为基础的倡导组织 97，98
Fayol，Henri 亨利·法约尔 218
FBAO（see Faith-based advocacy organizations，FBAO） 以信仰为基本的倡导组织
Federal Emergency Management Administration(FEMA) 联邦应急管理局 358
Fellin 费林 133-134
FEMA（see Federal Emergency Management Administration，FEMA） 联邦应急管理局
The Feminine Mystique 《女性的奥秘》 44
Feminization of poverty 贫困女性化 59
Flexner，Abraham 亚伯拉罕·弗莱克斯纳 41
For-profit agencies 非营利机构 196-197
Framework for the Assessment of Children in Need and Their Families（FACNF） 有需要儿童及其家庭评估框架 288
"Freedom rides," "免费乘车" 43-44
Frequency 频度 335，336
Freudian psychotherapy 弗洛伊德的心理分析 42
Friedan，Betty 贝蒂·弗里丹 44
Full-pay clients 全额付费服务对象 268
Functional budgeting 功能预算 294
Functional communities 功能社区 134-135
  concept of 概念 134

索　引　395

G

Gaming Regulatory Act　《博彩监管法案》　62
"Gay-bashing,"　"打击同性恋"　44
Gay community　同性恋社区　153-154
Gemeinschaft　社区（礼俗社会）　139，192
Geographical communities (see also Communities)　地理性社区(参见社区)　134
Geographic information systems（GIS）　地理信息系统　145
Gesellschaft　社会（法理社会）　139，192
Gingrich，Newt　纽特·金里奇　47
GIS（see Geographic information systems，GIS）　地理信息系统
Glass ceiling　玻璃天花板　216
Grassroots associations（see Voluntary associations）　草根协会(参见志愿协会)
Great Depression　大萧条　42-43，45，46
"Great Disruption,"　"大瓦解"　50
Guidelines for Community Assessment　社区评估指南　193

H

Harrington，Michael　迈克尔·哈林顿　44
Herzberg，Frederick　弗雷德里克·赫茨伯格　223
Heterosexism　异性恋主义　120
Historical incidents，identify relevant　历史事件，识别相关的　86-87
Homophobia　同性恋恐惧症　120
Homosexual Identify Formation model　同性恋身份认同形成模式　115-116
Horizontal community　水平社区　11
Horizontal merger　横向合并　202
Host and implementing systems　主管和执行系统　316-317
Household units　家庭户单位　158，194
Huerta，Delores　德洛丽丝·惠尔塔　74
Human behavior theories　人类行为理论　146-150
　　collective identity　集体认同　147-148
　　interactions　互动　146
　　needs　需要　148-149
　　strengths and weaknesses　长处与不足　150
　　values　价值观　146

"Humanistic management," "人性化管理" 283
Human or population ecology theory 人类或人口生态学理论 144-146
   strengths and weaknesses 长处与不足 145-146
Human relationships 人际关系 14-15
Human relations model 人际关系模式 285-286
Human resources model 人力资源模式 286
Human service organizations（HSOs) 社会服务组织 45，46
   overview 概览 254
Human service organizations（HSOs），assessment of 社会服务组织，评估
   framework for 框架 258，259
     internal organization 内部组织 278-297
     task environment 任务环境 258，259-278
     vignettes 案例 254-258
Hypothesis 假设
   of etiology about problem 问题成因 122-126
   preparing 准备 124，125-126

I

Ideological changes 理念的改变 35-36，56，57-58
IHS（see Indian Health Service，IHS) 印第安人卫生服务部
ILC（see Independent Living Centers，ILC) 独立生活运动中心
ILM（see Independent Living Movement，ILM) 独立生活运动
Immigration, in population growth 移民，人口增长 33
Implementing and monitoring intervention 落实和监测干预 375-384
   evaluating effectiveness of intervention 评估干预的效果 382-384
   framework for 框架 386-387
   initiating action plan 发起行动计划 376-380
   monitoring and evaluating intervention 监测和评估干预 380-382
Income inequality 收入不平等 48，49-50
Independent Living Centers（ILC) 独立生活运动中心 157
Independent Living Movement（ILM) 独立生活运动 156-157
Indian Child Welfare Act of 1978 1978年的《印第安儿童福利法案》 62
Indian Health Care Improvement Act 《印第安人卫生保健改善法案》 62
Indian Health Service（IHS) 印第安人卫生服务部 62
Industrialization, and social condition 工业化，社会状况 33-34

索　引 **397**

Informal communication　信息沟通　199
Informal units　信息单位
　　defined　界定　158
　　household units　家庭户单位　158
　　natural support systems and social networks　天然支持系统和社会网络　158-159
　　self-help groups　自助小组　159
　　voluntary associations　志愿协会　159-161
Information Age　信息时代　54-56
Information management　信息管理　295-296
Information poverty　信息贫困　138
Information technology（IT）　信息技术　295-296
Integrity　诚信　15
Intensity　强度　335
Interaction, approaches in　互动，途径　327-329
Internal organization, assessing　内部组织，评估　278-297
　　corporate authority and mission　法人权限和使命　280
　　diversity-friendly　多元文化友好　292-293
　　policies and procedures　政策和程序　289-292
　　programs and services　方案和服务　286-289
　　technical resources and systems　技术资源和系统　293-297
Internet search　网络搜索　113
Interpersonal activities　人际活动　381-382
Intersectionality, theories of　交叉，理论　110
Intervention　干预
　　objectives for（see Objectives for intervention）　目标（参见干预目标）
　　planning　计划　366-367
　　setting a goal for　确定目的　367
Intervention hypothesis　干预假设　304-309
Introspective self-help　内省自助　148
IT（see Information technology, IT）　信息技术

J

JCAHO（see Joint Commission on Accreditation of Health Care Organizations, JCAHO）
　卫生保健组织联合认证委员会
Johnson, Lyndon　林登·约翰逊　44

Joint Commission on Accreditation of Health Care Organizations（JCAHO） 卫生保健组织联合认证委员会 272

K

Kennedy, John 约翰·肯尼迪 44
Key informants, information from 关键知情人，信息 81–87
King, Martin Luther Jr. 马丁·路德·金 43，74

L

Labor movement 劳工运动 36
Large-group or community action 大型群体或社区行动 352–353
Latinos, oppression of 拉丁裔，压迫 37，63–64
Leadership style 领导风格 285–286，287
Learned incompetence 习得无力感 282
Learning organization 学习型组织 248–249
Lesbian, gay, bisexual, and transgendered questioning/queer（LGBTQ） persons 女同性恋、男同性恋、双性恋和变性人/性存疑的人 39，61，67
LGBTQ［see Lesbian, gay, bisexual, and transgendered questioning/queer（LGBTQ） persons］ 女同性恋、男同性恋、双性恋和变性人/性存疑的人
Lightner, Cathy 凯西·莱特纳 74
Likelihood of success 成功的可能性 338–342
Lindeman, Eduard 爱德华·林德曼 42
Line graph 线性图 95
Line-item budgeting 明细支出预算 294
Linking-pin structure 点连接结构 283
Lobbying 游说 349–350

M

Macro-level change 宏观层面的变革
  defined 界定 73
  social worker's entry into 社会工作者进入 75–77
Macro practice 宏观实务
  case examples 案例 16–26
  defined 界定 5–9
  defining 定义 5–9

索 引 399

    experiences of former students 之前的学生的经验 2-5
    micro and macro relationship 微观和宏观关系 8-9
    professional identity 专业身份 27-29
    systematic approach to 系统取向 5-8
        theories, models, and approaches 理论、模式和取向 9-12
        values and ethical dilemmas 价值观和伦理困境 12-16
Macro practice, role of social worker in 宏观实务，社会工作者的角色 74-75
Management by objectives (MBO) 目标管理 223-225
    strategic planning process 战略规划过程 224
    strengths 长处 224
    weaknesses 不足 224-225
Management style 管理风格 285-286，287
Management theories 管理理论
    human relations 人际关系 219-221
    MBO 目标管理 223-225
    scientific and universalistic management 科学和普遍主义的管理 217-219
    Theory X and Theory Y X理论和Y理论 221-223
Managerial theories or models 管理理论或模式 285-286
    human relations model 人际关系模式 285-286
    human resources model 人力资源模式 286
    traditional model 传统模式 285
Manifest Destiny 天命论 36
Marx, Karl 卡尔·马克思 36
Mass media appeal 大众传媒呼吁 350
Matrix structure 矩阵结构 283
MBO (see Management by objectives, MBO) 目标管理
Mechanical analogy, of social systems 机械类比，社会系统 141
Mechanistic systems 机械系统 232
Mexican Revolution 墨西哥革命 37
Michels, Robert 罗伯特·米歇尔斯 225
Militant direct action 激进的直接行动 148
Mobilization for Youth 青年动员 44
Monitoring and evaluating intervention 监测和评估干预 380-382
Monitoring interpersonal activities 监测人际活动 381-382
Monocultural system perspective, of communities 单一文化系统视角，社区 143

400 宏观社会工作实务（第五版）

Morgan, Gareth 加雷思·摩根 242
Morphogenic analogy, of social system 形态发生类比，社会系统 141-142
Mutual support 互助 136，195

N

NAACP （see National Association for the Advancement of Colored People，NAACP） 美国有色人种协进会
Nader，Ralph 拉尔夫·纳德 74
National Association for the Advancement of Colored People（NAACP） 美国有色人种协进会 89
National Association of Social Workers（NASW） 全国社会工作者协会 12
　　Code of Ethics 伦理守则 12，14-15
National Citizens Coalition on Nursing Home Reform 护理院改革组织全国公民联盟 134-135
National Conference of Charities and Corrections 全国慈善与矫治会议 41
National Council of La Raza 拉拉扎全国委员会 112
National Indian Gaming Association 印第安人全国博彩协会 62
National Women's Suffrage Organization 全国妇女投票权组织 40
Native American Grave Protection and Repatriation Act 《土著美国人坟墓保护和遣返法案》 62
Native Americans，oppression of 土著美国人 37，62-63
Natural support systems 天然支持系统 158-159，194
Needs，of communities 需要，社区 148-149
Negotiation 谈判 352
New York School of Philanthropy 纽约慈善学校 41
Noncash revenues，for human service organizations 非现金收入，社会服务组织 263-265
Non-full-pay clients 非全额付费服务对象 268
Nonprofit agencies 非营利机构 195
　　funding sources 资助来源 261，262，264
　　noncash resources 非现金来源 265
Normative antidiscrimination 规范性反歧视 148
Nurturing system 养育系统 110，153

O

Obama，Barack 巴拉克·奥巴马 74
Objectives for intervention 干预目标 367-375

  criterion for measuring success 测量成功的标准 370-371
  documentation 档案 372-373
  process objectives 过程目标 371-375
  result or outcome 结构或产出 368-371, 372
  target population 目标人群 369
  time frame for 时间困境 369, 372
Older Americans Act 《美国老年人法案》 195
Open systems, organizations as 开放系统，组织 229-235
Organic systems 有机系统 232
Organismic analogy, of social system 有机类比，社会系统 141
Organizational condition, identifying 组织状况，识别 84-86
Organizational culture 组织文化 238-242
  diversity as 多样性 239-240
  elements 要素 238-239
  pursuing excellence 追求卓越 240-241
  sense-making 意义建构 241-242
Organizational environment, diversity in 组织环境，多样性 275-278
Organizational goals, and natural-system perspective 组织目标和自然系统观 225-227
Organizational learning 组织学习 247-249
  double loop 双循环 247
  single 单循环 247
Organizational structure (see also Bureaucracy) 组织结构（参见科层制） 213-216
Organizational theories 组织理论 210-213
Organizations 组织
  contemporary perspectives 当代观点 235-250
  decision-making 决策 227-229
  defining 界定 209-210
  management theories 管理理论 217-225
  as open systems 作为开放系统 229-235
  organizational theories 组织理论 210-213
  overview 概览 209
O'Sullivan, John L. 约翰·L. 奥苏利文 36
The Other America 《另一个美国》 44
Ouchi, William 威廉·大内 243

P

Parsons, Talcott 塔尔科特·帕森斯 140
Participants in change process 变革过程的参与者 83-84, 309-319
 action system 行动系统 318-319
 change agent system 变革推动者系统 311-312
 client system 服务对象系统 312-313
 controlling system 控制系统 315-316
 host and implementing systems 主管和落实系统 316-317
 initiator system 发起人系统 310-311
 support system 支持系统 314-315
 systems in interaction 系统的互动 319-320
 target system 改变对象系统 317-318
Participation, defined 参与, 界定 346
Patterns of social interaction, in communities 社会互动的形态, 社区 134
PDA [see Personal data assistant (PDA) devices] 个人数据助理 (参见个人数据助理设备)
Peace Corps 和平队 44
People-focused change 以人为本的变革 69
Performance-based contracting 绩效合同 53
Periodic evaluation reports 定期评估报告 383-384
Personal data assistant (PDA) devices 个人数据助理设备 296
Personal Responsibility and Work Opportunity Reconciliation Act (PRWORA) 《个人责任和工作机会协调法案》 47
Personnel 人员 326
Personnel needs of organizations 组织的人员需要 290, 291-293
Persons with disabilities, oppression of 残疾人, 压迫 38-39, 66-67
Persuasion and communication 说服与沟通 348-349
Piece-rate wage 计件工资 217
Pie chart 饼图 94, 95
Pilot project 试点项目 325
Plessy v. Ferguson 普莱西诉弗格森案 37
Pluralistic integration 多元整合 148
Pluralist perspective, of community power 多元视角, 社区权力 192
Policy 政策 325, 328

Political and interpersonal readiness 政治和人际关系方面的准备 335-337
Political economy perspective, assessment of 政治经济观，评估 335-337
Political model, of organizational analysis 政治模式，组织分析 236
Politics of community diversity 社区多样性政治 153-154
Populations 人口
 effects of growth on social work 增长对社会工作的影响 33
 problems and 问题 122-126
 selecting and studying 挑选和研究 104-122
 understanding 理解 104-126
POS (see Purchase of service, POS) 购买服务
Povertization of women 妇女贫困户 59
Poverty and welfare reform 贫困和福利改革 47-48
 pros and cons of 利弊 49
Power, and politics 权力，政治 236-237
Power dependency theory 权力依赖理论 151
PPBS (see Program planning and budgeting systems, PPBS) 方案计划与预算编制系统
Practice 实务 326-327,328
Primary client 主要服务对象 354,355
Problem 问题
 defined 定义 85
 historical incidents and 历史事件 86
 identification 识别 85
 and populations 人口 122-126
 vs. condition 状况 85
Problem solving 问题解决 381
Production, distribution, and consumption, as community functions 生产、分配和消费，社区功能 135-136
Professional ethics 专业伦理 356,357-358
Professional identity 专业身份 27-29
Professional knowledge basc 专业知识库
 target population and 目标人群 112-121
Professional knowledge base 专业知识库 78
 interpreting data 诠释数据 93-98
 research resources 研究资源 88-89
 supporting data 支持数据 89-93

Program budgeting　方案预算　294
Program planning and budgeting systems（PPBS）　方案计划与预算编制系统　294
Programs　方案　325
Programs and services of organization　组织的方案和服务　286，287-289
Program structure of organization　组织的方案结构　280，281，282-285
Progressivism　进步主义　35，36
Project　项目　325-326，328
Project team structure　项目团队结构　283
PRWORA（see Personal Responsibility and Work Opportunity Reconciliation Act，PRWORA）《个人责任和工作机会协调法案》
Public agencies　公共机构　195
Public and human service organizations　公共和社会服务组织　273
Public image and relationships　公共形象和关系　336-337
Purchase of service（POS）　购买服务　53
Purpose of change effort　变革工作的目的　353，354

Q

Qualitative data displays　定性数据的呈现　97-98
Quality accountability　质量问责　288
Quality circle　质量圈　243
Quality-oriented management　质量导向的管理　242-243

R

Racism　种族主义　119
Rational-choice model，of organizational analysis　理性选择模式，组织分析　236
Rational/legal authority　理性权威/法律权威　215
Recruitment and selection plan of organization　组织的招募和筛选计划　290
Referral sources and clients，relationship　转介来源与服务对象，关系　267-271
Regulatory bodies and human service organizations　管理实体　271，272-273
Religious Freedom Act　《宗教自由法案》　62
Resource considerations，assessment of　资源考虑，评估　337-338
Resource dependence　资源依赖　266
Resource mobilization theory　资源动员理论　151-152
Resources　资源
　　community structure　社区结构　193-194

as considerations in choosing tactics　选择手法时的考虑　355,356
　　　for data collection　收集数据　92
　　　to meet client needs　满足服务对象的需要　13-14
　　　in society, distribution of　社会，分配　13-14
　　　to sustain change effort　维持变革工作　88-89
Revenue sources for human service organizations　社会服务组织的收入来源　260-267
　　　cash revenues　现金收入　261-263
　　　direct appropriations　直接拨款　261
　　　noncash revenues　非现金收入　263-265
　　　relationships with　关系　266
Richmond, Mary　玛丽·里士满　42

S

Satisficing, definition of　满足最低要求，定义　228
Scientific and universalistic management　科学主义和普遍主义的管理　217-219
　　　strengths　长处　218-219
　　　weaknesses　不足　219
Segregation　隔离　144
Selecting and training of participants of intervention　挑选和培训干预参与者　379-380
Self-help groups　自助小组　159
Selznick, Philip　菲力普·塞尔兹尼克　225
Senge, Peter　彼得·圣吉　248
Sense-making　意义建构　241-242
Sense of community　社区感　56,57,135
Separatism　分裂主义　148
September 11, 2001 attack　2001年"9·11"袭击　75
Service accessibility　服务的可及性　193-194
Service-delivery units　服务递送单位　194-197
　　　accessibility to　可及性　193-194
　　　for-profit agencies　营利机构　196-197
　　　nonprofit agencies　非营利机构　195
　　　public agencies　公共机构　195-196
Services and programs of organization　组织的服务和方案　286,287-289
Sexism　性别歧视　118,119
Sexual orientation　性取向　61

Simon, Herbert　赫伯特·西蒙　227
Single loop learning　单循环学习　247
SLP（see Stagewise Linear Progression, SLP）　分阶段线性发展
Social advocacy　社会倡导　163
Social change and social work　社会变迁与社会工作　43-45
Social control　社会控制　136
Social Diagnosis　社会诊断　42
Social interaction pattern, in communities　社会互动形态，社区　134
Socialization　社会化　136
Social justice, as ethical principle　社会公正，伦理原则　13-14
Social justice movement　社会公正运动　36
Social networks　社会网络　158-159
Social participation　社会参与　136
Social reform　社会改革　42-45
Social Security Administration　社会保障局　46
Social welfare（see also Mutual support）　社会福利（参见互助）　195
Social work　社会工作
　　changes in job methods　工作方法的改变　55-56
　　defined　定义　73-74
　　development of　发展　39-40
　　emergence of　出现　33-42
　　ideology　意识形态　35, 36, 56, 57-58
　　levels of involvement in practice　参与实践的层面　5-6
　　mission of　使命　9
　　oppressed and disadvantaged populations and　受压迫者和弱势群体　36-39, 59-68
　　organizational context of　组织背景　45-47
　　social change and　社会变迁　43-45
　　social conditions and　社会状况　33-39, 47-56
Social worker　社会工作者
　　entry into an episode of macro-level change　进入宏观层面变革环节　75-77
　　role in macro practice　宏观实务中的角色　74-75
Social Work Today　《今日社会工作》　43
Society for the Relief of Poor Widows with Small Children　有幼儿的贫穷丧偶妇女救济协会　40
Spatial communities（see also Communities）　空间性社区（参见社区）　134
Specialization of task　任务专门化　53

Spencer, Herbert　赫伯特·斯宾塞　35
Stagewise Linear Progression (SLP)　分阶段线性发展　115
Standards comparisons　标准对比　96
Statistical Assessment Service (STATS)　统计评估服务　78
STATS (see Statistical Assessment Service, STATS)　统计分析评估服务
Strategies and tactics for change　变革的策略和手法　333-361
　　assessment of political and economic context　政治和经济背景的评估　334-342
　　campaign　开展运动　347-350
　　collaborative　合作　344,345-347
　　contest　对抗　350-353
　　likelihood of success　成功的可能性　338-342
　　resource considerations　资源方面的考虑　337-338
　　selection of　挑选　342-359
Structural change　结构变革　69
Structural domains　结构性区域　191
Student Nonviolent Coordinating Committee　学生非暴力协调委员会　43
Succession　继承　144-145
Support for proposed change　支持提议的变革
　　building support　建立支持　309-320
　　capacity for change, examining　改变的能力,查看　320-324
　　designing the intervention　设计干预　304-309
　　selecting approach to change　挑选改变的途径　324-329
Support system　支持系统　314-315
Sustaining system　维护系统　110,153
Systems theory　系统理论　140-143
　　boundaries　边界　140-141
　　catastrophic analogy　灾难类比　142
　　factional analogy　派系类比　142
　　mechanical analogy　机械类比　141
　　morphogenic analogy　形态发生类比　141-142
　　organismic analogy　有机类比　141

T

TANF (see Temporary Aid to Needy Families, TANF)　贫困家庭临时援助
Target population　目标人群

characteristics　特点　178-179
cultural competence of　文化能力　105-107
diverse perspectives of　多样性视角　108-112
identifying　识别　176-178
needs assessment　需求评估　179-182
professional knowledge base on　专业知识库　112-121
understanding　了解　121-122
Target system　改变对象系统　317-318，319
defined　定义　334
implementation tactics and　落实手法　346
members of　成员　347
relationship between action and　与行动的关系　343，344，345
Task environment, assessing　任务环境，评估
clients and referral sources　服务对象及转介来源　267-271
competitors and collaborators　竞争者与合作者　273，274-275
cultural competence　文化能力　275-278
regulatory bodies, professional organizations, and general public　管理实体、专业组织和一般公众　271-273
revenue sources　收入来源　260-267
Tax benefits of human service organizations　社会服务组织税收优惠　264
Taylor, Frederick　弗雷德里克·泰勒　217，245
Technical activities, monitoring　技术性活动，监测　380-381
Technological advances, in communication　技术进步，沟通　15
Technological change　科技变迁　69
Temporary Aid to Needy Families（TANF）　贫困家庭临时援助　196-197
Tennessee Valley Authority（TVA）　田纳西河流域管理局　225
Terminology, of special population　术语，特殊人口　59，61-62
Territorial communities（see also Communities）　区域性社区（参见社区）　134
Theoretical perspectives on understanding population　理解人群的理论视角　115
Theories, defined　理论，定义　139
Theory X　X理论　221-223
Theory Y　Y理论　221-223
Theory Z　Z理论　243
Thompson, James　詹姆斯·汤普森　233-234
Time frame　时间框架

索　引　409

　　for objectives　目标　369
　　for process objective　过程目标　372
　　for program and policy outcome objectives, examples　方案和政策成果目标，例子
　　　369，372
Time-series comparisons　时间序列分析　94，95
Tönnies, Ferdinand　费迪南德·滕尼斯　139
Total quality management（TQM）　全面质量管理　243-245
　　defined　定义　244
TQM（see Total quality management, TQM）　全面质量管理
Traditional authority　传统权威　215
Traditional model　传统模式　285
Trail of Tears　血泪之路　37
Transparency, concept of　透明，概念　358
Tunnel vision　视野狭窄　28
TVA（see Tennessee Valley Authority, TVA）　田纳西河流域管理局

U

Understanding causes of problem(see Community and organizational problems)　理解导
　　致问题的原因（参见社区和组织性问题）
Units within the health and human service delivery system　健康和社会服务传输系统中的
　　单位　191
Urbanization, and social condition　城市化与社会状况　34，192

V

Values　价值观　109-110
　　clarification questions　澄清性问题　182
　　community characteristics　社区特点　186-189
　　and ethical dilemmas　伦理困境　12-16
　　human behavior theories　人类行为理论　146
　　of target population　目标人群　187-189
Vertical community　垂直社区　11
Vertical merger　纵向合并　202
Voluntary associations　志愿协会　159-161，196
　　characteristics　特点　160
　　defined　定义　160

  as nonprofit agencies 非营利机构 195
Voting Rights Act 《投票权法案》 44

W

War on Poverty 向贫困宣战 53
Warren, Roland 罗兰·沃伦 10, 139
Websites for human service organizations 社会服务组织网站 296
Weick, Karl 卡尔·韦克 241
Welfare reform 福利改革 47-48
  pros and cons of 利弊 49
Welfare-to-work（WTW）agency 工作福利机构 270
Well-being of racial/ethnic groups, indicators of 种族/民族群体福祉，指标 60
Wells, Ida B. 艾达·B. 威尔斯 74
"We-ness" of community 社区的集体感 147-148
"Whistle blower," "吹哨人" 358
Women, oppression of 妇女，压迫 38, 65-66
Women's Movement 妇女运动 44, 65
Working intervention hypothesis 干预工作假设 307-308, 367-368, 385
  example of 例子 374
WorldCat 全球联合目录 89, 113
Worth（see Dignity and worth, of a person） 价值（参见尊严与价值，个人）
WTW［see Welfare-to-work（WTW）agency］ 工作福利（参见工作福利机构）

译后记

本书的翻译、审校于我而言是一个再学习的过程。在这一经典的宏观社会工作教科书中，我看到了很多最新的研究成果和实践经验的分享，它们非常具有启发性，相信各位读者也能从中获益。

宏观社会工作致力于解决较为广大的群体错综复杂的社会问题，这其中既涉及特定社会的政治、经济、文化、科技等多种要素的交互作用，也与目标群体独特的生命历程、所处的社区和组织背景密切联系在一起，因此，在学习本书所描述的工作方法的过程中，读者需要结合美国社会的背景情况来做批判性思考，与中国的实际相结合来创造性地加以运用。

近年来，宏观社会工作在创新社区工作方法和社会组织的孵化、培育上有长足的发展，成为创新社会治理的重要领域，同时对从事相关工作的社会工作者也提出了更高的要求和多方面的挑战。新近的新冠肺炎疫情防控更凸显了社区社会工作和社会组织发挥作用的重要性。我希望本书的翻译出版能对宏观社会工作领域的从业人员有所助益。

非常感谢参加本书翻译工作的各位译者，她们的勤奋努力使本书得以跟各位读者见面。本书的翻译工作分工如下：四川大学社会发展与西部开发研究院的曹杨老师翻译了第三章，北京大学社会学系的博士研究生陈玉佩翻译了第四章和第五章，中国浦东干部学院培训部的刘雨蓓老师翻译了第六章，复旦大学社会发展与公共政策学院社会工作系的陈岩燕副教授翻译了第七章，我本人翻译了第一章、第二章和第八章至第十一章，并对全书进行了审校。尽管翻译团队尽了最大的努力保证翻译的质量，但可能仍有疏漏之处，恳请读者批评指正。

隋玉杰

2020 年 4 月 12 日

Authorized translation from the English language edition, entitled Social Work Macro Practice, 5e, 9780205838783 by F. Ellen Netting, Peter M. Kettner, Steven L. McMurtry, M. Lori Thomas, published by Pearson Education, Inc., Copyright © 2012, 2008, 2004 Pearson Education, Inc.

All rights reserved. No part of this book may be reproduced or transmitted in any form or by any means, electronic or mechanical, including photocopying, recording or by any information storage retrieval system, without permission from Pearson Education, Inc.

CHINESE SIMPLIFIED language edition published by CHINA RENMIN UNIVERSITY PRESS CO., LTD., Copyright © 2020.

本书中文简体字版由培生教育出版公司授权中国人民大学出版社出版，未经出版者书面许可，不得以任何形式复制或抄袭本书的任何部分。
本书封面贴有 Pearson Education（培生教育出版集团）激光防伪标签。无标签者不得销售。

图书在版编目（CIP）数据

宏观社会工作实务：第五版／（美）F. 埃伦·内廷（F. Ellen Netting）等著；隋玉杰等译. —北京：中国人民大学出版社，2020.5
（社会工作经典译丛）
ISBN 978-7-300-28089-9

Ⅰ．①宏… Ⅱ．①F… ②隋… Ⅲ．①社会工作 Ⅳ．①C916

中国版本图书馆 CIP 数据核字（2020）第 072366 号

"十五"国家重点图书出版规划项目
社会工作经典译丛
主编　隋玉杰　副主编　范燕宁
宏观社会工作实务
（第五版）
F. 埃伦·内廷
［美］彼得·M. 凯特纳
　　　史蒂文·L. 麦克默特里　　著
　　　M. 洛丽·托马斯
隋玉杰　等译
Hongguan Shehui Gongzuo Shiwu

出版发行	中国人民大学出版社			
社　　址	北京中关村大街 31 号	邮政编码	100080	
电　　话	010-62511242（总编室）	010-62511770（质管部）		
	010-82501766（邮购部）	010-62514148（门市部）		
	010-62515195（发行公司）	010-62515275（盗版举报）		
网　　址	http://www.crup.com.cn			
经　　销	新华书店			
印　　刷	涿州市星河印刷有限公司			
规　　格	185mm×235mm　16 开本	版　次	2020 年 5 月第 1 版	
印　　张	27.25 插页 2	印　次	2020 年 5 月第 1 次印刷	
字　　数	579 000	定　价	89.90 元	

版权所有　　侵权必究　　印装差错　　负责调换

Pearson

尊敬的老师：

您好！

为了确保您及时有效地申请培生整体教学资源，请您务必完整填写如下表格，加盖学院的公章后传真给我们，我们将会在2—3个工作日内为您处理。

请填写所需教辅的开课信息：

采用教材				□中文版 □英文版 □双语版
作　　者			出版社	
版　　次			ISBN	
课程时间	始于　　年　　月　　日		学生人数	
	止于　　年　　月　　日		学生年级	□专　科　　□本科1/2年级 □研究生　□本科3/4年级

请填写您的个人信息：

学　　校	
院系/专业	
姓　　名		职　称	□助教 □讲师 □副教授 □教授
通信地址/邮编	
手　　机		电　话	
传　　真	
official email（必填） (eg：XXX@ruc.edu.cn)		email (eg：XXX@163.com)	
是否愿意接受我们定期的新书讯息通知：	□是　　□否

系/院主任：_____（签字）

（系/院办公室章）

____年____月____日

资源介绍：

——教材、常规教辅（PPT、教师手册、题库等）资源：请访问 www.pearsonhighered.com/educator；　　（免费）

——MyLabs/Mastering 系列在线平台：适合老师和学生共同使用；访问需要 Access Code；　　（付费）

100013　北京市东城区北三环东路36号环球贸易中心D座1208室

电话：(8610) 57355003　　传真：(8610) 58257961

Please send this form to：郭笑男（Amy）copub.hed@pearson.com/Tel：5735 5086

出教材学术精品　育人文社科英才
中国人民大学出版社读者信息反馈表

尊敬的读者：

　　感谢您购买和使用中国人民大学出版社的＿＿＿＿＿＿＿＿＿一书，我们希望通过这张小小的反馈卡来获得您更多的建议和意见，以改进我们的工作，加强我们双方的沟通和联系。我们期待着能为更多的读者提供更多的好书。

　　请您填妥本表后，寄回或传真回复我们，对您的支持我们不胜感激！

1. 您是从何种途径得知本书的：
   ❏书店　❏网上　❏报刊　❏朋友推荐
2. 您为什么决定购买本书：
   ❏工作需要　❏学习参考　❏对本书主题感兴趣
   ❏随便翻翻
3. 您对本书内容的评价是：
   ❏很好　❏好　❏一般　❏差　❏很差
4. 您在阅读本书的过程中有没有发现明显的专业及编校错误，如果有，它们是：＿＿＿
   _____
   _____

5. 您对哪些专业的图书信息比较感兴趣：_____
   _____

6. 如果方便，请提供您的个人信息，以便于我们和您联系（您的个人资料我们将严格保密）：
   您供职的单位：_____
   您教授的课程（教师填写）：_____
   您的通信地址：_____
   您的电子邮箱：_____

请联系我们：
电话：(010) 62515637
传真：(010) 62510454
E-mail：gonghx@crup.com.cn
通讯地址：北京市海淀区中关村大街31号　100080
中国人民大学出版社人文出版分社